中国年鉴精品工程
High Quality Project of China's Yearbook

无棣年鉴

WUDI YEARBOOK

2023

中共无棣县委党史研究中心
无棣县地方史志研究中心 编

方志出版社
Publishing House of Local Records

图书在版编目（CIP）数据

无棣年鉴. 2023 / 中共无棣县委党史研究中心，无棣县地方史志研究中心编. —北京 : 方志出版社，2023.12

ISBN 978-7-5144-5962-3

Ⅰ. ①无… Ⅱ. ①中… ②无… Ⅲ. ①无棣县—2023—年鉴 Ⅳ. ①Z525.24

中国国家版本馆CIP数据核字（2023）第252998号

责任编辑：范锐超
责任校对：张玉霞
责任印制：梅中英
出 版 者：方志出版社
地　　址：北京市朝阳区潘家园东里9号（国家方志馆4层）
邮　　编：100021
网　　址：http://www.zgfzcb.cn
发　　行：方志出版社图书营销中心（010-67110500）
印　　刷：山东麦德森文化传媒有限公司
开　　本：889毫米×1194毫米　1/16
印　　张：28.75印张　插页：3.5印张　地图：1幅
字　　数：875千字
版　　次：2023年12月第1版
印　　次：2023年12月第1次印刷
定　　价：260元

无棣县地方史志编纂委员会

《无棣年鉴（2023）》编辑部

序

国务院办公厅2015年8月印发的《全国地方志事业发展规划纲要（2015—2020年）》（以下简称《规划纲要》）要求，到2020年要做到地方综合年鉴一年一鉴，公开出版，实现省、市、县三级综合年鉴全覆盖。《规划纲要》还要求，坚持存真求实，正确处理质量与进度的关系，将精品意识贯穿于年鉴编纂出版工作全过程。2015年12月，中国地方志指导小组办公室启动中国年鉴精品工程，将其与先期实施的中国志书精品工程视为姊妹工程，一道作为加强地方志质量建设的重要抓手。

实施中国年鉴精品工程有助于推动中华优秀传统文化传承发展。近年来，在党中央、国务院的高度重视和关心支持下，全国地方志事业发展迎来最好的发展时期。年鉴编纂发端于欧洲，鸦片战争后被引入我国，在我国走过了100多年的发展历史。在长期的编纂中，年鉴在内容和形式上不断发展，逐渐演变成为适合反映中国国情、具有鲜明中国特色的一种文化载体，并在改革开放后出现了快速发展的局面。2006年5月，国务院《地方志工作条例》颁布施行，明确将地方综合年鉴纳入地方志工作范畴，年鉴工作走上了有法可依的轨道。《规划纲要》出台，为从依法编鉴转变到依法治鉴指明了方向。2016年12月，中国地方志指导小组印发《全国年鉴事业发展规划（2016—2020年）》，更进一步明确了到2020年全国年鉴事业的任务书、时间表、路线图。经过多年的发展，年鉴工作已经成为地方志工作的重要组成部分，成为中华民族优秀文化传统的有机组成部分，其存史、育人、资政作用日益彰显。实施中国年鉴精品工程，是年鉴工作者紧扣时代脉搏、坚持创新发展的一项重要举措，对于坚定文化自信，传承弘扬好中华优秀传统文化意义重大。

实施中国年鉴精品工程有助于为全面建成小康社会提供更多智力支持和历史借鉴。党的十八大作出全面建成小康社会的战略部署。党的十八届五中全会提出到2020年如期实现全面建成小康社会的目标要求。完成《规划纲要》确定的目标任务是年鉴工作者的神圣使命，更是年鉴工作者以自身力量为全面建成小康社会献上的厚礼。一方面，可以更好地利用年鉴这种年度资料性文献，及时记录各地区在全面建成小康社会伟大征程中每年取得的新成绩和新经验、出现的新情况和新问题、涌现的优秀人物和典型事迹等；另一方面，可以更好地积累地情、国情资料，为推动经济社会发展和深化改革提供智力支持，为推进国家治理体系和治理能力现代化提供历史借鉴。

实施中国年鉴精品工程有助于全面推进地方志事业转型升级。地方志不是单纯修志编鉴工作，而是全体方志人“修志问道，以启未来”的一项事业，这项事业包含着巨大的时代担当与使命追求。地方志工作要在“五大建设”总体布局和“四个全面”战略布局中发挥与其自身价值、功能相匹配的作用，就要因时而谋、乘势而上、顺势而为，全面推进地方志事业转型升级。转型升级，当下最重要的目标就是完成“两全”目标，包括“年鉴全覆盖”目标；长远的目标就是基本形成地方志编修体系、理论研究和学科建设体系、质量保障体系、资源开发利用体系、工作保障体系“五位一体”的地方志事业发展综合体系，包括“五位一体”的年鉴事业发展综合体系。中国年鉴精品工程是一项探索工程，也是一项创新工程，是推进地方志事业转型升级的重要内容。通过实施中国年鉴精品工程，不仅有助于确保年鉴质量，不断编纂出版具有鲜明时代特征、年度特点和地域特色的精品年鉴，也有助于推动年鉴工作适应经济社会发展形势和时代需要，不断改革创新，与时俱进。

多年来，在中国地方志指导小组办公室的指导和全国各级地方志工作机构的共同努力下，年鉴种类数量快速增长，年鉴成果粲然可观，为实施中国年鉴精品工程奠定了坚实的基础。实施中国年鉴精品工程，就是要在全国地方志系统起到示范作用，进一步培育精品意识，打造精品年鉴，以点带面，在提高年鉴质量方面探索出一条切实可行之路，使这项探索工程和创新工程能够积累经验，发挥引领作用。

“万山磅礴，必有主峰；龙衮九章，但挈一领。”实施中国年鉴精品工程，是筑牢地方志事业特别是年鉴事业发展根基之举，其意义与价值不言而喻。但编修出年鉴精品佳作，绝非朝夕之功，需要付出长期艰辛的努力。希望通过实施中国年鉴精品工程，能够进一步推进年鉴质量建设，使年鉴真正成为传承中华民族优秀传统文化的重要载体，成为展示中国国情、地情的重要窗口，成为“为当代提供资政辅治之参考、为后世留下堪存堪鉴之记述”的资源宝库，在全面建成小康社会过程中作出更大贡献。

是为序。

中国社会科学院原副院长
原中国地方志指导小组常务副组长

编辑说明

一、《无棣年鉴》创办于1991年，是由中共无棣县委、无棣县人民政府主办，中共无棣县委党史研究中心、无棣县地方史志研究中心编纂的年度资料性文献。本卷为第12卷。

二、《无棣年鉴（2023）》以马克思列宁主义、毛泽东思想、邓小平理论、“三个代表”重要思想、科学发展观、习近平新时代中国特色社会主义思想为指导，坚持辩证唯物主义和历史唯物主义的立场、观点和方法。全面、系统地记述2022年无棣县自然、政治、经济、文化、社会、生态建设等方面的发展情况，旨在为社会各界了解无棣提供基本信息、为推介无棣提供基本资料、为研究无棣提供基本素材。

三、本卷年鉴记述起讫时间为2022年1月1日至2022年12月31日。为保持记事的完整性，部分图文资料根据需要适当上溯或下延。

四、本卷年鉴卷首设专题图片、特载、专文、大事记，卷末设附录、索引。主体内容分为县情概览、中国共产党无棣县委员会、无棣县人民代表大会、无棣县人民政府、中国人民政治协商会议无棣县委员会、中国共产党无棣县纪律检查委员会 无棣县监察委员会、群众团体、法治、军事、经济管理、海上无棣、开放型经济、农业、工业、建筑业、商贸服务业、金融业、旅游业、房地产业、交通、水务、城市建设、乡村振兴、生态建设、科学技术、教育、文化、卫生健康、体育、社会生活、应急管理、镇 街道、人物 荣誉、统计资料。本卷共收录34个类目、254个分目、1448个条目，表格80张，随文图片169幅。

五、本卷年鉴卷首图片设山海古邑、年度聚焦、海上无棣、无棣十年 非凡画卷4个专题。

六、本卷年鉴新增“海上无棣”类目，重点调整“农业”“商贸服务业”“旅游业”“生态建设”“社会生活”等类目，部分分目根据资料进行合理调整。

七、本卷年鉴主体文字、统计资料和图表由县直各部门、各镇（街道）、园区和中央、省、滨州市驻无棣各单位提供，撰稿人及图片提供单位署名于各条目及图片之后。本卷年鉴有关综合性数据均与县统计部门公布的数据进行校核，统计部门未涉及的，采用县直部门或单位提供的数据。文中数据比较均写明年份。未注明年份的，如“年底”，均指2022年底。正文中“党”指“中国共产党”，“县”指“无棣县”，县直属各单位及相关单位名称根据有关文件规定使用规范化简称。

八、本卷年鉴数字用法分别采用国家标准《出版物上数字用法》（GB/T 15835-2011）、《标点符号用法》（GB/T 15834-2011），计量单位采用国家技术监督局1993年12月发布的《量和单位》系列国家标准，所有数据采用法定计量单位，个别遵从习惯。

九、本卷年鉴前有目录，后有主题索引、照片索引、表格索引，具有比较完善的检索系统。

无棣名片 2022

全国科普示范县

全国未成年人保护示范县

国家级棉花制种大县

全国“平安农机”示范县

国家级水产健康养殖和生态养殖示范区

全国“四好农村路”示范县

国家卫生县城

国家紧密型医共体建设试点县

全国农村创业创新典型县

国家级农产品质量安全县

中国好粮油示范县

山东省文化强省建设先进县

山东省社会科学普及示范县

山东省全域旅游示范区

全省农业绿色发展先行县

全省高标准农田整县推进示范县

山东省建筑业跨越发展县

全省未成年人保护试点县

山东曲艺之乡

山东省健康促进示范县

全省县域特色产业培育示范县

全省农村“客货邮”融合发展样板县

数字无棣 2022

- 土地总面积 **2094** 平方千米
- 年末常住总人口 **42.78** 万人
- 地区生产总值 **284.50** 亿元
- 第一、二、三产业结构占比 **16.5 ∶40.1∶43.4**
- 农林牧渔业总产值 **101.02** 亿元
- 规模以上工业增加值 **103.41** 亿元
- 服务业增加值 **123.52** 亿元
- 一般公共预算收入 **16.59** 亿元
- 进出口总额 **157.85** 亿元
- 金融机构各项存款余额 **374.90** 亿元

- 金融机构各项贷款余额 **281.76** 亿元
- 城镇居民人均可支配收入 **42535** 元
- 农村居民人均可支配收入 **22657** 元
- 环氧丙烷产量 **69.34** 万吨
- 钛白粉产量 **19.04** 万吨
- 氧化铝产量 **174.37** 万吨
- 粮食总产量 **42.10** 万吨
- 水产品产量 **16.8** 万吨
- 原盐产量 **135.22** 万吨
- 港口货物吞吐量 **2330.6** 万吨

（县统计局）

山海古邑

无棣县位于山东省最北部、渤海岸边、黄河尾闾，历史悠久，西周至春秋战国时为齐国地，隋开皇六年（586）置无棣县，有“山海古邑·和善无棣”之称。

县城新区一角

（高 宁 摄）

碣石山远眺　（孙长城　摄）

碣石山，又称无棣山、马谷山，近河傍海，距海口十余里。海拔 63.4 米，系 73 万年前火山喷发形成的锥形复合火山堆，为华北平原地区唯一露头的火山，被誉为“京南第一山”。

碣石山秋韵

碣石山夏景　　（周立新　摄）

（程剑飞　摄）

无棣县岔尖渔港鸟瞰

沿海生态湿地一角

（高士东　摄）

大口河赶海拾贝

无棣县位于渤海湾西南岸，是海上山东“北大门”。海岸线 38.4 千米，海域面积 4 万公顷。拥有黄河岛、贝壳堤等。

（周立新　摄）

（孙长城　摄）

贝壳堤一角

（周立新　摄）

无棣古城风光

（孙长城　摄）

无棣古城形成于商周，发展于隋唐，繁荣于明清，有荷花湾省级水利风景区、吴式芬故居、县衙、四城门等景观，再现“城在水中、人在景中、城水相依、碧水灵动”历史风貌。

年度聚焦

无棣县统筹推进新冠疫情防控和经济社会发展，县第十四次党代会、县十九届人大一次会议、县政协十届一次会议召开，鲁北万润智慧能源、华盛纺织产业园等重大项目建成，一批交通、水利设施顺利推进，获全国科普示范县、全国未成年人保护示范县、山东曲艺之乡等称号，实现“强优富美”新无棣大发展、打造鲁北港产城融合新高地良好开局。

鲁北化工产业园一角

（周立新 摄）

4 月 25 日，无棣县国资国企“喜迎二十大　奋进新征程　建功新时代”演讲比赛在丰达集团举办　（县委宣传部　供图）

12 月 18 日，无棣县“棠棣之声”党的二十大精神微宣讲在县未成年人保护中心举行　（县委宣传部　供图）

11 月 11 日，无棣县领导干部党的二十大精神专题学习班在县政务中心举办　（县委组织部　供图）

12 月 18 日，鲁北万润智慧能源年产 24 万吨磷酸铁锂联产磷酸铁一期项目建成。图为项目生产区

2 月 25 日，滨州市 2022 年春季重大项目集中开工活动在滨州鲁北智慧锂电新能源产业基地举行

（高士东　摄）

9 月 18 日，华盛纺织产业园一期投产。图为生产车间

（孟　建　摄）

（鲁北企业集团　供图）

3 月 12 日，无棣鑫岳清洁油品加工项目投产运行。图为厂区生产夜景

（周立新　摄）

G228 国道跨套尔河大桥施工现场　　（孙长城　摄）

无棣县车王镇“四好农村路”路网　　（杜秀峰　摄）

无棣县马颊河鲁北拦河闸工程施工现场　　（孙长城　摄）

无棣县小开河至芦家河子水库输水管道工程　　（王永波　摄）

3 月 26 日，无棣县未成年人保护中心开展“护童飞翔 · 关爱未来”红色宣讲活动，军休干部陈炳让（右一）受邀开展红色教育专题宣讲　　（县民政局　供图）

4 月 23 日，“共沐书香 阅见美好”无棣县“家庭教育读书月”活动在县未成年人保护中心举行　　（县民政局　供图）

9月17日，“喜迎二十大　讴歌新时代”山东省第八届小品新作大赛在无棣县举办。大赛决出一等奖10个，二等奖10个。无棣县被山东省曲艺家协会授予“山东曲艺之乡”称号。图为省文联党组书记、副主席王世农（左一）向无棣县委书记郑振亮授牌

（县文化和旅游局　供图）

无棣县文化馆参赛作品《投票》
获一等奖　（县文化和旅游局　供图）

济南市曲艺团参赛作品《哥俩好》
获一等奖　（县文化和旅游局　供图）

临清市文化和旅游局参赛作品《悬鱼戒》
获二等奖　（县文化和旅游局　供图）

海上无棣

无棣县立足资源优势，实施“海洋强县”战略，发展海洋渔业、海洋化工、海洋新材料、海洋装备制造、海洋文化创意、滨海旅游等产业，全年实现海洋生产总值 80 亿元，创成国家级水产健康养殖和生态养殖示范区。

无棣县入海口滨海游一角

（周立新 摄）

黄河岛国家湿地公园风光

（周立新　摄）

滨州贝壳堤岛与湿地国家级自然保护区位于无棣县北部沿海，以贝壳堤岛、湿地生态系统为保护对象的海洋自然遗迹类保护区。图为贝壳堤岛

（周立新　摄）

无棣县有宜盐滩涂面积 3.65 万公顷，为全国重要海盐（盐化工）生产基地。图为星罗棋布的“七彩盐田”

（周立新　摄）

无棣县套尔河海港泊位码头

（杜秀峰　摄）

盐田虾是生长在高盐度海水中的虾，虾青素含量高，口味鲜美，营养丰富，深受市场青睐。无棣县是全国盐田虾主产地，形成集育种育苗、海水养殖、深加工与销售于一体的全产业链，培育的“渤海 1 号”通过国家水产原良种委员会品种认定。全年，无棣县盐田虾养殖面积 2 万公顷，产量 3.5 万吨。

盐田虾捕捞

虾苗生长

盐田虾

盐田虾加工车间一角

（汇泰集团　供图）

无棣海忠软管制造有限公司为中国第一家、世界第四家海洋软管制造企业，填补了国内海洋工程装备制造业空白。自 2010 年自主研发、制造国内首条海洋复合软管以来，已累计生产海洋软管近 500 千米。

海忠软管产品装船启运

（高士东　摄）

海忠软管生产线　　（高士东　摄）

海底动态立管生产线　　（高士东　摄）

海忠软管生产车间一角　　（高士东　摄）

山东丰源盐化新能源产业园，年产对虾 2300 吨，年发电量 3 亿千瓦时。图为产业园一角 （杜秀峰　摄）

无棣海洋贝瓷是以渤海湾优质贝壳为主要原料烧制而成的高级瓷器，拥有“薄如纸、白如玉、声如磬”美誉，获国家技术发明二等奖，被评为“山东手造·优选 100”产品。图为 6 月 26 日，山东省旅游发展大会产品展台　（山东海瓷文化公司　供图）

无棣盐雕 95% 以上成分为优质海盐，绿色环保，拥有 6 大系列 600 多品种，获泰山文艺奖、全国休闲农业创意精品展银奖、山东省创新设计大赛金奖。图为 6 月 9 日，彩色盐雕制作车间一角　　（海丰集团　供图）

无棣十年 非凡画卷

党的十八大以来的十年是新时代的十年，无棣县和全国全省一样，经济社会事业实现高质量发展，干成了一批事关长远的大事，办成了一批群众关切的实事，加快推动“强优富美”新无棣大发展，打造鲁北港产城融合新高地。

综合实力迈上新台阶

■ 十年来，全县地区生产总值累计增长 **95.5%**

年均增长 5.7%。

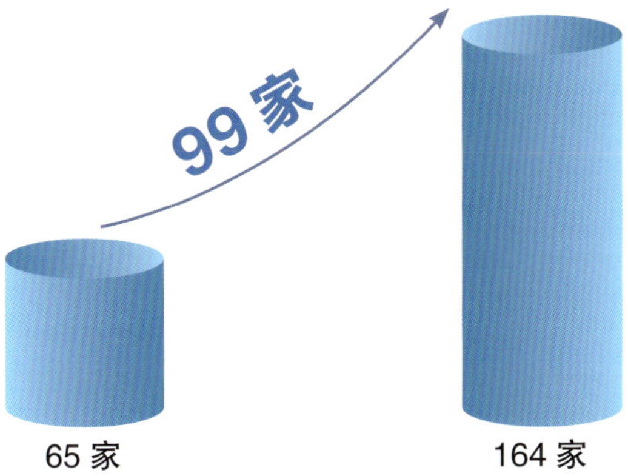

· 规模以上工业企业 ·

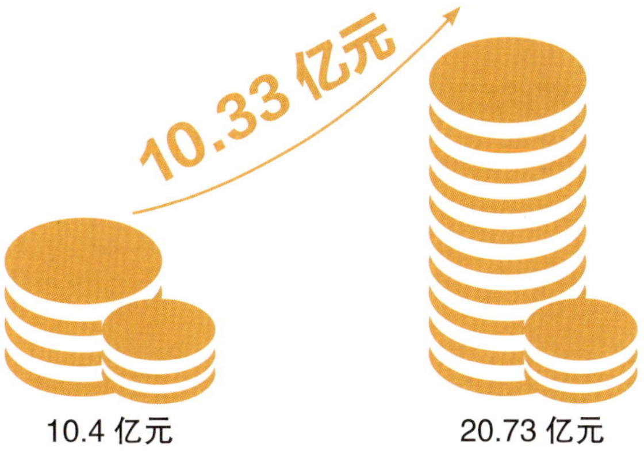

· 一般公共预算收入 ·

动能转换实现新突破

■ 三次产业比由

15 ∶ 49.8 ∶ 35.2

调整为

16.2 ∶ 38.7 ∶ 45.1

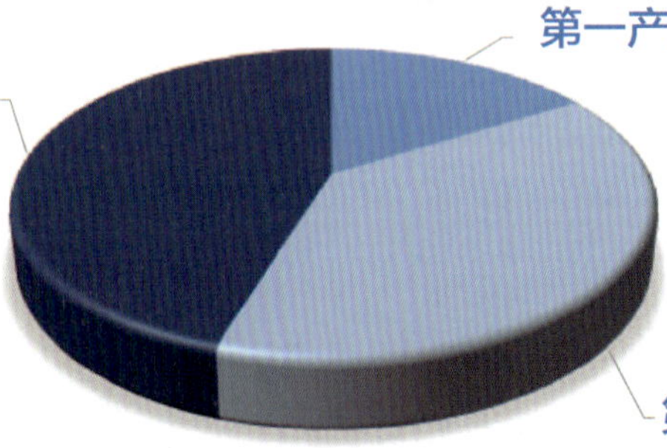

■ **国家高新技术企业由** 4 家增加到 52 家

■ **鲁北高新区**、**新海工业园**成为省级化工园区，**经济开发区**全省排名提升 57 个位次，**东风港园区**成为省级海洋特色产业园

培育形成高端化工、锂电新能源、装备制造等新兴产业，成为全省县域特色产业培育示范县

■ 工业主营业务收入过百亿元企业达 2 家，过亿元企业达 50 家

开放发展释放新活力

全县进出口总额达 101 亿元，首次突破百亿元大关

10 年引进县外资金 575 亿元，实际利用外资 1.2 亿美元

10 年引进省级以上高层次人才 109 人

- 全县市场主体总数 4.8 万户，为 10 年前 12 倍
- 优化发展环境，连续 3 年营商环境评价居全市第 1 位
- 持续深化改革，完成国家级改革试点 12 项、省级 70 项

城乡面貌绘就新画卷

城区面积 31 平方千米，城镇化率 61%

无棣县成为国家卫生县城、省级园林城市

- 创成全国百强镇 1 个、全国农业产业强镇 1 个、全省农业产业强镇 2 个
- 脱贫攻坚圆满收官，贫困人口稳定脱贫
- 粮食生产实现“十七年连丰”，成为中国好粮油示范县
- 创成国家级水产健康养殖和生态养殖示范区、全省农业绿色发展示范县

县级以上美丽乡村示范村 173 个，覆盖率 32%，在滨州市率先实现农村生活污水治理全覆盖

基础建设实现新提升

农村公路通车里程达 **1910** 千米

津潍高铁在无棣设站，**秦滨高速**、**黄大铁路**、**泊港铁路**建成通车，**G205 国道完成绕城改线**

成为“**四好农村路**”**全国示范县**、全省农村“**客货邮**”**融合发展样板县**

水利投资 15.8 亿元，**治理河道 380** 千米

民生福祉实现新跃升

城乡居民人均可支配收入
年均分别增长 5.8%、7.3%

全县民生支出占比
连年保持 80% 以上

教育总投入 63.6 亿元，**新改扩建各类学校** 119 所，大班额全部清零

无棣县成为**国家紧密型医共体建设试点县**，**全国基层中医药工作先进单位**

清洁取暖改造 11.7 万户，实现**县域全覆盖**

无棣县成为**全国、全省未成年人保护示范县**

目 录

特 载

专 文

大事记

县情概览

中国共产党无棣县委员会

无棣县人民代表大会

无棣县人民政府

中国人民政治协商会议无棣县委员会

中国共产党无棣县纪律检查委员会 无棣县监察委员会

群众团体

法 治

军　事

经济管理

海上无棣

开放型经济

农　业

工　业

建筑业

商贸服务业

金融业

旅游业

房地产业

交 通

水　务

城市建设

乡村振兴

生态建设

科学技术

教 育

文　化

卫生健康

体 育

社会生活

应急管理

镇 街道

人物　荣誉

统计资料

附　录

索　引

县委常委会工作报告

——2022 年 11 月 28 日在中共无棣县委十四届三次全体会议上

中共无棣县委书记 郑振亮

全委会主要任务是深入贯彻落实党的二十大、省委十二届二次全会、市委十届三次全会精神，报告县委常委会今年以来工作，审议通过《中共无棣县委关于学习宣传贯彻党的二十大精神的决议（草案）》《中国共产党无棣县委员会工作规则（草案）》《中共无棣县委十四届三次全体会议公报（草案）》，动员全县上下统一思想、凝聚力量，加快高质量发展步伐。

2022 年 1 月新一届县委常委会产生一年来，县委常委会坚持以习近平新时代中国特色社会主义思想为指导，围绕迎接党的二十大、学习宣传贯彻党的二十大精神，深入落实党中央决策部署和省委、市委工作要求，推动“强优富美”新无棣大发展、打造鲁北港产城融合新高地，统筹疫情防控和经济社会发展取得新成效。无棣县获评国家级棉花制种大县、全省未成年人保护示范县、全省县域特色产业培育示范县、全省农业绿色发展先行县、全省高标准农田整县推进示范县、全省建筑业跨越发展县、“山东曲艺之乡”等荣誉称号，争创全国未成年人保护示范县、全国平安农机示范县。

一、坚持党建统领，党的建设全面加强

落实“过程党建”要求，把抓党建最大政绩与抓发展第一要务结合起来，全过程抓、抓全过程，以党建统领经济社会发展各项工作。

全面加强政治建设。始终坚持以习近平新时代中国特色社会主义思想统领一切工作，深化落实“第一议题”制度，县委理论学习中心组开展学习研讨、读书班等学习 16 次。全面落实意识形态工作责任制，县委常委会专题研究意识形态工作 3 次，开展 2 轮意识形态专项巡察。举办党的二十大精神专题学习班，组建县委宣讲团，在全县迅速掀起学习宣传贯彻党的二十大精神热潮。完善大统战工作格局，成立少数民族村乡村振兴服务队、建立跨区域民族团结进步创建联盟、打造“红石榴”品牌等，各项工作走在全市前列。认真落实党管武装各项责任，推动国防动员及后备力量建设。充分发挥工会、共青团、妇联、文联、科协、残联、工商联、红十字会等群团组织作用，获批全省青年发展友好型县域建设试点，全市妇联工作现场会在无棣县召开，产业工人队伍建设改革、残疾儿童“康教托技”一体化服务走在全市前列，县科协获全国科技工作者日活动优秀组织单位。

夯实筑牢基层堡垒。坚持大抓基层鲜明导向，实施头雁领航工程，培训村党组织书记、驻村第一

书记760名，举办乡村振兴"擂台比武"37次。实施强基赋能工程，从严开展农村发展党员违规违纪问题排查整顿，全市率先完成村改社区集中攻坚试点，发展壮大村集体经济，集体经济收入超10万元村占92.3%。实施兴业聚力工程，推行劳务合作社联合社，打造村党组织领办合作社市级示范社10家、县级50家。实施阳光村务工程，推广"村务监督一点通"监督平台，实现小微权力阳光下运行。打造"七色花开"新业态新就业群体党建品牌，成立快递物流、直播电商、外卖送餐行业党委。打造"棣城红"党员常态长效志愿服务体系，参与党员1.2万人次。创新组建"帮棣好""传棣爱""工会行"等党建联盟，服务企业、服务发展，机关党建工作走在全市、全省前列。

持续提升干部素质。扎实开展"建设更高水平富强滨州，无棣怎么干""四水四定强引领，五水并举谋发展"解放思想大讨论，引领广大干部转变思想方法、思维方式。开展"在知爱建"主题实践活动，凝聚高质量发展强大合力。坚持看党性、看担当、看攻坚、看廉洁、看公论"五看"导向，在项目一线、疫情防控一线、基层一线提拔重用干部102人。开展党员干部、中青年干部、选调生培训班，培训干部3000余人次。倡树"实干实绩"鲜明导向，开展容错纠错4起3人，澄清正名11人，对诬告行为进行严肃处理，激励干部担当作为。

严字当头正风肃纪。在全市率先开展"清风护航"驻点监督，创新建立"村务监督一点通"监督平台，开展"三廉"工程，打造"古邑廉韵·清风无棣"廉洁文化品牌，纪检监察工作水平不断提升。建立月通报制度，党委（党组）主动运用"第一种形态"432人，比去年全年增加267人。突出政治巡察定位，对15个单位开展黄河流域生态保护和高质量发展专项巡察。突出重点精准惩治腐败，1—10月份，全县纪检监察机关共立案232件，党纪政务处分215人。持之以恒纠"四风"、树新风，查处形式主义官僚主义问题24起，党纪政务处分7人。

二、坚持攻坚克难，守稳守牢发展底线

高效统筹疫情防控和经济社会发展，突出抓好"疫情要防住、经济要稳住、发展要安全"3件大事。

科学抓好疫情防控。毫不动摇坚持"外防输入、内防反弹"总策略、"动态清零"总方针，科学精准落实国务院二十条优化措施，复盘总结优化流程，建立完善工作机制，坚决果断处置疫情，输入性新冠疫情均在第一时间管控到位，未出现规模性疫情，疫情防控形势总体平稳。疫情防控基础能力持续提升。

全力稳住经济基本盘。开展稳住经济基本盘百日攻坚行动，盯住"量幅比"，强化"干算报"，主要经济指标增速高于全市平均水平。前三季度地区生产总值增长4.2%，增速分别高于全市、全省、全国1.2个、0.2个、0.3个百分点；全体居民人均可支配收入增速全市第1位。1—10月，外贸进出口增长91.6%、增速全市第1位，规上工业增加值增长5.9%、增速全市第3位，固定资产投资增长13.9%，本外币存贷款余额381.9亿元、271.9亿元，分别增长22.6%、17.2%，增速分别列全市第1位、第3位。在落实留抵退税9.26亿元基础上，实现一般公共预算收入14.8亿元，同口径增长1.5%。

坚决守牢一排底线。金融生态显著改善，截至10月底，全县银行机构累计处置不良贷款2.48亿元，不良贷款率1.5%，较年初下降0.66个百分点。安全生产保障有力，开展安全生产明察暗访、三项行动、百日攻坚等活动，检查企业4015家次，消除隐患8280条，建成镇级应急救援站10处，应急避难场所76处，组织开展各类演练活动2532场次。打好蓝天、碧水、净土保卫战，空气质量综合指数、$PM_{2.5}$平均浓度及改善幅度均居全市前列，省控以上河流水质指数居全市第1位，完成鲁北凌霞、众源污水处理厂"一企一管"改造任务。严守食品安全底线，没有发生系统性、区域性食品安全事件。开展"治重化积"百日攻坚行动，创建信访"三无"镇（街道），常态化开展扫黑除恶斗争，完成北京冬

奥会等维稳安保任务，社会大局持续和谐稳定。

三、坚持创新引领，转型发展步伐加快

落实黄河重大国家战略、省委建设绿色低碳高质量发展先行区、市委“工业发展三年攻坚行动”部署要求，深化新旧动能转换，大力发展实体经济。

主导产业做大做强。聚力打造高端化工、锂电新能源双千亿产业集群，高端化工向新材料转型，鑫岳化工投资71亿元建设聚氨酯、聚碳酸酯、高性能环氧树脂项目；锂电产业做大做强，鲁北智慧锂电新能源产业基地入选全省“十四五”12个新旧动能转换重大支撑项目，以万润、超能为龙头，发展全产业链条，打造营收过千亿、利税超百亿中国锂都、世界锂电基地。智能电气产业入选全省特色产业集群。海忠软管具备全球管径最大复合内衬修复软管生产能力。华盛生态家纺产业园建成投产，加快聚集上下游项目，打造百亿级家纺服装产业。悦翔生物全市首家通过海洋保健食品“健字号”审批，成为全市首个海洋生物保健品。发展正海海洋食品深加工项目，争创国家级水产健康养殖和生态养殖示范区、国家级海洋牧场示范区。推动文旅融合发展，争创省级全域旅游示范县。在全省率先建成全域旅游大数据平台，无棣古城获评全省第二批夜间文旅消费集聚区，丰香园获全省小磨香油工业旅游基地，成功举办中国·无棣2022祭海非遗文化盛典，全省第八届小品新作大赛在无棣举办，碣石山镇入选全国地质文化镇，无棣海瓷入选“山东手造”，做大叫响“山海古邑·和善无棣”城市形象品牌。

项目建设全面提速。坚持“项目为王”，大抓项目、抓大项目，实施投资500万元以上项目164个，1—10月，86个省市县重点项目完成投资118.2亿元，完成年度投资计划的116.5%，惠广5万吨纤维素醚、亿博润新材料等重点项目建成投产，鲁渝博创120万吨氢氧化铝项目当年开工、当年投产、当年纳统，投资56亿元的万润锂电一期24万吨磷酸铁锂联产磷酸铁项目2月开工、年内建成投产，投资108亿元的二期项目正在进行桩基施工，明年8月份建成投产。举办两次重大项目集中开工仪式，11月新开工总投资112亿元重大项目30个。争取上级转移支付资金20.23亿元，新增专项债券21.55亿元，债券规模居全省直管县前列。

科创能级明显提升。加快培育科技创新平台载体，建设市技术创新中心3家，27家企业加入市高企培育库，136家企业备案国家科技型中小企业，37家企业申报国家高新技术企业，天顺药业“揭榜”山东省重大科技创新工程。优化升级“聚才强棣”政策，举办第三届人才节无棣专场活动，促成正海集团与中国科学院海洋研究所等产学研合作，柔性引进科技领军人才19人、本科及以上大学生1291人。实施技改项目24个，1—10月，工业技改投资、制造业技改投资分别增长51.8%、62.7%，增速分别居全市第3位、第2位。企业竞争力明显增强，规模以上工业企业164家，鑫岳化工成为全省高端化工领域高质量发展企业，6家企业入选全省制造业高端品牌培育企业，8家企业被认定为省级“专精特新”中小企业、3家企业被认定为省级瞪羚企业。新增无棣香油、无棣芝麻、无棣白蜡地理标志证明商标3件，2家企业、1个地理标志产品荣登2022中国品牌价值评价榜单。

四、坚持改革开放，发展支撑更加有力

以开放倒逼改革，用改革推动发展，融入新发展格局，塑成新发展优势。

重点改革突破有力。全面推进深化改革，新争取承接国家、省市级改革试点5个，8项改革创新工作获党中央国务院部委认可，41项改革经验获省直部门发文推广，“创新落实‘四水四定’打造‘现代五网’水利体系”案例上报中央改革办，“福享无棣”特困人员关爱照护工程，被列为全省社会救助领域10大创新案例，获评全省优秀社会救助品牌。“四个一线”工作法完成漳卫新河河口段清淤清障、盐碱地综合开发等经验做法，得到省委、省政府主要领导批示肯定。全国盐碱地高产优质牧草现场会、黄河三角洲盐碱地棉花全程机械化现场会、全省时空大数据平台建设及应用现场会、全省煤田地质系统服务乡村振兴战略现场会在无棣县召开，在全省

未成年人保护视频会议上全程展示无棣经验做法，并作典型发言。

招商引资提质增效。出台招商引资激励办法，依托跨国公司领导人青岛峰会、中国铝业周等开展项目谋划、推介洽谈，1—9月，新签约、新立项招商引资项目13个，实际到位市外资金86.4亿元，完成率居全市第2位；1—10月，实现外资纳统5382万美元，增长133.7%，增速居全市第1位。

营商环境持续优化。坚持主动服务、超前服务、事不过夜，实施百个部门单位联百家企业包百项重点项目“三百工程”，组成专班现场办公、一包到底，精准破解企业发展、项目建设难题。出台《关于加快市场主体高质量发展的意见》，县财政每年设立4000万元奖补资金，支持企业科技创新与高质量发展，县民营经济服务中心获评全国中小企业志愿服务优秀工作站。在全市率先成立为企服务中心，开通为企服务热线，建立“企业吹哨、部门报到”工作机制，共办理企业“吹哨”事项355件次，办结率、回访满意率均为100%，全市“为企服务直通车”制度落实现场会在无棣县召开。打造“帮棣好”项目管家帮办代办服务模式，深化工程建设项目审批改革，投资项目审批落地时间平均缩短4个月以上。至10月底，全县实有市场主体48480户，增长16.4%，其中实有企业20063户，增长19.2%。

基础建设提档升级。落实“七网”行动部署，统筹推进一批重大基础设施建设，突破瓶颈制约，筑牢发展支撑。开通5G基站586个，超额完成建设任务。打造专业特色园区，鲁北高新区实施建成区“六路六桥”、马颊河南“四纵一横”道路建设，拉开发展大框架，化工园区优化调整工作力争年内获得批复。经济开发区实施道路、供水等配套提升工程。新海工业园公共管廊、智慧管理平台等建成投用。东风港园区新建3000吨级泊位1个，棣新港务成为套尔河港区唯一万吨级码头。发展综合立体交通。实施总投资152亿元的10大交通工程，津潍高铁（无棣段）启动征迁，228国道进展顺利，秦口河、马颊河航道规划纳入《山东省综合立体交通规划纲要》，大济路拓宽改建及S233、236省道改建获省交通厅批复，信河路改建2个月完成4个月工程量、提前完成建设任务。“四好农村路”改建农村公路230千米，危桥改造6座，总工程量和进度均居全市第1位。“客货邮”融合发展全省领先，建成村级服务站423处，实现快递进村全覆盖。构筑现代水网体系。实施总投资20亿元的10大水利工程，完成投资11.2亿元、年内完成12.8亿元，投资数额、工程体量均创历史新高。城东水库、埕口水库全面开工，马颊河拦河闸、芦家河子水库完成主体工程，明年投用后，马颊河拦河闸可储存雨洪资源2000万立方米以上，芦家河子水库库容将由900万立方米增加到2400万立方米，在不增加用地前提下，增容两倍以上。整治清波河、解家沟，建设引水泵站，引德惠新河水入清波河，实现县城水系大循环。

五、坚持人民至上，民生福祉持续增进

树牢民生至上理念，抓好一批普惠性、基础性、兜底性民生实事，解决群众急难愁盼问题。

社会事业蓬勃发展。财政资金进一步向民生领域倾斜，1—10月，民生支出28.3亿元，占比83.6%。稳岗就业有力，1—10月，城镇新增就业3763人，公益岗位就业人员2271人，完成进度均居全市前列。民生保障有力，基本养老保险参保人数34.42万人，超额完成年度任务。规范提升基层医保服务站点217家，建成标杆型站点16家、标准型站点49家，形成“15分钟医保便民服务圈”。困难群众救助标准再提高10%，低保、特困、困境儿童等救助标准均进入全省第一方阵。以创建省级社会救助综合改革实验区为契机，在全国首创机制、救治、自立3条无障碍通道，为685名精神疾病特困、低保人员开展“无忧工程”服务。完成3家敬老院改造提升，棣丰街道馨泰社区成为全国示范性老年友好型社区。实施教育优质资源提升工程，公开招聘教师274人，县一中报告厅、县二中报告厅投入使用，县学前教育中心、第三实验幼儿园新园、馨宇幼儿园招生投用，县职业中专五年制高职学校建设加快推进，第五实验小学开工建设。完成柳堡

镇卫生院医疗服务能力提升项目，县级医院救治能力提升、县妇幼保健院综合服务大楼建设项目完成总工程量的80%以上。

城市品质显著提升。开展城市更新三年提升行动，投资1.6亿元，完成县城区海丰九路、海丰十一路道路及排水改造，棣新六路北延等工程，新建城市道路1.6千米，道路改造提升8.1千米，新建道路两侧绿化带4万平方米。棣丰街道丁家片区、马山子镇李家山子棚户区改造项目交付使用，启动4个城中村668户棚户区改造，原化工厂113户棚户区改造项目主体完工，基本完成55个老旧小区改造，城区防洪体系升级改造全面完工，完成119个建筑小区雨污合流管网改造，县城区强降水内涝、雨污混流等问题得到有效解决。

乡村振兴全面推进。推动巩固脱贫攻坚成果同乡村振兴有效衔接，新建衔接项目58个、涉及资金4694万元。落实“藏粮于地、藏粮于技”要求，狠抓粮食安全，全县小麦、玉米产量均创历史新高。培育壮大新型经营主体，市级以上农业龙头企业、农业产业化联合体分别为69家、3家，车王镇入选全国“一村一品”示范村镇。实施农村人居环境整治提升五年行动，召开2次现场观摩推进会议，2个美丽乡村示范片区、38个县级美丽乡村示范村完成总工程量的70%，完成清洁提升村120个，新建美丽庭院5865户。创新城乡环卫一体化运行机制，投资7000万元，新建垃圾中转站3处。完成清洁取暖1.8万户，在全市率先实现全覆盖。争取国开行贷款6.1亿元，实施212个村农村生活污水治理工程，年内在全市率先完成整县推进任务。完成7333.33公顷高标准农田建设任务，2022年度6000公顷高标准农田建设加快实施。

事非经过不知难，成如容易却艰辛。成绩取得，是保持谋发展“高站位”，始终站位全市、全省、全国大局谋划无棣发展，“干”字当头、“拼”字当先，以“强优富美”引领全局、以港产城融合开创新局，把重大项目作为“天字一号工程”，举全县之力抓项目、建项目、推项目，致力实现无棣大发展、大跨越；是秉持走在前“高标准”，以“单项领域争冠军、综合位次争一等”为目标引领，激励各级各部门你追我赶、拉高标杆、勇争第一。四大班子同心同向、勇挑重担，各指挥部攻坚克难、冲在一线，各镇（街道）守牢底线、服务群众，各县直部门服务大局、敢为人先，社会各界齐心协力、合力攻坚，奏响经济社会发展大合唱；是坚持抓落实的“硬作风”，全县上下始终坚持真抓实干，一天当作两天用、两步并作一步走，保持服务企业高效率、项目建设快速度，一批重大项目建设刷新无棣纪录、干出无棣速度。这些发展变化，是党中央、省委、市委坚强领导的结果，是县委委员、候补委员，县几大班子、各级各部门对县委常委会工作全力支持的结果，是全县各方面团结奋斗、奋发有为的结果。

全县经济社会发展还存在一定差距，主要表现如下：一是安全、环保、金融等领域风险仍然不少，尤其是疫情防控压力持续加大；二是工业经济承压前行，回升基础不稳固，经济运行质量有待提升；三是新兴动能偏弱，产业结构有待优化，科创能力不足；四是乡村全面振兴推进不平衡，镇（街道）发展层次亟待提升；五是公共服务、教育医疗等民生事业优质发展不充分；六是党员干部能力作风与新形势新要求不完全适应，还需在解放思想、扛牢责任、转变思维上下功夫，等等。

《中共无棣县委关于学习宣传贯彻党的二十大精神的决议（草案）》引导全县各级党组织和党员干部，以高度的思想自觉、政治自觉、行动自觉抓好学习宣传贯彻工作，推动学习培训、集中宣讲、新闻宣传、研究阐释走深走实。明确抓好动能转换、加强科技创新、深化改革开放、增强文化自信、突出绿色发展、统筹一体发展、推动共同富裕、统筹发展安全等发展举措，切实把党的二十大提出的目标任务落到实处。《中国共产党无棣县委员会工作规则（草案）》把坚持旗帜鲜明讲政治作为县委工作遵循的首要原则，对县委及常委会、县委委员及候补委员选举和配备，县委职责、常委会及其成员职责等内容，贯彻体现到工作规则中。

政府工作报告

——2023年1月5日在无棣县第十九届人民代表大会第二次会议上

无棣县县长 王涛

一、2022年工作回顾

刚刚过去的一年，面对严峻复杂经济形势、多轮疫情冲击，在县委正确领导下，在县人大、县政协监督支持下，县政府锚定“走在前、开新局”目标，砥砺奋进，承压前行，克服比预料更多困难，取得比预期更好成绩，较好完成全年任务目标。7个省级以上现场会议在无棣县召开，14次在省级以上会议作典型发言，无棣县获评全国科普示范县、全国未成年人保护示范县、国家级棉花制种大县等9项省级以上荣誉称号。

（一）坚持发展第一要务，有力统筹疫情防控和经济运行。聚焦“县委绘蓝图、政府抓落实”，深入贯彻县党代会部署要求，使“干在实处、走在前列”成为政府工作鲜明特质。坚持政府兜底、应保尽保，以最短时间、最小代价处置多轮多点突发疫情。按照上级要求，及时将工作重心从“防感染”转向“保健康、防重症”，全力做好药品供应、亚定点医院、定点医院、重症监护床位建设，用实际行动践行人民至上、生命至上责任担当。坚持系统思维、统筹理念，坚持以经济建设为中心不动摇，千方百计控疫情、稳增长、促发展，经济运行始终保持平稳向好态势。全年地区生产总值增长4.0%，固定资产投资增长20%，规模以上工业增加值增长5.6%，居民人均可支配收入增长5.9%。同口径完成一般公共预算收入21.22亿元，增长2.3%。实现社会消费品零售总额78.5亿元。进出口总额157.85亿元，增长53.09%。12项经济指标增速高于全省、全市平均水平。

（二）紧抓新旧动能转换，优化产业结构壮大发展势能。深化投行、生态、对话“三种思维”，以谋划工作新思路、推动落实硬措施、不达目标不罢休强作风，加快推进86个省市县重点项目建设，迈出优化产业结构新步伐。工业经济持续壮大。新增规模以上工业企业28家，实现规模以上工业总产值610亿元，增长7.5%。工业技改投资增长25%。鲁北150万吨氢氧化铝、惠广纤维素、华盛纺织产业园等15个过亿元项目建成投产，超能新材料、晟基聚苯硫醚等项目加快建设。智能电气成为省级特色产业集群。现代农业加快发展。全面落实“藏粮于地、藏粮于技”战略，改良盐碱地3333.33公顷，建成高标准农田6000公顷，粮食播种面积7.43万公顷，总产42.1万吨，实现“十七连丰”。发展冬枣大棚227.07公顷，完成低产低效园改造500公顷，创成省级现代农业产业园。生猪存栏31万头，国家级种猪核心群保有量全市第一。对虾联合育种平台、海阔现代渔业园区主体完工，实现海洋渔业总产值79.6亿元，增长10%，获评国家级水产健康养殖和生态养殖示范区。新增市级以上农业产业化重点龙头企业6家。车王镇入选全国“一村一品”示范村镇。现代服务业稳中向好。规模以上服务业企业发展到41家，填补空白行业3个。金融助企纾困行动新增贷款14.2亿元，新增重点企业授信5.2亿元，金融机构本外币存贷款余额分别为366亿元、276亿元，增长17.6%、19%。北方创信成功挂牌“新三板”。完成商品房销售37.3万平方米。在全省率先建成全域旅游大数据平台。古城完成塔影街商业安置，成为全省第二批夜间文旅消费集聚区。建立“客货邮”3级物流体系，实现快递直达入村全覆盖。网络零售额增长25%，海丰街道获评全国淘宝镇，城东许村获评全国淘宝村。

（三）强化创新第一动力，推动改革开放释放发展活力。全面落实创新驱动发展战略，用好改革开放关键一招。创新能力不断提升。新认定高新技术企业32家、省制造业高端品牌培育企业6家、省“专精特新”中小企业8家、省“瞪羚企业”3家。新增省级企业技术中心2家、国家地理标志证明商标3件。鲁北、鑫岳、无棣贝瓷荣登中国品牌价值评价榜，丰香园、姬家花园成为“山东老字号”。双招双引成效显著。新签约立项项目18个，其中世界500强企业项目2个、过10亿元项目11个，到位市外资金110亿元、外资6500万美元。争取各类转移支付资金21.82亿元，增长30.9%。争取专项债券21.55亿元，居省财政直管县第1位。优化升级“聚才强棣”政策，举办第三届人才节无棣专场活动，引进海外人才9人、科技领军人才19人、本科及以上大学生1291人。营商环境全面优化。实施重点项目帮包“三百”工程，12个项目实现当年开工、当年投产。在全市率先开通为企服务直通车，制定出台加快市场主体高质量发展20条政策措施，兑现落实惠企奖补资金3603万元。争取建设用地指标3482亩，居全市第1位。创建“帮棣好”项目管家帮办代办服务模式，在全市率先推出“云代办”企业登记服务，市场主体发展到49210家，增长14.8%。政府部门办事效率、服务态度、便捷程度等方面评价满意度99.7%，居全市第1位。

（四）聚力攻坚短板弱项，加快城乡建设补强基础设施。充分利用国家专项债券机遇，成立“八大指挥部”，“四大班子”成员挂帅，全县干部职工上阵，基础设施建设创历年投资最大、项目最多、成效最好。完成“三区三线”划定，新增规划建设用地5866.67公顷。城市品质持续提升。县城区棣新六路北延等工程建成通车，新改建市政道路8条、9.7千米，新建绿化带4万平方米。完成55个老旧小区改造，城市小区雨污合流改造实现清零。棣丰街道丁家片区棚户区改造项目交付使用。治理违法建设9.4万平方米，规划便民服务市场10处，施划停车位3149个，城区主次干道全部落实深度保洁，城市管理更加精细。园区基础日趋完善。投资4.6亿元，完成鲁北高新区、新海工业园道路管网等配套工程，鲁北化工园区扩区、新海化工园区复审顺利通过专家评审，县经济开发区、东风港园区承载能力进一步提升。美丽乡村加快建设。创建美丽乡村示范片区2个，省级美丽乡村示范村5个、市级9个、县级24个。完成212个村生活污水治理，在全市率先完成整县推进。完成农村改厕3299户、清洁取暖改造18399户。交通路网不断优化。津潍高铁（无棣段）启动征迁，大济路拓宽、S233省道改建获省交通运输厅批复，信河路大修工程竣工通车，秦口河、马颊河航道规划纳入《山东省综合立体交通网规划纲要》。完成“四好农村路”通达提升230千米，村道安防工程120千米，危桥改造6座，居全市第1位。水利建设全面提速。完成投资12.8亿元，城区防洪体系升级改造、秦口河综合治理、德惠新河引调水等工程竣工投用，芦家河子水厂扩建、城乡供水一体化等项目主体完工，马颊河鲁北拦河闸等工程加快建设，完成86个村供水管网提升改造。漳卫新河清淤清障得到省委书记、省长签批肯定。

（五）树牢人民至上理念，提高发展成果普惠共享水平。执政为民十件实事完成。新增城镇就业4933人，创设城乡公益性岗位3516个，发放创业担保贷款9162万元。建成基层医保服务站217家，实现县域全覆盖。县未成年人保护中心建成投用，未成年人保护模式全省推广。建立“智慧物联＋全域服务”如康家园模式。“F享无棣”获评全省优秀社会救助品牌。县生命纪念园基本建成，建设公益性公墓21处。扶贫项目年收益2588万元。县医院内科楼、县妇幼保健院、县中心医院建设完成。无棣县创成全国示范性老年友好型社区1处、国家级暖心家园1处。举办全省第八届小品新作大赛。县学前教育中心、第三实验幼儿园建成招生，2处高中学术报告厅投入使用，高考一段线上线人数提升8.7%。不动产登记历史遗留问题化解工作加快推进。食品安全代表滨州市迎接省级抽检，连续两年保持全市优秀等次。

（六）坚决守住“一排底线”，促进管理规范提升治理效果。坚持问题导向、底线思维，把风险隐患解决在萌芽状态。生态环境持续改善。$PM_{2.5}$浓度同比改善9.5%，优良天数比上年增加27天，重点河流断面全部达到Ⅳ类及以上水质，空气、水环境质量改善居全市第1位。凌霞、众源污水处理厂“一企一管”改造投入使用。畜禽粪污资源利用整县推进项目建设完成，规模以上畜禽养殖场粪污处理设施配建率100%。安全生产平稳有序。鲁北安全生产实训基地建成投用。安全生产专项整治三年行动深入开展，检查企业4137家次，查改隐患8375条，组织应急演练2532场次。建成镇级应急救援站10处、应急避难场所76处。安全生产事故起数、死亡人数同比分别下降20%、67%。社会大局保持稳定。处置不良贷款2.5亿元，不良贷款率降至1.55%。民族村乡村振兴服务队“五个一”工作机制，得到市委主要领导批示肯定。常态化扫黑除恶斗争、三年禁毒人民战争扎实推进。车王镇派出所创成省级“枫桥式”派出所。化解上级交办信访积案137件。

（七）着力打造“五型政府”，提高施政能力增强服务质量。扎实开展解放思想大讨论暨“在知爱建”主题实践活动，深入学习贯彻党的二十大精神。全县党政机关法律顾问实现全覆盖，办结法律援助案件1257件。自觉接受县人大法律监督、县政协民主监督、社会监督，办结人大代表建议105件、政协委员提案146件。办理减税降费、增值税留抵退税15.56亿元，对冲市场波动，助推企业发展。完成审计项目22个，节约政府投资4403万元。完成公共资源交易项目472个，增收节支2.91亿元。办理“12345”政务服务便民热线3.5万件，满意率为98%，居全市第1位。严格落实中央八项规定及其实施细则精神，政府自身建设、治理能力提升。妇女儿童、退役军人、史志档案、机关政务、邮政通信、红十字、油区、气象等工作取得新成绩。

事非经过不知难，成如容易却艰辛。过去一年，我们扛住世纪疫情影响，顶住经济下行压力，保持良好发展势头。以上成绩取得，得益于县委科学决策、正确领导，得益于县人大、县政协有效监督、鼎力支持，得益于广大干部群众真抓实干、奋勇争先。

在肯定成绩同时，我们清醒认识到，全县经济社会发展仍存在一些问题和不足：一是县域经济总量还不够大，项目效益还没有充分显现。二是传统产业占比仍然偏高，新能源新材料等新兴产业链条还不够长。三是基础设施和公共服务体系还不够完善，民生领域补短板任务依然繁重。四是土地、能耗等要素制约破解不够有力，与经济发展速度还不相适应。五是政府自身建设仍需加强，干部作风、行政效能与新时代新要求相比还有一定差距。我们将采取有力措施，认真加以解决。

二、2023年工作任务

2023年是全面贯彻落实党的二十大精神的开局之年，是无棣由筑基蓄势向全面起势转变的关键之年，也必定是无棣提速发展、争先竞位赶超之年。积极财政政策加力提效，园区承载能力显著增强，交通、水利等基础配套更加完善，一大批重点项目陆续投产达效，全县经济社会发展进入快出成果、大见成效重要时期。我们要准确把握发展大势，以县城为主体，以鲁北高新区、东风港临港产业园为两翼，以镇（街道）为支撑，构筑“一体两翼、多点联动、港产城融合”新格局，打造黄河流域生态保护和高质量发展示范基地、环渤海地区高端化工和新能源新材料产业基地、省会经济圈绿色海洋产业基地、鲁北港产城融合示范基地。

全县工作总体思路，以习近平新时代中国特色社会主义思想为指导，全面贯彻落实党的二十大精神，坚持稳中求进工作总基调，完整、准确、全面贯彻新发展理念，主动服务、融入新发展格局，着力推动高质量发展，全面深化改革开放，大力提振市场信心，实现城市能级、三农发展、载体平台、项目建设、基础建设、民生改善“六个新突破”，开创城市发展、乡村振兴、园区经济、高质量发展、基建赋能、社会事业“六个新局面”，奋力推动“强优富美”新无棣高质量发展。

全县经济社会发展主要预期目标，主要经济指标增速高于全省、全市平均水平，地区生产总值增长7%，一般公共预算收入增长8%，固定资产投资增长20%，规模以上工业总产值增长30%，进出口总额增长5%，社会消费品零售总额增长6%，居民人均可支配收入增长7.5%。

围绕全年任务目标，重点抓好以下工作。

（一）聚焦生态塑格局，厚植赶超跨越新优势。按照"五园为主、多元发力、全要素保障"总体布局，筑牢载体支撑，拓展发展空间，重塑县域经济发展新格局。

提升五大园区质效。县经济开发区，对接高铁片区，启动海丰十五路东延等4条道路建设，打造服装家纺、汽车装备制造、医药、新能源新材料四个"园中园"。鲁北高新区，马颊河北部加快建设"六路六桥"，规划建设鲁北现代物流园，实施非化工项目外迁，腾出空间引进新项目，实现"老区换新颜"；向南"跨河扩区"，完成省级化工园区扩区调整，完善路网及基础配套体系，拉开发展大框架，打造千亿级新能源新材料产业园，再造一个新鲁北。新海工业园，实施腾笼换鸟、招商选资、择优引强，加快培植营收过亿元、利税过千万元企业，尽快突破营收过10亿元、利税过亿元企业，建设集约高效创新发展百亿级产业园区。东风港园区，抓好秦口河岸线规划调整与综合开发，建设临港产业园，推进临港绿色低碳产业基地建设，打造新经济增长极。古城区，深入挖掘历史文化底蕴、鲁北民俗内涵，推动文化体验、文艺汇演、精品民宿、特色餐饮、非遗手造、研学游等业态植入，尽快实现常态化、市场化运营，创建国家级夜间文化、旅游消费集聚区，让古城"活"起来、"火"起来。

多元发展镇域经济。充分发挥镇（街道）产业资源禀赋，坚持抓大不放小，形成中小微企业"铺天盖地"发展局面。深入开展全民创业、回乡创业行动，探索实施农户以空闲土地出租、闲置资金入股等模式，发展农产品深加工等富民兴村产业，一村一品，一镇一业，打造由点连线、由线结网产业格局。

全面优化要素保障。坚持"要素跟着项目走"，争取重点项目用地100公顷以上。全方位对接多层次资本市场，培育上市后备企业2家，新增挂牌企业3家以上。贷款余额增长12%以上，力争突破310亿元。实施"聚才强棣"计划，开展"进校园"招聘活动10场以上，引进科技领军人才20人以上、硕博士70人以上、本科以上大学生1200人以上。

（二）聚焦转型提能级，培育产业发展新动能。以投资5000万元以上的60个重点项目为抓手，保障供应链、完善产业链、提升价值链，构建高质量发展现代产业体系。

做优传统产业。加快推进投资28.2亿元鑫岳1,4-丁二醇可降解新材料、投资20亿元三岳双酚A等项目建设，延伸高端化工、精细化工产业链条。全年完成固定资产投资180亿元以上，新增"四上"企业50家以上，规模以上工业企业200家以上，实现数量四年翻一番、产值四年增三倍。

做大新兴产业。推动投资107亿元万润锂电二期、投资25亿元超能新材料项目建成投产，打造千亿级鲁北智慧锂电新能源产业基地。投资29亿元中电新能源海上光伏项目开工建设，实现绿色能源替代。加快5G基站建设，推进企业数字赋能，鲁北化工园区争创省级数字化园区。以华盛纺织产业园为龙头，延伸发展印染、成衣全产业链，加快纺织产业品牌化、高端化发展。

做强现代服务业。大力发展生产性服务业，深入推进二、三产业剥离。繁荣发展生活性服务业，居然之家等项目建成投用。推动房地产业健康发展，完成商品房销售40.3万平方米，增长8%以上。大力发展"网红经济""首店经济"及电商新零售，电商交易额增长10%以上。完成文化中心改造提升，启动黄河古道建设，打造黄河流域文化名城、中国滨海生态旅游目的地。

做精海洋产业。大力发展海洋经济，建设海上无棣，加快推进友发智能化水产育种、碧水源海水淡化二期等项目建设，延伸发展海产品精深加工、冷链物流产业，创建国家级海洋牧场示范区、国家级原种场。推广金刚虾、鲻优1号、石斑鱼等新品种规模化养殖，争创“名特优新”农产品。

（三）聚焦改革强动能，打造创新发展新高地。继续围绕“全市领先、全省前列”目标定位，充分发挥改革创新引领作用，以营商环境大提升促进经济社会大发展。

以招商蓄能。充分发挥鲁北、鑫岳等“链主”企业引领带动作用，加快产业延链补链强链，做好“存量优化、增量崛起”两篇文章。注重以商招商、产业招商、精准招商，紧盯三元锂电、光刻胶新材料等在谈项目，年内，引进过10亿元项目3个以上、500强、行业领军企业项目1个以上，到位市外资金110亿元以上、外资6000万美元以上。

用改革赋能。持续深化财政体制改革，推进城镇土地使用税差别化改革试点，落实减税降费、增值税留抵退税政策。深化国资国企改革，完善激励约束机制，做大做强国有企业。推进统计现代化改革，做好第五次全国经济普查。深化事业单位人事制度改革，稳步推进岗位分级管理和事业单位绩效工资制度，充分激发园区、部门干事活力。

抓科创塑能。实施知识产权强县战略，扩大县域品牌经济规模。加大企业研发投入，逐步实现规模以上工业企业研发全覆盖。搭建“政产学研金服用”产业引领平台，加大科技型企业培育力度，新增科技创新平台2家以上、高新技术企业10家以上，国家科技型中小企业140家以上。

靠营商育能。树牢让企业、企业家舒服理念，叫响“帮棣好”品牌，打造更优营商环境。实施帮包服务市场主体工程，加快实现万家市场主体帮包全覆盖。构建县镇（街道）村（社区）三级便民服务体系，推进高频便民服务事项“云办秒批”。整合建立资源要素保障数据库，强化重点项目前期策划，助推项目审批建设提速提效。

（四）聚焦三农促和美，开创乡村振兴新局面。坚持农业农村优先发展，统筹推进“五大振兴”，打造齐鲁样板示范区，让农业更智慧、农村更美丽、农民更富裕。

发展现代农业。深入做好耕地保护，夯实粮食安全根基，实施土地开发整理项目，新增耕地133.33公顷，新建高标准农田2666.67公顷。大力发展智慧农业，加快智慧农业大数据平台、棉花国家数字种植业创新应用基地建设。培育农业新型经营主体，新增市级以上农业产业化重点龙头企业3家、农民合作社示范社14家、家庭农场示范场10家。

建设美丽乡村。加快编制镇级国土空间规划、村庄规划。抓好农村环境综合整治，实施乡村建设行动，创建美丽乡村示范片区2个、县级以上美丽乡村示范村39个，完成282个村供水管网提升改造。开展美丽庭院、美丽街巷创建活动。打好移风易俗持久战，创建市级以上文明村镇16个。

培育富足农民。实施“集体共富”行动，盘活农村闲置资产资源，让资源变资产、变项目，促进村集体增收，争创农村集体经营性建设用地入市全国试点县，集体收入10万元以上村实现全覆盖。培育高素质农民300人以上，推选齐鲁乡村之星3人以上。常态化做好防返贫监测，完善帮扶项目联农带农机制配套措施，巩固拓展脱贫攻坚成果。

（五）聚焦统筹抓融合，打造宜居宜业新环境。实施基础设施规划建设“510”工程，坚持城乡同治、建管并重，让无棣城乡品质更优、品位更高、品牌更亮。

突出规划引领。高标准编制“十项规划”，完善实施《无棣县国土空间总体规划》，完成编制综合交通、城市更新、加油加气、国土生态修复4个专项规划，启动编制城市风貌、儿童友好城市、城乡融合发展、村庄布局和乡村振兴、资源环境承载力和国土空间开发适应性评价5个专项规划，拓展经济社会发展空间。

打造品质城市。按照“东扩、西延、南拓、北展、中提”总体思路，改造老城区、提升新城区、开发高铁片区，实施海丰十六路西延工程，启动南外环、西外环规划调整，拉开城乡发展大框架。实施总投资14.3亿元的“十大道路绿化”工程、“十大改造提升”工程，完成海丰十四路罩面、棣新六路北延绿化等项目，统筹推进棣新九路供热、城区燃气管道更新、馨国棚户区改造等工程，提升精细化管理水平，打造“15分钟品质生活圈”。

构筑安畅交通。抓好总投资141.8亿元的“十大路网”工程，服务津潍高铁（无棣段）、G228国道（无棣段）建设，加快推进大济路拓宽、鲁北外环线建设、S233省道改建等工程，打造“30分钟通勤圈”。推进“四好农村路”提升工程，新改建农村公路300千米，旅游路47千米，危桥改造6座，构建安全畅通的综合立体交通网。

建设美丽河湖。落实“四水四定”，坚持“五水并举”，实施总投资19.6亿元的“十大水网”工程，完成城东水库建设、黄瓜岭橡胶坝除险加固、埕口水库增容、城乡供水一体化、县污水处理厂提标改造工程，加快推进三角洼水库除险加固、小开河至芦家河子引水及朱龙河、郝家沟综合治理工程。实施城区水环境治理、管网改造工程，实现城区排涝畅通、水系连通、活水流通。

（六）聚焦风险守底线，织密安全发展新屏障。守牢守好“一排底线”，坚持以大概率思维防范小概率事件，为全县经济社会高质量发展保驾护航。

筑牢疫情防线。因时因势优化疫情防控措施，加快推进疫苗接种，最大程度保护人民群众生命安全和身体健康。加强医疗资源和队伍建设，持续提升医疗救治能力，有效满足群众就医用药需求。抓好老年人和患基础性疾病群体的防控，着力保健康、防重症，竭尽全力降低疫情对生产生活影响。

守牢安全底线。开展安全生产集中整治、安全生产大诊断活动，聘请安全专家进行会诊式服务，完成中小企业安全标准化建设20家以上。建设应用应急救援移动指挥平台，提升应急处置、防灾减灾能力。狠抓危化品、建筑施工、道路交通等领域治理，坚决杜绝较大及以上安全生产事故。

盯牢生态红线。以更高标准打好蓝天、碧水、净土保卫战，$PM_{2.5}$控制在40微克/立方米以内，空气优良率为72%，重污染天数控制在9天以内。强化陆域海域协同治理，实施入海河流总氮削减工程，近岸海域优良水体为74.1%。推进土壤碱渍化治理，争创国家级防沙治沙综合示范区。

固牢平安前线。完善立体化信息化社会治安防控体系，推进大部门大警种制改革。加快民兵训练基地建设，提升民兵队伍应急应战能力。统筹推进常态化扫黑除恶斗争、打击电信网络诈骗、养老诈骗专项行动，保障人民群众生命财产安全。抓好信访积案攻坚化解，创建全国信访工作示范县。

（七）聚焦民生增福祉，绘就幸福和谐新画卷。开展“四个无棣”建设，让高质量发展成果更多更公平惠及全县人民，让广大群众更有想头、更有盼头、更有甜头。

建设健康无棣。抓好总投资6.8亿元7项卫生基础设施工程，县医院内科楼、妇幼保健院、中心医院投入使用，县域医疗次中心、分中心主体完工。深化综合医改，创建国家中医药综合示范区、省级慢性病综合防控示范区。整合县医院、妇幼保健院妇幼保健资源，打造鲁北地区妇幼特色综合专科医院。

建设优教无棣。实施总投资6亿元7项教育建设工程，完成县第五实验小学等6所中小学幼儿园建设，县职业中专五年制高职学校建成投用。深度推进义务教育优质均衡发展，全面提升教育教学质量，中高考成绩进入全市前列。建设健身小屋、口袋体育公园4处，争取申办市级青少年比赛2项以上。

建设幸福无棣。新增城镇就业4000人以上、城乡公益性岗位2000个以上，实现零就业家庭动态清零。建设县级农民工工资支付监管平台，构建和谐稳定劳动关系。持续擦亮“无忧工程”“F享无棣”品牌，提升社会救助水平。推进参保扩面，全县医疗、养老保险参保人数分别为44万人、34.6万人以上。

建设和善无棣。开展志愿服务，评选“无棣好人”“感动滨州人物”“山东好人”，提升和善无棣知名度。实施文化惠民工程，丰富群众文化生活。加快孝善食堂建设，提升养老服务水平。建立

“2+3+4+N”跨省市县（市区）民族团结进步创建联盟，铸牢中华民族共同体意识。推进双拥共建，争创省级双拥模范县。

三、全面加强政府自身建设

坚持、加强党的全面领导，推进“五型”政府建设，打造“六事”干部队伍，提升政府工作效能。

科学理政善谋事。以习近平新时代中国特色社会主义思想为指导，全面贯彻党的二十大精神，忠诚拥护“两个确立”，坚决做到“两个维护”。始终心怀“国之大者”，自觉融入发展大局，打造善学善思、善谋善为、善作善成高素质干部队伍。

高效勤政敢担事。大兴求真务实、真抓实干之风，让敢于担当、勤于担当成为政府系统行动自觉。强化实干实绩鲜明导向，明确任务书、展开擂台赛，抬高标杆、比学赶超、事争一流，调动各级干部大干快上积极性、主动性。

为民执政干实事。坚持把为民造福作为最大政绩，办好执政为民十件实事。加大民生保障力度，控制一般性支出，用政府“紧日子”换百姓“好日子”。深化“三百”工程、“四争”机制，组织党员干部到一线服务企业、推动发展。

依法施政会办事。深入贯彻落实习近平法治思想，加快推进法治无棣、法治政府、法治社会一体建设。严格执行重大行政决策程序，推行政务公开。依法接受人大法律监督，自觉接受政协民主监督，主动接受社会监督、舆论监督。

团结为政能共事。团结带领全县广大干部群众接续奋斗、砥砺前行，心往一处想、劲往一处使，全面贯彻落实好县委各项决策部署。坚持问政于民、问计于民、问需于民，深入一线调查研究，凝聚起团结奋斗、共促发展更大干劲。

廉洁治政不出事。严格履行全面从严治党主体责任，推进“三廉工程”，建设“清风无棣”。强化“十种思维”，从严落实中央八项规定及实施细则精神，建立“严真细实快”落实体系，持续营造风清气正政治生态、干事创业良好环境。

征程再启，自当扬帆破浪；重任在肩，更须策马扬鞭。全县人民更加紧密地团结在以习近平同志为核心的党中央周围，在县委坚强领导下，以只争朝夕干劲、滴水穿石韧劲、改革创新拼劲，踔厉奋发，勇毅前行，奋力开创“强优富美”新无棣高质量发展新局面。

部分用语解释

1. 省级以上荣誉称号

全国科普示范县

全国未成年人保护示范县

国家级棉花制种大县

国家级水产健康养殖和生态养殖示范区

全省农业绿色发展先行县

全省高标准农田整县推进示范县

全省建筑业跨越发展县

全省未成年人保护试点县

山东曲艺之乡

2. 省级以上现场会议

全国盐碱地高产优质牧草现场会

全省推进未成年人保护工作视频会议

全省时空大数据平台建设及应用现场会

全省煤田地质系统服务乡村振兴战略工作现场会

全省推进食盐批发工作座谈会

全省残疾人电商直播职业技能培训及现场会

“渔安·2022”山东省渔业防台风应急演练

3. 一村一品

在一定区域范围内，以村为基本单位，按照国内外市场需求，充分发挥本地资源优势，通过大力推进规模化、标准化、品牌化和市场化建设，使一个村（或几个村）拥有一个（或几个）市场潜力大、区域特色明显、附加值高的主导产品和产业。

4. 客货邮

推进农村客运、货运、邮政快递融合发展，统筹解决农民群众幸福出行、物流配送、邮政寄递三个“最后一公里”问题。

5. “专精特新”中小企业

具有专业化、精细化、特色化、新颖化发展特征的中小企业。

6. 瞪羚企业

成长速度快、创新能力强、专业领域新、发展潜力大、人才密集、技术密集，个头不大、跑得快、跳得高，以科技创新或商业模式创新为支撑进入高成长期的中小企业。

7. “三百”工程

百个单位联系百家企业帮包百个重点项目。

8. 八大指挥部

化工园区扩容升级、现代水网建设、综合交通建设、古城建设运营发展、教育基础设施建设、乡村振兴、卫生健康工程建设、城市建设指挥部。

9. 三区三线

“三区”即城镇、农业、生态空间；“三线”即生态保护红线、永久基本农田保护红线、城镇开发边界。

10. 四好农村路

农村公路建设好、管理好、养护好、运营好。

11. F享无棣

实施提升一批机构、筹建一个中心、构建一个网络、优选一支队伍、打造一个平台、出台一套制度“六位一体”的“F享无棣”关爱照护工程，实现特困供养人员服务全覆盖。

12. 一排底线

坚决守好政治安全、粮食安全、能源安全、产业链供应链安全、金融安全、安全生产、生态环境安全、食品药品安全、公共卫生安全、意识形态和网络安全、社会安全和社会稳定等“一排底线”。

13. 民族村乡村振兴服务队“五个一”工作机制

选优一支驻村队伍、理清一个工作思路、落实一系列保障措施、壮大一批特色产业、办好一些民生实事。

14. “五型”政府

建设“忠诚干净型、全心为民型、学习创新型、高效服务型、担当实干型”政府。

15. “强优富美”新无棣

建设“经济实力强、产业质效优、百姓生活富、生态环境美”新无棣。

16. “四上”企业

规模以上工业企业，有资质的建筑业企业，限额以上批发和零售业企业、住宿和餐饮业企业、房地产开发经营业企业，规模以上服务业企业、其他有500万元及以上固定资产投资项目的法人单位。

17. 五大振兴

产业振兴、人才振兴、文化振兴、生态振兴、组织振兴。

18. 四水四定

以水定城、以水定地、以水定人、以水定产。

19. 五水并举

源水、用水、留水、节水、管水。

20. 无忧工程

打通机制、救治、自立三条“无障碍通道”，构建起集救治康复、日常关爱、保障监护于一体的精神疾病困难人员救助体系，实现政府无忧、社会无忧、家庭无忧、个人无忧。

21. “2+3+4+N”跨省市县民族团结进步创建联盟

“2”即山东省、河北省；“3”即滨州市、德州市、沧州市；“4”即无棣县、庆云县、海兴县、盐山县；“N”即各县所属镇（街）、村居（社区）相互建立联盟。

22. 四争机制

争政策、争资金、争项目、争亮点。

23. 三廉工程

文化育廉、教育倡廉、阵地宣廉。

24. 十种思维

党建思维、生命线思维、“怎么行”思维、“不牢骚”思维、精气神思维、积极性思维、数据思维、地图思维、服务思维、品牌思维。

新时代十年无棣县经济社会发展成就

党的十八大以来的新时代10年，无棣县落实党中央决策部署和山东省委、滨州市委工作要求，抢抓战略机遇、积极主动作为，攻坚克难、砥砺奋进，干成一批事关长远的大事，攻克一批制约发展的难事，办成一批群众关切的实事，实现经济社会高质量跨越式发展十年。

十年矢志跨越，综合实力迈上新台阶。无棣县高质量发展综合考核连年居滨州市前列，2021年列全市一等第1名，获新旧动能转换、“83”工程重点工作2个单项奖。主要经济指标增速持续高于全市平均水平，实现经济总量、人均增量、发展质量“三量齐升”。2021年，实现地区生产总值274.73亿元，年均增长5.70%，人均GDP达到63447元，比2012年提高47.80%；一般公共预算收入实现翻倍增长，达到20.73亿元，税收占比由70.70%提高到76.80%。规上工业企业发展到164家，10年增加99家。税收过10亿元、过亿元、过千万元企业分别为1家、6家、18家，营业收入过百亿元企业2家，过亿元企业50家。鲁北高新区、新海工业园成为省级化工园区；县经济开发区全省排名提升57个位次；东风港经济园区成为省级海洋特色产业园。新时代的无棣，赶超发展，争先向前，综合实力、核心竞争力、发展影响力持续提升。

十年转型升级，动能转换实现新突破。无棣县经济结构持续优化，三次产业比由2012年的15：49.80：35.20调整为16.20：38.70：45.10。创新能力提升，国家高新技术企业发展到52家，10年增加48家，高新技术产业产值占规模以上工业产值比重提高到37.30%，市级以上瞪羚企业、“专精特新”中小企业分别为10家、3家。培植形成高端化工、锂电新能源、装备制造、服装家纺等主导产业，成为全省县域特色产业培育示范县。环氧丙烷、化学品铝等产品产量居全国前列，高端化工产业产值突破千亿元；锂电产业从无到有、从小到大。投资56亿元的鲁北万润智慧能源科技（山东）有限公司一期项目年内全部建成投产，打造营收过千亿、利税超百亿的鲁北智慧锂电新能源基地；智能电气装备制造产业入选全省特色产业集群；无棣海忠软管制造有限公司具备全球管径最大复合内衬修复软管生产能力，海底软管、移迁式海洋钻井平台填补国内空白；引进建成香港华盛纺织产业园项目，加快打造服装家纺产业百亿级产业链条。现代农业提质增效，无棣县获评国家级棉花制种大县、全国渔业健康养殖示范县、国家级畜禽种质资源保护区、中国好粮油示范县。全县市级以上农业龙头企业发展到68家，粮食播种面积5.33万公顷以上，年产粮食40万吨以上。优质牧草产业成为全省典型，“草棉连作”模式全省推广。海洋经济做大做强，建设海上无棣，打造中国北方最大贝类、对虾育苗基地，争创国家级海洋牧场示范区。全域旅游繁荣发展，创成国家AAAA级景区2家、AAA级景区9家，古城景区建成运营，无棣县成为国家全域旅游示范区创建单位、好客山东旅游创新示范县、文化强省建设先进县、省级全域旅游示范县。新时代的无棣，项目支撑更加有力，发展动能更加强劲，正向着现代化建设新征程阔步前行。

十年改革创新，开放发展释放新活力。无棣县承接完成国家级改革试点12项、省级70项，机构职能、审批服务、农业农村、科教文卫、开发区等领域改革多点突破，成效显著。在全市率先落实县域无差别“一窗受理”，率先推出“云代办”服务，无棣县连续3年在全市营商环境评价中居第1位，连续2年在全市惠企政策评价中居第1位，全县市场主体总数4.84万户，是10年前12倍。对外开放步伐加快，“双招双引”成果丰硕，引进省级以上高层次人才109人、本科以上大学生6275人；

实施产业招商、以商招商，国家电力投资集团、中国电力建设集团、湖北万润新能源科技股份有限公司、江苏三木集团、香港华盛集团、北京碧水源净水科技有限公司等集团、企业落户无棣，引进县外到位资金575亿元，实际利用外资1.2亿美元；无棣鑫岳化工集团清洁能源加工项目、山东三岳集团环氧树脂项目、香港华盛集团纺织项目、山东惠广科技发展有限公司、山东亿博润新材料科技有限公司等企业、项目建成投产。新时代的无棣，“好朋友”越来越多、“朋友圈”越来越广、“国际范”越来越足，加快融入新发展格局，日益成为创新热土、创业沃土。

十年统筹发展，城乡面貌绘就新画卷。新时代10年，县城区面积拓展到31平方千米、城镇化率61%，创成国家卫生县城、省级园林城市。实施乡村振兴战略，打造乡村振兴“齐鲁样板”，马山子镇、西小王镇、埕口镇分别创成全国百强镇、全国农业产业强镇、全国卫生镇；车王镇、信阳镇获评省乡村振兴示范镇。优化农村人居环境，建成县级以上美丽乡村示范村173个，美丽乡村覆盖率提高到32%，美丽庭院创建村实现全覆盖，美丽庭院建成率34.24%，2022年在全市率先完成农村生活污水治理任务，实现县域全覆盖。水利投入持续加大，治理河道380千米，完成投资15.8亿元。路网体系更加优化，津潍高铁在无棣设站，秦滨高速、黄大铁路、泊港铁路建成通车，G205国道完成绕城改线，农村公路通车总里程1910千米。无棣县获评“四好农村路”全国示范县、全省农村“客货邮”融合发展样板县。新时代的无棣，城乡协奏交响曲、共绘一幅画，千年古城正在蜕变成近悦远来的魅力新城。

十年践行初心，民生福祉实现新跃升。无棣县坚持以人民为中心发展思想，兜好底、织好网、办实事，民生支出占比连年保持80%以上。全县脱贫攻坚圆满收官，省定扶贫工作重点村、省定贫困村稳定“摘帽”，贫困人口稳定脱贫。群众收入持续提高，城镇新增就业4.9万人，城乡居民人均可支配收入年均分别增长5.8%、7.3%。全县教育事业均衡发展，完成教育总投入63.6亿元，新建、改扩建各类学校、幼儿园119所，增加学位3.1万个，大班额全部清零，创成全国义务教育发展基本均衡县。医疗卫生事业走在前列，成为紧密型医共体建设国家试点县、全国基层中医药工作先进单位。民生保障扩面提标，社保、医保、低保水平进入全省前列。旱厕改造完成9.9万户，管护经验全省推广。完成清洁取暖改造11.7万户，实现县域全覆盖。未成年人保护工作走在全省、全国前列，成为全省未成年人保护示范县，争创全国未成年人保护示范县。第七次全国人口普查常住人口46.58万人，比10年前增加4.7万人，增速全市第二。打赢蓝天、碧水、净土保卫战，可吸入颗粒物、细颗粒物较2016年分别改善46.2%和52.2%，骨干河道水质稳定在Ⅲ、Ⅳ类标准以上，省控以上河流水质现状、改善率居全市第1位。金融领域风险有效防控，不良贷款率逐年下降，保持全市最低水平。安全生产形势保持平稳。社会治理水平不断提升，全科大网格走在全市前列，无棣县成为全省三年禁毒人民战争成效突出县，政法队伍教育整顿成效居全市首位，社会大局持续和谐稳定。新时代的无棣，景美人和、宜居宜业，人民群众获得感、幸福感、安全感不断增强。

十年强基固本，党的建设呈现新气象。树牢“以党建统领一切工作”的理念，全面落实新时代党的建设总要求，全方位、全过程强党建。扎实开展党内集中教育，“两学一做”学习教育、“不忘初心、牢记使命”主题教育、党史学习教育扎实有效，获评全省先进县级党委理论学习中心组。完成县、乡、村党组织换届。机关党建工作走在全市、全省前列。建立恢复基层党校14处，共产党员“淬火工程”全市推广。意识形态领域持续稳定，管理监督体系更加完善。开展“建设更高水平富强滨州，无棣怎么干”解放思想大讨论、“在知爱建”主题实践活动，组织党员干部投身“三百工程”，一线服务企业、服务项目。建立健全纪检监察工作县、乡、村三级联动机制，一体推进“三不腐”，打造“清风无棣”品牌。

（魏德强　高金明）

“建设更高水平富强滨州，无棣怎么干”解放思想大讨论暨“在知爱建”主题实践活动综述

2022 年，无棣县按照滨州市委关于“山东走在前，滨州怎么办”解放思想大讨论暨“在滨州、知滨州、爱滨州、建滨州”主题实践活动专题学习要求，制定《中共无棣县委关于开展“建设更高水平富强滨州，无棣怎么干”解放思想大讨论的意见》《中共无棣县委关于在全县开展“在滨州、知滨州、爱滨州、建滨州”主题实践活动的工作方案》，全县深入开展“建设更高水平富强滨州，无棣怎么干”解放思想大讨论暨“在知爱建”主题实践活动，围绕“六大攻坚行动”“六个显著提升”，开展学习、对标、研讨交流，解放思想，转变思维，创新引领，干事创业，推动“强优富美”新无棣大发展、打造鲁北港产城融合新高地迈出坚实步伐。

一、“建设更高水平富强滨州，无棣怎么干”解放思想大讨论主题实践活动

2022 年，无棣县按照滨州市委有关要求，制定《中共无棣县委关于开展“建设更高水平富强滨州，无棣怎么干”解放思想大讨论的意见》，组织全县干部职工开展“建设更高水平富强滨州，无棣怎么干”解放思想大讨论活动，对照五个阶段重点工作，全县各部门单位立足自身实际、创新方式方法，坚持把解放思想大讨论与落实全年重点任务结合起来，统筹谋划、协调推进，实现解放思想大讨论、统筹新冠疫情防控和经济社会发展互促共进、共同提高。

（一）统一思想，集中智慧，开拓创新。3 月 5 日，无棣县委召开“建设更高水平富强滨州，无棣怎么干”解放思想大讨论动员大会，印发《中共无棣县委关于开展“建设更高水平富强滨州，无棣怎么干”解放思想大讨论的意见》，全县 86 个部门单位全部召开动员大会、制定实施方案。在《无棣大众》、无棣电视台等县主流媒体设置“建设更高水平富强滨州，无棣怎么干”解放思想大讨论专栏专刊，推出系列评论员文章，在全县范围内宣传造势。“无棣组工”微信公众号开设“‘建设更高水平富强滨州，无棣怎么干’开门纳谏”专栏，征集意见建议 96 条，及时反馈到相关部门单位，深入分析并抓好落实。开设工作专报集中报道各单位在解放思想大讨论中创新举措、经验做法，编发工作简报 14 期。

（二）集中学习，提升思想观念、政治水平。开展线上学习，做到疫情防控、学习教育同步推进。新冠疫情期间，开展线上学习。3 月 15 日，无棣县

委联合中国人民大学，邀请专家围绕《奋进新征程，建功新时代——2022年全国两会精神解读》做专题报告，经验做法得到滨州市解放思想大讨论领导小组办公室肯定。将解放思想大讨论与疫情防控结合，通过“线上学习＋测试”方式开展2期新冠疫情防控知识专题培训，培训人数16215人次，在全县普及疫情防控知识，提高全县党员干部疫情防控水平。开展专题学习，动员广大干部革新思维、提高境界。开展领导干部“讲理论、讲政策、讲思维、讲方法”活动，全县党委（党组）书记开展专题授课139人次；开展理论学习中心组集中学习125次、主题党日专题学习868次、交流研讨学习53次。围绕省委“十大创新”、市委“八大品质”、县委“六大攻坚行动”“六个显著提升”等重点内容，各单位举办线上线下系统学习专题读书班84期，参加培训2386人次，开展线上线下专题讲座26期，培训22176人次。4月13—15日，举办全县解放思想大讨论专题读书班，采取市县领导专题辅导、专家讲座、分散自学、撰写学习心得等方式进行，在职副县级以上领导干部、各镇（街道）、各部门单位主要负责人等124人参加。以考促学，推动学习成果内化于心、外化于行。编印《“建设更高水平富强滨州，无棣怎么干”解放思想大讨论学习资料》供全县科级以上干部学习参考；3月26—28日，采取“以考促学”方式在全县范围内开展线上测试，全县参加线上测试2万人次，推动解放思想大讨论成果转化为推动工作实际成效。

（三）对标提升，激发思想解放强大活力。全县开展“结对共建·对标一流”行动，确定江苏省如东县作为对标单位。开展2次线上对接，组织干部职工学习如东县经验做法。制定《无棣县“结对共建、对标一流”工作方案》，全县86个部门单位确定对标单位，拿出切实可行对标方案，通过视频考察、连线考察、云上考察等方式进行对接，学习先进经验。

（四）研讨交流，广泛凝聚无棣发展共识。各镇（街道）、部门单位开展征求意见、问计于民活动，征集各类“金点子”200余条。4月6—7日，组织召开“无棣发展大家谈”企业家座谈会，征求对无棣经济发展意见建议45条，征集企业发展难题69项，全部解决。4月21—29日，无棣县委、县人大、县政协班子成员到所联系镇（街道）参加指导党委理论学习中心组反思研讨或专题研讨，持续推动全县解放思想大讨论走深走实。

（五）服务实践，以思想解放推动事业发展。2022年，无棣县被列为国家级棉花制种大县、全省农业绿色发展先行县、全省高标准农田整县推进示范县。无棣县创新实施百个单位联百家企业包百个重点项目“三百”工程，组成工作专班一线服务企业。创新成立为企服务中心，开通为企服务热线、公众号，实现企业诉求“一键直达、吹哨即办”。3月，服务平台上线运行，收到企业“吹哨”事项106件次，办结率、回访满意率100%。落实减税降费政策，为企业减税降费3.6亿元。举办精准服务式资本对接活动，解决企业融资难题，企业新增贷款14.77亿元。推出提升政务服务质效10条措施，开通复工复产“绿色通道”，为企业线上办理服务事项14707件。抓实“过程党建”，创建“年初定任务目标、周例会调度安排、月督导检查问效、季述职点评排名、半年现场观摩评比、年底考核表彰奖励”党建工作链条。开展“清风护航”驻点监督专项行动，持续增强监督工作针对性、实效性，推动全面从严治党向纵深发展。

二、“在知爱建”主题实践活动

2022年，无棣县坚持把“在知爱建”主题实践活动贯穿县委、县政府总体发展思路，与贯彻省委“走在前、开新局”目标要求相结合，与落实市委推动“七大变化”、提升“八个品质”相融合，结合全县“十进十大行动”，细化16个重点项目、101项具体活动，推动活动落地落实、见行见效。

（一）强势宣传聚情聚力。线上宣传强氛围。在各级各类媒体开设“在知爱建”专题专栏，刊发相关稿件2493篇，各级广播电视台刊发报道稿件

821篇。创新推出本土方言版“安大爷”系列短视频，点击量突破600万，转载转发7万次。线下推介有力度。推出“知无棣”系列宣传册、“美食无棣”“美景无棣”系列地图，多视角描绘无棣特色形象。开展“百年非遗看无棣”网络主题活动、“高质量发展看无棣”全国网络媒体行、“富强滨州企业行·走进无棣”主题采访等活动，全方位展现“在无棣、知无棣、爱无棣、建无棣”之生动实践。擦亮“棠棣之声”宣讲品牌，开展各类集中宣讲2700余场次。全县选手参加滨州市百姓宣讲比赛，获一等奖2名、二等奖2名、三等奖1名。深耕文化树品牌。无棣县承办山东省第八届小品新作大赛、首届山东省全民阅读大会暨齐鲁书香节——书润滨州阅读季启动仪式；无棣县获“山东曲艺之乡”称号。无棣作为有独立展区县区亮相中国国际文化旅游博览会、首届中华传统工艺大会，承建运营“山东手造·滨州精品”济南展示滨州展区，无棣县海瓷、盐雕、黄河泥陶、小磨香油、鲁绣等手造产品影响力不断扩大。

（二）活动开展出新出彩。开展主题征文、演讲、知识竞赛52场，建言献策意见征集活动41次。开展“五为”等新时代文明实践志愿服务活动1.8万场次，“文艺赋能·情系万家”“黄河文化艺术季”等系列活动80余场，“最美志愿者”“最美科技工作者”等“无棣最美故事汇”系列评选7场，送戏下乡演出800场，放映农村公益电影6996场，开展各类主题活动近200场。推报“无棣好人”46人，获评“山东好人”“滨州好人”“感动滨州人物”14人（次），评选“感动无棣人物”10人。入选全市“创新滨州我担当”提质增效竞赛优秀案例2件。精品创作成果丰硕。深挖细耕无棣深厚历史文化资源，红色公益电影《牛保正》《石景芳》正式上映，文学评论集《但得清音》、文学作品《鱼水情深》、红色文化书籍《铭记》《忠诚》《回眸》出版发行，报告文学集《追寻那一束光》、散文集《依依炊烟》即将出版，多幕戏《张镈大师》、电视剧本《李之仪》有序创作。城市建设温暖贴心。全市第一家全域旅游大数据平台全面投用，古城城市会客厅基础设施配套更加完善，10大“非遗工坊”入驻。建成城市图书驿站2处，“我棣家”为民驿站广受群众欢迎，“和善无棣”品牌进一步擦亮叫响。

（三）服务发展见质见效。坚持以“在知爱建”主题实践活动促进中心工作。通过开展稳住经济基本盘百日攻坚等行动，在引导党员干部逆向倒推、正干抓经济运行中践行“在知爱建”理念，7项主要经济指标增速居全市前3名，全年地区生产总值完成284.5亿元，增长4%。在项目建设中，通过实施“三百工程”，在引导党员干部“5+2”“白加黑”抓项目推进中践行“在知爱建”理念，湖北万润新能源科技股份有限公司一期、山东鲁渝博创铝业有限公司120万吨氢氧化铝项目当年开工、当年投产、当年纳统，山东鲁北海生生物有限公司150万吨氢氧化铝、香港华盛集团纺织产业园、山东惠广科技发展有限公司等15个过亿元项目建成投产。在民生保障中，通过推进基本公共服务、优化营商环境“双提升”，引导党员干部在补齐基础设施建设短板、促进共同富裕中践行“在知爱建”。漳卫新河河口段清淤清障、盐碱地综合开发等经验做法，得到省委、省政府主要领导批示肯定。无棣县在全市率先完成农村生活污水治理、率先实现清洁取暖全覆盖。

（四）保障措施到点到位。明确各项活动任务目标、推进措施、完成时限、责任单位，确保活动开展有方向、有抓手，做到限时推进、责任到人。建立提醒通报工作机制，县直各部门实行“周调度、周通报”工作机制，活动开展情况每周提醒、通报进度。发布“在知爱建”主题实践活动简报，开设新冠疫情防控、走进“八大指挥部”、走进“四大园区”等专栏42期，同步刊登典型经验，营造比学赶超社会氛围。镇（街道）实行“周观摩、周调度、月通报”工作机制，推动“在知爱建”主题实践活动落地落细、全民参与，在全县掀起践行“在知爱建”价值理念热潮，为推动“强优富美”新无棣高质量发展注入动力。

（朱婷婷　孙风雪）

大事记

1 月

1 日 即日起，无棣县城市低保标准提高到每人每月 953 元，农村低保标准提高到每人每月 745 元。城市特困人员基本生活标准提高到每人每月 1320 元，农村特困人员基本生活标准提高到每人每月 1035 元。特困人员照料护理标准按全护理、半护理、全自理特困人员分别提高到每人每月 626 元、313 元、189 元。

4 日 山东北方创信防水涂料生产标准化试点、无棣苜蓿生产标准化试点通过市级标准化示范考核。

10 日 国家发展改革委批复新建天津至潍坊高速铁路可行性研究报告。津潍高铁建设进入实质性阶段，在无棣县境内设无棣站。

12 日 无棣县 20 个项目列入山东省重点项目，总投资 337 亿元。

14—16 日 中国共产党无棣县第十四次代表大会召开。

15 日 无棣县出台《关于做好 2022 年全面推进乡村振兴重点工作的实施意见》8 章 29 条，安排部署 2022 年乡村振兴工作。

20 日 秦（秦皇岛）滨（滨州）国家高速埕口（鲁冀界）至沾化公路漳卫新河特大桥通车，标志着秦滨高速全线贯通。

25—27 日 中国人民政治协商会议第十届无棣县委员会第一次会议召开。选举政协第十届无棣县委员会主席、副主席、秘书长、常务委员。

26—28 日 无棣县人大第十九届人民代表大会第一次会议召开。选举无棣县人民政府县长、副县长，县十九届人民代表大会常务委员会主任、副主任，县监委主任，县人民法院院长，县人民检察院检察长。

28 日 无棣县第十九届人民代表大会第一次会议表决确定医疗卫生能力提升、城区防汛排涝能力提升、“四好农村路”建设、教育基础设施提升、老旧小区改造、清洁取暖改造、全民健身活动中心建设、高标准农田建设、农村生活污水治理、“客货邮”融合发展暨快递进村等 2022 年度重点民生实事。

2 月

8 日 无棣县 2022 年工作动员大会召开。会议通过《关于成立重点工作指挥部凝心聚力抓发展的通知》《无棣县关于开展百个单位联系百家企业包百个重点项目“三百”工程的实施方案》。

17 日 无棣县水湾镇被省委、省政府授予“平安山东建设先进集体”称号。

22 日 国家卫生健康委办公厅、国家中医药管理局办公室联合发布《关于通报表扬 2021 年“优质服务基层行”活动中表现突出、服务优质机构的通知》，棣丰、海丰街道社区卫生服务中心，佘家镇、小泊头镇、碣石山镇、水湾镇、信阳镇卫生院 7 家基层医疗卫生机构入选。

25 日 滨州市 2022 年春季重大项目集中开工活动在无棣县

鲁北智慧锂电新能源产业基地项目施工现场举行。市委书记宋永祥介绍全市集中开工项目情况并宣布重大项目集中开工，代市长李春田出席活动并讲话。

3 月

4 日 山东省水利厅厅长刘中会到无棣县调研漳卫新河河口段应急清淤治理工程。

同日 山东华盛纺织产业园一期项目试生产。

5 日 无棣县“建设更高水平富强滨州，无棣怎么干”解放思想大讨论暨“在知爱建”主题实践活动动员大会召开。12 月 13 日，县委召开“建设更高水平富强滨州，无棣怎么干”解放思想大讨论阶段性总结会议。

7 日 无棣县为企服务中心挂牌成立，打造“为企服务直通车”平台，开通“6315369”为企服务快速通道。

20 日 山东省商务厅公布第六批“山东老字号”认定企业名单，全省共认定 20 家企业。山东丰香园食品有限公司、山东花园食品有限公司 2 家企业上榜。

30 日 无棣县制定复工复产“绿色通道”“网上办”“掌上办”审批服务“线上行”、定制化全流程帮办代办、企业县内迁移“最多跑一次”、实行“歇业”登记制度、企业开办“零证明、免证办”等支持市场主体复工复产 10 条举措。

4 月

3 日 无棣县制定《关于加快市场主体高质量发展的意见》，制定 20 条政策措施，发展壮大实体经济。

10 日 无棣县被农业农村部认定为国家级棉花制种大县。

13 日 滨州市委书记宋永祥到无棣圣豪购物中心、华盛生态家纺特色产业园、山东鲁北企业集团、鲁北智慧锂电新能源产业基地、无棣鑫岳化工集团新能源及新材料项目等处，调研经济社会发展情况。

18 日 山东省农业农村厅认定全省 11 个县（市、区）为 2022 年高标准农田整县推进示范县，无棣县入选。

20 日 无棣县委农村工作暨全县安全生产工作会议召开。印发《全县安全生产三项行动方案》《关于做好 2022 年全面推进乡村振兴重点工作的实施意见》《无棣县农村人居环境整治提升五年行动实施方案》。

22 日 无棣县委理论学习中心组举行解放思想大讨论专题研讨交流会。滨州市委副书记、市长李春田到会指导。

25 日 山东省委书记李干杰到无棣县调研漳卫新河防洪工程进展情况，现场察看鑫岳新能源及新材料项目建设情况，了解鲁北企业集团循环经济产业链生态发展模式，漳卫新河防洪治理工程、漳卫新河河口段应急清淤治理工程情况。滨州市委书记宋永祥陪同。

5 月

6 日 县委党的建设工作领导小组 2022 年度第一次会议召开。会议研究《县委党的建设工作领导小组 2022 年工作要点》起草情况汇报；各镇（街道）主要负责人围绕履行全面从严治党主体责任、抓基层党建工作作述职发言，县委书记郑振亮点评。

9 日 山东省副省长李猛到无棣县调研督导重点水利工程建设，现场察看漳卫新河河口段应急清淤治理工程、张仲桥施工段、马颊河黄瓜岭橡胶坝除险加固工程。滨州市委书记宋永祥陪同。

11 日 无棣县少数民族乡村振兴服务队成立。重点抓好村班子及党员队伍建设、产业发展、人居环境改善等工作。

12 日 无棣县庆祝中国共产主义青年团成立 100 周年大会召开。

13—14 日 无棣县高质量发展现场观摩推进会议召开。

20 日 无棣县智能电气特色产业集群被山东省工业和信息化厅认定为省级特色产业集群。

21 日 由中国农业机械流通协会、无棣县人民政府共同主办的“牧场日——全国盐碱地高产优质牧草现场会”在柳堡镇常家万亩农业生态园区召开。

6月

14日 中国计划生育协会开展2022年“暖心家园”项目评选，无棣县“暖心家园”入选国家级试点县。

同日 无棣县职业中专五年制高职学校开工建设，总投资2.3亿元，建筑面积5.4万平方米。

15日 滨州市在漳卫新河无棣段辛集闸举行防汛抢险应急救援综合演练。

20日 无棣县在第三届跨国公司领导人青岛峰会举办“双招双引”青岛推介会暨项目签约。现场签约近江牡蛎新品系示范应用合作、垃圾生物质燃料热电联产、发酵蛋白粉和中忻滨州新能源产业园4个项目，签约总金额近10亿元。

22日 无棣县华龙食品有限公司“枣新品种选育与产业化关键技术创新应用”获山东省科学技术进步奖二等奖。

23日 山东省政协副主席王艺华到无棣县调研黄河三角洲盐碱地综合开发利用情况。调研无棣县小泊头镇盐碱地粮食生产项目、绿风农业集团有限公司“草棉轮作”项目、山东省十里香芝麻制品股份有限公司高效生态农业种植项目，召开座谈会，听取无棣县盐碱地综合开发利用情况。

26日 2022年山东省旅游发展大会在济宁市曲阜召开，“山东手造·优选100”名单公布，山东海瓷股份文化有限公司“海瓷艺术手绘”入选。

29日 山东省人大常委会副主任张江汀率领省人大常委会海洋环境保护“一法一条例”执法检查组到无棣县开展执法检查。现场察看滨州贝壳堤岛自然保护区汪子岛、大口河、碧水源海水淡化项目和无棣县蓝洁污水处理厂。

同日 “渔安·2022”山东省渔业防台风应急演练活动在无棣县岔尖渔港举行。设置渔船防台风回港避风演练、养殖渔船人员落水自救互救、商渔船碰撞救援3个科目，全面模拟台风来临时渔船突发状况，提升专业处置能力。

30日 无棣县“F享无棣”照料护理品牌被山东省民政厅评为2022年度全省优秀社会技能品牌。

7月

1日 无棣县红色公益电影《石景芳》在县文化中心首映。

10日 山东省第二十五届运动会柔道决赛在日照市莒县体育馆举行，无棣籍女运动员从阳阳获女子柔道63公斤级冠军，为滨州代表团夺得首金。

13日 山东省市场监管局公布2022年度全省制造业高端品牌培育企业名单，滨州市共有10家企业登榜，其中无棣县山东鲁北化工股份有限公司、山东海瓷文化股份有限公司、山东辰智电子科技有限公司、山东丰香园食品股份有限公司、山东省十里香芝麻制品股份有限公司、山东绿风农业集团有限公司6家企业上榜。

15日 无棣县科协被中国科协办公厅通报表扬为“2022年全国科技工作者日活动优秀组织单位”。

21日 山东省推进食盐批发工作座谈会在无棣县召开。会议围绕做大做强原盐市场，规范有序运营，保障市场供应等进行工作交流。

26日 山东省第二十五届运动会自由式摔跤决赛在日照市莒县举行，无棣籍运动员张建飞获自由式摔跤男子甲组61公斤级金牌。

30日 无棣籍运动员谭洪鑫在山东省第二十五届运动会国际式摔跤决赛中获男子乙组古典跤51公斤级冠军。

31日 山东省时空大数据平台建设与应用现场会在无棣县召开。无棣平台建设通过验收。

8月

1日 车王镇、碣石山镇被滨州市交通运输局、市财政局、市农业农村局、市乡村振兴局联合评为滨州市2022年度“四好农村路”示范镇。

5—6日 无棣县2022年党

建统领经济发展项目现场观摩会召开。观摩12个镇（街道）、园区及现代水网、古城建设运营发展、综合交通建设、乡村振兴、卫生健康工程建设、城市建设、教育基础建设7个指挥部项目。

8日 山东省住建厅发布2021年度山东省建筑业强市强县强企名单，无棣县获“山东省建筑业跨越发展县”称号。

10日 山东省第十二届全民健身运动会万人骑行大赛（无棣站）暨“正海杯”自行车邀请赛在无棣县举行。

14日 2022年第三届“滨州人才节”无棣专场开幕。观看“科创引领·聚才强棣”专题宣传片；专家、企业家代表交流发言；举办人才政策知识竞赛活动。

17日 “首届山东省全民阅读大会暨齐鲁书香节——书润滨州阅读季”在无棣县启动。举办“书香伴四季”全民阅读活动、“新时代乡村阅读季”暨农家书屋万场主题活动、农家书屋万场主题阅读活动、农村青少年微读书大赛等。

20日 无棣县完成55个老旧小区改造，投资3724万元。

22日 无棣县行政审批服务局被山东省持续深入优化营商环境和推进政府职能转变领导小组办公室、省人力资源和社会保障厅评为“山东省深化‘放管服’改革优化营商环境工作先进集体”。

24日 滨州市医保管理服务规范提升观摩会议在无棣县召开。

25日 山东省工商联公布2022年山东民营企业100强，无棣鑫岳化工集团有限公司列第57位。

30—31日 2022年滨州市第十五届全民健身武术大会暨无棣县第一届武术邀请赛在无棣县举行。山东省滨州市、东营市和河北省沧州市等地35支队伍420余名武术传承人和习练者参赛。

9月

1日 信河路路网提升工程全长10.8千米，投资2751万元，比计划提前4个月完工。

5日 中国品牌建设促进会、中国资产评估协会、新华社民族品牌工程办公室联合发布“2022中国品牌价值评估信息”。山东鲁北企业集团总公司、无棣鑫岳化工集团有限公司上榜，“无棣贝瓷”作为地理标志保护产品上榜。

14日 重庆市奉节县党政考察团到无棣县考察深化东西部协作工作。考察团到山东省十里香芝麻制品股份有限公司、山东前胡天颐康食品有限公司实地参观考察。

17日 山东省副省长范波到无棣县调研工业循环经济发展工作。现场调研山东鲁北企业集团总公司，要求抓好产业生态培育，推动产业向高端化、绿色化转型；强化科技研发创新，提高企业核心竞争力。

同日 “喜迎二十大·讴歌新时代”山东省第八届小品新作大赛在无棣县举办。无棣县被山东省曲艺家协会授予“山东曲艺之乡”称号。

18—21日 山东省第十一届少数民族传统项目运动会在临沂市举行，无棣县参赛选手夺得金牌1枚、银牌4枚、铜牌3枚。

26日 “无棣白蜡”经国家知识产权局商标局核准注册，获国家地理标志证明商标，成为无棣县第11个地理标志证明商标。

28日 山东省煤田地质系统服务乡村振兴战略工作现场会在无棣县举办。

30日 山东省文化和旅游厅公布第二批山东省级夜间文化和旅游消费集聚区名单，全省共31个项目，无棣县古城景区入选。

10月

3日 无棣县申报市级非遗项目11项，第六批县级非遗项目19项。

11日 “滨州这十年·无棣”新闻发布会举行。县委书记郑振亮，县长王涛出席新闻发布会。

22日 山东省政府确定39个县（市、区）为山东省未成年人保护试点，无棣县入选。

24日 中国地质学会公布全国第二批24个地质文化村

（镇），无棣县碣石山镇入选。

同日 棣丰街道馨泰社区被国家卫健委、全国老龄办命名为全国示范性老年友好型社区。

27日 无棣县锂离子电池新材料产业集群入选滨州市2022年战略性新兴产业集群。

11月

1日 农业农村部确立396个村镇为第十二批全国“一村一品”示范村镇，无棣县车王镇入选。

9—10日 2022年无棣县高质量发展现场观摩会暨重大项目集中开工仪式举行。现场观摩各镇（街道）、园区、指挥部38个项目。

18日 山东省推进未成年人保护工作会议以视频会议形式召开。无棣县县长王涛作典型发言。会议观看无棣县未成年人保护工作观摩片。

20日 无棣县丁家和李家山子棚户区改造完工并交房入住。

23日 山东省文化和旅游厅、省工业和信息化厅联合公布第四批山东省工业旅游示范基地名单，无棣县丰香园小磨香油工业旅游基地入选。

26日 滨州市委学习贯彻党的二十大精神宣讲团到无棣县宣讲。滨州市委宣讲团成员、市委组织部副部长、市人社局局长李荣舜作宣讲报告。

28日 中共无棣县第十四届委员会第三次全体会议召开。听取、讨论县委工作报告，审议通过《中共无棣县委关于学习宣传贯彻党的二十大精神的决议》《中国共产党无棣县委员会工作规则》。

30日 2022中国石油和化工企业销售收入前500家发布。山东鲁北企业集团总公司位列128位。

12月

2日 山东鲁北企业集团董事长吕天宝获中国循环经济协会优秀创新人才奖。

10日 《无棣县国土空间总体规划（2021—2035年）》公布施行。

16日 无棣县信阳镇、埕口镇、马山子镇入选2022年省级农业产业强镇。

20日 山东前胡天颐康食品有限公司、无棣永顺畜牧有限公司、山东达信农牧科技股份有限公司3家企业入选山东省第九批农业产业化省级重点龙头企业。

26日 秦口河综合治理工程完工，全长16.46千米，总投资2.6亿元。

28日 山东省农业农村厅公布2022省级水产原良种场7家，无棣新创海洋科技有限公司所属无棣近江牡蛎省级原种场入选。

同日 无棣县入选2021—2025年度第二批全国科普示范县。

29日 农业农村部公布2022年国家级水产健康养殖和生态养殖示范区名单，无棣县入选。

同日 无棣县丰香园工业旅游基地景区被评为国家AAA级旅游景区。

30日 全国中小企业股份转让系统公告，山东北方创信防水科技集团股份有限公司获准在“新三板”挂牌。

31日 司法部、民政部印发《关于命名第九届“全国民主法治示范村（社区）”的决定》，无棣县棣丰街道馨安社区入选。无棣县海丰街道后牛村、柳堡镇郭义庄村被山东省司法厅、民政厅命名为第九批“全省民主法治示范村（社区）”。

同日 滨州市表彰优秀企业家“金狮奖”“银狮奖”“铜狮奖”。山东鲁北企业集团总公司吕天宝，无棣鑫岳化工集团有限公司王玉瑞获“金狮奖”；山东三岳化工有限公司李晨，汇泰控股集团股份有限公司张小飞，山东鲁北化工股份有限公司陈树常，山东久日化学科技有限公司王华，无棣海忠软管制造有限公司唐光盛获“银狮奖”；山东北方创信防水科技集团股份有限公司王荣博，山东达信农牧科技股份有限公司徐呈华，山东省十里香芝麻制品股份有限公司任长博，山东无棣海丰电缆有限公司赵俊刚获“铜狮奖”。 （梁玉东）

自然环境

【位置　面积】　无棣县地处山东省北部，东北濒临渤海湾，东南连滨州市沾化区，南靠阳信县，西接德州市庆云县，北以漳卫新河为界与河北省沧州市海兴县、黄骅市为邻。位于北纬 37° 4′ ～ 38° 16′、东经 117° 31′ ~ 118° 04′，南北最大纵距 70 千米，东西最大横距 60 千米，总面积 2094 平方千米。　（张玉春）

【地质地貌】　地质　无棣县辖区处于华北新生代沉降带埕宁隆起和济阳拗陷接触部的北端。新生界第四系地层覆盖全县，厚 200 ～ 350 米，以陆相沉积为主，成因以黄河冲积和湖泊沉积为主，北部有滨海相沉积。上第三系分布于全县凸起与凹陷之上，无棣凸起之上厚 600 ～ 800 米，车镇凹陷内厚为 1000 米以上。下第三系县内分布于车镇凹陷一带，厚 2200 ～ 2500 米。中生界白垩系、侏罗系分布于车镇凹陷带，厚约 250 米，中、下侏罗系厚约 300 米。古生界二叠系、石炭系、奥陶系主要分布在车镇凹陷南及辖区西部的庆云凸起之上。断裂自德州市庆云县东部进入境内车王镇西北部，至车镇街附近折向西北，至大杨西北部转北东向，沿碣石山南麓，经柳堡镇阎家庄往东，转北东向入渤海湾。县境北、西、南三面均被埕宁隆起的次级构造埕口凸起、庆云凸起、无棣凸起所包围。车镇凹陷为济阳拗陷北部次级构造，凹陷北依埕口凸起，南连无棣凸起，西靠庆云凸起，东南连接徒骇河农场凸起，东通渤海湾盆地，大致呈西—东向。

地貌　无棣县地貌属华北平原鲁西北泛滥平原。地势西南高、东北低。最高点在海丰街道西部，高程 8 米（黄海高程，下同），以万分之一坡降向东北倾斜。沿海大口河，高程为 1.9 米；沿海三里台、五里台高程仅 1 米。境内自西南向东北依次为黄泛平原、滨海平原、渤海湾海岸。县境北部黄泛平原、滨海平原分界线上有滨州市黄河以北唯一山丘——碣石山。　（张玉春）

【气候】　无棣县属北温带东亚季风区大陆性气候，四季分明，春季多风干燥，夏季湿热多雨，秋季天高气爽，冬季长而干寒。2022 年，全县平均降水量 814.1 毫米，较历年偏多 230.2 毫米，距平百分率 39%，较历年最多降水量偏少 122.4 毫米，比历年最少降水量偏多 576.6 毫米；全年日照时数 2344.5 小时，较历年偏少 165.1 小时，距平百分率负 7%。

气温　2022 年，无棣县年平均气温 14.20 摄氏度，较历年偏高 0.8 摄氏度；年极端最高气温 41.1 摄氏度，出现在 6 月 25 日，较历年最高值偏高 0.1 摄氏度；年极端最低气温负 10.9 摄氏度，出现在 12 月 18 日，较历年最低值偏高 7.7 摄氏度；年极端最高气温 41.1 摄氏度，为常年年极端气温最高值。　（路淑文）

2022年无棣县气象要素观测情况统计表

表1

项目		1月	2月	3月	4月	5月	6月	7月	8月	9月	10月	11月	12月	年极值
气温	平均气温（摄氏度）	-1.10	0.50	8.90	16.20	21.30	26.50	27.50	26.70	22.60	14.10	8.90	-2.10	—
	极端最高（摄氏度）	8.20	17.10	23.60	32.10	34.50	41.10	36.30	36.60	31.70	25.00	21.20	9.20	41.10
	日期	1	27	10	10	31	25	8	5	7、8	1	11	9	6月25日
	极端最低（摄氏度）	-9.20	-8.80	-2.40	1.30	8.60	14.90	20.90	16.50	10.80	3.20	-9.10	-10.90	-10.90
	日期	20	2	6	1	1	7	21、23	28	25	11	30	18	12月18日
日照	日照时数（小时）	154.60	209.50	198.30	233.90	277.40	208.80	175.80	141.70	255.00	154.50	128.00	207.00	—
	日照百分率（%）	51	70	54	60	63	47	39	34	68	44	42	70	—
降水	降水量（毫米）	4.20	0.90	22.90	22.50	5.10	104.80	251.00	298.80	7.00	86.80	10.10	无	—
	日最大降水量（毫米）	3.50	0.90	15.20	20.90	2.30	28.10	113.40	105.80	5.40	47.40	6.00	无	113.40
	日期	22	14	12	12	25	23	12	9	14	3	28	无	7月12日
湿度	平均相对湿度（百分比）	65	49	56	54	52	67	83	80	65	65	71	46	—
	最小相对湿度（百分比）	18	12	8	11	15	13	41	28	17	15	18	10	8
	日期	31	26	27	26	16	5	15	23	24	18	29、30	13	3月27日

【水文】 无棣县境内有漳卫新河、马颊河、德惠新河、徒骇河、秦口河5条骨干河道，均为过境河道；有泊埕河、山子河、王山支沟、郝家沟、仝家河、朱龙河、小米河、青波河、白杨支沟、白杨河10条支流河道。自西北向东南依次分属于漳卫新河水系、马颊德惠水系、徒骇河水系，3个水系统属于海河流域水系。

降水 县境内多年平均降水量为575毫米（1959—2022年），其中最大降水量为1236.8毫米（1964年）、最小为285.6毫米（2002年）。降水量年际变化大，全年降水量不平衡。冬季一般为降雪，春季降水渐多，夏季降水最多，集中于7月、8月，占全年降水量的59%以上，易造成夏涝，秋季降水逐渐减少。2022年，无棣县平均降水量668毫米（水文监测口径），比上年（894毫米）偏少25%，较历史（573毫米）偏多17%。其中，城区796毫米、水湾镇744毫米、碣石山镇593毫米、小泊头镇588毫米、埕口镇544毫米、车王镇763毫米、柳堡镇594毫米、信阳镇688毫米、佘家镇776毫米、西小王镇661毫米、马山子镇673毫米。全县汛期平均降水量615毫米，比上年（816毫米）偏少25%，较历史（506毫米）偏多22%。

蒸发 县境年平均蒸发量为1981.8毫米（1959—2022年）。1991年蒸发量最小，为1544.8毫米；1968年蒸发量最大，为2660.5毫米。历年各月平均蒸发量以冬季为最小，尤其是12月，为51.9毫米；2月随着气温升高，蒸发量渐增至78.6毫米；6月蒸发量最大，平均蒸发量为316毫米（1972年6月最大蒸发量为496.7毫米）；7月开始逐月递减，至10月后降至初春水平。

暴雨洪水 县境内暴雨一般发生在6—10月，以7月中旬至8月最为集中，大多受台风影响所致。多年平均暴雨天数在1.5～3天。以短历时暴雨居多，长历时暴雨较少。在短历时暴雨中，主雨多集中在6小时以内，平均暴雨强度60～90毫米/天。该时段受境外客水流入或海啸影响，会出现暴雨洪水。

冰情 县境内河流冰期大致分为结冰期、封冻期和解冻期3个阶段。结冰期一般在每年12月初至第二年2月底，封冻期多在每年12月中下旬至第二年2月中旬解冻期。

潮汐 县境沿海潮汐规律为半日潮，昼夜发生2次高潮。平均日高潮水位1.85米，上陆范围1～1.5千米。高潮位最高3.17米、最低0.58米，平均2.44米；低潮位最高2.34米、最低0.54米，平均0.7米。月高潮出现在朔、望日，每月1～2次，淹没高程2.47米，上陆范围1.5～2.5千米。年际大潮平均7—8年发生一次，无固定周期，上陆范围3.5～7.5千米，淹没高程1.6～2.5米。风暴潮（海啸）多发生在7—8月，淹没高程3.5米以上，上陆范围20～30千米，延续数日始退。 （张玉春）

无棣县秦口河入海口风光 （周立新 摄）

自然资源

【土地资源】 至2022年底，无棣县总土地面积209413.95公顷。

其中，农用地113361.27公顷（耕地65256.65公顷），占总面积的54.13%；建设用地64212.53公顷，占总面积的30.66%；未利用地31840.15公顷，占总面积的15.21%。全县划定永久基本农田保护面积57780公顷，划定耕地保护面积64280公顷。（张国辉）

【矿产资源】 至2022年底，无棣县发现、查明矿产有10种，主要能源矿产有石油、天然气、煤、地热；非金属矿产有天然卤水、岩盐、石膏、贝壳砂、砖瓦用黏土、玄武岩。查明资源储量矿产有石油、天然气、砖瓦用黏土、贝壳砂、地热、天然卤水6种。县境北部分布的贝壳堤，一列在埕口镇以北，位于张家山子—李家山子—下泊头—杨庄子一线，全长近40千米，埋深0.5～1.5米，贝壳层厚3～5米；另一列在埕口镇东北，位于大口河—汪子岛—马颊河口一线，长近22千米，由13个贝壳岛组成，岛宽100～500米，贝壳层厚3～5米，属裸露开敞型，距今2000—1500年。无棣县境内贝壳堤岛贝壳质含量100%，为典型贝壳滩脊湿地生态系统。（胡安义）

【海洋资源】 至2022年底，无棣县海岸线长38.4千米，海域总面积40363.49公顷。有海岛16个，其中有居民海岛2个、无居民海岛14个。有近海鱼类

无棣县海岸线风光 （周立新 摄）

85种，分属27科。主要经济鱼虾蟹贝类品种有青鳞鱼、斑鰶、河刀鱼、银鱼、鲈鱼、梭鱼、鲬鱼、黄鲫、黄花鱼、三疣梭子蟹、天津厚蟹、宽身大眼蟹、中华绒螯蟹、文蛤、青蛤、四角蛤蜊、毛蚶、缢蛏、牡蛎等；无棣甜蟹，为渤海特有蟹类，肉质细嫩，回味甘美，属梭子蟹中的极品，有甜蟹之称。淡水鱼类主要有鲫鱼、鲤鱼、泥鳅等；其他水产资源有海蜇、沙蚕等。（薄佳男）

【水资源】 2022年，无棣县当地水资源总量为9991.3万立方米。其中，地表水资源量为9216.4万立方米，地下水资源量为1001.9万立方米，重复计算量为227万立方米。无棣县黄河水用水控制指标为1.48万立方米。车镯城、东风港2盐区电测资料显示，地下60米深度内分布5个卤水层。第1层埋深1.22米左右，第2层埋深22.5米左右，第3层埋深32米左右，第4层埋深45米左右，第5层埋深60米左右。东风港盐区面积137平方千米，地下卤水储量13738万立方米，折合原盐77.96亿千克。全县境外流域调水主要为黄河水。非常规水源包括再生水、微咸水、雨水及海水直接利用，海水直接利用量不计入供需平衡分析。（胡安义）

【生物资源】 至2022年底，无棣县自然植被中，木本植物有柽柳、杞柳等灌木或半灌木，草本植物有獐毛、芦草、白茅、盐地碱蓬、碱蓬等。人工植被分为农作物和人工栽培林两大类。全县有栽培树种27科34种。其中经济树9种、观赏树6种、用材树19种。主要栽培树种有枣树、苹果、梨、白蜡、杨树、柳树、柽柳等。栽培植物分属2门2纲15目17科约70种，粮食作物有小麦、玉米等，经济作物有棉

无棣渤海黑牛　　（高士东　摄）

花、花生、油菜等，蔬菜作物主要有白菜、萝卜等。野生植物资源有18科46种，主要有芦苇、獐毛、野苜蓿、白茅等。全县有环节动物门2纲6种、软体动物门2纲31种、节肢动物门1纲7种及昆虫纲12科。两栖类动物有1目5科8种，常见的有青蛙、蟾蜍等。爬行类有2目3科6种，常见的有蛇、蜥蜴、壁虎等。鸟类共有78种，隶属于8目20科。兽类共有5目9科16种。常见的鸟类有短耳鸮、黑翅长脚鹬、燕雀、红脚鹬、小杓鹬等。昆虫有309种，隶属12目78科，常见的鸟类有白毛长腹土蜂、青翅隐翅虫、中华草蛉、薄翅螳螂等。水生动物分淡水、海水2大类，其中淡水类有淡水鱼8目14科31属35种，常见的鲤鱼、团头鲂等；浅海及河口海、淡水交汇区有鱼类27科85种。全县畜禽类动物主要有牛、羊、猪、鸡、鸭、鹅、兔、犬、鸽等。地方家畜良种有无棣黑牛（渤海黑牛）、无棣洼地绵羊、无棣白山羊、无棣驴（德州驴）、渤海马5个品种。无棣鹤鸡，为鲁北地区特产鸡禽，以农户散养为主，饲以麸糠、玉米等，体型颀长，羽翼鲜亮，神似仙鹤，肉质紧实鲜美，常食有延年益寿之功效。　　（胡安义）

建置区划

【建置沿革】 无棣县境内夏朝时为兖州之域。商朝时属薄姑国地。西周至春秋战国时为齐国地。秦朝时为厌次县地，初属齐郡，后属济北郡。两汉、魏晋南北朝时期，县境属阳信县，隋开皇六年（586），置无棣县，属渤海郡。唐时，属棣州、沧州（景城郡）。后梁、后唐、后晋、后汉属河北道沧州。北宋时，属河北东路沧州景城郡保顺军。金时，属河北东路沧州。元时，无棣县析为东西二县，县境为东无棣县，属山东东西道济南路棣州。明洪武六年（1373）六月，置海丰县，初属滨州，后属乐安州（武定州）。清时，属山东省济东泰武临（济南）道武定府。

民国初期，属岱北道、济南道。1914年6月，海丰县复称无棣县，属济南道、武定道。1927年废道制，县境直属于山东省。1938年2月，无棣县抗日民主政府成立，由冀鲁豫省代管。1942年2月，无棣县抗日民主政府改属山东省冀鲁边区第三专区。1945年9月，全县解放。1948年9月，设置渤海行政区第四专区，无棣属之。1949年7月，第四专区改称垦利专区，无棣仍属之。

1950年5月，渤海区及所辖专区撤销，改属惠民专区。1958年10月，惠民专区与淄博市合并，属淄博专区。1961年1月，撤销淄博专区，复置惠民专区，无棣属惠民专区。1992年3月，惠民地区改名为滨州地区。2001年1月，撤地改市，滨州地区改滨州市，无棣随属。2010年4月，滨州市设立北海经济开发区，无棣县马山子镇归北海经济开发区代管。2019年8月，重新划归无棣县管理。　　（梁玉东）

【行政区划】 至2022年底，无棣县有2个街道、10个镇，辖574个行政村、10个城市社区。其中，海丰街道辖66个行政村、

5个城市社区；棣丰街道辖31个行政村、5个城市社区；信阳镇辖57个行政村；车王镇辖74个行政村；碣石山镇辖37个行政村；小泊头镇辖52个行政村；埕口镇辖30个行政村；柳堡镇辖38个行政村；西小王镇辖31个行政村；佘家镇辖55个行政村；水湾镇辖82个行政村；马山子镇辖21个行政村。（梁玉东）

人口·民族·宗教

【人口】 2022年，无棣县户籍总人口48.51万人（含马山子镇3.39万人）。其中，城镇人口25.1万人，农村人口23.41万人。全县总人口中，人口数最多的3个镇（街道）分别为海丰街道（8.12万人）、水湾镇（5.82万人）、车王镇（5.52万人）；人口数最少的3个镇（街道）分别为碣石山镇（2.64万人）、埕口镇（2.57万人）、西小王镇（2.27万人）。（王洪章）

【民族】 无棣县境内居民以汉族为主，少数民族则以回族较多，主要居住在车王镇。至2022年底，全县少数民族共7185人。其中，回族6854人、满族121人、蒙古族73人、藏族3人、苗族11人、彝族11人、壮族21人、侗族2人、瑶族5人、白族8人、傣族2人、朝鲜族11人、土家族22人、布依族10人，其他31人。（张盼盼）

【宗教】 至2022年底，无棣县有佛教、道教、伊斯兰教、天主教、基督教5种宗教。有伊斯兰教协会、基督教“三自”（自治、自养、自传）爱国运动委员会、天主教爱国会3个宗教团体。有宗教活动场所16处，分布在全县9个镇（街道）。（冯耀杰）

历史人文

【历史发展】 无棣县历史悠久，地处黄河下游，濒临渤海。早在原始社会时期即有人类聚居，远古的先民在境内农耕、捕鱼、狩猎、煮盐。无棣大地经历“后李文化”“大汶口文化”“龙山文化”“岳石文化”等不同历史文化阶段，均属于东夷史前文化系统，是同一文化的不同发展阶段。周为齐国地，春秋时期为齐国无棣邑，为华夏古老的城邑之一。境内有新石器时代韩家窑遗址、邓王东北遗址、信阳故城、广武城、秦台、大觉寺塔、城角遗址等文化遗存。

古代发展 无棣县自大汶口晚期至龙山文化时期，气候温润，适于农牧业发展。商朝种植黍、稷、稻、麦等粮食作物。周朝作物品类增多，产量提高。秦汉魏晋南北朝时期，无棣县境内纺织业、制盐业、冶铁技术发展较快。隋朝初期，无棣县农业、手工业、商业、交通等发展到新的水平，社会经济繁荣。隋唐五代时期，出现大麦、豌豆等税目，盐业生产占有重要地位。北宋时期，水利兴修促进农业发展。金元时期，棣州植桑养蚕，成为远近闻名的桑蚕之乡，纺织业兴盛；盐场工艺改进，海盐生产力提升；城镇与集市贸易兴盛，民间集市成为贸易主体。元朝时期，恢复农业生产，推行军民屯田，兴修水利。明朝后，扩大冬小麦种植规模，两年三熟制开始确定。清朝，无棣县成为北方旱作地区复种指数较高地区之一。境内居民掌握制砖技术，民间多有砖窑。

近代发展 清道光二十年（1840）鸦片战争以后，无棣县农业生产发展缓慢。全县90%以上居民从事农业生产，但土地多集中在地主手中，占多数的劳动农民只有少量土地或没有土地，长期处于贫困境地。清末，县境仅有私营作坊102家，含晒盐、纺织、编织、皮革、造纸、印刷、油脂、食品、碾米、砖瓦、土陶、木器、小五金等行业。

现代发展 1949年，中华人民共和国成立后，无棣县种植业以粮棉为主。县政府组织开展海水、淡水人工养殖，渔业生产发展迅速。1958年，新建大型国营盐场——埕口盐场。20世纪70年代，大搞水利建设、农田基本建设，发展机械化、电气化，实现农林牧副渔的全面发展。1978—1984年，农村分田到户，逐步实行家庭联产承包责任制。1984年5月，结束人民公社体制，农村生产力得到解放。1992年，组建企业集团8个。1994年，县属企业推行产权制度改革。1996年，鲁北化工股份有限责任公司股票上市。无棣县被山东省政府评为“经济体制改革先进单位”。2003年，无棣县实施“工业强县”战略。以鲁北化工企业为代表，涉化工、纺织、机械等主要产业规模不断扩展。2015年，全县实现地区生产总值233.1亿元。2017年，全县实现地区生产总值264.9亿元。2022年，全县实现地区生产总值284.5亿元。（梁玉东）

【代表人物】无棣县人杰地灵，名人辈出，是著名的渤海革命老区。后唐宰相李愚；北宋词人李之仪，镇守边关的将军张凝、张昭远父子；元代渤海侯高仁；明代尚书王佐、杨巍、谷中虚；清代金石学家吴式芬，太医姜笠村，两广总督张鸣岐；当代国民革命军抗日将领冯安邦，冀鲁边军区第一军分区司令员石景芳，全国著名建筑设计大师张镈，全国著名京剧大师李洪春，旅美国画家李山，中国工程院院士刘泽金，中国科学院院士张存浩等皆为无棣各个时代的代表人物。（梁玉东）

【非物质文化遗产】至2022年底，无棣县有省级非遗代表性项目4个；市级非遗代表性项目36个，传承人24个；县级非遗代表性项目68个，传承人67个。申报第六批县级非遗项目19项，市级非遗项目11项，在全市各县区申报市级非遗项目、非遗工坊中居第1位。

鲁北大鼓　源于河北省与山东省接壤之地，始创于民国年间。创始人和代表人物为无棣艺人谢宝华。鲁北大鼓以唱见长，表演朴实，诙谐幽默，故事性、说唱性较强，主要演唱一些以历史事件、历史人物、民间传说为内容的故事剧和根据形势工作需要自编的小段，如《鞭打芦花记》《双秃闹房》《罗成算卦》《朱元璋放牛》《傻子走亲》《红月娥做梦》《朱卖臣休妻》《金陵府》《乌龙传》《斗争孙烧鸡》《雪夜救亲人》等。鲁北大鼓以地方土语和民间小调为基础，随后自成一腔，腔调响亮清脆，夜晚能听三里地远，腔调唱词在民间广泛传唱，为老百姓喜闻乐见的地方曲艺。鲁北大鼓属于小鼓定点、月板、三弦、坠琴伴奏长腔说唱形式，主要板式有头板、二板、三板、流水板、四板等。唱词分三字、七字、十字上下句，唱腔通常随板点起唱，尾字后拉长音，其间，各种板式相交，以流水音板为高潮唱腔，也是剧情段落结尾板式。

渤海海盐滩晒工艺　无棣县盐区海盐滩晒制，即用水沟直接引海水制卤晒盐。该工艺源于明嘉靖元年（1522），官府迁福建盐民到无棣传授晒盐技术。无棣盐民高淳按照福建盐民做法，于沿海修池，隔为大、中、小3段，依次灌海水晒之。经风吹日晒，盐即结晶而出。至清康熙十八年（1679），全县各盐场全部改为滩晒。经历朝代变迁，无棣滩晒制盐工艺一直延续至今。海盐一年收获春盐、秋盐2次。春盐于5月、6月收获，秋盐则在10月。

刺绣　俗称“绣花”，是在加工好的织物上，以针引线，按照设计要求进行穿刺，通过运针将绣线组织成各种图案、色彩的一种技艺。据《尚书》记载，4000多年前“章服制度”就规定服装“衣画裳绣”装饰。刺绣流传于无棣县境内有千年历史。

塘坊糕点　属鲁北地区地方名吃，因其按古方秘制，制作工艺考究，滋味地道厚重，花色典雅古朴，营养价值均衡。1992年第五代传承人赵玉森接棒塘坊糕点制作之后，将祖传枣木炭火吊炉烤炙法改进创新，把现代技艺融入传统工艺当中，炙烤出的糕点颜色金黄、松酥香脆、入口甜糯、香而不腻，具有浓郁枣香味儿，成为冀鲁津南区域名吃名点、特色美食。塘坊糕点有饼干、糕点、馅饼、月饼、麻花、夹心面包等10余类，有大8件、小8件等56个品种。2021年11月，被山东省人民政府公布为省级非物质文化遗产

塘坊糕点　　（杜秀峰 摄）

代表性项目。2022 年 9 月，被滨州市文化和旅游局命名为“滨州市首届非遗工坊”。（梁玉东）

【艺术】 戏剧曲艺　清乾隆年间（1736—1795），无棣县广为流传戏曲是花部，也叫乱弹，还有京梆子、卫梆子、直隶梆子、小戏（木偶）等。清末至民国年间，河北省竹板书、西河大鼓、摔缰调等曲艺形式相继传入无棣县。县境乡村有京剧、吕剧、河北梆子（原直隶梆子）、东路梆子、哈哈腔等剧种，县境北部以河北梆子、京剧为主，县境东部以东路梆子、哈哈腔为胜，县境南部则喜吕剧。2002 年 8 月，县戏剧与曲艺家协会成立，会员 52 人。至 2022 年底，无棣县有中国曲艺家协会会员 1 名、省曲协会员 4 名、市曲协会员 18 名、县曲协会员 45 名。

哈哈腔。又称“喝喝腔”“柳子调”“合儿腔”，流行于山东省西北部、河北省东南部，属山东、河北 2 省民间地方小戏。“哈哈腔”属板腔体音乐体剧，唱词系 7 字、10 字上下句式，念白近于京腔，武场与京剧相仿，文场乐具有四胡（四根弦）、长颈月琴、竹笛、二胡、笙。服装脸谱和京剧古装戏相同。上演剧目有 80 余个，曲牌 30 余个。“哈哈腔”表演朴实，以唱见长，叙述性、说唱性较强，以细致、逼真、轻松幽默见长，像汲水、纺线、梳头、缝补、撵鸡等动作，表演者善于通过艺术手段细腻表现。

三弦书。又称铰子书、腿板书，是闻名于齐鲁、燕赵大地的说唱艺术，有 200 余年历史，因用三弦、铰子（小铜钹）为主要伴奏乐器得名，与鲁北大鼓相仿。初为一人一台戏，怀抱三弦，腿束节子（脚板）自弹自唱。其后，渐演变为演唱者手击铰子或八角鼓既唱又表，另有三弦、坠胡专门伴奏并在演唱中帮腔、插话而成为 2 ～ 3 人一台戏。三弦书唱腔音乐系民间歌乐、小调糅合而成，属板式变化体结构，七声音阶宫调式，音域宽阔，通常从“5”到“6”。三弦书既有以唱为主的小段，也有说唱长篇大书。

美术书法　清末至民国时期，无棣县美术书法作品主要为业余爱好者、民间艺人创作，有绘画、剪纸、彩塑和泥雕等艺术形式。中华人民共和国成立后，随着人民物质、文化生活水平提高，美术创作得以发展。1999 年 8 月，无棣县书法家协会成立，有会员 100 人。2002 年 9 月，无棣县美术家协会成立，有会员 75 人。至 2022 年底，无棣县有书法家协会会员 117 人，美术家协会会员 83 人。

剪纸。剪纸在民间叫“铰花子”，是以纸为加工对象，以剪刀为工具进行创作的民间艺术。剪纸注重原创性，不受刻刀、纸张限制，造型自由、随意。剪纸内容、形式多种多样，稚拙古朴、粗犷浑厚、简洁灵活、自然风趣，充分展现自身特殊的艺术魅力。民间剪纸，各种各样图案丰富多彩，如窗花、门笺、墙花、顶棚花、灯花等。无棣县剪纸题材广泛，花鸟鱼蝶为剪纸主要题材，如“鸟语花香”“丹凤朝阳”“百花争艳”“双蝶采花”等；有寓意吉祥题材，如“龙凤呈祥”“鱼跃龙门”“喜鹊登梅”“福寿双全”等；有历史人物、民间传说人物题材，反映现实生活题材等。

根雕。以树根（包括树身、树瘤、竹根等）自生形态及畸变形态为艺术创作对象，通过构思立意、艺术加工及工艺处理，创作出人物、动物、器物等作品。根雕艺术是发现自然美而又显示创造性加工造型艺术，在根雕创作中，利用根材天然形态来表现艺术形象，或进行人工处理修饰。因此，根雕又被称为“根的艺术”或“根艺”。无棣根雕艺术主要取材于枣树。枣树木质坚硬，纹理细密，适于根雕。

泥塑。俗称“彩塑”，中国民间传统而古老常见的民间艺术。以泥土为原料，以手工捏制成形，或素或彩，以人物、动物为主，按组、按主题、按故事反映、还原民俗，将日常生活中最普通、最平常的事情通过艺术形式表达出来，艺术价值较高。泥塑造型概括夸张，具有写意性、富有装饰性，用笔流畅，线条简练，色彩艳丽，品种繁多，表现题材广泛，喜庆吉利。泥塑是可供欣赏的民间艺术品、增长儿童智力的玩具、劳动人民心目中的吉祥物。泥塑艺人们根据劳动人民喜好与情感，认真探索，推陈出新，始终反映着时代的变革与人民生活的变化。

音乐舞蹈　清代至民国时期，广为流传的民歌有《织蒲席》《小寡妇上坟》《十二个月》等，较出名的演奏曲有《百鸟朝凤》《打枣儿》《一枝花》《小两口顶嘴》《放驴》《小开门》《上天台》等。所用乐器有锣、鼓、钹、笙、箫、笛、唢呐、胡琴、琵琶等。舞蹈种类有高跷、纸马、旱船、狮舞、龙灯、腰鼓、车子灯和秧歌。演出时间多为春节或元宵节。2002年7月，无棣县舞蹈家协会成立，有会员129人；同年9月，无棣县音乐家协会成立，有会员49人，其中国家级会员1名。至2022年底，无棣县舞蹈家协会有会员138人，音乐家协会有会员89人。

秧歌。属民间传统文艺，在民间自发形成，流行于山东省北部、河北省东南部、渤海与津南沿海一带，在重大节日、喜庆活动中，演员扮成古代各种人物，随锣鼓点节奏进行表演。其主要特征是扭（表演者手持各种道具，踩着锣鼓点步履轻盈，边扭边舞）、走场（一般开始、结尾为大场，中间为小场，表演出“龙摆尾”“加篱笆”“小连环”）、扮（表演者扮成民间传说故事中人物，有文武公子、小姐、丫鬟、渔翁等不同角色）；表演动作诙谐有趣，朴实可爱，具有广泛的娱乐性和群众性。

鲁北三通艺术锣鼓。在民间大秧歌伴奏打击乐的基础上发展形成。流传于鲁北、冀东、津南沿海一带，有300多年的传承历史。以鲁北无棣县为例，埕口镇、碣石山镇、马山子镇、柳堡镇、小泊头镇尤为典型，凡春节、元宵节、渔民出海、农历二月初二，民众自发组织开展三通艺术锣鼓活动。　（梁玉东）

【方言】 无棣方言属于汉语北方方言区鲁北方言，与普通话相比较有其显著特色。在语音方面，只有平、上、去3个声调，又有大量翘舌音读作平舌音，如“山”和“三”、“拆”和“猜”、“哨子”和“臊子”等；在语汇方面以土语见长，如“卯儿”“戚”“摸儿”“糖不得儿”“拣不残”“较么”“洋干”等，在语法方面也有其特殊规律。根据语音差异，无棣方言又划分为南、北2个方言区。北部方言区为县境具有代表性方言，大多翘舌音读作平舌音。　（梁玉东）

【建筑】 无棣县古建筑多为砖木结构，工艺考究，内涵丰富。其中，保存完好的有明清县衙大堂、吴式芬故居、清代高等小学堂等。清康熙《海丰县志》载：“县衙大堂建于明洪武三年（1370）。”明嘉靖三十七年（1558），重修县衙大堂，系明清县治的主体建筑，为硬山殿亭式单檐砖木结构，四梁八柱，青砖碧瓦，面阔8.1米，进深7米，方砖铺地，檐下平列彩绘风板，朱柱格棋透窗，红门翠扇，气势壮观。吴式芬故居，旧称“尚书第”，俗称“吴宅”，分南北两院，南院建于明正统年间，原为明户部尚书王佐府第；北院建于清康熙三年（1664），近代“双虞壶斋”保存完好。清代高等小学堂为砖木结构，也有

砖、木、坯混合结构。（梁玉东）

【饮食】 无棣县居民饮食习俗属北方型，受地域及文化传统影响，海边、内陆、城镇、乡村亦有差别。一般饮食习惯为夏秋农忙一日三餐，冬春赋闲一日两餐。1949年后，居民以玉米、高粱窝头为主食，腌萝卜、豆豉、虾酱为副食，少数富裕之家食用较多细粮或粗细粮兼食。1978年后，城乡居民饮食结构亦有较大改善，家常以白面为主食，就食新鲜蔬菜。地方名吃有大山烧鸡、泊头肘子、锅子饼、塘坊糕点等。

大山烧鸡　起源于无棣县碣石山镇（原大山镇），有300余年历史。大山烧鸡纤维细腻、肥瘦适度、鲜美可口、营养丰富、色泽鲜亮，外表枣红，鸡油欲滴，外酥里嫩，是老百姓买得起的美味佳肴。

泊头肘子　产于无棣县小泊头镇，属当地名吃。制作泊头肘子，选用皮薄肉嫩生鲜猪肘子，需为前猪肘，前肘带蹄筋，口感丰富。辅以多种原料，经清洗、焯水、过油后，文火慢炖而成，色泽华丽，肉质鲜嫩，观之诱人生津，品之酥烂清香。

佘家锅子饼　产于无棣县佘家镇，佘家锅子饼是当地的一道特色美食，以面粉、白菜、豆芽、精猪肉、鸡蛋、尖辣椒、食盐、甜面酱、白糖、香油等为主要原料。专用平底锅2口。用水将面粉和成劲道面团，后将面团切成50克，擀成薄饼，在平锅里用干柴禾徐徐加热，烙熟备用。平锅炒菜，用饼皮裹上炒好的菜，卷成圆柱形，饼的香脆与炒菜的香味融为一体，美味诱人，经济实惠。

无棣八大碗　以肉类原料作为主要食材，采用家庭式制作方式，蒸、炖为主，多用粗瓷大碗盛放。菜品有20余种，餐桌上菜保持8种，方肉、酥肉、扣肘、肉丸子4荤；豆腐（炸豆腐或白豆腐）、海带、粉条、农家时令菜蔬4素。制作时，把菜品放在小碗中，提前设计好花型，上面扣一粗瓷大碗，蒸熟后，反扣回来，呈现预设造型。浇上鸡肉、猪蹄、大骨头熬制的"高汤"，"八大碗"即成。（梁玉东）

【民俗】 无棣县传统文化富有鲜明地域特色，每年正月举办碣石山古庙会等非遗庙会。沿海渔民有祭海风俗，回族群众有开斋节等节日。

婚俗　中华人民共和国成立前，青年男女婚姻多遵从"父母之命""媒妁之言"，男女婚龄多为十五六岁。中华人民共和国成立后，政府提倡婚姻自主，喜事新办。青年男女自由恋爱。在农村多有介绍人牵线搭桥，外加男女会面相亲。女方数人到男家欢宴攀谈，俗称"会亲家""相婆家"，婆家赠以衣物、首饰、现金等订婚礼物，称"彩礼"。迎娶新娘，20世纪50年代骑马、坐车，20世纪70年代骑自行车，20世纪80年代用拖拉机或汽车，也有不少青年举行集体婚礼或旅行结婚。20世纪90年代，县城农村均用扎彩轿车，一般2～3辆，豪华者组成高档轿车车队，新娘嫁妆随车拉运。20世纪80年代嫁妆有衣被、收音机、自行车、缝纫机。20世纪90年代有彩电、摩托车、VCD等。2000年后，男女青年订婚或领取结婚证后，一般拍婚纱照，制作影集。机关城镇青年结婚，冰箱、彩电、洗衣机等各种家电家具齐全，金银首饰完备，购买家用轿车。

春节　俗称年，是中国最重大的传统节日，主节为农历腊月三十至正月初一。腊月三十日称"大年三十"，人人早起，穿戴一新，孩子放鞭炮，大人煎炒烹炸备年饭、包饺子，贴对联，供奉"家堂（祖辈牌位）"，年三十晚上称"年午更"，有吃年夜饭、放鞭炮、守岁、燃香烛、拜祖灵、叩家族长辈等习俗。年初一早起，乡亲互相串门拜年。初二，走亲访友，以亲疏远近之序登门拜年，延及初三、初四等。另有秧歌、旱船、高跷、竹马、狮舞等文娱活动，走村串镇演出。20世纪90年代，机关单位多举行团拜会、茶话会、文艺晚会。

重阳节　农历九月初九，为中国传统节日。在历史演变过程中，杂糅多种民俗为一体，承载着丰富文化内涵。主要有登高、秋游、举办敬老茶话会、赏菊、辞青、喝菊花酒、吃重阳糕等风俗习惯。2012年，《中华人民共和国老年人权益保障法》规定每年农历九月九日为老年节，倡导全社会树立尊老、敬老、爱老、助老风气。机关、社团等举办老年座谈会、茶话会，组织老年人免费查体、观光游览等活动。

中秋节 农历八月十五日，俗称“八月节”“中秋佳节”。农历八月恰是三秋之中，因而中秋亦称仲秋。随着物质生活水平提高，节前家家户户买月饼，置办家宴，拜访亲友。中秋之夜，民间把月圆看作为团圆的象征，“月圆于上，人圆于下”，明亮的月亮下，人们怀着美好的愿望和情怀，家人共聚，设宴赏月。

碣石山古庙会 又称“大山古庙会”，盛行于无棣县碣石山镇（原大山镇），产生于清朝乾隆年间，由河北省千童镇、高湾镇共同参与民间盛会。每年农历四月，举行2次香火庙会，四月十七为“小会”，二十七为“大会”，堪称鲁北、冀南之首。2001年9月17日，大山（又名马谷山）复名碣石山，恢复古建筑，于2005年农历四月二十七日恢复古庙会。碣石山古庙会由文化、商贸、祭祀3个部分组成。（梁玉东）

【文物古迹】 至2022年底，无棣县不可移动文物44处，其中省级文物保护单位9处、市级文物保护单位7处、县级文物保护单位28处，包括旧石器及商周时代遗址、汉代窑址、明清古民居、古墓葬、近现代重要史迹等。馆藏文物丰富，包括陶瓷类、青铜类、书画类、玉石类、古钱币及革命文物等2335件（套）。

郭来仪古墓 原名魏王豹墓，位于无棣县信阳镇郭来仪村南500米处，面积1575平方米，封土高4米。民国《无棣县志》载“汉魏王豹墓，城北七里。相传，韩信由燕伐齐到此，豹迎战三百回合，中卸甲风阵亡，信令将士撮土筑此墓”。1977年12月23日，被山东省人民政府公布为省级文物保护单位。

信阳故城址 位于县城北8.5千米处，周长3.5千米有余，面积0.8平方千米。《山东通志》称“信城”，俗称“小鞍城”“歇鞍城”。今遗址西南隅，城垣残迹尚存50余米，高10余米，夯土斑斑，依稀可见。1992年6月20日，被山东省人民政府公布为省级文物保护单位。

大觉寺 唐贞观十三年（639）建，初名普照寺，明洪武初更名为大觉寺。寺内有天王殿、前殿、后殿、观音殿、伽蓝殿、祖师殿、海丰塔。1991年，重建海丰塔。塔身为八角楼阁式，高42米，13级，位于旧塔以北50米处。中国书法家协会副主席李铎为海丰塔题写对联：“海裕无双邑，丰余第一州”。2006年，社会捐赠600万元，对大觉寺损毁的建筑进行恢复建设，对旧有的建筑进行修葺。2006年12月7日，被山东省人民政府公布为省级文物保护单位。

冯安邦故居 位于旧城区海丰路西侧，吴式芬故居北邻。冯安邦，信阳镇店子村人，抗日将领，国民党陆军中将，清末民初于此建居，建有房舍3间，厅房3间，门楼耳屋3间，库房3间，占地面积约3500平方米。2013年10月10日，被山东省人民政府公布为省级文物保护单位。

城角遗址 位于无棣县信阳镇城角村西南200米处，由城和城南殿两部分构成。城南殿无城墙，城墙有4个角楼；东西无城门，周围有护城河，该城池曾用于屯兵，西南有点将台。现遗址文化层大约有2米，曾出土过汉代陶豆、鼎及宋代石棺、古币、棱锤等物。是集军事、政治、经济、文化功能于一体的重要遗址。2022年1月18日，被山东省人民政府公布为省级文物保护单位。

邓王东北遗址 位于无棣县佘家镇邓王村东北约1500米处。遗址地势较周边相对略高，中部有1条东西向人工水渠，地表分布有较多陶片，遗址中部沟渠边分布尤为集中，可见器形有盔形器、豆、鬶、盆等，属晚商、西周时期遗址。2022年1月18日，被山东省人民政府公布为省级文物保护单位。（梁玉东）

【风景名胜】 至2022年底，无棣县境内有国家级自然保护区——贝壳堤岛与湿地国家级自然保护区，国家AAAA级旅游景区黄河岛景区、无棣古城，国家AAA级旅游景区碣石山景区、鑫嘉源景区、北海凤鸣鸟类湿地公园、千年古桑景区、清波烟雨景区等。海丰街道入选山东省首批精品文化旅游小镇。

无棣古城　国家AAAA级旅游景区，位于无棣县南部，形成于商周时期，发展于隋唐时期，繁荣于明清时期。夯土筑成的城墙上，建有城门、角置炮台、钟鼓楼，城内商肆旅社齐全，城外有护城河、荷花湾等水系环绕相连。至今保留唐代大觉寺、海丰塔，宋朝古城墙，明朝县衙大堂，清朝吴式芬故居等历史人文遗迹。汇集鲁北地区多元建筑风格，融合齐文化、燕文化、河文化、海文化等多种文化及宗教、民俗风情，是鲁北、天津市以南地区历史文化风貌典型代表，有“观一城则窥鲁北全貌”之誉。

黄河三角洲生态旅游岛　无棣县黄河三角洲生态景区，属国家AAAA级旅游景区，位于无棣县东北部，濒临渤海，系黄河故道。由秦口河、套尔河环抱左右，四面环水。以黄河古道、天然苇荡、沼泽湿地、浅海滩涂、野生鸟类等独特景观为人称道。主要景点有仙人渡、百果园、红海滩、芦苇荡、科普馆、绿林氧吧、柽柳仙踪等，集知识性、趣味性、观赏性、体验性于一体。（梁玉东）

2022年经济社会发展

【经济建设】2022年，无棣县生产总值为284.5亿元，比上年增长4.0%。其中，第一产业增加值为46.77亿元，比上年增长4.8%；第二产业增加值为114.21亿元，比上年增长4.2%；第三产业增加值为123.52亿元，比上年增长3.5%。三次产业结构调整为16.5∶40.1∶43.4。（张玉春）

【政治建设】2022年，无棣县加强政治建设，县委理论学习中心组开展学习研讨、读书班等学习16次。组建县委宣讲团，举办党的二十大精神专题学习班，学习宣传贯彻党的二十大精神。成立少数民族村乡村振兴服务队、建立跨区域民族团结进步创建联盟、打造民族工作品牌。发挥群团组织作用，获批全省青年发展友好型县域建设试点，县科协被中国科协评为全国科技工作者日活动优秀组织单位。在项目一线、基层一线提拔重用干部102人。举办党员干部、中青年干部、选调生培训班，培训干部3000余人次。（张玉春）

【文化建设】2022年，无棣县有文化馆、艺术馆1个，文化站12个，图书馆1个，文物管理机构1家，博物馆1个，“文旅驿站”“图书共享服务点”7处。全年组织“戏曲进乡村”文化惠民演出800场、百姓大舞台广场文化活动40余场、省市县三级联合购买文化惠民演出11场、各类市民文化节活动151场、农村公益电影放映6996场。认定首批非遗工坊19家。（梁玉东）

【社会建设】2022年，无棣县推进高质量教师队伍建设，公开招聘教师274人。为全县134个行政村、30个居民小区配发、提档升级体育健身器材。建设“百姓健身屋”6处、口袋体育公园3处。完善全县体育社会组织，开展体育赛事活动200项次。培训各类体育人才800名。推进紧密型县域医共体建设，基层诊疗量占比75.03%，县域内就诊率96.6%；家庭医生签约20.99万人，新建老年友善医疗机构7家，建设国家级老年友好型社区1处。城乡居民基本医疗保险实现“应保尽保”。全体居民全年人均可支配收入比上年增长5.9%。（梁玉东）

【生态文明建设】2022年，无棣县空气质量综合指数为4.46，比上年改善5.3%；空气质量优良天数282天，比上年增加27天，优良率77.3%。地表水国控考核断面全部达到Ⅳ类及以上标准，水环境质量比上年改善9.13%，饮用水水源地水质达标率100%。工业废水排放达标率100%，集中式饮用水源地水质达标率100%。（梁玉东）

中国共产党无棣县委员会

综　述

【贯彻落实党的二十大精神】2022年，无棣县强化政治引领，印发《中共无棣县委关于学习宣传贯彻党的二十大精神的决议》，县委理论学习中心组学习贯彻党的二十大精神专题集体学习研讨，学习党的二十大报告、相关决议，《中国共产党章程》、习近平总书记重要讲话精神等内容，中心组成员交流发言，全面学习、全面把握党的二十大精神。召开中国共产党无棣县第十四届委员会第三次全体会议，部署学习宣传贯彻党的二十大精神。召开全县学习贯彻党的二十大精神暨县委宣讲团宣讲动员会议。县委组建“无棣县学习贯彻党的二十大精神宣讲团”，37名县委宣讲团成员到各镇（街道）、园区、有关部门、企业、学校集中宣讲38场次。举办宣讲报告会，选择1～2个基层单位面对面互动交流。党员干部带头宣讲。指导各部门单位分领域、分众化开展形式多样的宣讲活动，推进宣讲进机关、进企业、进农村、进校园、进社区，开展专题宣讲活动462场次，受众5.5万人次。强化媒体网络宣传，在“无棣融媒”App开设《深入学习宣传贯彻党的二十大精神》专栏，刊发《二十大报告金句》等图文信息1520条、体会文章64篇。策划录制《棠棣之声·党的二十大精神微宣讲》5期，并在“理响滨州”微信公众号、“无棣融媒”App等媒体平台刊播，受众2万余人次。发挥县社科规划课题平台作用，围绕党的二十大报告提出的重大战略判断、重大理论观点、重大工作要求，结合无棣发展实际，推出一批有深度、有分量、有无棣“热度”的研究成果。《无棣大众》开设《深入学习贯彻党的二十大精神》专栏，刊发系列学习贯彻党的二十大精神体会文章。无棣电视台推出《学习党的二十大报告》系列访谈栏目。通过“无棣发布”微信公众号等，推送刊发优质理论文章等，深入学习党的二十大精神。（崔金芝）

【统筹疫情防控和经济社会发展】2022年，无棣县全面做好统筹新冠疫情防控和经济运行工作。坚持“外防输入、内防反弹”总策略、“动态清零”总方针；成立防控、救治专家组，设立专班、救护队、院感防护队。全年未出现规模性疫情，新冠疫情防控形势总体平稳。经济运行保持平稳向好。6000公顷高标准农田建设加快实施。开展稳住经济基本盘百日攻坚行动，主要经济指标增速高于全市平均水平。实施总投资152亿元十大交通工程，提前完成建设任务。“客货邮”融合发展全省领先，建成村级服务站423处，实现快递进村全覆盖。开展安全生产明察暗访、三项行动、百日攻坚等活动，检查企业4015家次，消除隐患8280处。全年地区生产总值增长4.0%，固定资产投资增长15.3%，规模以上工业增加值增长5.6%，居民人均可支配收入增长5.9%。完成一般公共预算收入16.59亿元，实现进出口总额157.85亿元，增长53.09%。（王　悦）

【党建统领】2022年，无棣县加强政治建设，深化落实“第一议题”制度，县委理论学习中心组开展学习研讨、读书班等学习16次。举办党的二十大精神专题学习班，组建县委宣讲团，推动全县学习宣传贯彻党的二十大精神。实施“头雁领航工程”，培训村党组织书记、第一书记760名，举办乡村振兴“擂台比武”37次。实施强基赋能工程，从严开展农村发展党员违规违纪问题排查整顿，率先完成村改社区集中攻坚试点，发展壮大村集体经济。组建“帮棣好”党建联盟，设立联盟办公室，将“过程党建”嵌入营商环境建设全过程，擦亮“滨周到·帮棣好”营商服务品牌。坚持看党性、看担当、看攻坚、看廉洁、看公论“五看”导向，在项目一线、基层一线提拔重用干部102人。举办党员干部、中青年干部、选调生培训班，培训干部3000余人次。倡树“实干实绩”鲜明导向，开展容错纠错4起3人，对诬告行为进行严肃处理，澄清正名11人，激励干部担当作为。（王　悦）

【创新引领】2022年，无棣县深化新旧动能转换，加快培育科技创新平台载体，建设市技术创新中心3家，加入市高企培育库27家，备案国家科技型中小企业136家，申报国家高新技术企业37家，山东天顺药业股份有限公司“揭榜”山东省重大科技创新工程。优化升级“聚才强棣”政策，举办第三届人才节无棣专场活动，促成滨州正海蓝色实业集团与中国科学院海洋研究所等产学研合作，柔性引进科技领军人才19人、本科及以上大学生1291人。县财政设立专项奖补资金，支持企业科技创新与高质量发展。实施技改项目24个，工业技改投资、制造业技改投资增速分别居全市第3位、第2位。无棣鑫岳化工集团成为全省高端化工领域高质量发展企业，6家企业入选全省制造业高端品牌培育企业，8家企业被认定为省级“专精特新”中小企业、3家企业被认定为省级瞪羚企业。新增无棣香油、无棣芝麻、无棣白蜡地理标志证明商标3件，2家企业、1个地理标志产品入选2022中国品牌价值评价榜单。（王　悦）

【改革攻坚】2022年，无棣县推进深化改革，新争取承接国家、省、市级改革试点项目5个，8项改革创新工作获国家有关部委认可，41项改革经验获省直部门发文推广，“创新落实以水定城、以水定地、以水定人、以水定产‘四水四定’，打造源水网、用水网、留水网、节水网、管水网‘现代五网’水利体系”案例呈报中央改革办；“F享无棣”特困人员关爱照护工程，被山东省民政厅列为全省社会救助领域十大创新案例，获评全省优秀社会救助品牌。“四个一线”工作法完成漳卫新河河口段清淤清障、盐碱地综合开发等经验做法，得到山东省委、省政府主要领导批示肯定，工作经验在全省推广。（王　悦）

【民生改善】2022年，无棣县抓好一批普惠性、基础性、兜底性民生实事，解决群众“急难愁盼”问题。财政资金向民生领域倾斜，民生支出30.4亿元，占比83%。稳岗就业有力，城镇新增就业4933人，公益岗位就业人员3516人，完成进度均居全市前列。民生保障有力，基本养老保险参保人数为34.42万人，超额完成年度任务。规范提升基层医保服务站点217家，建成标杆型站点16家、标准型站点49家，形成“15分钟医保便民服务圈”。困难群众救助标准再提高10%，低保、特困、困境儿童等救助标准均进入全省第一方阵。以创建省级社会救助综合改革实验区为契机，在全国首创机制、救治、自立3条无障碍通道，为685名精神疾病特困、低保人员开展“无忧工程”服务。完成3家敬老院改造提升，棣丰街道馨泰社区被国家卫生健康委员会、全国老龄委办公室确立为全国示范性老年友好型社区。实施教育优质资源提升工程，公开招聘教师274人，全县中小学、幼儿园、职业教育基础设施建设加快推进。县城区医院及镇（街道）卫生院服务能力提升建设项目完成。（王　悦）

延伸阅读

全方位全过程“强党建” 以高质量党建统领高质量发展

山东省第十二次党代会吹响建设新时代社会主义现代化强省号角，保障省党代会精神落实落地，关键在党、关键靠人。中共无棣县委树牢“以党建统领一切工作”理念，全方位全过程“强党建”，推动党建与发展深度融合，保障省党代会精神在无棣落得实、高质量发展无棣走在前。

抓住“牛鼻子”，让党建统领成为谋划工作“指南针”

“第一议题”引领，完善“第一议题”制度，提升谋划发展站位。立足落实黄河流域生态保护、高质量发展国家战略，提出打造鲁北港产城融合新高地，东风港建设港产城融合先行区，鲁北高新区打造千亿级循环经济产业园。落实“双碳”目标，实施鲁北源网荷储一体化项目，实现绿色能源替代。解放思想破冰，巩固解放思想成果，落实海洋强省建设要求，发展海洋食品加工、海洋装备制造、海上风电光伏，建设“海上无棣”；落实山东省委“纵深推进新旧动能转换”要求，推行产业链党建，组建产业链党委，打造高端化工、锂电新能源两个千亿级产业。“在知爱建”聚力，把“建”的力量凝聚到疫情防控上，守牢不发生规模性反弹的底线。把“建”的重心聚焦到稳定经济上，开展稳住经济基本盘百日攻坚行动，保障完成上半年任务目标。“过程管控”推动，每季度开展一次抓基层党建、全面从严治党讲评会，变“事后改”为“过程抓”。对稳定经济运行、双招双引每周调度一次、每月通报一次，对指挥部重点工作、投资500万以上项目推进情况，以《提醒函》形式一月一次督促整改、推动落实。

找准“突破口”，让党建统领成为攻坚克难“金刚钻”

落脚到重点工作上，成立现代水网、综合交通、乡村振兴等8个指挥部，凝聚合力攻坚克难，年内完成水利投入20亿元、交通投入7.3亿元，2处省级化工园区实现扩容升级。年内，漳卫新河河口段应急度汛工程比既定方案提前24天完成，清障工作省河长办给予通报表扬。落脚到重点项目上，组织百个县直机关事业单位联百家企业包百项重点项目“三百工程”，包立项、包审批、包开工、包列统，周调度、月通报、季观摩、半年评比、全年考核。抓好164个投资500万元以上项目建设，年内，16个项目建成投产，新增规模以上工业企业15家以上、“四上”企业50家以上，工业总产值突破680亿元。落脚到服务群众上，开展“党建引领·窗口点亮”行动，靠前服务、主动服务，年内投资项目审批落地时间缩短4个月以上。在全市率先成立为企服务中心，开通“6315369”为企服务热线、微信公众号，建立“企业吹哨、部门报到”机制，打造为企服务直通车。

形成“一股劲”，让党建统领成为凝聚人心“强磁场”

广开渠道“练”，建立抓基层党建责任制全链条“闭环”模式，组织村党组织书记“走村观摩”“擂台比武”，抓好村党组织领办合作社扩面提质，年内实现行政村100%全覆盖。实施网格基层党组织“亮牌承诺”活动，打造“我棣家”社区精细化治理品牌。赛马场上“选”，倡树实干实绩导向，在重点工程、重点项目、重点工作一线发现使用干部。年内，对新冠疫情防控表现突出53个集体、91名个人通报表扬。敞开胸怀“引”，打破条条框框，完善“引育留用”体系，推动“项目＋人才＋产业”融合发展，年内引进省级以上高层次人才19人以上，为高质量发展提供坚强人才保障。

（资料来源：人民日报客户端·山东频道，2022年6月23日，郑振亮）

重要会议

【中共无棣县第十四次代表大会】2022年1月14—16日，中国共产党无棣县第十四次代表大会召开。选举产生中国共产党无棣县第十四届委员会、中国共产党无棣县第十四届纪律检查委员会、出席中国共产党滨州市第十次党代会代表；审议通过《中国共产党无棣县第十四次代表大会关于十三届县委报告的决议》《中国共产党无棣县第十四次代表大会关于中共无棣县纪律检查委员会工作报告的决议》。（王　悦）

【县委全体会议】县委十四届第一次全体会议。2022年1月16日召开。全会选举产生11名中国共产党无棣县第十四届委员会常务委员会委员，分别为郑振亮、王涛、王福瑞、贾芳、李静、于秀华、张立波、徐鹏潇、张国志、刘海青、李新峰。选举郑振亮为无棣县委书记，王涛、王福瑞为无棣县委副书记。会议通过中共无棣县第十四届纪律检查委员会第一次全体会议选举产生的常委、书记、副书记选举结果的报告。全会强调，在党中央和省委、市委的坚强领导下，新一届县委常委会要继续发扬历届县委班子的好作风、好方法、好经验，不负重托、勤奋工作，团结带领全县各级干部群众，为推动“强优富美”新无棣大发展、打造鲁北港产城融合新高地，贡献智慧和力量。倍加珍惜时代创造的机遇和舞台，倍加珍惜组织提供的机会与信任，倍加珍惜人民寄予的厚望与期待，把忠诚干净担当作为座右铭，把为民务实清廉作为基准线，奋发有为、励精图治，团结带领全县各级干部群众，干出一番让党中央放心、让人民满意的新业绩。新一届县委委员、候补委员出席会议，县纪委委员列席会议。

县委十四届第二次全体会议。1月25日召开。会议研究确定全县出席省第十二次党代会预备人选2人。

县委十四届第三次全体会议。11月28日召开。全会深入学习贯彻党的二十大和二十届一中全会精神，学习贯彻省委十二届二次全会、市委十届三次全会精神；听取、讨论县委工作报告，审议通过《中共无棣县委关于学习宣传贯彻党的二十大精神的决议》《中国共产党无棣县委员会工作规则》。郑振亮就《中共无棣县委关于学习宣传贯彻党的二十大精神的决议（讨论稿）》《中国共产党无棣县委员会工作规则（讨论稿）》作说明。（王　悦）

2022年1月14—16日，中国共产党无棣县第十四次代表大会在县文化中心召开。图为1月14日开幕式现场（县融媒体中心 供图）

【县委常委会（扩大）会议】2022年，无棣县委共召开常委会（扩大）会议34次。

县委十四届第2次常委会（扩大）会议。2022年1月21日召开。学习习近平总书记重要讲话精神；传达省、市空气质量保障工作会议精神；听取全县空气质量保障工作情况及下步工作措施，2021年度县人大常委会党组、县政府党组、县政协党组、县纪委监委党组、县人民法院党组、县人民检察院党组工作情况，县十九届人大一次会议筹备情况、县政协十届一次会议筹备情况、县政府工作报告及民生实事候选项目起草情况，2022年国民经济和社会发展主要计划指标初步拟定情况汇报。

县委十四届第5次常委会（扩大）会议。2月7日召开。学习习近平总书记重要讲话精神；研究《无棣县2022年工作动员大会方案》《关于调整包园区、镇（街道）县领导的通知》《关于成立重点工作指挥部凝心聚力抓发展的通知》《无棣县关于开展百个单位联系百家企业包百个重点项目“三百”工程的实施方案》；传达省市空气质量保障工作推进会议精神，听取贯彻落实情况汇报。

县委十四届第7次常委会（扩大）会议。2月28日召开。传达市第十次党代会精神、全市“山东走在前，滨州怎么办”解放思想大讨论暨“在滨州、知滨州、爱滨州、建滨州”主题实践活动动员大会精神、市第十二届人民代表大会第一次会议精神、市政协十二届一次会议精神；听取全县有关工作贯彻落实意见、县人大常委会2022年工作要点汇报、县政协2022年工作要点汇报、古城建设运营管理指挥部工作开展情况、全省月度舆情会商研判会议精神及无棣县贯彻落实意见和乡村振兴指挥部、城市建设指挥部、综合交通指挥部、教育基础设施指挥部、卫生健康工程建设指挥部、现代水网建设指挥部、化工园区扩容升级指挥部、“三百”工程、“双招双引”人才工作情况汇报。

县委十四届第8次常委会（扩大）会议。3月26日召开。传达学习习近平总书记在3月17日中共中央政治局常务委员会会议上的重要讲话精神、省委统筹疫情防控和经济运行工作指挥部（扩大）会议精神、省市民族宗教局长会议精神、省纪委监委有关通报精神；听取全县贯彻落实有关工作意见汇报。

县委十四届第9次常委会（扩大）会议。4月3日召开。听取全县《“三百”工程考核方案》《深化拓展新时代文明实践中心建设实施方案》《关于加快市场主体高质量发展的意见》情况汇报；传达国家、省、市安全生产视频会议精神，安排部署漳卫新河清淤清障工作。

县委十四届第11次常委会会议。4月24日召开。传达市委海洋委第四次全体会议精神；研究全县海洋产业发展工作、5G基站建设情况。

县委十四届第13次常委会（扩大）会议。4月28日召开。学习习近平总书记重要讲话精神；传达省委领导到无棣调研情况、市委政法工作会议精神、“山东手造”推进工程视频会议精神；听取全县一季度经济运行情况及下步工作打算、安全生产工作有关情况、全县《新一轮“四减四增”三年行动方案》起草情况及近期生态环保工作、《关于选派少数民族村乡村振兴服务队的建议方案》《“无棣手造”推进工程实施方案》、设立无棣县中华职业教育社有关情况、规范民办义务教育专项工作情况汇报；研究相关工作贯彻落实意见及基层党建、全面从严治党工作提醒事项。

县委十四届第14次常委会（扩大）会议。5月18日召开。学习习近平总书记重要讲话及在庆祝中国共产主义青年团成立100周年大会上的重要讲话精神；传达全市外资工作会议精神、全市总河长会议精神；听取新冠疫情防控工作情况汇报及全县贯彻落实意见、全县“三区三线”划定工作情况、全国未成年人保护示范县创建工作情况、《中共无棣县委常委会议事规则（讨论稿）》《关于进一步加强县委常委会自身建设的意见（讨论稿）》起草说明、《县纪委落实全面从严治党、党风廉政建设和反腐败工作情况报告》、2021年度全县高质量发展综合绩效考核情况汇报。

县委十四届第16次常委会（扩大）会议。6月2日召开。传达学习省第十二次党代会及全国稳住经济大盘电视电话会议、全省稳定经济运行工作视频会议精神，研究全县贯彻落实意见。

县委十四届第17次常委会（扩大）会议。6月27日召开。学习习近平总书记重要讲话精神；传达中央、省推动黄河流域生态保护和高质量发展领导小组全体会议精神，中共中央办公厅、国务院办公厅《关于更加有效发挥统计监督职能作用的意见》；听取全县经济运行工作、2022年度黄河流域生态保护和高质量发展专项监督问题整改落实、全县排查整顿农村发展党员违规违纪问题工作情况汇报；研究十四届县委巡察工作规划。

县委十四届第19次常委会会议。7月14日召开。传达“2022年全市深化营商环境改革 擦亮‘滨周到’品牌动员会议”、全国全省安全生产视频会议精神，听取全县贯彻落实意见汇报。

县委十四届第20次常委会（扩大）会议。8月4日召开。学习习近平总书记重要讲话精神；传达市委常委会会议、2022年党建统领经济发展项目现场观摩会议精神；听取全县新冠疫情防控工作，全县上半年经济运行、安全生产、生态环保工作，基本公共服务群众满意度工作，全县巩固拓展脱贫攻坚成果同乡村振兴有效衔接工作，全县上半年信访维稳工作，《无棣县2022年度高质量发展综合绩效考核办法》情况汇报。

县委十四届第21次常委会会议。8月4日召开。专题研究上半年全面从严治党工作情况。

县委十四届第22次常委会会议。8月25日召开。传达全省统计造假不收手不收敛问题专项纠治、全市乡村振兴工作推进会议精神；听取有关部门单位关于履行全面从严治党主体责任、迎接全省统计执法督察工作情况汇报；审议2022年上半年县委常委会关于履行全面从严治党主体责任情况的报告。

县委十四届第23次常委会（扩大）会议。9月2日召开。学习习近平总书记在辽宁考察时的重要讲话精神。

县委十四届第25次常委会会议。9月16日召开。听取全县经营性自建房安全专项整治工作进展情况、全省未成年人保护现场会筹备情况汇报。

县委十四届第27次常委会（扩大）会议。9月30日召开。传达学习省委统战工作会议，《推进领导干部能上能下规定》，国家、省安全生产会议精神；听取全县基本公共服务群众满意度工作，10月底新开工、新投产项目，全县秸秆禁烧工作情况汇报；审议《无棣县共青团基层组织改革实施方案（讨论稿）》《无棣县创建青年发展友好型县实施方案（讨论稿）》；研究9月基层党建、全面从严治党工作提醒事项。

县委十四届第28次常委会（扩大）会议。10月27日召开。传达学习党的二十大精神。

县委十四届第30次常委会（扩大）会议。11月25日召开。学习习近平总书记重要讲话精神，重点学习习近平总书记在陕西省延安市、河南省安阳市考察时的重要讲话精神；传达山东省委书记李干杰到滨州调研指示精神、中共滨州市委十届三次全体会议精神、十二届省委巡视工作规划；听取十四届县委第二轮巡察情况、县委十四届三次全体会议筹备情况汇报及有关工作贯彻落实意见；研究全县10月基层党建、全面从严治党工作提醒事项。

县委十四届第32次常委会（扩大）会议。12月20日召开。学习习近平总书记重要讲话精神；传达中央财经委员会第十一次会议、十届滨州市委财经委员会第一次会议、市委统战工作会议精神；听取《关于召开无棣县第十九届人大二次会议的建议方案》《关于召开无棣县政协十届二次会议的建议方案》、县政府工作报告和民生实事候选项目起草、2023年国民经济和社会发展主要计划指标初步拟定、2022年无棣县食品安全工作情况汇报；审议《无棣县推动共同富裕工作分工方案》；研究11月基层党建、全面从严治党工作提醒事项。

县委十四届第34次常委会会议。12月25日召开。听取县纪委监委2022年度党风廉政建设和反腐败工作情况报告。（王　悦）

重大决策

【中共无棣县委关于学习宣传贯彻党的二十大精神的决议】
2022年11月28日，中共无棣

县委十四届三次会议通过《中共无棣县委关于学习宣传贯彻党的二十大精神的决议》。决议从4个方面提出贯彻落实意见。决议要求，充分认识党的二十大的重大意义。深刻领会党的二十大的重大意义、“两个确立”的决定性意义、党的二十大精神的丰富内涵。持续兴起学习宣传党的二十大精神热潮。推动学习培训、集中宣讲、新闻宣传、研究阐释走深走实。保障党的二十大精神在无棣落地生根。抓好动能转换，加强科技创新，深化改革开放，增强文化自信，突出绿色发展，推动共同富裕，统筹发展安全。纵深推进新时代党的建设新的伟大工程。坚持党建统领，落实“过程党建”，用习近平新时代中国特色社会主义思想统一思想、意志、行动，坚定不移推进全面从严治党，反腐倡廉。把学习宣传贯彻党的二十大精神成果转化为推动“强优富美”新无棣大发展、打造鲁北港产城融合新高地的工作成效。（王　健）

【实施“三百工程”】 2022年，无棣县印发《无棣县百个单位联系百家企业包百个重点项目“三百”工程实施方案》。“三百工程”将百家企业、百个重点项目联系帮包工作责任落实到百家县直部门单位。明确重点工程、重大项目建设时间表、路线图，推动重点项目快落地、快开工、快投产、快见效，保障完成全年项目建设、固定资产投资目标。每家企业、每个重点项目由1个县直部门单位联系帮包，全程做好联系企业及重点项目跟踪服务工作，各镇（街道）、园区全力做好相关配合工作。对104个投资5000万元以上重点项目及其建设单位开展联系帮包，包括15个省重点项目、16个市重点项目、73个县重点项目。采取“四联”“四包”“五不”工作措施推进。联系企业做到“联经营、联建设、联环保、联安全”；帮包项目做到“包立项、包审批、包开工、包列统”；联企帮包做到“不包办、不代替、不强迫、不取酬、不增负”。县委重点工作落实调度中心、县委组织部、县政府办公室，定期调度通报、实施亮灯督办、强化综合考核。对项目审批手续办理，一个项目一张表、一张图，完成一项销号一项，推动帮包工作落实，促进项目早建设、早投产、早见效。按照县委、县政府工作部署，“三百工程”专班坚持一线办公、一线协调、一线服务，推动项目建设。全年实地走访企业及项目400余次；落实土地指标42公顷，解决38个项目用地问题；搭建银企对接平台，为企业融资3.4亿元，缓解8家企业的资金短缺问题；与县行政审批服务局、县住房和城乡建设局等手续办理职能部门协调沟通，加速手续办理67项；针对项目建设物资运输问题，为13家企业开通通道，保障项目建设进度。（王　健）

【“四水四定强引领　五水并举谋发展”解放思想大讨论】 2022年，无棣县印发《关于开展“四水四定强引领　五水并举谋发展”解放思想大讨论的通知》，落实“以水定城、以水定地、以水定人、以水定产”原则，遵循“源水、用水、留水、节水、管水”路径。解放思想大讨论主要任务，聚焦黄河重大国家战略，树牢合理开发保护水资源是经济社会可持续发展保障理念；聚焦“四水四定”，学习国家、省、市、县涉水具体政策与要求，围绕实际状况、发展需求，坚持“四水四定”原则，查摆水资源配置是否合理、水资源承载力与经济社会发展是否协调，树牢“以水而定、量水而行”理念；聚焦资源禀赋，围绕无棣水资源短缺实际，查摆工业、农业、生态、生活等领域节水理念是否树牢，用水方式是否科学，节水技术是否先进，节水机制是否健全，树牢“水资源的空间决定着发展的空间”理念；聚焦担当作为，重点围绕管水、用水、治水体制机制等方面，构建涉水工作职责明确、机制健全、合力推进工作格局。实施拦蓄淡水资源，淡化海水资源；立足扩容增储，实施河道清淤清障、新建拦河闸、水库增容衬砌工程，建设科学蓄水网；实施德惠新河至明湖水库引调水工程，构建“河、湖、库、渠”现代调水网；实施农村饮水安全工程建设，建成净水厂3处、供水厂1处，坚持城乡一体化供水，建设统筹供水网。建设高效水灌溉工程，推动农业节水；全县城乡污水处理厂分别处理工业园区污水、城市生活污水，处理后中水循环供给园区工业生产，用于城镇绿化、道路浇洒等；实施“违规取用水专项行动”，对严重违法违规行为曝光，打击违规取用水行为，督促违规用户整改。（王　健）

全面深化改革

【经济领域改革】2022年，无棣县深化改革攻坚，放大比较优势，释放走在前列活力，实施优化营商环境创新行动，制定《无棣县招商引资激励办法》，依托跨国公司领导人青岛峰会、中国铝业周等开展项目谋划、推介洽谈。制定《关于加快市场主体高质量发展的意见》，县财政每年设立4000万元奖补资金，支持企业科技创新、高质量发展。县民营经济服务中心被工业和信息化部确立为全国中小企业志愿服务优秀工作站。在全市率先成立为企服务中心，开通为企服务热线，建立“企业吹哨、部门报到”工作机制，办理企业“吹哨”事项355件次，办结率、回访满意率均100%，全市“为企服务直通车”制度落实现场会在无棣县召开。打造“帮棣好”项目管家帮办代办服务模式，深化工程建设项目审批改革，投资项目审批落地时间缩短4个月以上。全省煤田地质系统服务乡村振兴战略工作现场会、全国盐碱地高产优质牧草现场会、黄河三角洲盐碱地棉花全程机械化现场会在无棣县召开。（卢学巍）

【社会领域改革】2022年，无棣县围绕社会关注热点难点问题，深化社会领域改革。打造“护童飞翔，棣造未来”未保品牌，创成全国未成年人保护示范县。在全国首创“无忧工程”，开展困难精神疾病患者集中收治，开启救助领域先河，被推荐到民政部参评优秀创新案例，经验做法在新华社等主流媒体刊发。在全国率先推出残疾儿童“康教托技”一体化服务模式。“F享无棣”关爱照护工程，实现特困供养人员服务全覆盖，作为社会救助领域十大创新案例在全省推广，被省民政厅评为全省社会救助领域政策宣传优秀成果、全省优秀社会救助品牌。拓宽就业渠道，建设公益性零工市场2处，全年服务30万人以上，先进做法被市政务信息、市主流媒体宣传推广。开展城乡公益性岗位提质行动。全县创设城乡公益性岗位3516个，在全市率先实现上岗，“四个精准”创新做法受到市政府肯定。制定《无棣县建设国家中医药综合改革示范区实施方案》，推进“三医联动”“医防融合”慢病管理服务体系建设，经验做法在全省基层卫生健康发展大会作典型发言，家庭医生签约、综合医改经验分别获评全省“特色案例”“创新案例”。（卢学巍）

2022年9月28日，全省煤田地质系统服务乡村振兴战略工作现场会在无棣县举办（闫　晓　摄）

【生态环保领域改革】 2022年，无棣县完善生态文明统筹协调机制，推动建立黄河流域（豫鲁段）横向生态保护补偿机制，构建齐抓共管大生态、大环保格局。在全省率先创新开发“田长制”信息平台，借助高点监控视频，对耕地、永久基本农田非农化、非粮化进行监测，实现对耕地全流程闭环管理。在全市率先完成农村生活污水治理整县推进任务、率先实现清洁取暖全覆盖。“农村清洁取暖高标准、大投入、广覆盖‘煤改气’无棣模式”被省生态环境厅宣传推广。推进工业园区“环保管家”服务模式，探索建立“政府主导、第三方协同、市场化运作、共同治理”环保服务新路径。完成智慧城市时空大数据平台、自然资源“数字赋能”省级双试点工作，实现时空大数据、高点监控、田长制综合管理3个平台深度融合，经验做法在《山东通讯》《中国自然资源报》等报刊刊发报道。7月31日，全省时空大数据平台建设及应用现场会在无棣县召开。（卢学巍）

2022年5月27日，无棣县人民法院联合县教育和体育局在县第三实验小学举办“蔷薇花开、法佑成长”法治副校长聘任暨送法进校园活动 （张少卿 摄）

【政法领域改革】 2022年，无棣县打造政法服务保障工作室，政法机关主动融入全县经济“主战场”。5月6日，在鲁北高新技术开发区成立全市首家“政法服务保障工作室”。召开企业家座谈会9场、组织专题法律培训12次，协调推进经济案件7起，涉案金额超过1.5亿元。强化对行政权力制约、监督，将党政主要负责人履行推进法治建设第一责任人职责情况纳入党委巡察。健全矛盾纠纷多元化解机制，选拔“法治带头人”590名、“法律明白人”1770名派驻基层，推进“一村（社区）一法律顾问”实施。探索家事审判改革，多措并举修复亲情关系，妥善审结离婚、赡养、抚养、继承等家事纠纷593件，县法院家事审判经验在全省法院家事审判经验交流会上作典型发言。助力未成年人保护示范县创建，打造“蔷薇花开”少审品牌，12名法官担任中小学法治副校长组成“棣法护薇队”，开展普法讲座30余次。少年审判、青少年普法工作多次被山东电视台《山东法制报》刊发播出。深化审级职能定位改革，县法院“一审查明事实、实质化解纠纷”做法在省法院线上调研会上作经验交流。县检察院优化完善“合轨闭环”党建业务融合工作模式，通过全省检察机关党建业务深度融合试点评估验收。（卢学巍）

【优秀改革案例】 2022年，无棣县推进解决水资源短缺、洪涝灾害并存难题，落实“四水四定”原则，创新蓄水网、调水网、供水网、增水网、节水网“现代五网”建设。进行河道清淤清障，实施河道蓄水工程；实施水系联通工程，“河、湖、库、渠”互联互通，使本县水源、客水资源有效调蓄利用；改建、扩建、新建水厂，实施城乡一体化供水工程；发挥临海优势，实施“海水淡化——浓盐海水提取工业溴素——晒制工业盐”绿色循环工程，补充淡水资源；实施田间整治节水灌溉，减少水土流失，严格地下水压采，推广中水回用。投资12.02亿元，清淤行洪河道125千米，河渠行洪承载能力、蓄水储水能力得到提升。马颊河拦蓄雨洪资源2000万立方米以上，保障沿线工农业生产用水需求。投资12.88亿元，实施10座水库增容衬砌、新建扩建工程。构建互联互通现代水网，新建3处拦河闸，德惠新河、马颊河、漳卫新河3条主干河道实现互联互通。实施城市供水服务中心城乡供水一体化项目，新建日供水能力5万立方米新水厂1座，王山水库日供水能力10万立方米，保障鲁北高新区、新海工业园工业用水。投资2.16亿元实施引黄灌区农业节水工程、支流河道清淤疏浚，治理河道32.2千米，全封面衬砌16.3千米；新建高效节水灌溉工程6880公顷。建设水保林30.67公顷、绿化水系4条、治理面积1500公顷。严格地下水压采，关停深层机井53眼，压采地下水212万立方米。《无棣县创新落实“四水四定”原则 全力打造“现代五网”水利体系》入选滨州市2022年度优秀改革案例。（卢学巍）

组织工作

【党组织和党员队伍】 至2022年底，无棣县有基层党（工）委32个。其中，镇（街道）党（工）委12个，园区党工委4个，县直机关党（工）委6个，企业党委10个。有党总支104个、党支部1210个，党员24922名。其中，女党员4468名，占党员总数的17.93%；少数民族党员220名，占党员总数的0.88%；35岁以下党员4058名，占党员总数的16.28%；新发展党员416名，占党员总数的1.67%。（徐志星）

【党的二十大精神干部学习培训】 2022年，无棣县学习贯彻党的二十大精神、习近平新时代中国特色社会主义思想，举办党的二十大精神专题学习班，41名县级干部110余名县直部门单位主要负责人、镇（街道）党政正职参加集中学习，完成全县科级以上干部集中轮训，强化干部理论素养。开展选调生、党外干部、党务干部、专业型干部等培训35个班次，培训干部2320人次。提升年轻干部政治素质、履职能力，举办“黄河流域高质量发展，青年怎么干”中青年干部培训班，培训干部54人次。结合“在知爱建”主题实践活动，开展“2022年业务能力提升年”系列“云课堂”，每月1个专题，提高镇（街道）领导干部综合素质、“三专”水平。派出5名干部到苏州、上海、深圳等地挂职锻炼。（王鹏威）

【领导班子和干部队伍建设】 2022年，无棣县统筹做好县乡领导班子和干部队伍建设工作，做深做实干部政治素质考察，深入一线调研，落实干部思维训练机制，持续实施年轻干部梯次培养工程。全年完成7个成规模批次干部调整工作，调整干部458人，其中涉及提拔重用201人，为292名干部晋升职级。优化领导班子结构，重点做好年轻干部培养选拔，提拔重用“80后”干部77人、“90后”干部18人（含“92后”7人），女干部43人，少数民族干部3人，党外干部9人。（王鹏威）

2022年6月23日，无棣县“光荣在党50年”纪念章颁发暨新党员入党集中宣誓仪式在车王镇党群服务中心举行（县委组织部 供图）

【基层党组织建设】 2022年，无棣县开展党员违规违纪问题排查整顿，抓好全员培训、提级谈话、集中审查等工作，建立党组织书记履责清单等3项长效机制。整县试点推进村改社区基层党建、治理难题集中攻坚，优化党组织设置，推行“自建物业”模式，规范股份合作社运行，建立完善制度13项，有效破解村改社区转型体制机制问题。实施头雁领航、强基赋能、兴业聚力、阳光治理4项工程，储备农村、社区后备干部2045名，培训村、社区、网格党组织书记760名，实现基层支部书记培训全覆盖；推选农村“专管书记”181名、培育优秀社区（网格）党组织书记24名；全县集体收入10万元以上村占村集体总数比重为92.3%；探索出农村“庄乡议事会”“胡同长”“街巷红管家”、城市社区“红网满格”等基层治理经验。健全党建引领基层治理领导协调机制，开展城市党建“对标提升”行动，建好党员先锋、专业保障、联防联控3支队伍，选派“渤海善治先锋”队员81名，组建党员志愿服务队178支，提升七彩网格党群服务站93处，打造党建联盟、党员志愿服务、新业态新就业群体党建工作等党建特色品牌。（张 乾）

【“两新”组织党建】 2022年，无棣县推动新业态新就业群体党建工作。通过问卷调查、实地走访、电话访谈等线上线下多种形式，对新就业群体党员进行调查摸底、信息采集，建立新就业群体党员信息库。建立13个党支部，联合行业主管部门加快构建组织体系，选派党建指导员，帮助新业态企业建立党组织，规范组织生活，丰富组织活动。依托党群服务中心、网格服务站，建设新业态新就业群体“七彩驿站”，开辟外卖、快递、家政业绿色通道，为外卖骑手、快递小哥、家政大嫂等免费提供餐饮、充电、热水、休息等多样式基础服务，开设红色教育、法律援助、心理辅导、就业招聘等个性化暖心服务。开展“亮身份”“亮风采”“亮承诺”活动，鼓励新就业群体尤其是新入党党员到社区奉献，融入社区治理大格局。（张 乾）

【全过程党建】 2022年，无棣县把党建工作融入经济和社会发展全过程。健全党建工作闭环机制，对30项重点任务进行项目化管理，形成“年初定任务目标、周例会调度安排、月督导检查问效、季述职点评排名、半年现场观摩评比、年底考核表彰奖励”工作链条。全年召开党建工作周例会46次，开展月重点工作提醒督导9次，开展季度讲评4次，整改问题62项。召开全县党的建设工作领导小组会议、基层党建重点工作推进会议、机关党建工作会议、第一书记及工作队集中观摩活动等13次专题会议（活动），安排部署各领域党建工作。县委书记带头联村联企联行业，推动实施27个“书记项目”、13个“出彩工程”，村级党组织分类推进整体提升行动、高端化工产业链党建工作、“街巷红管家组建工作”等创新做法被《人民日报》《中国组织人事报》等媒体刊载。（张 乾）

2022年9月30日，无棣县委组织部在埕口镇举行无棣县“棣城红”党员志愿服务队授旗仪式（县委组织部 供图）

【党建联盟】2022年，无棣县创新推出“党建联盟”工作机制，在全县组建党建联盟，把隶属不同系统、掌握不同资源党组织链接为紧密党建共同体，形成资源要素集聚共享、优势互补、联动赋能格局，释放党建“生产力”，推动各领域重点难点问题解决。在全县组建“帮棣好”“心心向融”等多个党建联盟，成员单位涉及77个县直部门、12个镇（街道）、10个社区、40家企业（社团）党组织。创建“心心向融”党建联盟品牌。县金融服务中心联合24家金融及法律服务机构、12家企业党组织搭建非法人组织。创建“帮棣好”党建品牌。无棣县组织21支党员服务队开展企业遍访，在全市率先推出“云代办”服务，实现新设立企业登记“零跑腿”。“帮棣好”贯穿政务服务全过程，公安服务围绕“车驾管”打造“棣安畅”品牌；不动产打造快办理、易登记“棣易登”品牌；公积金圆群众“安居梦”打造“棣安家”品牌；办税服务“砥砺前行”打造“棣力行”品牌；企业服务全程帮办代办，打造“棣小帮”品牌；“一窗受理”打造“棣一窗”品牌。（边青滨）

【人才战略实施】2022年，无棣县落实滨州市委人才工作领导小组《关于深入实施人才“三进三创”工程 加快推进更高水平富强滨州建设的实施意见》，推进高层次人才引进培养，引进科技领军人才19人，本科及以上大学生1291人，培育职业技能人才4640人，引导各类人才创新、创业、创造。搭建载体平台，建成企业技术中心等省市级载体7个，激活人才创新发展动能。深化“双招联动”，推动“项目＋人才＋产业”融合发展，以年产24万吨磷酸铁锂联产24万吨磷酸铁“书记项目”为引领，延伸绿色低碳循环产业链条，打造中国鲁北智慧锂电新能源产业基地；举办2022年跨国公司领导人青岛峰会无棣县“双招双引”推介会、第三届“滨州人才节”无棣专场活动等人企对接活动；促成滨州蓝色正海实业集团与中国科学院海洋研究所等产学研合作，加速科技成果转化落地。提升人才服务品质，优化升级“聚才强棣”计划，发布“2022版人才新政”，发挥政策引领企业高质量发展作用；举办人才政策知识竞赛、创新创业大赛、政策宣讲会等活动。（马孟琦）

【高质量发展综合绩效考核】2022年，无棣县创新年度考核工作“共性＋差异”体制机制，推动考核工作提质增效。落实调度督导一体推进措施，开展指标调度10次、专项督办4次。县委组织部牵头制定《无棣县“三百”工程考核方案》，对60个县直部门进行专项考核，推动重点项目建设。制定民生工作攻坚方案，形成民生政策汇编手册，发放手册15万余本，方便群众咨询办理。对镇（街道）设置差异化考核指标，创新实行平时考核、年终考核＋县领导评议、职能部门评议、两代表一委员评议“两考三评”工作机制，引导各镇（街道）实现高质量发展。突出平时考核，在年度考核中赋予平时考核结果一定权重，保障工作过程、考核结果相互印证。将考核结果作为评价领导班子、领导干部政绩、评定年度考核等次、落实表彰奖励政策主要依据。（曹　志）

【公务员管理】2022年，无棣县录用公务员3批次17人，其中大学本科及以上学历15人。调任公务员20名，针对性补充公务员队伍。配强公务员队伍，申报公务员（参公）登记6批次121人次。贯彻实施《中华人民共和国公务员法》，聚焦高素质专业化公务员队伍建设，开展“公务员工作能力提升年”系列活动，广泛普法，深度学法，提升全县公务员法治思维能力。组织开展公务员法律法规落实整改监督检查回头看，对公务员管理基础工作检查指导。为公务员职级晋升11批次257人次。从全县公务员先进典型中推荐当选全省“人民满意的公务员”1名。（崔志远）

宣传工作

【思想理论建设】2022年，无棣县制定《全县科级以上党委（党组）理论学习中心组2022年理论学习安排意见》，建立“第一议题”、列席旁听等制度，实现对各镇（街道）、园区党（工）委理论学习中心组列席旁听全覆盖。县委理论学习中心组开展学习17次（期）。其中，集体学习研讨12次、专题辅导报告会3次、读书班1期、学习班1期。做好重点理论读物学习使用工作，完成《习近平谈治国理政》第四卷征订2.49万本。成立领导干部宣讲团、专家学者宣讲团等11支宣讲团队，分众化、分领域开展理论宣讲，持续放大“棠棣之声”宣讲品牌效应；开展集中性宣讲活动2900余场次；无棣选手获全市“中国梦·新时代·新征程”百姓宣讲比赛一等奖2名、二等奖2名、三等奖1名。实施宣讲示范工程，开展巡回宣讲12场次，“理响一刻钟”理论视频宣讲覆盖面不断扩大，“百姓夜话”“安大爷”特色视频宣讲受到群众欢迎。制定实施《关于推动党史学习教育常态化长效化的实施方案》，巩固提升党史学习教育成果，各党委（党组）理论学习中心组开展专题学习。组建红色宣讲团、党史学习教育宣讲团开展宣讲活动102场次。《山东省滨州市无棣县：大力弘扬伟大建党精神 让党史学习教育扎根无棣大地》《山东省滨州市无棣县：红色宣讲进学校 培育时代好少年》等实践活动被省级及以上媒体平台推介。无棣县委书记在省级及以上媒体发表署名文章《全方位全过程“强党建”以高质量党建统领高质量发展》《党建引领县域经济发展》《护童飞翔 “棣”造未来》《加快构建现代水网体系 为高质量发展赋能加力》4篇，其他中心组成员发表署名文章6篇。抓实思想政治教育，开展法治教育、安全教育、治安管理、禁毒宣传、交通管理、消防管理“六进学校”活动1000余场，《512枚铜钱党费》《红色血脉代代传》等红色宣讲视频走到学生身边，接受教育学生4.8万人次。（崔金芝）

【意识形态工作责任制落实】2022年，无棣县落实意识形态工作责任制，印发要点提示，督促指导各级党委（党组）制定责任清单，压实工作责任。组织意识形态工作述职评议考核，定期向省委、市委报告工作。县委常委会专题研究意识形态工作4次，向市委专题报告意识形态领域情况1次，召开县领导小组会议1次。印发风险防控工作预案，组织召开联席会议2次，分析研判形势，预防风险隐患。举办专题研讨会，提高防范化解网络意识形态风险的能力。加强教育、国资等系统意识形态阵地管理。强化巡视整改，结合县委巡察开展意识形态专项检查2轮，完成专项督查及问题反馈整改。（王秀丽）

【重大主题宣传】2022年，无棣县围绕学习宣传贯彻党的二十大精神主题，展示无棣经济社会高质量发展亮点与成效。在“无棣融媒”App开设深入学习宣传贯彻党的二十大精神专栏，刊发《二十大报告金句》《一图速览！二十大报告！》《党的二十大主

2022年9月30日，无棣县委宣传部在第三实验小学开展无棣县红色宣讲暨“六进学校”活动（崔金芝 摄）

席团举行第一次会议》等图文信息 1520 条；专栏刊发系列学习贯彻党的二十大精神、推动“强优富美”新无棣大发展思考及体会文章 64 篇；策划录制《棠棣之声·党的二十大精神微宣讲》5 期，在“理响滨州”微信公众号、“无棣融媒”App 等媒体平台刊播，受众 2 万余人次。无棣电视台推出《学习党的二十大报告》系列访谈栏目，推进全县干部职工学习贯彻党的二十大精神。（刘　潇）

【社会宣传】 2022 年，无棣县利用媒体融合优势，发展短视频等新媒体业态，提升社会宣传影响力。“无棣融媒”App 微信公众号关注度增加 5 万余人，无棣融媒抖音号关注度增加 2.7 万余人。微信视频号、抖音、快手共发布短视频 560 个，总浏览量 2535 万次。各类新媒体发布平台推送微文 8722 篇，阅读总量超 3500 万人次，传播力、服务力得到提升。设计“安大爷”形象 IP，利用图形动画技术，转变单一依赖“大喇叭”宣传形式，推进正能量宣传多维化。（刘　潇）

【对外宣传】 2022 年，无棣县对外讲好无棣故事，传播无棣声音。年内，在《人民日报》、新华社、《光明日报》、中央电视台《新闻联播》、《大众日报》、山东卫视《新闻联播》等中央、省级主流媒体平台刊发稿件 768 篇。其中，《人民日报》刊发《治理创新　解决群众愁盼》等稿件 4 篇，关注无棣县社会治理新举措、基层党建工作新成效、优势传统产业新发展等；新华社发稿 59 篇，报道无棣县发展渔网产业和中草药种植技术，推动乡村振兴经验；《光明日报》头版头条刊发《治理乱挖乱栽，设立“村级田长”》，宣传无棣县创新“村级田长制”、保护耕地做法；中央电视台《新闻联播》栏目刊播《以人民为中心　夯实民生基础》，报道无棣县改善、保障民生工作；全县全年在市级以上主流媒体刊发稿件 2580 余篇；举办全县各级各部门骨干通讯员培训班 2 期，参训人数 140 余人次。在市对县考核中，无棣县新闻宣传工作居全市第 1 位。（高连仙）

【新时代文明实践中心建设】 2022 年，无棣县在新时代文明实践中心、所、站全覆盖基础上，完善“站格室体圈”五位一体阵地体系，搭建文明实践“大舞台”。组织全县党员干部、道德模范、“五老”人员、社会志愿者等群体力量，建立三级文明实践志愿服务队伍 1800 余支。深化为老打造孝德品牌、为小打造护苗品牌、为困难群众打造帮包品牌、为需要心理疏导和情感慰藉群体打造护心品牌、为社会公共需要打造惠民品牌，推进“五为”志愿服务、结对共建、分众化服务、健康生活方式 4 个项目建设，开展各类文明实践活动 1.8 万场次，服务群众 40 余万人次，志愿服务常态化。健全三级联动、积分激励、投入保障、通报提醒、考核评估 5 项机制，依托“无棣融媒”App 开辟文明实践版块，收集群众需求、发布志愿服务项目、记录服务时长等，全年完结志愿服务项目 600 余个。（曹　蕾）

2022 年 7 月 20 日，无棣县“唱响渤海社科智声·弘扬黄河文化”主题实践活动在新时代文明实践中心举行
（县委宣传部　供图）

【融媒体中心建设】2022年，无棣县推进县级融媒体中心建设，完成广播电视播出机构许可证变更。深耕“安大爷”品牌建设，设计形象，以MG动画形式播放，实现“安大爷”动态可视。通过省技术平台支持，在无棣融媒客户端首页上线好品商城，开通好品无棣网上商城，实现“新闻+商务”功能。县融媒体中心集结无棣融媒客户端、抖音、微信公众号、新浪微博、头条号、快手等平台，打造集宣传性、服务性、互动性于一体的“移动宣传新媒体矩阵”。完成县应急广播体系建设任务，实现县域全覆盖。县融媒体中心连续4年获评山东省广播电视局“统一供片先进单位”，连续2年被山东省广播电视局评为“全省宣传先进集体一等奖”，电视对外宣传工作连续12个月排名全市第一，进入全省县级融媒体排名第一方阵。（刘　潇）

【“学习强国”学习平台运用】2022年，无棣县推进落实“无棣县—县属党委—党总支—党支部”四级党员组织架构、“无棣县—群众”群众组织架构。至年底，“学习强国”学习平台全县注册使用人数15.29万人，人口占比32.89%，参与度50.88%。建成线下主题广场1处、互动学习空间46处，提高平台知晓率、使用率。选拔优秀供稿员，建强无棣县“学习强国”学习平台供稿队伍，研究省乃至全国平台栏目特色，及时调整供稿重点与方向。推进独具地方特色文化资源挖掘、整理，全年有2400余条（集）稿件被省平台采用。其中，《学习之家｜山东省滨州市无棣县：借助“学习强国”学习平台搭建冬枣销售桥梁》《馆藏珍品｜山东省滨州市无棣县博物馆馆藏珍品：李孺致吴竡手札》《山东手造｜滨州市无棣县盐雕作品〈龙马精神〉》《听百科｜枣树春季管理技术意见》等67篇稿件被全国平台采用。（高连仙）

【文化产品成果丰富】2022年，无棣县推进文化事业发展，文学创作取得新发展。创作完成多幕剧《张镈大师》，出版发行《但得清音》《清波桑田》《无棣当代文学名家代表作品集》《“疫”路花开》《强优富美和善无棣》等诗集、文集，推出红色微电影《石景芳》《牛保正》。作家协会会员在《纵横》《时代报告》《诗刊》《时代文学》《散文诗》等国家、省级期刊发表各类文学作品30余篇（首）。20余篇（幅）作品在市级以上比赛中获奖，全年开展文艺志愿服务活动60余场次，创建数字农家书屋3处、乡村书房示范点4处。首届山东省全民阅读大会暨齐鲁书香节——书润滨州阅读季启动仪式、全省第八届小品新作大赛在无棣县举办，无棣县被省曲艺家协会授予“山东曲艺之乡”称号。县演讲与朗诵艺术协会所属刘鹏飞话剧社3个作品获省委宣传部、省妇联、省文联等10个部门联合举办的“泱泱黄河水　小小代言人”山东省少儿才艺展演朗诵征集活动二等奖。无棣县独立展区进驻中国国际文化旅游博览会、首届中华传统工艺大会，承建运营“山东手造·滨州精品”济南展示滨州展区，无棣海瓷、盐雕、黄河泥陶、香油、鲁绣等“手造”产品影响力扩大。智慧旅游在全市率先实现一部手机游无棣，“十大非遗工坊”“手造一条街”初步成型，无棣古城获评全省第二批夜间文旅消费集聚区称号，丰香园工业旅游基地景区被省文化和旅游厅、省工业和信息化厅确定为全省小磨香油工业旅游基地。（于文娟）

【无棣县第二届新媒体年会】2022年12月30日，无棣县第二届政务新媒体年会暨2022年度十佳政务新媒体颁奖典礼在无棣经济开发区举行。会议对全县政务新媒体运用微博、微信、客户端等新媒体手段服务社会、服务民生，在发布政务信息、解读政策法规、听取社情民意、回应网民关切等方面工作进行总结，邀请获奖代表进行经验交流。会议对全县网上主题宣传优秀传播力作品、优秀正能量作品、优秀新闻通讯员、优秀社会自媒体、优秀行业影响力新媒体、优秀政务新媒体、十佳政务新媒体

2022 年 12 月 30 日，无棣县第二届政务新媒体年会暨 2022 年度十佳政务新媒体颁奖典礼在无棣经济开发区举行　　（县委宣传部 供图）

等集体及个人进行表彰。会议要求全县政务新媒体强化政策宣传解读，推进网上正面宣传，挖掘无棣县先进典型、鲜活事例、经验做法，传播“无棣声音”、讲好“无棣故事”、树好“无棣形象”，增强网上正面宣传竞争力、创新力。　（步乃锐）

无棣县网上主题宣传优秀传播力作品（12 个）

陈子庆：《山东无棣：盐碱地紫花苜蓿开启收获模式》

陈子庆：《山东无棣：传统小磨香油香飘 56 个国家》

陈子庆：《山东无棣：盐碱地棉花进入采收季》

陈子庆：《山东无棣：3 万亩盐碱地有机订单芝麻开播》

吴云峰：《优化服务措施 推进老年人新冠病毒疫苗接种》

吴云峰：《山东无棣：多彩网绳编织出农村妇女“七彩梦”》

从然然、杨宝勇：《“齐”心“鲁”力 村里疫情防控一线有名八十岁老党员》

杨宝勇：《山东北部渤海湾畔 50 万亩春盐丰收啦》

蒋惠庆、董立富：《山东无棣：农家娃乐享多彩暑假》

蒋惠庆、董立富：《山东无棣：盐碱地再利用 金刚虾喜丰收》

高士东：《山东省无棣县，孩子们展示自己制作的莲花灯。元宵节将至，各地举办丰富多彩的民俗活动，喜迎佳节》

高连仙、高桂美：《无棣：创新“一三四四”模式 加快科教兴县步伐》

无棣县优秀正能量作品（10 个）

大众网·无棣：《月是故乡明｜邱柏翔：“台湾青年”变“滨州女婿”演绎跨越海峡的爱情故事》

经济导报：《无棣县小泊头镇：第一书记授人以“渔”，乡村振兴走出特色路子》

齐鲁晚报·齐鲁壹点：《亩产超 1300 公斤！山东首次在盐碱地种出甜糯玉米》

鲁中晨报：《山东手造·滨州精品｜化贝为瓷的无棣海洋贝瓷》

无棣经济开发区：《无棣经济开发区：“园区提升工程”激起发展新活力》

棣丰街道：《治理创新 解决群众愁盼》

小泊头镇：《山东无棣：小渔网织就富民大产业》

西小王镇：《山东无棣：30 万亩生态盐田虾喜获丰收》

佘家镇：《山东无棣：菊花丰收》

柳堡镇：《盐碱地上长出致富草》

无棣县优秀社会自媒体（5 个）

鲁滨聚焦

无棣方圆

棣城故事

无棣微生活

看无棣

无棣县优秀行业影响力新媒体（10 个）

滨州无棣交通

无棣县人民医院

无棣二中

无棣职专
无棣县第二实验小学
无棣县第三实验小学
无棣大学生就业
山东省无棣第一中学
无棣县实验幼儿园
无棣县文化馆

无棣县优秀政务新媒体（10个）

无棣县西小王镇
渔港小镇魅力埕口
无棣统一战线
无棣人社
无棣县文化和旅游局
无棣医保
无棣组工
无棣县总工会
无棣综合行政执法
无棣妇联

无棣县十佳政务新媒体（20个）

无棣融媒体
无棣教体工作
平安无棣
健康无棣
无棣县人民检察院
长安无棣
无棣共青团
清风无棣
无棣县人民法院
无棣市场监管
无棣县棣丰街道办事处
无棣县海丰街道办事处
碣石山镇
信阳视角
靓丽小泊头
马山子镇人民政府
柳堡微视界
无棣县佘家镇
无棣水湾
车王党建微视界

统一战线工作

【政治引领】2022年，无棣县开展“统一战线学习贯彻党的二十大精神”系列主题教育，举办统战干部专题培训班；开展“深化认同，增强信心，理性看待当前经济形势”民营企业家专题培训；在全县宗教界开展“永远跟党走·喜迎二十大”主题演讲，引导统战成员与党同心、跟党奋斗，举办统战各领域代表人士教育培训20余次。通过情况通报会、座谈交流会等多种形式，组织新联会、知联会、侨联、中华职教社等统战团体学习贯彻中央统战工作会议、全省第十二次党代会会议精神。（刘文婧）

【政治协商】2022年，无棣县制定《2022年政党协商计划》。召开政府工作报告征求意见会、全县经济社会发展情况通报会、党风廉政建设通报会等各类政党协商会10余场次，征求意见建议60余条，党外人士意见建议交由10余个部门采纳落实。持续规范特约人员工作，指导县法院、县检察院、县监委等部门开展现场调研征求意见会、座谈交流会等各类民主监督活动30余场次。（刘文婧）

【台港澳统战工作】2022年，无棣县做好10余名台属台胞、常驻台港澳人员、赴港澳定居乡亲、在港澳留学人员及2家台港澳资企业统战工作，定期对部分重点台属走访慰问。推动惠台港澳政策落实，完成1名台胞特殊考生身份认定工作。通过台港澳“双招双引”线上推介交流座谈会，达成2项合作意向，全年实现台港澳资企业项目投资5000余万元。（刘文婧）

【海外统战工作】2022年，无棣县组织开展“巾帼情·暖侨心”主题联谊交流、全县归侨侨眷代表座谈会等活动4次。针对全县5家侨资企业，实行“四联四包”责任制，将侨企、重点项目联系帮包工作责任落实到部门单位，设专班专人跟踪办理项目。开展涉侨法律知识宣传月活动，发放宣传页1000余份、《涉侨法律指南》360余册，接受法律咨询26人次。聘请2名法律服务工作者入驻法院系统在线诉调平台、4名律师入驻涉侨法律服务站，开展“法律进侨（港）企暨侨界普法大讲堂”活动2次，起草、审查涉侨民事经济合同12件，解答涉侨法律咨询30余人次。成立无棣县欧美同学会（无棣县留学人员联谊会），吸纳会员46人，全年召开会长学习会、会员座谈会4场次，组织会员到“山东省华侨国际文化交流基地”李山美术馆、无棣古城等地开展文化交流活动4次，开展中国传统主题节日活动3次，举办中国传统文化读书分享会2次，采取“线上+线下”形式收集对全县改革发展意见建议10余条，达成4名海外留学人员到无棣就业意向、1名华侨到无棣投资意向。（刘文婧）

【党外知识分子和新的社会阶层人士统战工作】 2022年，无棣县完善党外知识分子、新的社会阶层人士统战工作体系。将132名国企中层及以上党外业务骨干列为重点关注对象。启动实施“新联·连心”“知联·联智”系列活动，组织全县党外知识分子、新的社会阶层人士以教育帮扶、医疗救助、法律援助、技能培训等方式助力经济社会高质量发展。开展党外知识分子、新的社会阶层人士党的二十大相关主题活动10余次，不同群体专题座谈交流20余次，义诊活动4次，服务群众200余人次。（刘文婧）

【民营经济领域统战工作】 2022年，无棣县建立涉案企业合规第三方监督评估机制管理委员会，组建首批县级层面专业人员库，在库专家学者50余人。联合县检察院、县法院等17家单位，召开无棣县涉案企业合规第三方监督评估机制管理委员会成立大会暨第一次联席会议。制定非公涉案企业合规第三方监督评估工作流程，为民营企业提供法律保障。利用“e盏茶事”平台，组织县直有关部门开展政企交流活动20余次。开展“助企抗疫情 联企复生产”专项行动，进入103家民营企业开展调研，收集梳理困难诉求5项107条，2条意见建议被县委采纳落实。（刘文婧）

【党外代表人士统战工作】 2022年，无棣县新配备政府工作部门党外正职2名，分别担任县医疗保障局、县司法局主要负责人；配备县政府直属事业单位党外正职1名，担任县畜牧兽医管理服务中心主要负责人；配备政府工作部门党外副职4名，分别任职县行政审批服务局、县退役军人事务局、县住房和城乡建设局、县农业农村局；新提拔副科级党外干部3名。建立32名党外后备干部、100名“90后”党外年轻干部数据库，召开党外年轻干部座谈会2次，举办党外代表人士教育培训班5期，培训300余人次，与市委统战部联合调训干部3次，新建立党外代表人士实践锻炼基地1处，选派2名党外干部到实践基地挂职锻炼。（刘文婧）

【民族团结进步联盟创建】 2022年，无棣县与德州市庆云县及河北省沧州市海兴县、盐山县等周边县建立“2省”“3市”“4县”“N个各县所属镇（街道）、村居（社区）”“2+3+4+N”跨区域民族团结进步联盟。县、镇（街道）、村居（社区）可分级相互建立联盟。区域民族团结进步联盟携手启动政策理论联学、优势资源联享、区域发展联促、精

2022年12月4日，无棣县委统战部在十里香公司举办“e盏茶事”活动（县委统战部 供图）

神家园联筑、社会治理联防、应急措施联动“六联”共创模式，共同推进民族团结进步事业发展。全年与海兴县、盐山县、庆云县等周边县开展实地观摩交流活动3期次，在线上就特色产业规模化联合发展、民族团结进步教育资源共享、跨区域活动信息定期通报等事项进行沟通交流10余次。（刘文婧）

政策研究

【综合文稿起草】 2022年，无棣县委办公室加强建言献策，提升政务服务水平。起草领导讲话、工作报告等综合文稿500余篇。起草中国共产党无棣县第十四次代表大会报告，总结过去五年工作，科学谋划未来五年发展，提出实施园区扩规提档、要素赋能保障、产业优化升级、城乡融合发展、民生持续改善、底线固稳守牢“六大攻坚行动”，实现园区规模、要素配置、实体经济、城乡发展、民生保障、风险防范能力提升“六个显著提升”，推动“强优富美”新无棣大发展、打造鲁北“以城定港、港城融合、产城共兴”港产城融合新高地。在全市党建工作现场观摩活动期间，起草1万余字解说观摩材料，展现全县高质量发展实际成效；起草全县3次观摩会议领导讲话、第三届“滨州人才节”无棣专场致辞、全市解放思想大讨论总结会议发言等系列材料。（卢学巍）

【调查研究】 2022年，无棣县委办公室围绕全县发展中心，开展调查研究，走进企业、项目基地、镇（街道）、社区（村）摸实情、查实况、出实招。围绕过程党建、锂电新能源、盐碱地改良、交通基础设施建设、水利工程建设等进行调研，总结提炼撰写典型经验12篇，得到市委主要领导批示肯定，8篇文章得到县委主要领导批示肯定。在“2022年度全市优秀调研成果”评选中，5篇调研报告获奖。（卢学巍）

【决策参考】 2022年，无棣县委办公室围绕县委中心工作，挖掘领导关注焦点、社会反映热点、群众关注难点，做好信息报送工作。全年上报省委、市委信息630余条，省采用40余条，市采用160余条。（卢学巍）

机构编制管理

【机构编制日常管理】 2022年，无棣县统筹各类编制资源，推动编制资源向基层倾斜，优先用于保障各镇（街道）基层用编需求，强化基层工作力量，为全县各镇（街道）下沉事业编制144人。优化部门机构职能，在县委办公室加挂县委机要局（县密码管理局）牌子，县委办公室内设机构县委机要局更名为机要室；调整优化县公安局内设机构职能配置；发挥社会力量在全县重要事项、重大活动中的作用，在县新时代文明实践中心加挂县社会动员中心牌子。（张　珂）

【事业单位机构编制监管】 2022年，无棣县完成2021年度事业单位法人年度报告公示工作，事业单位年度报告合格率100%、公示率100%。完成事业单位法人设立登记1家、变更登记45家、注销登记3家，对注销单位按程序收缴印章、证书。办理机关群团单位统一信用代码赋码初领3家、变更33家。将全县261家事业法人单位全部纳入绩效考核范围，提升事业单位绩效考核整体水平。继续深化事业单位法人电子证照试点工作，全县261家事业单位法人电子证照亮证成功，实现足不出户登记注册、掌上亮证使用便捷。（孟维萍）

【重点领域体制机制改革】 2022年，无棣县完善职业教育体系建设，建立无棣县中华职业教育社，列入群众团体序列，明确机构规格、人员编制、领导职数，由县委统战部代管。推进疾病预防控制体制改革，将无棣县疾病预防控制中心升格为正科级，增加事业编制岗位8个，按岗位完成人员招聘。明确镇（街道）卫生院

（社区卫生服务中心）重大疾病、传染病检测预警、应急能力建设等疾病预防控制职责。将无棣县博物馆更名为无棣县考古研究所，明确开展大遗址保护等工作职责；在无棣县文物保护中心加挂无棣县博物馆牌子，承担无棣县博物馆相关工作职责。制定《关于加强全县行业监管与综合行政执法协作配合的若干措施》，明晰行业管理部门、综合执法部门职能定位，强化部门间协作配合机制，健全举报投诉、案源线索移送等制度。（张　珂）

【机关职能运行监管】 2022年，无棣县组织开展主责主业考核，制定《无棣县2022年度县直部门（单位）主责主业完成及履职成效考核指标标准》，建立一套指标明确、分值明晰的评价体系。组织召开2022年度主责主业任务目标清单提报工作培训会议，分析、讲解考核指标及具体填报事宜，规范完成主责主业及履职成效考核工作。印制《无棣县行政机关责任目录》，涵盖全县33个政府职能部门11类事项5152个分项。落实《山东省政府部门权责清单管理办法》规定，县委编制办公室牵头做好全县权责清单动态管理工作。无棣县录入“山东省政府权责清单管理系统”调整权责事项814项。其中，新增273项，取消239项，变更302项。加强与纪检监察机关配合，联合县委巡察办制定《关于建立机构编制监督检查和党委巡察工作协作配合机制的意见》，形成监管合力。（张　珂）

【机构编制实名制管理】 2022年，无棣县公开招考（含硕博优选）工作人员339人，优先保障基层一线引进高层次人才、重点行业领域用编进人需求。实时动态更新“山东省机构编制综合管理信息系统”，夯实实名制数据基础，全年调整人员1008人（含退休、县内外调动、去世、新进人员等）。严把机关事业单位人员“入口”，规范机关事业单位人员“出口”，办理人员入编业务410次、出编业务73次。（许　伟）

县直机关党建

【县直机关党组织及党员队伍】 2022年，无棣县直机关工委下辖基层党组织73个。其中，机关党委15个、党总支18个、党支部186个，党员3900余人。至年底，发展入党积极分子216人，预备党员26人，转正党员149人。（张雪敬）

【思想建设】 2022年，无棣县坚持政治引领，压实主体责任，开展党建思想政治教育工作。开展全县党员“在知爱建‘山海古邑·和善无棣我的家’”演讲征文比赛，收集征文719篇，评选一等奖24名、二等奖33名、三等奖43名及优秀组织奖8名。县直机关工委择优选取21篇征文参加全市机关“在知爱建”“滨州是我家，我爱我的家”征文比赛，获评优秀组织奖。落实党员领导干部双重组织生活会、意识形态工作责任制，筑牢思想阵地。强化宗旨意识，注重成效转化。围绕全县中心工作，聚焦群众“急难愁盼”，坚持把学习成效转化为“服务基层、服务社区、服务群众”的工作动力。（张雪敬）

【基层党组织建设】 2022年，无棣县建强机关党的基层组织体系，指导县直机关各基层党组织开展党支部评星定级工作，制定《关于在县直机关开展党支部评星定级管理的实施方案》，建立科学完善、客观公正、动态管理“星级党支部”认定评价体系、激励约束机制。持续开展“党支部标准化建设”“星级党支部评定”“模范机关建设”“一支部一品牌”创建工作。完成县直机关党支部评星定级自查自评工作，对各党支部上报的五星级党支部全面完成实地验收，命名表彰五星级党支部43个。深化“一支部一品牌”工作法，充实党建品牌内涵，创建全县机关基层党支部品牌103个，表彰品牌创建先进党组织28个，推动基层党支部对标提升、晋位升级。实施党员干部素质能力提升工程，相继举办县直机关党员、党务干部、入党积极分子、党组织书记、党员发展对象、预备党员等培训。利用“山东通”视频会议系统搭建党员线上培训平台，培训党员3000余人次，强化机关党员干部思想、政治建设成效。按照上级要求，开展“我为群众办实事、应急救护我当先”培训活动，提高机关党员应急救护能力。为通过培训考核志愿者发放“红十字救护员证”。县直机关工委“三抓三促三突出”工作法被省党建研究会机关党建研究专委会评为“省机关党建创新优秀案例”二等奖，被市党建研究会机关党建研究专委会评为“市机关党建优秀研究成果”一等奖。（张雪敬）

【党风廉政建设】 2022年，无棣县教育引导县直机关党员干部严守党的政治纪律、政治规矩，深化理论武装，提升机关党组织凝聚力。定期召开专题会议研究部署全面从严治党工作，加强县直机关部门机关纪委建设，15个机关党委全部设立机关纪委，选优配强机关纪委工作力量，在全市率先实现县直部门单位机关纪委全覆盖。将纪律教育纳入党员干部培训必学科目，印发《机关纪委执纪工作实务手册》，提升机关纪检工作规范性、针对性、实效性。迎接党的二十大胜利召开，开展庆祝建党101周年新党员入党宣誓活动、“职工心向党·喜迎二十大”线上跳绳活动、“喜迎二十大 奋进新征程”升国旗仪式等，引领党员干部牢记党员使命，保持党员优良作风。（张雪敬）

【党建责任落实】 2022年，无棣县制定《2022年全县机关党的工作要点》《2022年度县直部门单位党组（党委）履行机关党建主体责任清单》，规范全面从严治党主体责任考核、机关党建责任制考核。召开县直机关党组织书记抓基层党建工作述职评议会议，对抓基层党建情况进行集中检验。成立4个县直部门党委（党组）理论学习中心组学习列席旁听暨党建督导工作小组，对县直部门党委（党组）理论学习中心组学习进行列席旁听，加强对党建工作日常监督、管理。年底对全县各机关党组织进行考核，督促各机关党组织找差距、查问题。（张雪敬）

【模范机关建设】 2022年，无棣县坚持“围绕中心、建设队伍、服务群众”职责定位，推进党建工作新发展，焕发新活力。倡导机关单位开展“让党中央放心、让人民群众满意的模范机关”建设，提升模范机关建设规范化水平，发挥模范机关建设统领作用，将党建工作最终落脚点放在服务群众上。开展“喜迎二十大 强国复兴有我”无棣县红色故事讲解大赛，收集红色故事100余篇，评选优秀红色故事28个；全县各单位、部门35名党员干部职工参加红色故事讲解大赛，评选一等奖2名、二等奖5名、三等奖7名。创成市级模范机关建设表现突出单位3个，县级表现突出单位22个。发挥示范引领作用，推动机关党的建设高质量发展。年内，县直机关工委被滨州市委市直机关工委评为市级“2022年度机关党建宣传报道工

2022年9月29日，县直机关“喜迎二十大 强国复兴有我”无棣县红色故事讲解大赛在文化中心举行（县直机关工委 供图）

作先进单位”。县直机关工委《党建业务融合“红色矩阵助力”》机关党建经验做法被滨州市直机关工委转发各县（市、区）机关工委学习借鉴。（张雪敬）

网络安全与信息化管理

【网络综合治理】2022年，无棣县推进网络综合治理工作。县委网信办指导各镇（街道）、部门单位建立政府网站、政务新媒体信息发布审核机制。建立舆论引导统一指挥机制，明确舆情三级响应责任人，协同开展发声、引导、处置。完善《无棣县重大决策事项舆情风险评估实施办法》，建立“日常提醒、月度研判、季度会商”工作机制。（步乃锐）

【网络安全保障】2022年，无棣县落实网络安全工作责任制，调整优化网信委委员单位，完善网信制度体系。制定全县网络安全重点工作安排等文件，做好重大时间节点期间网络安全保障工作。贯彻党管互联网原则，制定全县党委（党组）网络安全工作责任制实施办法，增强网络安全态势感知、应急处置水平，实现“监测通报、整改反馈、跟踪督办、总结核查”4个阶段紧密衔接、高效运行，形成“闭环式”网络安全工作流程，组织召开网络安全联席会议4次。全阶段建立工作台账，形成工作闭环，筑牢全县网络安全屏障。开展属地备案网站专项整治行动，排查备案信息不实、网站无法显示等问题网站。组织开展全县网络安全联合检查，检查重点单位21家，检查整改漏洞4964个。（步乃锐）

【网络安全宣传培训】2022年，无棣县印发《2022国家网络安全宣传周无棣县活动实施方案》，组织开展以“网络安全为人民，网络安全靠人民”为主题的网络安全宣传周活动，开展网络安全培训60余场次、主题班会500余场次、手抄报700余份，发放宣传材料3万余份，推送宣传稿件300余篇，受益群众10万余人次，构建全民共筑网络安全防线社会格局。（步乃锐）

【网络信息化建设】2022年，无棣县统筹推进网络应急指挥体系一体化建设工作，健全完善信息共享、现场检查、排查处置、约谈等网络安全规范。组织开展全县党委（党组）网络安全责任制检查评估、“2022国家网络安全宣传周”活动。创新实施网络安全监测通报、整改反馈、跟踪督办、总结核查“四段工作法”，常态化开展网络安全监测预警、应对处置。组织开展全县网络安全联合检查、网络安全应急演练，完成无棣县互联网应急指挥中心建设，提升实战能力。协调推进重要数据、个人信息保护工作，指导各部门单位落实数据安全保护义务；推进数字乡村试点建设，其中海丰街道办事处被省委网信办、省农业农村厅、省发展改革委等8个部门联合评为全省数字乡村试点乡镇（街道）。（步乃锐）

【网络阵地建设】2022年，无棣县印发《2022年全县网上重大主题宣传和重要议题设置方案》，组织开展“百年非遗看无棣”“喜迎二十大，沿海看变化”“V行无棣”等主题宣传活动。各类新媒体发布平台推送微文8722篇，阅读总量3500万人次。设计“安大爷”形象IP，品牌产品实现新突破。开展网上主题优秀宣传作品评选活动，评选网上主题宣传优秀作品79篇。动员广大网民共同参与网络治理。深化网络文明建设，组织开展“2022好网民在山东”“2022山东网络文明周”主题活动。建立无棣县网络文明“立德树人”宣讲队伍，开展各类宣讲活动27场次。（步乃锐）

老干部工作

【老干部队伍】至2022年底，无棣县有离退休干部3789人。其中，离休干部57人、退休干部3732人。离退休干部党员2304人，占离退休干部总数的60.8%。其中，离休干部党员48人、退休干

2022年1月26日，无棣县“迎新春”老年太极拳展示活动在全民健身活动中心举行　　（县委老干部局 供图）

部党员2256人。　　（卢清会）

【组织建设】2022年，无棣县开展主题党日活动，组织离退休干部学习领会《关于加强新时代离退休干部党的建设工作的意见》、省市老干部局长会议精神，收听收看党的二十大、全国两会、山东省第十二次党代会、全国离退休干部网上专题报告会精神，引导离退休干部了解国家大政方针政策。指导各单位、社区、社团建立离退休干部党支部，全县建有离退休干部党支部63个，其中社团离退休干部党支部10个。推动社区离退休干部党建示范点创建。调研城市社区老干部管理服务情况，融合县委组织部、机关单位、社区力量，加强海丰街道滨河社区、棣丰街道棣州社区与星湖水岸党员服务站基础设施改造，建立“渤海银辉之家”。　　（卢清会）

【服务管理】2022年，无棣县完善离休干部“一人一策”精准服务机制。在全县建立镇（街道）组织委员、县直部门分管负责人担任“一对一”日常联系服务队伍，服务人员根据离休干部实际需求，定期开展组织关怀、送学上门、医疗保障、文化养老、志愿服务等关怀服务。在全县推广医疗巡诊、家庭医生签约服务，开展好离休干部整岁生日祝寿活动，全年为7名离休干部送上生日祝福。推广干部荣誉退休制度。5月，创新推出落实一项制度、依托一个支部、举办一个仪式“三个一”工作举措，采取制定细则、制作提醒函、发出倡议书方式，落实老干部政治待遇、生活待遇。落实老干部定期情况通报、参加重大活动、重要会议、参观考察、走访慰问等制度。春节、重阳节期间购买慰问品，对全县离休干部分组进行走访慰问。10月，开展“情暖夕阳”特困离休干部及遗属帮扶救助活动，为全县19名特困离休干部遗属送去救助金6.5万元。　　（王晶晶）

【作用发挥】2022年，无棣县依托银发人才库、离退休干部党组织、“五老”关爱团、老干部文艺团体，搭建志愿服务、红色宣讲、文化惠民平台，在全县离退休干部中开展“建设更高水平富强滨州，无棣怎么干”建言献策活动，收集老干部在完善医疗卫生资源配置、整治村容村貌、重视青少年教育、中医药学术传承、加大人才培养等方面意见建议40余条。离退休干部、老战士、老教师、老专家、老模范组成宣讲团进机关、进学校、进企业、进社区，进行党史宣讲30余场次，受教育人数1万余人次。开展传唱红色歌曲、书画摄影展览、文艺演出等活动150余场次。京剧协会、吕剧协会、老年书画研究会等社团文艺骨干，赴农村、企业、社区开展“文艺下乡敬老”巡回演出、送书画进基层活动，服务基层群众。　　（孙晓阳）

党校工作

【教学培训】2022年，无棣县落实《中国共产党党校（行政学院）工作条例》要求，突出党性教育和理论教育研究，创新优化教学布局，开展培训工作。县委党校联合县委组织部、县妇联等部门单位举办2022年新进公务员选调生培训班、无棣县“巾帼心向党　喜迎二十大”基层妇联干部履职服务能力提升培训班，培训学员320人次。走进基层一线开展以解放思想、党史学习、高质量发展为主要内容理论宣讲活动，赴县经济开发区、县财政局、西小王镇、无棣鑫岳化工集团有限公司等县直部门单位、镇（街道）、企业送教39次，培训干部职工2726人次。（尹　超）

【科研资政】2022年，无棣县坚持党校科研“为提高教学质量服务，为社会实践服务，为县委、县政府决策服务”方针，县委党校承担市委党校系统立项科研课题4项，相关科研课题进入实质性研究阶段，获得阶段性成果，得到县委、县政府主要领导批示肯定。组织教师广泛参与各类研讨活动，参加全市、全县征文活动，举办习近平总书记关于党校办学治校系列重要指示精神、《中国共产党党校（行政学院）工作条例》理论研讨会。2名教师在相关刊物发表文章2篇。（尹　超）

【师资建设】2022年，无棣县委党校有教师8人，其中高级讲师4人、讲师4人；学校教师主要教学研究方向涉及党史党建、经济管理、乡村振兴、哲学、法律等方面。县委党校健全完善绩效考核、综合管理等各项制度，加大科研资金投入，开展新课试讲活动，组织学校教师到省委党校、市委党校进行学习培训，参加市委党校精品课、微党课竞赛等活动；1名教师获滨州市“中国梦·新时代·新征程”理论宣讲比赛一等奖，1名教师获第四届全市党校系统青年教师“在知爱建”微课比赛二等奖；4名教师参加县委宣传部、县委网信办、县委党校等9个部门单位联合举办无棣县“中国梦·新时代·新征程”百姓宣讲暨优秀宣讲员选拔赛，被评为“无棣县优秀百姓宣讲员”。（尹　超）

【基层党校建设】2022年，无棣县12个镇（街道）全部建立基层党校，县经济开发区、县教育工委、县行政审批服务局等部门单位成立行业基层党校。县委党校联合各基层党校抓好党的理论教育、党性教育，推动党的重大理论成果、县委重大工作部署及时进课堂，提升干部培训实效。整合各镇（街道）党校资源，结合不同群体培训需求，及时调整充实教学内容，合理制定培训计划，优化课程设置，采取课堂培训+基地实训的形式，依托致富带头人、“田秀才”“土专家”“农博士”等专业人才，实行“点单”式送课到基层，有针对性地开展专题培训，提升培训实效。年内，各镇（街道）党校举办培训班120余期，培训基层党员干部14749人次。（尹　超）

党史研究

【党史编研】2022年，无棣县深化党史研究，优化党史工作方法。完成《红色印记——无棣县党组织发展历程纪实（1921—2020）》编校工作。该书分为8章，对无棣县党组织发展过程中重大事件、重要战役及英雄人物进行梳理，实现全方位记述、重点阐述、图片化描述。开展“喜迎二十大　奋进新征程”主题征文活动，汇编《学习二十大　奋进新征程——无棣县学习宣传贯彻党的二十大精神征文作品集》，收录特邀作品20篇、一等奖作品20篇、二等奖作品44篇、三等奖作品82篇，为贯彻落实党的二十大精神提供载体。（胡安义）

【党史宣教】2022年，无棣县做好宣传阵地建设，组织开展党史教育进机关、进军营、进企业、进学校、进社区、进农村“六进”宣讲工作。在棣丰街道馨怡社区启动党史教育“六进”宣讲工作，开展党史教育进社区宣讲、党史学习教育专题党课、党史学习教育“六进”宣讲等活动。至年底，开展宣教活动10余场次，惠及党员群众600余人次。（胡安义）

【党史资政】 2022年，无棣县为全县经济社会发展、党的建设提供育人教材平台。开展党史教育“六进”工作，向机关、企业、学校、社区、党史教育基地等捐赠党史史志类书籍1000余册。接受单位及社会各界党史史志查询服务60人次，为无棣县非物质文化遗产申请、城乡建设规划、党史教育基地升级改造、红色微电影拍摄等工作提供印证史料、做好服务配合。（胡安义）

关心下一代工作

【红色基因教育】 2022年，无棣县关工委联合县委组织部、县教体局组织“五老”宣讲团深入镇（街道）、农村、社区、学校，开展爱国主题教育活动。实施红色接班人工程，县关工委联合县教育部门开展党史学习进思政课、进校园、进教育基地党史学习“三进工程”。发挥各类关心下一代教育基地对“四史”教育的承载作用，全县各类文化馆、博物馆、科技馆、教育基地等免费向青少年开放。对县棣州希贤学校、信阳镇中学、碣石山镇大吴码头村、信阳镇鲍家村等教育基地提档升级。至年底，全县各学校开展“在知爱建　红色经典诵读”“阳光党建引领阳光教育”等红色教育活动1567次，受教育师生26578人次。全县各教育基地开展红色教育活动56场次，受教育师生1987人次。（刘　剑）

【青少年普法教育】 2022年，无棣县以全国第五届“关爱明天，普法先行”青少年普法教育活动为依托，开展法律读本进课堂、法治教育进基地、“五老”宣讲进学校、法律知识进试卷“法律四进”活动。县法院启用“少年法庭”，打造“蔷薇花开”特色少审品牌，发出全省法院首份“督促监护令”、全市首份“家庭教育令”。全年办理未成年人法律援助案件26件，全县未成年人法律援助、普法宣传走在全省前列。全县中小学、幼儿园均配备1名法治副校长、1名驻校社工、心理咨询员，所有学校配备安保人员、组建应急队伍。组织由“五老”、法律专业人员参加青少年法治教育宣讲团，进学校、进乡村、进社区、进企业开展宣讲活动76场次，受教育人数12382人次。（刘　剑）

【青少年关爱服务领域拓展】 2022年，无棣县拓展青少年关爱、服务领域。全县中小学校车全覆盖、学生营养餐、残疾儿童“康教托技”等工作走在全省乃至全国前列；孤儿、事实无人抚养儿童、重点困境儿童生活救助标准进入全省第一方阵；课后服务工作扩面提质；营养餐配送工作扩展到31所学校，惠及学生1.7万人；开展网络环境整治行动，引导未成年人正确上网、科学用网，为青少年成长营造健康网络环境；“诗文诵读”“感恩教育·才艺培养”活动常态化展开，全县各中小学在课后服务时间，通过学校社团、兴趣小组等多种团体，开展诗文诵读、感恩教育、才艺培养活动。（刘　剑）

2022年3月5日，无棣县水湾镇宗王村老人杨玉军（中）向青少年讲述抗美援朝故事（高士东　摄）

无棣县人民代表大会

综　述

【人大代表构成及变动】 2022年，无棣县人大常委会贯彻落实省市人大工作精神，坚持党的领导、人民当家作主、依法治国有机统一。年初，无棣县第十九届人大代表238名。其中，有5名代表资格终止，补选代表4名。至年底，县第十九届人大代表为237名。其中，解放军和武警部队1名，占0.42%；公务员63名，占26.58%；企业单位负责人26名，占10.97%；事业单位负责人15名，占6.33%；工人27名，占11.39%；农民81名（含村“两委”组成人员34名），占34.18%；专业技术人员17名，占7.17%；其他7名，占2.95%。年内，驻棣滨州市人大代表中，辞职1名，依法补选1名。至年底，驻无棣滨州市十二届人大代表34名。驻无棣山东省第十三届人大代表，由年初2名增至3名（王涛、王晓芳、崔立华）。　（孙　超）

【人大及其常设机构】 2022年，无棣县坚持和完善人民代表大会制度，加强组织建设。无棣县人民代表大会下设监察和司法委员会、财政经济委员会、城建环保委员会、农业农村委员会、教科文卫委员会、社会建设委员会6个专门委员会。县第十九届人大常委会组成人员30人。其中，主任1人、副主任5人、委员24人，下设办公室、研究室、信访室、法制工作委员会、人事代表工作委员会、预算工作委员会6个工作机构。　（孙　超）

重要会议

【县十九届人大一次会议】 2022年1月26—28日，无棣县十九届人大一次会议召开。会议听取审议县政府、县人大及县法院、县检察院工作报告；审查通过《无棣县2021年国民经济和社会发展计划执行情况的报告与2022年计划》《无棣县2021年财政预算执行情况的报告和2022年财政预算》；表决通过2022年度重

2022年1月26日，无棣县第十九届人民代表大会第一次会议在县文化中心召开
（县人大常委会办公室　供图）

点民生实事项目；选举产生新一届县人大、县政府领导班子、县监察委主任、县法院院长、县检察院检察长、县人大常委会委员及出席滨州市第十二届人民代表大会代表。选举王涛为无棣县人民政府县长，张立波、徐鹏潇、李莉、王树声、郭兵、刘豪德为副县长；任卫国为无棣县十九届人民代表大会常务委员会主任，蔡银芳、孟德辉、杨景朋、高立珂、朱金勇为副主任；李静为无棣县监委主任；周娟为无棣县人民法院院长；罗振华为无棣县人民检察院检察长。（孙　超）

【县人大常委会会议】2022年，无棣县人大常委会共召开常委会会议8次。

县十八届人大常委会第45次会议。2022年1月22日召开。会议听取审议县政府关于2021年度重点民生实事完成情况及2022年度重点民生实事候选项目的报告、县人大常委会关于县十九届人大一次会议筹备工作情况的汇报、代表建议办理、县镇（街道）人大换届选举工作情况的报告、县人大财经委关于2021年财政预算执行情况和2022年财政预算草案的初步审查意见。通过县十九届人民代表大会代表资格的审查报告、召开县十九届人大一次会议的决定及相关事项、表彰县十八届人民代表大会优秀代表和优秀代表建议的决定及相关人事任免事项。

县十九届人大常委会第1次会议。3月3日召开。会议审议通过成立县第十九届人大常委会代表资格审查委员会的决定、表彰县镇（街道）人大换届选举工作先进单位和先进个人的决定、在全县各级人大代表中开展“扛牢使命为民代言　奋力实干争做表率”主题实践活动的实施意见、无棣县人大常委会2022年工作要点、相关人事任免事项。颁发任命书、举行宪法宣誓仪式。

县十九届人大常委会第2次会议。5月12日召开。会议听取审议县政府环境状况和环保目标完成情况、老年人权益保障、开展“优质服务基层行”全面加强医疗卫生服务能力建设、县监委整治群众身边腐败和不正之风工作、县法院一站式多元解纷和诉讼服务体系建设情况的报告。通过相关人事任免事项，举行宪法宣誓仪式。

县十九届人大常委会第3次会议。7月15日召开。会议听取审议县政府全县乡村振兴战略实施、重点民生实事推进情况的报告，通过县人大常委会《无棣县人民代表大会常务委员会人事任免办法》《无棣县实施宪法宣誓制度组织办法》《无棣县人民代表大会代表建议、批评和意见办理办法》等修订草案及相关人事任免事项；进行相关单位述职评议，举行宪法宣誓仪式。

县十九届人大常委会第4次会议。8月12日召开。会议听取审议县政府关于双招双引工作情况汇报；批准《关于无棣县2022年上半年国民经济和社会发展计划执行情况及下半年计划》《关于无棣县2021年财政决算和2022年上半年预算执行情况及2021年度县本级财政预算执行和其他财政收支情况的审计工作报告》《关于无棣县2022年新增地方政府债务限额调整方案的报告》及2021年财政决算。

县十九届人大常委会第5次会议。10月18日召开。会议听取审议县人大常委会执法检查组关于检查《中华人民共和国种子法》（以下简称种子法）贯彻实施、县政府关于全县企业国有资产管理及职业学校教育工作、县检察院关于开展未成年人检察工作情况的报告，《关于2022年全县财政预算调整方案（草案）的报告》；通过县人大常委会关于加强国有资产管理情况监督的决定、述职评议、人事任免事项。

县十九届人大常委会第6次会议。12月20日召开。会议听取审议县政府关于代表建议办理情况的报告、县人大常委会工作报告（草案）及规范性文件备案审查报告；通过《无棣县人民代表大会常务委员会关于学习贯彻党的二十大精神的决议》、相关人事任免事项；举行宪法宣誓仪式。

县十九届人大常委会第7次会议。12月22日召开。会议听取审议县政府2022年重点民生实事完成情况和2023年候选项目、2021年度县本级财政预算执行和其他财政收支审计查出问题整改、县政府2022年第二次财政预算调整方案的报告，县人大财政经济委员会关于2022年财政预算执行情况和2023年财政预算草案的初步审查意见，县十九届人大二次会议筹备工作情况的汇报；通过召开县十九届人大二次会议的决定及相关事项。（孙　超）

【县人大常委会主任会议】2022年，无棣县十九届人大常委会召开主任会议11次。（孙　超）

2022年无棣县十九届人大常委会主任会议一览表

表2

会议名称	会议时间	会议内容
第1次主任会议	3月2日	审议通过县十九届人大常委会第1次会议筹备相关事项，决定3月3日召开县十九届人大常委会第1次会议
第2次主任会议	5月9日	审议通过县十九届人大常委会第2次会议筹备相关事项，决定5月12日召开县十九届人大常委会第2次会议
第3次主任会议	6月20日	审议通过《县人大常委会组成人员联系代表工作方案》及县十九届人大代表集中培训筹备相关事项，决定6月21日组织开展县十九届人大全体代表集中培训
第4次主任会议	7月14日	审议通过县十九届人大常委会第3次会议筹备相关事项，决定7月15日召开县十九届人大常委会第3次会议
第5次主任会议	7月21日	研究配合市人大开展《滨州市优化营商环境条例(草案)》等四部法律法规的立法调研、组织驻棣市人大代表赴滨城区开展黄河重大国家战略跨县区调研，深化县十九届人大一次会议以来代表所提意见建议办理、2022年度全县重点民生实事推进情况督办等事项
第6次主任会议	8月11日	审议通过县十九届人大常委会第4次会议筹备相关事项，决定8月12日召开县十九届人大常委会第4次会议。研究通过《县十九届人大代表预算审查监督联络员名单(草案)》《县十九届人大预算审查监督专家咨询委员会名单（草案）》，通过全县《残疾人保障法》执法检查前期调研报告及执法检查报告、全县城区防汛排涝和水环境治理保护工作专题调研报告、《滨州市城市节水条例》等4部地方性法规草案立法调研意见建议
第7次主任会议	8月19日	听取审议县人代会和年中联系代表活动意见建议收集整理情况汇报，研究2022年度全县重点民生实事项目推进督办情况
第8次主任会议	10月17日	审议通过县十九届人大常委会第5次会议筹备相关事项，决定10月18日召开县十九届人大常委会第5次会议。传达市纪委监委有关文件精神，研究通过常委会领导人员工作分工调整事项
第9次主任会议	11月7日	研究部署全县“关注重点民生事实活动月”工作、镇（街道）人大学习贯彻党的二十大精神等相关工作，决定11月8日召开全县镇（街道）学习宣传贯彻党的二十大精神人大工作座谈会；研究讨论优化常委会会议审议表决流程、全县重大工程重点项目集中视察等事项
第10次主任会议	12月19日	审议通过县十九届人大常委会第6次会议筹备相关事项，决定12月20日召开县十九届人大常委会第6次会议。听取审议关于县十九届人大二次会议建议方案的说明，研究通过县十九届人大二次会议建议方案
第11次主任会议	12月21日	通过县十九届人大常委会第7次会议筹备相关事项，决定12月22日召开县十九届人大常委会第7次会议

重大决定和人事任免

【重大事项决定】 2022年，县十九届人大常委会第4次会议对县政府2021年县级财政决算（草案）进行审查，决定批准无棣县2021年县级财政决算；对县政府2022年新增地方政府债务限额调整方案进行审查，决定批准2022年新增地方政府债务限额调整方案。县十九届人大常委会第5次会议对县政府2022年财政预算调整方案进行审查，决定批准2022年财政预算调整方案；对县人大财经委关于加强国有资产管理情况监督的决定（草案）进行审议，决定批准关于加强国有资产管理情况监督的决定（草案）。县十九届人大常委会第7次会议对县政府2022年第2次财政预算调整方案进行审查，决定批准2022年第2次财政预算调整方案。 （孙 超）

【国家机关工作人员任免】 2022年，无棣县人大常委会根据市委、县委及县法院、县检察院“两院”党组人事安排建议，按照党管干部、依法任免相结合原则，依法任免地方国家机关工作人员79人次。其中，县人大机关7人次，政府系统44人次，县监察委员会1人次，法院系统19人次，检察院系统8人次。 （孙 超）

人大监督

【经济领域监督】 2022年，无棣县人大常委会听取审议全县上半年国民经济和社会发展计划执行情况及下半年计划的报告，督促夯实民生兜底保障、提升产业链发展韧性。9月14日，县人大常委会调研新型农业经营主体培育工作，要求有关部门加强与新型农业经营主体沟通联系，完善服务指导机制，建立专业平台，增强新型农业经营主体活力。11月27日，县人大常委会组织调研全县重大工程重点项目建设情况，听取全县“双招双引”工作情况汇报，要求促进鲁北高新区等主要经济板块扩规提档，发挥好园区产业集群优势；推动产业、人才双链融合，招商规模、效益双向提升。 （孙 超）

【预决算审查监督】 2022年，无棣县人大常委会听取审议2021年财政决算和2022年上半年预算执行情况报告，2021年度县本级财政预算执行和其他财政收支情况审计及查出问题整改情况报告，全县企业国有资产管理情况报告。批准县政府2022年财政预算及新增地方政府债务限额调整方案。制定《关于加强县政府债务审查监督的实施意见》；召开座谈会，听取全县债务及债务审计情况报告。 （孙 超）

【民生领域监督】 2022年，无棣县人大常委会召开2次常委会，听取审议民生项目推进情况报告，对民生实事推进情况进行对口领衔督办，现场调度10余次、专题对接相关职能部门40余次。发起“关注民生实事活动月”系列活动，面向全县各级人大代表征集2023年度全县重点民生实

2022年6月29日，山东省人大常委会副主任张江汀（前排左三）带领海洋环境保护“一法一条例”执法检查组到无棣碧水源海水淡化项目现场检查（县人大常委会办公室 供图）

事项目。调研县城区防汛排涝和水环境治理保护工作情况，提出建设性意见建议。听取审议县职业学校教育、全面加强医疗卫生服务能力建设、老年人权益保障工作情况报告。（孙　超）

【乡村振兴战略实施监督】 2022年，无棣县人大常委会听取审议全县乡村振兴战略实施情况报告，县政府从产业振兴、组织振兴、生态振兴、人才振兴、文化振兴5个方面进行汇报。县人大常委会从认识乡村振兴战略实施重大意义、系统把握乡村振兴战略实施工作路径、补齐乡村振兴战略实施短板弱项、持续增强乡村振兴战略实施内生动力4个方面提出审议意见，要求加快落实各项惠农政策，推进“五大振兴”，打造乡村振兴齐鲁示范样板。（孙　超）

【法治领域监督】 2022年，无棣县人大常委会听取审议县监委整治群众身边腐败、不正之风工作推进情况报告，县法院推进一站式多元解纷、诉讼服务体系建设工作情况报告，县检察院开展未成年人检察工作情况的报告；督促履行监督、调查、处置“三项职责”，持续深化“三不腐”一体推进，实现政治、社会、纪法“三效统一”；围绕深化司法供给侧改革，创新发展新时代“枫桥经验”，建立完善分层递进智能多元纠纷解决体系，助力打造共建、共治、共享社会治理格局；落实未成年人保护“两法”，打好“组合拳”、织密“保护网”，为未成年人安全、健康成长保驾护航。（孙　超）

【执法情况检查】 2022年4月26日，无棣县人大常委会组织环境保护法规执法检查。要求推进污染防治、生态环境保护，抓好环保督察反馈问题整改工作；加强固废、农业、水污染、噪声、农村雨污分流、畜禽养殖等方面治理。7月28日，县人大常委会组织开展残疾人、未成年人法规执法检查。要求加强资源整合和信息共享，健全沟通协调机制，提升残疾人社会救助水平；用好政策扶持，强化残疾人劳动就业和社会保障，提高残疾人就业比例、就业创业能力；改善特殊教育学校办学条件，为残疾学生在普通学校学习、生活提供专业支持、关爱包容环境；提升无障碍环境建设，强化无障碍环境设施“建管用”工作，加强无障碍环境建设执法检查；执法部门紧密联合，协同作战，为未成年人安全健康成长保驾护航。9月2日，县人大常委会组织开展住宅物业法规执法检查。了解物业管理工作中热点、难点问题，规范各方职责和义务，维护群众利益。10月9日，县人大常委会组织开展种子法规执法检查。要求加强对种子法宣传，要走到“田间地头”，让老百姓学会辨别真假种子、如何正确维权；建立种子执法监管队伍，开展种子执法工作，促进全县种子市场规范有序；引导相关企业加强种质资源保护利用。（孙　超）

代表工作

【概况】 2022年，无棣县人大常委会完善代表工作机制，搭建履职平台，强化服务保障，深化代表“微调研”工作机制。开展集中联系代表、代表集中履职培训活动各1次；组织代表集中进站，列席常委会等会议，参加各类视察、检查、调研3000余人次，联系选民1万余人次，全年收集意见建议106件，办复率100%。（孙　超）

【代表履职平台建设】 2022年，无棣县人大常委会提升全县各级人大站点功能、品质，推动“建、管、用”各项工作有机融合。督促各镇（街道）落实1名县人大工委成员+1名县人大代表+N名议政员组成项目监督小组的“1+1+N”工作体系，科学合理建站设点。年内，全县范围内科学设置各级代表联络站77处，搭建涵盖社区、村居、企业立体化站点分布格局。履行代表联络站建设指导责任，周调度、月通报，有序指导镇（街道）完善代表联络站硬件设施、配强工作人员、健全规章制度，协调各站点统一建立代表微信群，推动社情民意网上收集、意见建议掌上办理。组织县人大常委会党组成员坚持不发通知、不打招呼、不听汇报、不用陪同接待，直奔基层，直达现场的“四不两直”工作方式，分赴帮包镇（街道）调研指导，满足代表履职需求。每位代表一年进站不少于 2 次，指导各镇（街道）将辖区内代表科学编组进站，开展学习培训、述职评议、接待选民、视察检查等活动。至年底，组织全县各级人大代表开展集中进站活动 700 余人次，联系群众 1 万余人次，解决各类民生问题 100 余项（条）。县人大拓宽人大代表闭会期间履职途径，密切党群、干群关系经验做法被市、县多家主流媒体刊发报道。（孙 超）

【代表服务保障】 2022 年，无棣县人大常委会把握代表职务政治属性，制定《关于学习贯彻党的二十大精神的决议》，引导广大代表全面学习领会党的二十大精神，深入对标对表，把智慧、力量凝聚到县人民代表大会既定目标任务上来。增强代表理论武装，举办县十九届人大代表履职培训班，实现代表集中培训全覆盖；编印代表履职教材 4 期，为代表订阅报刊、下发学习资料、推送工作信息，畅通代表知情知政路径。推进代表服务管理标准化建设，落实代表活动经费，密切代表与选民之间联系，建立代表落实意识形态责任清单制度，健全完善代表工作量化考评指标体系，将代表执行职务情况计入履职档案，作为连选连任、评先树优依据，强化代表勤政廉政意识、激发参政督政活力。（孙 超）

2022 年 6 月 21 日，无棣县第十九届人大代表履职培训班在县政务中心举办

（县人大常委会办公室 供图）

议案建议

【概况】 2022 年，无棣县人大常委会交办“一府一委两院”及相关部门代表建议、意见 106 件，主要分为 5 个方面 6 大类。其中农业农村方面 22 件，占 20.75%；工基交财税方面 19 件，占 17.92%；文教卫生方面 22 件，占 20.75%；城建环保方面 9 件，占 8.49%；政法治安方面 8 件，占 7.55%；其他 26 件，占 24.53%。县人大代表听取群众意见，深入一线走访，综合来自各方面意见建议，分析整理，汇总上报，督促落实。（孙 超）

【代表建议办理】 2022 年，无棣县人大常委会强化各类代表建议收集整理、分析研判、交办落实措施，督促各承办单位践行宗旨意识，推动代表建议办理从“答复型”向“落实型”转变。建立实施意见建议即提即办、分类交办、跨年督办、现场对接办理等体制机制，实现人大代表深度参与代表建议办理全过程。106 件代表建议在规定期限内办理（答复）完毕。其中，A 类已办件 35 件，B 类即办件 60 件，C 类缓办件 11 件。（孙 超）

【农村公路建设维护建议】 2022 年，无棣县乡村道路工作布局中存在不少“遗漏”，如小泊头镇

程家路、苏家路、韩辛路等路段路面损坏严重，当地群众意见较大。代表张永华、王花利建议县政府及相关职能部门在资金等方面给予扶持，推进落实民生工程。交通运输、公路等相关部门实地勘察棣丰街道办事处郭家村至205国道、李楼村至贾店村、河沟村至银王庙村等路段，确定实施方案，修复破损路面，保障群众出行畅通。对此，无棣县将“四好农村路”建设工程列入2022年民生实事，完成路网提升210千米,农村安防工程120千米。小泊头镇苏家段2.2千米道路、程家段3.5千米道路、韩辛段1.7千米道路完工，棣丰街道郭家村至G205国道2千米道路等完成硬化。（孙　超）

【提高职业教育质量建议】 2022年，无棣县超过半数初中毕业生选择民营学校、职业学校就读。当前全县职业教育发展还不够完善，教学管理质量还不够高，家长对于孩子就读职业学校有一定排斥。代表杜其青、张金梅、从荣涛建议加强职业教育宣传引导，帮助家长和学生树立正确的择学观、择业观。职业学校加强自身管理，提高教学水平，建成适合地方产业发展方向职业教育体系、专业设置，为学生创造更好的就业前景，为当地企业输送专业人才。对此，无棣县持续推进职业教育基础设施建设，投资2.3亿元县职业中专五年制高职学校建设项目快速推进，项目投用后，将新增中专教学班30个、高职教学班50个，新增学位4000余个，提升职业教育水平。全县各职业院校通过校企合作、合作办学等方式，优化专业设置，招生数量不断增加。县职业中专做大做强计算机应用、机电技术应用等省级品牌专业，深化与山东鲁北企业集团、无棣鑫岳化工集团等企业合作，提高学生就业率、竞争力。（孙　超）

【解决县城区适龄儿童入园就读难建议】 2022年，无棣县城区学龄儿童父母所购买房屋与老人不在同一片区，因此，存在跨片区就读难、老人接送孩子困难问题。代表李彬建议制定合理解决方案，为城区适龄儿童入学创造便利条件。对此，无棣县推进城区公办幼儿园建设，分别建成可容纳40个教学班、6个教学班学前教育中心园、文豪府邸幼儿园，9月份均实现招生；完成凤凰城片区幼儿园建设工程，新增学位300个；完成第二实验幼儿园分园、老教育局幼儿园建设工程，新增学位630个；完成鑫宇小区幼儿园综合楼建设工程，新增学位360个。（孙　超）

【农村自来水管道升级改造建议】 2022年，无棣县处于供水下游乡镇，受管网口径、压力及距离影响较大，农村用水受影响。代表张永华建议实施农村老化供水管道升级改造工程，提升供水质量。对此，无棣县推进实施农村老化供水管道升级改造工程，将碣石山镇作为试点镇，38个村庄全部进行供水管线改造，安装智能水表，同步完成水厂供水主管线改造任务，保障供水安全。（孙　超）

【加强畜牧业养殖粪便处理建议】 2022年，无棣县养殖户畜禽粪便得不到及时、有效处理，对生态环境造成污染。粪污处理设施不配套，养殖场对环保重视不够。代表张春明建议对养殖户畜禽粪便进行统一管理、统一处理，有效利用，加快畜禽粪便资源化利用，提高综合利用率。对此，无棣县加强县畜牧兽医管理服务、环保、自然资源等部门合作，创新有机肥处理和利用方式，促进循环利用、变废为宝。对重点畜禽规模养殖场进行粪污收集、储存、处理设施建设和改造，结合整县推进项目提高畜禽粪污资源化利用水平，打造种养结合、生态循环利用的农牧业新模式。全县完成397户规模以下养殖户粪污处理设施配建。推进畜禽粪污资源化利用整县推进项目，投资6500万元，对29家规模养殖场实施粪污处理设施升级，建设绿禾、益民等3家有机肥厂，年处理养殖粪污70万吨，提升畜禽粪污资源化利用水平。（孙　超）

无棣县十九届人大一次会议代表重要建议一览表

表 3

领衔人	代表建议题目	类别
李建强	关于充分利用棉田冬、春闲季种植松茸的建议	农业农村
徐文峰	关于政府引导、建立秸秆回收长效机制的建议	农业农村
张金明	关于支付清淤德惠新河及马颊河迁占土地补偿款的建议	农业农村
李维博	关于在白杨河两侧佘家段建设高标准农田的建议	农业农村
张春明	关于加强我县畜牧业养殖粪便处理的建议	农业农村
刘洪权	关于整合发改、畜牧、国土、环保等部门政策优势，打造畜牧养殖全产业链的建议	农业农村
李　荣	关于加强我县肉鸡养殖行业粪便处理的建议	农业农村
姜锡朋	关于推进美丽乡村建设助力乡村振兴的建议	农业农村
许树立	关于打造“种业强镇”的建议	农业农村
杨希展	关于安装水庞路与龙湾三路交叉路口红绿灯的建议	工基交财税
李建强	关于在蔡河路西小王段道路划线的建议	工基交财税
刘良春	关于完善农作物保险的建议	工基交财税
王花利	关于修复连村路的建议	工基交财税
刘德义	关于加大引入黄河水灌溉农田的建议	工基交财税
李凤军	关于德惠新河东岸信阳段至 205 国道（海丰街道办事处）段路面硬化的建议	工基交财税
步大鹏	关于加快推进已规划但尚未完成公办幼儿园建设的建议	文教卫生
王俊英	关于统筹保障公办幼儿园控制总量教师工资发放的建议	文教卫生
梁　勇	关于减少基层卫生院人员流失的建议	文教卫生
马如伦	关于对校车更新增量的建议	文教卫生
李凤军	关于促进基础教育高质量均衡发展的建议	文教卫生
付海学	关于加快我县滨海旅游线路打造的建议	文教卫生
张永华	关于增加环卫基础设施和清运车辆的建议	城管环保
程立涛	关于建设新能源汽车充电设施的建议	城管环保
刘月刚	关于实施一般工业固废集中处置的建议	城管环保
时　伟	关于加强对公共场所及住宅小区宠物管理的建议	城管环保
范本瑞	关于加强农村乡村道路监控建设的建议	社会治安
孙长忠	关于加强城市社区精细化治理基础的建议	社会治安
范本瑞	关于加快推动乡村污水治理的建议	其他
徐文峰	关于规范行政审批手续的建议	其他
刘月鹏	关于加大扶持再生资源产业链的建议	其他

专委会工作

【监察和司法委员会工作】2022年，无棣县人大监察和司法委员会围绕县监委整治群众身边腐败、不正之风工作，履行监督、调查、处置三项职责，落实监委、部门、镇（街道）三方责任，实现政治、社会、纪法意见建议三效统一；围绕县法院一站式多元解纷、诉讼服务体系建设工作，提出强化执法联动机制建设、提升执法工作认可度及质效指标解决意见建议；围绕县检察院未成年人检察工作，提出加强未检工作宣传、健全未保制度、加强未检工作队伍建设意见建议。落实干部任前法律知识考试、供职发言、颁发任命书、宪法宣誓等制度，推动领导干部带头学法用法。（孙 超）

【财政经济委员会工作】2022年，无棣县人大财政经济委员会围绕“双招双引”工作，提出持续完善招商工作机制，提高招商队伍专业化水平，推进国企、工业园区改革，提升服务保障企业能力，强化人才招引力度意见建议；围绕全县企业国有资产管理情况，提出强化国有资产管理意识，规范国有企业管理方式，建强国有企业领导队伍，提升国有资产监管水平。（孙 超）

【科教文卫委员会工作】2022年，无棣县人大科教文卫委员会围绕全县加强医疗卫生服务能力建设工作，开展专题调研活动。提出持续优化医疗卫生服务体系建设，保障要素供给意见建议；围绕全县职业学校教育工作，提出提升职业学校社会形象，优化职业学校专业设置，改善职业学校教育办学条件，提高职业学校教育教学质量意见建议，督促整改落实。（孙 超）

【城建环保委员会工作】2022年，无棣县人大城建环保委员会围绕全县环境保护工作，开展专题调研活动。针对全县生态文明体制改革落实不到位，建筑工地周边100%围挡、物料堆放100%覆盖、出入车辆100%冲洗、施工现场地面100%硬化、拆迁工地100%湿法作业、渣土车辆100%密闭运输“六个100%”落实不力，个别企业废气无组织排放、环保治污设施治理效率低下、城镇生活污水及养殖污水不达标排放等问题，及时提出意见建议，督促整改落实。（孙 超）

【农业农村委员会工作】2022年，无棣县人大农业农村委员会围绕全县乡村振兴战略实施工作，开展调研活动。针对农业农村工作实践中暴露出规划引领不到位、三次产业融合不紧密、要素制约破解不够有力等问题，提出系统把握乡村振兴战略实施工作路径，全力补齐工作短板弱项，持续增强内生动力意见建议。（孙 超）

【社会建设委员会工作】2022年，无棣县人大社会建设委员会围绕全县老年人权益保障工作，提出优化部门协同，打通瓶颈制约，持续强化“尊老护老”社会氛围意见建议；围绕全县重点民生实事项目建设工作，建议压实工作责任，构建长效机制，加大建设力度意见建议。（孙 超）

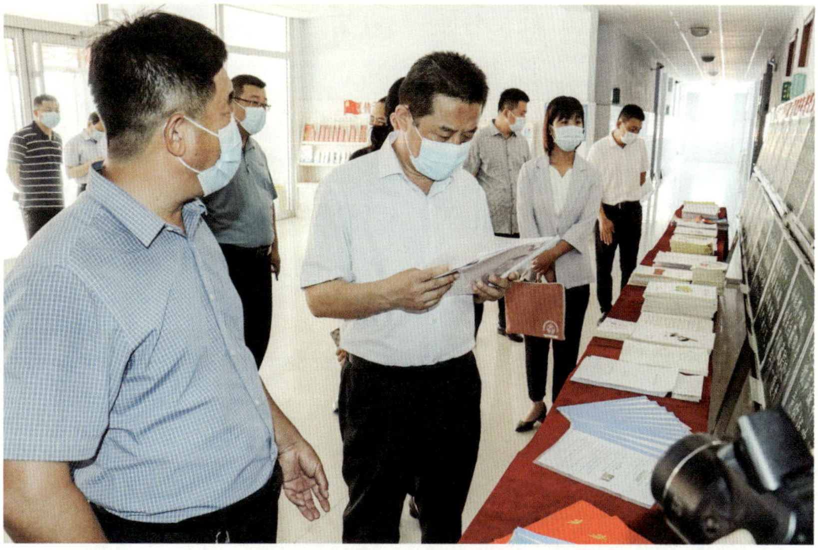

2022年6月2日，县人大常委会调研组到水湾镇小学调研教育教学工作

（县人大常委会办公室 供图）

无棣县人民政府

综　述

【产业结构优化】 2022年，无棣县优化产业结构，推进86个省市县重点项目建设。年内，新增规模以上工业企业28家，实现规模以上工业总产值610亿元，比上年增长5.6%。工业技改投资增长25%。山东鲁北海生生物有限公司150万吨氢氧化铝、山东惠广科技发展有限公司纤维素、山东华盛创新纺织科技有限公司纺织产业园等15个过亿元项目建成投产，鲁北超能新材料产业（山东）有限公司、山东晟基新材料科技有限公司聚苯硫醚等项目加快建设。智能电气产业成为省级特色产业集群。改良盐碱地3333.33公顷，建成高标准农田6000公顷，粮食播种面积7.43万公顷，总产量42.1万吨。发展冬枣大棚227.06公顷，完成农作物低产低效园改造500公顷，创成省级现代农业产业园。生猪存栏31万头，国家级种猪核心群保有量居全市第1位。对虾联合育种平台、海阔现代渔业园区主体完工，实现海洋渔业总产值79.6亿元，比上年增长10%，无棣县被农业农村部为国家级水产健康养殖和生态养殖示范区。新增市级以上农业产业化重点龙头企业6家。车王镇入选农业农村部全国“一村一品”示范村镇。规模以上服务业企业发展到41家，填补3个空白行业。在全省率先建成全域旅游大数据平台。古城完成塔影街商业安置，成为省文化和旅游厅确定全省第二批夜间文旅消费集聚区。建立“客货邮”三级物流体系，实现快递直达入村全覆盖。网络零售额增长25%，海丰街道获评全国淘宝镇，城东许村获评全国淘宝村。（高金明）

【创新驱动发展】 2022年，无棣县落实创新驱动发展战略，新认定高新技术企业32家、省制造业高端品牌培育企业6家、省“专精特新”中小企业8家、省“瞪羚企业”3家。新增省级企业技术中心2家、国家地理标志证明商标3个。山东鲁北企业集团总公司、无棣鑫岳化工有限公司、“无棣贝瓷”（地理标志产品）3个品牌载入中国品牌价值评价榜，山东丰香园食品股份有限公司、山东花园食品有限公司入选第六批“山东老字号”认定名单。新签约立项项目22个，其中，世界500强企业项目2个、超10亿元项目8个，到位市外资金108亿元、外资6500万美元。争取各类转移支付资金21.82亿元，增长30.9%。争取专项债券21.55亿元，居省财政直管县第1位。举办第三届滨州人才节无棣专场活动，引进海外人才9人、科技领军人才19人、本科及以上大学生1291人。实施重点项目帮包“三百”工程，12个项目实现当年开工、当年投产。在全市率先开通为企服务直通车，制定加快市场主体高质量发展20条政策措施。创建“帮棣好”项目管家帮办代办服务模式，在全市率先推出“云代办”企业登记服务，市场主体发展到49210家，

比上年增长14.8%。政府部门办事效率、服务态度、便捷程度等方面评价满意度99.7%，居全市第1位。（高金明）

【基础设施建设】2022年，无棣县推进城乡建设补强基础设施，完成“三区三线”划定，新增规划建设用地5866.67公顷。棣新六路北延等工程建成通车，新改建市政道路8条、9.7千米，新建绿化带4万平方米。完成老旧小区改造55个，城市小区雨污合流改造完成。棣丰街道丁家片区棚户区改造项目交付使用。治理违法建设9.4万平方米，规划便民服务市场10处、停车位3149个。投资4.6亿元，完成鲁北高新区、新海工业园道路管网等配套工程，鲁北化工园区扩区、新海化工园区复审通过专家评审，县经济开发区、东风港园区承载能力提升。创建美丽乡村示范片区2个，省级美丽乡村示范村5个、市级9个、县级24个。完成212个村生活污水治理，在全市率先完成整县推进。津潍高铁（无棣段）启动征迁，大济路拓宽、S233省道改建获省交通运输厅批复，信河路大修工程竣工通车，秦口河、马颊河航道规划纳入《山东省综合立体交通网规划纲要》。完成“四好农村路”通达提升230千米、村道安防工程120千米、危桥改造6座，居全市第1位。投资12.8亿元，城区防洪体系升级改造、秦口河综合治理、德惠新河引调水等工程竣工投用，芦家河子水厂扩建、城乡供水一体化等项目主体完工，马颊河鲁北拦河闸等工程推进建设，完成86个村供水管网提升改造。漳卫新河清淤清障工程获省委、省政府主要领导签批肯定。（高金明）

【社会民生事业】2022年，无棣县实施改善民生实事项目10项，涉及医疗卫生、宜居城市、群众出行、教育基础设施提升、生活环境、全民健身基础设施提升、高标准农田建设、农村生活污水治理、清洁取暖改造、便民服务等民生各领域。年内，新增城镇就业4933人，创设城乡公益性岗位3516个，发放创业担保贷款9162万元。建成基层医保服务站217家，实现县域全覆盖。县未成年人保护中心建成投用，未成年人保护模式全省推广。建立“智慧物联+全域服务”如康家园模式。实施提升一批机构、筹建一个中心、构建一个网络、优选一支队伍、打造一个平台、出台一套制度“六位一体”“F享无棣”关爱照护工程，每年投资400余万元，将全县1815名分散供养人员纳入“F享无棣”关爱照护工程。县生命纪念园建成，建设公益性公墓21处。扶贫项目年收益为2588万元。县人民医院内科楼、妇幼保健院、中心医院建设完成。创成全国示范性老年友好型社区1处、国家级暖心家园1处。举办全省第八届小品新作大赛、首届山东省阅读大会暨齐鲁书香节——书润滨州阅读季启动仪式、滨州市第三届中老年文化艺术节模特展演活动。无棣县被省曲艺家协会授予“山东曲艺之乡”称号。实现全县在校学生教育资助全覆盖，县学前教育中心、第三实验幼儿园建成招生，2处高中学术报告厅投入使用。食品安全工作代表滨州市迎接省级抽检，连续2年保持全市优秀等次。（高金明）

【政府效能提升】2022年，无棣县开展“建设更高水平富强滨州，无棣怎么干”解放思想大讨论暨“在知爱建”主题实践活动，学习贯彻党的二十大精神，提升政府服务效能。全县党政机关法律顾问实现全覆盖，办结法律援助案件1257件。自觉接受县人大法律监督、县政协民主监督与社会监督，办结人大代表建议106件、政协委员提案146件。办理减税降费、增值税留抵退税15.56亿元，对冲市场波动，助推企业发展。完成审计项目22个，节约政府投资4403万元。完成公共资源交易项目472个，增收节支2.91亿元。办理“12345”政务服务便民热线3.5万件，满意率98%，居全市第1位。（高金明）

2022年无棣县重点民生实事完成情况一览表

表4

序号	项目名称	项目内容
1	医疗卫生能力提升	投资6.36亿元，柳堡卫生院改造提升项目建成投用，县医院内科楼、妇幼保健院、中心医院建设完成，县域医疗次中心、分中心加快建设、村级卫生室智慧随访、康复理疗设备配备率100%。启动创建省级慢性病综合防控示范区
2	城区防汛排涝能力提升	投资3050万元，棣新三路泵站至小米河雨水畅通、海丰十四路北侧至尾闾畅通雨水强排、清波河城区段清淤等工程竣工投用，有效提升城区防汛排涝能力
3	“四好农村路”建设	投资2.1亿元，完成“四好农村路”通达提升230千米，完成村道安防工程120千米、养护工程159千米、危桥改造6座
4	教育基础设施提升	投资4.5亿元,学前教育中心、第三实验幼儿园建成投用,实验幼儿园第二分园、馨宇幼儿园、老教育局幼儿园建设完工，碣石山镇大赵小学、第五实验小学、职业中专五年制高职学校建设加快推进
5	老旧小区改造	投资3724万元，完成55个老旧小区楼顶防水、雨污分流等工程
6	清洁取暖改造	投资8983万元，完成清洁取暖改造18399户，其中煤改气15145户、煤改电2625户、煤改生物质372户、集中供暖257户，超额完成上级下达任务
7	全民健身基础设施提档升级	投资9100万元,全民健身活动中心开放运行,新改建“城区10分钟健身圈”健身设施30处,打造体育公园2处，完成134个村健身场地设施提档升级
8	高标准农田建设	投资1.76亿元，建成高标准农田9万亩，有效改善农业生产条件
9	农村生活污水治理	投资3.8亿元，完成322个村生活污水治理，建成镇驻地污水处理站5座、村庄污水处理站5座、村庄污水收集池288座，在全市率先完成整县推进
10	“客货邮”融合发展暨快递进村	投资3200万元，建成县级城乡供配中心1个、镇级服务中心10个、村级服务站423个，建立县镇村三级快递物流服务体系，实现快递直达入村全覆盖

重要会议

【县政府全体会议】 2022年6月1日，无棣县政府第一次廉政工作会议暨县政府全体会议召开。学习贯彻习近平总书记在十九届中央纪委六次全会上的重要讲话精神，国务院、省、市政府廉政工作会议精神，省纪委、市纪委全会要求，总结2021年以来政府系统党风廉政建设和反腐败工作，部署2022年重点任务。要求各级各部门结合“建设更高水平富强滨州，无棣怎么干”解放思想大讨论和“在知爱建”主题实践活动，推动廉政工作各项部署要求落实落细落到位。各级各部门从审批、监管、执法等各环节入手，拧紧党纪“螺栓”，扎紧制度“篱笆”，严防各类风险隐患;紧绷民生廉政“思想弦”，坚决惩治群众身边腐败问题、不正之风,筑牢民生廉政“防火墙”;优化营商环境,统筹推进深化“放管服”改革、提升服务企业质效、优化政务服务等工作，推动全县营商环境持续优化。（邢恩智）

【县政府常务会议】 2022年，无棣县政府共召开常务会议21次。

县政府第2次常务会议。2022年2月7日召开。传达山东省2022年工作动员大会精神；

研究《无棣县百个单位联系百家企业包百个重点项目“三百”工程实施方案》《政府工作报告》重点任务分解等有关事项。

县政府第3次常务会议。3月2日召开。传达滨州市第十次党代会、市“两会”、市“山东走在前，滨州怎么办”解放思想大讨论暨“在滨州、知滨州、爱滨州、建滨州”主题实践活动动员大会精神、全省现代水网暨2022年重点水利项目建设推进会议精神、上级部门关于耕地用途管制及土地卫片执法工作文件；研究《政府工作报告》分解任务推进等有关事项。

县政府第5次常务会议。4月18日召开。传达市安全生产会议精神；研究2022年清洁取暖改造工程、城区防洪体系升级改造工程、漳卫新河河口段应急清淤工程、医疗机构公开招聘、规范民办义务教育专项工作等有关事项。

县政府第6次常务会议。4月25日召开。传达省市农业农村重点工作推进视频会议精神、市委海洋委第四次全体会议精神；研究《无棣县新一轮“四减四增”三年行动方案》及生态环境重点工作、“三百”工程进展、道路交通安全管理工作高质量发展、5G基站建设工作等事项。

县政府第7次常务会议。4月30日召开。传达省委主要领导到无棣调研指示精神；研究2022年度“四好农村路”建设工作等有关事项。

县政府第8次常务会议。5月5日召开。研究农村环境综合整治长效管护工作及考核办法等有关事项。

县政府第9次常务会议。5月29日召开。传达国务院第五次廉政工作会议精神、省政府第五次廉政工作会议暨省政府全体会议精神、市政府第一次廉政工作会议暨市政府全体会议精神、省及市防汛抗旱工作会议精神、全市总河长会议精神、《信访工作条例》、全省“三夏”农业生产动员会议精神；研究安全生产、防汛抗旱、重点水利工程建设、环保工作、禁毒工作、《无棣县促进汽车消费的若干措施》等事项。

县政府第10次常务会议。6月2日召开。传达学习中国共产党山东省第十二次代表大会、市委常委会（扩大）会议精神和中办、国办《关于更加有效发挥统计监督职能作用的意见》文件精神；研究自建房安全专项整治工作、退役军人人事档案管理利用试点县创建工作、黄河流域生态保护和高质量发展工作等事项。

县政府第11次常务会议。7月7日召开。传达上级关于信息报送有关文件；研究《无棣县人民政府工作规则（讨论稿）》、市纪委反馈无棣县黄河流域专项监督检查意见整改工作及近期水利重点工程建设工作、法治建设及司法行政重点工作等事项。

县政府第12次常务会议。7月19日召开。传达市政府常务（扩大）会议精神；安排部署全县经济社会发展工作。

县政府第13次常务会议。7月19日召开。传达全国全省安全生产会议精神、全市深化营商环境改革·擦亮“滨周到”品牌动员会议精神；研究全县安全生产百日攻坚行动、《无棣县“十四五”妇女发展规划》《无棣县“十四五”儿童发展规划》《无棣县实施市场主体培育增量发展行动意见》《无棣县撂荒地专项整治工作方案》等事项。

县政府第14次常务会议。8月16日召开。研究全县重点海域治理暨美丽海湾创建工作配套方案等有关事项。

县政府第15次常务会议。8月31日召开。传达市、县高质量发展分析推进会议精神；研究贯彻落实意见等事项。

县政府第16次常务会议。9月22日召开。研究基本公共服务群众满意度工作、农村供水管网提升改造工程、津潍高铁（无棣段）项目前期工作、启动“四好农村路”工程鲁北旅游风景道项目等事项。

县政府第17次常务会议。10月8日召开。传达全国全省安全生产会议精神、全国全省关于基层消防力量建设有关精神；研究县“三百”工程项目、全县食品安全工作等有关事项。

县政府第18次常务会议。10月25日召开。研究《关于深化全县应急管理综合行政执法改革的实施意见》《无棣县燃气专项规划（2021—2035 年）》《无棣县全民健身实施计划（2021—2025 年）》《在国际全国全省全市重大比赛中取得优异成绩及输送体育人才有功人员奖励办法》等事项。

县政府第 20 次常务会议。11 月 21 日召开。传达学习《中华人民共和国安全生产法》；研究《无棣县重大行政决策程序规定》《无棣县县属国有企业投资监督管理暂行办法》《无棣县县属企业违规经营投资责任追究实施办法（试行）》等事项。

县政府第 21 次常务会议。12 月 20 日召开。传达学习中央经济工作会议精神、《中华人民共和国宪法》、省市安全生产工作会议及文件精神；研究“小升规”工作、《无棣县“十四五”残疾人保障和发展规划》、2023 年国民经济和社会发展计划主要指标初步拟定、2022 年财政收支完成及 2023 年预算安排、《政府工作报告》、民生实事候选项目等事项。（郭雅婷）

行政审批服务

【概况】 2022 年，无棣县推进行政审批服务精简、便民、高效，深化“放管服”“一次办好”改革，实施“一窗受理”“一链办理”“一网通办”“一业一证”“跨省通办、全省通办”、便民服务标准化等系列重点工作。推进基层便民服务标准化、规范化、便利化建设，建设柳堡镇等 4 个镇便民服务中心，构建“就近办”服务体系。县行政审批服务局被国家机关事务管理局、中直机关事务管理局、国家发展改革委、财政部联合授予“节约型机关”称号，被山东省委、省政府授予“山东省新旧动能转换综合试验区建设先进集体”“山东省深化‘放管服’改革优化营商环境工作先进集体”等称号。（刘　云）

【企业开办服务】 2022 年，无棣县持续促进市场主体发展，潜心为企服务。全县推出企业开办、企业简易注销集成服务，企业开办、注销更便利。全县将企业开办、企业简易注销所涉及 8 个单项集成到企业开办、注销一窗通平台上，企业登录山东省政务服务网“一窗通”企业开办专区，提交一套材料，即可一次性办结企业开办与企业注销业务。将企业设立登记、公章刻制备案、发票领用、企业社会保险登记、住房公积金单位登记开户 5 个环节合并为企业开办 1 个环节，审批办结时限压缩至 0.5 个工作日，申请材料由原来的 21 份简化至 5 份，办事效率提高 80% 以上。年内，设立私营企业、内资企业、农民专业合作社等市场主体 2700 家，全程电子化登记 2686 家，全程电子化率 99.48%，居全市第 1 位。全县电子营业执照下载率由 2021 年的 35.9% 上升至 59.54%。在县行政审批服务局各办事窗口及镇（街道）便民大厅窗口安装电子营业执照扫码设备，企业秒批秒办登记服务。推出“云代办”服务，线上线下融合，全流程贴心帮办代办服务。

2022 年 1 月 10 日，无棣县行政审批服务局实现电子营业执照和电子印章同步发放（县行政审批服务局 供图）

在全省率先将“一业一证”行业综合许可范围拓展至51个行业，办理行业综合许可证277张。推送信息认领率100%。免费发放纸质版、电子版营业执照、印章、发票、税务U盾，提供双向免费寄递服务，实现企业开办零成本。为8042家新设立的市场主体免费提供印章3万余枚，为企业减少开办成本280余万元。免费发布简易注销公告，公告时限由45日压缩至20日，申请材料由8份简化至3份。（刘　云）

2022年6月7日，山东新太环保科技有限公司在一窗受理窗口办理建设项目环境影响评价审批（县行政审批服务局 供图）

【工程建设项目审批】 2022年，无棣县设立工程建设项目审批专区，投资项目审批高频事项全部入驻政务服务大厅，低频事项实现代收办理，设立市政公用服务专区，实现水电气热信接入服务、市政设施建设类审批并联办理。利用“模拟审批”方式，对急需推进但缺少土地手续的投资项目提前介入、主动服务，为鲁北万润24万吨/年磷酸铁锂联产24万吨/年磷酸铁、无棣蓝洁污水处理有限公司2.5万吨/日提标改造及2.5万吨/日污水处理扩建等省市重点项目办理模拟审批手续，项目落地提速3个月。对建设手续推进缓慢项目进行分类施策，发挥联审联办机制作用，统一协调解决审批难题。为无棣县职业中专五年制高职学校、山东鲁北海生生物有限公司150万吨/年氢氧化铝等20余个项目完成各类建设手续办理，平均提速30%以上。（刘　云）

【帮办代办服务】 2022年，无棣县持续打造“定制+精准化”“帮棣好”项目管家帮办代办服务模式，实现从有求必应到主动应求、从节点性服务到全周期服务、从碎片化服务到系统集成服务质效提升。年内，县行政审批服务局进园入企服务50余次，举行培训会2场次，培训200余人次，发放审批服务指南及审批明白纸600余份。对全县91个省市县重点项目审批事项进行分解，制定帮办计划，建立包联台账，确定“前延”服务事项。“帮棣好”微信小程序测试运行，具备政策宣传、咨询服务、部门联审、方案定制、帮办代办、进度跟踪、短信发送等功能。建立覆盖村、社区630人帮办代办员队伍，覆盖全县574个行政村、10个社区，实现村（社区）帮办代办员全覆盖，全县村（社区）帮办代办48260件（次）。（刘　云）

【“一窗受理”改革】 2022年，无棣县制定《关于深化“一窗受理”改革推行“大导服、小窗口、微审批”政务服务模式的实施方案》，推行“大一窗”服务模式，对大厅综合受理窗口进行整合，形成“一台两区”服务格局，打造“棣小帮”“棣一窗”2个“帮棣好”子品牌，擦亮营商环境“第一窗口”。“一窗受理”窗口综合事项进驻率100%，综合受理率100%，实现政务服务事项“应纳尽纳”“跨域通办”“双全双百”“一链办理”“一业一证”等政务服务改革任务“应融尽融”。年内，全县办理各类服务事项151.76万件次。（刘　云）

【“一网通办”服务】 2022年，无棣县依托全国一体化政务服务平台、山东省政务服务平台，推进政务服务全省通办、跨省通办，构建“异地受理、属地审批、就近取证”服务模式，推动“全省通办”“跨省通办”事项落实落地。实施“推动申请材料电子化，再造网上办事流程”工作模式，完成对无棣县1466项依申请类政务服务事项精细化梳理，全程网办率100%；全县12个镇（街道）自建政务服务事项4360项，全部完成流程配置。印发《无棣县2022年政务服务“一网通办”工作要点》，对全县1466项（动态调整）政务服务事项要素进行核查，形成问题清单，发出《全县政务服务“一网通办”工作通报》。全县各级服务大厅设置专窗94个，完成140项跨省通办、321项全省通办任务；新融入省会经济圈政务服务“打包办”联盟、黄河流域政务服务“跨域通办”联盟，新增协议县（市区）111个，协议全国29省654县（市区），“跨省通办”办件950件。与天津市滨海新区，河北省廊坊市，北京市海淀区、丰台区、顺义区5市、县（区）建立跨省通办沟通机制。“跨省通办”“全省通办”走在全市前列。（刘　云）

【“多审合一”服务】 2022年，无棣县持续推进政务服务“一链办理”。梳理清单220项，办理环节平均精简67%，申请材料平均缩减59%，跑腿次数平均减少71%，办理时限平均缩短78%；在无棣县政务服务网一件事“一链办”专区自建主题服务事项220个。“一链办理审批系统”线上申报业务7.82万件，线下申报业务2.9万件。（刘　云）

【基层便民服务标准化建设】 2022年，无棣县建强基层便民服务标准化。按照《国务院关于加快推进政务服务标准化规范化便利化的指导意见》、滨州市行政审批服务局关于镇（街道）便民服务中心场所功能建设指导标准要求，以各镇（街道）为主体，建设启用柳堡镇、碣石山镇、埕口镇、车王镇4个新便民服务中心，总建筑面积超过5000平方米。烟花爆竹经营（零售）许可、乡村建设规划许可、个体工商户设立登记、个体工商户变更登记、个体工商户注销登记、食品经营许可全部下放镇（街道）便民服务中心，推进“就近办”服务。形成以“党建+便民三员”为支撑帮办代办服务体系。以“小事不出村、大事不出镇”为典型特征的“服务型”中心基本实现。（刘　云）

【政务服务“好差评”工作】 2022年，无棣县强化政务服务数据归集工作，完成自建系统修改完善，窗口互助终端高频使用，保持投诉渠道畅通。设立无棣县政务服务中心社会监督员评价渠道，结合山东省政务服务网、平板电脑、自助一体机、县监督投诉热线等线上评价方式，有效落实“好差评”线下“一事一评”、线上“一事三评”工作。实现及时投诉督办及投诉结果科学运用。年内，督办政务服务便民热线“12345”投诉53例，受理县监督投诉热线投诉1例，受理“好差评”系统反馈1例，全部妥善答复。（刘　云）

拓展资料

山东无棣：聚焦“双全双百”改革 持续打造“帮棣好”政务服务品牌

山东省滨州市无棣县行政审批服务局全力推动高频事项“极简办、集成办、全域办”，打造“帮棣好”政务服务品牌。

流程再造极简办，助力打造“极简审批”模式

制度赋能，优化重塑办事流程。印发实施《滨州市无棣县政务服务“双全双百”工程实施方案》《无棣县深化“双全双百”工程推进高质量主题集成服务工作方案》，按照优化场景、集成服务的工作要求，对全区涉及企业全生命周期17个场景107项事项、个人生命周期2个场景

115项事项进行全面梳理，形成改革任务清单，明确改革分工。制定统一标准模板，组织公安、医保、人社、教育等相关部门形成事项业务手册和标准化办事指南，编制“一件事”服务指南，并按场景分批发布。

数“聚”赋能，全力打造审批新模式。推广“免证办”，让诚信企业享受“承诺即拿证”服务，通过加强“审管衔接”构建起“信用＋审批”闭环机制；推广电子证照应用，以电子证照提升“一网通办”水平，通过网上申报自动调取、前台受理扫码亮证、办事平台数据共享“三个维度”，扩大电子证照应用范围，为材料精简、办事提速提供保障。推出“云踏勘”服务模式，在涉农、项目建设等领域，通过“实时连线、远程传输、在线反馈”的方式进行“视频踏勘、远程评审”，破解进场不便、专家会见难的困局，提升踏勘评审效率。

服务赋能，触角直达企业群众身边。政银（邮）合作“就近办”，延伸服务触角，与农商银行签订合作协议，打造了“登记服务＋银行开户”服务新模式，政邮合作发挥邮政系统末端到户的优势，邮递员成为“流动的窗口”，实现“家门口”办事向“居家办”的升级。点单服务“上门办”，围绕“1+3”特色产业体系，梳理重点项目企业名册，配套一对一服务团队，预判开工前、建设中、竣工后到生产经营各阶段的全部审批事项，编制全流程服务手册，搭配“一图一表一单”个性化“套餐”，主动下工地送指导、送方案，超前发现问题、提前解决问题。

关联事项集成办，满足多应用场景的办事需求

设立“企业开办”专区、“工程审批”专区、“一业一证·一链办理”专窗和“综合受理”专窗，形成“四个一链、一站服务”。围绕企业“全生命周期”，在实现“一表填报、全程网办”的基础上，实行“1204”工作法（1个环节、2小时办结、0费用、赠送4枚印章），附赠4枚电子印章，电子营业执照与纸质执照同步制发；围绕工程项目全流程审批，实行“并联审批、限时办结”。率先推进“多审合一、多证合一”改革，将社会投资简易低风险项目手续办理时限压缩89.5%。

创新“容缺＋联办”工作模式，边审批边补充要件，相关部门同步联办、同步反馈；构建联合验收模式，实现“全网办、少跑腿、统一验”，建设项目联验比例100%，持续破解中小微企业“用地难”“建设难”“融资难”问题。围绕“一业一证”改革，将分属不同部门的事项进行“重组打包”，推行“一业一证”改革，将“超市”“饭店”等一批行业综合许可延伸到镇街办理，实现镇街发证全覆盖。围绕个人“全生命周期”，推动“教师资格一件事”“厂房建设一件事”等场景，实现跨部门事项“一次申请、集成联办”。

区域延伸协同办，实现上下联动一口受理

打破限制“跨域办”。与21个省4个自治区5个直辖市708个市县区签订“跨省通办”“全省统办”协议，建立“异地受理、代收帮办、远程办理、协同联动”的全新服务模式；另与滨海新区、廊坊、海淀、丰台、顺义等5市县区建立跨省通办沟通机制。实现“异地受理、跨域可办”，减轻企业群众跑办负担和成本。在企业开办领域探索创新、先行一步，依托企业开办“一窗通”平台，跨域通办深化合作，实现无差别受理、同标准办理，通过营业执照置换，实现开办企业“跨域通办＋即时办”服务模式，让企业群众办事省时省力。

基层延伸“全域办”。对乡镇（街道）和村（社区）便民服务站点全面提升基层便民服务站点服务能力。将“办件量大、群众需求高、镇街有需求”的事项下放至镇街便民服务中心，设立“双全双百综合受理窗口”，实现横向到边、纵向到底、覆盖城乡的“15分钟”政务服务网络，让群众办事更便利。群众常办事项场景“残疾人救助”“困难人员救助”等均在镇街便民服务中心实行全程提供免费政策咨询、材料申报、表格填写等服务，实现“小事不出村、大事不出镇”。

（资料来源：新浪网，2022年10月10日，郭玉栋、蒋惠庆）

公共资源交易

【概况】 2022年，无棣县落实市、县“放管服”改革要求，优化营商环境，提升全县公共资源交易服务效能，实现公共资源交易平台建设标准化、交易流程电子化、管理服务便利化。完成无棣与外省市远程异地评标平台建设；实现公共资源交易基层站点全覆盖；完善档案标准化、数字化建档工作。至年底，全县完成交易项目472个。（郭忠贵）

【四大类公共资源交易】 2022年，无棣县进入公共资源交易平台项目主要为工程建设、政府采购、土地交易、产权交易。全年完成交易项目472个，交易金额67.59亿元，节支增收2.91亿元。

（郭忠贵）

2022年无棣县公共资源成交情况统计表

表5

项目类别	交易数（个）	交易金额（亿元）	节支情况		增收情况	
			节约金额（亿元）	节支率（100%）	增值金额（亿元）	增值率（100%）
合计	472	67.59	2.91	—	—	—
工程建设	105	46.32	2.68	5.52	—	—
政府采购	204	4.44	0.23	4.88	—	—
土地交易	108	16.67	—	—	—	—
产权交易	55	0.16	—	—	0.0628	38.27

【远程异地评标】 2022年，无棣县远程异地评标工作通过数据远程交互，实现无棣与外地评审专家异地“面对面”交流、在线讨论、实时沟通、同步协商。县公共资源交易中心打破地域、系统限制，与滨州市沾化区、淄博市临淄区、临沂市兰陵县、潍坊市寿光市、宁夏回族自治区石嘴山市开展远程异地评标工作，实现跨县、跨市、跨省远程评标突破；与聊城市东阿县、临沂市兰陵县、河南省焦作市、淄博市沂源县、淄博市周村区等市县（区）签订远程异地评标合作协议，推动远程异地评标常态化开展。至年底，全县开展跨县（区）、跨市、跨省远程异地评标6次。（郭忠贵）

【基层服务站点建设】 2022年，无棣县深化“放管服”改革，落实公共资源交易服务就近办、便民化要求，在全县12个镇（街道）设立公共资源交易服务站，实现基层服务站点全覆盖。各镇（街道）推进权益类产权要素交易项目进入公共资源交易平台交易，全县首宗农村集体产权项目、首宗水权项目、首宗林权项目分别在中心平台交易完成。年内，10宗农村集体产权项目、1宗水权项目、2宗林权项目进场交易。（郭忠贵）

【公共资源交易系统档案标准化建设】 2022年2月，无棣县公共资源交易中心被市公共资源交易中心确定为档案工作业务建设试点单位。县公共资源交易中心围绕《全市公共资源交易系统档案业务提升年活动实施方案》《山东省档案工作业务建设评价办法》，深化档案标准化、数字化建档，整理完善自2014年至2021年文书档案23盒，政府采购档案1615盒，工程建设档案292盒，会计档案585盒，声像档案169盒，实物档案18件，完善配备档案用房，档案数字化建档工作达标，通过山东省档案业务建设先进单位验收。（郭忠贵）

政务公开

【政府信息主动公开】2022年，无棣县持续推动经济转型、优化营商环境、新冠疫情防控、重点民生领域、乡村振兴、公共企事业单位信息公开。主动公开涉及公众利益调整、需要公众广泛知晓或需要公众参与决策的政府信息。年内，主动公开政府信息22847条；印发政府公报12期；举办在线访谈5期；开展“政府开放日”活动80余次；答复群众信件169件。（隆海龙）

【政府信息依申请公开】2022年，无棣县在依申请公开协查、答复过程中，协调各级政府部门为群众排忧解难，多维度促进为民服务。受理政府信息公开申请146件。其中，主动公开116件、部分公开1件、不予公开4件、无法提供25件。信息公开类行政复议3件，无诉讼件。（隆海龙）

【重大建设项目信息公开】2022年，无棣县打造“扩大有效投资”专区，集中公开本地区制定、执行扩大有效投资相关规划、政策文件、重大项目建设信息。年内，动态维护全县重大建设项目建设信息4个，实现项目信息全流程公开。（隆海龙）

【公共资源配置领域信息公开】2022年，无棣县持续完善“无棣县公共资源配置领域信息公开”专题，集中公开政府采购、住房保障、公共资源交易等信息。按季度发布政府集中采购、安居工程建设、农村危房改造、棚户区改造、住房分配等领域信息69条。（隆海龙）

【公益事业领域信息公开】2022年，无棣县加强公益事业领域信息公开，及时回应社会关切，按季度公开政府工作报告、“十大民生实事”落实进展情况。将教育、医疗、养老、就业、社会保险、社会救助、社会福利等重点民生领域信息全部以专栏形式定时公开，全年公开公益事业领域各类信息519条。（隆海龙）

【政务公开平台建设】2022年，无棣县持续优化政府信息公开专栏建设，政务公开平台专栏专题增至54个，分批次推进重点专题提升行动，方便群众更快速、更便捷查阅政府信息。拓宽政务公开微平台渠道，研发政务新媒体云管理平台，对全县62个政务新媒体进行全方位监管。做好政务公开专区维护工作，定时更新《政府公报》《惠企政策检索汇编》《民生政策事项汇编手册》等各类群众关注度较高的服务指南、办事手册、目录清单、政策文件。创建村级议事协商创新实验试点，打造村务公开“阳光工程”，推进基层政务公开标准化规范化向农村、社区延伸。（隆海龙）

政务服务热线

【概况】2022年，无棣县畅通“12345”政务服务便民热线，受理市转办各类诉求34998件。其中，镇（街道）受理12715件，占受理总量的36.33%；园区受理1303件，占受理总量的3.72%；县直部门、企事业单位受理20980件，占受理总量的59.95%。按时办结率100%，满意率98%以上。（张海龙）

【政务服务热线研判】2022年，无棣县群众诉求渠道以市长热线来电、省级转办件为主，诉求热点集中在卫生防疫、拖欠工资、消费维权、市容环境、物业管理等方面，全年受理13248件，占诉求总量的37.86%。其中，卫生防疫问题受理3884件，占11.1%；拖欠工资问题受理3626件，占10.36%，涉及企业拖欠职工工资问题、建设项目部及项目经理拖欠农民工工资问题；消费维权问题受理1966件，占5.62%，涉及虚假宣传、商品质量差、预付定金退还、购物平台维权等问题；市容环境问题受理1900件，占5.43%，涉及占道经营、违规搭建、扬尘等问题；物业管理问题受理1872件，占

2022年5月7日，无棣县12345热线阳光心态与情绪压力管理培训会议在县行政服务中心举办　　（县为民服务中心　供图）

5.35%，涉及物业更换、小区改造、设施维护、门禁管理等问题。对“12345”政务服务便民热线系统进行升级，加强智能数据分析，定期对热线数据及办理情况进行分析汇总，编发周报、月报，督导承办单位提高工作质效。对热点、难点、重点问题分析研判，及时形成专题报告、预警简报。年内，编发周报29期，月报12期，形成拖欠农民工工资、房地产领域、夜间施工噪声等系列专报7期，下发热线预警10期、督办通知12期，形成领导重点签批件9件，印发各类通知文件260余件。　　（张海龙）

【政务服务热线办理】 2022年，无棣县依托“12345”政务服务便民热线系统，实行“日调度”“周总结”“月通报”“年考核”工作机制，“12345”热线与基本公共服务群众满意度工作深度融合，形成民意诉求“受理、收集、派单、办理、答复、反馈、回访、督办、办结、评价”闭环服务体系，提升政务服务效能。通过电话催办、协调督办、现场办公、媒体曝光等措施，提高工单办理效率和质量。细化完善《无棣县“12345”政务服务便民热线工作考核办法》《无棣县“12345”政务服务便民热线工作人员绩效考核办法》，通过周提醒、月通报、年考核倒逼部门责任落实。对涉及多部门群众诉求，开展“一线联合办公”，组织相关承办单位协商处理，赴现场一线调解，解决群众“急难盼愁”问题；对因职责交叉不明确、责任主体存争议的群众诉求，召开民生事项协调会进行认定。　　（张海龙）

【政务服务热线工作创新】 2022年，无棣县建立“12345”政务服务便民热线“接单首问、多次答复”制度。承办单位接到承办单第一时间了解诉求具体情况，及时解决答复；不能立即解决或多次重办的群众诉求，保障每次办理结果及时反馈到位。创新3小时、5小时、7小时内“派单、回访、上报”办理流程，督促承办单位第一时间与来电人联系、核实、调查、处理、反馈信息。疑难复杂问题适当延期，跟踪督办；紧急工单，不得延期办理。平均办理时长由原来的6.73天，缩短为3.68天，为全市时长最短。对各承办单位热线办理情况进行周总结、月通报。过程服务率、结果满意率落后镇（街道）、部门要向纪委监委作出说明。配合市长热线《直通“12345”》栏目对群众反映集中、影响面大、难以解决的12起诉求进行现场媒体督办。依托国家社情民意调查专线“12340”电话问访系统，定期开展民意问访，对征集问题通过“12345”政务服务便民热线系统转办处理，并做好反馈。　　（张海龙）

营商环境建设

【概况】 2022年，无棣县委、县政府定期召开营商环境工作会议，专题研究全县营商环境优化措施，及时对县深入优化营商环境和推进政府职能转变领导小组进行优化调整；召开全县基层政务服务能力提升现场观摩暨优化营商环境工作推进部署会议、基本公共服务和营商环境“双提升”工作推进会议；印发《无棣县优化营商环境创新提升行动实施方案》《无棣县“六个一”暖企服务攻坚行动实施方案》等政策文件，推进营商环境改革创新、政务服务效能提升。不动产登记服务、“金融管家”服务实体经济、“互联网”庭审、“四个精准”巩固城乡公益性岗位、紧密型医共体建设、医保改革、客货邮融合改革等经验做法、典型案例，获市级及以上推荐推广。（宋　博）

【营商环境工作体系构建】2022年，无棣县建立“县级综合统筹+专项指标突破+定期会商研判”优化营商环境工作落实联合推进机制，压实各相关部门单位责任；在成立23个营商环境评价指标领域专项工作组基础上，新增惠企政策落实专项工作组，将12个镇（街道）、4个园区纳入各工作专组，构建“县营商环境专班总牵头，指标牵头部门具体负责，各相关部门单位、镇（街道）、园区合力推进”优化营商环境、整体联动工作格局。（宋　博）

【简政放权】2022年，无棣县制定《无棣县人民政府关于全面实行行政许可事项清单管理的通知》，公布《无棣县行政许可事项清单（2022年版）》。通知主要包括构建行政许可事项清单体系、加强行政许可事项清单管理运用、保障行政许可事项清单落实3部分。通过“一张清单管全县”，持续推进政府职能转变，为企业、群众创建更加公平高效的审批环境。清单纳入行政许可事项286项，包括县级事项284项、镇级事项2项。立足无棣沿海、海洋渔业发展实际，将原由县行政审批服务局实施的17项海洋渔业相关许可事项划转至县海洋发展和渔业局实施。（宋　博）

【惠企政策落实】2022年，无棣县把全面落实惠企政策作为深化“放管服”改革、优化营商环境关键举措，惠企政策落实成效保持全市前列。制定《关于加快市场主体高质量发展的意见》，设立县级惠企奖补资金4000余万元，从产业集群、创新创造、转型升级、三产发展等7个方面明确20项扶持措施。制定《关于开通为企服务直通车推动经济高质量发展的实施意见》，建立“企业吹哨、部门报到”工作机制。线上通过“惠企通”平台、在线讲堂、“无棣营商”微信公众号、政策短信推送平台，多渠道推送惠企政策；线下通过定期编印《无棣县惠企政策手册》“进园入企”政策宣讲、开展资本对接等系列活动，兑现县级奖补资金3603万元。在全市各县（区、市）年度惠企政策落实评估中，无棣县居全市第3位。（宋　博）

【营商环境考核评估】2022年，无棣县深化“放管服”改革，加强营商环境工作成效考核。主要考核县直相关部门单位各指标领域优化营商环境重点工作任务落实、改革亮点、典型案例创建等内容。落实《无棣县营商环境创新提升行动实施方案》，督促各指标领域牵头部门逐条逐项梳理、落实各自指标领域优化营商环境重点工作任务及各项措施，推动实行“书记+镇长”双指挥体系，压实镇（街道）属地联企责任，推动市场主体联企遍访服务活动做实做细，提升市场主体满意度。实行月调度、月考核、月通报工作机制，压实各级各部门单位优化营商环境工作责任，以评促改、以评促优。建立营商环境指标牵头部门周联席会议制度。定期调度各指标工作进展情况，研究并协调解决营商环境工作开展中的堵点、难点问题。组建专项督导组现场走访调研，通过明察暗访、“四不两直”等形式，全面掌握企业情况，协调解决企业难题。（宋　博）

【“云代办”企业登记】2022年，无棣县开展“云上服务”，新开办企业零成本、全程线上办理，实现企业设立“秒批秒办”。县行政审批服务局将个体工商户登记、食品经营许可登记业务下放到全县12个镇（街道）便民服务中心，推广“云上服务”模式。年内，组织专场业务培训会议4

场次，跟班学习50人次，现场督导20余次，服务企业群众600余人次。将“云上服务”推广到其他许可事项，在药品经营许可等30余个审批事项中，服务企业200家。工程建设项目审批实现“云上”办理，为碧水源海水淡化、惠广科技、鲁北万润锂电等一批省市重点项目实行“模拟审批”“云评审”，项目从立项到开工投产平均缩短时限5个月以上。依托“云上服务”模式，县行政审批服务局与建设银行无棣分行合作，在县老城区中心地带打造全市规模最大的“智慧政务”自助服务区、创业者港湾专区，办事群众可就近自助办理市场主体登记、发票领取、社保缴费、完税证明打印等业务。“智慧政务”工程惠及全县8.7万人口、0.8万个市场主体。（刘　云）

【营商环境典型案例】 2022年，无棣县制定《无棣县“金融管家”试点工作方案》，推进“金融管家3^n”试点工作，依托试点协调小组体系、三级便民服务中心体系、社区网格管理员体系“3个体系”，搭建社区平台、园区平台、业户平台“3个平台”，擦亮“心心向融”党建联盟品牌、您需要 管家到服务品牌、高端化工 管家赋能园区品牌“3个品牌”，满足信贷保险需求、上市挂牌需求、法律财务需求“3项需求”，取得增加信贷保险投放、拓宽直接融资渠道、推动县域金融稳定“3项成效”，提高县域金融服务便利度、可得性。无棣县“金融管家3^n”试点工作入选滨州市2022年优化营商环境“十佳典型案例”。（宋　博）

人事人才工作

【人才政策扶持】 2022年，无棣县落实各项人才引进优惠政策，拓展人才招引渠道，鼓励、扶持各类人才到无棣县就业创业。推进“政策找人、无形认证、免申即享”人才招引机制实施，提高人才政策落实便捷性、准确性、有效性，实现人才政策全覆盖、全普及。全年发放大学生生活、租房补贴1471人次，发放人才补助936.25万元。（于树坤）

【人才引进】 2022年，无棣县将“选择无棣——名校人才直通车”直通省内外高校，举办线上线下人才引进活动9场。3月，在无棣就业人才网，组织大中城市联合招聘高校毕业生专场活动，提供岗位128个，达成就业意向132人。5月，在“滨州就好办”视频号、微赞直播平台，组织“逢九直播进百企就业招聘送万岗”活动，提供岗位412余个，达成就业意向825余人。5—6月，在青岛市、泰安市、滨州市、济南市、德州市、菏泽市等地相继举办校园招聘活动，分为青岛科技大学、山东科技大学、山东农业大学、滨州学院、山东现代学院等7个专场，提供岗位122个，达成就业意向111人。开展校园招聘活动、专题宣讲会，介绍无棣经济社会发展情况，推介无棣县人才政策、滨州市“硕博优选”计划，诚邀各类人

2022年5月10日，无棣县人社局在滨州学院组织应届学校毕业生人才招聘专场（县人社局　供图）

才到无棣就业创业。年内，引进大学本科及以上大学生1291人，引进海外留学人才9人。开展125场专家服务基层活动，服务专家715人次。（于树坤）

【人才培育评价】2022年，无棣县实施“10万名技能人才梯次培育工程”行动，加速技能人才队伍体系建设，初步构建起“以企业为主体、技工院校为基础、社会评价为依托”的多元评价格局。成立企业技能人才评价服务专班，开展“一对一”精准服务，组织技能人才评价培训交流11场次。引导企业通过外聘专家开展评价指导、题库命制工作。至年底，完成技能人才评价4640人次，其中高技能人才2507人次，完成任务的179.07%。全县新增高技能人才占技能人才总数的54.03%。（于树坤）

【人才管理服务】2022年，无棣县健全高层次专家人才服务专员制度，设立“高层次人才服务窗口”，拓展人才服务“绿色通道”，完善更新服务事项实施细则。设置绿色服务通道承办专员13名，高层次人才所在用人单位设立单位负责人、服务专员32名。部门承办专员涵盖社保、就业、职称、交通、文化、旅游、医疗、税务等12个部门，为全县高层次人才在社保缴费、配偶就业、子女入学、医疗保障等方面提供全方位保障服务，绿色通道服务事项承办机构包括全县2家公立医院、6个旅游风景区、3家体育馆及汽车客运总站。（于树坤）

【事业单位人事管理】2022年，无棣县事业单位工作人员参加年度考核8041人，优秀等级人员1416人，占比17.6%，其中嘉奖人员1308人、记功人员108人。结合事业单位改革试点工作，根据滨州市关于优化全市事业单位岗位设置管理的通知，对无棣县事业单位岗位设置进行调整备案。加强事业单位人才队伍建设，坚持德才素质、岗位要求相适应原则，根据工作需要、资格条件，为相关人员办理转岗手续。（于树坤）

【机关事业单位工资管理】2022年1月，无棣县为8000余名2021年度考核结果合格及以上等次的事业单位人员办理增加一个薪级工资变动手续，为事业单位岗位变动人员（含教育系统分级聘任人员）及新进人员办理工资手续。年内，推进落实事业单位绩效工资制度，完成2022年事业单位绩效工资总量核定工作。开展机关事业单位工勤人员技术等级考核评定，164人通过考核评定，兑现待遇。（于树坤）

【人事考试与招聘】2022年，无棣县落实全县事业单位公开招聘、“三支一扶”招募、公费师范生、公费医学生安置等工作。年内，发布无棣县事业单位公开招聘简章7个，发布招聘计划896个，经笔试、面试、考察、体检、公示等招聘程序，确定聘用人员553人。在2022年高校毕业生“三支一扶”计划招募工作中，发布岗位计划3个，招募3人。安置公费师范生、公费医学生、公费农科生24人。对接县乡事业单位公开招聘征集普通高等院校毕业生参军入伍，发布计划4个，签订聘用协议4人。（于树坤）

【离退休管理】2022年，无棣县落实离退休人员相关待遇，开展“一对一”精准服务。为182名机关事业单位职工办理退休手续。及时对接离退休人员原工作单位，解决实际生活困难，落实各种待遇、福利，做好政策疏导解释工作。推行干部荣誉退休制度，举办干部荣誉退休仪式，加强激励关怀。举办健康公益讲堂、义诊。开展“智能化助老”活动，举办智能手机应用等公益培训活动。（于树坤）

【专业技术管理】2022年，无棣县做好本年度各系列专业技术人员职称申报评审工作。全县各系列职称评审通过1335人（含基层定向及直评通过211人）。其中，高级职称285人、中级职称350人、初级职称700人；完成全日制院校毕业生专业技术职称资格确认及外地调入手续。其中，硕士研究生中级职称确认4人、初级职称确认21人、外地调入12人。（于树坤）

智慧无棣建设

【概况】 2022年，无棣县坚持数字政府先行，推进“智慧无棣建设”。梳理政务数据信息资源目录2479条，汇聚数据资源212.4万条，数据归集率100%。全县政务数据资源以整合、开放、共享为主线，实现网络互联互通、应用共建共享、数据共享共治，各部门数据跨层级、跨部门、跨业务共享应用能力全面提升。无棣智慧交通平台案例入选2022年度省级智慧城市优秀案例，无棣县智慧城市网络安全运营中心建设入选2022年度山东省新型智慧城市网络安全典型创新案例。（王　川）

【数字政府建设】 2022年，无棣县推进数字机关建设，完成全县党政机关、参公管理事业单位、企事业单位组织机构信息录入、全体工作人员“山东通”账号注册、个人信息调整维护工作，梳理完善90个部门单位、4745人信息。对接5项机关应用事项上架“山东通”，梳理数字机关应用事项4220项。推进大数据应用场景供给，梳理出依托数据共享实现义务教育网上招生等22个大数据创新应用场景。依托全市大数据管理服务平台，推进数据共享融合，梳理政务数据信息资源目录2479条，汇聚数据资源212.4万条，数据归集率100%。推动“无证明城市”建设，汇总全县告知承诺类免提交证明事项136项，部门核验类免提交证明事项9项，电子证照类免提交证明事项1407项。组建无棣县创建“无证明城市”工作专班，事项梳理组完成第一批用证事项清单、全县发证清单、电子证照发证清单、同步制发高频证照梳理，上报市专班审核。打造“爱山东”App无棣分厅品牌，发布《关于做好2022年度“爱山东”无棣分厅建设运营工作的通知》，完成县域应用接入。全年实现“爱山东”无棣分厅实名注册33.06万人，上架县属服务事项402项，上架应用事项672项。（王　川）

【智慧城市建设】 2022年，无棣县成立数字强县建设领导小组，统筹推进全县智慧城市建设。制定《无棣县县级政务信息化项目管理暂行办法》，完善全县信息化项目管理制度。建立全县智慧城市指挥运营中心，依托原有指挥大厅，接入既有系统数据，实现数据支撑、决策咨询、指挥调度等功能，建成各部门工作调度、决策指挥“中枢大脑”，推进年度重点项目建设。建设全域感知智慧赋能平台、政务外网安全感知平台、综合执法调度平台，形成集检测、可视、响应处置于一体的电子政务外网安全大脑，实现执法办案流程规范化、执法办案效率高效化、案件资料管理统一化。推进智慧社区建设，棣丰街道馨怡社区、棣州社区，海丰街道滨河社区智慧社区创建工作，通过县级初验、市级复验、省级抽检三级验收。（王　川）

【大数据赋能】 2022年，无棣县依托新海工业园、西小王镇智慧农业产业园等经济园区，推动

2022年8月23日，无棣县大数据中心在无棣圣豪购物中心举办“在知爱建在行动 使用爱山东 生活更轻松”主题线下推广活动　（县大数据中心　供图）

大数据赋能高质量发展。打造300亿元投资、500亿元产出高储能、关键电子材料产业基地；建成年产2万吨碳酸锂、7000吨磷酸铁锂联产8000吨磷酸铁项目,鲁北万润智慧能源科技(山东)有限公司24万吨/年磷酸铁锂联产24万吨/年磷酸铁项目。鲁北超能新材料产业(山东)有限公司1.2万吨/年六氟磷酸锂配套2万吨/年五氯化磷项目，年产5000吨电池级碳酸亚乙烯酯、5000吨电池级氟代碳酸乙烯酯、1万吨电池级碳酸甲乙酯项目签约。（王　川）

信访工作

【概况】 2022年，无棣县构建快捷高效信访通道，创新诉求表达方式，维护群众合法权益。执行县级领导干部每月、镇（街道）领导干部每周至少1天接访要求，重大活动、重点时期每天安排领导干部公开接访。通过县、镇（街道）社会矛盾纠纷调处化解中心及村级说事拉理室，发挥村居（社区）信访帮办员作用；吸收农村老党员、老干部、老教师、老前辈、老模范“五老乡贤”、村（社区）法律顾问成立评理员队伍。定期接待群众上访，实现“小事不出村，矛盾不上行”。年内，四级信访总量1394件，信访事项及时受理率、按期办理率100%，群众参评率96.63%、满意率98.6%，信访事项听证率106.54%，新增信访事项一次性化解率93.77%。（巩丽晖）

【信访法治建设】 2022年，无棣县推进网上信访、实行访诉分离、依法分类处理信访诉求等信访制度改革，在《信访工作条例》颁布实施之际，开展党内法规宣传教育月活动。推进受理法治化，做到分清性质、明确管辖，转办督办到位，保证信访事项处理流程顺畅，登记要素全、问题研判细、转交去向准。（巩丽晖）

【信访积案化解】 2022年，无棣县实行信访工作群众诉求合理解决问题到位、诉求无理思想教育到位、生活困难帮扶救助到位“三到位”工作机制，以领导包案攻难题、属事化解担主责、属地疏导保稳定为“三保障”，提升积案化解质效，信访积案全部清零。（巩丽晖）

【信访工作机制创新】 2022年，无棣县开展无“三无”镇（街道）、园区、部门创建工作。印发《关于在全县开展信访工作“三无”镇（街道）、园区、部门创建活动的实施方案》，借助“三无”创建活动，推进信访问题源头治理，排查矛盾纠纷化解，将矛盾问题化解在基层，实现信访总量降量退位，实现小事不出村（社区）、大事不出镇（街道）、难事不出县目标。年内，全县6个镇（街道）创成市级信访工作“三无”镇（街道）。（巩丽晖）

外事工作

【因公出国（境）管理】 2022年，因工作形势变化，无棣县无因公出国（境）团组申请办理。（张玲玲）

【助推外企发展】 2022年，无棣县注重优化营商环境，走进企业，实地调研，精准服务，助推外向型企业发展。对全县67家外向型企业进行实地走访、调研，动态关注各企业发展现状，把握当前贸易促进、外事服务工作重点，收集整理助推企业发展政策信息96条发送给企业。上门为企业办理APEC商务旅行卡2批5人次；为企业办理外国人来华邀请1人次（非快捷通道）。（张玲玲）

【宣传培训活动】 2022年，无棣县开展境外投资企业领事保护宣传、培训活动，集中培训企业相关人员36人次；上门培训外向型企业6家，指导其制定安全保障机制及应急预案，增强抵御风险能力。年内，全县境外投资公司均有当地安保公司托管服务。（张玲玲）

县直机关事务管理

【机关办公用房管理】 2022年，无棣县完善办公用房信息数据库，推动山东省行政事业单位房地产管理系统推广落地。县机关政务保障中心作为全省唯一一家县级先进典型单位，代表滨州市机关政务保障中心在全省行政事业单位房地产管理暨公共机构节能业务培训会上作典型发言，被省机关事务管理局确定为全省公共机构节能监管系统建设试点单位，被省人力资源和社会保障厅、省机关事务管理局评为山东省机关事务工作先进集体。召开无棣县行政事业单位房地产管理系统培训会议，完成镇（街道）级行政事业单位房地产管理系统推广应用。12个镇（街道）13个院落26幢楼宇891个房间，录入1479人，总建筑面积4.27万平方米，占地面积30.49万平方米，总使用面积28168.82平方米。9月底，各镇（街道）房地产管理系统正常运行。对县城老区物价局、国土局、畜牧局、干休所、广播电视局家属院部分房产委托专业施工队进行修缮，根据有关单位办公用房需求，为县退役军人事务局、海丰街道海丰社区、县司法局等单位调配办公用房面积1902.17平方米。年内，签订租赁合同116份，对租赁商户减免3个月租金。（孙树旺）

【机关公务用车管理】 2022年，无棣县推广新能源公务用车，加强公务用车管理平台建设，贯彻落实《山东省党政机关公务用车管理办法》，强化集中统一、分类分级管理，推动统一编制、统一标准及“三定”管理要求落实落细，构建规范、高效、节约、透明新型公务用车制度体系。改革传统公务用车类型，选用新能源公务用车。推进新能源汽车充换电基础设施建设，按照“社会化投资运营，政府零投资”模式，节约政府行政资金，实现充电桩建设应用、运营、管理、维护专业化。年内，建成无棣县政务中心、审批服务中心、交通运输局新能源汽车充电桩3处，在用充电车位56个，推进各镇（街道）充电桩基础设施建设。落实无棣县年度公务用车配备更新编制计划，新能源汽车采购占比100%，做到“应采尽采，应配尽配”。全县企事业单位应用新能源汽车63辆。优先使用社会新能源汽车，采取“分时租赁”“一事一租”等方式租赁使用新能源汽车，保障公务出行。全县启用公务用车管理平台新系统，公车平台105辆公务用车全部安装北斗定位系统，纳入公车平台监管，车辆运行轨迹全程监控。对接省、市公务用车管理平台，全县公务用车纳入全省公务用车“一张网”建设。（孙树旺）

【机关后勤保障】 2022年，无棣县保障全县机关各类会议1100余场次，服务9000余人次；车辆调度4500余台次，安全行驶45万余千米；保障300余名干部职工工作用餐，全年提供用餐25281份。结合县政务中心实际，破解停车难问题，增设车位78个。（孙树旺）

2022年5月9日，无棣县机关政务保障中心召开全县“行政事业单位房地产管理系统”培训会议（县机关政务保障中心 供图）

中国人民政治协商会议无棣县委员会

综　述

【政协委员概况】 2022 年，无棣县政协认真履行政治协商、民主监督、参政议政作用。政协第十届无棣县委员会有 18 个界别、205 名委员。其中，中共界 14 人、无党派人士界 9 人、共青团界 6 人、工会界 11 人、妇联界 9 人、工商联界 19 人、文学艺术界 12 人、科技界 9 人、社会科学界 6 人、经济界 27 人、农业界 22 人、教育体育界 12 人、医药卫生界 13 人、对外友好界 4 人、社保界 9 人、少数民族界 7 人、宗教界 4 人、特邀界 12 人。各界有中共党员 80 名，占委员总数的 39.02%；非中共党员 125 名，占委员总数的 60.98%；妇女委员 54 人，占委员总数的 26.34%（较上届提高 4 个百分点）；少数民族委员 10 人，占委员总数的 4.88%；大专及以上学历 169 人（研究生 16 人，大学 114 人，大专 39 人），占委员总数的 82.44%（较上届提高 5.3 个百分点）；委员平均年龄 44.42 岁。（曾　华）

【政协机构组成】 2022 年，无棣县政协设提案委员会、经济委员会、法制委员会、教科卫体委员会、民族和宗教委员会、外事委员会、人口资源环境委员会、农业和农村委员会、文化文史和学习委员会 9 个专门委员会及办公室、研究室、委员活动工作室、机关保障中心 4 个内设机构。（曾　华）

重要会议

【县政协十届一次会议】 2022 年 1 月 24—28 日召开。审议通过九届县政协常委会工作报告和提案工作情况报告、九届县政协常委会工作报告；听取县政府工作报告及其他有关报告；选举张恩传为主席，张荣德、刘全顺、贾维平、李智武、田翠萍、李翼为副主席，杨风彩为秘书长。（曾　华）

2022 年 1 月 24 日，无棣县政协十届一次会议在县文化中心召开

（县政协办公室　供图）

【政协常委会会议】 2022年，无棣县政协共召开政协常委会会议3次。

县政协十届一次常委会会议。2022年2月18日召开。传达学习省、市、县重要会议精神，通报县政协主席会议组成人员工作分工；审议通过县政协2022年工作要点（草案）、2022年协商计划（草案）、“担当有为推动大发展、汇智聚力建设新高地”主题实践活动实施意见（草案）等事项。

县政协十届二次常委会会议。7月29日召开。传达学习《中国共产党政治协商工作条例》等文件精神；围绕“全县上半年经济社会运行情况”协商议政；审议通过人事事项、《政协第十届无棣县委员会常务委员会关于加强自身建设的意见》等文件。

县政协十届三次常委会会议。12月21日召开。印发《〈政府工作报告（征求意见稿）〉起草情况说明》；审议人事事项、召开县政协第十届委员会第二次会议有关文件、《无棣县政协协商工作规程》；听取政协第十届无棣县委员会第二次会议筹备工作情况汇报。（曾　华）

【政协主席会议】 2022年，无棣县政协主席会议，重点学习传达上级会议精神，县政协有关会议筹备工作，全县政治协商工作等事项。（曾　华）

2022年无棣县政协十届主席会议情况一览表

表6

时间	会议名称	会议内容
2月11日	十届一次主席会议	传达学习省市县委近期重要会议精神，审议县政协2022年工作要点、县政协2022年协商计划、县政协党组成员和主席会议组成人员工作分工、县政协2022年主题实践活动名称及重点活动内容、人事事项
4月24日	十届二次主席会议	传达学习市政协十二届一次常委会议精神，研究《爱咱家乡》编辑事宜
7月22日	十届三次主席会议	审议通过加强常委会自身建设的意见、全体会议规则、常委会议规则、主席会议规则、“有事多商量”平台建设实施意见、委员履职考核办法及委员履职档案表、全员入委文件、机关工作制度、一号提案、重点提案、提案承办重点单位、调整部分主席会议成员分工、机关副科级以上干部分工文件、专委会负责人任免职名单

协商议政

【提案协商】 2022年，无棣县政协创新“提案+专题协商”办理模式，把提案办理协商同基层协商民主、委员建言献策结合起来，强化承办单位与提案人沟通联系，形成政协组织、提案人、承办单位与县委、县政府督查部门多方联动机制，增强提案工作整体合力。8月17日，县政协围绕“海上无棣”建设开展专题调研协商活动。8月18日，无棣县政协、庆云县政协联合组织跨区域协商活动，现场听取大庄桥建设情况汇报，围绕共同做好桥梁管护工作召开滨德两地政协跨区域协商座谈会。9月1日，县政协组织召开加强金融供给界别协商推进会。9月8日，县政协围绕农村养老服务开展专题协商活动。9月15日，县政协组织开展助推“和善无棣”建设界别协商活动。12月9日，县政协召开“中小微企业成长培育”协商座谈会。（曾　华）

【决策咨询】 2022年，无棣县政协发挥人才荟萃、智力密集优势，推动政协履职工作提质增效、创新发展，为县委、县政府科学民主决策献计出力。9月22日，县政协开展医疗卫生能力提升重点提案办理协商推进活动。政协委员就医疗卫生方面存在的短板，提出加大投入、实现基层卫生机构硬件提档升级，加强宣传引导、改变居民对基层卫生机构服务能力认知，强化全科医生规范培训、为基层培养“下得去、留得住、用得好”基层卫生人

2022 年 7 月 5 日，无棣县政协视察县人民医院卫生提升工作

（县政协办公室 供图）

员队伍等意见建议。12 月 8 日，县政协开展农村电子商务发展建议提案办理协商活动。针对农村电子商务发展中存在困难、问题，提出科学制定发展规划、营造公平发展环境、加大教育培训力度、打造本土特色品牌等意见建议。（曾　华）

民主监督

【推荐特邀监督员】 2022 年，无棣县政协推荐 39 名县政协委员担任部门特邀监督员，参与司法行政、环境保护、政务服务、未成年人保护等监督活动 107 人次。（曾　华）

【协商式监督】 2022 年，无棣县政协发挥协商式监督特色与优势，探索履行民主监督职能新途径、新方法，协商民主理念贯穿民主监督工作全过程，让民主监督过程成为凝聚共识过程、推动落实过程。开展协商式监督，对部分重点项目、重点工作进展情况开展监督性调研视察，促进全年目标任务全部完成、助推经济社会发展。围绕城乡教育均衡发展、农村人居环境整治等民生关切，组织委员开展集中视察、专题调研，梳理意见建议，为县委、县政府相关部门开展工作提供决策参考。（曾　华）

视察调研

【概况】 2022 年，无棣县政协开展专题视察、调研考察活动 10 次。对全县重点项目建设、教育高质量发展、村级议事协商试点、海洋产业发展、农村养老服务工作、“和善无棣”建设、古城招商引资及管理运营、黄河三角洲盐碱地综合开发利用工作等开展视察调研，提出意见建议，参政议政，相关措施纳入县委、县政府决策，助力全县经济社会发展。（曾　华）

【专题视察】 重点项目建设暨企业复工复产视察活动。2022 年 4 月 21 日，无棣县政协视察组视察山东省十里香芝麻制品股份有限公司、山东华盛创新纺织科技有限公司、山东前胡天颐康集团、山东鲁渝博创铝业有限公司、山东鲁北海生生物有限公司年产 150 万吨氢氧化铝、鲁北万润智慧能源科技（山东）有限公司、山东惠广科技发展有限公司年产 5 万吨纤维素醚等企业与项目。召开座谈会议，通报全县项目建设、企业复工复产情况。与会人员围绕推进重点项目建设及企业复工复产提出意见建议。

全县教育高质量发展视察活动。5 月 24 日，无棣县政协视察组视察县一中综合楼、县学前教育中心、县职业中专五年制高职学校建设等项目。召开座谈会议，通报全县教育工作情况。与会人员围绕促进全县教育高质量发展建言献策。

村级议事协商试点工作视察活动。11 月 25 日，无棣县政协视察组视察西小王镇小王庄村“庄乡议事长廊”、办公场所，观看专题片，实地了解村级议事协

商工作模式及流程。召开座谈会议，与会人员听取西小王镇村级议事协商试点工作推进情况、创新做法、工作成效及下步工作思路情况汇报，与会人员交流发言。（曾　华）

【调研考察】“海上无棣”专题调研活动。2022年8月17日，无棣县政协调研组到山东鲁北碧水源海水淡化有限公司、山东海城生态科技集团半滑舌鳎工厂化养殖项目、滨州正海蓝色实业集团“渤海贝仓”贝类苗种繁育基地实地考察调研，查看企业生产经营情况。召开座谈会议，听取有关企业、全县海洋产业发展情况汇报。与会人员围绕发展海洋事业，促进海洋事业高质量发展提出意见建议。

农村养老服务专题协商活动。9月8日，无棣县政协调研组现场调研马山子镇北鄯社区。召开“金秋话所依”县政协农村养老服务专题协商座谈会，听取马山子镇农村养老服务工作开展情况汇报；与会人员围绕农村养老服务工作提出工作思路及建议。

助推“和善无棣”建设专题调研活动。9月15日，无棣县政协调研组现场调研县总工会工人文化宫、县妇联“爱在路上”工作室、县新时代文明实践中心建设工作。召开协商座谈会议，听取县委宣传部、县文化和旅游局、县民政局、县行政审批服务局、县残联、县教育和体育局等部门“和善无棣”建设情况。县政协委员围绕“和善无棣”建设提出意见建议。

古城招商引资及运营管理专题调研活动。10月9日，无棣县政协调研组现场调研吴式芬故居、十字街十大工坊、县衙广场、塔影街牌坊，了解古城招引、运营管理情况。召开座谈会议，听取古城招引及管理运营情况介绍。与会人员围绕古城发展提出意见建议。（曾　华）

【重点调研及建议】促进东风港港产融合发展专题调研。2022年5月31日，无棣县政协组织市、县政协委员调研东风港经济园区港产融合发展，查看秦口河岸线开发及临港产业开发、无棣丰源盐化有限公司30万平方米智能化水产育种、魏桥创业集团创业港、君海管业（山东）有限公司等项目，听取项目有关情况介绍。完成《关于促进东风港港产融合发展的调研报告》，提出坚持规划先行、优化园区空间布局，拉开港产框架、推进园区扩规提档，突出园区功能定位、培育壮大主导产业，发挥区位交通优势、招大引强延伸链条，创造良好政策环境、吸引优质人才集聚等意见建议。

黄河三角洲盐碱地综合开发利用专题调研。6月23日，山东省政协调研组到无棣县就黄河三角洲盐碱地综合开发利用开展专题调研。调研组先后到小泊头镇盐碱地粮食生产、山东绿风农业集团有限公司草棉轮作、山东省十里香芝麻制品股份有限公司高效生态农业种植等项目现场实地察看，听取有关情况介绍，了解“双深双晚”“选种降容（重）”“全

2022年6月23日，山东省政协副主席王艺华（左三）到无棣县视察黄河三角洲盐碱地综合开发利用情况。图为视察山东省十里香芝麻制品股份有限公司
（县政协办公室　供图）

幅播种”“草棉轮作”“分层施肥”等经验做法。提出实施机械化播种、探索适宜盐碱地改良措施、加强人才培养与科技创新等意见建议20余条。在全省协商座谈会上，无棣县作典型发言。年内，无棣县盐碱地综合利用案例被纳入省政协协商报告。

全县海洋渔业全产业链发展情况调研。10月12日，无棣县政协组织县海洋发展和渔业局、县发展和改革局、县交通运输局、东风港经济园区等部门单位及相关海洋渔业企业，通过现场调研、座谈交流等方式，对全县海洋渔业全产业链发展情况进行调研。形成《关于支持无棣县打造海洋渔业全产业链，推动海洋经济高质量发展的报告》，提出支持无棣县创建国家级海洋牧场、发展壮大牡蛎产业、打造港产城融合先行区等意见建议。（曾　华）

提案与社情民意

【概况】2022年，无棣县政协委员提出提案175件，涉及经济建设、政治建设、文化建设、社会建设、生态文明建设等方面。征集社情民意信息320件，被市级以上政协采用85件，其中省政协确定为重点信息12件。县政协开展督办重点提案、重点承办单位“双重点”督办活动14次，开展提案办理调研视察、协商座谈21次。推动提案落地见效，提案办复率100%。（曾　华）

【提案工作】2022年，无棣县政协十届一次会议期间，提出提案175件。其中，大会提案173件，平时提案2件。经审查，立案交办146件，转呈其他部门参考3件，并案26件。交办提案中，委员提案（含联名提案）138件，集体提案8件。其中，有关经济建设方面40件、政治建设方面2件、文化建设方面20件、社会建设方面79件、生态文明建设方面5件。涉及70家承办单位所有提案均办复，有138件提案建议得到采纳落实。（曾　华）

2022年无棣县政协十届一次会议重要提案一览表

表7

序号	案由	提案人
1	关于推动无棣县工业园区发展的建议	王照祥　陈占军　杨振波　邱建飞　张方佳　张金标　孟维国　崔耀祥
2	关于推进秦口河岸线利用及临港产业的建议	仝文刚
3	关于培育农业品牌、提高我县农业竞争力和农民收入的建议	刘富棣
4	关于加快工厂化、规模化、标准化生态海水养殖的建议	张洪申
5	关于促进我县农村电子商务发展的建议	李　剑　于树伟
6	关于加快我县现代服务业发展的建议	王秀丽　马兆宏
7	关于加快农村生活污水治理工程建设进度、完善运维机制的建议	马振礼　刘德娜
8	关于完善农村财务管理监管模式的建议	从恩方
9	关于加强对罪错未成年人心理疏导和认知矫正的建议	李　翼
10	关于提升我县教育教学质量的建议	朱洪东

续表 7

序号	案由	提案人
11	关于做好县城新区中小学总体规划、学校布局的建议	武文昌　孙廷花　郭廷武　刘　茜
12	关于加强小区绿化设施日常管护的建议	张春杰
13	关于提升现代化城市建设水平的建议	周金岗
14	关于缓解学校周边交通拥挤、堵塞的建议	武文昌　郭廷武　苏宝庆　徐　靖　汤梦来
15	关于尽快分配古城商业安置房的建议	武文昌
16	关于推进水资源节约、集约利用的建议	从恩方
17	关于 2022 年医疗卫生能力提升的建议	李树秋

【社情民意】 2022 年，无棣县政协围绕全县中心工作、人民群众普遍关心热点、难点问题开展调查研究，报送信息稿件，信息数量增幅较大，信息质量明显提升，搭建委员活动、反映基层情况、解决实际问题平台，为党委、政府科学决策、民主决策提供参考。年内，县政协征集社情民意信息 320 件，上报滨州市政协 257 件，被市级以上政协采用 85 件，其中《关于将新型轴流泵纳入农机购置补贴范围的建议》等 12 件信息被省政协确定为重点信息。（曾　华）

【推动全县工业园区发展提案】 2022 年，无棣县园区发展不均衡、产业集聚程度不高、高新技术产业规模不大、主导产业不突出、基础配套设施不全、服务承载能力不强、资源要素紧缺、存在存量僵尸企业等方面困难、问题。王照祥、陈占军等委员建议全县各园区引进国内外顶尖技术人才、团队到园区创新创业，对财政年度贡献巨大企业给予奖励，给予项目用地保障，补强高端产业链条。对此，无棣县制定《无棣县国土空间总体规划》，保障工业园区用地需求。实施企业家“梯次培育”计划，培养优秀企业家队伍。对鲁北化工产业园、新海化工产业园范围进行优化调整，提升化工产业园区基础设施建设、智慧化水平，推进优质项目应落尽落。县经济开发区重点推进产城融合、科技创新，推进生态家纺产业园、装备制造产业园建设；鲁北高新区完善化工园区基础设施配套、推动化工产业提质增效；新海工业园抓好闲置土地盘活，以涂料、医药、催化剂 3 大产业做基础，打造绿色高端精细化工园区；东风港经济园区围绕现代港口物流、高端海洋装备制造、现代高效农业、高端海水养殖、旅游健康养生、精细盐化工、风光新能源、溴素深加工等相关行业招商引资。鲁北高新区提前谋划园区各项规划，租赁或建设高端人才住房、职工安置房，建设实训基地。开展“产学研”培育活动、高新技术企业申报工作；推进铁路网、公路网、港口等多式联运现代化智慧交通统筹规划，实施相关国省道建设。（曾　华）

【提升全县教育教学质量提案】 2022 年，无棣县教师编制少，城乡基础教育资源配置不均衡、办学条件差异大；学校领导班子相对臃肿，管理理念相对落后；优秀生源流失严重；高中学校对优质生培养力度不够。朱洪东委员建议优化全县基础教育资源配置，加强薄弱学校改造，促进全县基础教育教学质量均衡发展。发挥教育集团办学优势，促进校校合作与交流；发挥县学科带头人、骨干教师资源优势，为薄弱学校培养骨干教师。对此，无棣县制定人才引进政策，推进人才引进、培养、使用、激励、服务工作。对到无棣县非公办学校就业、符合条件教师给予生活补贴、购房补助等。运用校园招聘、事业单位公开招聘、“硕博优选计划”、滨籍选调等途径，开展教育类人才专项招聘，扩大教育人才引进规模。加强对教育系统内部骨干教师培养，支持鼓励教师申报国家级、省级、市级重点人才工程建设项目。全县使用临时周转账户编制、农村中小学机动编制等扩充编制，招聘教师。改革完善考核评价机制，突出教育教学质量权重，发放教师绩效工资，优绩优酬，扩大教师表扬、晋级名额。推进教育集团化办学，帮扶薄弱学校、农村学校提高办学水平，深化“高效课堂”研究与实践，推进教学模式创建及教学模式推广应用；开展学科教学研讨、教师研训系列活动。（郭廷武）

【促进全县农村电子商务发展提案】 2022年，无棣县农村电子商务专业人才匮乏；有些从业人员急功近利，不求提高自己专业技能，不注重挖掘本地优势产业、产品地域优势。李剑、于树伟代表建议由政府、企业等多方合作，引进与嫁接国内知名龙头电商进驻无棣。组织电商从业人员到先进地区观摩，掌握致富本领，带动农村经济发展。对此，无棣县整合盐产品、农产品、工艺品资源，创建地理标志产品，形成区域公共品牌效应；培育发展水湾镇苇帘加工与生态冬枣、棣丰街道农家刺绣、佘家镇中草药、小泊头镇网具等特色专业平台，推进农产品电子商务平台与农业产业化基地、大型超市、大型餐饮企业对接；推进棣州智汇物流园、信阳电商产业园建设，打造电子商务产业园，促进电子商务企业集聚发展；开展产教融合培训或设立企业化实训基地，以“专业＋实训”方式，开展订单式人才培养。（郭廷武）

【加快全县现代服务业发展提案】 2022年，无棣县服务业以中小企业为主，高品质、精细化服务供给不足，信息技术、现代金融等现代服务业比重低，新业态发展不足；专业人才缺乏，集群效应不强。王秀丽、马兆宏委员建议制定政策措施，在资金奖励、资源配置等方面对服务业企业给予扶持。与职业学校、高等院校建立人才交流合作机制。加强全县重点企业、产业培育，打造特色园区、街区。对此，无棣县深化对传统行业改革改组改造，推进连锁经营、物流配送、电子商务等组织形式、服务形式发展；引导其与直播电商融合发展；发展信息技术、研发设计、文化创意等生产性服务业，促进制造业与服务业深度融合，形成服务业集群；鼓励引进域外科研机构、高等院校科技力量进入全县服务领域；加大企业岗位培训力度。编制《无棣县国土空间总体规划》《无棣县高铁片区概念性规划》《鲁北高新区化工园区控制性详细规划》及高铁片区控制性详细规划，服务全县现代服务业高质量发展。（郭廷武）

【推进秦口河岸线利用及临港产业园开发项目提案】 2022年，无棣县秦口河临港产业园项目可实现公路、铁路、水运三式运输联运。航道入海口拦门沙制约港区通航能力，项目建设推进缓慢。全文刚委员建议成立建设指挥部，制定优惠政策，统筹临港产业园整体规划，争取资金、保障供地、引进项目；将秦口河临港产业园打造成百亿级产业园。对此，无棣县贯彻执行省市要素跟着项目走总体要求，秦口河临港产业园项目作为新旧动能转换要求“路改水”“路改铁”优势项目，申报省市重点项目，纳入全省、全市新增建设用地指标统筹范围内。做好项目对接立项、争取资金支持等工作。完成秦口河综合治理工程河道清淤项目。S233省道东大线东风港至无棣谭庄子段改建工程加速建设。秦口河、马颊河航道及港区规划纳入《山东省综合立体交通规则纲要》，秦口河专项规划纳入《滨州市内河航道及港区规划》，无棣县配合推进入海口拦门沙治理。（郭廷武）

委员工作

【委员履职平台建设】2022年，无棣县政协按照有场地、有标识、有制度、有活动、有档案、有评价“六有”标准，突出无棣特色，在全市率先建成“芝麻花开·界别同心汇”“和善无忧·界别同心汇”2处委员履职平台试点。通过聚识平台举办座谈会、联谊会、读书学习会等活动15场次，学习宣传党的二十大精神，统一思想、凝聚共识。开展委员“全员入委”工作，将205名委员全部编入9个专委会，发挥专委会职能优势、委员主体作用。制定《县政协委员履职考核办法》，优化委员履职考核内容、方式、量化指标，建立委员履职档案。（曾　华）

【委员读书活动】2022年，无棣县政协开展委员培训、读书、现场笔会、诗文朗诵系列活动，提升委员政治素养。以金融服务工作为主题举办“学而讲谈”活动，围绕增信贷、资本市场、金融风险防范化解、金融辅导、营商环境评价等工作进行讲解。举办委员培训班，邀请省市政协有关专业人员作辅导讲座。县政协召开“喜迎二十大·委员展风采”读书活动启动会议，并于9月22日举办“喜迎二十大·委员展风采”现场笔会。举办“喜迎二十大·委员展风采”“信仰之光”经典诗文朗诵会。（曾　华）

专委会工作

【提案委员会工作】2022年，无棣县政协提案委员会开展提案业务专题培训。凸显重点工作，提前出版《提案汇编》；编写出版《十届一次会议提案汇编》，推动机关干部查阅本次会议提案，开展提案督办工作。建立提案标准编号、提案标准格式、答复标准格式等“三个标准”，提高提案工作规范性。在常规重点提案督办基础上，加强重点承办单位督办，带动提案办理质效提升。（曾　华）

【经济委员会工作】2022年，无棣县政协经济委员会关注全县发展重点，以及经济社会发展中的

2022年8月26日，十届无棣县政协委员培训班在县文化中心举行　（县政协办公室　供图）

一些重要问题，向县委提出建议。助推全县重点项目建设及企业复工复产工作，组织部分政协委员开展视察工作，提出诸多有价值建议，形成视察报告。协商关注热点，组织经济界部分委员、相关部门负责人召开中小微企业成长培育协商座谈会，县政协委员结合各自行业领域、岗位经验，与相关部门负责人面对面协商议政，共同助力全县中小微企业可持续健康发展。落实协商计划，就推进水资源节约集约利用开展提案督办工作，促进水资源节约利用工作开展。（刘　茜）

【人口资源环境委员会工作】 2022年，无棣县政协人口资源环境委员会走进基层开展加大黄河流域生态保护力度，促进区域经济高质量发展专题调查研究，为全县经济社会科学发展建言献策。7月，对驻小泊头镇、埕口镇、棣丰街道、信阳镇等镇（街道）县政协委员进行走访，听取委员情况介绍、意见建议，形成情况报告。（刘德娜）

【教科卫体委员会工作】 2022年，无棣县政协教科卫体委员会按照县政协2022年度重点协商工作计划，通过走访联系委员、专题协商议政、重点提案督办等形式，联系教育科技卫生、社科界委员，为教育卫生事业发展开展视察调研、界别协商、重点提案督办等工作。为持续推进全县职业教育健康发展，提高职业教育水平进行协商，听取意见建议。围绕“和善无棣”品牌打造，县政协教科卫体委员会多次征求相关部门、界别委员意见，组织调研、视察座谈，共同打造“和善”文化品牌。（孙廷花）

【法制委员会工作】 2022年，无棣县政协法制委员会研究学习《中华人民共和国宪法》《中华人民共和国监察法》《中华人民共和国刑法》等法律法规，加强法制宣传教育，自觉做到严格尊法、守法、依法履职。加强党员干部队伍素质建设，强化党员干部教育培训管理，落实第三支部“三会一课”和主题党日，学习强国和灯塔在线的学习，提升专委会委员思想觉悟。（曾　华）

【外事委员会工作】 2022年，无棣县政协外事委员会发挥政协专门协商机构作用，推动协商工作实现建言资政、凝聚共识双向发力。在协商委员确定方面，选取对协商主题有专长的委员，提前告知协商主题，做好建言资政准备工作。对有关部门单位，提前一周告知，准备协商主题，通过文字、图片、PPT等形式展示部门单位工作情况。在协商成果使用、宣传方面，翔实记录委员发言情况，提炼有价值信息转化为社情民意信息、提案。（郭廷武）

【文化文史和学习委员会工作】 2022年，无棣县政协文化文史和学习委员会突出文史工作经常性特点、基础性定位，建立学习制度，强化文史资料征集工作。围绕全县就业、乡村振兴、社会保障等重点工作，开展协商议政活动。围绕医疗服务保障和就业社会保障进行调研，形成调研报告。参加无棣文史馆筹建、资料征集及整理工作。对县内丰富文化历史资源深挖活用，讲述有影响事件、人物，团结各界、凝聚共识，开门办文史、开放干文史，吸纳政协委员及县内文史专家参与政协议政建言、图书编辑等工作。编辑出版《爱咱家乡》《吴氏诗存》2部文史专辑，被列为全县“在知爱建”主题实践活动重点工作内容。《爱咱家乡》全书分为史海钩沉、红色印记、追忆乡愁、诗风雅韵、自然风光、时代足迹6大部分，从历史人文、地理遗迹、红色文化、风俗人情、时代变迁等角度全方位宣传推介无棣，为外界了解无棣提供媒介。发挥文史工作“存史、育人、资政、团结”作用。系统整理吴氏家族家训、诗词等汇编形成《吴氏诗存》，收录吴氏家族诗词专著14部及古典诗词曲若干卷。年内，县政协赴德州市乐陵市、庆云县考察学习文史馆建设先进经验。完成市政协《滨州底色》资料整理工作，其中采用无棣县提报的“国务院对滨州公立医院综合改革给予通报表扬”“吴式芬故居清朝三百年的历史缩影”等10余篇稿件。（曾　华）

中国共产党无棣县纪律检查委员会 无棣县监察委员会

综　述

【派驻机构建设】 2022年，无棣县纪检监察派驻机构6个，为派驻纪检监察1—6组。县纪委监委持续深化派驻机构改革，对清风护航驻点监督工作安排部署，各派驻纪检监察组落实上级重大决策部署，紧盯基层党组织建设、全面从严治党、“一把手”及领导班子监督等36个方面109种问题表现形式，运用监督执纪“四种形态”，发现处理苗头性、倾向性问题，推动履行全面从严治党主体责任。年内，实现派驻单位驻点监督全覆盖，发现问题331个，发出纪检监察建议书11份，督促党委（党组）运用监督执纪第一种形态处理相关责任人员71人。　（邢承颍）

【廉洁文化建设】 2022年，无棣县创新实施文化育廉、教育倡廉、阵地宣廉“三廉工程”，打造“古邑廉韵·清风无棣”廉洁文化品牌，涵养廉洁文化，夯实思想根基，持续弘扬崇廉拒腐社会风尚。编印廉洁教材《清官廉吏嘉言懿行》，全县1100余名科级以上干部人手一册。该书讲述历史名人忠诚为国、清正廉洁、担当尽责50个廉洁故事及30条格言警句。教育引导党员干部从清官廉吏嘉言懿行中汲取传统廉洁文化精华，涵养克己奉公、清廉自守廉洁力量，以史为鉴，永葆初心。开展“送廉上门”活动，向全县科级以上领导干部发放1100余张廉洁自律提示卡、廉洁警示桌牌；举办廉洁文化书画展，宣传从严治党成果，传递廉荣贪耻、向上向善廉洁理念。创新开设“党委（党组）书记谈廉洁”“纪检监察干部谈发展”等系列专栏，摄制《一念之间》《矢志不渝跟党走 正风肃纪勇担当》《既督又战“疫”路护航》等视频作品，从正面传播全面从严治党“好声音”，从反面敲响警钟；开展“清风相伴，家庭助廉”家风主题系列活动，联合举办“喜

2022年7月27日，无棣县纪委监委在市级廉政教育基地吴式芬故居开展监督试点单位廉政教育培训活动　　（县纪委监委办公室 供图）

迎二十大 家和万事兴”齐鲁好家风主题展，将廉洁文化阵地从“工作圈”延伸至“生活圈”。依托吴式芬故居市级廉政教育基地，推进海丰吴氏家风文化宣传。拍摄微视频《海丰吴氏：忠贞世胄 恭定家风》，参加全市廉政教育活动，全市展播。 （邢承颍）

【纪检监察队伍建设】 2022年，无棣县抓实纪检监察重点培训，提升自身业务能力；强化严管严治，锻造优良纪检监察干部队伍。年内，举办全县纪检监察干部综合业务培训班2期，开展党风、案管、信访、审理4类业务小班化专题培训、“走读式”谈话安全隐患排查，举办案件审理报告实训演练、信访举报业务技能大比武，培训580余人次，提升纪检监察干部队伍专业化素养。开展廉洁家访，采取带去一封感谢信、送上一本廉洁书、填写一张评价表方式，实现县纪委监委机关80余名干部廉洁家访全覆盖，涵养廉洁和谐家风。 （邢承颍）

重要会议

【概况】 2022年，无棣县选举产生新一届县纪律检查委员会。召开县纪委十四届委员会全体会议、常委会会议，学习贯彻落实中央、省、市纪委全会精神，突出“两个维护”根本任务，围绕中心，服务大局，研究部署全县党风廉政建设、反腐败工作；落实统筹新冠疫情防控、深化营商环境改革、信访举报攻坚行动、全县黄河流域生态保护和高质量发展专项监督工作，全力保障“强优富美”新无棣建设。开展县级党政领导班子成员、镇（街道）党（工）委书记、县直部门党委（党组）书记述责述廉活动，召开党风廉政警示教育专题会议。落实上级从严治党要求，教育全县党员干部增强拒腐防变的自觉性和坚定性。 （邢承颍）

【县纪委全体会议】 2022年1月16日，中共无棣县纪委十四届一次全体会议召开。审议通过《中国共产党无棣县第十四届纪律检查委员会第一次全委会选举办法》；选举产生新一届中国共产党无棣县纪律检查委员会常务委员会委员、书记、副书记。经县委十四届一次全会通过，李静当选为十四届县纪委书记。

2月9日，县纪委十四届二次全体会议召开。学习贯彻中央、省、市纪委全会精神，总结工作，分析形势；研究部署2022年全县党风廉政建设、反腐败工作。要求全县各级党委（党组）切实把思想和行动统一到党中央、省、市、县部署要求上来，打好党风廉政建设、反腐败斗争攻坚战持久战，把全面从严治党向纵深推进。 （邢承颍）

【纪委常委会会议】 2022年1月29日，召开无棣县纪委常委会会议。传达学习习近平总书记在十九届中央纪委六次全会上的重要讲话精神、中共十九届中央纪委六次全会公报、全市审查调查安全工作视频会议精神；研究《中共无棣县第十四届纪律检

2022年2月9日，中共无棣县纪委十四届二次全体会议在县政务中心召开
（县纪委监委办公室 供图）

查委员会第二次全体会议建议方案》《关于开展县纪委监委领导班子大接访活动实施方案》《关于在全县纪检监察机关开展初次信访举报攻坚行动实施方案》及有关会议精神贯彻落实意见。

4月28日，召开县纪委常委会会议。传达学习习近平总书记在中央财经委员会第十一次会议上的重要讲话精神、市纪委监委《关于对全市酒驾受到行政处罚类案件处理建议》文件精神、全市纪检监察机关统筹新冠疫情防控和审查调查工作视频会议精神；研究有关会议、文件精神贯彻落实意见。

7月18日，召开县纪委常委会会议。传达学习习近平总书记在湖北省武汉市考察时的重要讲话精神、全市案件审理工作座谈会会议精神、全国及省安全生产视频会议精神、全市深化营商环境改革擦亮“滨周到”品牌动员会议精神、《纪检监察机关派驻机构工作规则》；研究2022年上半年无棣县纪检监察机关监督检查审查调查统计情况分析、2022年上半年无棣县黄河流域生态保护和高质量发展专项监督工作开展情况、县纪委监委领导班子成员分工建议及有关会议精神贯彻落实意见；听取各领导班子成员上半年工作开展情况及下半年工作打算。

10月14日，召开县纪委常委会会议。传达学习《求是》杂志发表习近平总书记重要文章《新时代中国共产党的历史使命》；研究县廉洁文化公园建设方案等事项。（邢承颍）

党风廉政建设

【概况】2022年，无棣县加强党风廉政建设，开展“四风”纠治、党风廉政教育专项行动。年内，查处“四风”等问题48起67人，为受到失实举报党员干部正名；召开党员干部专题警示教育大会，提升党员干部拒腐防变党性定力、道德定力，增强落实党委主体责任、纪委监委监督责任“两个责任”严肃性、实效性。（邢承颍）

【“四风”纠治】2022年，无棣县围绕违规吃喝、违规收送礼品礼金、违规发放津贴补贴、作风简单粗暴漠视群众利益、“酒杯中的奢靡之风”5类问题20种表现，对“四风”问题循线深挖，加强问题查处，对顶风违纪者严肃惩治。年内，全县查处享乐主义、奢靡之风问题22起33人，给予党纪政务处分28人，使用监督执纪第一种形态处理5人，通报曝光9起9人；全县查处形式主义、官僚主义问题25起33人，给予党纪政务处分8人，使用监督执纪第一种形态处理25人，开展容错纠错4起3人1个党组织。对受处理干部关心关爱，及时跟进回访受处分党员干部34人，对1起匿名诬告陷害案件严肃查处，全县通报，为11名受到失实举报党员干部澄清正名，营造风清气正良好政治生态。9月5日，县纪委监委持之以恒纠“四风”树新风监督检查画面在中央电视台《新闻联播》播出。（邢承颍）

【廉洁警示教育】2022年，无棣县深入开展廉洁警示教育，通过青年干部上廉政教育课，开展“一把手”上“廉政首课”、党委（党组）书记谈廉洁、发送廉洁短信、观看警示教育片等活动，教育引导党员干部廉洁从政、廉洁用权。（邢承颍）

【述责述廉会议】2022年1月21—22日，无棣县县级党政领导班子成员、党组织书记述责述廉会议召开。县级党政领导班子成员、镇（街道）党（工）委书记、县直部门党委（党组）书记向县纪委全会作述责述廉报告，针对县纪委委员关心热点问题现场进行答复、说明，县纪委委员对述责述廉对象进行民主评议。会议要求提高政治站位，增强自觉接受监督意识，以述促改、以改促廉，把述责述廉过程转化为履职尽责、促进发展动力，转化为推动主体责任全面落地生根具体行动。（邢承颍）

【全县警示教育会议】2022年10月11日，无棣县党风廉政警示教育会议召开。会议贯彻落实省党风廉政警示教育大会、市警示教育大会精神，明确形势任务，开展警示教育，以案说法、以案明纪，筑牢党员干部拒腐防变思想防线。会议强调全县各级党委（党组）扛牢主体责任，全县各级纪检监察组织履行监督专责，发挥监督保障执行、促进完善发展作用，始终保持战略定力，推动全面从严治党向纵深发展。（邢承颍）

监督执纪

【概况】 2022年，无棣县加强纪检监察制度建设，健全完善监督体系，制定《无棣县党委（党组）精准运用监督执纪第一种形态落实主体责任办法》，健全党内监督为主导，其他监督相互协调、配合、补充监督格局。全县各级党组织运用第一种形态处理566人次。坚持惩防并举、警示教育常态化、抓早抓小治未病，推动监督执纪由惩治极少数向管住大多数转变；做到有案必查，有腐必惩。对“四风”问题循线深挖，对顶风违纪者严肃惩治；对生态环保、安全生产、政务服务、民生保障等重点部门开展专项整治；坚持尽职免责原则，开展容错纠错专项行动。创新建立“村务监督一点通”平台，以“小切口”推进“小微权力”腐败整治，实现基层监督全覆盖。经验做法被滨州市纪委推广和《大众日报》《中国纪检监察》报刊刊发。（邢承颍）

【政治监督】 2022年，无棣县推动解决企业、群众反映强烈问题，开展“清风护航”驻点监督专项行动。围绕全县重点工作、保障黄河国家战略等重大决策部署落实。制定《监督工作指南》跟进监督，发现问题1362个，约谈3207人次。6月，在海丰街道、信阳镇创建“村务监督一点通”监督平台试点，至9月全县推广，实现村庄（社区）使用平台全覆盖。群众通过手机扫描村务监督“一村一码”，实时了解村集体收入支出、小麦补贴、农村低保等信息，以“小切口”推进“小微权力”腐败整治，激活基层监督“神经末梢”。以信阳镇为试点在全市率先开展农村集体经济组织公共资源交易代办点工作，规范村级公共资源交易。执行《中国共产党问责条例》《中共山东省委实施〈中国共产党问责条例〉办法》，紧盯“关键少数”，对党的领导弱化、党的建设缺失、全面从严治党责任落实不到位等问题，从严问责。年内，全县开展党内问责20起，处理20人，给予党纪处分3人。（邢承颍）

【“清风护航”驻点监督】 2022年，无棣县推进正风肃纪反腐工作，融入基层治理，扩大监督覆盖面，提升监督质效。在全市率先开展“清风护航”驻点监督工作，县纪委监委6个派驻纪检监察组进驻全县64个部门单位，做好重大决策部署落实、全面从严治党工作、基层党组织建设、“一把手”及领导班子4个方面驻点监督工作，督促派驻单位查找漏洞、深化改革、完善制度，推进党风廉政建设，提升单位政治水平。年内，实现派驻单位驻点监督全覆盖，发现问题331个，发出纪检监察建议书11份，督促党委（党组）运用第一种形态处理相关责任人员71人。（邢承颍）

【黄河重大国家战略专项监督】 2022年，无棣县召开纪委监委黄河国家战略专项监督工作部署会、推进会、培训会，印发《关于加强无棣县黄河流域生态保护和高质量发展专项监督的实施意见》《2022年度黄河流域生态保护和高质量发展专项监督工作方案》，将年度任务细化为5个方面、20项工作，明确到23个牵头部门、19个配合部门。县纪委监委成立黄河流域生态保护和高质量发展专项监督办公室，督促各级各部门突出构建防灾减灾体系、贯彻“四水四定”原则、强化生态环境治理、优化国土空间布局、服务融入新发展格局等重点任务，细化工作措施、制定工作台账，做到知责明责、担责尽责，打造黄河流域生态保护和高质量发展“生态无棣样板”。（邢承颍）

【专项监督整治】 2022年，无棣县围绕农村集体“三资”管理、中小学配餐（食堂）管理、不动产登记办证难、虚报冒领惠农惠民补贴资金4项重点工作，开展专项整治。全县查处群众身边腐败、作风问题124起152人。其中，给予党纪政务处分53人，使用第一种形态处理99人。查处乡村振兴领域腐败、作风问题78起96人。其中，给予党纪政

务处分 30 人，使用第一种形态处理 66 人。（邢承颍）

审查调查

【概况】2022 年，无棣县落实全面从严治党主体责任，强化监督执纪，重视信访工作，加强审查调查，一体推进“三不腐”。年内，全县立案处理、党纪政纪处分 466 人；接受信访举报 87 件次。精准运用监督执纪“四种形态”批评教育、处理 839 人次。（邢承颍）

【信访举报】2022 年，无棣县被山东省纪委监委确定为省级信访举报工作示范县。针对越级重复举报等突出问题，以办好初次举报、化解重复举报为抓手，探索建立“县纪委监委 + 镇街 + 职能部门”三方联动机制，实现“1+1+1>3”效能。1—12 月，县纪委监委接收信访举报 87 件次，比上年 287 件次减少 200 件次，同比下降 69.69%，信访举报量正向排名位居全市第 2 位，下降幅度位居全市第 1 位。（邢承颍）

【案件查处】2022 年，无棣县从严执纪，标本兼治，一体推进“三不腐”，聚焦监督首责，着力实现问题线索闭环管理，提升问题线索管理监督工作质效，服务经济社会高质量发展。年内，全县各级纪检监察机关受理问题线索 631 件，处置问题线索 622 件，立案 237 件 239 人，留置 7 人，结案 231 件；给予党纪政务处分 227 人。其中，处分科级及以上干部 21 人，移送司法机关 6 人，挽回经济损失 2680 余万元。坚持抓早抓小治未病，推动监督执纪由惩治“极少数”向“管住大多数”转变，精准运用监督执纪“四种形态”批评教育、处理 839 人次，其中运用监督执纪第一种形态处置占 72.3%。做实做细以案促改、以案促治。发出纪检监察建议书 53 份，督促相关职能部门深化问题整改，形成靠制度管权、管事、管人长效机制。（邢承颍）

巡察工作

【概况】2022 年，无棣县委巡察工作坚持政治监督定位，梳理巡察发现各类问题，研究制定《无棣县委巡视巡察应警应戒防范清单》，深化巡察整改工作，发挥巡察标本兼治作用。按照新一届党委任期内对所管理党组织巡察全覆盖要求，统筹巡察力量，综合运用常规、专项、提级交叉、巡察回头看等方式，组织实施多轮县委巡察，涉及国有企业、金融财经、安全生产、生态环境、工程招投标、低保等重点领域，并对重点单位开展“回头看”，对公安、法院、停车管理领域、涉粮问题等开展上下联动巡察。制定县委巡察整改办法及其工作成效评估指标体系，构建巡察整改齐抓共管格局。（邢承颍）

【巡察监督】2022 年 3 月至 5 月，无棣县开展十四届县委第一轮巡察工作，对县人社局党组、佘家镇党委及所辖 55 个村级党组织开展常规巡察。根据市委统一部署，派出 1 个整建制巡察组对滨州市滨城区新阳新能源有限公司、5G 建设及推广应用领域开展专项巡察，发现重点问题 528 个，问题线索 14 条。6 月 23 日至 8 月 23 日，开展十四届县委第二轮巡察，对县城乡水务局、县发展和改革局等 15 个部门（单位）开展黄河流域生态保护和高质量发展专项巡察，推动黄河流域生态保护和高质量发展国家战略落地见效，巡察发现重点问题 324 个，移交问题线索 15 条。（邢承颍）

【巡察整改】2022 年，无棣县强化制度建设，汇总分析十三届县委巡察发现共性问题，编印《十四届无棣县委巡视巡察应警应戒清单》，梳理 35 个方面 101 条问题表现，对巡视巡察问题做到敲警钟、勤提醒、长防范。研究制定《落实巡察工作责任清单》《关于加强巡察整改和成果运用的实施办法》，配套制定《关于加强巡察整改日常监督工作暂行办法》《县委巡察整改工作成效评估暂行办法》等规范性文件。根据中央、省、市关于巡视巡察工作新部署、新要求及市委巡察指导督导组意见建议，对 16 项巡察工作制度进行梳理修订完善，用制度规范工作。（邢承颍）

群众团体

无棣县总工会

【工会组织】2022年，无棣县推进工会组织建设，新建工会组织46个，新发展工会会员3500余人。至年底，全县工会组织520个，行业工会5家，会员40736人。其中，教育行业工会4855人，医疗卫生行业工会1958人，公安行业工会293人，住建行业工会549人，税务行业工会203人。面向快递员、外卖配送员、网约车司机、货车司机等新就业形态劳动者，开展“基层工会提升年活动”，发展中共党员，培养技能人才。（胡　勇）

【职工思想政治引领】2022年，无棣县强化职工思想政治引领，引导职工坚定不移跟党走，建功立业新时代。开展“中国梦·劳动美”主题教育，多措并举，打造“工”字特色文化品牌。坚持理论学习引领高站位。发挥舆论阵地作用，依托县总工会微信公众号、“齐鲁工惠”App、无棣融媒平台“三位一体”综合网络宣传体系，开设职工学习专栏，学习宣传党的二十大精神，推送政治理论学习知识30余期。县总工会微信公众号被无棣县委宣传部授予2022年无棣县“优秀政务新媒体”称号。县总工会发挥劳动模范、最美工匠、最美劳动者等身边先进模范人物示范带动作用，举办劳模事迹报告会，分享交流劳模先进事迹，弘扬劳模精神、劳动精神、工匠精神，让劳模精神成为干部职工成长成才的强大精神动力。开展“劳模精神宣传月”活动，组织劳模、工匠宣讲团进机关、进社区、进校园、进企业，开展各类宣讲活动10场次。县总工会把职工书屋、职工阅读角融入职工之家建设阵地，按照“会、站、家”一体化建设思路，加强工会服务阵地建设协同联动，扩展职工之家、户外劳动者驿站、职工书屋、职工活动室等服务载体，提升书屋品质。依托“职工书屋”“户外劳动者驿站”“职工之家”开展“同读经典”“书香阅读”、知识竞赛、书画赛、乒乓球赛等活动，满足职工业余生活多元化需求。县总工会组织全县职工参加省、市、县书画展、征文、技能竞赛等职工文艺活动，丰富职工精神文化生活。举办书法、绘画、象棋、葫芦丝等培训班，开展健步走、乒乓球等职工体育类竞赛活动，举办心理健康等知识讲座，各类线上线下惠民活动400余场次，参与群众2万余人次。（胡　勇）

【职工技能竞赛】2022年，无棣县开展“建功十四五·奋进新征程·赋能新技术”劳动技能大赛，在化工、建筑、医疗卫生、财税等16个行业、150余个项目中举办行业技能大比武大竞赛活动，2000余名产业工人参赛。在山东鲁北企业集团总公司举办首届“鲁化杯”“建功十四五·奋进新征程·赋能新技术”化工行业职业技能大赛；举办全县重点水利工程建设“争进度、赛质量、比担当”劳动竞赛；

2022 年 7 月 15 日，无棣县总工会在鲁北实训基地举办职工技能竞赛
（县总工会　供图）

举办“中国梦·劳动美·喜迎党的二十大”无棣县“丰达杯”建筑行业职业技能大赛。（胡　勇）

【劳模（工匠）关爱服务】 2022 年，无棣县开展劳动模范、滨州工匠、工人先锋号等系列创先争优活动。推报、选树“山东省新时代岗位建功劳动竞赛标兵”5 人（国家税务总局无棣县税务局孙文炉、山东鲁北企业集团总公司姚禹、无棣县博翱职业中等专业学校孙可祥、无棣鑫岳化工集团有限公司王海娟、山东久日化学科技有限公司石智铭），“滨州市五一劳动奖状”1 家、“滨州市五一劳动奖章”6 人；全县获评“滨州市工人先锋号”4 家，“滨州最美工匠”1 人（无棣县晟兴盐业有限公司马晓波），“滨州工匠”1 人（无棣县晟兴盐业有限公司马晓波），“滨州市劳模创新工作室”2 家（山东省十里香芝麻制品股份有限公司任长博劳模创新工作室、山东鲁北国际新材料研究院刘尧劳模创新工作室），“滨州市全员创新企业”2 家（山东北方创信防水科技集团股份有限公司、山东绿风农业集团有限公司），“滨州职工优秀创新成果”2 项（山东鲁北企业集团总公司鲍树涛《一种用于化学分解废硫酸和石膏综合利用联合工艺的装置》、山东北方创信防水科技集团股份有限公司劳振兴《防腐型喷涂速凝橡胶沥青防水涂料的研发》）。评选“无棣县五一劳动奖状”30 家、“无棣县五一劳动奖章”80 人、“无棣县工人先锋号”21 家、“无棣最美工匠”20 人、“无棣工匠”10 人、“无棣县劳模创新工作室”2 家（无棣县技工学校陈长发创新工作室、山东鲁北企业集团总公司侯宝瑞劳模创新工作室）。县总工会慰问省级劳模 16 人，发放慰问金 16 万元；慰问困难劳模 4 户，发放救助金 4 万余元。（胡　勇）

【职工文化建设】 2022 年，无棣县开展线上线下文体、卫健等各类职工活动 278 场次，服务职工 10 万余人次。开发“无棣县职工天地”微信小程序，实现线上预约、签到、报名，云参观，线上课堂，互动交流等功能，与县总工会微信公众号、“齐鲁工惠”App 协同实现线上数字服务功能。举办书法、国画艺术、素描艺术、象棋、口才、摄影、葫芦丝培训班等职工文化类活动 160 场次，参与群众 6200 余人次；举办妇女“两癌”防治知识讲座、未成年人保护知识讲座培训等职工教育类活动 5 场次，参与群众 720 余人次；举办健步走、乒乓球等职工体育类活动 72 场次；参与群众 1800 余人次；举办“工惠未来”暑假托管班、志愿服务慰问等职工服务类活动 41 场次，参与群众 2076 人次。（胡　勇）

【和谐劳动关系创建】 2022 年，无棣县推进集体协商工作，发挥典型引路作用，进行分类指导，重点加强对新业态、新建会、经营困难企业开展集体协商工作，做到因企制宜，提升企业及职工获得感、满意度。健全企业集体协商机制，推动企业健康发展，规范企业用工行为，

构建和谐劳动关系，扩大工会组织影响力。开展企业工资集体协商活动，分类指导签订工资集体协商合同114份，受益职工1.1万人；与新业态企业签订集体合同5份，覆盖企业5家、职工300余人。（胡 勇）

【职工权益维护】2022年，无棣县加强《山东省工会劳动法律监督条例》宣传，指导150家企业建立工会劳动法律监督委员会。举办全县工会劳动法律监督员培训班，培训法律监督员53人。到山东达信农牧食品科技股份有限公司、山东丰香园芝麻食品有限公司等10余家企业开展法律体检活动，撰写体检报告，助力企业和谐劳动关系构建。开展送法进企业、“尊法守法·携手筑梦”农民工公益法律服务等活动，线下宣传30余次，线上宣传190余次，引导企业规范用工，增强职工法律维权意识。创建县经济开发区、海丰街道、信阳镇3家法律服务站，为职工群众提供近距离服务。持续推进1个主题、3项机制、9个部门联动“139暖心维权”行动，开展法律服务584次。其中，诉调对接案件3件，法律案调解203次，法律援助4次，法律咨询125次，工会劳动监督联合检查12次。（胡 勇）

【工会普惠服务】2022年，无棣县推动工会普惠服务机制建设，县总工会联合县委宣传部、县府办等有关部门开展普惠活动，招募优质商家为“娘家人”普惠基地，形成党委、政府、工会、企业四级联动机制。年内，县总工会开展全县“在知爱建 产改赋能”职工生日抽奖线上系列活动6场；联合县妇联开展“国家网络安全宣传周”活动；联合团县委、县妇联等部门开展“黄河恋•渤海情”青年职工“以文会友”活动；联合县应急局开展“5•12”全国防灾减灾日暨“查保促”知识竞赛活动；联合县文明委办公室开展“学习二十大 奋进新征程”工会会员日活动6场。开展线上普惠、答题等活动30余次，参与群众2.7万人次，关注群众8万余人。（胡 勇）

【职工帮扶】2022年，无棣县持续打造春送岗位、夏送清凉、金秋助学、冬送温暖“四季帮扶”工作品牌，推进工会帮扶工作品牌化、精准化、长效化。年内，县总工会会同县人社局、县妇联、县退役军人事务局等部门组织线上线下招聘会3场次，参与群众2300余人次，介绍2000余人就业；通过“齐鲁工惠”App推送岗位400余个，参与农民工8000余人次。开展“关爱职工 夏送清凉”活动，县总工会走进山东鲁北企业集团、无棣三岳化工公司、海丰街道派出所、无棣丰达集团建筑工地、县城区环卫处等为一线职工送去毛巾、花露水、太阳伞、茶叶、水杯等“清凉”物资。节日慰问困难职工家庭45户，发放慰问资金10万余元；慰问困难劳模4户，发放救助资金4万余元；走访慰问值班值守一线职工1000余人次，发放慰问金15万元。（胡 勇）

【产业工人队伍建设】2022年，无棣县被列为滨州市唯一一个全省新时期产业工人建设改革第二批试点县。无棣县把该项工作纳入县委全面深化改革总体布局，县总工会作为牵头单位持续推进，强化党建统领、融入党建链推进改革，创业引领、对接产业链推进改革，平台智领、做优人才链推进改革，品牌创领、强化保障链推进改革“四领联动”、促进“四链协同”。组织召开无棣县2022年新时代产业工人队伍建设改革工作推进会议，对全县产改工作再动员、再部署。年内，实行产业工人队伍党员发展计划单列，在产业工人中发展党员48名。4名产业工人在县总工会、县妇联等群团组织挂职（兼职）。加大对产业技能人才培养力度，举办无棣县首届“鲁化杯”化工行业职业技能大赛。依托山东鲁北企业集团总公司实训中心，成立“无棣县新时期产业工人技能培训基地”，开展产业工人创新项目孵化，创建产业工人队伍建设改革“鲁北模式”。依托县职业中专开展金蓝领等项目技能培训，年培训1500人次，推进产教融合，发展校企合作单位35家。无棣鑫岳化工集团有限公司、山东鲁北企业集团总公司、山东三岳化工有限公司3家企业采用企校双师联合培养，培养实用型技能人才1.2万余人。推动企业技能人才自主评价，31家企业备案为企业技能人才自主评价基地，25家企业组织开展技能人才自主评价工作，全年评价技能人才1213人次，山东鲁北企业集团总公司完成评价人员数量、质量均列全省首位。无棣县代表滨州市迎接2022年全省产业工人队伍建设改革工作抽样调研，产改工作经验成果得到省调研组肯定。（胡　勇）

【“筑梦扬帆”劳模助学】 2022年，无棣县注重劳模助学工作，为城乡贫困家庭学生提供教育帮扶，帮助他们实现自我价值，融入社会。县总工会会同县教体局、县民政局、团县委等部门联合开展“劳模助学活动”，确定对227名大学生进行结对助学帮扶，资助金额92.7万元。县总工会持续推进“筑梦扬帆”劳模助学工程，完善无棣县劳模“筑梦扬帆”慈善信托平台，筹资751.4万元，及时救助527名贫困大学生，实现全县贫困大学生统一救助全覆盖。（胡　勇）

【“县级工会加强年”专项行动】 2022年8月，无棣县围绕政治引领强、组织功能强、服务阵地强、制度机制强、作用发挥强“五强”目标，引领全县工会组织开展“县级工会加强年”专项工作。发挥县总工会政治引领作用，在全县工会系统及新就业形态领域、社会组织、产业工人等群体，线上线下同步开展学习宣传贯彻党的二十大精神活动20余次。加强企业民主管理，推进以职代会为基本形式厂务公开民主管理工作，实现国有及其控股企业、事业单位职代会制度、厂务公开制度全覆盖，完成企业、事业单位民主管理各项工作目标任务。开发“无棣县职工天地”微信小程序，开发利用线上预约、签到、报名，云参观，线上课堂，互动交流等功能，打通工会工作线上服务“最后一公里”。打造海丰街道、县经济开发区、信阳镇3家法律服务站，为群众提供近距离服务。深化“党建带工建、工建服务党建”工作机制，建立健全工会参与劳动争议处理、劳动法律监督、法律援助等维权工作体系。始终把维护劳动领域政治安全放在首位，主动研判风险，强化部门联动，为宣传贯彻党的二十大精神提供坚强保障。落实滨州市总工会“天翼”计划，组织无棣县劳模和工匠创新工作室联盟，举办工友创业园免担保费贷款“工创贷”相关政策、法律知识、科普知识等专题讲座。选树培育山东前胡农牧有限公司等工友创业园15家。（胡　勇）

2022年8月26日，2022年无棣县劳模“筑梦扬帆”助学工程资助困难大学生救助金发放仪式在工人文化宫职工大讲堂举行　（县总工会　供图）

中国共产主义青年团无棣县委员会

【共青团组织】 至2022年底，中国共产主义青年团无棣县委员会（简称共青团无棣县委）下辖团委44个，基层团工委3个，

团总支6个，团支部1054个；团员15998人，专职团干部7人，基层兼职团干部1198人。（田永青）

【青少年思想引领】 2022年，无棣县持续推进“青年大学习”“红领巾爱学习”网上主题团队课学习，全县52万余人次参学。围绕庆祝党的二十大胜利召开、中国共青团成立100周年，开展“砥砺奋进守初心，青春献礼二十大”主题系列活动。组织开展庆祝建团百年大会、青年干部座谈会、青春故事分享会、“喜迎二十大 奋进新征程”升国旗仪式、“喜迎二十大·青春心向党”红色经典诵读会等活动，引领团员青年、少先队员听党话跟党走。开展“五四”“六一”“七一”“喜迎二十大”等主题活动，参与青少年8.7万人次。年内，县“在知爱建”主题实践活动工作简报第6期报道团县委“志愿红守护健康绿”行动；县改革与创新简报第5期报道团县委《123齐发力 推进“青鸟计划”助力大学生就业工作》；山东电视台、滨州电视台报道无棣县“青春战疫”青年突击队、新团员集中入团践行青春誓言等活动10余次。（付文昊）

【少先队建设】 至2022年底，无棣县有少先大队71个，少先中队1271个，少先队员51220名，配备总辅导员1名，大队辅导员71名，中队辅导员1271名。年内，团县委集中组织全县中小学开展少先队辅导员校级培训活动，学习习近平总书记关于少先队工作的重要论述，学习宣传贯彻党的二十大及二十届一中全会精神，用党的科学理论武装辅导员队伍，提升辅导员履职能力，推进少先队规范化建设，各学校大队、中队辅导员1100余人参加集中培训。组织开展团队第一课、少先队主题入队仪式、“喜迎二十大 争做好队员”主题队日等系列主题活动；各学校大队、中队分别以“我向党旗敬个礼”“唱支红歌给党听”“党的光辉照我心”“致敬身边党员先锋”等形式献礼建党101周年，参与少先队员8.2万名。构建少先队员阶梯式成长激励体系，团县委联合县教体局评定2022年度“红领巾奖章”个人二星章120个，“红领巾奖章”集体二星章41个。加强校外少先队活动阵地建设，全年设“红领巾”校外实践教育基地6处，组织全县少先队员就近参加校外实践活动，1960名少先队员参与实践活动。（田永青）

【智慧团建】 2022年，无棣县依托“智慧团建”系统，加强团组织规范化建设，贯彻落实中央党的群团工作会议精神，推动共青团自身建设互联网转型，创新青年群众工作运行机制，落实从严治团要求。年内，全县智慧团建系统内共青团员16832人，基层团干部1203人，涵盖团组织1067个。其中，团委44个，团工委3个，团总支6个，县直机关及村级团支部827个，全县学校团支部187个。新发展团员1140人。其中，初中学段新发展团员514人，普通高中学段新发展团员196人，中职学段新发展团员350人，社会领域新发展团员80人，均录入智慧团建系统，团员发展计划执行率100%；经少先队推优入团团员311人。开展评议团支部活动，评议团支部881个，评议率100%；参与评议团员12635人，经上级认证优秀团员2388人，合格团员10247人。学社衔接率100%，党的青年运动史、建团100周年大会精神、新时代伟大成就、党的二十大精神4个专题学习教育录入率100%。（田永青）

【新社会组织团建】 2022年，无棣县推动新社会组织团建工作摸排调研，尤其对电商、快递、外卖等新兴领域团组织进行重点走访调研，了解社会领域团组织建设情况，摸底工作全覆盖、无死角。探索非公领域建团新模式，推动县内非公企业、园区规范建立团组织，全年新建团组织30个，为社会领域团员发展奠定组织基础。以团属青年社会组织为依托，创新团属组织新形态，探索形成“团组织发布＋社会参与＋共建共享”服务青年工作模式，推动团属青年社会组织培育、引导体系提升完善，引导全县3家团属青年社会组织入驻“青年之家”阵地，开展活动20余次，实现资源共用、平台共用、成果共享新社会组织团建格局，提升青年社会组织获得感、对团组织归属感。开展选拔培优、政策激励、青年中找帮手活动，形成以团干部为核心，以青年志愿者、青年社工、返家乡大学生团员等为辅助“专职+兼职+志愿者”工作队伍，新社会组织团干部基本实现年轻化、专业化、精干化，依托团员青年联系服务，全年吸纳青年骨干260余人次，壮大新社会组织工作力量。（田永青）

【青年先进典型选树培育】2022年，无棣县注重青年队伍先进典型选树，引领青年一代爱党爱国、向上向善，坚定信念跟党走。为迎接党的二十大，结合庆祝中国共青团成立100周年，激发全县基层共青团组织、团员青年、团干部争当先进、锐意进取，展示当代无棣青年精神品格、价值追求，为推动“强优富美”新无棣建设、打造鲁北港产城融合新高地贡献青春力量，共青团无棣县委对海丰街道团工委等10个无棣县五四红旗团委、柳堡镇机关团支部等6个无棣县五四红旗团支部（总支）、无棣县人民政府办公室青年先锋队等7个无棣县青年先锋队、王洪燕等15名无棣县优秀共青团干部、范月琦等32名无棣县青年先锋予以通报表扬。（田永青）

【青年人才服务】2022年，无棣县实施“青鸟计划”，持续助力全县招才引智工作。年内，共青团无棣县委赴山东科技大学、青岛科技大学开展线下路演招聘活动2场，签订校地合作协议3个，联系县内企业20余家，发布招聘岗位87个、岗位需求790人；联合山东鲁北企业集团总公司、无棣鑫岳化工集团有限公司、山东华盛创新纺织科技有限公司等企业开展线上路演活动5场，发布岗位41个、岗位需求240余人；发布云招聘岗位推荐6期，岗位需求1200余人；开展寒暑假大学生“返家乡”社会实践活动，吸引260名优秀大学生回无棣实习，感知无棣发展变化。在烟台大学、济南大学、青岛大学等高校选聘青鸟驿站站长25人，综合利用高校班级微信群、公告宣传栏等多种途径，持续开展《无棣县“进校园”政策选编》宣传活动，加强与无棣籍高校学子联系、联谊。打造“青鸟驿站”1处，为到无棣县求职的大学生提供一站式7天免费住宿、政策咨询等服务项目。（刘浩林）

【青年志愿服务】2022年，无棣县结合自身实际，本着“奉献、友爱、互助、进步”志愿服务精神，拓宽服务领域，引导广大志愿服务组织及志愿者参与各类志愿服务活动，在互助志愿服务、为奉献者奉献、春运暖冬行动中团结带领全县青少年主动作为。在“希望小屋”儿童关爱项目工作中，招募志愿者与小屋儿童实现常态化结对帮扶；发动社会力量，改善困境儿童成长环境，全年募集社会资金28.8万余元，开展心愿达成、感受城市、课业辅导、自护教育等各类关爱服务100余次。在完善志愿服务体系工作中，加强“青暖无棣”志愿服务品牌

2022年5月8日，2022“滨州人才节”无棣专场——“科创引领·聚才强棣”人才政策擂台赛在县经济开发区举行（团县委 供图）

建设，围绕新冠疫情防控、“青春社区”创建、法治宣传等主题开展志愿服务活动70余场，引导2.2万名团员青年注册“志愿汇”App，实现无棣县志愿服务工作开展有力、进展有序、服务有组织。（田永青）

【青年创新创业服务】 2022年，无棣县举办“科创引领·聚才强棣”人才政策擂台赛，组织37家企业参赛，引领人才、企业知晓政策、明白政策、享受政策。团县委与滨州正海蓝色实业集团联合举办“正海杯”无棣县第二届青年创新创业大赛，参赛项目52个，引领青年投身创新创业实践，助力经济发展大局。围绕无棣籍大学生、青年企业家、乡村好青年等不同群体，筹备成立无棣县青年企业家协会，完成企业初步摸底77家；建立青年企业家、优秀毕业学子党外青年人才数据库，吸收人才276人；更新充实无棣籍在外青年人才数据库5500余人。联合县应急管理局、中公教育无棣学习中心店开展青年安全生产技能培训。组建无棣县注册安全师公益培训交流群，组织企业青年职工参加注册安全师公益培训报名，参与线上安全生产公益课堂培训306人次。（付文昊）

【青少年权益维护】 2022年，无棣县借力无棣德正社工服务中心、无棣慈善总会等社会组织，开展未成年人保护法、预防未成年人犯罪法等普法宣传活动。年内，开展法治进社区、进校园、进家庭活动5次；组建无棣县防溺水青年队伍，做好危险水域排查、抓实警示教育、抓紧日常防护、抓牢联防联控4个重点工作，全年排查整治危险水域100余处；在30余所中小学开展防溺水主题中队会、主题团课，推进防溺水工作开展。联合无棣县德正社工服务中心组建心理咨询师队伍，组织心理咨询师开展青少年“知心联络”活动，开设“心理小课堂”，依托家长微信群，每日向青少年学生推送心理知识。（刘广新）

【“希望小屋”建设】 至2022年底，无棣县建成“希望小屋”218处。运用“组织化+社会化”募捐方式，拓宽“希望小屋”建设筹资渠道，扩大筹资规模。坚持“一户一档”，为每处小屋建立档案，明确15项档案清单，做到“希望小屋”建设全过程管控。对接县乡村振兴局、县残联等部门，统计帮扶6~14岁贫困家庭儿童、残疾人家庭儿童及残疾儿童，孤儿、事实孤儿、重点困境儿童、低保家庭儿童，依托镇（街道）团委，入户了解儿童家庭居住空间、房屋安全状况、改造意愿等相关信息，建立工作台账，筛选帮扶对象，精准掌握信息。面向镇（街道）青工委成员、乡村好青年、青年教师、社工等，招募448名青年志愿者，按照2：1比例结对帮扶224名困境儿童。年内，开展感受城市、健康查体等各类关心关爱活动30余次。征集微心愿，举办“希望小屋”微心愿发放仪式，助力57名小屋儿童心愿达成；组织开展“希望小屋”受助儿童感受绿色环保城市主题活动3次，小屋儿童参与100余人次。（孟垂轩）

【中国共产主义青年团成立100周年庆祝大会】 2022年5月12日，共青团无棣县委召开庆祝中国共产主义青年团成立100周年大会。大会表彰全县五四先进集体、先进个人；团员青年、少先队员发表青春誓词；共青团滨州市委书记崔志勇、无棣县委书记郑振亮讲话、优秀青年代表发言。（刘广新）

【第二届青年创新创业大赛】 2022年，无棣县注重培养全县青年人才创新、创业、创造能力，营造关心支持青年创新创业社会氛围。5月18日至8月31日，团县委与山东正海集团联合举办“正海杯”无棣县第二届青年创新创业大赛。参赛项目52个，涉及高端化工、新能源新材料、现代海洋、节能环保、电子商务、高效农业、农产品加工等多个行业。赛前进行实地考察，开展赛前培训，公平有序竞赛。最终决出金奖2名、银奖2名、铜奖2名。（付文昊）

无棣县妇女联合会

【妇联组织】 至2022年底，无棣县妇女联合会（简称县妇联）建立妇联组织771个。其中，机关及企事业单位妇女组织88个，“两新”领域妇女组织55个，“四新”领域妇联组织19个；镇（街道）妇联12个，村（社区）妇联583个，选配各级妇联执委4314名。巩固打造省级示范妇女之家11处，省级妇女儿童家园5处、市级3处，各领域各行业建成“妇女微家”1282个。县妇联妇儿工委办被山东省总工会评为“山东省女职工建功立业标兵岗”，县妇联1人被省妇联授予“山东省妇女儿童工作优秀个人”称号。（徐国芸）

【家庭文明建设】 2022年，无棣县成立家庭教育指导服务中心，组建“幸福棣家”家庭教育志愿服务队，开展家庭教育指导培训、沙龙、一对一服务。年内，县妇联实施“巾帼领头雁淬炼行动”强基增效工程，采用“集中培训+送学轮训”方式，举办培训班19期，参与培训2100人次。探索妇联组织建设新路径，指导建立“妇女微家”1282个，加强社会领域、新业态、新阶层、新群体“四新”领域妇联组织建设，组织各领域妇联组织开展活动30场。9月，承办全市妇联“党建统领　巾帼建功”创新组织建设暨美丽庭院建设现场会。县妇联“五型五有”妇女微家创建工作典型获评山东省妇联“四个十”妇联改革创新典型案例。开展“我的好父辈（祖辈）”家风家教故事有奖征文活动，倡树家庭文明新风尚。实施“大风车”亲子行动，抓住世界读书日、国际家庭日等节点，开展各类家教家风讲座、绘本阅读等亲子活动20场次，受益家长儿童1000余人次。开办“童心缘”暑期公益托管班6期，受益儿童160余名。县图书馆尼山书院、县新华书店入选滨州市妇联、滨州市文化和旅游局联合命名滨州市第三批“我最喜欢的家庭亲子阅读体验基地”名单。（徐国芸）

【妇女宣传教育】 2022年，无棣县组建巾帼宣讲队伍，打造“棣姐”工作品牌新矩阵。县妇联围绕“巾帼心向党”主题，组织开展群众性宣传教育活动131场次，惠及妇女群众18424人次。采用红色快板形式，原创音乐快板《“在知爱建”巾帼说》，获全市“中国梦·新时代·新征程”宣讲比赛二等奖。打造堂前宣讲、庭院宣讲、亭间宣讲、线上宣讲等特色巾帼宣讲活动，全县各级妇联干部、巾帼宣讲员进机关、进农村、进社区、进企业、进妇女微家，带动妇联执委、妇女群众从“台下听”到“台上讲”，变“一人讲”为“大家讲”，形成分众化、对象化、互动式宣讲模式，把思想政治引领融入联系服务妇女全过程，贯穿妇联各项工作与活动中。（徐国芸）

【妇女创业就业服务】 2022年，无棣县推进妇女创业就业服务工作，县妇联联合县人社局等11个部门单位依托“无棣就业人才网”平台，举办“春风行动”“民

2022年11月2日，无棣县“幸福棣家”家庭教育志愿服务队成立活动在棣丰街道馨泰社区举办（县妇联 供图）

营企业招聘月”“直播带岗”等招聘活动6场次，参会企业100余家次，提供就业岗位1320余个，与企业初步达成就业意向600余人。举办线上线下妇女就业招聘会、技能培训班12场次。县妇联兼职干部王春轩被市妇联、市科技局、市科协联合授予“滨州市巾帼科技创新之星”称号；碣石山镇妇女网绳创业事迹被新华社专题报道。（徐国芸）

【妇女儿童维权关爱行动】2022年，无棣县强化联动妇女儿童维权，县妇联联合县委政法委建立无棣县妇女儿童维权服务中心，协助县法院发放全省首份“督促监护令”、全市首份“家庭教育令”，推荐专业人员对监护人进行教育辅导。年内，县“爱传棣”志愿服务团队辅导拟离婚夫妻2997对。其中，1519对夫妻通过辅导取消或者暂缓离婚登记，劝和率51%。强化关爱帮扶，募捐“齐鲁润春蕾”公益资金7.5万元，列全市第2位；开展“情暖衣冬”活动，为197名孤困儿童捐赠棉被及学习用品，为27名低收入残疾妇女送去春节大礼包；成立“爱在路上”工作室，连续10年开展孤困儿童爱心畅游活动。“爱在路上”关爱儿童项目被山东省学雷锋志愿服务“四个100”先进典型宣传推选活动组委会办公室评为山东省学雷锋志愿服务“四个100”最佳志愿服务项目。县慈善义工协会“一元爱心撑起一片蓝天”爱心助学项目被市妇联确立为滨州市第二届“最受妇女儿童欢迎的社会服务项目”名单。（徐国芸）

【巾帼志愿服务】2022年，无棣县健全“我为妇女群众办实事”长效机制，开展专项活动，全县基层妇联执委领办项目3920个，在创业就业、基层社会治理等工作中贡献巾帼力量。联合县妇幼保健服务中心，加强妇女保健工作，协同推进“两癌”筛查进城乡社区、进机关、进企业，免费扩面筛查妇女群众2300余人。（徐国芸）

【妇女儿童发展规划颁布实施】2022年，无棣县颁布实施《无棣县“十四五”妇女发展规划》《无棣县“十四五”儿童发展规划》，开展宣传活动5场，推动“两个规划”指标落地实施。年内，重点推进落实儿童发展“十四五”规划，新扩展性别平等教育进中小学试点学校3处，建设全县第一批儿童友好社区3个。棣丰街道馨泰社区结合县未成年人保护中心同步谋划建设，建有儿童友好服务站、儿童安全教育室、儿童文化交流室等室内活动空间、儿童种植园、科普广场、“童享幸福”长廊等室外活动区；棣丰街道馨安社区规划卡通安全斑马线，完成公厕、楼梯适儿化改造；马山子镇北鄱社区打造花漾童书馆，成立“小海螺”儿童议事会，发挥儿童参与权、自主权；在棣丰街道馨泰社区、馨安社区、马山子镇北鄱社区3个社区开展儿童友好主题活动18场，为辖区儿童创建环境友好、设施齐全、服务完善社区生活圈。“世界儿童日”主题活动、“童心缘”暑期公益托管经验做法被“学习强国”学习平台、山东教育新闻网、《大众日报》等媒体平台刊播。（徐国芸）

【美丽庭院“一方田园”项目建设】2022年，无棣县开展美丽庭院“一方田园”项目建设活动。全县村村建设美丽庭院，其中建设美丽庭院全覆盖试点村24个。通过挂牌、适当补贴，引导农户利用庭院及房前屋后，打造以蔬菜为主、果木为辅、花卉点缀“一方田园”美景。实施“靓家”行动，以“齐心齐动手，靓家靓心情”为主题，每月25日设为“家庭清洁日”，发动农户大扫除；实施“帮带促”行动，村执委、党员带头建设“美丽庭院”，以标杆户带动普通户、帮助困难户；实施万户“最美农家”复查行动，县妇联督导，镇（街道）妇联不定期抽查，清单式反馈，销号式整改。做好与宣传教育活动结合，巾帼宣讲队走进“美丽庭院”，开展故事分享会、庭院课堂等活动30余场；与巾帼创业行动结合，盘活庭院经济，以手工制作、直播带货为主，打造创业小院；与好家风传承结合，特邀县书法家撰写家风作品，赠送美丽庭院户，巡回开展“齐鲁好家风展”；与寻找“最美”活动结合，推选市、县级最美家庭26个，各级好婆婆好媳妇297人。发挥“街道管家”作用，月底入户打分，对美丽庭院户动态管理。健全村执委、妇女代表为主巾帼志愿服务队，为美丽庭院建设服务。年内，召开全县美丽庭院“一方田园”项目现场观摩会，推动美丽庭院走向特色化、精致化、品质化。经验收，全县24个美丽庭院试点村全部完成建设任务，全县建成“美丽庭院”20833户，建成比例为35.05%。（徐国芸）

无棣县科学技术协会

【科协组织】2022年，无棣县科学技术协会（简称县科协）下辖镇（街道）科协12个，企业科协16个，创建市级科普示范基地3处。服务联系全县自然科学、技术科学、工程技术及相关学科一线科技工作者。年内，县科协开展“全国科技工作者日”系列活动；举办科普助力乡村振兴、青少年科普教育系列科普活动。县科协与基层科协构建全县科协系统协同机制，健全全县基层科协组织体系。全县镇（街道）全部成立科协，部分企业成立科协（科普）组织，配备科普信息员。科协组织服务延伸至医院、学校、企业等行业领域，吸纳优秀科技工作者进入科协组织。县科协被全国科协评为“2022年全国科技工作者日活动优秀组织单位”，全省唯一入选的县级科协；县科协被省科协评为全国科普日“优秀组织单位”；被省科协、省教育厅评为山东省青少年科普教育330工程2021—2022年度先进单位；无棣县被中国科协认定为“第二批全国科普示范县（市、区）（2021—2025）”。（宋玉彪）

【科普队伍建设】2022年，无棣县构建科普主体多元化、科普平台多样化全域全民科普工作格局，加强科技志愿服务队伍网络化建设，推动县科技志愿服务队在全国科技志愿服务平台组建注册。年内，县直部门、各镇（街道）在全国科技志愿服务信息平台注册科技志愿服务队26个，注册志愿者2973人，助力网络平台发起各类科普活动。加强“科普中国”信息员队伍建设，全年注册“科普中国”信息员9000余人。（宋玉彪）

【科普宣传】2022年，无棣县构建多层次、广维度现代科普体系，形成社会化大科普网络。以“科普之春（冬）”“全国科技工作者日”“科技活动周”“全国科普日”4大系列活动为主线，10余个科普专题活动为支线，构建多层次科普活动体系，开展进乡村、进社区等主场活动40余项，发放科普宣传图书、宣传手册等资料8万余份。5月，在“全国科技工作者日”系列活动中上传科普信息505篇，居全国县区科协首位。在“全国科普日”系列活动中上传信息1306篇，居全省县区科协前列。向中国科协推荐全国科普日优秀组织单位1个、优秀活动2个；向省科协推荐科普日优秀组织单位1个、优秀活动10个；向市科协推荐科普日优秀组织单位15个、先进个人15个，数量均居全市首位。（宋玉彪）

【科普阵地建设】2022年，无棣县推动科普基础设施、科普资源下沉，完善县、镇（街道）、校三级科普场馆建设，促进科普公共服务均等化。投资47万元，完成县科技馆展品更新改造项目，更新展品10件，新设“党领导下的科学家”主题墙展，整体提升县科技馆布展水平、承载能力；完善镇（街道）、社区科普阵地建设，捐建、助建碣石山镇科普馆一处，展品20余件。争取中央基层科普行动计划资金，投资20万元，建设车王镇朱高社区科普馆1处；争取山东省科普示范工程资金，投资15万元，建设棣丰街道馨泰社区“科普主题文化广场”。棣丰街道馨泰社区入选山东省应急厅、省科协认定山东省三星级消防科普教育基地，无棣县古城黄河文化地理科普馆等3个单位入选滨州市科协认定的2022年滨州市科普教育基地。（宋玉彪）

【学会协会工作】2022年，无棣县组织召开科技工作者座谈会，集中学习党的二十大精神。在县科技馆打造“党领导下的科学家”主题展。搭建学术交流平台，开展学术、产业交流，促进产学研融合发展。举办山东省科协助力创新驱动发展行动系列活动，开办“无棣县现代海洋渔业协同创新基地现场培训班”，“线上+线下”相结合，邀请山东省海洋经济技术研究会、中国水产科学研究院黄海水产研究所专家到会培训。培育壮大学会、协会，发展成立无棣县营养学会，在基层成立农技协组织13个，覆盖7个涉农镇（街道），覆盖率58.30%。围绕特色产业成立县农技协会，在县行政审批服务中心登记注册，入驻智慧农技协平台。争取上级资金5万元，扶持县农技协会。（宋玉彪）

【科技人才服务】2022年，无棣县围绕解放思想大讨论、“在知爱建”主题实践活动主线，强化科协组织政治引领力，组织开展“5·30”全国科技工作者日系列活动。5月24日，举办“无棣最美科技工作者”发布仪式，选树“无棣最美科技工作者”21名；开展“无棣最美科技工作者”学习宣传活动，发挥典型引路作用，教育全县科技工作者“听党话、感党恩、跟党走”；“5·30”全国科技工作者日，开展县委常委走访看望一线科技工作者活动。10月26日，承办“滨海盐碱地产能提升技术集成与应用”为主题“渤海学术沙龙”学术交流活动，推进学术活动助力乡村产业振兴。（宋玉彪）

【全国科普示范县创建】2022年，无棣县聚焦打造“科普无棣”品牌，推进“全国科普示范县”创建工作。制定《“棣州英才”选拔管理办法》，招纳科技人才。建设市级以上科普教育基地18个，全县67所中小学全部建有科技活动室，建成山东省地震科普示范学校5处。利用县级科技馆展品资源联动共享机制，捐建、助建镇级科普馆1所、校园科技馆3处。建成山东省校园流动科技馆水湾镇中心小学科技馆1处，配备展品展项31件（套）。开设科学课程进行教学、开展科普活动430余场次，受益学生、群众3万余人次。全县形成以县科技馆为龙头，镇级科普馆、社区科普馆、中小学科技馆为支撑的实体科技馆建设体系。利用基层党群服务中心、新时代文明实践站（所）等阵地开展科普活动500余场次，专题培训30期（次）。利用微信公众号、App、户外科普大屏等现代信息平台广泛刊播、推送科普中国、山东每日科普等科普信息。利用中国无棣科普专栏、无棣融媒、无棣微科普、“无止境·棣科普”微博等发布权威科普知识230余项（条）。县科协获“全国科技工作者日活动优秀组织单位”“滨州市第一届科普讲解大赛优秀组织单位”称号，在滨州市全民科学素质工作推进会议上作典型发言。12月27日，中国科协发布《中国科协科普部关于2021—2025年度第二批全国科普示范县（市、区）认定名单的公示》，无棣县入选“第二批全国科普示范县（市、区）”公示名单。（宋玉彪）

2022年5月24日，“创新争先 自立自强 2022年‘无棣最美科技工作者’发布仪式”在县政务中心举行（县科协 供图）

无棣县工商业联合会

【工商联组织】 2022年，无棣县工商业联合会（简称县工商联）所属镇（街道）商会12个，行业商会1个，异地无棣商会1个，会员总数675个，全国工商联会员系统在册会员208个。年内，新吸纳会员87个。其中，团体会员1个，直属企业会员86个。加强商会建设，开展民营经济人士培训教育、民营经济法律服务、民营经济调查研究、服务民营经济发展、民营企业人才培育、民营经济参政议政、民营经济党建、民营经济社会服务等系列活动。至年底，全县12个镇（街道）全部建成基层商会。创立无棣县直播电商商会，实现行业商会"零"的突破。县工商联根据商会反馈的问题及需求，与相关业务部门联合开展"赋能民企"活动，对话交流、答疑解惑，为全县民营企业解读惠企政策。举办诚信宣传专题活动4次，赴海丰街道、棣丰街道、小泊头镇等为企业解决用地难、融资难问题6个。年内，西小王镇商会以技术支持引导全镇棉花生产链条构建，《建设棉花产业强镇、促进乡村振兴实践——以山东滨州西小王镇为例》经验被《中国棉花》杂志刊登宣传；埕口镇商会联合滨州正海蓝色实业集团有限公司探索底播型海洋牧场增值，经验做法被国家发改委以典型案例向全国推介。（任晓琨）

【民营经济人士参政议政】 2022年，无棣县支持工商联界别政协委员履行参政议政职责，通过加强思想引领，开展专题议政会等多项举措，持续推进参政议政工作走深走实。倡导民营企业家参政议政，开展系列专题调研活动，形成《关于无棣县民营企业疫情防控和复工复产情况的调研报告》。组织工商联界政协委员形成《关于促进中小企业健康发展的建议》《关于推动构建中小企业发展联盟的建议》等提案。发挥"e盏茶事"线上线下互动交流平台作用，鼓励非公经济代表人士建言献策；召开无棣县纺织企业高质量发展座谈会、企业上市挂牌工作座谈会等专题会议，县委书记、县长参会交流，政企沟通，纳言献策，助力经济社会发展。（任晓琨）

【服务民营经济发展】 2022年，无棣县推进地方金融服务、法律服务。县工商联下属党支部与无棣农商行、县非公经济个体组织志愿服务队达成党建共建合作单位，为民营企业家提供助力复工复产金融服务产品。县工商联联合海丰街道办事处、无棣农村商业银行召开战略合作启动会议，推进政银企三方对接，为企业解决融资难、融资贵难题，联合县检察院，与县国资委、县财政局等20余个部门协商共建涉案企业合规第三方监督评估机制管理委员会。联合县检察院等17个单位，召开无棣县涉案企业合规第三方监督评估机制管理委员会成立大会暨第一次联席会议，为涉案企业合规改革提供制度支撑，推动全县企业合规管理、高质量发展。联合县检察院召开涉案企业合规建设政策解读座谈会，为全县民营企业家代表解读涉案企业合规建设政策。制定非公涉案企业合规第三方监督评估工作流程，帮助民营企业家弄懂政策，用好政策，为民营企业提供法律保障。（任晓琨）

【民营经济参与社会服务】 2022年，无棣县工商联、县农业农村局（乡村振兴局）、中国农业银行无棣县支行、中国农业发展银行无棣县支行联合实施"百企百会兴百村　携手共走振兴路"行动，动员县民营企业、商会组织对接行政村或自然村，聚焦产业振兴，助推乡村产业、人才、文化、生态振兴，推进农业高质高效发展、乡村宜居宜业提升、农民富裕富足走强。发挥民营企业、商会组织优势，引导民营企业到镇（街道）、村投资兴业，回报家乡。年内，无棣县工商联被评为全市工商联系统乡村振兴工作先进单位，无棣县副主席企业"无棣金龙混凝土有限公司"被评为滨州市十佳"乡村振兴之星"典型案例，副主席企业"无棣鑫岳化工集团有限公司”被评为滨州市十佳“公益慈善之星”典型案例。深化“万所联万会”合作机制，深入基层商会开展“法治体检”活动。开展维权、培训、宣传、指导等法律服务宣讲活动10余次，推行“商会+”等法律服务方式。（任晓琨）

【商会交流】2022年，无棣县助力商会之间交流，县工商联牵线搭桥、座谈会商，指导基层商会开展服务会员企业、服务当地发展系列活动。各商会内部召开各类活动，促进会员企业沟通交流；棣丰街道商会举办系列高质量发展座谈会，推动会员企业间合作；小泊头镇商会组织会员企业集中到国外考察学习。年内，成立济南市无棣商会。助力无棣县招商引资，引进项目到无棣县投资。县工商联到青岛市滨州商会、北京市工商联、北京市滨州商会、河北省滨州商会、天津市塘棣协会等地，向相关商会、企业推介无棣营商环境优势、招商政策。县工商联加强与济南市、青岛市、北京市、天津市、江苏省昆山市等地无棣籍民营企业家联系沟通，鼓励无棣籍企业家回乡投资兴业，引领无棣本地企业家外出学习发达地区成功经验，助力本地企业发展。（任晓琨）

【民营经济管理队伍培训教育】2022年，无棣县支持民营企业发展，注重培育高素质企业管理队伍，激发市场主体活力，推进民营经济质量变革、动力变革，促进民营经济高质量发展。召开商会会长座谈会、商业运营专题会，集中学习山东省民营企业座谈会会议精神及全国稳住经济大盘电视电话会议精神、省第十二次党代会重要会议精神，坚定民营企业发展信心，担当“走在前、开新局”使命。举办“无棣县民营企业家‘深化认同，增强信心，理性看待当前经济形势’专题培训班”，通过多形式、多层次培训活动，打造一支素质高、善经营、懂管理、适应市场竞争需求的民营经济代表人士专业队伍，提高非公有制经济人士综合素质，促进全县非公有制经济高质量发展。（任晓琨）

【助企复工复产专项调研】2022年，无棣县注重县工商业联合会调查研究、参政议政工作，围绕亲清政商关系、企业家精神等专题，开展社情民意信息、重点调研等工作，提高各级工商联调查研究与参政议政能力。4月7—8日，县委统战部、县工商联分7个工作组深入民营企业开展“联企抗疫情 助企复生产”专项调研。调研组实地走访全县12个镇（街道）、4个园区103家民营企业。其中，制造类企业32家，农林牧渔类企业25家，建筑建材类企业16家，物流服务类企业11家，化工新能源类企业15家，纺织类企业4家。调研收集梳理工、商、企业5类107个困难、问题，向县委县政府有针对性提出5项工作建议。（任晓琨）

【民营经济党建】2022年，无棣县在非公综合党委内全面开展非公党支部提升行动。实地走访调研下属12个党支部党建工作，对党建情况进行全面摸底。组织下属党支部书记现场述职，传递竞争压力，启迪发展思路，强化发展信心。组织下属党支部书记赴潍坊市青州市工商联对标学习非公党建工作，发挥标准导向作用、标杆示范作用，促进从严管党治党责任落实。召开全县非公综合党委上半年基层党建工作专题会议，了解对标学习青州市非公党建落实情况。现场观摩3个党支部，各党支部书记根据观摩情况，结合本单位党建工作实际谈观摩感悟，促进经验交流。“七一”前，组织非公综合党委下属党支部开展红歌快闪活动，在县城新区广场公园共同歌唱《没有共产党就没有新中国》，与会党员在红歌中感受激情、汲取力量，激发基层党组织活力。9月18日，举办“勿忘国耻 奋发图强 纪念九一八事变”主题教育活动，教育引导社会各界非公经济人士深刻认识历史、展望未来，坚定爱党、爱国、爱家乡信念。开展淬火工程专项活动，邀请县委党校讲师上党课，深入学习贯彻党的二十大会议精

神和习近平新时代中国特色社会主义思想。（任晓琨）

【无棣县工商业联合会第九次会员代表大会】2022年2月17日，无棣县工商业联合会第九次会员代表大会召开。会议听取审议县工商联第八届执委会工作报告；通过《无棣县工商业联合会第九次代表大会选举办法》、县工商联第九次会员代表大会关于工作报告的决议。选举产生无棣县工商业联合会第九届执行委员会委员。县工商联九届一次执委会议选举产生无棣县工商业联合会第九届执行委员会主席、常务副主席、副主席、秘书长、常务委员，张荣德当选县工商联第九届执行委员会主席（县总商会会长）。（任晓琨）

无棣县文学艺术界联合会

【文联组织】2022年3月，成立无棣县女书画家协会。至年底，无棣县文学艺术界联合会（简称县文联）下辖作家协会、书法家协会、美术家协会、音乐家协会、戏剧与曲艺家协会、舞蹈家协会、摄影家协会、演讲与朗诵艺术协会、民族音乐促进会、无棣历史文化研究会、女书画家协会11个文艺家协会，会员750余人。其中，市级会员170人、省级会员78人、国家级会员9人。年内，县文联坚持“二为”方向、“双百”方针，举办文艺汇演等系列活动，承办山东省第八届小品新作大赛、“众芳芬苾·金石永年——吴式芬奖”滨州市第十三届书法临帖展。（于文娟）

【主题文艺活动】2022年，无棣县推进“在知爱建”主题实践活动，举办“喜迎二十大·翰墨润童心”青少年书法大赛、“琴音飞扬·乐随心动”钢琴演奏会、“欢度重阳节　喜迎二十大”老年书画展、“祖国您好——庆国庆·迎二十大”专场晚会、“喜迎二十大·翰墨倡廉洁”廉洁文化书画展、“喜迎党的二十大·砥砺奋进谱华章”主题摄影展、“扛牢使命·奋力争先”主题演讲比赛等系列文艺活动。结合“七一”“十一”等重要节日、节点，举办文艺汇演、诗歌朗诵、书画展览等活动。开展“翰墨丹青巾帼志，荷风竹韵姊妹情”女书画家作品联展、“致敬最可爱的人”文艺专场、“永远跟党走　翰墨丹青颂党恩”书画展、首届书法篆刻临帖展、“盛世花开”迎国庆牡丹专题精品画展等系列活动，丰富群众文化生活。联合滨州市作家协会、摄影家协会、书法家协会、美术家协会，组织骨干文艺家，围绕无棣古城历史文化、碣石山文化、古黄河文化、渤海文化及无棣县委、县政府打造港产城融合新高地发展战略，开展“富强滨州”看无棣摄影文化、“黄河文化”采风行、寻找“山海古邑·和善无棣”美术符号等写生采风活动10余次，推出文艺精品，宣传推介无棣。（于文娟）

【文艺创作品牌建设】2022年，无棣县立足无棣历史文化资源，围绕李之仪文艺奖评选活动，组织文艺骨干创作人员开展采风座谈、交流培训等活动，用文艺形式讴歌宣传无棣。年内，诗集《青坡桑田》、文学评论集《但得清音》、作品集《“疫”路花开》《强优富美和善无棣》《张金举画集》《孟德玉画集》等10余部书画集、摄影集、文学作品集相继出版。一批精品力作在全县评选中获奖，20余篇（幅）作品在市级及以上比赛中获奖；30余篇（首）各类文学作品在《诗刊》《时代文学》《散文诗》等国家级、省级文艺期刊发表。组织骨干力量创作戏剧剧本《张铸大师》、报告文学集《追寻那一束光》、电视连续剧剧本《我住长江头》等精品力作。开展“无棣县第二届李之仪文艺奖”评选工作，获奖作品18件。其中，文学评论集1部、诗集1部、人物传记2部、画集2部。（于文娟）

【文艺志愿服务】2022年，无棣县坚持文艺惠民，推出“文艺赋能·情系万家”文艺志愿服务品牌。县文联所辖各协会建立志愿服务团队，进农村、社区、企业、学校，搭建文艺工作者与群众互动纽带。年内，开展文艺志愿活动百余场，受益群众3万余人。承办市文联“文心向党　艺润滨州”文艺志愿服务暨无棣县“文艺赋能　送福迎春”2022年书画下乡、“滨州市纪念毛泽东同志《在延安文艺座谈会上的讲话》发表80周年•喜迎党的二十大——‘到人民中去’山东文艺志愿者在行动”等主题活动，走进基层，服务群众。开展“5•23”中国文艺志愿者服务日、“12•28”百县千村书法惠民等主题活动。为派驻第一书记村送出春联、福字千余副。坚持“送文化”与“种文化”相结合，举办戏剧进乡村惠民演出20余场，与县总工会、县文化馆等部门合作开办声乐、舞蹈、朗诵、摄影、国画、书法培训70余场。县书法家协会志愿服务队被县精神文明建设委员会评为“2022年度无棣县最佳志愿服务组织”。　（于文娟）

【承办省市文艺活动】2022年6月30日，“众芳芬苾・金石永年——吴式芬奖”滨州市第十三届书法临帖展在无棣古城开幕。展览汇集全市书法家精品力作，是全市书法领域高层次展事之一，首次在县（市、区）举办。展览会收到参展作品109件。市书协评审小组评选出获奖作品10件，获奖提名作品10件，入展作品89件。9月17日，山东省第八届小品新作大赛在无棣县举办。大赛组委会收到各地市推荐节目50余个，经专家遴选，20个节目入选决赛。其中，无棣县文化馆选送的小品《投票》获一等奖。无棣县被授予“山东曲艺之乡”称号。10月19日，无棣县承办滨州市美术名家寻找“山海古邑和善无棣”美术符号采风活动，全体采风人员到无棣古城、无棣千年古桑园、碣石山镇等地写生，创作画作100余幅。　（于文娟）

2022年9月27日，“欢度重阳节　喜迎二十大”无棣县老年书画展在县老干部活动中心开幕　（县文联　供图）

无棣县残疾人联合会

【残联组织】2022年，无棣县残疾人联合会（简称县残联）建立健全县、镇（街道）、村（社区）组织体系。全县12个镇（街道）设立理事长、残联干事，574个村、10个城市社区成立残协组织，均设主席、专职委员等职位，全县残疾人联系服务组织全覆盖。县残联制定《无棣县残联关于全县各级残联换届工作的实施意见》。9月，完成全县换届工作。　（杨　健）

【残疾人权益维护】至2022年底，无棣县持证残疾人13924人，一二级重度残疾人6057人，占全县残疾人总数43.5%；0～17岁残疾儿童511人，占全县残疾人数3.8%。年内，无棣县开展1.4万余人次残疾人基本情况入户调查，建立1.4万余户救助档案，印发《残疾人便民服务手册》5万余份，加强党的惠残政策宣传，做到家喻户晓。持续优化“残疾人证办理小程序”，组织上门评残服务10余次，实现群众办证“零跑腿”。开展困难残疾群众慰问活动，送去党委政府关心。　（杨　健）

【残疾人职业技能培训】2022年，无棣县推进落实共同富裕政策，持续开展残疾人培训，举办培训班10余场次，培训残疾人300余人次；6月23日，2022年全省残疾人电商直播职业技能培训班在无棣县举行。来自全省32名残疾人学员参加为期7天培训。山东省残联副理事长冯雷参观考察华商学院（山东）有限公司电商直播基地运营情况，了解无棣县残疾人直播间、直播带货等工作开展情况。（杨　健）

【残疾人就业服务】2022年，无棣县以未就业残疾人、农村就业困难家庭、高校残疾毕业生为重点，采取落实政策、开发岗位、技能培养、专场招聘、项目扶持、补贴奖励6项措施，建立促进残疾人多种形式就业工作长效机制，提高残疾人就业率。年内，全县获批省级残疾人辅助性就业机构1处、市级残疾人辅助性就业机构1处、省级创业标兵1名。完成“无棣盲按”盲人保健按摩机构规范化建设，扶持盲人保健按摩点4处。审核按比例安排残疾人就业单位57个，按比例安排残疾人就业173人次。支持、鼓励残疾人自主创业，为自主创业典型残疾人发放自主创业扶持资金10万元。5月，无棣县在“全省残疾人就业工作线上会议”上就《创新发展电商直播基地，助力残疾人创业就业》工作做经验介绍。7月，《大众日报》对无棣县“残疾人也能直播带货”进行整版图文专题报道，新华社报道“无棣县800名残疾人主播炕头上创业就业”，获200万名网友点赞。（杨　健）

【扶残助残活动】2022年，无棣县开展残疾人康复救助与服务工作，提升残疾人康复水平。县残联健全完善残疾儿童救助政策体系，为残疾儿童提供免费抢救性康复服务；完善“康教托技”残疾儿童康复服务体系。春节、残疾人节日期间，到300户残疾人家中送温暖，了解其生活、健康情况，及时解决相关困难。送去价值10万元的慰问金、慰问品，组织各部门助残力量及爱心企业、爱心协会志愿者开展“残疾人辅助器具进万家”活动，适配轮椅、拐杖、防褥疮垫、助听器、助行器、坐便椅、盲杖等各类辅具；对144户脱贫享受政策户及困难重度残疾人家庭进行家庭无障碍改造，改善行动不便残疾人家庭生活环境。（杨　健）

【残疾人文体活动】2022年，无棣县实施“文化润残”行动计划，组织开展多层次特色化残疾人文体艺活动，丰富残疾人文化生活，将全县全民健身活动中心助残设施扩展丰富提升，打造成残疾人群众性文化活动示范阵地。年内，全县残疾人运动员在山东省第十一届残疾人运动会上获银牌9枚、铜牌1枚；县代表队获省运会“体育道德风尚奖代表队”。组织开展“文化助残五个一活动”“盲人节无障碍政务体验”等系列活动，提倡全社会扶残助残。（杨　健）

【“如康家园”建设】2022年，无棣县稳步推进“如康家园”建设，发挥第三方机构作用，打造综合性服务机构，形成“智慧物联+全域服务”特色服务模式。招聘公益社工26名，加入“如康家园”建设队伍中。挖掘各镇（街道）产业特色，开展辅助性就业合作救助残疾人，全年共有100余名残疾人入园接受服务。5月，无棣县在全省残联重点工作推进会议上，就“如康家园”建设工作作典型发言。山东省残联对无棣县“如康家园”残疾人之家给予肯定。（杨　健）

【“传棣爱”阳光助残品牌创建】2022年，无棣县成立“党建助残联盟”，打造“传棣爱”阳光助残品牌，与省残疾人就业指导中心结对党建共建，成立多个“党建助残驿站”，聘任驿站党建指导员，开展帮助残疾人“读1本书、看1次电影、游1次园、参观1次展览及参加1次文化活动”文化助残“5个1”进家庭、“助残日走访慰问”“盲人节无障碍政务体验”“人人享有听力健康”“关爱自闭症儿童”等阳光助残活动60余次，实现党建业务融合发展、融合推进。（杨　健）

【“康教托技”一体化融合服务典型案例】2022年，无棣县响应国务院关于“发展残疾人事业，加强残疾康复服务”重要部署，落实《残疾预防和残疾人康复条例》，持续完善全县残疾儿童救助工作体系，按照“政府主导、社会参与、专业服务”工作思路，打造残疾儿童“康教托技”一体化融合发展康复机构，构建“医疗康复 + 义务教育 + 托管服务 + 技能培训”残疾儿童全生命周期服务网络，开展残疾儿童康复救助工作，残疾儿童康复有效率为98%。创新工作经验被滨州市委《决策参考》刊发。《建设儿童友好型城市，一个孩子都不能少——无棣残疾儿童“康教托技”一体化融合服务模式创新实践》入选山东省残疾人工作十大优秀创新项目（案例），并作为全国残疾儿童融合教育典范，在中央电视台《新闻联播》“十三五”成就巡礼栏目播出。（杨　健）

无棣县法学会

【法学会组织】 2022年，无棣县法学会发挥平安法治建设“智囊团”作用，为建设高品质平安无棣、法治无棣提供法治保障。年内，无棣县法学会发展个人会员162人、团体会员6个，选派26名法学法律工作者组建全县“政法智库”，凝聚全县法学力量，服务全县经济社会发展。（张宗旻）

【专项研究会建设】 2022年，无棣县加强法学会组织建设，有序壮大全县法学会团体力量，推动全县法治建设工作。年内，对全县原有刑事、民事、商事、行政法学、基层社会治理5个专项研究会重新调整，充实力量，在县未成年人保护中心、县婚姻家庭辅导中心分别挂牌，成立无棣县法学会未成年人保护法学专项研究会、婚姻法学专项研究会2个专项研究会。年内，7个专项研究会共开展法治研讨11次，形成论文报告20篇，参与制定网格化服务管理、法治营商环境等相关重大文件6个，为党委政府决策提供有力支持。（张宗旻）

【法治宣传】 2022年，无棣县制定《2022年无棣县“百名法学家百场报告会”法治宣讲活动实施方案》《2022年无棣县青年普法志愿者法治文化基层行活动实施方案》，举办“高品质平安无棣法治无棣集中宣传暨青年普法志愿者法治文化基层行”启动仪式，青年普法志愿者就防范养老诈骗、公益诉讼、少年审判、《中华人民共和国民法典》等进行现场宣讲；组织开展“百名法学家百场报告会”“双百”法治宣讲活动6场，受教育干部群众1800余人。组织开展法治文化基层行普法宣传进社区、全民国家安全教育、“政法在您身边”“开学第一天 法治第一课”等主题宣传活动17场次，围绕《民法典》、护路护线、平安创建、扫黑除恶、反邪教、国家安全、未成年人保护等内容，发放宣传材料9000余份，受教育群众1.71万余人次。其中，“把《民法典》装进‘小书包’”宣传活动组图获第四届“平安山东”“法治山东”优秀政法文化摄影作品类三等奖，为全省唯一县级法学会获奖作品。（张宗旻）

【法学会服务大局】 2022年，无棣县法学会主动融入全县经济“主战场”，发挥法学会法治智囊作用，为全县经济社会发展提供坚强政法保障。5月6日，县法学会牵头在无棣县鲁北高新技术开发区创新成立全市首家“鲁北高新技术开发区政法服务保障工作室”。政法服务保障工作室秉持“有求必应、无事不扰”工作宗旨，做好企业稳定风险评估、法律政策咨询、违法犯罪打击、涉企纠纷调解、僵尸企业出清、社会风险排查化解等工作，为推动“强优富美”新无棣大发展、打造鲁北港产城融合新高地贡献政法力量。年内，召开企业家座谈会9场、组织专题法律培训12场次，协调推进经济案件7起，解决企业“急难愁盼”。县法学会依托全县12个基层“会员服务站”，将会员融入网格员、人民调解员、法律顾问等基层调解力量，帮助地方政府解决社会发展中土地征收、拆迁安置、环境保护、劳动争议等矛盾纠纷、信访案件，参与调处纠纷150余起，化解重点信访案件2起。（张宗旻）

2022 年 6 月 17 日，无棣县法学会第二次会员代表大会在县政务中心召开
（县法学会 供图）

【无棣县法学会第二次会员代表大会】 2022 年 6 月 17 日，无棣县法学会第二次会员代表大会召开。会议审议无棣县法学会第一届理事会工作报告，《无棣县法学会第二届理事会选举办法（草案）》；宣读《关于表扬“无棣县优秀法学法律工作者”的通报》；颁发未成年人保护法学专项研究会会长、婚姻法学专项研究会会长聘书；选举第二届县法学会理事会理事、会长、副会长、秘书长、常务理事，李新峰当选为第二届县法学会会长。全县法学法律界会员代表参加会议。（张宗旲）

无棣县红十字会

【红十字会组织】 2022 年，无棣县有红十字会基层组织 639 个。其中，镇（街道）、社区、村 509 个，学校 37 个，机关、事业、企业单位 93 个；红十字注册志愿者 239 人，红十字志愿服务组织 5 个。（徐志东）

【人道筹资】 2022 年，无棣县设立募捐专用账户接收新冠疫情防控捐款。接收新冠疫情防控捐款 12 笔、35.8 万元；接收捐赠物资 1 笔，按捐赠者意愿及时转交县人民医院、县中医院。（徐志东）

【应急救护救援】 2022 年，无棣县弘扬“奉献、友爱、互助、进步”红十字志愿服务精神，创新培训模式，遵循应急救护“进机关、进企业、进校园、进社区、进农村”五进原则，开展“在知爱建——纪念第 75 个‘5·8’世界红十字日”“我为群众办实事 应急救护我当先”等系列培训活动。与县直机关工委等相关部门单位联合开展多期救护员培训班，439 人取得救护员证书；开展心肺复苏、气道梗阻、海姆立克急救法、除颤仪使用等应急救护知识与技能培训，惠及群众 1 万余人。开展多次水域救援、防洪、灭火、防伤害等项目演练，训练群众掌握自救互救知识、技能，提高人民群众应对自然灾害、突发事件能力。县红十字会获“滨州市红十字会应急救护培训先进集体”称号。（徐志东）

【器官捐献与无偿献血】 2022 年，无棣县加强造血干细胞捐献、遗体（器官）、角膜捐献、无偿献血宣传，做好“三大捐献”组织发动、咨询、登记、捐献及追踪服务工作，发放宣传材料 3 万多份。县红十字会获“滨州市红十字会三大捐献先进集体”称号。（徐志东）

【人道救助】 2022 年，无棣县开展博爱送温暖、天使计划救助等各项救助工作。走访慰问全县博爱家园村等贫困户 7 户、棣丰街道困难党员 3 户。联系爱心人士捐赠棉鞋 470 多双，发放到海丰街道困难群众手中。上报“小天使”救助 4 人，上报“天使救心”救助 1 人。开展“甘霖”救助活动，救助大病患者 2 名，发放救助金 5000 元。（徐志东）

【应急救护培训进企业活动】 2022 年 5 月 8 日，无棣县红十字会进入企业开展线下应急救护培训活动。“5·8”世界红十字日，县红十字会联合鲁北高新区

管委会举办以"'在知爱建'——纪念第75个'5·8'世界红十字日应急救护知识培训进企业"为主题红十字救护员培训班。通过应急救护理论知识讲座，应急救援实际操作，提升参训人员救护理论知识水平与救援技能。山东鲁北企业集团总公司、无棣鑫岳化工集团有限公司、无棣三岳化工有限公司、汇泰控股集团股份有限公司等31家企业50余名职工参加培训。培训班结束，通过理论考试颁发红十字救护员证书。不合格参训人员，继续参训，直至考试合格取得救护员证书。救护员返岗后，按照县红十字会要求，对本企业骨干职工开展普及性二次培训。通过理论讲解、实际操作、发放宣传页等形式开展应急救护知识与技能普及性培训，培训企业骨干职工2000余人。（徐志东）

无棣县计划生育协会

【计生协会组织】 至2022年底，无棣县计划生育协会（简称县计生协会）有镇（街道）级计生协会12个，村（社区）级计生协会587个，企事业计生协会10个，流动人口计生协会12个。各计生协会组织成立理事会，有协会理事3769人，协会会员37053人，志愿者队伍210支，志愿者1746人，会员之家578个。8月，进行镇（街道）、村（社区）两级计生协会换届，形成"组织网络健全、结构合理、功能强化"工作格局。（范存晓）

【生育关怀】 2022年，无棣县开展计生特扶家庭走访慰问活动，在"春节、会员活动日、重阳节、母亲节"等节日，走访慰问计生特扶家庭，发放救助金39.9万元，送去米面、粮油等生活用品。开展"家庭安康工程"，与中国人寿保险股份有限公司无棣支公司联合开展保险保障服务，为全县所有计生特殊家庭办理住院护理补贴保险，提高计生家庭抗风险能力。开展"暖心家园"关爱活动，全县建有"暖心家园"13处，实现镇（街道）全覆盖。组建县级心理健康服务专家库，在"暖心家园"开展知识讲座、心理疏导、交流联谊、文体娱乐等活动，引导计生特殊家庭走出心灵阴影，促进身心健康。县计生协会1人被山东省计生协会授予"暖心之星工作者"称号。开通"生育关怀紧急救助绿色通道"，走访独生子女患重大疾病特殊家庭，发放扶助金3万元；向山东省人口关爱基金会捐款6万元，利用返还款对29户计生困难家庭进行救助。开展"生育关怀—金秋助学"及公益保险赠送活动，为5名困难学生提供助学金1万元，为17人赠送公益保险。（范存晓）

【优生优育服务】 2022年，无棣县利用"5·29"计生协会会员日、"5·20"全国母乳喂养日、"10·28"世界男性健康日等时间节点组织会员开展宣传、义诊等服务活动30场次，受益群众6000余人次。组织家庭健康指导员培训2期；组织开展线上线下健康讲座、应急救护员培训115期（次）。结合婚育新风、优生优育进万家活动，以服务3岁以下婴幼儿家庭照护为核心，推动社会福利项目"向日葵亲子小屋"建设（一项致力于提供儿童全面发展支持的社会福利项目，将以儿童为中心，提供一系列包括健康教育、心理咨询、亲子活动等在内的服务，旨在提高儿童生活质量，促进他们身心健康发展），组织专业人员送优生优育知识下乡，开展优生优育知识讲座100余场（次），覆盖全县所有镇（街道），受益群众8600余人。（范存晓）

【"暖心家园"项目建设】 2022年，无棣县发挥计划生育协会"带头、宣传、服务、监督、交流"职能作用，以"暖心家园"项目为载体，带动全县计生特殊家庭人员走出家门、走进家园，参与活动。建立健全帮扶工作"精神慰藉、走访慰问、志愿服务、保险保障"4项制度，增强计生协会服务效能，提升计生家庭发展能力。年内，全县建成计生协"暖心家园"项目点国家级1处、省级1处、市级2处，12个镇（街道）"暖心家园"全覆盖，助力"健康无棣"建设。（范存晓）

法 治

政法委与综治

【概况】2022年，无棣县健全组织领导、改革攻坚、智慧政法、工作落实四个机制，推动平安建设、法治建设，推进基层社会治理现代化、县域营商环境法治化、政法队伍建设专业化、扫黑除恶斗争常态化，维护全县社会大局持续和谐稳定。深化打击恶意逃废金融债务专项行动，攻坚“执行难”，凝聚黄河流域生态保护司法合力。深化政法领域改革创新，推进执法司法规范化建设。实施“全科大网格”提质增效工程，提升网格员事件处理能力。年内，全县9名政法干警、4个集体获省级以上表彰。（张宗昊）

【平安建设】2022年，无棣县制定《2022年度高品质平安无棣建设实施方案》，开展打击整治养老诈骗专项行动。依法快侦快破各类养老诈骗案件，形成强大打击声势。全县核查线索43条，查结43条，立案侦办养老诈骗刑事案件33起、破案33起，打掉犯罪团伙3个，抓获犯罪嫌疑人52人，追赃挽损率100.9%。坚持边打边治边建，紧盯行业领域涉诈隐患，进行3轮地毯式、拉网式排查，对养老机构、保险网点、房屋销售等重点部位突击检查，建立问题台账，制定整治方案，逐一销号。建立防范惩治养老诈骗相关制度19件。全县排查整治涉养老诈骗问题24个，向行业领域制发“三书一函”提出整改要求61条，全部整改到位；打击严重暴力、黄赌毒、电信网络诈骗、养老诈骗、涉众型经济等违法犯罪，集中开展地毯式治安基础要素大排查，加强社会面整体管控，持续净化社会环境。将社会稳定风险评估工作列入党委政府决策程序，对涉及群众切身利益重大决策，进行社会稳定风险评估，听取群众意见、建议，把可能影响群众利益、社会稳定问题与矛盾解决在决策之前。（张宗昊）

【司法监督】2022年，无棣县健全政法机关侦查权、检察权、审判权、执行权相互配合、相互监督体制机制，构建权责清晰、权责统一、监管有效、保障有力的执法司法责任体系。常态化开展执法司法突出问题专项整治，不定期到一线执法场所、窗口明察暗访，选取重点案件进行评查，严格处理干预司法行为，整顿政法队伍纪律作风。（张宗昊）

【社会治理体系建设】2022年，无棣县制定《关于开展“五统五促”网格提升行动的实施方案》《关于加强专职网格员队伍建设的指导意见》，促进网格党组织规范化、网格职能精准化、网格服务高效化、网格运行闭环化、网格队伍专职化。制定《关于建立基层社会治理“百姓夜话”工作机制的实施方案》，解决关系群众切身利益实际问题。加强综治中心、矛盾纠纷调处服务中心、信访服务中心、便民服务中心“多中心合一”建设，强化组织保障。制定《无棣县关于实施“安心工程”加强社会心理服务体系建设的工作规划》，构建心理咨询室、职工心理关爱中心、社区“心情驿站”、企业“慧心服务点”等；在全省率先实施“F享无棣”关爱照护工程，自主研发精神障碍康复智慧数据平台，定期进行风险评估，掌握有心理风险高危人群及突发事件苗头。制定《关于在全县范围内建立矛盾纠纷调处化解综合协调机制的实施方案》，加强矛盾纠纷多元化解队伍建设，形成全县矛盾纠纷多元化解队伍体系。（张宗昊）

【扫黑除恶斗争常态化】 2022年，无棣县专题研究扫黑除恶6次，将专项斗争工作开展情况纳入经济发展考核，列为平安无棣建设指标重要评价内容。推动存量案件清零，保障持续实现对黑恶势力露头就打、打早打小，彻底消除。年内，打掉恶势力犯罪团伙1个，抓获涉案人员8人；追捕抓获涉网黑逃犯2人，网上逃犯实现清零；4月，一审判决高某某恶势力团伙案；8月，公开审理秦某某恶势力犯罪集团案件。办案机关对涉黑涉恶案件中发现行业乱象、监管漏洞，及时制发“三书一函”，督促进行整改。年内，向有关部门制发“三书一函”8条，整改完成3条。县扫黑办与县纪委监委建立健全“线索流转、通报会商、协同办理、同步上案、常态化治理”5项工作机制，加强纪法协同，凝聚工作合力。建立涉黑涉恶问题线索集中排查、研判、移送、处置快速反应机制，对涉黑涉恶案件背后腐败问题线索“零放过”。强化扫黑除恶主题宣传，组织开展《中华人民共和国反有组织犯罪法》集中宣传月活动，发放宣传资料1.8万余份，利用微信公众号平台发布宣传信息200余条，利用辖区内商场、车站、门店、企业等人员密集区域悬挂横幅1200余幅，运用电子屏及530余辆出租车显示屏滚动播放宣传标语5万余次。（张宗昊）

【政法服务保障工作室成立】 2022年5月6日，无棣县在鲁北高新技术开发区成立全市首家“政法服务保障工作室”。政法工作室对接鲁北高新技术开发区内企业、项目，做好稳定风险评估、法律政策咨询、违法犯罪打击、涉企纠纷调解、社会风险排查化解等工作，每周例会，调度工作情况、研判企业形势、分析具体案件、会商解决路径、细化工作措施，帮助企业解决问题。年内，召开企业家座谈会9场、组织专题法律培训12次，协调推进经济案件7起，涉案金额超过1.5亿元。（张宗昊）

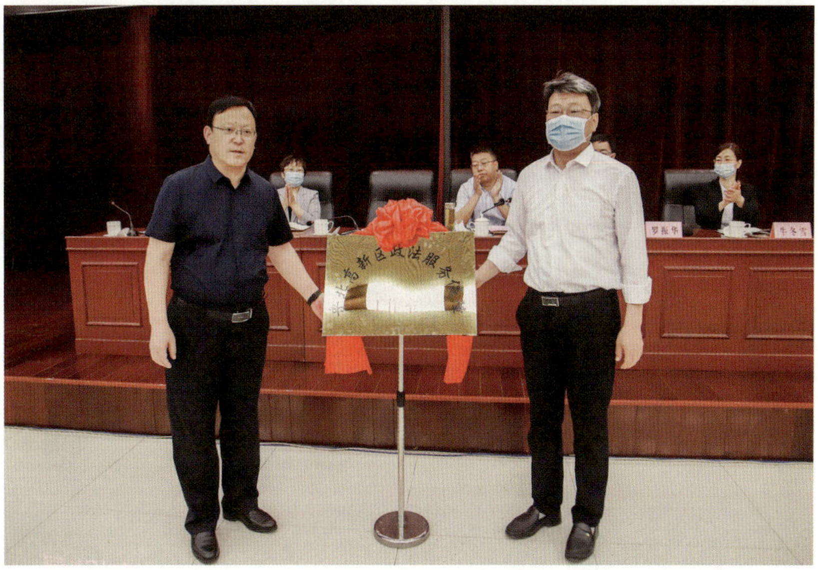

2022年5月6日，滨州市首家“政法服务保障工作室”在鲁北高新技术开发区成立（县委政法委 供图）

【无棣县见义勇为协会第一届会员大会】 2022年6月23日，无棣县见义勇为协会第一届一次会员大会召开。会议审议通过《无棣县见义勇为协会第一届会员大会选举办法》《无棣县见义勇为协会章程》《无棣县见义勇为协会会费管理办法》；选举产生协会第一届理事会成员、监事会成员、协会会长、常务副会长、副会长、秘书长、副秘书长；刘建波当选为县见义勇为协会第一届会长。（张宗昊）

【政法英模故事讲演大赛】 2022年8月12日，无棣县政法系统举行“献礼二十大祝福伟大祖国 奋进新时代建设平安无棣”“向人民报告”政法英模故事讲演大赛。全县政法系统选拔10名干警参加讲演大赛。基层法官、检察官、基层干警、司法行政干部等各方面选手用真实经历、感人事迹，赞颂政法干警默默无闻、无私奉献精神，展现政法队伍忠诚担当、执法为民形象。大赛评选出一等奖2名、二等奖3名、三等奖5名。 （张宗昊）

【平安无棣法治无棣宣传活动】 2022年7月11日，无棣县高品质平安无棣法治无棣集中宣传暨“青年普法志愿者法治文化基层行”活动在无棣县古城广场举行。4名青年普法志愿者代表就打击整治养老诈骗、公益诉讼、少年审判、民法典等平安、法治专题进行现场宣讲；山东艺术学院赴无棣县推普助力乡村振兴服务队，举办戏剧党课文化惠民主题文艺演出。活动现场举行“在知爱建——平安无棣·你我共建共享”主题征文、课题研究、书画摄影等53项优秀作品颁奖典礼；举办平安无棣法治无棣建设图文展览。 （张宗昊）

2022年7月11日，无棣县青年普法志愿者法治文化基层行主题宣讲在无棣古城举行 （县委政法委 供图）

法治政府建设

【概况】 2022年，无棣县实施党政机关法律顾问全覆盖工程，促进法治无棣建设。依法履行政府职能，落实重大行政决策程序规定，组织执法普法双评议，推行证明事项告知承诺制，构建法治化营商环境。完善依法行政制度体系，制发县政府规范性文件2件，组织规范性文件评估2次，专项清理3次。健全行政执法体制机制，扩大行政执法监督制约机制改革试点范围，定期开展专项行政执法监督，对357名执法人员组织培训。健全矛盾纠纷多元化解机制，推进“一村（社区）一法律顾问”，选拔“法治带头人”590名、“法律明白人”1770名。县委依法治县委员会办公室被山东省委全面依法治省委员会办公室、省委宣传部、省人力资源和社会保障厅、省司法厅联合评为全省法治政府建设先进集体。 （徐英杰）

【依法治县机制建设】 2022年，无棣县组织召开县委全面依法治县委员会会议4次、办公室会议5次，组织县委法治委4个协调小组召开会议11次；组织开展县政府常务会专题法治讲座2次、县委理论学习中心组专题法治讲座2次。县委、县政府多次研究法治建设工作，对行政规范性文件清理、重大行政决策制定、行政复议中心建设等重点工作安排部署；县委、县政府主要领导多次签批调度优化法治化营商环境、行政诉讼败诉等工作；将党政主要负责人履行推进法治建设第一责任人职责情况纳入党委巡察范畴；开展2022年度党政主要负责人述法，建立述法工作问题清单。落实领导干部学法制度，以县政府常务会、理论学习中心组学习、法治专题讲座、主题党日等为载体，学习《习近平法治思想学习纲要》《论坚持全面依法治国》。59 个部门单位通过法治专题讲座、主题党日、线上学习等形式，实现习近平法治思想全员培训。在县融媒体平台、法治无棣公众号开设“习近平法治思想学习宣传”专栏，组织镇（街道）、部门党政主要负责人谈习近平法治思想学习心得，发表理论文章 20 篇，报道各级各部门学习宣传情况 16 次。（徐英杰）

2022 年 10 月 21 日，无棣县司法局行政执法监督人员在山东鲁北海生生物有限公司开展涉企行政执法监督活动（县司法局 供图）

【重大行政决策程序完善】 2022 年，无棣县修订《无棣县重大行政决策事项目录管理办法》，制定、调整县政府重大行政决策事项目录，纳入目录管理事项 5 件，县司法局依法审查县住建局《无棣县燃气专项规划（2021—2035 年）》、县妇联《无棣县“十四五”妇女发展规划》《无棣县“十四五”儿童发展规划》、县教体局《无棣县全民健身实施计划（2021—2025 年）》、县残联《无棣县“十四五”残疾人保障和发展规划》；5 件重大行政决策事项全部履行合法性审查程序，确认制定程序合法。（徐英杰）

【合法性审查】 2022 年，无棣县依法对 21 件县政府规范性文件组织 2 次规范性文件实施后评估清理。其中，到期失效 2 件，继续实施 19 件。对涉及安全生产、计划生育、水能资源行政规范性文件组织专项清理 3 次。县政府制发规范性文件《在国际全国全省全市重大比赛中取得优异成绩及输送体育人才有功人员奖励办法》《无棣县重大行政决策程序规定》，均按要求做好合法性审查，制发程序合法。各镇（街道）司法所完善镇（街道）依法治理体制机制，参与审查合同协议 351 件、一般性文件 17 件。（徐英杰）

【行政执法监督】 2022 年，无棣县开展镇（街道）行政执法专项监督、委托行政处罚专项监督、生态保护领域行政执法专项监督、“乱罚款”问题专项监督等行政执法监督，开展行政执法普法双评议活动。推进涉企行政检查备案，规范涉企执法行为。年内，备案涉企执法检查 256 次，有效化解涉企行政检查过多、扰企等问题；组织各部门重新梳理《无棣县实行告知承诺制证明事项实施清单》；在全县范围内开展《中华人民共和国行政处罚法》培训学习，提高执法人员专业水平。组织 107 名重点执法部门执法人员参加培训考试；组织 95 名行政执法人员参加年审培训考试；组织 155 名人员参加新申领行政执法证件培训考试。（徐英杰）

【行政复议】 2022 年，无棣县提升县行政复议服务中心行政复议规范化水平。严把行政复议受理、审核、调查、决定“四关”，创建县矛盾纠纷调处中心 + 镇（街道）、企事业单位、村（社区）、专业性行业性调解组织“1+N”解纷模式、涉企行政复议繁简分流、复议案件全员合议、为企精准服务、行政复议与行政执法监督联动等工作机制，提高行政复议办案质效。年内，全县受理行政复议案件 134 件，调解和解率 58.3%，居全市第 1 位。9 月 28 日，全市行政复议应诉制度体系

规范化建设现场推进会在无棣县召开。（徐英杰）

【行政应诉】2022年，无棣县政府及县直部门、镇（街道）新收一审案件113件，其中县政府新收一审行政诉讼案件4件。10月，组织全县行政机关工作人员线上观摩庭审活动。组织府院联动联席会议2次，开展败诉风险案件化解，参与协调化解5件。全县行政机关负责人出庭应诉率、履行法院生效判决率100%。（徐英杰）

【政府法律服务】2022年，无棣县依法指派县委、县政府法律顾问29次，全程参与县政府重大行政决策审核、县政府协议审查、行政诉讼案件代理。年内，县司法局依法审查县政府签署合同、协议17件，其他法律事务15件，作出合法性审查意见书32份。（徐英杰）

【行政复议服务中心投用】2022年，无棣县加大财政投入，提升司法系统基础设施建设水平。建设无棣县行政复议服务中心，建筑面积1300余平方米，9月26日投入使用。行政复议服务中心分为综合服务大厅、综合办案区2个工作区域。设立立案室、审理室、听证室、合议室、云调解室、党建办公室等10余个功能室；设置复印、传真、打印、饮水等便民服务设施，全面提升行政复议办案硬件设施规范化水平。行政复议服务中心配备行政复议办案工作人员4人，行政复议办案辅助工作人员1人，人民调解员、律师、行政执法部门工作人员3人，工作人员按职能分组，在综合服务大厅轮流值班。行政复议服务中心推行“1236”行政复议工作模式，明确坚持人民至上理念、秉承复议为民初心、打造无棣复议品牌“1个目标”，突出调解和解贯穿全过程、为民服务与依法行政融合全过程“2条主线”，树立全程调解、全心调解、全力调解“3种理念”，推进功能科室标准化、日常服务规范化、工作流程精细化、和解调解常态化、业务水平质量化、队伍建设专业化“6项工程”，提高行政复议办案质效。无棣县“1236”行政复议模式在全市推广。（徐英杰）

公　安

【概况】2022年，无棣县公安机关突出主责主业，强化服务保障，靠前一步，主动作为，从严从实从细抓好战疫情、防风险、保安全、护稳定、促发展等系列工作，维护全县社会政治大局持续安全稳定。县公安局获全市公安机关“两个大抓、再抓三年”基层基础建设攻坚战优秀奖；有22个集体、55名干警受到县、市级表扬奖励。（曾现树）

【治安管理】2022年，无棣县强化执法办案，推进跨境赌博犯罪专案攻坚，侦办网上开设赌场案2起，刑事拘留2人，监视居住7人，取保候审13人；开展黄赌违法犯罪清查行动，启动夏季治安打击整治“百日行动”，

2022年7月3日，无棣县公安机关夏季治安打击整治“百日行动”启动仪式在县公安局举行（县公安局 供图）

开展治安集中清查17次，检查各类行业场所570家次。年内，办理案件51起。对65家治安重点单位、全县中小学幼儿园强化安全防范；对烟花爆竹储存企业、烟花爆竹常年经营户开展检查；对涉枪单位严格管理，规范使用审批流程，在全县范围内强力打击整治枪爆违法犯罪活动；加强成品油市场监管，指导落实散装汽油购销实名登记制度，严厉查处非法经营成品油违法行为；督促落实消防安全，排查整治房屋隐患，发现隐患380余处，下达整改通知书260余份，消除火灾隐患。加强娱乐场所等重点场所监管，对旅馆、娱乐服务场所不定期开展集中清查；对寄递物流、典当、公章刻制、开锁业、金银珠宝店、金融营业网点、网约车企业定期指导业务工作，检查制度落实情况，排查安全风险隐患。（杨丙辰）

【刑事犯罪侦查】2022年，无棣县严厉打击各类突出违法犯罪，立刑事案件710起，抓获犯罪嫌疑人265人，侦破本地刑事案件275起，带破外地刑事案件192起。侦办秦某某恶势力犯罪集团案件，由县人民法院作出一审判决；打掉王某等人恶势力犯罪集团，抓获集团成员8人，破获案件10余起，移送审查起诉。集中资源对影响恶劣严重暴力犯罪案件，快侦快破，严重暴力犯罪案件破案率持续保持100%。受理电信诈骗及关联犯罪案件512起，抓获犯罪嫌疑人141人，破获案件263起，处置涉诈预警信息近6万条，预警劝阻成功率99.83%，为群众追回损失140余万元。破获侵财类民生案件109起，抓获犯罪嫌疑人91名，打掉团伙7个，挽回群众损失160余万元。开展打击整治养老诈骗专项行动，立涉老诈骗案件30起，抓获犯罪嫌疑人21名，破获案件30起，破案率100%。（杨丙辰）

【经济犯罪侦查】2022年，无棣县严打严防各类经济犯罪活动，立经济犯罪案件54起，抓获犯罪嫌疑人38人，提请逮捕3人，移诉起诉21案24人。依托云端打击主战模式，开展专项行动，坚持打早打小、以打促稳，稳妥处置各类涉众型经济犯罪活动。立查非法集资、传销等涉众型经济犯罪案件3起，抓获犯罪嫌疑人2人，移送起诉案件1起1人，涉众型经济犯罪重大案件破案率保持100%。开展打击恶意逃废金融债务专项行动，移诉骗取贷款案件3案3人；警示约谈不良贷款企业50余家、个人70余人次，协助无棣农村商业银行消除不良贷款7500余万元，降低全县金融领域不良贷款率，优化社会金融经济秩序。（曾现树）

【禁毒工作】2022年，无棣县开展吸毒人员“清隐”“清零”行动，在册吸毒人员复吸率连续3年控制在0.5%以下。消除非法种植点位。对全县易制毒化学品企业完成4轮宣传告知工作。开展易制毒物品公开查缉，未发生重点制毒物品流弊、被上级及外地倒查追打案件。建成全县毒品预防教育基地，对社会开放。开展“净土齐鲁、点亮无棣”等系列宣传活动，组织参加全国青少年禁毒知识竞赛网上答题活动，参与率、完成率、满分率连续4年取得100%。（曾现树）

【全民反诈活动】2022年，无棣县推进构建党政领导、属地主责、部门推动、行业监管全民反诈工作体系，形成全民反诈工作格局。建成新型犯罪研究作战中心，整合治安、经侦、网安、交警、情报等系统权限。持续推动“国家反诈中心”App安装注册使用工作，处置涉诈预警信息5.83万条，预警劝阻成功率99.83%，发放公安防诈提示函145份，构筑反诈“防火墙”；制作宣传展板，邀请无棣籍相声演员张玉浩为反诈宣传代言；各镇（街道）学校、沿路门市、店铺反诈宣传覆盖率100%。（曾现树）

【“食药环假”犯罪侦查】2022年，无棣县依法打击制售假药劣药犯罪重点攻坚专项工作，落实“生态警务”机制，服务保障黄河流域生态环境、经济社会高质量发展工作。侦办食药环知领域刑事案件29起，其中公安厅督办案件2起，申请公安部督办案件1起，抓获犯罪嫌疑人85人，移送起诉75人，追缴环境修复费2000余万元。侦破一起特大污染环境案件，摧毁以朱某某为首的特大污染环境犯罪网络，打掉地产废企业4家、危险废物、有毒物质非法处置点8处，抓获犯罪嫌疑人52人。（曾现树）

【户政管理】2022年，无棣县践行为民服务宗旨，注重简化群众办事手续，做到一次排队、一次办结，手续不全“容缺受理”、手续齐全“一次办好”，双休日、节假日轮班上岗，提供延时服务。全年办理居民身份证22253张，临时身份证1776张，全国异地居民身份证303张，出生人口登记3219人，死亡人口登记7531人，出具临时身份证明951张。注重提升网办效率，依托“爱山东”App、“山东微警务”“滨州微警务”，集业务咨询、网上预约、网上预受理、网上查询于一体的微信公众服务平台，主动上门办证750人次，代办帮办297人次，接受群众业务咨询1.8万余次。办理各类疑难户籍业务120余件。（杨丙辰）

【出入境管理】2022年，无棣县受理因私出入境210人次。其中，护照123人次、港澳通行证85人次，大陆居民往来台湾通行证2人次，答复申请人咨询3000余人次。“双备库”资料数据采集率、录入率均100%，登记管理常住境外人员10人。（杨丙辰）

【道路交通安全管理】2022年，无棣县对标对表预防事故“减量控大”工作目标，开展夏季严打整治“百日行动”。依托“路长制”警务机制，联合特巡警、派出所开展道路交通集中整治行动10余次，针对性开展面包车不系安全带、骑乘电动车不戴安全头盔等专项行动5次。组织部署酒醉驾集中整治行动25次、“逢五逢十周末”集中夜查行动70余次。查处各类交通违法行为26.45万起。查处重点违法行为5558起，事故接处警3855起，受理简易程序道路交通事故2085起，受理一般程序道路交通事故551起，推进道路交通事故社会救助基金工作，发放救助基金32笔，金额107万余元。完成G205国道“文明示范路”创建活动并通过验收，县内G205国道及S233、S511、S519省道事故多发路段全部整改完毕。排查辖区事故易发路段隐患130处，整改124处，事故易发点段7处，整改7处。推进大排查大整治“回头看”活动，对辖区国省道、农村公路等重点隐患路段进行再排查再梳理，全年排查隐患567处，整改完成率100%。（杨丙辰）

【海岸管理】2022年，无棣县开展夏季治安打击整治“百日行动”“守海护岸2022”等系列专项行动。加强案件办理监督，打击各类违法犯罪活动，接处警1297起，查破各类案件195起，打击处理108人。严格落实“警灯闪烁”工程，开展集中宣防6次，集中清查24次，出动车辆100余辆次，警力300余人次。部署开展矛盾纠纷排查化解活动，化解各类矛盾纠纷34起，调解处理各类纠纷100余起，辖区无重大情况发生。开展沿海港口岸线风险隐患排查整治、海洋涉渔综合治理等专项行动，开展实地踏查10次，检查核对船舶170艘，消除隐患13处。开展巡逻500余次，出动警力1000余人次，检查码头、停泊点500余个次、船舶3500余艘次，办理涉海案件7起、船舶案件8起。部署开展渔船民教育25次，发放宣传材料2000余份，受教育群众1000余人次。打击非法载客、走私偷渡等违法犯罪活动，开展联合执法18次，检查码头、停泊点、涉海企业等25处次，检查船舶60余艘次，整改安全隐患3项，维护沿海治安秩序稳定。（曾现树）

【监所安全管理】2022年，无棣县维护监所监管秩序，保证监管安全，保障在押人员合法权益，监所安全稳定，刑事诉讼活动有序进行。注重各类矛盾纠纷调解处理，化解矛盾36起。（曾现树）

【网络安全治理】2022年，无棣县组织开展公安部部署“净网2022”专项行动，破获主侦、配侦案件24起，抓获犯罪嫌疑人29人，刑事拘留26人，监视居住7人。组织开展重点企事业单位网络安全监督检查，落实等级保护规范要求，督促指导各单位全面落实测评、整改要求，提升防攻击、防入侵、防篡改效能。监督检查覆盖全县270余家网站7个信息系统88处互联网显示大屏。（杨丙辰）

【警务督察】2022年，无棣县进行现场督察84次、网上督察190余次。采取节后突击检查、夜间突击检查、早上随机抽查等方式，开展专项督察行动，检查民警、辅警365人次。年内，发布《督察通报》45期，提出督察建议21条；接受案件12389件，核查投诉案件39起，核查率100%；完善民警维权工作机制，刑事处罚6名犯罪嫌疑人，行政处罚20名违法嫌疑人。（曾现树）

【公安基层基础建设攻坚行动】2022年，无棣县实施公安基层基础建设攻坚行动，投资3000万元，建成棣丰派出所及其执法办案中心，全县派出所全部完成升级改造，一体化作战平台联通运行率100%。县执法办案管理中心、新型犯罪研究中心，毒品快检室、食药环快检室、禁毒教育基地等全部建设完成。投资1800万元，建成全息感知系统，76个居民小区全部建成智慧安防小区，覆盖率100%；车站、大型超市、医院、学校门口等重点区域安装全结构化相机216个，全部接入视频平台，覆盖率、联网率100%。投资200万元，完成环县域、环中心城区、4条国省道视频监控建设。县公安局被滨州市公安局评为全市“两个大抓、再抓三年”基层基础建设攻坚战先进单位。（杨丙辰）

检　察

【概况】2022年，无棣县检察院受理移送审查逮捕案件58件88人，批准逮捕37件52人；受理移送审查起诉案件380件471人，提起公诉272件344人。常态化推进扫黑除恶斗争，对秦某某等10人恶势力犯罪集团案件提起公诉。抓实信访矛盾化解，妥善处理群众来人来访167件，化解重复信访案件11件。服务反腐败工作大局，提前介入、办理职务犯罪案件7件7人，挽回损失近2000万元，1起案件获评全省检察机关职务犯罪检察精品案例。服务黄河流域生态保护和高质量发展，制定21条服务意见。制定服务保障民营经济高质量发展19条措施，起诉侵害各类市场主体合法权益犯罪11件19人，对犯罪情节轻微的市场主体负责人依法不批捕、不起诉8人。参与县域社会治理，发出社会治理检察建议16件，整改回复率100%。（王　慧）

【刑事检察】2022年，无棣县推动金融风险防范化解，年内，县检察院办理非法集资、骗取贷款等犯罪案件10件12人，追赃挽损800余万元。加强洗钱犯罪惩治，提起公诉5人，被山东省反洗钱工作联席会议办公室评为山东省反洗钱工作先进集体。打造知识产权检察“捕、诉、监、防、治”全链条一体化保护格局，办理知识产权案件3件7人，办理全市首例知识产权领域刑事附带民事公益诉讼案，被国家版权局评为全国查处重大侵权盗版案件有功单位。县检察院与县公安局、滨州市公安局北海经济开发区公安分局、滨州海警局无棣工作站建立侦查监督与协作配合机制，监督立案、撤案10件，纠正漏捕、漏诉16人，提出纠正违法18件、抗诉1件。加强刑事执行监督，对监管活动、社区矫正、财产刑执行等提出监督意见45件次，开展判处实刑未执行专项监督，监督收监执行37人。（王　慧）

【民事检察】2022年，无棣县加强民事检察工作，办理各类民事检察案件59件，发出检察建议31件，采纳率100%。参与破解“执行难”问题，办理执行监督案件16件，帮助拿到执行案款30余万元，1起案件入选全省检察机关民事监督典型案例。从严惩治虚假诉讼，围绕房产纠纷、民间借贷纠纷、离婚纠纷等领域，监督纠正虚假诉讼案件5件，涉案金额50余万元。发挥支持起诉职能，为老年人、农民工、未成年人等弱势群体支持起诉25件，办理吴某等8名农民工讨薪支持起诉案，帮助追讨欠薪46万元。（王　慧）

【行政检察】2022年，无棣县开展全面深化行政检察监督、依法护航民生民利专项活动，办理行政检察监督案件30件，发出检察建议21件，均被回复采纳。将行政非诉执行监督案件办理作为行政检察工作重要着力点、突破口，分析行政执法重点难点问题，组织开展“土地执法查处领域行政非诉执行监督”等专项活动，办理行政非诉执行监督案件18件。在依法对行政案件进行监督的同时，将行政争议实质性化解转化为“诉源”治理动能，化解行政争议4件。（王　慧）

【公益诉讼检察】2022年，无棣县推进检察机关履行公共利益守护者责任，办理公益诉讼案件18件，3起案件分别入选全市、全省检察机关公益诉讼典型案例。借力“智慧外脑”，探索建立公益诉讼观察员制度，聘任观察员65名，观察员参加线索收集、办案、咨询论证等30余次，公益诉讼队伍有序扩大。落实最高人民检察院“八号检察建议”，针对加油站易燃易爆危险区域扫码支付安全隐患问题跟进监督，推动辖区69家加油站扫码支付全面叫停。推进海洋公益诉讼，建立鲁、冀、津、辽及其县（市、区）“四省五地”检察机关环渤海生态环境保护协作机制，对朱某等人非法采矿案提起刑事附带民事公益诉讼，追缴生态环境修复费用100余万元。注重监督问效，跟进监督检察建议落实情况，回访监督公益诉讼案件14件。（王　慧）

2022年3月8日，无棣县人民检察院公益诉讼观察员聘任仪式在县检察院举行（王海华　摄）

【未成年人检察】2022年，无棣县牵头建立“山东省、河北省”“滨州市、德州市、沧州市”“无棣县、庆云县、海兴县、盐山县”“两省三市四地”未检异地协作机制，设立全市首个“检润青禾”未成年人观护基地，办理涉未成年人案件20件22人，开展法治宣讲8场次。履职“护童飞翔，棣造未来”，联合县教体局、县公安局对全县中小学、幼儿园293名新入职教职工进行违法犯罪记录查询，开展家庭教育指导15次，制发督促监护令15份，向县人大常委会专题报告未成年人检察工作，接受检查监督专题调研督导。（王　慧）

【案件管理】2022年，无棣县提升县检察院案件管理工作质效，受理各类案件459件，制作电子卷宗552卷，出入库涉案财物51宗，为相关部门提供数据查询120余次。加强案件流程监控，发起案件流程监控163件，组织开展案件质量评查5次，整改落实率100%。依法保障律师执业权利，接待律师阅卷130余次，提供异地阅卷1次，接听律师电话、网上咨询等150余次。（王　慧）

【检察监督】2022年，无棣县加强代表委员、群众联络工作，聘任特邀检察官助理、特约检察员、听证员等87名，邀请其参加检察开放日、视察工作等活动40余场次。坚持以公开促公正、用听证赢公信，组织公开听证37件次。加强检察法律良性互动，开展保障律师执业权利不力问题整治，举办检察法律协作联席会3次，走访律师事务所2次。注重案件信息公开工作，依法保障人民群众知情权、参与权、监督权，公开法律文书14份，公开案件程序性信息283条。参与县域社会治理，发出社会治理检察建议16件，整改回复率100%。（王　慧）

【检察体制改革】2022年，无棣县注重检察工作体制机制改革创新，优化完善"合轨闭环"党建业务融合工作模式，通过全省检察机关党建业务深度融合试点评估验收，被山东省检察院评为全省检察机关党建工作表现突出集体。落实少捕慎诉慎押刑事司法政策，依托"量刑协商"履行认罪认罚从宽制度适用主导责任，认罪认罚总体适用率95%，确定刑量刑建议提出率100%，诉前羁押率16.5%，不捕不诉117人，不捕率42%、不诉率18.7%，案件审结率92.4%，均位居全市前列，经验做法在《检察日报》刊发。加强司法办案廉政风险防控，探索建立案件管理与检务督察融合机制，经验做法被山东省检察院转发推广。完善检察人员考核制度，制定检察官助理、司法行政人员绩效考核办法，发挥考核激励作用。（王　慧）

【检察为民服务】2022年，无棣县发挥全省检察机关"食药环资"领域公益诉讼"四检合一"试点优势，推动建立该领域刑事司法与检察公益诉讼衔接配合机制，提出食品安全惩罚性赔偿50余万元，督促修复受损生态8处。纾民困、暖民心，助力"贫"有所救，对31名因案致贫、因案返贫当事人及其亲属启动司法救助，发放救助金57.9万元。服务乡村振兴，全力支持派驻第一书记工作，为第一书记帮包村筹集帮扶资金10万元，助力农村人居环境整治。推进预防养老诈骗专项行动，守护老年人"钱袋子"，开展反诈宣传活动12场次，发放反诈宣传材料3000余册，受益群众5000余人次。（王　慧）

【保障民营经济高质量发展】2022年，无棣县制定服务保障民营经济高质量发展19条措施，为全县民营经济高质量发展提供有力检察司法保障。县检察院开展"送服务、解难题、促发展"专项活动，走访联系经济园区3个、企业50余家，帮助解决实际问题41项，经验做法在《检察日报》刊发。用好用活涉案企业合规改革，与县工商联等部门、组织共建第三方监督评估机制，依法可不捕、不诉者，责成涉案企业做出合规承诺、及时整改。注重倾听企业法治需求，践行无事不扰、有求必应承诺，通过"e盏茶事"平台召开法律政策解读会、党外人士座谈会等9场次。（王　慧）

【第三届数字监督模型与数字应用金点子竞赛活动】2022年10月26日，无棣县检察院举办第三届数字监督模型与数字应用金点子竞赛活动。竞赛活动落实数字化改革撬动法律监督要求，推动数字检察模型发展与应用，挖掘优秀数字应用模型，提升检察工作效率与精准度。参赛模型分为数据监督模型、数字应用金点子模型2类，县检察院11个监督模型参加竞赛，参赛人员结合自身工作实际，现场演示模型搭建过程，介绍模型功能及应用场景等内容。模型涉及刑事诉讼、民事诉讼、行政执法等多个领域，展现数字技术在检察工作中的广泛运用。竞赛活动评选出6个获奖模型，其中一等奖1个、二等奖2个、三等奖3个。（王　慧）

法　院

【概况】2022年，无棣县坚持审判质效走在前列、特色审判亮点突出，全县法院系统受理各类案件7788件，审执结案7706件。案例《房地产开发经营合同纠纷案——合作开发房地产合同与土地使用权转让合同的区分》入选《中国法院年度案例》，6个案例在省、市法院评选中获奖；县法院被滨州市中级人民法院授予全市“理论研讨活动组织工作先进单位”等称号，31个集体、个人获省、市、县表彰，涌现出山东省优秀法官、省市审判业务专家、滨州市“四有”法官等先进典型。（吕焕秀）

【刑事审判】 2022年，无棣县审结各类刑事案件319件422人，依法惩治刑事犯罪。审结故意杀人、抢劫、强奸、故意伤害等严重暴力犯罪27件32人。审结恶势力组织犯罪案件2件，判处五年以上有期徒刑6人，重刑率40%。严惩贪污、贿赂等职务犯罪，审结职务犯罪案件7件7人，追回罚金、违法所得700余万元。重拳打击电信诈骗、养老诈骗，审结24件53人，挽回损失230万元。坚持宽严相济刑事政策，依法对351名被告人适用认罪认罚从宽制度，对犯罪情节较轻、适合社区矫正的162名被告人判处缓刑，保持罪责刑相适应。（吕焕秀）

【民商事审判】 2022年，无棣县准确适用民法典及相关司法解释，审结一审民事案件1978件，审结教育、医疗、住房等涉民生案件566件，审结离婚、赡养、抚养、继承等家事纠纷593件，审结劳动争议、追索劳动报酬等纠纷226件。加强司法人文关怀，为符合条件的困难当事人发放司法救助金54.4万元。坚持法治就是最好的营商环境理念，持续加大司法保护力度，审结一审商事案件1642件。强化府院联动工作机制，与7部门建立企业破产处置协作机制，与17家单位建立涉企合规第三方评估机制，妥善审结破产案件。开展金融纠纷电子诉讼探索，审结涉金融纠纷207件，向银监部门、金融机构发送监管网上借款利率过高、严格贷款材料审核司法建议，助力规范金融市场秩序。（吕焕秀）

【行政审判】 2022年，无棣县支持行政机关依法行政，保护行政相对人合法权益，审结一审行政案件128件，审查行政非诉执行案件40件。行政机关负责人出庭应诉率100%。提升行政争议和解处置能力，促进实质解纷，经调解撤诉38件，占一审行政案件的29.68%。落实“谁执法、谁普法”，为无棣县公安局、教育和体育局、司法局、发改局、综合行政执法局等行政执法部门授课，开展宪法宣传、防养老诈骗宣传、民法典以案释法等活动，原创普法短视频被“学习强国”学习平台转载，审判执行工作镜头被中央电视台新闻频道采用。（吕焕秀）

【案件执行】 2022年，无棣县推行案件执行繁简分流，提高执行案件质效。执结各类案件3098件，执行和解及到位金额5.22亿元。开展集中行动35次，拘传216人次，拘留、预拘留102人。重拳打击拒不履行行为，发布失信被执行人名单1080人次，限制高消费1320人次，向公安机关移送拒执罪线索3件。新华社、闪电新闻并机直播县法院集中执行行动，341.1万名网友在线观看。（吕焕秀）

【诉讼体制改革】 2022年，无棣县健全员额法官动态调整机制，完善人员分类管理，审判团队运转有序、高效。加强法官履职保障，优化绩效考核制度，激发法官办案潜能，团队办案优势凸显，员额法官人均办案219件，办案最多者为543件，无棣县法院作为山东省法院确定的基层联系点法院，坚持先行先试，县法院一审查明事实、实质化解纠纷做法在省法院线上调研会上作经验交流。探索家事审判改革，多措并举修复亲情关系，县法院家事审判经验在全省法院家事审判经验交流会上作典型发言。利用数字赋能，启用智慧法院4.0，推行“云庭智审”，深化审判体系信息化建设。在线调解案件3646件，办理线上保全762件，网上缴费4761件，电子送达诉讼文书4051份。（吕焕秀）

【诉源治理与多元解纷】 2022年，无棣县打造“党委领导、政府负责、社会协同、公众参与、法治保障”多元解纷工作格局。县法院融入党委政府领导下诉源治理格局，建立全过程诉源治理工作联席会议制度，推动“无讼村居”创建，构建多元解纷协同机制。整合解纷资源，深化与县司法局、县人力资源和社会保障局、县妇联、镇（街道）等部门单位诉调对接，聘请53名特邀调解员，实行“网格吹哨、法官报到”工作模式，将矛盾治理关口前移，全县万人成讼率降幅居全市第1位。 （吕焕秀）

【诉讼服务体系建设】 2022年，无棣县深化诉讼一站式服务体系建设，满足群众多元诉讼需求，诉讼服务线上线下融合，线上立案3815件，互联网开庭1238件次，接受电话咨询答疑1032人次，“12368”热线接通率及诉服平台得分均居全市基层法院第1位。诉前调解成功案件2056件，一审民事案件降幅14.64%，诉讼增量、诉前积案指数、民商事案件积案指数指标均居全市基层法院首位。延伸司法服务触角，制定服务优化营商环境20条意见，成立涉企政策解读、问题处理工作专班，定期到鲁北高新区政法服务保障工作室轮值，组织合同法实务专题培训，在“e盏茶事”召开优化营商环境座谈会，发送企业经营合同风险防范20条提示，为企业发展提供“门诊式”“订单式”司法服务。 （吕焕秀）

【人民法庭建设】 2022年，无棣县强化人民法庭建设，推进“一法庭一品牌”创建。保障生态文明建设，开展巡回审判，组织“送法进乡村、守护宜居环境”宣讲，落实环境资源审判刑事、民事、行政“三合一”制度，审理各类环资案件88件，为生态保护贡献司法力量。服务乡村振兴，妥善审理涉土地纠纷51件，研究制定土地征收补偿分配案件裁判规则，发送清理“一地多证”司法建议，有序保障生产要素经营流转。县法院撰写的《多点发力打造环资审判新格局》被法治网刊载。 （吕焕秀）

2022年4月29日，无棣县人民法院“青春绽放耀法徽，公正司法筑天平”主题教育实践活动演讲会在县法院举行 （张少卿 摄）

【审判监督】 2022年，无棣县严格案件审限审批，对未结案件、重点案件、疑难复杂案件实行闭环管理、集中把脉、重点突破，法定审限内结案率100%，为全市唯一全年未出现长期未结案件的法院。开展“清积案、提质效”办案竞赛，一个半月清理未结案件1361件，结案率提升25.76%。推行类案检索、发改分析、判后答疑等制度，健全合议庭、专业法官会议、审判委员会“三级递进”分歧解决机制，统一裁判尺度。主动接受人大监督，专题汇报一站式多元解纷和诉讼服务体系建设工作，邀请代表、委员旁听庭审、见证执行、调研座谈17次，加强与代表委员沟通联络；接受纪检监察监督，支持派驻纪检监察组工作；接受检察机关法律监督，与县检察院联合制定加强法律监督意见，办理检察建议，落实检察长列席审判委员会制度，维护司法公正；接受社会监督，组织“向

人民报告”、公众开放日等活动。年内，通过新媒体平台发布信息600余条。（吕焕秀）

【保护未成年人法治建设】 2022年，无棣县推进全国未成年人保护示范县创建工作，县法院打造“蔷薇花开”少审品牌，创新司法模式，审结涉未成年人案件278件，12名法官担任中小学法治副校长并组成“棣法护薇队”，开设线上线下“爱薇课堂”，举办普法讲座30余场次，覆盖学生1000余人，做到“未”爱同行、法佑成长。县法院少年审判、青少年普法工作多次被山东电视台、《山东法制报》刊发推介，相关调研报告在全县政法系统征文中获课题类一等奖。（吕焕秀）

司法行政

【概况】 2022年，无棣县推进司法行政工作，建强法律服务体系，升级优化全县司法所及法律服务工作站办公条件，夯实软硬件基础，实现公共法律服务线上、线下有机结合，全县城区、镇（街）全覆盖，群众法律服务业务24小时办理不间断。依托县、镇（街道）非诉讼纠纷化解实体平台、网络平台、各类人民调解委员会，提升社会治理能力，调解矛盾纠纷3425件，受理法律援助业务1275件，打造调解工作闭环，做好社区矫正对象、刑满释放人员监管工作。推进律师队伍建设、公证服务、法律援助、司法鉴定等工作。（娄晓霞）

【公共法律服务体系建设】 2022年，无棣县推进公共法律服务体系建设，健全完善县、镇（街道）、村（社区）3级公共法律服务平台建设。县、镇（街道）、村（社区）3级公共法律服务实体平台接待来访群众1.16万余人次，解答法律咨询4000余人次，调解矛盾纠纷3425件，受理法律援助业务1275件，结案法律援助业务1257件，办理公证业务293件，指引律师、公证、司法鉴定、基层法律服务事项300余件，热线平台接受群众来电咨询5000余次。宣传推广“12348”公共法律服务热线、“滨滨优律”小程序、“法援在线”微信公众号等网络热线智慧平台，打通法律服务群众“最后一公里”。升级改造全县12个公共法律服务工作站，整合职能资源，规范调整职能设置，拓展服务功能。推广使用“法援在线”平台，对在“法援在线”申请法律援助的群众，保持24小时内审查、指派完毕，实现群众“零跑腿”。年内，受理审批案件496件。（孙君娜）

【普法依法治理】 2022年，无棣县开展“美好生活　民法典相伴”主题宣传活动50余场次，发放宣传材料2万余份，解答群众法律咨询500余人次，受益群众1万余人次。选拔“法治带头人”590名、“法律明白人”1770名，“两人”培训考试参考率100%、及格率100%。组织干部职工参加全民国家安全教育日专项竞答、民法典知识竞答活动。组织开展“12·4”国家宪法日法治系列宣传活动；依托“中国普法”微信公众号面向全县开展“宪法宣传周”法治宣传答题活动；组织开展线上宪法讲座、法律咨询、线上调解等法律服务、法治宣传活动。开展各类法治宣传活动500余场次，受益群众5万余人次；县司法局定期走进社区播放法治电影，发放法治书籍、普法宣传册，解答法律咨询等；开展“法治电影进社区‘在知爱建’在行动”宣传活动40余场次。设立志愿服务项目“普法携手你我他”，被县文明委评为“最佳志愿服务项目”。开展“民主法治示范村（社区）”创建活动，入选司法部、民政部命名第九批“全国民主法治示范村（社区）”1个，入选山东省司法厅、省民政厅命名第九批“全省民主法治示范村（社区）”2个，入选滨州市司法局、市民政局命名“全市民主法治示范村（社区）”33个。全县12个镇（街道）实现法治文化阵地建设全覆盖。（张付英）

无棣县入选第九批市级及以上民主法治示范村（社区）一览表

表 8

村（社区）	认定部门
棣丰街道馨安社区	司法部 民政部
无棣县海丰街道后牛村	山东省司法厅 山东省民政厅
无棣县柳堡镇郭义庄村	
无棣县棣丰街道办事处车家村	滨州市司法局 滨州市民政局
无棣县棣丰街道办事处梁白杨村	
无棣县棣丰街道办事处西袁村	
无棣县海丰街道办事处高家村	
无棣县海丰街道办事处五里堡村	
无棣县海丰街道办事处徐家村	
无棣县水湾镇程庄村	
无棣县水湾镇崔家桥村	
无棣县水湾镇康家刘李庄村	
无棣县信阳镇鲍家村	
无棣县信阳镇城后王村	
无棣县信阳镇大王家村	
无棣县佘家镇马家仓村	
无棣县佘家镇商家庄村	
无棣县西小王镇东陈村	
无棣县西小王镇西黄一村	
无棣县西小王镇西小王村	
无棣县柳堡镇东岳里村	
无棣县柳堡镇西岳里村	
无棣县柳堡镇赵王鄱村	
无棣县车王镇大杨村	
无棣县车王镇刘家邢王村	
无棣县埕口镇东郭村	
无棣县埕口镇刘郭桥村	
无棣县埕口镇新村	
无棣县碣石山镇刘家黄龙湾村	
无棣县碣石山镇大山西村	
无棣县碣石山镇张家码头村	
无棣县小泊头镇张义井村	
无棣县小泊头镇北王庄村	
无棣县小泊头镇北高家庄村	
无棣县马山子镇下泊头村	
无棣县马山子镇南鄱村	

【律师工作】2022年，无棣县提升律师行业规范化管理水平，组织律师队伍、律师行业为政府依法行政出力，为企业依法经营献计，为基层社会治理出招。全县有山东正鉴律师事务所、山东易安律师事务所、山东棣洲律师事务所、山东志城（无棣）律师事务所4家，执业律师26名。全县律师参与化解矛盾纠纷60余起，办理各类案件1170余件，提供法律咨询1200余人次，开展“法治体检”45次，梳理法律问题140余条；推动律所与商会建立工作联系，完成2家律所与商会联系对接工作；精选6名律师加入滨州市法律服务团、4名律师加入滨州市“百名律师进企业”法律服务团队，依托4家律师事务所，成立无棣县律师进企业公益法律服务队，设立无棣县惠企法律服务热线，多形式开展惠企法律服务；依托“一村（社区）一法律顾问”，以镇（街道）为单位，组建12个法律顾问团；引导鼓励中小企业聘用法律顾问，为中小企业涉法律事务咨询、帮办、代办与政府间法律事务等开通“绿色通道”。开展律师行业“做党和人民满意的好律师”专题活动，完善“滨滨优律”小程序。为企业修订合同35件，帮助企业防范化解金融风险类、劳动用工、经营合同、债权债务、职工工伤处理、企业合规管理等方面风险问题100余条，提供法律意见咨询300余次；举办法律讲座8场次，开展普法宣传活动25场次，发放《滨州市惠企政策汇编》、民法典等宣传资料3000余份。（孙君娜）

【“一村（社区）一法律顾问”工作】2022年，无棣县分派47名律师、法律服务工作者分包全县12个镇（街道）584个行政村（社区）“一村（社区）一法律顾问”工作。法律顾问定期到镇（街道）公共法律服务工作站值班，开展法律咨询、合同合法性审查等工作。县司法局印发《关于开展“‘在知爱建’——法律顾问在行动”专题活动的通知》，在全县范围内开展专题普法活动。开展“一村（社区）一法律顾问”工作回访，抽查每位法律顾问包保3~4个村工作情况，对12个镇（街道）152个村进行电话回访，填写《无棣县“一村（社区）一法律顾问”电话回访记录表》备考。县司法局对“一村（社区）一法律顾问”工作开展情况进行年度考核。年内，全县法律顾问开展法治宣传活动178场次，参与调解矛盾纠纷728件，协助村委会起草、审核、修改村级合同336份，为村民提供法律咨询、解答、引导等法律服务6041件次。（娄晓霞）

2022年6月9日，山东正鉴律师事务所律师在无棣县公共法律服务中心为群众提供法律咨询服务（孙君娜 摄）

【法律援助】2022年，无棣县受理法律援助案件1275件。其中，民事案件764件，刑事案件511件，结案1257件，万人比29.48，刑事万人比11.82，结案率98.59%。降低法律援助门槛，扩大受援人范围，除法律法规规定不受经济困难条件限制情形，免予核查（审查）经济困难状况群体外，对申请法律援助法第三十一条规定事项一般当事人，在如实说明经济困难状况后，实行告知承诺制，进行个人诚信承诺，可申请获得法律援助，最大限度满足群众法律援助需求。开展“法援惠民生·关爱妇女”“法援惠民生·关爱残疾人”“法援惠民生·关爱未成年”宣传活动；指导全县各镇（街道）开展法律援助联络员培训。年内，开展法律援助宣传活动6场次，发放宣传材料2000余份。滨州市司法局发布2022年全市法律援助案件质量评查情况，无棣县法律援助案件质量居全市第1名。（张美娟）

【人民调解】2022年，无棣县司法局与县信访局、县公安局、县法院等部门协作，联动化解矛盾纠纷。推选7名优秀法律顾问加入人民法院特邀调解员名册，入驻法院调解平台，构建非诉讼纠纷解决机制。健全完善专职人民调解员等级评定、退出机制，制定《无棣县专职人民调解员考核办法（试行）》及考核细则。开展全县专职人民调解员考核暨调解案件质量评查活动。对调解卷宗规范情况进行评查，提升卷宗规范化建设水平。县司法局部署全县12个司法所对各辖区人民调解员进行分批次培训，提升调解员专业素养与业务水平。年内，全县各调解委员会调处矛盾纠纷4670件，涉案金额495万余元，调解成功率100%。（刘文慧）

【社区矫正】2022年，无棣县在矫社区矫正对象401人，期满解除220人，因暂予监外情形消失终止社区矫正2人，因撤销缓刑终止社区矫正2人，出具训诫处罚决定书、告知书51份次，出具警告决定书、告知书3人次；完成调查评估81人次，办理执行地变更手续5人次。县司法局开展调查评估判前调查、报到接收、监督管理、教育帮扶、解除与终止、档案管理等环节81人次。制定《社区矫正工作应急预案》《脱管漏管专项整治工作方案》等文件，实施“日报告”制度，每周、每月开展风险研判，逐一分析重点人员思想、行为动向。在“法治无棣”微信公众号开辟社区矫正专栏，推送《中华人民共和国社区矫正法》《社区矫正法实施办法》等法律法规30余期次；通过向群众发放普法宣传资料、制作展板、播放社区矫正法治微电影等形式，开展宣传活动20余场次；在县电视台讲解社区矫正法，为社区矫正对象提供法律服务资源。备有“好律师”花名册和“滨滨优律”小程序二维码，供有需要的社区矫正对象使用。年内，接受申请，开展远程视频会见工作30余场次。经验做法《阳光社矫 你我同行》被滨州市司法局推报至省司法厅。（郭庆丽）

【安置帮教】2022年，无棣县在册安置帮教人员1341名，其中重点帮教对象36名。各镇（街道）司法所每季度对本辖区刑满释放人员进行走访，对全县重点帮教人员全部到户，做到摸清其思想动态、工作、生活等情况，保障其不出现安全隐患。加强刑满释放人员衔接安置工作，建立安置帮教档案，为所有刑满释放人员建立由镇（街道）、司法所、村、家属组成的“四包一”专班，保障刑满释放人员第一时间到司法所报到，减少人员漏管、脱管、再犯罪现象。针对刑满释放人员向外地流出等人户分离情况，县司法局对刑满释放人员提前核查，落实“双列管”，使刑释人员安心回归。年内，建成县级安置基地1处，建成企业安置帮教基地12处，接收安置帮教人员329名，列入“双列管”安置帮教人员11名。（刘文慧）

【司法行政基层规范化建设】2022年，无棣县贯彻落实《滨州市司法所规范化建设三年行动方案（2022—2024）》，推进司法所规范化建设。将政法专项编制向司法所倾斜，推动机关人员下沉，充实基层工作力量。招聘专职人民调解员补充司法所调解力量，全县12个司法所全部配置至少2名在编工作人员、3名专职人民调解员。年内，全县基层司法所业务办公用房面积2600余平方米。其中，海丰街道司法所业务办公用房面积500余平方米，碣石山镇、信阳镇、小泊头镇、柳堡镇、车王镇、水湾镇、埕口镇司法所面积200余平方米，对标识标牌名称、样式规范统一，各项工作制度、人员公示牌装裱上墙。县司法局争取镇（街道）支持，投入50余万元对车王镇、埕口镇司法所进行升级改造。（刘文慧）

【基层法律服务】2022年，无棣县有基层法律服务所8家，基层法律服务工作者23人。根据《山东省基层法律服务所年度考核办法》《山东省基层法律服务工作者年度考核办法》，对基层法律服务所、基层法律服务工作者2021年执业情况进行线上线下年度考核。开展“两所共建”工作，制定《关于开展司法所与基层法律服务所“两所共建”工作的实施意见》。9月，召开司法所、基层法律服务所“两所共建”工作部署会，全县司法所与基层法律服务所现场签订“两所共建”协议书，通过“两所共建”整合司法所职能、基层法律服务所资源，为群众提供普惠式、公益性、可选择性公共法律服务。（刘文慧）

【司法鉴定】2022年，无棣县人民医院司法鉴定所承担县内司法鉴定工作，主要鉴定事项包括人体损伤程度鉴定、人体残疾程度鉴定、赔偿相关鉴定、与人体损伤相关其他法医临床鉴定。年内，县人民医院司法鉴定所承办司法鉴定案件179件，接受群众咨询240余人次，鉴定成功率、采信率均100%。（李俊仙）

【公证服务】2022年，无棣县强化司法行政系统监督管理职能，规范化高质量办理各类公证案件302件，出具存款查询函70件，接待群众来电、来人咨询500余人次。利用公证预防纠纷职能优势，为全县拆迁安置房分房事项提供现场监督公证、保全送达公证，为金融部门提供借款合同公证，为法院强制腾空房屋、楼房施工工程现状提供证据保全公证。落实限时办结制、证明材料清单制，执行证明清单之外禁止要求当事人提供证明材料；实行首问负责制、一次性告知制，咨询事项一口说清，证明材料一次性告知；开展公证法律援助工作，对申请办理救济金、低保、给付赡养费、抚养费和遗产总额5000元以下小额继承公证实行免费办理，对符合其他援助条件者为当事人办理公证法律援助，全年减免公证服务收费2万元。（孙新峰）

【公职律师全覆盖】2022年，无棣县印发《无棣县公职律师工作全覆盖实施方案》，成立无棣县党政机关公职律师工作专班，制定公职律师工作规则、工作流程、工作成果反馈等配套工作制度，保障公职律师工作高效有序推进。建立以政府内部法律顾问为主导、法学专家与律师为辅助的县乡两级政府法律顾问工作体系，健全公职律师履职尽责机制，引导公职律师直接参与行政处罚、行政许可等重大案件办理，参与单位各项重大决策制定、合同起草与修订及日常监管、争议处理等工作，促进公职律师资源优化配置。年内，全县聘任公职律师57名，公职律师均衡分布于县直38个党政机关、12个镇（街道）、部分驻棣单位，实现党政机关公职律师工作由“有限覆盖”向“有效覆盖”转变。（孙君娜）

2022年4月10日，信阳镇村（居）法律顾问向群众普及网络安全法律知识（张爱荣 摄）

军 事

无棣县人民武装部

【概况】2022年，无棣县将武装工作纳入县委重要议事日程，组织召开县委常委议军会议、党管武装述职会议，听取武装工作汇报。增加民兵工作经费，保障各项工作有序推进。把基层武装工作纳入全县科学发展考核体系，与经济发展同部署、同检查、同考核。加强武装系统军事政治理论系统学习培训。坚持把军事训练摆到中心位置，组织县民兵应急连、海上船舶机动修理排、海防巡逻警戒排民兵进行训练。无棣县人民武装部（简称县人武部），配合县退役军人事务局做好拥军优属各项工作，为在部队立功受奖军人家庭送喜报80余份；联合县退役军人事务局开展第三届“最美退役军人”“最美兵妈妈”“最美军嫂”评选活动，提升军人军属荣誉感。《中国国防报》《解放军报》客户端等媒体报道无棣县人武部工作经验做法。（苏银东）

【党管武装】2022年，无棣县深入贯彻习近平新时代中国特色社会主义思想和习近平强军思想，按照上级明确的必读书目，组织党委中心组开展理论学习，组织人武干部职工开展群众性理论学习活动，定期组织各层次学习研讨交流、外出参观见学活动，推动理论武装工作走深走实。县人武部组织学习宣传党的二十大精神，进乡村、进社区、进企业、进学校“四进”活动被《中国国防报》等媒体报道。设计制作军事长廊、改建荣誉室，加强营区文化氛围营造。组织开展“从严纠风治弊、纯正政治生态”专项整治工作。修订完善民兵政治教育教案。做好“党管武装好书记”等表彰推荐工作。年内，2名镇（街道）党委书记被滨州市委、滨州军分区党委评为“全市党管武装好书记”。（苏银东）

【军事训练】2022年，无棣县落实战备工作要求，修订完善各类方案预案，战备秩序日趋规范，接受上级部门检查抽查30余次。坚持把军事训练摆到中心位置，组织县民兵应急连、海上船舶机动修理排、海防巡逻警戒排强化训练达标。举行民兵应急力量集中点验会，锻造过硬的民兵队伍。在滨州军分区组织的教练员集训比武中，1名教练员获全市第2名。坚持在参与急难险重任务中锤炼队伍、提升能力，组织民兵做好防汛抢险救灾演练，提升应急应战能力。（苏银东）

【国防动员】2022年，无棣县聚焦备战打仗，坚持问题靶向，军地联动发力，做好民兵工作调查研究。县人武部到适编企业进行调研，全面掌握县域潜力情况。对照国家国民经济和社会发展“十四五”发展规划和2035年远景目标纲要，抓好民兵编建工作，落实党组织预建，发挥党组织在民兵编建中的“定盘星”作用，提升力量编建质效。组织县应急专业基干民兵、专业分队进行集中点验，展示无棣民兵英勇顽强、敢打硬仗的形象。抓好两季征兵工作，变

更设立征兵体检站，组织预征青年上站体检，完成征兵任务，兵源学历创历史新高。（常　晓）

【人武系统基层建设】2022年，无棣县组织全县基层党管武装述职会议，12名镇（街道）党（工）委书记进行年度工作述职，增强基层党委书记管武兴武意识。县人武部召开8次基层武装工作座谈会、武装部长例会，采取以会代训形式，提高专武干部履职尽责能力。持续深化“牵手服务活动”，县人武部专武干部与镇（街道）武装部结成“对子”，推动各项工作开展。强化基层基础建设、民兵组织建设，加大投入，抓好基层武装部办公室、资料室、活动室、装备器材库“三室一库”、民兵连“部室家”建设，推进基层武装正规化建设。结合党委换届调整专武干部1名，实现基层武装部长均有从军经历。（常　晓）

【国防教育】2022年，无棣县落实《无棣县国防教育五年规划（2021—2025年）》中“十四五”期间国防教育目标任务，按照年度计划开展国防教育活动。县人武部牵头，联合县宣传、文化等部门，开展国防教育进乡村、进社区、进企业、进学校“四进”活动。18支、90余人国防教育小分队，分赴乡村、社区、企业、学校，开展形式多样的国防教育活动，5万余人次接受国防教育。

2022年8月28日，无棣一中高一新生军训动员大会在南校区国旗广场举行
（县人武部　供图）

利用全民国防教育日、学生军训周，开展国防教育活动，3600余名学生接受教育。县人武部依托军事长廊、革命历史纪念馆等教育基地，开展不同形式的国防教育活动。（常　晓）

【后勤保障】2022年，无棣县组织全县人武系统开展年度预算编制，落实上级财务制度，规范财经管理。完善机关物资采购、工程招标标准化流程，发挥集中采购领导小组作用，执行网上采购、招标采购等工作规范，防止“跑冒滴漏”等现象发生。保障资金投向投量向备战打赢等大项工作重点任务倾斜。加强县人武部机关规范化建设，优化保密室、文印室、征兵办功能，做好营区围墙围栏、训练场、接待室升级改造，抓好附属楼基础设施建设，安装电梯，创造宜人环境。做好作战室沙盘、不间断电源建设。（常　晓）

【民兵文化活动】2022年，无棣县在全县574个行政村兴建民兵科技书屋，指导各基层武装部成立民兵文艺社、乡土剧团、民乐队等47个，民兵文艺骨干业余演出队在春节、元宵节等节日期间，入驻乡村巡回演出100余场次；组织民兵文体骨干参加军地篮球赛、乒乓球赛、摄影、才艺大赛、知识竞赛等活动80场次；举办第三届“枣乡杯”民兵书画作品展。（苏银东）

【民兵应急力量集中点验大会】2022年6月27日，无棣县在全民健身广场召开全县2022年度民兵应急力量集中点验大会。滨州市委常委、军分区司令员朱俊，县委书记、县人武部党委第一书记郑振亮参加会议并讲话。县民兵应急连、支援力量参训分队及12个镇（街道）民兵应急排参加点验大会。大会宣读民兵干部

任职命令、表扬通报，全体民兵宣誓，新入队民兵代表发言，县人武部总结部署工作。解放军报客户端以《建强民兵应急力量 他们这样做》为题报道此次会议。（常 晓）

武警无棣中队

【概况】 2022年，武警无棣中队落实武警山东总队、武警滨州支队决策部署，把握全局大势，统筹推进重大任务和经常性工作。强化思想政治建设，弘扬“公开、公平、公正”工作作风，以正确训练导向，激发官兵训练自觉性、主动性、积极性。年内，有5名官兵在考评、课目训练中获佳绩。开展军营普法活动，做好军营后勤保障工作，严明枪械、弹药管理制度，完成看押、看守、守卫、城市武装巡逻等勤务。武警无棣中队重视双拥共建工作，与县退役军人事务局、县总工会、无棣慈善义工协会等单位，组织“法律进军营”“阳光军营”活动。武警无棣中队被武警滨州支队评为全市武警系统“四铁”先进单位。（姜皓志）

【思想政治建设】 2022年，武警无棣中队健全完善各类组织，保障中队工作规范有序。中队党员队伍发挥“一个党员就是一面旗帜”模范带头作用，在大项任务面前顶得上、冲在前；中队警士队伍发挥“桥梁”“纽带”作用，全体警士支委成员、班长主动作为，担负中队值班等经常性工作。老兵退伍前，组织“学老兵、赞老兵、颂老兵”活动，及时收集意见，改进工作，为退伍老兵摄制留念视频；设立微信二维码意见箱，鼓励中队全体官兵提出工作建议。发挥中队风气监督员在考核、评选中的“前哨”作用，在解析现实问题中回应官兵关切问题。中队在涉及官兵切身利益敏感问题上做到公平公正，杜绝基层“微腐败”。全年中队技术学兵、警士选晋、入党考学、立功受奖全程透明公开。（姜皓志）

【练兵备战】 2022年，武警无棣中队抓好军事训练，增强执勤战备能力，提升战斗力。落实上级党委要求，抓好库室改建、设备升级、隐患查究；抓好执勤主责主业，提高官兵执勤能力。武警无棣中队把军事训练作为经常性中心工作和提高战斗力根本途径，坚持为战导向，将训练成绩作为入党考学、技术学兵、立功受奖等关乎官兵切身利益、敏感事务重要依据，“训练有为、训练有功”工作导向鲜明，激发官兵训练激情、热情。中队重点抓好教练员培训，抓好班长、骨干训练，提高教学组训能力。年内，武警无棣中队1人在武警山东总队优秀教练员考评中获执勤专业第9名，4人在武警滨州支队组织擒敌、刺杀、战场救护等共同课目教练员培训中获前3名。（姜皓志）

【综合保障】 2022年，武警无棣中队加强部队后勤保障工作，坚持食堂卫生、炊具清洗、餐具消毒、食物留验等制度，每月进行卫生常识教育，每日对营区消毒，教育官兵了解传染性疾病防控常识，做好传染性疾病防治工作；坚持枪弹管理制度，保障枪弹绝对安全；完成中队图书室建设、文体活动室改造、官兵家属宿舍改建，提升官兵生活质量。（姜皓志）

滨州海警局无棣工作站

【概况】 2022年，海警无棣工作站加强干部战士思想引领，提升练兵备战质效，规范队伍管理教育，以学促工作，以做创实绩，实现队伍内部、管辖海域双稳定。海警无棣工作站与中国海警局北海分局、滨州海警局协同执法，开展所辖海域治安管控工作，打击海上走私、偷渡等违法犯罪活动，履行海洋资源开发利用、海洋生态保护、海洋渔业管理等执法任务。配合驻地党委政府开展双拥共建工作。（袁孟伟）

【维权执法】 2022年，海警无棣工作站加强海域维权执法工作，全年接处警30余起，调解涉渔纠纷15起，其中涉及冀鲁渔业纠纷10起；处理打架斗殴事件1起、无证驾驶机动船舶1起。群众满意率100%。协助中国海警局北海分局、滨州海警局办理走私案件2起，涉案金额500余万元。与县公安、检察、海洋渔业、海事等部门签订执法协作协议，建立情报共享、执法协作、应急处突、联合管控等工作机制，开展联合执法行动，增强辖区管控合力。全年联合巡查海域180余次，震慑走私、盗采海砂等违法犯罪行为。（袁孟伟）

【开展海警法宣讲活动】 2022年2月1日起，海警无棣工作站为庆祝《中华人民共和国海警法》颁布实施一周年，开展海警法进机关、进企业、进码头、进平台“四进”宣传周活动。海警无棣工作站普法宣讲小队走进涉海职能部门、企业、渔民中，介绍海警机构海上维权执法职能，张贴横幅、发放宣传资料、现场授课，宣讲重点法律条文，以案释法，教育引导辖区群众学习、遵守、维护海警法。开展海警法宣传24场次，张贴宣传条幅10余处，发放宣传手册500余份。开设海警法线上答题平台，鼓励群众参与答题，以答促学、以学促用；依托驻地通信运营商，向辖区群众发送海警法普法短信，拓宽海警法宣传渠道。（袁孟伟）

人民防空

【概况】 2022年，无棣县加强人防指挥体系建设，做好人防工程监督管理、人防指挥通信维护管理、人防宣传教育工作。走进机关、学校、企业、社区，开展人防宣传教育活动，持续提升人民群众国防意识和人民防空理念。发放人防宣传购物袋、人防教材、宣传手册1.7万份（本），开展“9·18”全县防空警报试鸣工作。（步朋朋）

【人防指挥体系建设】 2022年，无棣县强化人防工程安全监督管理，保持人防领域安全无事故。加强人防机动指挥系统实战演练，安排专业人员，定期与滨州市人防办通信对接，保障人防指挥通信、通联。开展人防指挥通信维护管理工作，每季度组织技术人员对全县人防警报设备检修维护，定期对指挥通信设备、零部件维护检修、充电维保，保证指挥通信警报系统处于良好战备状态。9月18日，组织开展“9·18”全县防空警报试鸣工作，提高民众的国防观念和防空意识。（步朋朋）

【人防宣传教育】 2022年，无棣县推进人防宣传教育进机关、进学校、进企业、进社区，在县城区9所学校开设人防知识教育课程，免费配发人防知识教材4200余本；结合“5·12”防灾减灾日活动，通过制作人防知识宣传短片、人防宣传展板、宣传手册等形式开展人防宣传，与项目建设单位对接，开展到企业、到施工现场送人防法律法规上门活动；在4个社区开展人防知识宣传教育活动，通过制作人防宣传展板、发放人防宣传购物袋和宣传手册等形式进行人防宣传，发放各类宣传品1.3万余份。（步朋朋）

【人防工程监管】 2022年，无棣县加强人防工程建设，县人防办协助县行政审批服务局把关人防工程审批管理。强化工程监管，推进人防工程建设全过程管理，建立人防工程、安全隐患排查台账。健全人防工程巡视记录表、工程维护安排表、工程设施设备检修维护记录表、工程土建及加固改造记录表、工程维护管理检查评定表、工程维护管理情况检查情况评定表“六表”。从巡视、维护管理、登记统计、检查评定等方面做到系统规范。完善人防工程防汛应急预案、工程消防工作预案“两案”，成立突发事件处置队伍，落实防汛物资、消防器材，明确突发事件处理程序。每月定期对工程主体结构、人防设备维护管理、安全使用情况、消防设施、防汛情况等全面排查，发现问题限期整改到位。（步朋朋）

双拥共建

【概况】 2022年，无棣县聚焦部队练兵备战主线，做好拥政爱民、拥军优属、双拥文化建设工作。开展军民共建工作，驻地部队参与地方重大任务、帮扶纾困、军事训练与教育、法律宣传与服务等活动；各级党委政府推进拥军活动走深走实，拥军实事落地落细，为驻地部队、军人家属发放慰问金、慰问品，为驻地部队基础设施建设筹措资金；出版呈现双拥文化主题作品6本（部），1首呈现双拥文化主题歌曲获省级奖项。开展“最美退役军人、最美拥军人物”等评选、“八一”建军节庆祝活动。年内，无棣县被确定为全市退役军人人事档案管理利用试点县，全市双拥共建和模范城（县）创建培训暨现场观摩会在无棣县召开。县退役军人服务中心被山东省退役军人事务厅评为2022年度100家全省优秀退役军人服务中心（站）。（何荣焕）

【拥政爱民】 2022年，驻无棣县部队发挥人才、装备、技术等优势，持续开展军民共建、助学纾困、医疗帮扶等工作，支持地方经济社会发展。县人武部、武警无棣中队、海警无棣工作站主动参与急难险重任务10余次，开展军地联谊活动8次，参与安保执勤、城乡一体化建设、扶贫帮困、捐款捐物、学生军训、国防讲座30余期次。驻棣各部队利用春节、中秋等传统节日，走访驻地困难群众35人次，捐赠各类物资60余份。在学雷锋纪念日、国家宪法日等节点，走进社区、村居、码头、涉海企业开展普法宣传、法律咨询服务，发放宣传册200余份，提供法律咨询45人次。为驻地渔民提供船舶安全隐患排查，排查渔船80余艘次，消除安全隐患35处。（何荣焕）

【拥军优属】 2022年，无棣县完善社会化拥军机制，打造常态化双拥宣传阵地。开展“百业千行齐拥军”“情系边海防官兵”走访慰问、欢送欢迎退役士兵返乡等系列活动；春节期间，开展“走进军营·爱心牵手——春节送年货”活动；走访慰问武警、海警等驻无棣部队、海军“无棣舰”，送去慰问品；为立功受奖人员家庭发放慰问金。举办2022年度无棣最美系列评选活动。为驻棣部队办实事解难题，为海警工作站协调2000余平方米办公楼房，实现整体搬迁，提升海警部队营房现代化水平；协调县财政资金，为武警中队改造管道、安装天然气；为武警中队进行文化设施升级，设置丰富党建互动内容，构建沉浸式党建文化场景智能学习模式，建设党建工作站，改善部队官兵学习、办公、练兵条件。（何荣焕）

【双拥文化建设】 2022年，无棣县推进双拥文化建设，打造“同绘向心圆、共建新无棣”双拥特色品牌。县双拥办、县退役军人事务局收集整理散落民间红色故事、双拥事迹，结集出版体现双拥文化红色书籍《铭记》《忠诚》《回眸》《鱼水情深》，无棣县成为全市唯一完成双拥文学作品创作县（市、区）。《柳林黄土血化碧》《枣乡英烈谱》2部作品分获2022年度滨州市社会科学普及优秀成果书籍类“十佳”读物、优秀读物。体现双拥文化元素原创歌曲《渤海湾畔鱼水情》，获山东省双拥主题文艺作品评选三等奖。联合驻棣部队、县文化旅游部门开展图书城市驿站落户无棣军营活动、“八一”进军营情系边海防官兵系列活动，被山东电视台宣传报道。（何荣焕）

【最美人物评选活动】 2022年，无棣县推进拥军优属、拥政爱民工作，以新时代榜样力量引领退役军人永葆人民军队光荣传统、优良作风。7月，县双拥工作领导小组办公室、县委组织部、县委宣传部、县人武部、县妇联、县退役军人事务局联合开展2022年度“无棣最美退役军人”“无棣优秀兵支书”“无棣最美军嫂”“无棣最美拥军人物”评选活动，评选出“无棣最美退役军人”等人物25名。（何荣焕）

2022年无棣县最美退役军人（共10名）

南长金　县残疾人就业服务中心主任
陈子庆　县融媒体中心总编
张云再　县公安局警指办副主任
张　波　县派西小王镇小官庄村第一书记
郭振彪　柳堡镇辛庄子村党支部书记
林佃旭　小泊头镇农业综合服务站副站长
魏景洪　佘家镇人民政府四级主任科员
孙树旺　县机关政务保障中心工会主席、办公用房管理股股长
张洪村　金盛海洋科技有限公司钾镁厂办公室主任兼安环科长
付金建　县综合行政执法局二中队中队长

2022年无棣县优秀兵支书（共5名）

张玉超　海丰街道杨八里村党支部书记
袁建军　海丰街道小刘家村党支部书记
张忠浩　碣石山镇张家码头村党支部书记兼主任
张　彬　佘家镇牛王东村党支部书记
刘金星　车王镇后刘村党支部书记兼主任

2022年无棣县最美军嫂（共5名）

杨鸣晓　海丰街道办事处科员
王　娟　碣石山镇乡村振兴办主任
吴晓玉　县第二高级中学教师
庞浩学　碣石山镇纪检干事
王　敏　车王镇东刘屯村

2022年无棣县最美拥军人物（共5名）

刘淑萍　县德正社工服务中心
周庆兰　车王镇
王洪丽　西小王镇
何　叶　民政局
汪利芬　柳堡镇

【庆祝“八一”建军节活动】 2022年7月28日，无棣县在县古城百姓大舞台举办2022年度“致敬最可爱的人”庆祝“八一”建军节系列表扬暨文艺演出活动。由县委组织部、县委宣传部、县人武部、县双拥办、县退役军人事务局、县妇联、县文联共同主办。活动以颂扬军人无私奉献、保家卫国高尚情操，讴歌“军爱民、民拥军，军民团结一家亲”鱼水深情为主旋律。配乐诗朗诵《你的名字叫军嫂》、京剧《枪林弹雨军民隔不断》、二重唱《渤海湾畔鱼水情》、竹笛曲《歌儿献给解放军》等节目由无棣县文艺骨干自编自导自演，展示地方拥军爱民风采。活动中，为2022年度无棣系列“最美人物”颁发奖杯、证书。（何荣焕）

2022年7月28日，无棣县庆祝“八一”建军节系列表扬暨文艺演出在县古城百姓大舞台举行（县退役军人事务局 供图）

经济管理

宏观经济调控

【概况】 2022年，无棣县统筹新冠疫情防控和经济社会发展，强化政策引导，全县经济呈稳定增长态势，主要经济指标保持全市前列，地区生产总值增速列全市第3位，工业增加值增速居全市第4位，货物进出口增速列全市第2位；固定资产投资增速居全市第3位，其中制造业技改投资增速列全市第2位；全体居民收入、城镇居民收入、农村居民收入增速均居全市第1位。推进重点项目建设，20个项目列入省重点名单、28个项目列入市重点名单，86个省市县重点项目完成年度投资101.5亿元。年内，新增高新技术企业32家。至年底，全县有市级以上农业产业化重点龙头企业68家，其中省级17家。 （卢　扬）

【发展规划编制】 2022年，无棣县25个县直部门单位计划编制规划29个，其中15个规划编制完成，10个规划在编、修改完善，4个规划启动编制。年内，由县自然资源规划部门编制《无棣县国土空间总体规划（2021—2035年）》、县文旅部门编制《无棣县全域旅游总体规划》、县农业部门编制《渤海黑牛产业发展专项规划（2021—2030年）》、县妇联编制《无棣县“十四五”妇女发展规划》《无棣县“十四五”儿童发展规划》颁布实施。 （卢　扬）

【经济运行监测】 2022年，无棣县推动高质量发展，每季度对全县经济运行情况进行分析研判，定期到基层、企业，调查掌握经济运行问题，加强对经济运行预警、监测，提出工作建议。抓实经济运行情况分析，落实经济运行月调度制度，定期形成专题报告，服务领导决策。第一季度全县经济运行平稳、好于预期，地区生产总值、工业增加值、社会消费品零售总额、居民人均可支配收入等经济指标位于全市前列。上半年工业生产稳步恢复，消费市场保持平稳发展，固定资产投资稳定增长，金融市场运行平稳。第三季度加快释放政策效能水平，地区生产总值、工业增加值、社会消费品零售总额等经济指标好于全市平均水平，经济运行呈现“持续恢复、增势向好”发展态势。全年经济社会保持健康稳定发展，供给领域整体平稳增长，内外市场需求协同拉动，市场运转活力稳步增强。 （卢　扬）

【固定资产投资】 2022年，无棣县梳理未开工项目、开工未列统项目，逐一现场调研督导，分析原因，形成未列统项目清单，压实镇（街道、园区）、部门责任，定期调度、督导，实行销号管理。优化结构，精准指导项目纳统，梳理完成全县投资项目结构，明确项目民间、“四新”等属性，指导镇（街道、园区）、项目单位加大有利于优化投资结构指标项目纳统力度。全县固定资产投资增速15.3%，高于全市增速1.2

个百分点，列全市第3位。第一产业投资比上年下降25.9%；第二产业投资比上年增长16.4%；第三产业投资比上年增长14%。制造业投资增长37.1%；房地产开发投资增长29.9%。制造业技改投资比上年增长44.8%，高于全市平均46.5个百分点，列全市第2位。民间投资比上年增长18.4%，占全部固定资产投资比例的68.9%。（卢　扬）

【新旧动能转换】 2022年，无棣县继续实施新旧动能转换战略，进行技术改造升级，延伸产业链条，增强企业创新动力。年内，备案技改项目24个，总投资12亿元，比上年增长25%。畜禽及相关产业产值超过百亿元，9家屠宰生产企业完成数字智能化分级管理；鲁北万润24万吨磷酸铁锂项目落地实施；华盛纺织运营投产。三岳化工、丰香园申报省级企业技术中心，赫胜电力等2家企业获批市级企业技术中心。天顺药业、卓力电器2家企业获批山东省科技型中小企业能力提升工程项目，锂离子电池新材料产业集群被列入全市战略性新兴产业集群。新增高新技术企业32家，市级以上农业产业化重点龙头企业68家，其中省级17家。（张思祖）

【重点项目建设】 2022年，无棣县推进重点项目建设，扩大有效投资，保障重点项目投产达效。年内，20个项目被列入省重点名单，其中鲁北万润年产24万吨磷酸铁锂联产24万吨磷酸铁等8个项目被列入省重大项目，华盛创新纺织年产5万吨高端针织面料等6个项目被列入省优选项目，绿脉年产36万吨氟铝新材料等3个项目被列入省双招双引项目，城乡燃气管网提升改造等4个项目被列入省补短板项目。28个项目被列入市重点名单，86个省市县重点项目完成年度投资101.5亿元目标任务。55个老旧小区改造工程完工；县城区雨污管道升级改造11.3千米。推进津潍高铁无棣段、齐燕铁路等重点工程，完成信河路10.8千米大修工程，“四好农村路”路网新改建230千米、改造危桥6座。学前教育中心、实验幼儿园第二分园等5处幼儿园建成竣工，推进第五实验小学、佘家镇中学、职专五年制高校项目等项目建设；县妇幼保健中心新院建成投用，推进县第二人民医院、医疗分中心项目。（马利杰）

【项目资金争取】 2022年，无棣县瞄准国家和省重点支持领域，围绕生态环保等领域，20个项目争取专项债券资金17.11亿元。10个项目争取上级无偿资金2.33亿元，大多为农林水、城镇基础设施、保障性住房等民生领域项目，其中老旧小区改造争取1324万元、城乡燃气管网1013万元、绿色仓储项目60万元、泽郦精密金属100万元、秦口河治理5194万元、2.5万亩高标准农田建设2674万元、现代种业3400万元、城东水库9123万元。（张思祖）

【“黄河战略”推进】 2022年，无棣县推进“黄河战略”实施，加强组织领导，完善顶层设计，推动黄河流域生态保护和高质量发展国家战略落地落实。成立无棣县推进黄河流域生态保护和高质量发展领导小组，全年召开专题会议5次，统筹推进黄河流域生态保护和高质量发展工作。制定《无棣县深入学习贯彻习近平总书记重要讲话精神推动黄河流域生态保护和高质量发展的决定》及责任分工方案。组织开展黄河流域生态和高质量发展普查调研，对黄河流域生态建设、防洪减灾、产业布局及发展等方面进行专题普查调研，掌握基本情况。对接山东省、滨州市黄河流域生态保护和高质量发展规划编制工作，编印《无棣县黄河流域生态保护和高质量发展实施方案》及年度工作要点，为推进“黄河战略”实施提供工作指导。实施生态建设、防灾减灾、产业转型升级等专项行动，打好污染防治攻坚战。可吸入颗粒物浓度比上年改善9.5%，重点河流断面全部为Ⅳ类及以上水质。完善县级国土空间总体规划编制，启动乡镇级国土空间规划编制工作。新增规模以上工业企业28家，实现规模以上工业总产值610亿元，比上年增长7.5%。工业技改投资增长25%。鲁北150万吨氢氧化铝、惠广纤维素、华盛纺织产业园等15个过亿元项目建成投产。制定促进服务业领域困难行业恢复发展政策清单，规模以上服务业企业发展为41家，填补空白行业3个。（冯金龙）

【油地协调服务】2022年，无棣县做好油区开发协调服务工作。协调油田企业完成新增钻井2口。推进物探工作开展。6月30日，山东中油天然气有限公司沧淄线支线完成旧管道和场站停输，山东中油天然气有限公司无棣输气站迁移至棣丰街道洼里宋村附近，消除县城区4.6千米高后果区安全隐患，释放周边土地。县油区服务中心协调油田企业支持油区镇村基础设施建设，修建油地共建路5千米，新建大小桥涵2座，完善油区水电路桥涵闸等配套设施。参与东胜公司股份制运营，协调企业实现税收6503.32万元。（董建德）

自然资源管理

【概况】2022年，无棣县加强自然资源管理，提升自然资源利用水平。加快耕地恢复实施力度，落实耕地保护占补和进出双平衡工作，统筹推进耕地恢复，增加耕地面积。推进自然资源信息化建设，提升自然资源保护效能。强化责任落实，完善工作机制，抓好自然资源督察整改，保证自然资源各项工作落到实处。至年底，全县完成土地供应121宗，面积767公顷；完成土地整治项目1219.62公顷，新增耕地228.75公顷；累计颁发不动产权证书12350本，不动产登记证明11183份。（张国辉）

【土地供应和储备】2022年，无棣县完成土地供应121宗、面积767公顷。其中，出让土地100宗、面积725.27公顷，划拨土地21宗、面积41.73公顷。（张国辉）

【土地征收】2022年，无棣县编制完成《无棣县2022年土地征收成片开发方案》，于8月12日获山东省人民政府批复。全年共完成批次批复27个，总面积293.8公顷，涉及农用地221.07公顷（含耕地117.47公顷）、建设用地51.13公顷、未利用地21.6公顷。完成上报建新区整体审批2个，总面积40.21公顷。（张国辉）

【土地资源集约节约利用】2022年，无棣县按照重点化、差异化、精准化配置，争取新增建设用地指标354公顷，保障鲁北万润、鲁北超能等23个省市县重点项目和鲁北高新技术开发区道路、城东水库2个单独选址项目土地指标需求。实施“标准地”出让模式，为7家企业项目供应“标准地”15宗、面积94.26公顷。全年各镇（街道）立项实施土地整治项目11个，规划新增耕地面积173.33公顷；完成土地整治项目71.68公顷，新增耕地20.26公顷。通过土地平整、翻耕和土壤培肥等措施，完成盐碱耕地改良17.67公顷。（张国辉）

【用海管理】2022年，无棣县处理围填海历史遗留问题，为经济发展提供要素保障。针对博盛、禾韵等已批未填类项目，根据有关要求进行处置。保障用海项目，完成同达管桩、同发物流、同兴疏浚3个填海工程填海验收工作。加强海域动态监管，对海域存疑图斑开展现场核查工作，并将核查情况说明上报市海洋发展和渔业局。（薄佳男）

【不动产登记】2022年，无棣县优化服务流程，实现不动产一般登记业务（需公示业务除外）30分钟内办结，涉税业务1小时内办结，查封、解封、注销抵押、地址变更等业务即时办结，特殊急件立等即取。创新服务模式，开展预约服务150余次、延时服务100余次。扩大服务半径，向机构、镇（街道）延伸服务，设置不动产便民服务平台终端，提供预告登记、转移登记、抵押登记、打印证书等服务。完成29家房地产开发企业、12家房地产经纪机构、19家银行及12

个镇（街道）服务延伸。全年累计颁发不动产权证书1.24万本，不动产登记证明1.12万份。农村宅基地确权发证1.5万本，累计发证总数8.6万本。（张国辉）

【自然资源确权登记】2022年，无棣县推进农村不动产确权登记工作，宅基地证书发证率100%，集体建设用地使用权宗地调查发证645宗，宅基地登记业务实现常态化开展。推进农村宅基地房地一体确权颁证试点工作。年内，信阳镇、碣石山镇完成辖区内所有村庄航飞、工作底图制作、调查成果核实等工作，并开展登记发证程序。推行“交房（地）即办证”“验收即办证”，提升业务办理便捷度。全年完成“交地即办证”159宗、“交房即办证”13个项目2379户、“验收即办证”62宗；走访企业80家次，帮助企业解决问题70个次，全年办理不动产登记业务1.55万件。（张国辉）

【自然资源信息化建设】2022年，无棣县推动时空大数据平台与高点监控平台、田长制综合管理信息平台深度融合。实现基础时空数据、公共专题数据和物联网感知数据等一体化管理与共享，扩展智慧自然资源、数字乡村和智慧海洋等应用示范，建设国土空间基础信息平台、自然资源一张图、自然资源移动一张图、业务协同审批系统、三维辅助规划系统、自然资源数字档案室、田长制综合信息管理平台和智慧国土高点视频监控平台等特色应用，并联动智慧滨州市级平台，实现服务共享，开展市县一体化建设。完成自然资源信息平台与县综合行政执法局、县应急管理局、县生态环境局相应平台对接，为其智慧应用提供影像数据、视频数据和三维数据服务。（张国辉）

【测绘管理】2022年，无棣县加强测绘资质管理工作，要求准确、准时提交测绘资质年度注册，并把单位变更、仪器变更等情况及时上报上级测绘主管部门。按照测绘资质等级范围从事测绘活动，严禁以其他单位名义从事超越资质等级范围测绘活动，杜绝涂改、倒卖、出租、出借、挂靠或者其他形式非法转让测绘资质证书及无证测绘行为。推进国家新型基础测绘体系建设试点工作，在实现省市县协同月度更新方面探索创新，通过卫星遥感影像、视频监控、互联网在线爬取、部门协同等方式，丰富数据库体系。利用各类地理信息资源，统筹试点任务与“十四五”基础测绘任务目标，促进试点项目推进实施。（张国辉）

【自然资源执法监察】2022年，无棣县强化自然资源执法监管，提升自然资源保护效能。加强部门协作配合，形成监管合力。对自然资源违法问题，认真核查，依法打击，全面整改。全年查处整改不合理用地问题22个。（张国辉）

国有资产监管

【概况】2022年，无棣县推进国资国企改革及全民（集体）所有制企业公司制改制，县属8家一级企业集团和16家重要子企业建立国有企业现代企业制度，12家全民（集体）所有制企业完成改制。强化国有企业经营业绩考核，推行企业经理层成员任期制和契约化管理。至年底，全县国有企业资产总额389.87亿元，实现营业收入117.64亿元，上缴税金3.82亿元。（高金明）

【国有企业经营】2022年，无棣县县属国有企业经济实现平稳运行。县属8大国有企业集团投资495.07亿元，实施重点项目38个，其中投产项目8个。至年底，全县国有企业资产总额389.87亿元、负债总额285.38亿元、所有者权益总额104.5亿元，比上年分别增长12.79%、18.57%、-0.44%。从经营成果看，全县国有企业实现营业收入117.64亿元，上缴税金3.82亿元，比上年分别增长10.27%、5.99%。受鲁北企业集团原材料价格增幅较大等因素影响，全县国有企业实现利润比上年下降130.14%。（高金明）

【国资国企改革】 2022年，无棣县继续深化国资国企改革，完成国企改革三年行动，完善现代企业制度，调整优化国有资本布局结构，提升国资监管效能。完善国有企业现代企业制度，县属8家一级企业集团和16家重要子企业全部实现董事会应建尽建、规范运行；推进全民（集体）所有制企业公司制改制，全县12家全民（集体）所有制企业全部完成改制。调整优化国有资本布局结构，形成县属8大企业集团格局；完成23家国有企业资产划转，累计完成划转金额33.6亿元。健全完善市场化经营机制，在县属8大企业集团中推行企业经理层成员任期制和契约化管理；建立健全企业负责人经营业绩激励约束机制，落实企业负责人经营业绩考核。提升国资监管效能，建立出资人监督、外部监督、财务监督、审计监督、纪检监察监督“五位一体”监督模式。无棣县国企改革三年行动经验做法《破局先行国企改革三年行动走深走实》入选滨州市典型经验案例。 （高金明）

【国资国企监管】 2022年，无棣县加强国有企业经营业绩考核，以国有资本保值增值为核心，实现企业负责人薪酬差异化，解决企业领导人员“高水平大锅饭”问题，实现企业经理层成员任期制和契约化管理全覆盖。探索企业外部监督新方式，从全县经济管理部门和企业行业主管部门中选派22名优秀中层以上干部，到县属国有企业集团担任外部董事，8家一级企业集团和16家重要子企业全部实现外部董事占多数。推进以管资本为主的国资监督体系建设，印发县属国有企业工资总额管理办法、国有企业投资监督管理办法、国有企业违规经营投资责任追究办法、县属国有企业财务等重大信息公开暂行规定等规章制度，健全完善国资国企监督制度体系。加大授权放权力度，印发授权放权清单，向县属一级企业授权放权19项，加大企业生产经营活动自主权，激发企业活力。 （高金明）

促进民营经济发展

【概况】 至2022年底，无棣县有民营企业（公司、合作社）20383家，其中私营企业17809家，规模以上工业企业165家。全县形成高端化工新材料、高端智能电气装备、渔网加工、不锈钢金属制造等特色产业集群。高端化工新材料产业主要包括盐化工、石油化工、精细化工、新能源新材料等。渔网加工产业形成织网、合股、网漂、穿网、封网等一条龙生产。电力电气产业主要产品有LED显示屏、电表箱、配电柜。不锈钢精密产业集群主要产品为船用五金、水暖管阀、汽车零部件及各种铸造件、锻造件等上千余种。特色产业占全县产值及税收85%以上，成为全县经济发展重要支撑。（刘玉蕾）

【企业创新】 2022年，无棣县17家企业被认定为省、市级“专精特新”中小企业；8家企业被认定为省、市级瞪羚企业；3家企业被认定为市级“一企一技术”研发中心；2家企业分获山东省企业创新成果一等奖和二等奖；组织申报省级财政资金股权投资项目1家，市级财政资金股权投资项目3家。鑫岳化工申请为省高端化工领域高质量发展企业，获奖金700万元。无棣县智能电气特色产业集群被认定为省级“特色产业集群”；新增市级中小企业公共服务示范平台1个、市级小型微型企业创业创新示范基地1个。1家企业被列入全省人才工作重点联系企业库首批入库企业名单，1家企业被列入山东省DCMM贯标试点企业，滨州鲁北化工产业园被评定为2022年度工业互联网园区，2个企业平台被评定为滨州市2022年度工业互联网平台，1家企业被认定为滨州市2022年企业上云标杆企业。 （刘玉蕾　李生宏）

2022年无棣县科技型中小企业一览表

表9

序号	称号	企业名称
1	省级“专精特新”企业	滨州泽郦精密金属科技有限公司
2		无棣融川医药化工科技有限公司
3		滨州永泰不锈钢制品股份有限公司
4		滨州赫胜电力科技有限公司
5		滨州诚宸实业有限公司
6		山东泓球渔具股份有限公司
7		山东丰香园食品股份有限公司
8		无棣县华龙食品有限公司
9	省级瞪羚企业	山东丰香园食品股份有限公司
10		山东达信农牧科技股份有限公司
11		山东省十里香芝麻制品股份有限公司
12	市级“专精特新”企业	滨州泽郦精密金属科技有限公司
13		无棣县华龙食品有限公司
14		山东钟金燕家纺有限公司
15		山东省友发水产有限公司
16		无棣鑫义食品有限公司
17		山东泓球渔具股份有限公司
18		滨州永泰不锈钢制品股份有限公司
19		山东恒泰塑业有限公司
20		山东妙迪食品有限公司
21	市级瞪羚企业	山东北方创信防水科技集团股份有限公司
22		无棣县兴亚生物科技有限公司
23		滨州诚宸实业股份有限公司
24		山东丰香园食品股份有限公司
25		滨州泽郦精密金属科技有限公司

【企业发展服务】2022年，无棣县制定《关于加快市场主体高质量发展的意见》，涵盖支持创新创造、质效并提、强优发展、外贸发展壮大、产业优化升级、核心竞争力提升、三产快速发展7个方面、20条政策措施。年内兑现奖补资金3603万元，惠及市场主体483个。县工信局组织科技、商务、市场监管、金融、发改等部门，召开政策宣传贯彻座谈会进行宣传，走进企业一对一指导，促进惠企政策落实落地。对各部门相关政策落实情况进行跟踪调度。做好惠企政策梳理及推送工作，对国家、省、市、县惠企政策进行梳理，梳理有效信息285条，编印《无棣县惠企政策手册》，推送到企业3000余册。（刘玉蕾）

【为企服务直通车】2022年，无棣县推广“惠企通服务平台”，做到企业有诉求，处理加速度。县工信局先后组织2次专题会议，对部门、镇（街道）、园区进行培训和部署，各部门上传惠企政策145条，办理企业诉求340条，涉及金融、人才、科技、税收、国土资源、项目行政审批、公共资源交易、市场监管、财政、知识产权、政策咨询等多个领域。8月4日，全市民营经济半年工作总结暨“为企服务直通车”制度落实现场推进会议在无棣县召开。无棣经验做法被滨州市民营服务中心以简报专刊在全市推广学习，并在“学习强国”山东学习平台发表。年内，县民营经济服务中心被评为“全国中小企业志愿服务优秀工作站”，在7月28日工信部中小企业发展促进中心召开的中小企业志愿服务联盟表彰会上，县工信局作为县（市、区）优秀代表在会上作典型发言。（刘玉蕾）

2022年7月28日，无棣县民营经济服务中心在中小企业志愿服务联盟年会暨表彰会上被评为“全国中小企业志愿服务优秀工作站”（县工信局 供图）

财 政

【概况】2022年，无棣县克服多种超预期不利因素叠加影响，围绕涵养税源、创新引领、激发活力，将四本预算和政府债务收支计划一体安排，实施资金、资源、资产统筹，提升财政保障能力。全年完成一般公共预算收入16.59亿元，按自然口径计算下降20%；实现一般公共预算支出36.64亿元，增长0.1%。其中，卫生健康支出、文化旅游体育与传媒支出分别增长13.1%、6.4%。（吴宝轮）

【一般公共预算收支】2022年，无棣县建立健全重点税源跟踪管理机制，持续做好财源培植，依法依规组织税费收入，提高收入质量。全县完成一般公共财政预算收入16.59亿元，占预算100.5%，剔除增值税留抵退税因素，同口径完成21.22亿元，比上年实际完成增长2.3%，其中税收收入完成10.59亿元，占比63.8%。优化支出结构，压减一般性、非刚性支出，对县直部门日常公用经费定额标准压减10%，调整优化支出结构，保障工资按时发放、机关正常运转、重点民生正常落实到位。至年底，全县实现一般公共预算支出36.64亿元。其中，民生支出30.4亿元，占比83%。（吴宝轮）

2022 年无棣县一般公共预算收入完成统计表

表 10

序号	项目	2022 年收入额（万元）	比 2021 年增长（%）
1	增值税	23113	–68.7
2	企业所得税	23477	–20.6
3	个人所得税	1952	–22
4	资源税	7342	53.4
5	城市维护建设税	6627	–24.9
6	房产税	3103	–8
7	印花税	2589	8.1
8	城镇土地使用税	9609	9.2
9	土地增值税	8905	17.5
10	车船税	3895	36.6
11	耕地占用税	2030	–36.9
12	契税	11645	17.4
13	环境保护税	1612	6.7
14	专项收入	10337	–9.6
15	行政事业性收费收入	25370	3.7
16	罚没收入	8170	–1.3
17	国有资源（资产）有偿使用收入	6860	332.3
18	捐赠收入	6085	192.3
19	政府住房基金收入	43	975
20	其他收入	3126	1314.5

2022 年无棣县一般公共预算支出执行情况统计表

表 11

序号	项目	2022 年支出额（万元）	比 2021 年增长（%）
1	一般公共服务支出	30497	6.8
2	国防支出	—	—
3	公共安全支出	17250	16
4	教育支出	88478	4.9
5	科学技术支出	4075	–20.7
6	文化旅游体育与传媒支出	4475	6.4

续表 11

序号	项目	2022 年支出额（万元）	比 2021 年增长（%）
7	社会保障和就业支出	67610	0.3
8	卫生健康支出	34037	13.1
9	节能环保支出	15908	−26.8
10	城乡社区支出	6223	−23.2
11	农林水支出	59980	1.3
12	交通运输支出	6018	−30.9
13	资源勘探信息等支出	660	−28.6
14	商业服务业等支出	646	−8.2
15	金融支出	40	—
16	援助其他地区支出	296	—
17	自然资源海洋气象等支出	3468	−8.8
18	住房保障支出	14775	−7.9
19	粮油物资储备支出	147	−16.9
20	灾害防治及应急管理支出	2906	−4.9
21	债务付息支出	8647	2.6

【财政政策落实】2022 年，无棣县实施积极财政政策，落实各项减税降费措施，支持企业发展。调度筹措资金、畅通资金汇划渠道，将减税降费落实到位，保障直达市场主体。年内，办理增值税留抵退税、六税两费等税费减免 15.56 亿元，实现中小微企业受益、重点行业减负，支持企业加大科技创新、加快产品研发、增资扩产提效。制定出台《无棣县县级科技创新发展资金管理办法》，设立 2000 万元“县级科技创新发展资金”，集中财力支持重大科技创新，优化科技资源总体布局。全年拨付资金 3271 万元，用于推动科技创新项目开展、企业研究开发补助、国家高新技术企业奖励、产学研协同创新基金及支持人才建设等支出。安排资金 521 万元，推动全县外向型经济转型升级和企业规范化公司改制。安排汽车和零售餐饮行业消费券 206 万元，激发市场活力，引导消费回升。在全市惠企政策落实检查中，无棣县惠企政策落实情况位居全市第 1 位。（吴宝轮）

【民生投入】2022 年，无棣县一般公共预算民生支出 30.4 亿元，为落实各项民生政策、办好重点民生实事提供资金保障。支持就业优先政策，累计安排资金 6800 万元，支持就业创业、职业技能提升和落实城乡公益性岗位扩容提质行动。完善社会保障体系，将城乡低保、城乡特困等救助保障标准提高 10%，居民基本养老保险基础养老金最低标准提高至 165 元，将符合条件农村低收入人口纳入农村低保或特困人员救助供养范围。支持医疗卫生事业发展，将人均基本公共卫生服务经费补助标准提高至 84 元；支持实施农村适龄妇女“两癌”筛查等重大公共卫生项目，建设完成县医院内科楼、妇幼保健院、中心医院，提升均等化公共卫生服务水平。支持办好人民满意教育，足额保障生均公用经

2022年9月18日，建设中的无棣县职业中专五年制职业学校

（孙长城 摄）

费、学生资助、名师计划奖励等资金需求；学前教育中心、第三实验幼儿园建成招生；投入1.5亿元，支持五年制高职建设。支持改善城乡人居环境，统筹资金1亿元，实施棚户区建设、老旧小区、农村危房及农村清洁取暖改造，惠及群众近12万户。（吴宝轮）

【乡村振兴投入】2022年，无棣县完善财政“三农”投入稳定增长机制，支持巩固拓展脱贫攻坚成果衔接乡村振兴。全年统筹整合涉农资金9.78亿元，集中财力支持乡村产业、人才、文化、生态、组织振兴，加强现代水网建设，保障粮食和重要农产品供给，推动农业高质量发展，衔接推进乡村振兴、乡村建设行动等重点建设任务实施。投入资金5095万元，实施58个衔接推进乡村振兴项目，推动帮扶产业提档升级、提质增效。落实保障经费6544万元，提升村级组织建设保障水平。管好用好惠农一本通系统，发放惠农惠民补贴资金1.4亿元，保障各项惠民政策落实到位。加强高标准农田、衔接推进乡村振兴、现代水网建设等重点项目资金监管，提升财政资金使用效率。拨付新冠疫情防控资金1.06亿元，用于落实设备购置、救护车购置、物资储备等。（吴宝轮）

【财政绩效管理】2022年，无棣县强化项目资金监管，拓展绩效管理广度和深度。完善预算绩效体系，修订县级部门预算绩效管理办法和工作规程，在全市率先实施成本绩效分析试点、率先承担市对县财政运行综合评价试点，推进各镇（街道）运行综合评价创新试点，实现县直部门整体绩效目标编制全覆盖、财政专项资金目标管理全覆盖。无棣县2021年度县级财政管理绩效综合评价结果位居全国前列，被财政部通报表扬并获奖励资金300万元。（吴宝轮）

【会计管理】2022年，无棣县有会计师事务所2家。年内，新增会计初级职称资格178人、中级职称资格50人、副高级职称资格1人。2022年度全国会计专业技术初、中、高级资格考试，无棣县初级资格考试报考400人，实际参加考试320人，到考率80%；中级资格考试报考120人、356人次，其中报考中级会计实务116人、财务管理120人、经济法120人，实际参加考试96人次，到考率80%；高级资格考试报考3人，实际参加考试2人，到考率66.7%，与2021年持平。2022年度注册会计师全国统一考试专业阶段考试无棣县报考2人、3科次，报考人数、科次均有所下降。（吴宝轮）

【财政体制改革】2022年，无棣县推进重点领域和关键环节财税改革，提升预算管理水平。推进预算管理一体化改革，加强常态化直达资金机制管理，年内全县直达资金总量7亿元。落实过紧日子要求，压减一般性支出。全年累计完成财政预算评审额11.01亿元，审减金额1.38亿元，审减率12.53%，提升评审质效。在全市率先开展差旅电子凭证网上报销改革。推进清理规范公务

员工资津贴补贴工作，落实机关事业单位绩效奖金政策。加强行政事业性国有资产管理，建立行政事业资产管理“一对一”服务机制，对行政事业性资产按照“一个部门对口一个科室”原则进行服务管理，实现资产资金业务一体化。做好全县资产领域专项整治工作，通过财政部山东监管局现场复查。推进县级公物仓建设，所有临时机构、大型会议及集中办公等设备购置，全部由公物仓集中管理、调配使用，全年累计调入、调拨、借出资产37次330余件。（吴宝轮）

【政府债务管控】2022年，无棣县按时偿还到期债务本息，维护政府信誉。多渠道筹措资金，依法合规化解隐性债务，降低隐性债务规模。推进债务接续，争取再融资债券，缓解到期偿债压力。如期完成2家政府融资平台公司市场化转型。年内，政府债务限额为107.06亿元，省代县发行政府债券21.55亿元，年度政府债务余额控制在限额之内，在新增专项债规模大幅增加前提下，综合债务率下降，债务风险整体可控。（吴宝轮）

【政府采购管理】2022年，无棣县出台《预算单位政府采购内部控制规范》，明确采购人“可为”“不可为”具体边界，形成对政府采购全周期闭环管理。发挥政府采购政策功能作用，将预算单位采购“832平台”产品金额纳入绩效评价范围，在“832平台”开通账号134个，采购金额和开通账号数量均位列全市第1位。按照“标准统一、四级联动、分类评价、逐步推进”原则，开展2021年度代理机构监督评价工作，抽取6家代理机构18个采购项目档案进行检查，督促代理机构加强内部管理、改进代理工作、提升代理执业水平。发挥财政部门监督管理职责，凡是集中采购目录以内采购项目，或者集中采购目录以外限额以上采购项目均按规定实行政府采购，做到应采尽采。创新处理前置管理模式，提高答复质量，将争议化解在质疑阶段，保障全县政府采购活动开展。建立新冠疫情防控采购“绿色通道”，为防控物资采购提供政策保障。全年完成政府采购金额2亿元，节约资金300万元，节支率1.5%。（吴宝轮）

税　务

【概况】2022年，无棣县围绕税收现代化总目标，落实省市重点项目税收优惠，减轻企业负担。县税务部门强化税费征收工作，开展重点税源管理、欠税清理等行动。提升税收治理能力，加强税收监管体系建设，提升涉税风险排查和案件查办效率。推进纳税服务体系建设，提升税费服务智能化和精细化水平。至年底，组织各项税收29.86亿元，完成国有土地使用权出让收入、社保费收入等收入34.95亿元。（吴伟伟）

【税费收入】2022年，无棣县完成全口径税收29.86亿元，比上年下降8.36%，其中完成财政口径县区级税收10.59亿元，比上年下降33.51%，税收占比63.8%；完成各项非税收入1.54亿元，比上年增长29.63%。年内，完成国有土地使用权出让收入22.97亿元；完成各项社保费收入11.98亿元，比上年增长9.91%。（吴伟伟）

【税收征管】2022年，无棣县推进税收征管改革落地见效。建立任务台账，结合实际细化改革任务，形成滚动谋划、深化任务、台账督办、对表推进、对账销号、跟进考评、督导问效工作闭环；落实即领导直接包保、高效权威，问题直接查找、原汁原味，诉求直接反馈、及时响应，成效直接反映、服务大局“四直四保”直联机制，收集、反映、解决纳税人缴费人急难愁盼问题。成立税费征管协同工作机制工作领导小组，常态化召开税费征管协同工作动员会及税费协同会商联席会，形成“发现—整改—总结—提升”管理闭环。全年解决税费管理服务中存在难点、堵点问题4个。围绕不动产交易、车辆购

置税征收、出口退税、代开发票、石油炼化行业专项整治等，开展督查6次，发现问题18项，制定整改措施20个。（吴伟伟）

【纳税服务】2022年，无棣县创新服务举措、完善服务模式，提升纳税服务质效，优化税收营商环境。构建“云上办税”生态，优化咨询服务，增设热线坐席3个，热线接通率100%；举办线上“纳税人学堂”，直播覆盖纳税人、缴费人900余人次；设立“云上业务处理中心”，由青年党员骨干担任组长，日处理业务50笔、日均提供远程辅导100户次。创新便民办税举措，破解办税缴费瓶颈，推出“棣速办”办理模式，融合退税减税“快e达”、不动产交易税费“一网通办”、注销“畅快办”3项业务，打造“简事快办”“注销专办”“难事易办”3项服务，提升业务办理效率40%。关注特殊群体需求，针对老年人、残疾人群体加强服务保障，设立“特殊人群服务专窗”全职能窗口，开辟“桑榆伴税”绿色通道，组建特殊群体服务队，将上门服务、延时服务、全流程办理等多项服务组合叠加，解决特殊人群办税需求。（吴伟伟）

【减税降费】2022年，无棣县推动减税降费政策落实，保障企业享受政策红利。通过鲁税通、税企交流群等线上渠道推送税费政策惠及企业9000户次，在“中国无棣”门户网站发布各类政策及解读50余条，发放《2022年减税降费政策汇编》500份，与320余户企业财务人员“点对点”对接，实现组合式政策全面覆盖、精准滴灌。全年落实各项减税降费15.56亿元（含新增减税降费11.86亿元），其中影响地方级7.4亿元。（吴伟伟）

2022年7月9日，无棣县税务局工作人员在税务办理大厅开展“桑榆伴税”绿色通道服务（吴伟伟 摄）

【依法治税】2022年，无棣县推进依法治税。税务、法院、公安等部门联合召开虚开增值税专用发票案件专题研讨会，解决虚开增值税专用发票等涉税案件专业性强、隐蔽性高、犯罪形式多样、案件侦办困难、破坏市场经济秩序等问题，探索建立全链条堵漏洞、补短板、防风险联合监管体系，强化对涉税违法犯罪行为打击，提升涉税风险排查和案件查办效率。规范和完善司法拍卖不动产案件税收征管，加强不动产司法拍卖环节税收工作，强化部门合作，形成税收共治工作局面。县税务局与县人民法院建立企业破产处置协作机制，发挥税收职能作用，促进破产审判便利。（吴伟伟）

金融监管

【概况】2022年，无棣县强化地方金融组织行业监管，落实金融监管职责，组织开展小额贷款公司、民间融资机构专项检查。完善银行业、保险业监管制度，加强业务指导，强化部门信息沟通协调机制。探索建立金融风险防控闭环管理机制，加大不良贷款处置力度。落实外汇管理改革政策措施，推进贸易投融资便利化。强化部门间协作配合，加大洗钱犯罪预防和打击力度。至年底，全县银行业金融机构各项贷

款余额281.76亿元、存款余额374.90亿元，保险业实现保费收入10.33亿元。（丁　晖）

【地方金融监管】 2022年，无棣县加强对2家小额贷款公司、1家民间资本管理公司、2家融资性担保公司、2家典当行、1家农民专业合作社等8家地方金融组织日常监管。按照“双随机、一公开”原则，县金融服务中心配合市地方金融监管局对无棣县绿风植保服务专业合作社、无棣县鑫鼎民间资本管理有限公司进行检查。至年底，县内担保公司担保余额2.22亿元，小额贷款公司贷款余额2.26亿元。（刘翠翠）

【银行业监管】 2022年，无棣县推进银行机构规范经营，引导金融机构加大对小微企业信贷投放力度，增强金融普惠性，鼓励金融机构开展农业供应链金融服务与创新，支持县域特色农业发展。县内金融机构在风险可控前提下，按照相关续贷监管要求，持续推广小微企业“无还本续贷业务”，实现符合条件小微企业贷款到期续贷“无缝衔接”，提升县域金融服务便利性与可得性。至年底，滨州银保监分局无棣监管组发放各类监管文书16份，召开监管会议5次，开展现场检查4项。（魏胜辉）

【保险业监管】 2022年，无棣县加强保险行业监管，通过现场调查、专项排查等方式，整顿车险市场秩序，紧扣保险业乱象治理，推动保险公司回归本源、专注主业、合规发展。指导保险公司强化新冠疫情防控风险保障，提供涵盖安全生产、新冠疫情感染风险保障产品，做好支持复工复产工作。打击保险业市场顽疾，引导保险公司改进和完善销售过程，强化内控和监督约束机制，改变片面追求速度、规模和市场份额，忽视业务品质管理做法，从源头上降低销售误导可能性。至年底，滨州银保监分局无棣监管组开展测算工作6次，并根据测算结果，2次约谈辖内机构负责人。（魏胜辉）

【货币政策落实】 2022年，无棣县落实稳健货币信贷政策指导和宏观审慎监管，指导和推动县域央行货币信贷政策落实。督导落实信贷投放工作。开展现场督导4次，召开座谈会2次，向相关部门及县域金融机构宣传碳减排支持工具和支持煤炭清洁高效利用专项再贷款、交通物流、设备更新改造专项再贷款等新型货币政策工具；推进再贷款工作，提高覆盖面和资金使用率。县人行对无棣农商行3亿元支农再贷款情况和无棣中成村镇银行860万元支小再贷款进行现场核查，协助无棣农商行继续申请支农再贷款3亿元，惠及涉农企业和农户667家次。做好2项直达工具转换接续工作，转换后普惠小微贷款支持工具内嵌激励机制，年内无棣中成村镇银行累计获激励资金34.9万元。推进开展第四季度普惠小微贷款阶段性减息工作，按照相关规定，金融机构对存续、新发放或到期（含延期）普惠小微贷款在原贷款合同利率基础上减息1个百分点项目，按月向人民银行申请激励资金。组织2家法人机构开展阶段性减息培训，并现场督导2次，2家法人金融机构累计减息金额210.13万元，其中无棣农商行减息186.69万元、无棣中成村镇银行减息23.44万元。做好民营和小微企业首贷培植督导工作，年内，全县金融机构首贷培植企业数量613家，累计贷款金额6.74亿元。（李心怡）

【外汇管理】 2022年，无棣县优化外汇管理服务，提升贸易投资便利化水平。县人行深化“放管服”改革，开展非现场和现场核查，提高行政许可业务办理效率，累计办理行政许可业务40项；用好指标预警功能，持续监测县内重点外贸企业，跟踪关注内外部环境变化，参与信息调研22次、编译信息19篇，提高外汇形势分析和政策调研水平。做好资本项目业务办理与现场督导，组织县域外汇指定银行和相关外汇工作人员参加外汇业务培训20余次；办理资本项目企业外债登记1笔，做好国际直接投资和海外直接投资存量权益登记，规范银行办理外汇业务合规化水平，对外汇指定银行开展现场督导1次。开展“双向”外汇便利化政策传导行动，推动优质企业、外汇便利化试点企业加入2022年度小微企业出口信用保险政府统保，年内9家储备库中企业享受免费入保。提升外汇便利化政策覆盖面，帮助企业树立汇率风险中性意识，组织县内21家涉外优质企业参加县域优质企业便利化政策行动暨汇率避险推进会，年内有9家企业同银行签署便利化试点合作意向书。无棣县中小企业参与便利化试点率居全省第1位，相关经验做法被《金融时报》转发。（李心怡）

【反洗钱工作】 2022年，无棣县提升反洗钱工作有效性，提高反洗钱监测分析和调查协查实效。全年洗钱案件立案、公诉3起，其中2起自洗钱案件宣判结案；县人行组织县内银行、保险及证券机构开展各类线上、线下反洗钱宣传活动，与公安、检察、法院等反洗钱工作联席会议成员单位对接，加强重要时点同步宣传活动。开展山东省第2届反洗钱知识网络竞赛暨集中宣传活动，提升金融消费者金融素养。年内，《建立重大事项报告制度及督办机制的必要性和重要性》《法国反洗钱和反恐怖融资措施互评估报告》等反洗钱宣传和调研信息被《山东省反洗钱信息》第19期、第20期刊载。（贺祺宸）

【金融风险防控】 2022年，无棣县探索建立“企业风险暴露到银行出清、资产管理公司购买，到平台公司收购转让、招商盘活，保障国有资产不受损失”闭环管理机制，以市场化、法治化办法，稳步有序处置不良资产。搭建载体平台，发挥国有平台支持实体经济、维护金融稳定作用，通过控股或贷款重组等方式，成立资产管理公司，盘活不良资产，化解现金流缺乏导致的企业融资风险。推进无还本续贷政策指导意见落实，合理确定无还本续贷贷款分类，优化业务流程，强化风险预警及贷后管理。强化综合施策，坚持依法清收一批、破产重整一批、剥离核销一批，统筹运用约谈教育、立案查处等方式，加大不良贷款处置力度。全县金融机构不良贷款余额3.91亿元，较年初减少1.03亿元，不良贷款占比1.4%。（鲍蕾蕾）

审　计

【概况】 2022年，无棣县深化改革创新，强化建立健全新任职领导干部履行经济责任提醒机制。组织召开县委审计委员会全体会议2次。县审计局依法履行审计监督职责，完成2021审计年度（2021年7月至2022年6月）项目计划，制定并实施2022审计年度（2022年7月至2023年6月）项目计划，完成计划项目22个，出具审计报告31份、结果报告9份。查出管理不规范金额9480万元、违规金额998万元，促进财政增收节支4403万元，审计发现问题129个，提出并被采纳审计建议48条，下达审计决定5份，审计移送案件7起，参与省市巡视巡察和审计项目17项，完成县委、县政府交办的漳卫新河清障清淤工程、城镇雨污管网改造、县属国有企业集团年度经营业绩审定、核酸检测服务站、集中隔离点建设跟踪审计等任务25项。审计整改和大数据审计工作居全省前列，全程参与省审计厅首次“模拟法庭”科研课题及现场直播。12月22日，县审计局在全省自然资源和生态环境审计视频培训班作典型经验交流发言。（王　涛）

【重大政策跟踪审计】 2022年，无棣县做好重大政策跟踪审计工作，开展新冠疫情防控资金和物资管理使用情况审计调查、困难群众补助救助资金审计调查、新增政府专项债券管理和政府债务风险防控专项审计调查、国有平台治理整顿复查审计等项目，促进为民政策落实落地。服务配合上级审计机关做好黄河流域高质量发展、安全生产、农产品目标价格补贴等领域审计工作，督促指导做好审计整改，保障政策落地见效。（王　涛）

【财政审计】2022年，无棣县根据省市县三级联动工作要求，对全县所有一级预算单位进行大数据分析全覆盖，重点关注专项债券、融资平台、国有资产、存量资金等方面，查出管理不规范金额846万元、违规金额998万元。8月12日，县审计局代表县政府向县人大常委会作2021年度县本级财政预算执行和其他财政收支情况审计报告；12月22日，代表县政府向县人大常委会作2021年度县本级财政预算执行和其他财政收支审计查出问题整改情况报告。完成县农业农村局、县卫健局、县医保局3个部门预算执行审计，强化财政资金管理使用，提升资金使用绩效水平。（王　涛）

【经济责任审计】2022年，无棣县优化审计计划安排，前移监督关口，以任中审计为主，对9名县管领导干部开展经济责任审计，审计发现问题67个，查出管理不规范金额2043万元，提出并采纳审计建议21条。完成24名县管领导干部离任交接备案工作。11月10日，县审计局、县纪委监委、县委组织部联合对23名新任职县管正职领导干部开展履行经济责任任职谈话。印发《无棣县镇街、县直部门、事业单位审计风险告知清单（2022年版）》《无棣县国有企业审计风险告知清单（2022年版）》，促进各级各部门单位逐步规范开展内部审计或自查整改工作。（王　涛）

【政府投资审计】2022年，无棣县探索以审计促管理、以监督促规范新路径，对市政基础设施、农田水利、教育工程建设、道路桥梁4类计划项目，新冠疫情隔离点建设等3类交办项目开展“跟踪＋决算”审计，出具审计报告6份，审计发现问题31个，提出并被采纳审计建议12条，审计监督提前介入，重点关注立项决策、项目审批、工程招投标、项目结算、投资效益等环节，节约建设资金4403万元。在政府投资审计中，应用地质雷达检测等新技术、新方法，促进建设单位落实管理、督促施工企业提升工艺，相关工作经验被省、市审计工作简报刊发。县审计局作为省审计厅法庭模拟科研课题中全程参与的县级审计机关，提供课题研究所需要政府投资合同、取证、底稿等基础素材，派出5人业务团队到省审计厅主会场参加研讨。（王　涛）

2022年9月8日，无棣县审计局全程参与省审计厅首次“模拟法庭”科研课题及现场直播　（县审计局　供图）

【国有企业审计】2022年，无棣县落实对国有企业每年审计要求，在以巡审联动方式完成鲁北企业集团、财金集团2大集团审计基础上，开展润禹水务集团专项审计调查，重点关注企业改革、内控制度建设等6个方面问题，督促润禹水务集团在确定绩效考核目标、规范工程建设项目招标管理等方面出台制度11项，建议县国有资产管理服务中心完善有关管理办法。完成鲁北企业集团、财金集团、海丰集团、中政集团、新联交通、润禹水务、丰达建设7家县属国有企业集团经营业绩考核指标专项审计审定工作，健全完善企业负责人经营业绩激励约束机制，推动县属国有企业高质量发展。由县审计局牵头做好

无棣中科农业工程有限公司100%国有股权无偿划转至县财金集团财务交接监督工作。（王　涛）

【审计整改】 2022年，无棣县依托“台账管理＋跟踪督办＋重点督导”整改长效机制，落实审计督促检查责任，加大审计业务指导力度，深化纪审联动、巡审联动、督审联动工作机制，增强整改合力。在市对县高质量发展综合绩效考核中，新增全面从严治党指标，将审计整改情况作为扣分项，承担经济责任审计整改指标，纳入考核项目3个，发现问题66个，审计发现问题全部整改。（王　涛）

统　计

【概况】 2022年，无棣县夯实统计基层基础，发挥统计监督职能作用，完善统计公报、统计月报，开发《统计法律法规读本》《统计快报》《GDP核算指南》等统计产品，提升统计产品数量和质量，持续开展统计能力提升大讲堂活动，提升统计系统人员素质；通过精准服务市场主体等形式，扩展统计能力提升大讲堂工作外延。年内，县统计局被国家统计局山东调查总队授予山东国家调查业务先进单位，被山东省人力资源和社会保障厅、省统计局联合表彰为山东省统计系统先进集体。（胡秀越）

【统计基层基础建设】 2022年，无棣县强化统计系统基层基础建设。充实统计队伍，优化人员结构；持续开展统计能力提升大讲堂活动，通过精准服务市场主体、经济运行分析等工作，开展授课与交流，扩展统计能力提升大讲堂工作外延，提升统计系统人员素质；继续开展月度、季度经济运行分析大比武，对专业负责人经济运行分析撰写能力、问题把握及预判能力进行评比，提升专业人员业务素质和进取意识。加大统计执法力度、强化统计法治建设，营造依法统计氛围，保障统计工作依法、有序开展。（胡秀越）

【统计服务】 2022年，无棣县丰富统计产品、提升统计质量，做好经济运行监测预警。通过企业调研走访、数据核查等方式，做好工业、贸易、服务业、投资等重点领域指标监测，强化对县域内企业在统计数据收集、汇总、审核等方面指导，规范基层、企业统计工作，夯实统计工作基层基础。年内，县统计局与部分镇（街道）联合开展“解剖麻雀式”经济运行分析，梳理发展中存在的不足与隐患，服务地方经济社会运行与发展；多部门联合发起《关于更加有效发挥统计监督职能作用的意见》学习活动，提升部门间统计法治意识，加大依法统计力度，提升统计法治服务质效。（王洪波）

【数据质量建设】 2022年，无棣县坚持务实统计、精准统计，加强数据质量建设。年内，强化统计从业人员培训，通过分批次、分时段、分层次、分行业持续培训，有针对性提升企业及相关行业部门统计从业人员业务素质；在全县经济运行专题会议、经济运行分析会议上，开展经济部门统计授课与交流，以点带面增强培训效果，提升部门数据监管意识；在棣丰街道、碣石山镇等单位进行统计专题授课，强化统计部门与地方政府经济运行良性沟通，实现数字工作从“线上”向“线下”转变，保证数字质量；组织各统计专业开展定期与不定期相结合数据核查，抓好时间节点，聚焦重点企业，实现数出有源、数出有据、数出可查。（王洪波）

【统计调查】 2022年，无棣县借助全县税源普查数据，对全县税源普查数据进行筛选分析，共排查分析数据13023条，分别建立工业、批零住餐、服务业、建筑业、个体户、民非企业“种子库”及重点关注清单合计108家，其中工业34家、服务业24家、贸易业33家。在将“种子库”下发至各镇（街道、园区）和部门进行追踪培育基础上，建立政策宣传队，加强《无棣县“小升规”企业培育列统奖励实施办法》宣传，通过追踪调查与上门服务，提升企业升规纳统积极性。强化开展农业对地调查、农作物实割实测、畜牧业调查、劳动力调查、住户调查、百分之一人口抽样等多项调查工作。（王洪波）

【依法统计】2022年，无棣县推进依法统计、依法治统工作，开展统计法治宣传，规范县内企业统计数据收集、汇总、审核等工作，夯实统计法治基础。在强化对《关于深化统计管理体制改革提高统计数据真实性的意见》《统计违纪违法责任人处分处理建议办法》《防范和惩治统计造假、弄虚作假督察工作规定》学习贯彻基础上，推进统计系统人员《关于更加有效发挥统计监督职能作用的意见》学习。对照省统计局对统计造假不收手不收敛问题反馈清单，加强问题自查整改。年内，完成山东省“双随机、一公开”监管工作平台抽取企业执法20家，滨州市统计局抽取并交办执法企业4家。（胡秀越）

市场监督管理

【概况】2022年，无棣县强化市场监管工作，修订《无棣县品牌培育奖励资金管理办法》，发放品牌培育奖励资金466万元，激发市场主体创新活力。落实创新驱动发展战略，山东鲁北企业集团总公司、无棣鑫岳化工有限公司和“无棣贝瓷”入选中国品牌价值评价榜单，新认定山东省制造业高端品牌培育企业6家、山东知名（优质）品牌8个，新增国家地理标志证明商标3件、累计11件，居全市第1位。通过“山东省食品安全县”年度检查，在全市食品安全工作评议中获“A级”，连续2年保持优秀等次。（郭 虹）

【市场主体登记】2022年，无棣县市场主体新设立登记5252家（公司2390家、个体户2862家），比上年4926家（公司2436、个体2490）增长6.62%。年内，为8042家新设立市场主体免费提供印章3万余枚，为企业节省开办成本280余万元。（刘 云）

【商事制度改革】2022年，无棣县推进商事登记改革，企业登记实现全程电子化和智能审批。年内，设立私营企业、内资企业、农民专业合作社等市场主体2700家，全程电子化登记2686家，全程电子化率99.48%，居全市第1位。电子营业执照下载率上升至78.48%。个体工商户和食品经营许可登记由镇（街道）便民服务中心承接办理。在政务服务中心及镇（街道）便民服务中心大厅窗口安装电子营业执照扫码设备，推广电子证照应用。对符合条件的企业施行秒批秒办登记服务，减少群众等待时间，提高办事群众获得感和满意度。完善企业登记帮办代办服务，推出“云代办”服务，实现线上线下融合，降低办事成本，提升办事群众登记便捷度。深化政银合作，打造全市规模最大、功能最全的“智慧政务”自助服务区、创业者港湾专区，惠及8.7万人口和0.8万个市场主体。多措并举推进“一业一证”改革，在全省率先将“一业一证”行业综合许可范围拓展至51个行业。年内，办理行业综合许可证277张。（刘 云）

【“双随机、一公开”监管】2022年，无棣县落实“放管服”改革，推进市场监管系统“双随机、一公开”监管工作，组织制定年度抽查工作计划，4月25日召开第1次“双随机、一公开”抽查工作会议。全年累计抽查市场主体737户，抽查结果通过国

2022 年 6 月 15 日，无棣县市场监管局在圣豪购物中心开展流通领域产品质量专项监督抽检活动（县市场监管局 供图）

家企业信用信息公示系统向社会公示。由县市场监管局牵头制定全县部门联合“双随机、一公开”抽查工作计划和事项清单，按时完成省市发起和县级自行发起部门联合抽查任务 59 批次，抽查检查对象 1202 户，抽查事项覆盖率 100%。完善“双随机、一公开”监管工作平台信息，至年底共录入执法人员 965 人、市场主体 4.87 万户、非市场主体 1517 户、在库专家学者 2 人、第三方专业机构 1 家。（郭 虹）

【反垄断和反不正当竞争】 2022 年，无棣县开展要素保障类政策措施专项清查、供水供电供气供暖领域公用企业限制竞争突出问题专项整治和摸排限制共享单车企业市场准入情况等行动，防范和制止垄断行为，保护市场公平竞争。开展打击整治养老诈骗专项行动，以整治涉老食品、保健品等领域为重点，打击虚假宣传等违规经营行为。推进商业秘密保护工作，建立商业秘密保护基地 1 家、商业秘密保护示范站点 10 家、商业秘密保护联络站点 100 家。（郭 虹）

【网络交易监管】 2022 年，无棣县开展“抓规范、促发展”网络交易经营主体规范提升行动，加强对网络交易经营主体行政指导，引导其主动做出合规经营承诺，落实法定责任和义务。开展“平台点亮”网络经营主体亮照亮标集中整治行动，实现全县市场登记网络交易经营主体“应亮尽亮”。开展“网剑”专项行动，突出对网络交易新业态监管，加大对网络交易违法行为查处力度，净化网络交易环境。综合运用国家市场监管总局、省市场监管局网络交易监管平台，以社会关注、消费者投诉热点为监测方向，以规范网络集中促销活动为重点，在重要时（节）点、重点领域加强网络交易监测。年内，线上检查网站、网店 1257 家次，实地检查网络经营者 89 家次，督促网络经营者删除违法商品信息 17 条，责令整改网站、网店 4 家，查办涉网违法线索 9 件。（刘 娜）

【消费者权益保护】 2022 年，无棣县围绕强化消费者维权意识培养，结合“3·15”国际消费者权益保护日宣传和新时代文明实践，开展消费维权宣传进课堂、入社区、下基层等维权知识科普宣传活动 12 场次。深化“放心消费在无棣”创建，打造省级放心消费示范单位 7 家、市级放心消费示范单位 57 家、县级放心消费示范单位 502 家。建立“12315”消费维权服务站 7 家，发展消费纠纷在线解决服务企业 406 家，注册无理由退货单位 1684 家，实行 7 日无理由退货制度。落实投诉举报 24 小时快速反应机制，处理消费者投诉举报 4780 余件，为消费者挽回损失 60 余万元。完成县消费者协会换届工作。（刘 娜）

【合同监管】 2022 年，无棣县落实《合同行政监督管理办法》，聚焦社会关注度高的公用事业类合同、校外培训机构、房地产、二手房交易、二手车等重点行业、重点领域，开展一系列不公平格式合同条款专项整治，集中整治以典型不公平格式条款免除经营者自身责任、加重消费者责任、排除消费者权利违法违规行为。年内，检查经营单位239家，发放限期整改书2份，收集合同文本22份，纠正违法合同条款8条，处理涉合同投诉举报14起。（刘　娜）

【广告监管】2022年，无棣县强化广告监管，开展借重大活动从事违法违规商业广告宣传专项整治行动，整治擅自借严肃政治主题进行广告宣传行为，打击危害意识形态安全、妨碍社会安定商业广告宣传行为。开展民生领域广告监管，加大对事关人民群众生命安全和身体健康医疗、药品、医疗器械、食品、保健食品等虚假违法广告整治力度。开展重点领域广告专项整治行动，围绕教育培训、房地产、医疗美容等重点行业，互联网新媒体等重点媒介和少年儿童、老年人等重点人群，加强广告监测，净化广告环境。年内，组织广告宣传活动5次，开展集中行政指导约谈2次，检查市场主体796户，监测属地广告1137条次，办理各级平台转办线索76条次，查办广告违法案件3起。（郭　虹）

【企业信用监管】2022年，无棣县推进社会信用体系建设，构建以信用为基础的新型监管机制，坚持惩戒与激励并举、列异与移出并重，鼓励失信市场主体主动纠错、主动自新，对未按时年报或在“双随机、一公开”监管中出现通过登记的住所无法联系、公示信息隐瞒真实情况、弄虚作假等情形列入经营异常名录（状态）市场主体，在其主动改正违法失信行为且主动申请移出异常情形下，及时移出经营异常名录（状态），帮助其修复信用、恢复正常生产经营状态。年内，指导3708户市场主体移出经营异常名录（状态），其中企业24户。（郭　虹）

【市场主体年报】2022年，无棣县开展年报公示宣传工作，增强市场主体诚信经营意识。通过微信公众号等宣传载体提醒市场主体按时年报，并安排专人通过向企业负责人、联络员、代办人等重点人员发送短信微信、电话通知等方式，进行有针对性宣传。将市场主体年报工作融入食品、药品、特种设备、产品质量专项检查及“访企问需”等日常监管服务，统筹安排推进，提升市场主体年报主动性，预防因未按时年报被列入经营异常名录（状态），造成失信不良后果。全县企业年报率96.2%。（刘　娜）

【质量标准化建设】2022年，无棣县实施质量强县和品牌战略，开展质量标准化建设。山东鲁北化工股份有限公司、山东海瓷文化股份有限公司等6家企业入选2022年度全省制造业高端品牌培育企业。山东鲁北企业集团总公司、无棣鑫岳化工有限公司和“无棣贝瓷”地理标志保护产品进入中国品牌价值评价榜单。山东九日化学科技有限公司、山东辰智电子科技有限公司、山东绿风农业集团有限公司3家企业产品被评为山东优质品牌，山东鲁北化工股份有限公司、山东海宣陶瓷材料有限公司等5家企业产品被评为山东知名品牌。完善质量基础设施，打造全县质量基础设施“一站式”服务平台，为企业提供标准、计量、认证认可、检验检测、特种设备安全等质量基础“一站式”服务。推进标准化创新发展，加强试点项目建设，山东无棣海丰电缆有限公司省级标准化试点项目建设完成，“四好农村路”国家级标准化试点项目接受中期评估。指导山东北方创信防水科技股份有限公司和山东绿风农业集团有限公司申报省级标准化试点、示范项目。开展2022年度标准“双随机、一公开”抽查，随机抽取8家企业标准进行检查，全部达到标准化水平。（刘　娜）

至 2022 年无棣县省级高端（优质）品牌一览表

表 12

序号	奖补类型	单位名称	产品名称	获奖年份
1	山东省制造业高端品牌培育企业	山东金海钛业资源科技有限公司	金红石型钛白粉	2020
2		山东鲁北化工股份有限公司	复合肥料	2022
3		山东海瓷文化股份有限公司	海洋贝瓷	2022
4		山东辰智电子科技有限公司	监控系统服务	2022
5		山东丰香园食品股份有限公司	芝麻制品	2022
6		山东省十里香芝麻制品股份有限公司	小磨香油芝麻酱	2022
7		山东绿风农业集团有限公司	小麦、棉花、苜蓿种子	2022
8	山东优质品牌（服务）	无棣建丰市政工程有限公司	市政设施管理服务	2019
9		山东万顺建设有限公司	防腐防锈工程施工服务	2021
10	山东优质品牌	山东辰智电子科技有限公司	通断时间面积法热计量系统	2019
11		山东省北方创信防水科技股份有限公司	cx-SSE 喷涂速凝橡胶沥青防水涂料	2019
12		无棣海忠软管制造有限公司	海洋高压复合软管	2019
13		山东卢斯得机械股份有限公司	刹车盘	2019
14		无棣县华龙食品有限公司	红枣干（片）	2019
15		山东省十里香芝麻制品股份有限公司	小磨香油、芝麻酱	2019
16		无棣中海新铝材科技有限公司	煅烧 α－氧化铝	2019
17		山东利德金融电子器具有限公司	LED 显示屏	2020
18		山东鲁北化工股份有限公司	复合肥料	2020
19		山东金海钛业资源科技有限公司	金红石型钛白粉	2020
20		无棣德胜牧业有限公司	冷鲜牛肉	2020
21		无棣县华兴畜牧有限公司	冷冻调理牛肉	2020
22		山东达信农牧科技股份有限公司	冷冻鸡肉调制食品	2020
23		山东无棣海丰电缆有限公司	电线电缆	2020
24		山东花园食品有限公司	原香小榨花生油	2020
25		山东丰香园食品股份有限公司	芝麻酱	2020
26		无棣鑫义食品有限公司	风味鱼虾蟹制品	2020
27		山东鲁北化工股份有限公司	工业溴	2021
28		无棣县宏通机械设备有限公司	自卸半挂车	2021
29		滨州赫胜电力科技有限公司	充电桩配电箱	2021
30		山东河山机械有限公司	汽车铝合金铸件	2021
31		山东海瓷文化股份有限公司	海洋贝瓷	2021
32		山东万德酒业集团有限公司	枣木杠酒	2021
33		无棣县华龙食品有限公司	枣蓉核桃	2021
34		山东妙迪食品有限公司	虾酱、果蔬脆片	2021

续表 12

序号	奖补类型	单位名称	产品名称	获奖年份
35	山东优质品牌	山东安益生物科技有限公司	混合型饲料添加剂	2021
36		无棣永顺畜牧有限公司	分割牛肉	2021
37		山东天顺药业股份有限公司	色甘萘甲那敏鼻喷雾剂	2021
38		山东钟金燕家纺有限公司	家纺系列产品	2021
39		山东丰香园食品股份有限公司	芝麻酱	2021
40		山东久日化学科技有限公司	2,4- 二乙基硫杂蒽酮	2022
41		山东辰智电子科技有限公司	物联网水表	2022
42		山东绿风农业集团有限公司	苜蓿	2022
43	山东知名品牌	山东鲁北化工股份有限公司	水泥	2019
44		山东省北方创信防水科技股份有限公司	cx-SSE 喷涂速凝橡胶沥青防水涂料	2019
45		无棣中海新铝材科技有限公司	煅烧 α－氧化铝	2019
46		山东久日化学科技有限公司	2,4,6- 三甲基苯甲酰基二苯基氧化膦	2020
47		滨州世旭塑木有限公司	塑木	2020
48		山东绿风农业集团有限公司	苜蓿草粉	2020
49		山东鲁北化工股份有限公司	磷酸二铵	2020
50		山东达信农牧科技股份有限公司	速冻调理制品	2020
51		山东花园食品有限公司	原香小榨花生油	2020
52		山东丰香园食品股份有限公司	芝麻酱	2020
53		无棣中海新铝材科技有限公司	4A 沸石分子筛	2021
54		山东雷威户外用品股份有限公司	LEIVEO 户外背包	2021
55		滨州赫胜电力科技有限公司	电动汽车充电桩	2021
56		山东海瓷文化股份有限公司	海的 SEAS 海洋贝瓷	2021
57		山东丰香园食品股份有限公司	芝麻制品	2021
58		山东鲁北化工股份有限公司	鲁北复合肥	2022
59		山东海宣陶瓷材料有限公司	贝壳瓷	2022
60		山东金海钛业资源科技有限公司	金红石型钛白粉	2022
61		无棣县华龙食品有限公司	华硕牌枣产品	2022
62		山东辰智电子科技有限公司	5G 物联网智能水表	2022
63	山东省名牌产品	山东北方创信防水技术有限公司	cx-SSE 喷涂速凝橡胶沥青防水涂料	2016
64		山东鲁北化工股份有限公司	复混肥（磷酸二铵）	2017
65		山东鲁北化工股份有限公司	鲁北牌复混肥（复合肥料）	2017
66		无棣县华兴畜牧有限公司	冷冻调理牛肉	2017
67		山东珍贝瓷业有限公司	日用贝壳瓷	2018

【产品质量监管】2022年，无棣县实施工业产品生产流通一体化监管，加大对危险化学品、车载常压罐体、电线电缆、电池、特种劳动防护用品等11类重点产品排查和治理力度，集中力量化解产品质量安全存量风险，消除质量安全隐患。采取监检结合、快件快处等方式，加强钢筋、水泥、燃气具、学生用品以及农膜、成品油、危化品等涉及安全环保重点产品质量监督抽查，累计抽检生产领域产品96批次、流通领域产品840批次，其中2批次产品质量不合格，落实不合格产品后处置工作，保障全县工业产品质量水平持续向好。抓好生态环境保护工作，由县市场监管局牵头完成中央环保督察“回头看”反馈第33个问题整改销号，实现在营加油站全覆盖抽检，油品合格率100%。（刘　娜）

【计量监管】2022年，无棣县围绕“世界计量日”活动主题，开展“5·20”计量守健康惠民生科普知识宣传活动，发放宣传资料1300余份，接受群众咨询150余人次，处理涉及民生计量投诉举报17起，办结率、群众满意率均为100%。开展“在知爱建”计量免费检定上门服务，为企业免费检定电子秤72台、压力表897块、电子天平27个、常用玻璃量器12个。开展计量服务中小企业纾困解难“百千万”行动，组成专门计量技术服务队，重点帮扶中小企业2家，为企业减免计量检定校准费用2.3万元。组成能源计量服务队，完成5家1万吨标准煤以上重点用能单位计量审查。开展“双随机、一公开”计量监督检查，随机抽查粮食购销、集贸市场、餐饮服务、眼镜制配、加油站、医疗机构、安全防护等8大领域企业18家。提升计量服务水平，投资43万元更新检定装置，检定计量器具12.6万台（件），快速处理计量投诉72件。（刘　娜）

【认证认可工作】2022年，无棣县持续加强检验检测机构监管，对全县18家检验检测机构进行县级监督检查全覆盖，发现问题12条，均整改完毕。通过召开检验机构质量提升规范发展座谈会、组织检测机构年度自查等形式，加强监管，促进检验检测行业健康发展。开展“世界认可日”“绿色认证”“有机认证”宣传，让社会各界了解和支持认证认可工作，提升社会对认证认可工作的认知度。开展小微企业认证提升行动，利用惠企政策鼓励小微企业创新创造，指导71家质量管理体系认证企业在线申请市级奖补资金，其中审核通过65家，领取奖补资金65万元。（刘　娜）

【特种设备安全监管】2022年，无棣县落实责任体系，构建由特种设备安全监管主管部门牵头组织、基层市场监管所具体实施、各镇（街道）配合监管、特种设备检验机构技术支持“四位一体”特种设备安全监管新模式，开展特种设备安全监管工作。年初制定监督检查计划，结合特种设备大排查大整治，开展特种设备专项检查，累计检查企业419家次，发现250家次企业存在隐患并督促整改完毕，立案9起。开展城镇燃气安全排查整治，以充装许可、安全管理、充装检查、充装追溯和安全提示为重点内容，对1家液化石油气充装单位进行监督检查，发现问题全部整改完毕。开展燃气器具等产品质量监督抽查，抽检燃气具10批次。抓好特种设备定期检验和电梯安全责任保险投保工作，实现全县特种设备定检率100%、公众聚集场所电梯安全责任保险投保率100%、电梯责任保险投保率100%。（刘　娜）

【食品安全综合协调】2022年，无棣县修订《食品药品安全委员会工作规则》，增设县食品安全抽检监测专项协作小组，牵头做好省级食品安全县年度检查、食品安全评议、食品安全包保以及肉及肉制品专项行动等综合协调工作。年内，完成年度抽检1057批次、专项抽检653批次、“你点我检”120批次、快速检测200批次，检出不合格样品87批次，均依法予以查处。健全落实“调度＋会商＋研判”机制，推动落实食品安全包保工作，15 名县级领导干部、294 名镇级领导干部、880 名村级包保干部对全县 4730 家食品生产经营主体实行精准包保，全部签订承诺书，落实季度督导工作。76 家食品生产企业、477 家食品销售企业、37 家单位食堂和 76 家餐饮单位均按要求配备食品安全总监、食品安全员。通过省级食品安全县年度检查工作。在全市食品安全工作评议中获 A 级，连续 2 年保持优秀等次。（郭　虹）

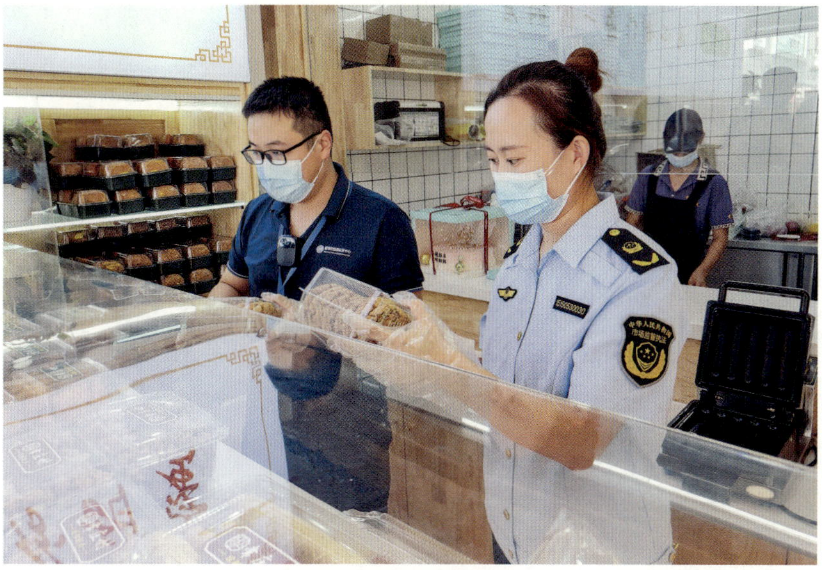

2022 年 9 月 8 日，无棣县市场监管局在信阳镇食品商店开展中秋节食品安全专项监督抽检活动（县市场监管局 供图）

【食品生产安全监管】2022 年，无棣县实行食品生产企业风险分级管理，对全县 78 家食品生产企业食品原辅料采购查验、生产加工过程控制、产品检验、食品储存销售等重点环节实施全链条监管。开展食品生产企业风险管控，按照一企一档、一域一档、一品一策，建立风险清单、措施清单和责任清单，推动食品生产企业落实日管控、周排查、月调度工作制度。开展超范围超限量使用食品添加剂和非法添加非食用物质“两超一非”专项治理，督促“两超”食品生产企业建立定食品分类、定用量、定配方，查进货、查使用、查标签，每款产品上市前开展全部项目检验“三定三查一检”制度，6 家纳入清单企业全部完成一对一会诊。落实食品安全承诺、食品安全自查和食品安全培训“三项制度”，统一签订食品安全公开承诺书，企业自查率和食安员抽考覆盖率均为 100%。推广应用“山东食链”系统，在生产食品生产企业全部激活并上链。推行亮标承诺、对标生产、核标检验和底数清、类别清、地点清、重点清、隐患清、排查清“六清”行动，实行“三标”和“清洁工厂”规范管理企业 48 家，打造市级“清洁工厂”标杆企业 9 家。（郭　虹）

【食品流通安全监管】2022 年，无棣县对冷链食品生产经营单位进行周检查，排查并督促进口冷链食品经营主体完成注册使用“山东冷链”系统，保障进入县内的进口冷链食品做到提前报备、进入监管专仓进行核酸检测和预防性消毒，实现线上全程可追溯。全年检查各环节冷链食品生产经营单位 3737 户次，停业整顿、公开曝光 7 家，完成 22 轮人员摸排和环境食品采样工作，其中人员采样 1394 人次、环境采样 370 份、食品采样 180 份。组织全县获证、备案的 1279 家食品销售业户完成“山东食链”账号激活、上链。配合市市场监管局对 2 家农贸市场快速检测公示情况开展暗访和监督检查。结合食品安全风险隐患大排查和食品安全“守底线、查隐患、保安全”专项整治，开展农村假冒伪劣食品整治，重点清理添加非食用物质食品、商标侵权食品、劣质食品、过期食品，规范食品市场经营秩序。（郭　虹）

【餐饮服务安全监管】2022 年，无棣县做好中高考等 12 项重大活动食品安全保障工作，累计保障就餐人数 7980 人次，监督食品留样 538 批次，提出保障意见 127 条。开展食安护佳节行动，检查餐饮单位 1256 家。加强校园食品安全季度检查和开学检查，蹲点值守或巡回检查各学校，提出整改意见210条，抽检学校大宗采购食品260批次，其中不合格1批次。加强学生营养餐监管，现场指导集中供餐企业落实各项食品安全管理制度，并提出整改意见，监管食品留样860批次。加强餐饮单位新冠疫情防控，督导2800余家次餐饮单位落实新冠疫情防控措施，组织3900余名餐饮从业人员参加核酸检测"应检尽检"。推进"互联网+明厨亮灶"工程，全县118家学校、幼儿园、养老机构完成工程建设并接入县级平台，覆盖率100%。推进"清洁厨房"建设，打造市级"清洁厨房"10家。（郭　虹）

【特殊食品监管】2022年，无棣县以城乡接合部和农村为主要区域，以便利店、小商店、零售药店、母婴店等为主要场所，督促其落实进货查验、专区专柜等主体责任。开展"回头看"行动，巩固提升特殊食品查标签资质、查违规宣传，专区（专柜）销售、设置专门消费提示牌"两查两专"成果。科学安排特殊食品"双升"工程，提升特殊食品生产企业质量安全管理水平。督促生产经营企业落实主体责任，加大对特殊食品生产经营企业食品安全管理人员监督抽考力度，全县371家业户、408名从业人员参加并通过考试。全县仅有的1家特殊食品生产企业，推行主体责任清单制，完成《山东省特殊食品生产经营企业食品安全主要主体责任清单》。（郭　虹）

【药品监管】2022年，无棣县督促药品经营企业发挥"哨点"作用，执行新冠疫情防控制度，对购买退烧、止咳、抗病毒、抗生素类药品"四类药品"人员进行药品追溯系统实名登记，累计上传登记信息17万余条，组织药店从业人员"应检尽检"，检查药品经营企业802家次、停业整改31家、公开曝光27家。加强疫苗监督检查，对县疾控中心和14家疫苗接种单位进行2轮全覆盖检查。开展药品经营使用环节重点区域、重点环节以及重点品种专项检查，检查医疗机构323家、药店157家，查办药品违法案件23起。开展多种形式宣传教育活动，增强社会公众安全用药意识。加强药品不良反应监测工作，上报药品不良反应636份。（郭　虹）

【医疗器械监管】2022年，无棣县对器械经营使用单位进行全面检查，累计检查252家次，未发现违法行为。开展新冠疫情检测相关医疗器械经营和使用质量安全监管，对县疾控中心、县人民医院、县中医院3家核酸检测实验室全覆盖检查，审查新冠疫情检测器械供货单位资质。组织市场监督管理人员、医护人员、社区工作人员和社会志愿服务者开展"安全用械　共治共享"主题医疗器械公益活动，发放宣传材料270份，提供义诊服务50人次。（郭　虹）

【化妆品监管】2022年，无棣县开展以"安全用妆，携手'童'行"为主题化妆品安全科普宣传周活动，以大型超市、母婴用品专卖店等为重点，现场发放化妆品安全宣传手册160余份，提升公众对儿童化妆品安全和合理使用科学认知水平。年内，开展化妆品"线上净网、线下清源"专项整治，出动执法人员96人次，排查网上经营化妆品店11家。开展化妆品专项检查行动，监督检查化妆品经营单位223家，督促落实《化妆品监督管理条例》及配套法规，保障化妆品质量安全。完成化妆品国家监督抽检6批次，全部合格。上报化妆品不良反应42件，完成率100%。（郭　虹）

【市场综合执法】2022年，无棣县组织开展"铁拳执法食安滨州"专项行动、知识产权集中执法行动、药品执法"雷霆行动"、药品安全专项整治行动、儿童和学生用品安全守护行动等专项执法10余次。市场监管、公安、烟草等部门联合开展流通领域打击走私专项执法行动，检查经营业户600余户次。开展民生领域案件查办"铁拳"行动，依托"12345"政务服务便民热线平台及日常监督检查、专项检查等方式，挖掘案源，统筹协调执法力量，围绕食品、药品、特种设备、产品质量等重点领域，加大案件查办力度。全年查办各类案件660件，10个典型案例被山东省市场监管局、市市场监管局选中并公开，2个案卷被评为全市优秀执法案卷。（刘　娜）

价格管理

【概况】2022年，无棣县对全县行政事业性收费和经营性收费项目、标准进行清理整顿，在全县范围内排查交通物流、水电气暖、地方财经、金融、行业协会商会等领域违规收费问题，调整或重新明确收费项目、收费标准。加强市场价格监测预警，启动全县居民生活消费品零售价格及新冠疫情防控相关商品市场应急价格监测报告制度。年内，对65种重要商品实行价格日监测、日报告、日发布，完成价格认定案件总数119件，累计处置价格投诉582件。（陈　晓）

【价格认定】2022年，无棣县对县燃气公司和新洁能公司2家供气企业及博翱实验学校进行成本监审，完成小麦、玉米、棉花、肉牛等农产品成本数据调查与分析上报任务。全年完成价格认定案件总数119件，其中行政案件61件、涉案金额11.15万元，刑事案件57件、涉案金额581.74万元，涉纪案件1件、涉案金额5000元。完成价格认定结论书，为纪检监察、公安、检察、法院等部门办案提供依据。（张寅晓）

【价格调整】2022年，无棣县规范城镇供水管理，印发《无棣县城镇供水价格管理实施细则的通知》等文件。优化天然气资源配置，调整县城区非居民用管输天然气销售价格。在全县范围内排查交通物流、水电气暖、地方财经、金融、行业协会商会等领域违规收费问题，专项整治乱收费、乱罚款、乱摊派，重点查处落实降费减负政策不到位、借疫情防控违规设立收费项目、不按要求执行国家和省惠企政策等行为，减轻各类市场主体负担。年内，对县域公办幼儿园收费实行备案制度，核定新建公办幼儿园收费标准；降低碣石山景区门票价格，由每人20元降至每人10元。帮助京能生物质发电有限公司申请电价补贴政策，减轻企业负担500余万元。对困难群众发放价格临时补贴，覆盖县域7类群体。至年底，累计发放价格临时补贴74万元，惠及困难群众3.16万人次。（陈　晓）

【价格监测】2022年，无棣县印发《关于无棣县新冠疫情防控期间哄抬价格违法行为认定有关事项的通知》《关于切实做好新冠疫情防控期间重要民生商品保供稳价工作的通知》《冬奥会期间无棣县重要民生商品保供稳价工作实施方案》《无棣县生猪猪肉市场价格调控工作实施方案》《无棣县关于完善重要民生商品价格调控机制的实施意见》。加强价格监测预警，对65种重要商品实行价格日监测、日报告、日发布。启动全县居民生活消费品零售价格及新冠疫情防控相关商品市场应急价格监测报告制度。完成国家、省、市价格监测任务，报送居民消费品、农资、服务等价格监测报表2500余份，报送率100%。提升价格公共服务水平，办理各类价格认定案件174件，案件总金额1208.12万元，其中涉纪案件3件、金额89万元，刑事案件76件、金额1104.29万元，行政案件95件、金额14.83万元。（陈　晓）

【价格监督检查】2022年，无棣县加强节假日价格监管，关注粮油、白酒、猪肉、鸡蛋、蔬菜等生活必需品价格波动情况，强化对价格等相关法律法规宣传，敦促经营单位加强价格行为自律、规范明码标价。通过提醒告诫、市场巡查和行政约谈等方式，加强生活必需品物资价格检查，以粮油肉蛋菜以及口罩、消杀用品为重点，打击哄抬物价、囤积居奇的违法行为。开展停车领域价格监管，督促停车场执行政府定价收费并明码标价。开展涉粮领域市场监管，检查国有粮库3家、粮食企业42家。县市场监管局联合县教体局等部门开展校外培训机构检查和“双随机、一公开”抽查，重点检查学科类校外培训机构、中小学校、幼儿园收费行为，累计检查校外培训机构29家、中小学校（幼儿园）4家，规范教育收费行为。协助地方政府解决5G基站建设电价高问题。做好群众价格投诉快速处置工作，全年累计处置价格投诉582件。（郭　虹）

知识产权保护

【概况】 2022年，无棣县提升知识产权保护、创新创造、运用与服务能力。年内，新增作品登记772件、专利授权823件、注册商标812件，查办商标行政处罚案件8件、行政裁决3件、司法确认专利纠纷行政调解案件2件。（刘　娜）

【知识产权创造】 2022年，无棣县强化全链条专利指导服务，挖掘企业知识产权潜力。全县申请作品登记992件，终审通过772件；新增专利授权823件，其中发明专利68件，拥有有效发明专利250件；申请商标1279件，新注册商标812件，有效商标注册量5016件。新增无棣香油、无棣芝麻、无棣白蜡地理标志证明商标，全县地理标志证明商标总数为11件，数量位居全市第1位。（刘　娜）

2022年无棣县地理标志证明商标（11件）

无棣驴	渤海黑牛
无棣金丝小枣	无棣苜蓿
滨州金蚝	滨州文蛤
无棣半滑舌鳎	无棣虾酱
无棣香油	无棣芝麻
无棣白蜡	

【知识产权运用】 2022年，无棣县鼓励支持企业通过专利进行质押融资，缓解企业融资压力，实现专利高价值转化。指导企业申请专利贷款12笔、融资1.05亿元。鼓励企业投保专利保险，3家企业申请专利保险财政扶持资金7.8万元，降低维权成本。1家企业通过滨州市专利导航项目验收。（刘　娜）

【知识产权执法】 2022年，无棣县加强知识产权保护，完善知识产权纠纷多元化解机制，强化知识产权行政保护和司法保护有机衔接，查办商标行政处罚案件8件、行政裁决3件、司法确认专利纠纷行政调解案件2件，并将1起知识产权领域严重违法失信行为列入严重违法失信名单，进行信用惩戒。加强海外知识产权保护，支持2家社会组织开展知识产权涉外风险防控体系建设，办理海外知识产权纠纷应对指导案件1件。（郭　虹）

【知识产权服务】 2022年，无棣县落实知识产权扶持政策，及时兑付各级奖补资金，推动惠企政策落实落地。指导申请并兑现各级品牌奖励、专利奖奖励、

2022年4月26日，无棣县市场监管局知识产权政策法规宣传活动在圣豪购物中心举行（县市场监管局 供图）

导航项目奖励以及专利资金补助等知识产权惠企资金244万元，实现惠企资金应享尽享，优化营商环境。强化政银企沟通协调，运用企业专利质押贴息政策，鼓励企业拓宽专利融资渠道，指导企业申请贴息资金37万元。（刘　娜）

【知识产权宣传】2022年，无棣县举办服务高质量发展企业座谈会、知识产权惠企政策宣讲会以及“4·26”知识产权宣传周等活动5场次。组织企业参加全市市场监管服务小分队政策宣讲培训会，惠及企业180余家。向企业发放《知识产权手册》《无棣县市场监管惠企政策一纸通》，面对面推送惠企政策，保障应知尽知，激发企业创造活力。（刘　娜）

社会信用建设

【概况】2022年，无棣县推进社会信用建设，将社会信用体系建设纳入法治轨道，规范完善各领域各环节信用措施，发挥政府组织协调、示范引领、监督管理作用，保护各类主体合法权益。年内，保持政府与企业纠纷案件零发生，指导帮助100余家企业完成信用修复工作，实现107件案件撤出严重失信惩戒对象名单。（冯金龙）

【政务诚信建设】2022年，无棣县把加强政务诚信建设作为社会信用体系建设重要组成部分，打造机制完善、渠道畅通、清单管理、跟踪督办、考核问效工作格局，提高政务诚信建设水平，提升政府行政效率和公信力。建立健全政务承诺履约监督机制，对政府失信被执行主体实行清单化跟进管理，加大督办整改力度。结合优化营商环境专项行动，实行周通报、周督办机制。畅通企业和群众问题诉求反馈渠道，通过企业家座谈会、领导包联企业等方式收集政务失信违诺线索，对合同协议不履行、规划决定不落实、惠企政策不兑现、生效法律文书不执行等政府部门失信违诺行为进行全面收集、快速处理。将政务诚信建设作为重要指标纳入政府、县直各部门及主要领导考核评价体系，激励政务主体按照诚信要求约束政务行为。强化失信监督问责，加强政务失信投诉举报案件转办、督促落实及回访工作，提升政务守信践诺水平。（冯金龙）

【公共信用平台建设】2022年，无棣县完善“信用无棣”平台，以统一社会信用代码为标识，整合形成市场主体信用记录，依法向社会公开，做到应公开、尽公开。起草《关于归集上报5类行政管理信息的通知》，规范信用信息归集工作。明确行政许可、行政处罚等“双公示”信息上传，指导监督各部门报送信息，全年汇总双公示信息7480条。（冯金龙）

【失信重点领域专项整治】2022年，无棣县由县社会信用体系建设联席会议办公室牵头，联合县法院、县市场监管局对县内严重失信惩戒对象名单企业和重点关注企业名单进行梳理排查，加大对失信被执行人惩戒力度，督促失信被执行人主动履行义务。全年完成107件案件撤出严重失信惩戒对象名单。（冯金龙）

【社会信用监管】2022年，无棣县构建社会信用新型监管机制，贯穿事前、事中、事后全周期。制定《无棣县差异化监管流程再造实施方案》，以公共信用评价结果等为依据，对监管对象分级分类，根据信用等级高低采取差异化监管措施。对信用较好、风险较低的市场主体，合理降低抽查比例和频次，减少对正常生产经营影响；对信用风险一般的市场主体，按常规比例和频次抽查；对违法失信、风险较高的市场主体，适当提高抽查比例和频次，依照法规实行严管和惩戒。加大信用修复宣传力度，监督行政部门执行信用修复告知制度，印发《“信用中国”网站行政处罚信息信用修复指南》，指导失信企业进行信用修复。年内，指导帮助100余家企业完成信用修复工作。（冯金龙）

海上无棣

综　述

【海洋经济】 2022年，无棣县海岸线长38.4千米，海域总面积4.04万公顷，其中浅海面积2.79万公顷、滩涂面积1.25万公顷。有海岛16个，其中有居民海岛2个、无居民海岛14个。全年实现海洋生产总值80亿元，比上年增长10%。其中第一产业占比8.9%、第二产业占比50%、第三产业占比41.1%。水产品总产量16.8万吨，渔业总产值62.4亿元。年内滨州市对全市海洋经济发展成效考核，无棣县列全市第1名。 （张　静）

【海洋发展顶层设计】 2022年5月7日，无棣县组织召开县委海洋委第四次全体会议，审议通过《无棣县委海洋发展委员会2022年工作要点》，从谋划推动“海洋强县”建设，构建现代海洋产业体系，推进滨州港、小清河港、套尔河港、黄骅港“四港联动”战略实施，加快构筑蓝色生态屏障，加强区域合作扩大对外开放，推进现代海洋产业保障体系建设，推进现代海洋综合治理等24个方面，对全县海洋事业进行谋划部署。 （张　静）

【海洋政策支持】 2022年，无棣县争取乡村振兴中央财政补助重大专项资金2420万元，用于水产种业企业能力提升及种业振兴项目。投入300万元用于水产绿色健康养殖示范基地建设。伏季休渔期间，6月15日至7月15日开展毛虾专项资源捕捞，为13艘申请毛虾专项资源渔船办理专项资源捕捞许可证，累计捕获毛虾210吨，产值410万元。 （张　静）

海洋渔业

【概况】 2022年，无棣县水产养殖面积3.4万公顷。其中，海水养殖3.24万公顷，养殖方式为海洋牧场贝类底播及吊养、大水面池塘养殖、工厂化养殖，主要养殖品种为贝类、南美白对虾、半滑舌鳎、海参等；淡水养殖面积1505公顷，养殖方式为池塘养殖、工厂化养殖及水库养殖，主要养殖品种为南美白对虾、小龙虾、河蟹、草鱼、鲤鱼、鲫鱼、鲢鱼、黑鱼等。全县水产品总产量16.8万吨。其中，海水养殖总产量15.96万吨，比上年增长4.30%；淡水养殖总产量8400吨，比上年增长6.8%。渔业经济总产值62.4亿元。无棣县获批国家级水产健康养殖和生态养殖示范区。 （张　静）

【盐田虾养殖】 2022年，无棣县盐田虾养殖以南美白对虾为主，养殖面积2万公顷，年总产量超3.5万吨。遴选盐田虾生态养殖技术及滩涂池塘虾贝生态安全养殖技术，推广对虾海水分级接续养殖模式，推进标准化养殖、工厂化循环水养殖、池塘高密度养殖为主的现代渔业模式，推动盐田海水虾养殖向精细化、集约化、科技化发展。山东省友发水产有限公司与山东省海洋生物研究院合作开展工厂化对虾高效养殖试验示范，亩产量达到 1.5 吨。渤海水产公司联合对虾养殖企业培育滨州盐田虾品牌。（张 静）

山东海城集团公司半滑舌鳎养殖车间（高士东 摄）

【贝类养殖】2022 年，无棣县海洋牧场贝类养殖面积 6600 公顷，年产量 10 万吨。建设“渤海贝仓”项目，发展贝类原良种选育、贝类资源修复、贝类清洁生产、水产品深加工等一体化完整产业链，累计投资超 3 亿元，建成贝类“北繁中心”、综合大厦、3333 公顷贝类设施化养殖基地、贝类清洁生产和育肥基地，成为滨州市贝类育苗繁育基地。推进正海底播型海洋牧场建设，累计投资超 6.3 亿元，建成海洋牧场陆域配套建设展示厅、自升式海洋牧场综合服务平台、4 万空方牡蛎礁等基础设施，累计投放贝类苗种超 200 亿粒，促进海洋生物资源快速恢复。推进碳汇渔业——贝类产业高质量发展，加强与有资质第三方合作，对渔业碳汇（主要是贝类碳汇）完成核算及潜力评估，无棣县完成第一笔碳交易。（张 静）

【卤虫养殖】2022 年，无棣县 4.33 万公顷盐田中卤虫宜生面积 2 万公顷，年产卤虫 6.3 万吨，以此辐射带动开辟中亚、北美养殖基地，年捕获鲜卵 1000 余吨，年产值 1.5 亿元，成为世界卤虫养殖和加工中心地区，无棣卤虫卵成为国家地理标志产品。山东省友发水产有限公司建立山东省现代海洋产业（卤虫）技术创新中心，实施微藻培养与卤虫增养殖试验项目，建成 667 公顷高产优质卤虫养殖示范基地，成虫与虫卵亩产量翻倍增长。（张 静）

【藻类养殖】2022 年，无棣县藻类养殖以小球藻、微藻为主，养殖面积 20 公顷，年总产量近 1000 吨。山东省友发水产有限公司与天津科技大学、山东省海洋生物研究院合作共建山东省盐田卤虫与微藻开发工程技术协同创新中心。悦翔生物注册海蕾 DHA 藻油软胶囊通过国家“健字号”产品审批。岳湖农牧与无棣鲁东大学海洋研究院进行藻类研发合作，建成海洋饵料微藻养殖示范园区，年产小球藻 600 吨；俊棣农牧与无棣鲁东大学海洋研究院合作开发小球藻，建成微藻养殖基地。正海集团引进“黄官 1 号”海带新品种开展养殖试验。（张 静）

【海水鱼类养殖】2022 年，无棣县海水鱼类养殖以鲻目鱼、半滑舌鳎、石斑鱼、海马等为主，养殖面积 2550 公顷，年总产量近 1 万吨。汪子岛鲻目鱼成为国家地理标志产品。海城集团半滑舌鳎通过绿色食品认证，获 12 项国家实用新型专利，拥有省级半滑舌鳎原种场，建成半滑舌鳎工厂化循环水养殖车间 6 万平方米、苗种繁育车间 2.5 万平方米。山东友发水产公司先后引进金虎斑、珍珠龙胆、云龙斑、红斑等不同品种石斑鱼及斑石鲷开展育苗；海阔公司与中国水产科学院东海水产研究所合作，引进海马亲本开展海马选育及池塘养殖试验项目，工厂化养殖面积 12.53 公顷。（张 静）

【海洋牧场】 2022年，无棣县围绕贝类高科技示范园区、贝壳堤岛综合配套服务区，发展贝类原良种选育、贝类资源修复、贝类清洁生产、水产品深加工、牧场+互联网、冷链物流、海域旅游、休闲渔业、科教体验等一体化完整产业链。累计投资超6.3亿元，建成海洋牧场陆域配套建设展示厅、监控室、研究院和体验馆“一厅、一室、一院、一馆”、水陆两栖多功能海洋牧场平台、自升式海洋牧场综合服务平台、4万空方牡蛎礁等基础设施，累计投放贝类苗种200多亿粒，促进牧场生物资源快速恢复。建成国家级海洋牧场示范区1处、省级底播型海洋牧场1处、省级原良种场2处，面积6600公顷。 （张 静）

【海阔现代渔业园区】 2022年，无棣县海阔现代渔业经济园区建设完成，面积400公顷。其中，工厂化养殖区面积12.53公顷；养殖池塘区面积307.47公顷；标准化养殖大棚面积6.4公顷。年生产南美白对虾苗种100亿尾、中国对虾苗种10亿尾、海马苗种1亿尾、半滑舌鳎苗种1000万尾、石斑鱼苗种800万尾、其他品种20亿尾（粒）。年产水产品半滑舌鳎400吨、南美白对虾600吨、大菱鲆350吨、石斑鱼300吨。 （张 静）

【海洋捕捞】 2022年，无棣县有渔船192艘，其中捕捞船53艘、养殖船139艘。全年海洋捕捞1.97万吨，比上年减少1.1%。捕捞渔船作业类型主要为流刺网、定置网或张网，其中以刺网居多，出海率90%以上。作业区域主要在48/2渔区、48/3渔区，主捕对象有梭鱼、鰕虎鱼、鲈鱼、斑鰶鱼、鲳鱼、鲅鱼、半滑舌鳎、海蜇、毛虾、爬虾、鹰爪虾、虾蛄、贝类、中国对虾、梭子蟹等。共有55艘渔船获得海蜇专项捕捞许可证，累计捕捞海蜇420吨，产值440万元。 （张 静）

山东正海海洋牧场一角 （高士东 摄）

【水产品加工】 2022年，无棣县水产品加工能力10.87万吨。卤虫卵作为全县特色产品，山东省友发水产有限公司全年精制卤虫卵年产量1400吨，占国内总产量70%。渤海水产公司投资2亿元建成专业水产加工冷藏及冷链物流基地，购置70余台自动化生产设备，年加工能力1.5万吨。 （张 静）

【海洋科技】 2022年，无棣县推广“龙头企业+科研院校+合作社+养殖户”运营模式，培育一批育繁推一体化水产种业龙头企业，发挥正海院士工作站、友发省级现代海洋产业（卤虫）技术创新中心及鲁东大学海洋研究院作用，助推企业和高校、科研院所联合开展水产育种，提升对虾、海水贝类等苗种繁育中心选育繁育能力。年内，引进大连海洋大学滩涂贝类良种培育与增养殖创新团队带头人，签订技术合作协议，联合承担国家重点研发计划“蓝色粮仓”专项课题，构建滩涂贝类生态高效养殖技术与清洁生产模式。依托正海院士工作站，正海集团公司与河海大学合作开展国家重点研发计划“蓝色粮仓科技创新”专项

“黄渤海滩涂生态农牧化与三产融合模式示范”；与中国海洋大学合作开展滩涂贝类苗种工程技术中心开发项目，形成滩涂贝类苗种繁育中心。依托友发水产公司牵头组建山东省现代海洋产业（卤虫）技术创新中心，开展可控条件下卤虫集约化养殖试验，筛选培育高产优质卤虫种群。（张　晓）

【海洋品牌创建】2022年，无棣县推进标准化管理和品牌创建，联合中国渔业协会共同创建“渤海贝仓”国家级区域公用品牌。推动“三品一标”认证，全县共有无公害水产品对虾、蛏、蛤、舌鳎、梭子蟹、鲈、海参、蚶、牡蛎、大口黑鲈、鳙、鲤、鲫、红鲌等35种，绿色食品认证南美白对虾、海参、半滑舌鳎、三疣梭子蟹、日本对虾、鲈鱼等12个，冻虾、冻虾仁有机认证2个，农业农村部地理标志保护产品汪子岛鳎目鱼、无棣卤虫卵2个，国家地理标志证明商标滨州金蚝、滨州文蛤、无棣半滑舌鳎、无棣虾酱4个。（张　晓）

【海洋渔业执法】2022年，无棣县开展海洋伏季休渔、水产品市场联合检查、海上禁用渔具清理、打击电鱼活动、拖改刺（围）、拖（围、刺）改钓渔船执法监管、渔业安全生产监管等专项行动，出动执法人员500余人次、执法车辆86辆次、执法船艇22艘次，航程2600余千米，检查渔港、渔船停泊点72个次，检查渔船460艘次，查处违法违规生产作业渔船25艘次，清理违规网具280套。（张　晓）

2022年8月25日，无棣县海上安全全员定向安全生产大培训在县海洋发展和渔业局举办（县海洋发展和渔业局 供图）

【渔业安全生产】2022年，无棣县持续开展渔业安全生产监管专项行动，组织37个检查组，出动执法人员180人次，检查渔船300余艘，发现一般安全隐患34处，均督促整改完毕。加强渔业安全生产宣传培训。年内，在6个涉渔镇（街道）开展为期7个场次安全生产培训，参培参训渔民281人次。8月25日至26日，县海洋发展和渔业局组织山东省渔业互保协会无棣办事处、滨州无棣海事处、海岸警察无棣大队及全县渔船从业人员，参加海上安全全员定向安全生产大培训。出动工作人员70余人次，现场发放宣传明白纸200余份，注册培训学员571人次。建立健全应急工作责任制，开展渔业船舶应急演练。6月底承办“渔安·2022”山东省渔业防台风应急演练，10月上旬开展渔船消防应急演练。（张　晓）

【获批国家级水产健康养殖和生态养殖示范区】2022年，无棣县成立由县长任组长的创建工作领导小组，下设技术专家组，聘请省、市有关技术专家为技术顾问，县海洋渔业发展研究中心相关技术人员为成员，负责示范区创建过程中技术指导和服务工作。编制《国家级水产健康养殖和生态养殖示范区创建工作方案》，指导创建活动。突出规划引领，编制《无棣县海洋发展和渔业局等14部门关于促进水产养殖业绿色发展的实施意见》《无棣县渔业高质量发展实施方案》等文件。9月，无棣县创建

国家级水产健康养殖和生态养殖示范区通过省级验收。12月，农业农村部发文公布。（张　晓）

海盐生产

【原盐生产经营】 2022年，无棣县盐区滩田面积3.16万公顷。重点盐业企业9家，其中国营盐业企业2家。原盐设计生产能力290万吨，养殖面积1.5万公顷，资产总额33.77亿元，拥有职工1824人。全年原盐产量135.22万吨，营业收入13.17亿元，上缴税金2.01亿元。（刘　辉）

【盐业工艺创新】 2022年，无棣县推进海盐生产创新管理。抓好上水制卤，实行重水前移，缩短制卤周期，提高卤度，丰富卤源。加强结晶管理，继续执行“新、深、长”生产工艺，定期化验卤水浓度，严格除混、活碴工艺，提高结晶效率。控制扒盐过程中质量管理，对洗涤卤水要求欠饱和卤、清卤、质量最好卤水洗涤，盐水彻底分开，严禁冲码现象发生，提高原盐质量。（刘　辉）

【重点企业】 鲁北盐化公司　有职工680人，其中各类专业技术人员180余人，下设10个制盐分场、面积1.33万公顷，拥有1万公顷规模化养殖水面和海珍品养殖基地。全年生产原盐50.81万吨，比上年减产5.04万吨；销售原盐51.79万吨，比上年减少14.4万吨。生产溴素1717.33吨，比上年减少1686.95吨；销售溴素1736.62吨，比上年减少1581.4吨。公司实现利润16921.04万元，比上年增加2767.72万元。

盐业工人生产作业　（杜秀峰　摄）

丰源盐化有限公司　有职工300人，其中专业技术人员50人。有0.67万公顷制盐及盐化工区，年产原盐15万吨，产值4500万元；年产溴素1000吨，产值2300万元。（刘　辉）

海洋化工产业

【概况】 2022年，无棣县海洋化工产业持续壮大，形成石油化工—海洋化工—硫磷化工—化工新材料—精细化工“五化”融合产业集群。有规模以上企业29家，实现营业收入382.7亿元，占全县总量62%。环氧丙烷产能87万吨，占全国比重27.3%，居全国第1位；环氧氯丙烷产能20万吨，占全国比重14.26%，居全国第2位；化学品铝产能150万吨，占全国比重46%，居全国第1位。鲁北企业集团列中国石油和化工企业销售收入前500家排行榜第128位；鑫岳化工集团位列中国制造企业500强第400位、山东民营经济百强企业第57位、山东工业百强企业第76位。（崔金香）

【产业推进体制机制】 2022年，无棣县围绕海洋化工产业链，推动现有企业延链强链，强化技术和人才配套。组织县发改、工信、商务等部门，引导企业开展密集招商、集中攻坚。围绕政策链抓帮扶，精准服务惠企扶企。出台《关于加快市场主体高质量发展的意见》《金融服务支持新冠疫情防控和经济发展十二条措施》，帮助联系外地工人和材料供应商，帮助联系交通工具，实行点对点运输，保障新冠疫情防控期间关键项目在全封闭中建设。定期组织要素保障部门、审批部门、属地园区及项目单位开展重点项目推进会，对全县重点投资项目、重点企业，逐一调度、集中分析、一企一策破解要素制约、瓶颈问题，推进手续办理、开工纳统、竣工验收等各项工作。（崔金香）

【省级化工园区建设】 2022年，无棣县鲁北化工产业园扩区工作，通过省化工专项行动办组织专家现场审核。园区拥有鲁北企业集团、鑫岳化工集团、三岳化工、大唐鲁北发电、鲁渝博创铝业、鲁北万润锂电6大企业集团。入驻企业总数44个，主要产能包括25万吨钛白粉、100万吨原盐、87万吨/年环氧丙烷、50万吨/年聚醚多元醇、20万吨环氧树脂、25万吨合成树脂、270万吨氢氧化铝、150万吨化学品铝等。园区工业产值从2018年286亿元，增至2022年506亿元；税收从2018年6.6亿元，增至2022年26.88亿元。（崔金香）

【产业科技创新】 2022年，无棣县海洋化工产业领域有高新技术企业6家，全部为规模以上企业，占全县高新技术企业总量8.1%；科技型中小企业6家，占全县科技型中小企业总量4.4%。有市级以上科技创新平台5家（鲁北集团3家，三岳化工1家，久日化学1家）。研发投入5.34亿元，占全县总量56.8%。其中，鲁北企业集团、鑫岳化工集团、三岳化工集团合计研发投入4.81亿元。（崔金香）

【海洋化工循环产业模式】 2022年，无棣县发展循环经济，以集成思维、集成创新实施资源、能源、信息系统整合，先后创建磷铵、硫酸、水泥联产及含硫固液废弃物协同处理、海水梯级综合利用、盐—碱—电—铝及高端化学品铝联产、钛硫磷钙锂联产及钛白粉清洁生产等多条互成网络、高度相关的循环经济产业链，培育形成“中国鲁北循环经济生态工业模式”。钛白副产硫酸亚铁生产电池级磷酸铁联产磷酸铁锂关键技术完成课题研发任务，取得14项专利成果，通过中国石化联合会组织的成果鉴定和验收，达到国际先进水平；开展“高浓度有机废酸高值高效利用产业化技术开发与示范”项目，列入山东省重点研发计划；“基于产业共生的氯化法钛白粉核心技术与产业化”技术通过中国石油和化学工业联合会组织的科技成果鉴定，达到国际先进水平；“含硫类固液废弃物协同处理产业化”项目列入泰山产业领军人才工程，并通过专家验收。先后获国家科技进步二等奖、山东省科技进步奖一等奖、中国专利奖银奖等奖励。（崔金香）

【产业实训基地】 2022年，鲁北化工实训基地结合园区生产与发展特色，依托实践教学条件和优秀师资队伍，通过技能积累、精神涵养等环节培养，全面提升参训学员综合职业能力，成为培养化工企业高技能人才孵化器。实训中心面积4000余平方米，包含安全教育体验功能区、特种作业公共科目实训区、化工实训单元区、高低压电工实训区等功能区，设备共计80余套。实训基地每天可满足400余名员工接受各专业培训和实操训练。安全教育体验功能区包括安全帽撞击体验、安全鞋防砸体验、高空坠落体验、触电体验、安全事故虚拟现实行走平台体验等15种体验功能。特种作业公共科目实训区通过实物装置+物联网+互联网信息化技术手段结合，包含正压呼吸机的使用、创伤包扎、单人徒手心肺复苏、灭火器的选择和使用4项科目。化工实训单元区包括精馏、过滤、蒸发、结晶、吸收解吸、流体输送6套化工单元操作装置，配有远程控制系统、计算机仿真系统，使员工了解化工单元操作基本原理和工艺流程，主要设备结构特点、性能参数和液位、压力等工艺参数的测

2022 年 6 月 7 日，鲁北化工实训基地车间进行工人实际操作培训（孙长城 摄）

量和操作方法。高低压实训区采用一体化设计，具有触屏交互功能，可使员工了解和掌握开关柜构造、低压电器元件选型和设定方法、电机回路接线等操作，模拟电源故障快切，掌握各种切换方式原理等。检维修及特殊作业实训系统包括基础钳工、管路拆装装置、各类机泵阀和设备构造模型。（杨荣君）

【鑫岳化工入选全省高质量发展重点企业】 2022 年，无棣鑫岳化工集团聚焦“油头化身高化尾”炼化一体化，多元化打造石油化工产业，鑫岳燃化清洁油品加工项目建成，有 240 万吨进口原油使用指标。年内，克服新冠疫情冲击和市场下滑多重困难，实现销售收入 265 亿元，比上年增长 12.7%；纳税总额 19.2 亿元，比上年增长 62.6%。入选省级新材料领军企业培育库；上榜全省“十强领军企业”榜单；获批省级“雁阵型”领军企业、省级高质量发展奖等。（王振林）

【鲁北化工入选全省化工产业“链主”企业】 2022 年，山东鲁北企业集团总公司实现营业收入 136.1 亿元，利润总额 3.36 亿元。祥海 6 万吨氯化法钛白粉项目、金海 10 万吨金红石型钛白粉等量搬迁入园及综合技改项目、山东鲁北化工股份公司盐酸法磷酸净化制备 3 万吨 / 年工业磷酸（一期 5000 吨）项目投产。鑫动能锂电产能稳定在 3 万吨以上，全年营业收入 7.16 亿元，实现利润总额 8857 万元。（杨荣君）

海洋新材料产业

【概况】 2022 年，无棣县海洋新材料产业总产值 18.7 亿元。依托鲁北万润、鲁北超能、鑫动能、金海湾等锂电材料企业及鲁北国际新材料研究院，以 2 万吨碳酸锂、3 万吨磷酸铁锂项目为起点，重点发展锂电新材料、新能源汽车等产业，打造以锂电材料制造为主体、以回收和梯次利用为支撑、以电芯和电池包加工组装为延伸“一体两翼”锂离子电池全产业链。引进湖北万润新能源科技有限公司 66 万吨磷酸铁锂联产 66 万吨磷酸铁、上海晋瑄智能设备制造有限公司电池级电解液添加剂等项目，建设国内重要锂电全产业链研发和生产基地，打造锂电新能源千亿级产业集群。（崔金香）

【产业创新】 2022 年，无棣县海洋新材料产业有高新技术企业 4 家（其中规模以上企业 3 家），占全县高新技术企业总量 5.4%；科技型中小企业 4 家，占全县科技型中小企业总量 2.9%。有市级以上科技创新平台 9 家。海洋新材料产业研发投入 2.06 亿元，占全县总量 21.94%，其中鲁北企业集团相关产业公司合计研发投入 1.88 亿元。（崔金香）

【山东鲁北国际新材料研究院】 2022 年，山东鲁北国际新材料研究院有 50 人的研发团队，并与高校、科研机构建立联系合作。以鲁北企业集团循环经济产业链为核心，服务于中国鲁北锂电池新材料基地建设，主要为新材料技术研发、成果转化、工艺设计等提供技术支撑和专业人才培养。拥有3600平方米实验楼，包括材料研发实验室，电化学测试，化学分析，材料性能测试等基础设施；有1750平方米中试厂房，配备价值4000余万元全套磷酸铁中试生产线，锂离子电池三元正极材料中试设备以及脱硝剂、减水剂试验设备等。研究院有授权发明专利6项、实用新型专利5项，其中“一种生产电池级碳酸锂粉碎装置在生产中的应用”实际应用到金海湾年产2万吨碳酸锂生产工艺中，带动销售收入新增5000余万元。无水磷酸铁生产高压实磷酸铁锂项目，实际应用到鑫动能锂电科技有限公司磷酸铁锂生产工艺中，带动销售收入新增1000余万元。（崔金香）

【鲁北万润磷酸铁锂项目】2022年，鲁北万润智慧能源科技（山东）有限公司24万吨/年磷酸铁锂联产24万吨/年磷酸铁项目，为山东省重大项目、山东鲁北智慧锂电新能源产业基地和全省“十四五”期间新旧动能转换重大支撑性项目、全省绿色低碳发展的综合转型示范项目。项目投资56亿元，新建磷酸铁锂及磷酸铁生产厂房、制氮站、光伏制氢、过氧化氢等配套及辅助设施，新增六列式辊道窑、喷雾干燥器等各类设备2218台（套），形成24万吨/年磷酸铁锂联产24万吨/年磷酸铁产能，副产硫酸铵及磷酸二氢铵。至年底，2个生产车间主体即12万吨/年磷酸铁锂联产12万吨/年磷酸铁建成。（崔金香）

海洋新兴产业

【概况】2022年，无棣县调整优化海洋产业结构，发展海洋装备、海洋新能源、海洋文化创意等海洋新兴产业。年内，实施涉海重点项目9个，完成投资15亿元。海忠深海输油气软管全国市场占有率居第1位。悦翔生物有限公司海蕾DHA藻油软胶囊通过国家“健字号”产品审批。（张　静）

【海洋新能源】2022年，友发集团利用丰源盐场制卤区水面，发展渔光互补光伏发电产业，引进中国电建集团华东勘测设计研究院有限公司共同开发，投资10.4亿元，建成346.67公顷一体光伏风能发电产业园，光伏发电195兆瓦、风能发电55兆瓦，年发电量3亿千瓦时，产值1.5亿元；347公顷水面出产对虾2300吨，产值2500万元。至年底,项目区年总产值1.65亿元，亩均产值3.1万元。（吴国治）

【海洋装备制造】2022年，无棣海忠软管制造有限公司作为中国第一家、世界第四家海洋软管制造企业，具备全球管径最大复合内衬修复软管生产能力。建成国内第一条海洋软管承压承拉金属材料生产线、第一家深水海洋软管实验监测中心、第一个保温输油软管关键技术研究原型实验室，海底软管和移迁式海洋钻井平台填补国内空白，生产制造的高压连续复合内衬修复软管、页岩油气压裂液输送软管等系列产品应用于天然气、自来水、供暖、石油管道等领域。至年底，累计供货500千米。实现主营业务收入9525万元，净利润750万元。（吴国治）

【海洋生物医药】2022年，山东悦翔生物有限公司与西安油脂设计院、北京化工大学、中国海洋大学、厦门大学联合对裂殖壶藻高效培养与DHA藻油提取开发项目进行科技攻关，注册的海蕾DHA藻油软胶囊通过国家“健字号”产品审批，成为滨州市第一个具有自主知识产权海洋生物保健食品，实现从初级原料生产向海洋保健食品转型，促进海洋藻类精深加工产品多元化，提升产品附加值。完成保健食品注册后，由主要以销售DHA藻油、藻粉原料为主，向以销售海蕾DHA藻油软胶囊为主，每克DHA藻油产值提升5倍以上。（张　静）

【海洋文化创意】2022年，无棣县立足贝壳、海盐资源，开发海洋文化创意产业，推进海洋贝瓷、盐雕艺术提档升级。贝瓷生产以渤海湾优质贝壳为主要原料，采用2次高温烧制，在瓷器的表面做特殊涂层，形成包括文化艺术、抗菌易洁等9大系列、8000多个品种，年内获山东省工信厅“技术创新优秀产品一等奖”。全年实现产值6000万元，利税550万元。盐雕生产以渤海湾优质海盐为原料，利用高温成型加修饰工艺，经历原型设计、熔融、结晶、精雕、研磨、彩绘、烤釉等数十道工艺。从2013年第一代产品到2022年第五代产品突破发展，含盐量由第一代的20%增长到第五代的96%，形成包括历史人物、动植物、室内文化摆设等6大系列600余品种，年内获“山东知名品牌”。全年实现产值800万元，利税70万元。（杨　健）

海水综合利用

【概况】 2022年，无棣县推进海水“一水多用”新兴产业集群模式，海水梯次开发，实现“一水多用、零排放”生态产业模式，初级海水养殖、中级卤水提溴、饱和卤水制盐、苦卤提取钾镁、盐田废渣盐石膏制硫酸联产水泥、海水送生态电厂冷却、精制卤水送到氯碱装置制取烧碱循环经济模式。（刘　辉）

【溴素生产】 2022年，无棣县溴素设计生产能力11150吨，实现产能7428吨。实施技术创新，山东鲁北化工股份有限公司5000吨/年溴素高盐海水综合利用项目，利用海水淡化排放的高盐海水资源，采用独立安全仪表系统和连锁紧急切断装置，提高安全生产系数。对各个工艺控制点加装监测和计量设施，实现远程自动控制。年均增产溴素129.6吨，增加销售收入473.8万元，每年节约成本61.8万元。（刘　辉）

【海水淡化】 2022年，山东鲁北企业集团与北京碧水源科技股份有限公司合作，建设鲁北海水淡化基地，采用碧水源完全自主知识产权的膜法海水淡化技术，将海水转化成为可用于生产、生活优质淡水。每天取用海水约14万立方米，产出5万立方米水供给企业，余下9万立方米高浓度盐水，通过9.2千米管道输送给鲁北盐场，先提溴再制盐，实现海水“零排放”。工程总投资15.11亿元，总规模15万吨/日海水淡化工程。一期投资5.13亿元建成运行，日供水量5万吨。年内，海水淡化二期工程启动建设。（刘　辉）

鲁北碧水源海水淡化车间一角　（孙长城　摄）

滨海旅游

【概况】 2022年，无棣县推动临海文旅产业发展，结合重点渔乡渔村及养殖示范基地、旅游景点建设，发展休闲垂钓、观光旅游、生物保健、展示教育、观赏渔业、美食体验等，打造临海型精品文旅产业高质量发展无棣样板。至年底，打造大口河景区、黄河岛生态旅游景区2个海洋旅游景区，中国海瓷艺术创意产业园、华夏海盐博物馆2个海洋工业游项目，沿海岸线创成3个省级旅游特色村（马山子镇岔尖村，埕口镇汪子村、水沟村），国家AAAA级景区1家（黄河三角洲生态旅游岛）、国家AAA级景区2家（华夏海盐文化产业园、北海凤鸣湿地公园），省级原生态景区1家（大口河景区），省级文化产业示范基地2家（山东海瓷艺术文化传播有限公司、黄河文化产业股份有限公司）。（杨　健）

【滨海湿地游】 2022年，黄河岛滨海湿地地处黄河古道入海口，北临渤海、东靠徒骇河、西临秦口河、南有秦口河古道，四面环水，海河交汇，野生动植物种类繁多，为国家AAAA级旅游景区、国家水利风景区、国家湿地公园、全国休闲渔业示范基地。建有休闲渔业示范基地及万亩生态林场、黄河岛科普馆、水上乐园、芦苇荡观光木栈道，是房车旅游、海岛露营、户外拓展的培训基地。年内，开展环岛自行车竞技赛、环岛徒步健身赛、户外射箭、骑马娱乐等运动体验项目，吸引游客6万人次。（杨　健）

【自然生态游】 2022年，无棣县大口河景区以存有世界罕见贝壳堤岛海岸闻名，景区范围100余平方千米，为山东省旅游发展规划重点发展区域。景区陆续开展赶海拾贝、休闲垂钓、渔家乐、海上一日游、宿留贝壳堤岛观海听涛、盐田风光、越野车对抗赛、船艇比赛等旅游项目。景区被列入“山东不可不去的100个地方”、首批“山东省八大原生态景区”、“山东省自驾游示范点”。年内，景区建设游钓型海洋牧场、贝类博物馆、贝类清洁生产与良种繁育基地。游钓型海洋牧场以休闲海钓为主要特色，按照“礁、鱼、船、岸、服”五配套建设方案，注重全产业链发展，利用牧场资源实现渔业产业转型升级，提供吃、住、行、游、购、娱等配套服务，提高旅游区吸引力和客源市场竞争力，吸引游客8万人次。（杨　健）

【渔村体验游】 2022年，无棣县埕口镇水沟村盛产花蛤、文蛤、毛蛤、蛏子、梭鱼、梭子蟹、东方虾蛄、虾皮等特色水产品，具有海滨码头、盐田风光、虾池风光、海岸红地毯等独特景观，建有游客服务中心、乡村游别墅、水上餐厅、渔家生活体验区、河滨码头等场所，打造“海上人家”乡村旅游品牌。先后获“中国乡村旅游模范村”“山东省级文明村”“好客山东最美乡村”“山东省旅游特色村”等称号。马山子镇岔尖村为省级旅游特色村，有金星大酒店、风景饭店、岔尖海鲜城等5家大型旅游特色酒店及10余家快餐店，主营梭鱼、鲈鱼、油光鱼、八带鱼等鱼类，文蛤、花蛤、牡蛎、蛏等贝类，以及东方虾蛄、螃蟹、对虾、青虾等海鲜产品。年内，开展渔家生活体验、特色餐饮等活动，吸引游客5万人次。（杨　健）

【第十五届海洋文化节】 2022年3月4日（农历二月初二），中国·滨州2022祭海非遗文化盛典暨第十五届海洋文化节活动

大口河旅游一角　（周立新　摄）

举行。30个村赛鼓队、秧歌队进行传统文化表演活动。将非遗民俗与无棣沿海独特“贝、盐、滩”海洋文化相结合，以“传承非遗文化品尝盐田大虾，耕海牧渔，走向深蓝，大力发展临海旅游”为主题，打造一场新时代海洋文化盛典。海洋文化节分为赛鼓、巡游、非遗展示、摄影展示、文化展演等8个部分，唱响“山海古邑·和善无棣”临海旅游品牌。在特产、美食展中，有脊岭岛盐田虾系列产品、塘坊糕点、大山烧鸡、孙记欢喜团、泊头肘子等。参加活动人数5600余人次。充分体现了无棣祭海深厚的文化底蕴，弘扬了无棣人民爱海、敬海、养海等历史传统和时代精神。（杨　健）

港口运营

【概况】2022年，无棣县完善港口基础设施建设，套尔河建成20个泊位码头，全年货物总吞吐量4000万吨。岔尖渔港一期完成投资1.2亿元，列入山东省海洋强省建设重点项目库，实现年产值41.15亿元。（吴国治）

【套尔河港区运营】2022年，无棣县套尔河港区岸线15.7千米，为鲁中和鲁西北地区最便捷出海通道、“四港联动”主要港口之一。有1000～5000吨级泊位20个，山东棣新港务公司等港口物流企业。主要以铝矾土为主。全年货物总吞吐量4000万吨。（吴国治）

【岔尖渔港运营】2022年，无棣县岔尖渔港为环渤海地区较大渔港之一，被国家发展改革委、农业农村部列入《全国沿海渔港建设规划（2018—2025年）》“一级渔港”建设项目。年内，岔尖渔港一期项目建成，总投资1.2亿元，建设渔港码头岸线472米、港池及航道疏浚221万立方米；防沙堤265米，可容纳渔船600余艘。二期升级改造项目启动，列入山东乡村振兴5大项目库、山东省海洋强省建设重点项目库。全年产虾、鱼类1.04万吨，加工各类水产品1.5万吨，水产品市场年交易量2万吨，年产值41.15亿元。（吴国治）

山东棣新港务公司码头　（周立新　摄）

投资促进

【概况】 2022年，无棣县发挥2个省级化工园区、1个工业园区及1个特色海洋经济园区载体优势，调动12个产业招商专班和4个园区招商队伍积极性，抢抓产业转移机遇和发展突破期，改进招商引资方式，拓宽招商引资领域，实施“线上线下”两手抓招商。全年开展外出招商和接待客商40余次，组织线上视频对接7次、线下重大招商活动7次，搜集招商信息近百条。至年底，新签约、立项项目22个，计划投资额314.11亿元，其中过10亿元项目8个；实现市外到位资金108.82亿元，完成全年任务的103.64%。 （王　强）

【招商引资政策制定】 2022年9月，无棣县优化招商引资政策环境，修订出台《无棣县招商引资激励办法》，从适用范围、招商重点、激励政策、营商环境、补充说明9个方面，制定相关招商引资激励政策措施，推进招商引资工作。 （王　强）

【招商体制机制建设】 2022年，无棣县制发《2022年招商引资工作方案》《关于调整产业招商专班及下达2022年招商引资任务的通知》，组建招商队伍，12个产业招商专班和6个专业招商队伍配备专职人员，实行“12+6”招商工作机制，根据12个产业招商专班和6个招商队伍工作思路和工作计划，编制《无棣县各招商专班2022年工作计划》。成立无棣县招商引资重大项目推进办公室，协调解决重大招商项目推进过程中存在的突出问题。对重点投资、招商项目，实行一对一全流程帮办代办服务，推动投资建设项目落地。 （王　强）

【招商引资活动】 2022年，无棣县立足招强引优，开展系列招商引资活动。参加滨州市双招双引促进会议项目签约仪式，完成上海晋瑄智能设备制造有限公司投资13.33亿元的锂电新材料项目、广东三和管桩股份有限公司投资8亿元高端管桩新材料及码头建设项目等重点招商项目集中签约。6月2日，山东与世界500强连线现代海洋产业合作专场活动在济南举行，山东鲁北企业集团总公司与中国电力国际发展有限公司就鲁北综合智慧产业园源网荷储一体化项目进行集中签约。第三届跨国公司领导人青岛峰会举办期间，举行2022·无棣“双招双引”青岛推介会暨项目签约仪式，现场签约项目4个，其中工业项目3个、人才项目1个，签约总金额近10亿元。8月10日，第十届职业教育与城市发展高层对话会在渤海先进技术研究院开幕，无棣县完成投资10亿元新能源产业园项目、投资3.3亿元1亿标准立方米/年生物质天然气项目签约。 （王　强）

【招商平台建设】 2022年，无棣县重点建设5大经济板块，其中工业园区4个、文化旅游区1个，统筹谋划各园区产业布局，明确功能定位和发展方向，形成有机衔接、功能互补、错位融合发展产业承载体系。鲁北高新区定位高端石化基地、锂电产业基地、省级化工园区，主要承接油盐化工、铝钛有色金属、锂电新材料等产业链延伸项目，打造千亿级产业园；经济开发区定位科技创新示范园区，主要承接先进装备制造业、新一代信息技术、纺织和现代服务业等项目；新海工业园定位发展精细化工“隐形冠军”，重点建设涂料、医药、助剂3个产业园；东风港经济园区定位临海产业、港口物流、海洋装备制造，打造蓝色经济先行区；古城文化旅游区定位招引文化旅游项目，重点建设旅游综合体。年内，5个招商平台完成基础设施投入26亿元，引进项目15个，总投资额89亿元。（王　强）

国际贸易促进

【概况】2022年，无棣县落实贸易投资促进、商事法律服务等工作，放大贸促系统职能作用，促进全县外贸转型升级和跨境电商产业发展。年内，组织鲁北企业集团、鑫岳化工集团等企业参加展会与经贸活动，向企业推送各类经贸和预警信息，开展跨境电商培训及相关政策解读，提升外向型经济规模和发展水平。至年底，协助企业办理一般产地证765份。（李国宁）

【经贸与预警信息服务】2022年，无棣县整合省、市贸促会资源，为企业提供各类经贸和预警信息，实现信息成果共享。其中，向企业提供国际经贸论坛、洽谈会等经贸活动信息30余条，博览会、商品展销会等展会信息30余条；推送经贸摩擦预警信息100期。（李国宁）

【展会与经贸活动】2022年，无棣县邀请企业参加“对话山东”韩国、日本、德国、以色列4场产业合作交流会及2022中国（山东）氢产业大会暨产业博览会等线下系列活动。年内，组织鲁北集团、鑫岳化工集团、金海钛业、山东虫源农业、盛强不锈钢等企业征集合作项目，提报企业需求，进行现场考察或参与线上对接洽谈会；组织山东海力五金、无棣伟达网具等企业参与第二届中国跨境电商交易会、中日食品商务洽谈会等系列线上展会。（李国宁）

【企业业务培训】2022年，无棣县组织贸促系统工作人员参与《区域全面经济伙伴关系协定》政策解读与利用暨内外贸一体化培训会、2022年全省贸促工作会议等线上会议和培训；参加青岛峰会、第五届中国管理体系标准化发展论坛，参与山东省国际贸易和投资顾问齐鲁沿黄城市行、“一带一路”跨境电商培训班（滨州）暨“巾帼好品”展销等活动，提升人员专业素养。组织山东达信农牧、无棣金海渔具等企业参加中国贸促会《区域全面经济伙伴关系协定》政策解读与利用培训（山东专场），为企业应对商事纠纷储备知识力量。（李国宁）

【原产地证书办理】2022年，无棣县协助滨州市贸促会签发出口货物原产地证书，帮助县内11家企业办理一般产地证书765份。受新冠疫情影响，推进电子原产地证书自主打印服务，企业可足不出户自行打印领取全程网办原产地证书，解决因企业办证人员、贸促会签证人员、快递派送人员出行不便而导致的诸多难题。（李国宁）

2022年无棣县企业办理原产地证书统计表

表13

序号	企业名称	办理数量（份）
1	山东金海钛业资源科技有限公司	628
2	无棣海力五金有限公司	66

续表 13

序号	企业名称	办理数量（份）
3	山东祥海钛资源科技有限公司	23
4	无棣锐新医药化工有限公司	15
5	山东安固锁业有限公司	12
6	山东盈瑞金属制品有限公司	9
7	山东安益生物科技有限公司	4
8	滨州泽郦精密金属科技有限公司	4
9	滨州市胜英水产有限公司	2
10	无棣智博金属制品有限公司	1
11	无棣华宜生物科技有限公司	1
总计		765

【助企综合服务】 2022 年，无棣县帮助符合条件企业填报贷款信息，帮助企业与齐商银行等金融机构进行对接，推出专属信贷产品原产地信用贷，为中小微涉外企业解决融资难、融资贵问题。实地考察久日化学、鼎运物流、瑞峰纸业等项目；利用问卷、微信小程序等形式调研外资企业、跨境电商企业诉求，配合中国贸促会发展研究部开展 2022 年度营商环境、《区域全面经济伙伴关系协定》政策、跨境电商发展状况等调查，丰香园、苏美特金属、华蓝化工等企业参与涉外经济活动调研。 （李国宁）

外资利用及港澳台资利用

【概况】 2022 年，无棣县新注册外商投资企业 1 家（滨州鑫银新材料科技有限公司）。至年底，全县实现到位资金 6591 万美元，比上年增长 180%。 （贾翠勇）

【投资结构】 2022 年，无棣县实际利用外资及港澳台资 6561 万美元，比上年增长 50.69%。其中，新能源行业实际到位资金 5002 万美元，比上年增长 52.27%；服务业实际到位资金 1510 万美元，比上年利用外资增加 1509 万美元；制造业到位资金 49 万美元，比上年下降 86.39%。 （贾翠勇）

【鲁北综合智慧产业园源网荷储一体化项目签约】 2022 年 6 月 2 日，山东与世界 500 强连线现代海洋产业合作专场活动在济南举行，山东鲁北企业集团总

2022 年 6 月 2 日，山东鲁北企业集团总公司与中国电力国际发展有限公司就鲁北综合智慧产业园源网荷储一体化项目（一期），在山东与世界 500 强连线现代海洋产业合作专场滨州分会场举行线上签约 （县商务局 供图）

公司与中国电力国际发展有限公司就鲁北综合智慧产业园源网荷储一体化项目（一期）在滨州分会场进行线上签约。鲁北综合智慧产业园项目被列入《山东省“十四五”新旧动能转换十二个重大支撑项目》，其中源网荷储一体化项目被列入山东省“十四五”电力规划项目。（贾翠勇）

对外贸易及对港澳台贸易

【概况】2022年，无棣县进出口总额157.8492亿元，比上年增长53.09%，增幅居全市第2位。其中，出口总额25.5889亿元，比上年增长18.28%；进口总额132.2603亿元，比上年增长62.33%。全县外贸进出口总额占全市进出口份额由2021年的10%发展为2022年的12.8%，增长2.8个百分点。根据《关于加快市场主体高质量发展的意见》《无棣县县级外经贸发展奖励办法》《无棣县关于支持跨境电商产业发展的暂行办法》，为全县42家外贸企业发放外贸及跨境电商奖励资金300余万元。（贾翠勇）

2022年无棣县对外贸易情况统计表

表14　　单位：万元

项目	2022年出口	2021年出口	较2021年增长（%）	2022年进口	2021年进口	较2021年增长（%）	2022年进出口总额	2021年进出口总额	较2021年增长（%）
合计	255889	216342	18.28	1322603	814743	62.33	1578492	1031085	53.09
按企业性质划分									
国有企业	176	26	576.92	90286	41896	115.50	90462	41922	115.79
“三资”企业	4351	0	—	0	6507	-100.00	4351	6507	-33.13
民营企业	251362	216317	16.20	1232317	766340	60.81	1483679	982657	50.99
集体等其他企业	0	-1	—	0	0	—	0	-1	—
按贸易方式划分									
一般贸易	255605	215897	18.39	582577	356578	63.38	838182	572475	46.41
加工贸易	283	444	-36.26	120	493	-75.66	403	937	-56.99
其他贸易	1	1	0.00	739906	457672	61.67	739907	457673	61.67

2022年无棣县进口商品结构情况统计表

表15　　单位：万元

项目	2022年进口	2022年占比（%）	2021年进口	2021年占比（%）	较2021年增长（%）
总值	1322603	100.00	814743	100.00	62.33
一、初级产品	1318515	99.69	798715	98.03	65.08
0类　活动物及动物产品	2284	0.17	647	0.08	253.01
1类　植物产品	0	0.00	0	0.00	—

续表 15

项目	2022 年进口	2022 年占比（%）	2021 年进口	2021 年占比（%）	较 2021 年增长（%）
2 类　动植物油、脂、蜡及相关产品	0	0.00	0	0.00	—
3 类　食品、饮料、酒醋及烟草相关	0	0.00	0	0.00	—
4 类　矿产品	1316231	99.52	798068	97.95	64.93
二、工业制品	4088	0.31	16029	1.97	-74.50
5 类　化学成品及有关产品	3788	0.29	14318	1.76	-73.54
6 类　按原料分类的制成品	179	0.01	788	0.10	-77.28
7 类　机械、仪器及运输设备	115	0.01	919	0.11	-87.49
8 类　杂项制品	6	0.00	3	0.00	100.00
9 类　未分类的商品	1	0.00	1	0.00	0.00
其中：机电产品	145	0.01	921	0.11	-84.26

2022 年无棣县出口商品结构情况统计表

表 16　　单位：万元

项目	2022 年出口	2022 年占比（%）	2021 年出口	2021 年占比（%）	较 2021 年增长（%）
总值	255889	100.00	216342	100.00	18.28
一、初级产品	7877	3.08	5429	2.51	45.09
0 类　活动物及动物产品	2313	—	1936	0.89	19.47
1 类　植物产品	4672	1.83	2441	1.13	91.40
2 类　动植物油、脂、蜡及相关产品	402	0.16	440	0.20	-8.64
3 类　食品、饮料、酒醋及烟草相关	488	0.19	612	0.28	-20.26
4 类　矿产品	3	0.00	0	0.00	—
二、工业制品	248012	96.92	210913	97.49	17.59
5 类　化学成品及有关产品	150030	58.63	134289	62.07	11.72
6 类　按原料分类的制成品	74826	29.24	64925	30.01	15.25
7 类　机械、仪器及运输设备	17542	6.86	7935	3.67	121.07
8 类　杂项制品	5612	2.19	3763	1.74	49.14
9 类　未分类的商品	1	0.00	1	0.00	0.00
其中：机电产品	45745	17.88	27636	12.77	65.53
纺织服装产品	15804	6.18	8737	4.04	80.89
高新技术产品	1602	0.63	1590	0.73	0.75
农产品	7874	3.08	5429	2.51	45.04

【外贸激励政策落实】 2022年，无棣县实施激励扩大外贸等政策措施，支持外贸企业做大做强，开拓国际市场。2月17日，无棣县举办外贸奖励资金相关政策推送会，20余家外贸企业参会。会议围绕《无棣县县级外经贸发展奖励办法》《无棣县关于支持跨境电商产业发展的暂行办法》，详细解读奖励政策申报条件和实施细则，指导符合条件企业申报2021年度外经贸发展专项资金以及跨境电商奖励。工作人员解答企业资金申报相关问题，指出企业申报材料中存在的问题，指导企业完成奖励资金申报。年内，发放县级外经贸和跨境电商发展奖励资金251万元。（贾翠勇）

【大宗商品进口】 2022年，无棣县进口铝矿砂286.3万吨，进口额9.02亿元，比上年增长115.8%。全年进口原油270.89万吨，进口额116.38亿元，比上年增长63%。（贾翠勇）

开发园区

无棣经济开发区

【概况】 2022年，无棣经济开发区实现平稳增长。组建成立“双招双引”工作专班，多批次开展上门招商活动，全年共落户项目17个，合同利用金额8亿元，在谈项目2个，意向项目4个；推动项目建设，列入全县“三百工程”15个重点项目进展顺利，纳税过百万元企业19家，天顺药业纳税突破千万元。园区全年实现规模以上工业总产值20.5亿元，主营业务收入20.54亿元，分别比上年增长17.7%、10.6%。财政总收入1.14亿元，规模以上企业25家，比上年增加5家。（刘成杰）

【企业科技创新】 2022年，无棣经济开发区入库科技型中小企业27家，6家企业通过高新技术企业认定，2家企业通过高新技术企业复审，新增27个有效发明专利。山东广源科技创新有限公司与山东省科学院生物研究所深化产学研交流，进行新型电化学酸碱度传感器技术合作。天顺药业公司通过省重点研发计划项目，珍贝瓷业公司获评“山东手造·优选100”企业，永泰不锈钢、赫胜电力成为省级“专精特新”企业，恒泰塑业、妙迪食品等4家企业入选市级“专精特新”企业。（刘成杰）

【基础设施提升工程】 2022年，总投资3000余万元、日处理能力1.5万立方米华盛家纺污水处理厂试运营。无棣经济开发区组织实施一批道路建设、防汛泵站、排水系统维检工程。其中，道路基础配套设施建设开发二路及星湖九路至星湖八路段，全长482米，办理完成各项手续，完成工程招标；建成区防汛泵站及附属管网工程，如意湖增设泵站1座、开发五路沟增加强排泵1台并完工；建成区排水系统清淤和维检工程，污水管道清淤1.84万米，雨水管道清淤1.78万米。（刘　娜）

【鲁拓食品项目投产】 2022年，鲁拓食品公司总投资1.6亿元，推进年产5万吨冷链物流及牛肉

鲁拓食品生产车间 （孟　娜　摄）

深加工项目，建设4100平方米屠宰车间，购置全国先进全自动屠宰生产线，年可屠宰肉牛5万头，实现年分割冷冻冷鲜牛肉2万吨，调味牛肉1.5万吨，物流仓储1.5万吨，带动就业300人。通过工艺革新和现代化设备更换，实现低消耗、高产出，提升产品市场占有率。公司鼓励职工创新，培养创新创业型人才，年内被评为高新技术企业、滨州市技术企业中心。（刘　娜）

鲁北高新技术开发区

【概况】 2022年，鲁北高新技术开发区加快项目建设，以7个省重点项目为重点，谋划布局36个项目。全年实现工业总产值506亿元，税收26.88亿元，分别比上年增长0.59%、14.6%。（郭崇冰）

【基础配套设施建设】 2022年，鲁北高新技术开发区总投资3亿元，实施建成区提升和扩展区完善。建成区提升方面，投资7300余万元实施北外环路、李山子路东延、三木二桥、海生生物东路北延、泊埕河东路北延、鲁北中路及配套的跨泊埕河桥梁工程“六路六桥”项目建设，道路总长度8900米，打通园区连接大济路新通道；投资800万元实施智慧园区提升——细颗粒物与臭氧协同控制监测网络能力建设项目工程，增强园区环保在线实时监测能力；投资540万元重建完成马颊河橡胶坝工程，为园区年可调蓄工业淡水4000万立方米。扩展区完善方面，投资7600万元实施马家河南5条道路建设，道路总长度8870米，全部竣工通车；投资2700万元铺设完成1.7万米雨水管网；投资6200万元实施110千伏鲁渝博创变电站改接电缆线路工程和滨州大杨——万润220千伏线路工程；投资760万元铺设大唐发电至万润项目直径700毫米蒸汽管道1000米、祥海钛业至超能项目直径300毫米蒸汽管道380米。投资2900万元、建筑面积1.5万平方米的实训中心建设完成，可为周边园区提供全方位技能模拟培训；投资2200万元智慧化综合数字平台项目建设完成，实现重大危险源和重点部位实时监控。（郭崇冰）

【鲁北海生生物150万吨氢氧化铝项目】 鲁北海生生物150万吨/年氢氧化铝项目总投资14亿元，主要建设150万吨/年氢氧化铝生产线1条。2022年，鲁北海生生物150万吨/年氢氧化铝项目完成原料、溶出、分解、综合过滤及赤泥压滤等各车间设备安装调试，并完成电气、仪表安装及工艺管道。（郭崇冰）

【中海新铝材100万吨高精化学品铝项目】 中海新铝材100万吨/年高精化学品铝项目总投资6亿元，主要建设高温煅烧α－氧化铝生产线2套、氢氧化铝阻燃剂生产线1条、沸石分子筛生产线1条、拟薄水铝石生产线1条，至年底完成投资3.5亿元。高温氧化铝项目设备进入调试消缺阶段，完成综合预热器筑炉及成品工段设备安装。（郭崇冰）

【企业发展服务】 2022年，鲁北高新技术开发区调动包企业干部积极性，主动进行结对帮扶，提供优质服务，精心解读政策措施，推动惠企政策直达企业。通过市场调研、对接企业及联系部门等方式，化解因新冠疫情防控形势造成的钛白粉、氧化铝、环氧丙烷等产品积压问题。谋划36个省市县重点项目，确定驻企服务员，每周调度项目存在困难，共收集问题46项，全部解决。24个开工建设项目全部实现纳统。（郭崇冰）

新海工业园

【概况】 2022年，新海工业园通过省级化工园区复核，提升基础设施、综合管理水平。园区列入县“三百工程”项目17个，总投资54.6亿元。其中，新建项目6个，续建项目11个。全年实现工业总产值32.5亿元，主营业务收入33.6亿元，税收1.2亿元。（张连成）

【园区基础设施建设】 2022年，新海工业园投资2.5亿元，改扩建污水处理厂，日处理能力1.7

万立方米；投资1300万元，建成投用危化品停车场；投资700万元，升级改造齐岳路北部分地下雨水管道；园区一期5千米物料管廊建成并投用，推进二期公共管廊建设；人才公寓完成主体工程建设。（张连成）

【惠广科技纤维素醚项目投产】山东惠广科技发展有限公司专业从事纤维素醚系列产品研发、生产和销售，项目总投资5.9亿元，年产能5万吨，为国内最大纤维素醚系列产品生产基地。2022年7月，项目投产运营。至年底，实现产量4127吨，产值8034万元，税收139万元。（张连成）

【智慧平台升级工程建成】2022年，新海工业园投资3000余万元，实施智慧信息管理平台升级改造。智慧信息管理平台由3D智慧平台管理体系和有毒有害气体监测预警体系两部分组成，分别由天津天财天地技术有限公司、北京伟瑞迪科技有限公司承建。智慧信息管理平台主要由3D智慧平台系统、有毒有害系统、固废管理系统、停车场管理收费系统、危险品车辆轨迹跟踪系统、封闭园区车辆管理系统、监控系统等组成。以信息与通信技术为支撑，围绕安全生产、环境管理、应急管理、封闭化管理、运输车辆管理、能源管理、化工园区办公和公共服务等领域，通过数据整合与信息平台建设，实现化工园区智能化管理运行。（张连成）

东风港经济园区

【概况】2022年，东风港经济园区按照“一区两群四园”布局，以套尔河、秦口河2个码头群开发建设为中心，带动港口物流园、临港产业园、现代农业园、旅游生态园4个经济板块融合发展。推进《滨州港套尔河港区总体规划》修编及《秦口河港区总体规划》报批工作。全年完成招商引资11.86亿元，实现规模以上工业总产值4.4亿元，主营业务收入26.8亿元，税收8032万元，分别比上年增长48.5%、21%、27%。建成码头泊位20个，港口吞吐量4000万吨，新能源发电4.82亿千瓦时。（吴国治）

【园区规划调整】2022年，东风港经济园区加快园区临港产业开发建设，推进《滨州港套尔河港区总体规划》修编及《秦口河港区总体规划》报批工作。《滨州港套尔河港区总体规划》调整工作由市交通运输部门主导推进，《秦口河港区总体规划》完成初稿，可为22.27千米港口岸线及2600余公顷可利用地“松绑”，助推东风港经济园区港产融合高质量发展。（吴国治）

【临港物流基地建设】2022年，东风港经济园区建成码头泊位数20个，在建2个。山东棣新港务有限公司通过减载靠泊论证，成为套尔河港区第一个可以停靠万吨级船码头；7月，金业物流码头2个3000吨级通用泊位完成码头主体工程，并取得港口经营许可证；总投资8.1亿元的套尔河特大桥项目，左岸主桥墩浇筑完成80%，超计划完成年度目标任务。协调移动公司在园区建设移动5G（预留6G）增容站，解决园区通信薄弱短板。县供销联社智慧海洋冷链物流项目完成选址工作，投资10亿元的海晟源30万平方米智能化水产养殖项目于7月开工。（吴国治）

【安全环保工作】2022年，东风港经济园区树牢安全生产红线意识和底线思维，压实安全责任，推进专项整治。加强环境保护，提高生态质量，全年组织应急演练21次，排查安全隐患213条，整改率100%，结合工作实际提出合理化建议71条，全年安全生产形势总体平稳；落实县减灾委工作要求，统筹完善各项自然灾害应急预案，加强园区防灾减灾救灾队伍建设，配备应急救援物资，在重点时段加强值班值守，及时发布自然灾害预警信息；按照港口环保治理导则要求，加强码头企业规范作业，坚决杜绝物流运输企业车辆不苫盖、超载洒落问题。在落实环保要求的同时，保障企业生产。（吴国治）

农 业

综 述

【产业发展】2022年，无棣县推动农业农村优先发展，农业生产稳中有进，实现农林牧渔业总产值101.02亿元，比上年增长5.8%。其中，农业产值23.29亿元，林业产值0.5亿元，畜牧业产值28.9亿元，渔业产值35.36亿元。农林牧渔服务业产值12.96亿元，增长1.86%。粮食总产42.10万吨，增产0.9%。棉花、油料、蔬菜及食用菌、水果总产量分别为0.6万吨、0.11万吨、3.47万吨、11.81万吨。猪牛羊禽肉产量10.31万吨。建成高标准农田9万亩。“三品一标”认证47个。新增市级以上农业产业重点龙头企业5家。创成全国棉花制种大县、全国平安农机示范县、全省高标准农田建设整县推进示范县。（刘振涛）

2022年无棣县主要农业生产指标统计表

表17　　单位：万元

指标名称	2022年	2021年	比2021年增长（%）
农林牧渔业总产值（现价）	1010195	953274	5.81
农业产值	232949	225732	2.01
林业产值	4989	4161	12.93
畜牧业产值	289040	267374	5.34
渔业产值	353628	328655	10.81
农林牧渔服务业产值	129589	127352	1.86

2022年无棣县主要农产品产量统计表

表18　　单位：吨

指标名称	2022年	2021年	比2021年增长（%）
粮食总产量	420975	417413	0.9
棉花总产量	6011	5983	0.5
油料作物总产量	1088	1141	-4.6
蔬菜及食用菌总产量	34702	31415	10.5
水果产量	118054	118004	0.0
水产品产量	168000	160850	4.4

【绿色农业】2022年，无棣县推进绿色农业发展，通过政府指导，培育家庭农场、农民合作社、农业龙头企业等新型农业经营主体，助推农业向健康化、规模化、标准化发展。加强农业产地环境治理保护，全年农药、化肥使用量分别比上年减少2.8%、0.8%，主要粮食作物病虫害绿色防控覆盖率45.25%。农膜回收率83%。规模化养殖场粪污处理设施配建率100%。全县获绿色食品认证34个、无公害农产品4个、有机食品9个。（商艳兰）

【智慧农业】2022年，无棣县建设智慧农业大数据平台，建设“一库”（农业农村基础数据资源仓库）、“一图”管理平台（生产智能化、经营多元化、生活数字化平台），建立符合农业生产经营的智慧农业应用软件和服务体系。全县小麦玉米、棉花和金丝小枣3个农业科技示范展示基地和无棣华利家庭农场、兴业种植专业合作社等12个科技示范主体，安装土壤、气候、酸碱度值功能传感器，实现土壤温湿度、土壤氮磷钾等数据实时获取。山东世耀农业发展集团有限公司借助物联网、大数据等新一代信息技术，构建集种植、生产、销售和科普教育于一体化的智慧农业综合管理平台，建立起农户、合作社、家庭农场与龙头企业之间产业合作联盟，促进农业产品提质增效。（孟祥峰）

【农业综合执法】2022年，无棣县加强农业执法，规范日常执法行为。执法人员填写执法巡查记录，并根据实地检查结果提出整改、警告等查处结论，要求当事人现场确认签字，保障执法有记录，过程公开公正。全年出动执法人员110人次，立案查处7起。开展涉农法律、规章宣传活动。举办放心农资下乡进村宣传周活动，通过现场咨询、发放资料、展板展示等方式，普及涉农法律法规知识，推广安全用药和绿色防控技术，提高群众识假辨假和依法维权能力。（王纪忠）

【农资监管整治】2022年，无棣县加强农资经营单位日常执法巡查，累计出动执法人员110人次，检查农资经营门店200余家，其中立案查处7起，移交公安机关3起。（王纪忠）

种植业

【概况】2022年，无棣县做好农业技术指导，推广农业新技术，调整优化农产品结构，促进农业稳定增产、农民稳步增收。全年粮食种植面积111.5万亩，比上年增加6.22万亩；总产量42.10万吨，比上年增加2.66万吨。推广玉米大豆复合种植1万亩。枣产业产量11.2万吨。棉花、中草药生产稳步提升。加快推进设施农业生产，实现农产品有效供给。（张　静）

【粮食生产】2022年，无棣县夏粮收获面积45.1万亩，总产量18.95万吨，平均单产420.16千克；秋粮收获面积66.39万亩，总产量25.5万吨，平均单产384.03千克。其中，玉米收获面积64.39万亩，与2021年基本持平，平均单产388.66千克，总产量25.03万吨；夏大豆收获面积1.62万亩，平均单产187.99千克，总产量0.3万吨；甘薯收获面积0.3万亩，平均单产508.70千克，总产量0.15万吨；高粱收获面积0.08万亩，平均单产207.16千克，总产量150吨。（张　静）

【棉花生产】2022年，无棣县植棉7.2万亩，总产量6011吨，单产皮棉80千克。产棉区主要分布在县域东部地区西小王镇、佘家镇、柳堡镇3大植棉镇。主要推广品种有鲁棉研37号、鲁棉6269、鲁棉338、鲁棉532、鲁棉258等。（杨淑华）

【蔬菜瓜果食用菌生产】2022年，无棣县部分农业新型经营主体进行蔬菜、食用菌栽培种植，设施蔬菜占地面积约1000亩，设施内面积700余亩，部分蔬菜、食用菌一年可种植2～4茬，种植面积1500余亩。全县设施蔬菜、食用菌、水果温室大棚221个，其中种植蔬菜大棚129

无棣县车王镇大武村西红柿大棚 （邱升汝 摄）

个、食用菌大棚 67 个、水果大棚 25 个，主要分布在海丰街道、西小王镇、信阳镇、水湾镇、碣石山镇、小泊头镇、柳堡镇等镇街，蔬菜以茄果类为主，食用菌以平菇、香菇、双孢菇、大球盖菇为主。（杨淑华）

【中草药生产】 2022 年，无棣县中草药种植面积 2.23 万亩，分布在佘家镇、碣石山镇、车王镇、水湾镇。种植品种有蛇床子、金银花、红花、薄荷、丹参、菊花、桑叶、皂角等，其中蛇床子、金银花、红花种植面积较大。（张　静）

【冬枣生产】 2022 年，无棣县冬枣面积 7.26 万亩，冬枣产量 9.41 万吨，产值 7.15 亿元。出台《2021—2025 年度无棣县枣产业高质量发展项目建设标准、验收及补助办法》，重点扶持成方连片冬枣大棚建设、枣树嫁接改良，对验收达到项目建设标准冬枣大棚、枣树嫁接改良分别按照最高每亩 4000 元、每亩 400 元标准给予一次性补助。全年开展各类培训 12 场次，受训枣农 720 人次，印发《无棣枣树周年管理工作历》《大棚冬枣的综合管理技术》等各类技术意见 14 期，共计 2 万余份。举办中国枣乡（无棣）第十七届赛枣大会，形成比品质、赛质量、重安全、促提升浓厚氛围。（田树宏）

【金丝小枣生产】 2022 年，无棣县金丝小枣面积 1.19 万亩，金丝小枣产量 1.57 万吨，产值 7852.59 万元。加快枣标准化生产进程，重点抓好枣园地下管理，推广使用有机肥料和钾肥，禁止单纯使用尿素、碳氨、复合肥，禁止使用除草剂。通过推广标准化技术规程，带动周边群众枣树管理水平提高。培植果业龙头企业、农民合作社、家庭农场和生产大户等新型农业经营主体，鼓励新型社会化综合服务体系、专业化生产服务组织发展，探索推行果园流转、托管、半托管等既适宜一家一户小规模生产，又适应规模化经营产业化服务方式。（田树宏）

【农作物病虫害防控】 2022 年，无棣县开展病虫害预测预报工作，3—9 月份每周对农作物病虫草害进行系统调查和大田普查，全年共发布农作物综合病虫情报 10 期，向省农业技术推广中心植保部发布模式电报 6 期，准确率在 95% 以上。全面做好植物检疫工作，完成小麦良种产地检疫面积 1.74 万亩，检疫小麦良种数量 535.5 万千克。对全县 37.15 万亩蝗区进行夏、秋蝗拉网普查。开展综合防治工作，防治 464.14 万亩次，挽回粮食损失 6.84 万吨、棉花损失 1366.11 吨、蔬菜损失 2719.65 吨。（王其武）

【种植业技术推广】 2022 年，无棣县围绕小麦、玉米、棉花、果蔬、芝麻等主导产业和特色产业发展需求，按照示范推广到位、培训指导到位、产业引领到位要求，在全县建设 4 个农业科技示范展示基地，培育 12 名农业科技示范主体。构建“专家 + 农技人员 + 示范基地 + 示范主体 + 辐射带动户”链式推广服务模式，推广10项农业主推技术，推广面积40万亩以上，加快科技成果转化，农业主推技术到位率100%，科技示范主体粮食增产10%左右。依托全县农技推广体系，重点在全县开展冬小麦“科技壮苗”及相关培训活动，主推技术到位率95%以上。重点推广秸秆还田、深耕深松、宽幅精播、“一喷三防”、病虫草害综合防治等关键技术。年内，农技人员开展苗情调查74次、举办线上线下培训班90场次、培训1.1万人次，全县45.1万亩小麦实现“一喷三防”全覆盖，玉米“一防双减”统防统治面积50余万亩。（孟祥峰）

林　业

【概况】2022年，无棣县推进林业产业发展，实现林业总产值26.16亿元，比上年增长3.5%，其中第一产业产值16.16亿元、第二产业产值9.18亿元、第三产业产值0.82亿元。林业育苗9.6万亩，造林绿化1万亩，新增林下经济5000亩。继续推广“龙头企业—合作社·基地·农户”林下发展模式，发展佘家镇程家村林下养禽、柳堡镇东岳里村林下大豆等林下经济。金秋枣业科技有限公司成为省级农业旅游示范点、省级休闲渔业示范点、山东省五星级农家乐、省级经济林标准化示范园。无棣县被评为山东省林长制工作成效明显县，创建滨州市森林单位2个、滨州市森林村居5个。（田树宏）

【花卉种苗生产销售】2022年，无棣县受立地条件差影响，花卉种植规模小、品种少、档次低，种植比较集中，带有一定局限性，没有形成大范围种植规模。全县有观赏苗木67公顷，食用及药用类29公顷；花卉市场13个，小型花卉企业10个，花店41家，合作社19个，主要集中在海丰街道于庙村。全县苗圃有5324处，苗圃可育苗9.56万亩，品种多为白蜡、国槐等阔叶树种。（齐建磊）

【水果冷藏保鲜】2022年，无棣县加快果品包装、储藏加工行业发展，全县贮藏保鲜能力3.54万吨，有各类果品机械贮藏库2272个、气调贮藏库1个。全县果品加工业主要原料为冬枣、小枣等，无棣县华龙食品有限公司、山东鑫义食品科技股份有限公司、无棣金秋枣业科技有限公司等为代表企业，开发出金丝蜜枣、阿胶蜜枣、红枣片、红枣糕等产品，产品销往全国25个省，远销日本、澳大利亚等多个国家。（孟祥峰）

【谭阳林场】2022年，无棣谭阳林场推进林业可持续发展，新栽榆树5585株、白蜡树15152株、海棠515株、法桐651株、淘汰劣势树木3014株。加强现有林木抚育管理工作，抚育林木总面积2057亩，病虫害防治20余次，累计用药液2.5吨。压实防火工作，清理杂草面积270余亩，清理地上堆积可燃物300余吨，联合市级消防队进行火场实战演练5次，出动消防器械260余次。（齐建磊）

畜牧业

【概况】2022年，无棣县畜牧业结构持续优化，实现畜牧业产值28.90亿元，比上年增长5.34%。生猪存栏23.71万头、牛存栏4.50万头、羊存栏13.59万只、家禽存栏1221.27万只；生猪出栏28.93万头、牛出栏8.33万头、羊出栏23.96万只、家禽出栏4711.47万只；禽蛋产量4.26万吨，肉类总产量6.59万吨。（张艳丽）

【生猪稳产保供】2022年，无棣县出台《无棣县生猪产能调控实施方案（暂行）》，通过强化生猪产能调控基地指导、服务，严格落实生猪保险、贷款等金融支持畜牧业政策。根据全县生猪生产实际情况，划定全年能繁母猪存栏量不低于3.9万头和规模猪场不少于77家底线，并创建8家国家级生猪产能调控基地。加强中小养殖场户提升改造、补栏增养，指导帮助与大型企业签订订单，发展合同猪养殖。至年底，全县有生猪规模养殖场 80 家，能繁母猪存栏 4.03 万头，完成市级考核指标，生猪稳产保供工作考核为优秀，并列全市第 1 位，获得生猪调出大县奖励 46 万元。（张艳丽）

2022 年无棣县国家级生猪产能调控基地基本情况一览表

表 19　　单位：万头

序号	基地名称	设计存栏	设计出栏
1	无棣利康养殖有限公司	0.50	1
2	滨州市华辰种猪育种有限公司	0.80	15
3	山东华特希尔育种有限公司	1.44	7.40
4	无棣猪侯畜牧养殖中心	0.60	1.20
5	滨州禾邦农业有限公司	1.21	20.25
6	山东瑞东伟力农牧有限公司无棣分公司	0.60	12
7	瑞东农牧（山东）有限责任公司无棣分公司	0.60	12
8	山东北溪农牧有限公司无棣分公司	0.78	15

【渤海黑牛养殖】 2022 年，无棣县聘请中国农业科学院北京畜牧兽医研究所研究制定《渤海黑牛产业发展专项规划（2022—2030）》。支持渤海黑牛国家级保种场建设，申请中央保种经费 80 万元，开展渤海黑牛性能测定工作，为渤海黑牛资源保护利用、良种选育繁育提供科学依据。通过招商引资、政府扶持、申报项目等方式，以散养和规模养殖并重，重点扶持规模养殖，发展养殖基地，提高养殖总量。至年底，新增无棣润茂牧业有限公司和无棣富川家庭农场 2 家渤海黑牛规模养殖场。（张艳丽）

【牧草生产】 2022 年，无棣县抓住国家推广粮改饲和奶业振兴、苜蓿行动等政策机遇，发展以紫花苜蓿及燕麦、黑麦草等为主牧草生产，建成优质牧草生产基地 13 个，牧草种植面积 6 万余亩，年产苜蓿干草 5 万吨、苜蓿青贮 3 万吨、燕麦干草 2 万吨，年产值 1.4 亿元。加强同中国农科院北京畜牧兽医研究所、山东省农科院以及山东农业大学、青岛农业大学等单位技术合作，实现苜蓿生产由全程机械化到标准化转变。（张艳丽）

2022 年 6 月 7 日，山东绿风农业公司苜蓿收获　（高士东 摄）

【畜禽屠宰】2022年，无棣县有9家屠宰企业，其中肉鸡屠宰企业3家、牛羊屠宰企业4家、生猪屠宰企业2家。全年共屠宰畜禽7147.35万头（只），其中家禽7138.41万只、生猪3.74万头、牛2.33万头、羊2.87万只。全年销售畜产品17.37万吨，其中猪产品0.39万吨、牛产品0.58万吨、鸡产品16.36万吨。无棣永顺畜牧有限公司、无棣德胜牧业有限公司等企业牛产品销售旗舰店入驻京东、天猫电子销售平台。（张艳丽）

【重大动物疫病防控】2022年，无棣县集中免疫家禽高致病性禽流感1720.2万只（鸡1627.6万只、鸭90.4万只、鹅2.2万只）；牛口蹄疫7万头；羊口蹄疫17.68万只；猪口蹄疫35.86万头；羊小反刍兽疫17.68万只。实现应免畜禽免疫密度100%。对全县12处镇（街道）开展高致病性禽流感、口蹄疫、小反刍兽疫重大动物疫病抗体监测工作。按照随机采样方式，共采集禽血清450份、猪血清220份、牛血清210份、羊血清550份。经化验室检测，家禽血清样品合格率在90%以上，家畜血清样品合格率在85%以上，平均超出国家规定标准。免疫无口蹄疫区和免疫无高致病性禽流感区通过国家评估，达到免疫无疫标准。（张艳丽）

【畜禽保险】2022年，无棣县能繁母猪投保5.77万头，承保95%以上；育肥猪投保50.42万头，承保85%以上。承保费2835.4万元。（张艳丽）

【饲料兽药监管】2022年，无棣县有饲料生产企业48家，其中配合饲料11家、单一饲料28家、添加剂企业9家。全年生产饲料73.9万吨，总产值26.15亿元，其中年产值2000万元以上企业14家。组织全县48家饲料企业260余人开展大学习、大培训、大考试和安全生产网上培训考试专项行动。突出产品质量安全和安全生产环节监管，对饲料生产经营开展日常监管和“双随机、一公开”监督检查，开展饲料行业安全生产专项整治“百日清零”、添加剂预混合饲料和混合型饲料添加剂产品标签、标准集中核查、饲料质量和生产“双安全”检查等专项整治活动。全县共有兽药经营企业25家，重点围绕兽药经营企业的经营许可资质、执业兽医师上岗、GSP运行、兽药管理记录、药品购销台账、兽药产品标签等情况进行技术指导和安全质量检查，并坚持对规模养殖户使用兽药情况进行抽查。（张艳丽）

【畜禽粪污资源利用】2022年，无棣县所有规模养殖场均按要求配建粪便堆积发酵池和污水池，做到防雨、防渗、防溢流，从源头上控水，雨污分离、干湿分离，实现粪污资源化利用。畜禽粪污资源化利用整县推进项目实施完成，构建种养结合、农牧循环可持续发展。至年底，全县畜禽粪污产生总量165.95万吨，通过畜禽粪污原料生产沼气、堆肥、生产商品有机肥、垫料利用、基质利用、液体粪肥等方式处理利用畜禽粪污量150.98万吨，畜禽粪污资源化利用率90.98%。（张艳丽）

【全国盐碱地高产优质牧草现场会】2022年5月21日，由中国农业机械流通协会和无棣县人民政府共同主办的全国盐碱地高产优质牧草现场会在柳堡镇常家万亩农业生态园召开，助推黄河三角洲盐碱地棉草产业转型升级，活动现场山东绿风农业公司7万亩苜蓿进行收割。国家级粮改饲项目年内累计收储30.7万吨，收储面积10.64万亩。（张艳丽）

种业

【概况】2022年，无棣县完善政策措施，推进现代种业创新发展。县财政整合专项资金1000余万元用于种业发展，支持种业企业和科研单位强强联合，开展地方品种资源保护、新品种培育、

良种基地建设、品种技术推广等工作。加强种业监管，维护正常生产经营秩序。（杨淑华）

【农作物种业】2022年，无棣县推广适宜种植农作物新品种、新技术，按照种子法、农业技术推广法等法律规定，遵循因地制宜、适地适种原则和先试验后示范、试验示范成功后再大面积推广程序，做好新品种选育、示范和推广工作，逐步淘汰种植时间长、落后品种，引进农作物新品种，在小泊头镇振棣农牧有限公司建立玉米种子展示示范田1处，跟踪评价展示玉米品种4个、小麦展示品种57个。在山东绿风种业集团建立棉花和大豆展示示范田2处，展示春播棉品种11个、夏播棉品种1个、大豆品种54个。全年完成小麦制种1.26万亩，芝麻制种500亩。（杨淑华）

【水产种业】2022年，无棣县完成5万对亲虾培育，繁育优质虾苗200亿尾。正海集团文蛤育苗技术实现历史性突破；渤海水产公司获评国家水产种业破难题阵型企业、山东省水产种业领军企业，入选第一批国家育繁推一体化优势企业名录，完成南美白对虾自主新品种“渤海1号”认定。通过成品油价格调整对渔业补助一般转移支付项目，对无棣县渔业企业承担的贝类种业提升项目、山东海城公司半滑舌鳎种质提升项目、友发水产公司南美白对虾苗种扩繁设施改造项目及凡纳滨对虾苗种扩繁项目种业振兴项目4个种业振兴类项目进行财政补贴1000万元。（张 静）

2022年6月20日，山东省畜牧专家在山东俊驰驴业公司开展第三次全国畜禽遗传资源普查生产性能测定（李国斌 摄）

【棉花育种】2022年，无棣县加强与国家棉花产业体系、棉花产业联盟和山东省农科院等科研院所进行产学研合作，推进棉花制种现代化。全县建成棉花种子生产基地5处1.34万亩。建设5000亩山东棉花研究中心鲁北棉花试验培训基地，研发、培育、良繁、推广适宜鲁北地区生长棉花新品种。从山东省农业科学院取得鲁棉321、鲁棉241、鲁棉6269、农兴5号、鲁棉336和鲁棉1143耐盐碱棉种独家生产经营权，在实验基地种植省内外26个实验品种，主要用来筛选适合黄河三角洲耐盐碱和适合机采棉花品种。（杨淑华）

【地方畜禽良种培育】2022年，无棣县加强渤海黑牛、德州驴、鲁北白山羊等地方畜禽遗传资源保护开发利用，开展渤海黑牛和德州驴提质增量行动。会同山东农业大学、滨州市畜牧兽医研究院等开展渤海黑牛、德州驴、鲁北白山羊性能测定。为渤海黑牛等资源保护利用、良种选育繁育提供科学依据。引进国内外畜禽良种，实施畜禽良种工程和遗传改良计划，推进重点种源关键核心技术攻关与重点疫病净化。建立商业化育种体系，重点推动牛、羊、生猪、家禽等主要畜禽品种本土化选育，提升核心种源自给率，提高畜禽种业产业科技创新能力和推广应用水平。（张 静）

【种业监管】2022年，无棣县将种子法列入农业农村普法重要内容，定期举办和参加省、市相关培训班，提高农业执法人员专业素质。利用报刊、电视台、网络等多种传播媒介和发放宣传册、明白纸等形式，通过“3·15”国际消费者权益保护日打假护农、放心农资下乡行等专项行动，对种子法及其配套法律法规进行宣传，提高农民群众依法维权和辨别真假种子能力。严格生产经营管理，稳定市场经营秩序。落实种子生产经营许可证制度。对全县种子生产经营企业实行严格准入制度，同时加大对农资经营门店种子日常巡查和检查，保障农民用上放心种子，维护种子市场秩序和农民群众利益。实行种子备案制度。春播、秋播前种子销售旺季，农业部门执法人员对全县种子生产及经营单位全部实行种子备案，完成备案玉米品种50个、棉花品种6个、小麦品种32个。加强种子质量管理。开展农作物种子质量监督抽查工作，保障小麦、棉花生产企业种子质量。5月下旬分别对山东绿风农业集团有限公司和无棣惠农种子科技有限公司小麦良种繁育基地按规程进行田间抽检。其中，检验绿风农业集团有限公司良繁基地面积6500亩、小麦品种4个，惠农种子科技有限公司小麦良种繁育基地面积10850亩、小麦品种13个，共计小麦良种繁育基地面积17350亩，检验检疫合格率100%。9月上旬组织有关技术人员对山东绿风农业集团有限公司棉花基地按规程进行田间抽检，检验棉花良种繁育基地面积8100亩、棉花品种5个，检验检疫合格率100%。（杨淑华）

农田建设与灌溉

【概况】2022年，无棣县加大财政收入，完善农田水利配套工程，持续推进高标准农田建设，建成高标准农田11万亩，被山东省财政厅、省农业农村厅列入全省高标准农田建设整县推进示范县。落实耕地地力保护政策，调动农民种粮积极性。实施盐碱地改良示范工程、测土配方施肥，提升土地综合产业效益。（丁宝冲）

【高标准农田建设】2022年，无棣县建成高标准农田11万亩，投资1.65亿元，涉及车王镇、柳堡镇、马山子镇、佘家镇、西小王镇5个镇、68个行政村，以及农业龙头企业2个、农民合作组织24个、家庭农场11个、种粮大户9个。直接受益农业人口4.23万人。项目完成土地平整20591亩，培肥地力11万亩；新建各类泵站131座，配套输变电线路65.8千米，配套变压器49台，配电箱135台，实现PE管道高效节水灌溉3.96万亩；开挖、疏浚沟渠219.17千米；新建管涵55座、生产桥124座，闸16座；新修田间道路132.24千米，其中硬化道路62.1千米；构建农田防护林网防护面积11万亩；设置土壤检测点220处，完成土壤检测440次。通过项目实施，改善灌溉面积7万亩。每年增加粮食总产量1650万千克，年均增加收入1751.2万元。通过实施高标准节水灌溉，节水30%以上，年均节水1092万立方米。（丁宝冲）

【测土配方施肥】2022年，无棣县按照《山东省耕地质量等级

无棣县西小王镇万亩高标准农田建设项目区　（丁宝冲 摄）

调查评价工作实施方案》要求，完成127个土样采集任务，分析化验2667项次。向社会公开发布肥料配方，测土配方施肥技术推广面积129万亩次，配方肥应用面积51万亩次。按照统筹规划、区域设点、综合试验原则，开展肥效、化肥利用率等田间试验7处，其中肥料利用率试验2处，新技术、新产品、新机具“三新”配套技术效果试验2处，有机肥替代化肥效果试验1处，新型肥料种肥同播试验1处，肥效对比试验1处。（姚海燕）

【耕地地力保护政策落实】2022年，无棣县落实耕地地力保护补贴政策，逐级压实工作责任，按程序开展面积核定工作。县农业农村局与县财政局联合上报《关于报送无棣县2022年度小麦种植面积核定结果的报告》，完成全年工作任务，全县耕地地力保护补贴小麦核定面积49.16万亩。中央财政决定对实际种粮农民发放一次性补贴资金，全县补贴农户及新型农业经营主体4.92万户，补贴资金6587.73万元，补贴标准为每亩134元，有效应对农资价格上涨对实际种粮农民增支影响，切实保护和调动农民种粮积极性，稳定种粮农民收益。（杨淑华）

【灌区改造治理】2022年无棣县实施小开河灌区续建配套与现代化改造工程。工程投资8080.9万元，总工期12个月。维修加固分水闸21座；新建老郝家沟倒虹吸1座；改建白杨河渡槽1座；新建顺路生产桥1座；新建芦家河子泵站1座；改造管理道路2.717千米；新建清淤专道7.63千米；改建西王管理所；完善灌溉试验站和信息化工程建设。（徐志涛）

【高效节水灌溉】2022年，无棣县以提升农业综合生产能力为主线，针对区域水资源特点，贯彻灌溉用水有保证、灌溉系统完善、灌溉制度合理、灌水方法先进灌溉理念。采用“泵站+低压管道输水”灌溉方式，新建泵站59座，配套灌溉管道87.61千米。整齐划一、布局合理建成高效节水灌溉面积2.68万亩。（徐志涛）

【水土保持】2022年，无棣县编制《无棣县水土保持规划》，确定水土流失综合防治规模及防治布局和目标。以大预防小治理为原则，结合全县现状，规划近远期防治面积9560公顷，实施高标准农田建设项目，治理水土流失面积200公顷，预防保护面积200公顷，征收水土保持补偿费170.88万元。至年底，全县水土保持率为99.59%。（徐志涛）

【农业水价综合改革】2022年，无棣县推进实施农业水价综合改革，建立农业水价形成机制、农业用水精准补贴和节水奖励机制以及农业水权制度等，实现农业用水总量控制。县级引黄、引河农业水价按权限实行政府定价，末级渠系、小型灌区以及村级灌溉服务设施鼓励实行协商定价。10月23日，印发《关于无棣县农业用水终端价格及农业用水超定额累进加价制度的通知》，出台农业用水终端指导价格，核定引黄灌区农业用水粮食作物、一般经济作物、高附加值经济作物终端水价分别为每立方米0.16元、0.18元、0.22元，引河灌区农业用水粮食作物、一般经济作物、高附加值经济作物终端水价分别为每立方米0.12元、0.14元、0.18元。根据《无棣县农业用水初始水权分配意见》，明确全县农业初始水权，把农业灌溉用水量分配到各镇（街道）。年内，全县大中型灌区全部完成改革任务。（徐志涛）

【盐碱地改良示范区建设】2022年，无棣县按照示范区一定三年不变、原址实施原则，继续实施小泊头镇、西小王镇、碣石山镇、柳堡镇、佘家镇耕地地力监测点示范区建设，提升小麦、玉米和棉花盐碱耕地治理示范区2万亩，按照集中连片原则，建设3个千亩示范区和1个万亩示范区。示范推广以施用土壤调理剂、深松整地、合理灌溉等为主要技术内容盐碱耕地治理模式。梳理

示范技术成果，修订完善主要作物施肥指标体系，总结形成无棣县主要作物盐碱地综合治理技术模式。（姚海燕）

农业机械化

【概况】2022年，无棣县优化农机装备结构，示范推广农机农艺新技术，壮大新型农机经营主体。全县农机总动力74.32万千瓦，拖拉机保有量1.7万台，农作物耕种收综合机械化率90.94%。全县有农机服务组织85家，其中农机服务专业合作社56家，3家被评为国家级农机合作社示范社、4家被评为省级农机合作社示范社。无棣县被农业农村部、应急管理部评为全国“平安农机”示范县。（王丽丽）

【农机装备】至2022年底，无棣县农机总动力74.32万千瓦，拖拉机保有量1.7万台，联合收割机1640台，各种配套机具1.7万台（套），农产品初加工机械770台，畜牧机械652台，水产加工机械768台（套）。年内，新增拖拉机216台，联合收割机155台。全年机耕作业面积4.84万公顷，机耕率100%；机收作业面积7.14万公顷，机收率84.97%；机播面积7.93万公顷，机播率94.45%，农作物耕种收综合机械化率90.94%。（朱晓慧）

【农机作业】2022年，无棣县利用省级资金80万元，组织实施农机农艺融合肉鸡养殖全程机械化示范项目，建立无棣和盛牧业有限公司肉鸡标准化养殖场和无棣鲁兴养殖专业合作社肉鸡养殖全程机械化示范基地2个；利用市级资金15万元，组织实施肉牛养殖全程机械化项目，建立无棣好帮手养殖专业合作社肉牛养殖全程机械化示范基地1个。组织实施农机深松整地补助试点项目，无棣牧禾农机服务专业合作联合社等7家农机专业合作社为作业主体，完成深松整地作业8.83万亩，发放补助资金265万元。（王丽丽）

【棉花生产全程机械化】2022年，无棣县推进棉花生产全程机械化，实现作物品种、栽培技术和机械装备集成配套，为提高黄河流域棉花耕种收综合机械化水平提供参考和依据。推进无棣牧禾农机服务专业合作联合社、无棣县景国农机服务专业合作社、无棣聚农棉花种植专业合作社、无棣文营农机专业合作社4个机采棉示范基地建设，涉及西小王镇、柳堡镇、佘家镇3个乡镇。10月9日，邀请专家组成棉花测产组，对棉花生产农机农业融合示范基地进行实地测产，无棣县景国农机服务专业合作社示范基地平均密度为每亩5546株，平均亩铃数6.9万个，亩产籽棉322.22千克；无棣文营农机专业合作社示范基地平均密度为每亩5575株，平均亩铃数7.35万个，亩产籽棉343.61千克；无棣聚农棉花种植专业合作社示范基地平均密度为每亩5136株，平均亩铃数7.42万个，亩产籽棉336.69千克。（王丽丽）

【农机社会化服务】2022年，无棣县做好跨区作业证发放，共有62台联合收割机实施跨区作业。实施农机化升级工程项目，在柳堡镇和小泊头镇开展整镇街推广农机社会化服务网格化作业试点，无棣牧禾农机服务专业合作联合社和无棣鑫瑞农机专业合作社实施，实现农机社会化作业覆盖率90%以上，奖励资金19万元。（张维东）

【农机推广服务】2022年，无棣县加强农机技术推广培训。2月23日，在十里香基地召开春季农机化生产培训班；6月9日，在牧禾基地召开小麦机收减损大比武活动，对农机手进行秸秆综合利用、精量播种、精准施肥、小麦镇压等知识培训，共培训各类农机手600余人次。（张维东）

【农机购置补贴】2022年，无棣县共补贴机具501台套，受益农户369户，落实资金1221.39万元，其中报废玉米联合收获机4台、小麦联合收获机1台获8.55万元。拉动社会投入购置农业机械资金5455.83万元。（张维东）

【农机安全管理】2022年，无棣县开展“平安农机”建设活动，被评为全国“平安农机”示范县。海丰街道、小泊头镇创成省级平安农机示范乡镇；无棣鑫瑞农机专业合作社、无棣县荣超农机服务专业合作社创成省级平安农机示范合作社。（赵春芳）

农业产业化经营

【概况】2022年，无棣县构建现代化农业产业体系。出台系列支持农业产业化发展政策措施，培育壮大农业龙头企业、农业合作社、家庭农场，培育优质农业品牌，发展省级现代农业产业园，提高农业综合效益。（杨建红）

【龙头企业培育】2022年，无棣县新认定省级农业产业化重点龙头企业3家、农业产业强镇3个、乡土产业名品示范村12个，市级农业产业化重点龙头企业2家、农业产业强镇2个。车王镇被认定为全国“一村一品”示范镇。（杨建红）

无棣县新认定省级农业产业化重点龙头企业（3家）

山东前胡天颐康食品有限公司
无棣永顺畜牧有限公司
山东达信食品科技股份有限公司

无棣县省级农业产业强镇（3个）

信阳镇
埕口镇
马山子镇

无棣县省级乡土产业名品示范村（12个）

海丰街道吴八里村
小泊头镇丁王庄村
小泊头镇筛罗坡村
车王镇大武村
水湾镇孙家村
西小王镇横道村
佘家镇北石家庙村
信阳镇城后王村
碣石山镇南楼村
碣石山镇马家道口村
埕口镇李山子村
马山子镇岔尖二村

无棣县新认定市级农业产业化重点龙头企业（2家）

山东同辉生物科技有限公司
山东睿展海洋生物科技有限公司

无棣县市级农业产业强镇（2个）

棣丰街道
佘家镇

【农民合作社】至2022年底，无棣县注册登记农民合作社2246家。年内，新认定国家级示范社1家、省级示范社6家、市级示范社8家、县级示范社18家。至年底，累计认定国家级示范社10家、省级示范社24家、市级示范社19家、县级示范社49家。全县共有农民合作社成员3.1万人，其中普通农户数2.97万人，占总社员户数95.79%。（赵秀梅）

【家庭农场】至2022年底，无棣县纳入名录系统家庭农场2114家。年内，新认定省级示范场1家、市级示范场10家、县级示范场17家。至年底，累计认定省级示范场13家、市级示范场28家、县级示范场65家。推广家庭农场“一码通”赋码管理和家庭农场电子财务软件随手记注册使用，便捷地获取家庭农场和产品信息，为家庭农场提供精准服务，提高家庭农场信息化管理和服务水平。（赵秀梅）

【农业品牌培育】2022年，山东钟金燕家纺有限公司“钟金燕家纺”牌家纺产品获第七批山东省知名农产品企业产品品牌。至年底，全县获“无棣金丝小枣”“渤海黑牛”2个山东省知名农产品区域公用品牌，无棣万德福食品有限公司“枣星”牌阿胶蜜枣、无棣县华龙食品有限公司“华硕”牌枣制品、山东省十里香芝麻制品股份有限公司“鲁誉”小磨香油、山东花园食品有限公司“姬家花园”原香小榨花生油、山东丰香园食品股份有限公司“丰香园”牌芝麻制品、无棣县华兴畜牧有限公司“宏振”牌渤海黑牛冷鲜肉、渤海水产股份有限公司“脊岭岛”牌盐田虾、山东古桑农副产品股份有限公司“中农晟桑”牌桑叶茶、山东达信农牧科技股份有限公司“鲁味特”牌鸡肉速冻调理食品、山东钟金燕家纺有限公司“钟金燕家纺”牌家纺产品10个山东省知名农产品企业产品品牌。（孟祥峰）

农产品质量建设

【概况】2022年，无棣县加强农产品质量监管，保障农产品质量安全，突出畜产品、水产品等重点领域监管，强化农产品质量安全监测，主要农产品抽检合格率在98%以上，全年未发生重大农产品质量安全事故。推进农产品质量品牌建设，全县取得无公害农产品、绿色食品、有机农产品和农产品地理标志“三品一标”认证47个。（张伟华）

【农产品“三品一标”建设】2022年，无棣县引导农业龙头企业、农民专业合作社、家庭农场等新型经营主体，开展“三品一标”质量认证，全县取得“三品一标”认证47个，其中绿色食品认证34个、认定无公害农产品4个、有机食品9个。督促种植企业落实生产记录制度，完善种植生产档案，做好农业投入品进货台账。加强“三品一标”标志使用检查，重点检查伪造、冒用、超范围使用标志等违法违规行为，维护好品牌质量。（张伟华）

【农产品质量监管】2022年，无棣县开展治违禁、控药残、促提升行动。实施县域农业投入品生产经营主体工程，核准142家农业投入品经营门店位置信息，完善进入退出机制，实行动态管理。开展农产品质量安全专项行动，加强农产品抽检检测，实行例行抽检、监督抽检及节假日期间重点检测相结合，维护全县居民“菜篮子”安全。全县共抽检检测农产品303批次，其中省级抽检66批次、市级抽检87批次、县级抽检150批次，检测结果全部合格。利用放心农资下乡进村宣传周、“3·15”国际消费者权益保护日和安全生产月等宣传活动，发放、张贴宣传材料1800余份。组织镇（街道）监管、技术、基地等人员参加省部级线上农产品质量安全培训2次。（张伟华）

【畜产品质量监管】2022年，无棣县制定《2022年畜产品质量安全监督抽检方案》，分3批在全县12个镇（街道）养殖和屠宰环节随机抽检，抽检猪肉3批次、牛肉12批次、禽肉5批次、禽蛋8批次和猪牛羊尿液22批次，抽检合格率100%。配合省畜产品质量安全监测，抽取猪肉、牛肉、禽肉、禽蛋等样品8批次；省市畜产品质量安全监督抽检，抽取猪肉、牛肉、猪尿、牛尿、禽蛋等样品36批次；接受省鲜鸡蛋快速检测160批次；省动物养殖环节“瘦肉精”监督抽检和风险监测35批次。抽检合格率均达到100%。印发《无棣县畜产品质量安全“利剑行动”实施方案》，落实开展“瘦肉精”专项整治行动、畜禽屠宰监管专项整治行动、兽用抗菌药及兽药残留专项整治行动。印发《关于持续开展养殖环节“瘦肉精”专项整治行动的通知》，在全县开展打击牛羊养殖环节非法添加使用“瘦肉精”专项整治行动。（张艳丽）

【水产品质量监管】2022年，无棣县完成农业农村部、省、市、县四级水产品质量安全抽检共计143个批次，合格率100%。开展“水产养殖用投入品专项整治三年行动”“食用农产品‘治违禁 控药残 促提升’三年行动”“水产养殖用药减量行动”，共计出动监管执法人员20余人次，检查生产经营主体70余次，发放水产品质量安全宣传手册2000余份。面向全县各养殖公司经营业户推行合格证制度，完成试行主体全覆盖。（薄佳男）

工 业

综 述

【工业规模】 2022年，无棣县持续实施“工业兴县”战略，优化工业经济结构，提高企业质量效益，推动工业健康发展。全年实现工业增加值103.41亿元，比上年增长3.9%。规模以上工业增加值增速比上年增长5.6%。产值过亿元企业56家，实现产值570.01亿元，其中鑫岳燃化、鑫岳化工、三岳化工等12个产值过10亿元企业实现产值451.63亿元，占全县规模以上工业总产值的73.8%，拉动全县规模以上工业总产值增长5.4个百分点。全县实现规模以上工业营业收入616.33亿元，比上年增长8.6%；实现工业利润8.27亿元，比上年下降73.6%；实现工业利税33.08亿元，比上年下降34.7%。 （李生宏）

【工业运行监测】 2022年，无棣县加强工业经济指标调度，强化经济运行分析研判。统筹工业经济运行和新冠疫情防控工作。重点抓好鲁北企业集团、鑫岳化工、三岳化工等产值过亿元重点企业和“降、亏、难”中小企业，建立问题台账，指导帮助企业克服困难，保证工业经济正常运行。抓好“小升规”企业培育工作。建立“小升规”企业储备库，每月进行调度指导。全年净增规模以上企业22家。强化工业监测分析。抓牢骨干工业企业，建立产值、价格、库存、利润等清单台账，逐企分析，落实帮扶措施，提升指标数据调度分析水平，推动工业经济高质量发展。 （李生宏）

【工业技术改造】 2022年，无棣县对列入滨州市工业技改导向计划64个投资过500万元项目实行全流程跟踪服务，对省、市重点技改项目实行月调度。重点抓好大体量技改项目，推进鲁北万润智慧能源科技（山东）有限公司24万吨/年磷酸铁锂联产24万吨/年磷酸铁、山东欧创电气有限公司高端电力装备智能制造一体化、山东鲁北海生生物有限公司年产150万吨氢氧化铝等项目。举办企业智能化绿色化技改对接会、培训班4次，线上线下共培训800余人次。搞好技改项目服务，实施线上全流程项目受理、备案工作，年内备案技改项目26个，总投资15.6亿元。全年工业技改投资比上年增长32.7%，列全市第3位；制造业技改投资比上年增长44.8%，列全市第2位。 （崔金香）

【“两化”融合】 2022年，无棣县推动信息化和工业化“两化”高层次深度结合，促进企业智能化、绿色化技术改造，积极向上级推报项目。山东华盛创新纺织科技有限公司生产车间被评为省级智能制造场景、企业被认定为2022年度市级智能工厂，年产5万吨高端针织面料（绿色纺织科技）项目获得省技术改造设备奖补资金10.7万元；无棣旭尧纺织有限公司智能工厂建设项目获得市智能化技术改造设备奖补资金15万元。无棣金海湾锂业科技有限公司被评为省级绿色工厂，丰香园牌芝麻粉被列入2022年山东特色优质食品目录产品，山东龙拓新材料有限公司塑料母粒车间被认定为2022年度市级数字化车间。（崔金香）

【工业创新驱动】 2022年，无棣县加快技术创新，提升企业核心竞争力。无棣县兴亚生物科技有限公司、滨州泽郦精密金属科技有限公司、山东恒泰塑业有限公司、滨州赫胜电力科技有限公司、无棣县顺业不锈钢制品有限公司被认定为市级工业设计中心；山东花园食品有限公司、山东丰香园食品股份有限公司、滨州永泰不锈钢制品股份有限公司被认定为市级一企一技术研发中心；山东北方创信防水科技集团股份有限公司、山东省十里香芝麻制品股份有限公司被认定为省级技术创新示范企业。（李生宏）

【“亩产效益”评价改革】 2022年，无棣县建立部门协同数据采集机制，县工信局、县自然资源和规划局、县统计局、县税务局、县市场监管局、县科技局、县发改局、市生态环境局无棣分局、各镇（街道）、园区等部门单位紧密配合，完善涉企信息共享机制，共同做好数据采集工作，并进行核算和结果公开。纳入计算范围115家规模以上工业企业中，A类23家、B类58家、C类29家、D类5家；规模以下工业企业147家中，A类30家、B类74家、C类34家、D类9家。县工信局发挥“亩产效益”差异化政策指导和督促作用，在用地、用电、用水等资源要素配置上实行差别化政策，通过正向激励和反向倒逼企业转型升级、提质增效，提高要素生产率，促进新旧动能转换和经济高质量发展。（李生宏）

2022年无棣县规模以上工业主要产品产量统计表

表20

产品名称	单位	绝对量	比2021年增长（%）
原盐	万吨	69.04	-7.7
饲料	万吨	29.96	-14.1
精制食用植物油	万吨	0.38	152.2
鲜、冷藏肉	万吨	14.49	-9.7
冻肉	万吨	3.14	-13.9
纱	万吨	1.6	-27.7
柴油	万吨	41.01	-34.5
汽油	万吨	25.49	13.8
聚醚多元醇	万吨	11.87	-49.5
环氧丙烷	万吨	69.34	-8.9
钛白粉	万吨	19.04	24.7
硫酸（折100%）	万吨	24.01	-6.3
烧碱（折100%）	万吨	86.45	3.8
磷酸二铵（实物量）	万吨	2.03	-49.6
硅酸盐水泥熟料	万吨	9.9	-15.0
水泥	万吨	58.73	9.6
商品混凝土	万立方米	147.35	-16.4
氧化铝	万吨	174.37	12.7
锻件	万吨	0.15	-4.7
电力电缆	万千米	2	-23.2
发电量	万千瓦时	368400	-17.2
自来水生产量	万立方米	4.8	-42.8

新能源产业

【概况】 2022年，无棣县推进鲁北盐碱滩涂风光储一体化基地建设，发展风电、光电等新能源产业。全县新能源及可再生能源发电装机容量84.54万千瓦，其中风电装机19.68万千瓦、光伏发电装机62.46万千瓦、生物质装机2.4万千瓦，占全市新能源发电装机总容量的16.92%；年发电量12.85亿千瓦时，占全市新能源发电量的15.7%。（孙洪云）

【新能源产业基地建设】 2022年，无棣县总投资120亿元鲁北源网荷储一体化绿色能源项目，列入《山东省电力发展“十四五”规划》，其中一期投资43亿元、装机容量50万千瓦，配套建设储能系统、燃机、输配电线路、智慧能源管控平台等。年内，完成项目立项、稳评、规划选址、地质灾害风险评估等前期手续办理。（孙洪云）

【新能源项目建设】 至2022年底，无棣县共实施新能源建设项目16个。其中，总投资39亿元神华仝家河风电、鲁萨48兆瓦风力发电场、华东院友发二期150兆瓦光伏发电等11个集中式风电光伏项目建成投用；总投资109.6亿元神华55兆瓦风电场工程及HG1桩基固定式海上光伏发电、鑫岳380兆瓦光伏发电、创新80万千瓦集中式光伏发电3个光伏项目稳步推进。（孙洪云）

高端智能电气装备产业

【概况】 2022年，无棣县有电气装备企业1100余家，实体生产企业62家、商贸类企业800余家。其中，投资过千万元企业50家，投资过5000万元企业28家，投资过亿元企业8家。全年实现销售收入118亿元，利税12.9亿元。年内，获批山东省智能电气装备特色产业集群，为全省首个智能电气装备特色产业集群。（刘玉蕾）

【产业研发创新】 2022年，无棣县高端智能电气装备产业拥有高新技术企业7家，规模以上企业5家，占全县高新技术企业总量的9.5%；科技型中小企业19家，占全县科技型中小企业总量的13.9%。拥有市级以上科技创新平台1家（卢斯得机械承建滨州市铝合金制动系统工程技术研究中心）。高端智能电气装备产业研发投入1647万元，占全县总量的1.75%。研发投入主要集中于卢斯得机械、源通电子、卓力电器、大华电器4家高新技术企业，研发费用1315万元。（刘玉蕾）

【省级特色产业园建设】 2022年，无棣县智能电气装备产业园总投资14.5亿元，集研发、制造、销售、孵化、服务为一体，以智能电力装备、高端装备制造产业为主导。全年完成投资10.1亿元，园区南北、东西道路完成硬化，供排水管线、污水管线、供电设施完成，2座高标准智能化生产车间建成；另2座车间主体建设基本完成；4处高标准化车间进行主体建设；2处仓储主体建成。（刘玉蕾）

家纺服装产业

【概况】 2022年，无棣作为棉花生产大县，有纺织类规上企业9家，总产值6.4亿元；产品主要为纱、棉布等。通过招商引资引进香港华盛集团与宁波民营科技投资有限公司共同出资成立山东华盛创新科技有限公司，在无棣经济开发区打造华盛纺织产业园。（崔金香）

【研发创新】 2022年，无棣县加快产学研合作，华盛纺织公司与成都纺织专科高等学校、四川大学、东华大学高校成立全国超声波染整技术工程研究中心，有科研人才30余名，超声波技术运用染整各环节。拥有专利核心技术7项，生产用水量降低40%、污水量降低

50%、生产效率提高20%以上；钟金燕家纺联合山东棉花研究中心、鲁东大学等科研院所，建立棉花纤维综合利用实验室和智慧农业研究实验团队，取得发明专利2项、实用新型专利7项，智慧农业平台实现从棉花种植到棉纺织品全程生产数据化。（崔金香）

【华盛纺织科技产业园】2022年，无棣县加快山东华盛纺织科技产业园建设，完成一期工程，投资9亿元，建造生产厂房、科研中心、环保设施、辅助用房、办公场所等。生产厂房30万平方米，购进现代化织造、印染、服装生产设备及相关配套设备、检验检测设备、科研平台设备，建设针织面料织造生产线、印染生产线、服装加工生产线、污水处理、硬水软化、电气等辅助设施。年内，项目被列为山东省新旧动能转换优选项目。（崔金香）

【家纺全产业链建设】2022年，无棣县推进“现代农业—智能纺织—活性印染—生态家纺—生物质新能源—有机肥料—为农服务”家纺全产业链建设。拥有鲁北棉花试验培训基地和棉花纤维综合利用实验室，投资2000万元建设织布、染整设计、生产、销售一体化厂区，投资1500万元建设年产5万吨有机肥生产厂区。利用棉花产业链智慧农业平台开展线上交易。线上销售额1050万元。（崔金香）

食品加工产业

【概况】2022年，无棣县落实《滨州市打造国家级食品产业基地2022年行动方案》，推动粮油产业高质量发展。全县高新技术企业8家，新增山东省老字号企业2家，省级瞪羚企业2家。丰香园现代科创农业产业一体化项目入选全市粮食食品产业重点项目。全年食品加工产业实现主营业务收入78亿元。（王永胜）

【产业创新】2022年，无棣县食品加工产业拥有高新技术企业8家，其中规模以上企业5家，占全县高新技术企业总量10.8%；科技型中小企业14家，占全县科技型中小企业总量10.29%。拥有市级以上科技创新平台5家（丰香园2家，十里香、华龙食品、鑫义食品各1家）。食品加工产业研发投入1788万元，占全县研发投入总量1.9%。研发投入主要集中于丰香园、十里香、珍康生物、花园食品等高新技术企业。全年新增发明专利4项、实用新型专利12项及市级一企一技术研究中心1个，累计拥有省级企业技术中心、市级工程实验室等科研创新平台12个。10月20日，丰香园“芝麻深加工及高附加值产品的研究及应用”获2022年度中国粮油学会科技进步奖二等奖。（王永胜）

【品牌建设】2022年，无棣县食品加工产业做好品牌宣传推介，组织企业参加粮油产业博览会、齐鲁粮油推介会等活动6次，新增山东省老字号企业2家、省级瞪羚企业2家。十里香公司将产业链从粮油初加工延伸到良种选育、标准化种植、全程机械化、深加工高附加值

山东钟金燕家纺生产车间（范晓慧 摄）

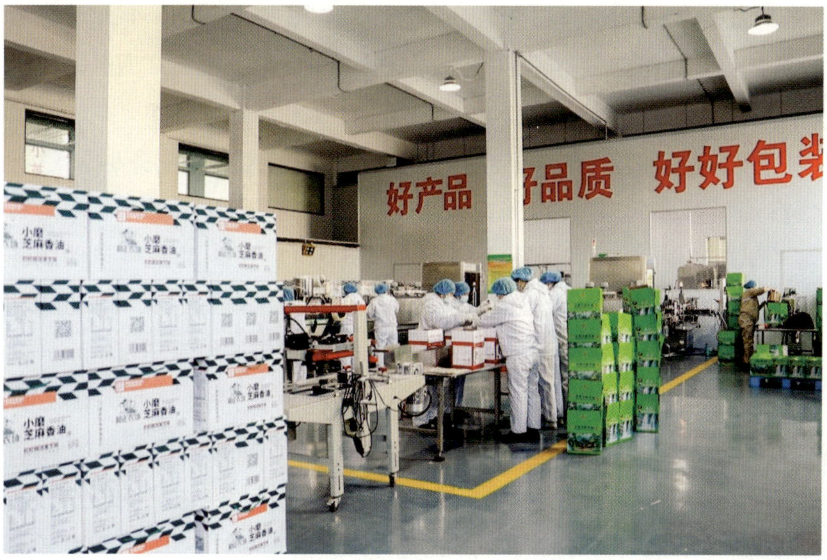

山东十里香芝麻制品公司加工车间 （张海鹰 摄）

产品，拥有涵盖芝麻油、芝麻酱、花生油、花生酱、芝麻粉、熟芝麻等6大类100余个品种产品体系。探索“产业＋旅游”新型发展业态，丰香园芝麻农耕文化体验中心、芝麻历史文化博物馆被评为国家AAA级旅游景区、省级工业示范旅游基地。 （王永胜）

【重点项目建设】 2022年，无棣县储备优质粮油加工、主食产业化、粮食仓储物流等项目15个。县粮食收储有限公司争取扶持资金70万元，用于储备粮库老旧库区绿色仓储升级改造。扶持育星面粉厂、县粮食收储有限公司产粮大县奖励资金400万元，用于校园面粉储备库、老旧粮库大修改造等项目建设。丰香园现代科创农业产业一体化项目入选全市粮食食品产业重点项目，完成投资2994万元。 （王永胜）

医药产业

【概况】 2022年，无棣县医药产业有规模以上企业3家，总产值1.9亿元。发展方向为医药中间体和化学制药，融川医药、锐新医药等企业不断引进新产品、新技术、新企业，凭借院士合作站科技实力，对接上海医药、东北制药、新华制药等知名药企，建设医药产业园。 （崔金香）

【产业技术升级】 2022年，无棣县医药产业拥有高新技术企业3家（天顺药业、融川医药、锐新医药），占全县高新技术企业总量4%；科技型中小企业2家，占全县科技型中小企业总量1.47%。拥有市级以上科技创新平台3家（天顺药业1家，融川医药2家）。医药产业研发投入743万元，占全县研发投入总量0.79%。天顺药业联合山东中医药大学等高校院所“揭榜”山东省重大关键技术攻关项目，获得省级财政资金1000万元。 （崔金香）

【重点企业】天顺药业股份有限公司 2022年，公司建有中试基地1个，中试生产线2条。拥有健全的药品生产与质量管理体系，片剂、胶囊剂、喷雾剂等多条生产线均一次性通过新版药品生产质量管理规范认证，满足新药研发技术要求和完备科技成果转化条件，公司拥有授权发明专利9项、重点产品拥有核心自主知识产权。

无棣融川医药化工科技有限公司 2022年，公司拥有4个药品生产质量管理规范原料药生产车间及3个中间体合成车间，车间总面积6400平方米，年产能1000吨原料药及医药中间体。 （崔金香）

电力工业

【概况】 至2022年底，无棣县有高压客户7128户、低压客户18.37万户。县域内有35千伏及以上变电站22座，变电总容量2214兆伏安；输配电线路总长4226.11千米；在运配电变压器6347台，总容量216.55万千伏安。全县形成以3座220千伏变电站为核心、9座110千伏变电站为支撑、各级电网协调发展的现代化电网格局。全年完成售电量22.07亿千瓦时，比上年增长10.89%；平均电价689.75元/千千瓦时，综合电压合格率96.12%，供电可靠率99.98%。（张玉杰）

【电网建设】 2022年，无棣县完成“十四五”配电网规划修编，完善项目规划59处。取得500千伏高地站新建等4项工程规划意见，220千伏鑫岳站扩建等3项工程通过核准批复。配合投运110千伏棣城站，完成15条线路负荷切改。完成配电网投资2064万元，新建改造线路17.4千米，新增配变66台、容量1.06万千伏安。完成79个村、2625户的清洁取暖改造任务。完成12条线路联络施工，10千伏线路联络率、单一故障安全准则通过率分别比上年提升30%、27%。改造配电自动化开关169台，标准化配置率保持100%。完成35千伏付台站主变增容，率先实现核心业务自主实施。攻坚开展配电网短板治理行动，治理重过载线路3条、配变180台，消除低（过）电压6542户。开展电网隐患专项治理，政企联动清理树障800余棵，消除设备缺陷75处，供电可靠率提升至99.98%。开展带电作业397次，减少停电4.5万时户，配网不停电作业化率达99.31%。（王晓薇）

【电网安全运行】 2022年，无棣县加强小临散抢远作业管控，以明白纸形式细化24项作业标准，开展模拟报修检查10场次。严格现场作业双准入，完成安规考试892人次。强化远程就地双监督，管控关键风险点674项，督查现场462处，纠正不安全行为347项。开展党员反违章专项行动，监督体系查处违章比上年下降12%，保证体系自查违章比上年上升45%，保持党员“零违章”。攻坚专项整治三年行动，问题隐患整改率100%。开展安全隐患大排查大整治等专项治理，排查整改问题隐患858项。制定春秋检计划，高效完成45项检修任务，消除设备隐患76处。完成30项应急预案修编，组织开展防汛、消防等应急演练27场次。（王晓薇）

【供电服务】 2022年，无棣县推广无证明、物流式服务，完成高低压业扩报装1.5万户、容量39.5万千伏安，服务时限达标率100%。开展“四进”大走访19.1万户。“一对一”包保服务22项重大重点项目，推动鑫苑热力、华盛纺织等项目送电。政企协同攻坚解决鲁北万润大锂电等项目用电难题，以实际行动践行“宜商三电”服务模式。政企联动应对电力供应紧张局面，度夏期间5次超指标完成紧急削峰需求响应任务。实施“电力赋能乡村振兴”行动，完成消费帮扶14万元。消纳分布式光伏上网电量3.4亿千瓦时，结算购电费及补贴1.9亿元，比上年增长152%。完成冬（残）奥会等26项重要活动属地保电任务。（张玉杰）

2022年6月25日，无棣县供电公司对110千伏南黄线开展线路特巡
（县供电公司 供图）

建筑业

综　述

【建筑业规模】 2022年，无棣县有资质内施工总承包、专业承包企业72家。其中，一级企业2家，二级企业20家，三级企业32家，不分等级企业18家（混凝土企业）。全年完成总产值37.8亿元，比上年增长8.51%；实现增加值5亿元，比上年增长7.66%；签订合同额58.9亿元，比上年增长17.4%；出省施工产值8000万元，实缴税金1.33亿元。建筑业从业人员4000余人。年内，7家施工企业入选2022年度滨州市建筑业骨干企业名录库。　（王丛洋）

【建筑业信用管理】 2022年，无棣县依托建筑市场监管公共服务平台集中采集建筑业企业信用信息，将市场主体良好与不良信用信息推送至全国建筑市场监管公共服务平台。推动信用信息系统互联互通，建立信息共享机制。年内，无棣县基立建筑工程有限公司、无棣县丰达建设工程集团有限公司、山东振华建筑工程有限公司、山东兴达建筑工程有限公司、无棣龙祥建筑有限公司5家公司达到AAA级信用等级。　（王丛洋）

【建筑业人才培养】 2022年，无棣县鼓励建筑业企业加强人才培养，提升服务能力。县住建部门与人社部门配合，协助建筑业企业晋升中级职称人员45人、晋升副高级职称人员21人；住建部门与丰达集团联合开展"无棣县'丰达杯''建功"十四五"奋进新征程'建筑行业职工职业技能大赛"，设置电工、砌筑工、架子工、镶贴工、钢筋工等项，进行现场实际操作技能比赛，激发建筑业从业人员学技术、比技能、创一流热情，提高职业技能水平。　（王丛洋）

【建筑工人实名制管理】 2022年，无棣县实行农民工工资管理工作线上监管服务，建筑工程项

2022年6月7日，无棣县组织建筑施工企业参加滨州职业学院人才供需见面会
（县住建局 供图）

目落实建筑工人实名制管理、工资专用账户管理、代发工资管理等制度，督促企业按月足额支付农民工工资，保证工人工资按月发放到位。年内，全县平台累计录入项目9个，实名制工人累计录入人数1765人，在线累计支付1618.36万元。（王丛洋）

【建筑业农民工工资保证金管理】2022年，无棣县建筑业农民工工资保证金管理涉及20个工程项目，收取农民工工资保证金4000余万元，退还39个工程项目、保证金1000余万元。工程开工前，住建部门督促缴存单位按规定缴存农民工工资保证金；缴纳前，对相关单位施工合同进行核查，对存在垫资建设项目一律不予审批，杜绝因拖欠工程款造成工资拖欠问题发生。（王丛洋）

勘察设计

【概况】2022年，无棣县提升工程建设勘察、设计信息化水平，加强对建设工程勘察、设计活动等行业管理，筑牢建筑业安全底线。加强对勘察设计企业、施工图审查管理，保证建设工程设计质量；落实抗震设防要求，提升建筑本体抗震设防能力。（王丛洋）

【勘察设计管理】2022年，无棣县强化勘察设计市场管理，加强对勘察设计企业资质审查，严禁勘察设计企业无资质或超资质范围、等级承揽业务，严禁勘察设计企业以其他建设工程勘察、设计企业名义承揽业务。加强施工图审查管理，所有施工图需通过数字化多审合一智慧审图系统审查、设计单位足不出户完成施工图审查，实现建设单位“零跑腿”、与主管部门“零接触”、办事过程“不见面”。（王丛洋）

【抗震设计防护】2022年，无棣县强化勘察设计文件审查和施工图审查阶段对抗震设防把关，保障不出现影响结构安全隐患。勘察单位负责保障所提供工程建设场地水文地质、工程地质、场地抗震性能评价等工程勘察资料准确可靠。工程勘察文件规范勘察深度要求，划分抗震有利地段、一般地段、不利地段和危险地段，确定场地类别，对场地液化判别等地震破坏效应做出评价，提出不良地质项目工程处理建议。设计单位按抗震设防标准和设计规范进行设计，对工程抗震设计负责。施工单位按照抗震设计施工，保证建筑质量。（王丛洋）

【勘察设计行业高质量发展政策落实】2022年，无棣县有勘察设计企业2家。年内，印发《无棣县勘察设计行业高质量发展三年行动方案》，围绕推动绿色低碳发展、提升质量安全水平、优化市场发展环境、创新行业发展模式、加快科技创新应用5个方面，发挥勘察设计在工程建设领域的引领作用。实行施工图审查“阳光图审”等制度。推动勘察设计企业延长产业链条，拓宽服务范围，组建专业部门，配备专业咨询人员，开展全过程工程咨询业务。支持勘察设计企业牵头参与实施工艺主导型、创意主导型等工程总承包项目，加强与采购、施工部门协调，提高对工程总承包项目管控能力。（王丛洋）

建筑施工

【概况】2022年，无棣县有资质内施工总承包、专业承包企业72家，建筑业从业人员4000余人，完成建筑业总产值37.8亿元，比上年增长8.51%。年内，推广新技术、新材料、新工艺、新装备“四新”技术应用，获滨州市建筑业优秀质量控制成果17项。加强装饰装修行业管理，对14个在建装饰装修项目开展监督检查2次。落实《山东省推进建筑业高质量发展三年行动方案》，被山东省住建厅评为全省建筑业跨越发展县。（王丛洋）

【建筑业科技创新】2022年，无棣县推广建筑工程“四新”技术应用，指导施工企业结合工程特点组织技术攻关和创新，对符合条件的在建项目推荐申报滨州市建筑业新技术应用示范工程。至年底，全县新申报滨州市建筑业新技术应用示范工程5个，在提升建筑工程质量安全管理水平、提高施工效率、节约施工成本、推进品质建筑工程建设等方面产生推动作用。年内，无棣县获全市建筑业优秀质量控制成果17项，其中一等奖4项、二等奖8项、三等奖5项。无棣县基立建筑工程有限公司大坡度斜面屋面混凝土护坡施工、无棣县丰达建设工程集团有限公司装配式预制混凝土板道路施工等7项工法被评为滨州市工程建设工法。（王丛洋）

2022年无棣县获全市建筑业优秀质量控制成果一览表

表21

序号	等次	获奖项目	所属公司
1	一等奖	BIM技术在配套市政道路工程项目中设计、施工过程中的应用	无棣县丰达建设工程集团有限公司
2		提高装配式楼梯安装一次合格率	无棣县基立建筑工程有限公司
3		提高有限作业场地临电系统一次布设成功率	无棣龙翔建筑有限公司
4		提高内墙抹灰施工合格率	山东兴达建筑工程有限公司
5	二等奖	运用BIM技术提高管综净空高度	无棣县丰达建设工程集团有限公司
6		减少装配式工程叠合板与现浇梁板交界处的漏浆	无棣县丰达建设工程集团有限公司
7		提高外墙脚手架搭设施工一次验收合格率	无棣龙翔建筑有限公司
8		提高项目施工资料编制完善率	无棣龙翔建筑有限公司
9		提高Low-e玻璃窗边防渗施工质量	滨州富泰建筑工程有限公司
10		提高钢结构厂房围护结构的防渗漏能力	无棣县基立建筑工程有限公司
11		提高钢结构厂房外墙板的安装合格率	无棣县基立建筑工程有限公司
12		提高外墙聚合聚苯板的拼接缝合格率	无棣县基立建筑工程有限公司
13	三等奖	提高预埋PVC线盒的一次成型率	无棣县丰达建设工程集团有限公司
14		提高外墙保温一次施工合格率	无棣县丰达建设工程集团有限公司
15		提高不同强度砼梁柱节点施工质量合格率	无棣县丰达建设工程集团有限公司
16		提高混凝土砌块墙体砌筑一次性合格率	无棣县汇滨建筑工程有限公司
17		提高外墙抹灰施工质量	山东振华建筑工程有限公司

【装饰装修】 2022年，无棣县具有装饰装修工程专业承包二级资质企业8家，完成建筑业总产值2700万元，比上年下降32.5%。年内，对14个在建装饰装修项目开展监督检查2次，下达整改意见书10份，提出整改意见38条。（王丛洋）

【无棣县获评全省建筑业跨越发展县】 2022年，无棣县贯彻落实《山东省推进建筑业高质量发展三年行动方案》，强化建筑业质量安全监管，推动建筑业跨越发展。年内，无棣县1项工程被评为华东地区优质工程奖，1项工程被评为山东省建筑工程优质结构，10项工程被列入滨州市建筑工程优质结构预选名单。山东省住建厅发布2021年度山东省建筑业强市强县强企名单，无棣县被评为山东省建筑业跨越发展县，为滨州市获此奖项唯一县区。（王丛洋）

工程建设管理

【概况】 2022年，无棣县推进“放管服”改革，落实招标代理、造价咨询、施工图审查等审查监督，严格信用评价机制，提升建设工程质量，促进执法监督与惩戒教育相融合，推动行业健康发展。至年底，全县完成34个公开招标项目监督及184个项目施工图设计文件报送及审查工作，受理造价咨询合同备案业务11个，办理监督注册登记工程80个。（王丛洋）

【招投标管理】 2022年，无棣县完成34个公开招标项目监督，其中采用评定分离项目22个；民营企业直接发包项目备案40个；受理投诉2件并依法依规处理完毕。受理招标控制价备案19个；开展工程建设造价领域“双随机、一公开”监督检查，其中对滨州正兴有限责任会计师事务所注册造价工程师职业资格落实情况进行核实，对无棣县建设监理有限责任公司各类工程造价计价文件合法合规问题进行重点检查，规范全县建设工程招投标管理工作。（王丛洋）

【工程造价管理】 2022年，无棣县加强对房屋建筑工程造价咨询合同备案实施监督，突出定额人工单价、暂列金额、暂估价监督管理。年内，受理造价咨询合同备案业务11个。县住建部门每月按时将全县材料价格信息上报至市定额站，由市定额站统一发布上月材料信息价格。（王丛洋）

【施工图审查】 2022年，无棣县从设计源头抓起，把好施工图审查关。强化质量意识、强化监管手段，强化技术服务，全年完成184个项目施工图设计文件报送及审查工作，其中公共建筑82个、住宅建筑44个、工业建筑58个。（王丛洋）

【建设工程质量监管】 2022年，无棣县围绕房屋建筑工程主体结构安全和使用功能，采取定期检查和不定期抽查相结合方式，重点开展工程巡查和重点部位抽查工作，加强工程质量管理。全年办理监督注册登记工程80个，监督在建工程199个，办理竣工验收备案工程92个，办理检测合同备案57项，工程“两书一牌一档案”制度落实率100%。开展检测机构监督检查7次，完成检测合同备案98份。开展在建建筑工程项目主要建筑材料抽样检查，共抽检钢筋48批次、混凝土强度试件17组，抽检结果均为合格。对全县预拌混凝土企业进行检查，对16个项目、54个单体工程进行排查整治。委托检测机构对73个混凝土构件强度进行回弹抽测。开展全县安置区项目大排查大整治活动，共巡查安置区项目5个，发现问题282条，各责任单位逐条逐项闭环整改完毕。年内，由无棣县基立建筑工程有限公司承建的金建·祥瑞嘉园1#楼项目获2021年度华东地区优质工程奖，为无棣县首次获此奖项。（王丛洋）

【建筑工程安全管理】 2022年，无棣县召开建筑行业安全生产工作会议6次，印发《全县住建系统安全生产大检查工作方案》《全县建筑施工领域安全生产大排查大整治行动工作方案》《无棣县住建系统2022年“安全生产月”活动实施方案》等相关文件20余份。至年底，累计排查建筑工地200余处，下发安全隐患整改通知单150余份，查处安全隐患780余条，所有隐患问题均整改落实。对全县10处危险性较大的分部分项工程，从方案编制、图纸设计、现场论证、检查验收等方面进行全过程安全生产监督管理，全年未发生任何问题。排查建筑工地52处、单体150个，建筑面积150万平方米，查处安全隐患206条，对2处工地进行停工处理，对3台塔吊进行封停并拆除处理。培育省级安全文明标准化工地2处、市级安全文明标准化工地5处，总建筑面积8.97万平方米。（王丛洋）

【扬尘治理】 2022年，无棣县常态化开展扬尘治理整改提升工作。发挥建设单位和施工企业主体作用，在项目开工前落实扬尘防控各项制度和措施；发挥监理单位监督主体作用，落实施工期环境监理职责，实现建筑工地扬尘早发现、早整改、早处置，提高扬尘治理工作成效。至年底，19处规模以上（1万平方米以上）建筑工地全部安装在线监测系统和视频监控，下发问题整改通知单27份，完成问题整改27个。（王丛洋）

商贸服务业

综　述

【概况】 2022年，无棣县制定出台促进服务业恢复发展政策措施，调整优化服务业结构，推进商贸服务业发展。全年实现服务业增加值123.52亿元，比上年增长3.5%，占全县生产总值比重43.4%，对全县经济增长贡献率39.6%，比上年提高6.7个百分点。现代服务业增加值占服务业增加值比重40.6%。服务业实现税收6.1亿元，占全部税收收入比重20.4%。规模以上服务业营业收入15.57亿元，比上年下降11.0%。交通运输、仓储和邮政业比上年下降12.6%；其中租赁和商务服务业比上年增长3.1%。（王景娟）

【服务业政策支持】 2022年，无棣县科学应对新冠疫情影响，出台扶持政策，制定《无棣县促进服务业领域困难行业恢复发展的政策清单》3章39条，推动服务业困难行业恢复性增长，并建立协调保障机制。强化对省市县有关促进服务业发展政策宣传，围绕人才引进、项目带动、经济引领等方面帮助企业争取政策，促进现代服务业发展壮大。贯彻落实市级《关于鼓励限额以上商贸单位和规模以上服务业企业加快发展的奖励办法》、县级《无棣县“小升规”企业培育列统奖励实施办法》等奖励政策。年内，为10家新增规模以上服务业企业申请上级奖补资金30万元。（王景娟）

【服务业结构调整】 2022年，无棣县服务业产业结构继续向现代型转变，金融、科技等行业产业进入新发展时期。现代金融业发展壮大。全县有银行、保险等金融机构50家，形成以银行信贷市场为主导，保险市场、证券市场等同步发展格局。全年金融存贷款余额分别为374.90亿元、281.76亿元，较年初分别增加63.31亿元、49.82亿元。科技信息服务业发展迅速。至年底，全县有省级企业技术中心14家、

2022年4月29日，无棣县一汽大众汽车销售公司开展促销活动

（县商务局 供图）

省级工程研究中心4家，市级企业技术中心22家、市级工程研究中心22家。（王景娟）

【服务业载体建设】2022年，无棣县扩大服务业规模以上企业主体，增强载体建设支撑力。至年底，全县有规模以上服务业企业42家，涵盖交通运输、仓储和邮政业，租赁和商务服务业，科学研究和技术服务业，居民服务、修理和其他服务业，水利环境和公共设施管理业等行业。规模以上服务业营业收入15.57亿元，比上年下降11.0%。交通运输、仓储和邮政业比上年下降12.6%，其中装卸搬运和仓储业保持较快增长，比上年增长41.7%；租赁和商务服务业比上年增长3.1%。（王景娟）

2022年无棣县规模以上服务业营业收入情况统计表

表22

项目	2022年营业收入（万元）	比2021年增长（%）
合计	155731	-11.0
交通运输、仓储和邮政业	115615	-12.6
道路运输业	102516	-14.2
水上运输业	1017	-76.1
装卸搬运和仓储业	12082	41.7
其他服务业	40116	-6.3
营利性服务业	20932	-7.2
租赁和商务服务业	16721	3.1
商务服务业	16721	3.1
科学研究和技术服务业	2753	-7.4
专业技术服务业	2753	-7.4
居民服务、修理和其他服务业	1458	-56.8
机动车、电子产品和日用产品修理业	1458	-56.8
非营利性服务业	19184	-5.3
水利环境和公共设施管理业	19184	-5.3
水利管理业	9845	-5.8
生态保护和环境治理业	6738	-4.3
公共设施管理业	2601	-6.0

【服务业重点项目建设】2022年，无棣县服务业投资增速14%，占全社会固定资产投资比重28.5%。鲁北·四港联动多式联运智慧物流中心、黄河三角洲滨海生态旅游度假区等项目列入省重点项目；山东林峰物流有限公司智慧仓储物流综合示范基地、山东金宏物流运输有限公司现代化智慧物流仓储中心等项目列入市重点建设项目；居然之家、高端渔业装备智能化生产工业互联网升级项目等项目列入县重点项目。（王景娟）

【服务业人才培育】2022年，无棣县对接省、市、县三级服务业人才政策，为服务业企业发展提供人才支撑。推荐1名人才申报省服务业专业人才；1人入围滨州市十佳现代服务业人才。做好5名市级服务业人才、9名县级服务业人才补贴发放、健康体检等政策服务工作。（王景娟）

商贸流通

【概况】2022年，无棣县加强老字号品牌创建，组织相关企业参与展会及展销活动。重点节日策划举办产品展销会、特卖巡展等促销活动，加强商超文明创建督查及市场监测。出台促进夜经济发展相关文件，加强特色商业街区建设。向社会发放消费券150万元，带动消费550万元。加强步行街建设，打造无棣古城市级示范步行街。至年底，全县实现社会消费品零售总额78.50亿元，比上年下降0.8%。落实安全生产责任制，全县商贸领域未发生安全事故。（李亚男）

2022年无棣县社会消费品零售情况统计表

表23

指标	2022年总量（万元）	比2021年增长（%）
社会消费品零售总额	785026	–0.8
一、按销售单位所在地分		
城 镇	629921	–0.8
乡 村	155105	–0.5
二、按消费形态分		
商品零售	715523	–0.6
餐饮收入	69503	–2.5
三、按限上限下分		
限额以上	64014	6.7
限额以下	721012	–1.4

【消费促进】2022年，无棣县开展消费环境提升行动，发放150万元惠民消费券，开展商超中秋、国庆、元旦打折让利活动。县商务局联合三联家电开展“共抗疫情 百万补贴”家电专项公益活动，对一线防疫工作者及亲属给予家电消费补贴。通过发放汽车消费券，开展高三毕业生季、古城夜经济、暖冬惠民等促销活动，落实汽车和家电促销政策，配套发放汽车消费补贴20.8万元，释放重点商贸单位消费潜力。（李亚男）

【老字号品牌培育】2022年，无棣县做好“老字号”传承和保护工作，加强“老字号”品牌培育，深度挖掘文化资源，推动“老字号”企业在传承创新中创造社会、经济和文化价值。开展第五届“中华老字号（山东）博览会暨老字号品牌发展高峰论坛”招商招展，组织4家老字号商贸企业参展洽谈。推进老字号商贸企业拓市场、促销售。3月17日，山东丰香园食品股份有限公司和山东花园食品有限公司入选第六批“山东老字号”认定名单，为该批次滨州市仅有上榜企业，全县累计入选“山东老字号”品牌企业6家。（李亚男）

【夜经济发展】2022年，无棣古城步行街通过市级验收，被认定为首批市级示范步行街（特色商业街）。打造古城步行街和圣豪西侧8000平方米夜市一条街、鑫岳小区东酒吧一条街2个夜消费聚集区，依托高品位商业街打造夜经济和假日经济聚集区。组织开展特色营销活动，在古城荷花湾步行街开展“啤酒节”活动，组织20余家滨州本地非遗、老字号及名小吃商户参加活动，发放40万元古城聚人气、繁荣夜经济消费券。在古城美食街开展荷花湾消夏音乐美食节，组织30余家滨州“老字号”及特色餐饮、商贸企业参加特色美食展。全年夜经济营业收入1200万元。（李亚男）

批发零售业

【概况】 2022年，无棣县批发零售业形成多种经济结构、多种经营形式、多种业态共同发展格局，大型商超、专卖店、网络购物等构成多层次、开放式、竞争型市场格局。至年底，32家限额以上批发企业实现营业收入55.69亿元，12家限额以上零售企业实现营业收入4.65亿元。（李亚男）

【批发业】 2022年，无棣县限额以上批发业有法人企业32家，年末从业人员623人。年内，限额以上批发业实现商品购进58.07亿元，销售额51.76亿元，比上年增长6.39%；零售额62.08亿元，比上年增长11.81%；全年实现营业收入55.69亿元，其中主营业务收入52.3亿元，利润总额2550万元。（李亚男）

【零售业】 2022年，无棣县限额以上零售业有企业法人12家，年末从业人员238人。年内，限额以上零售业实现商品购进额7.3亿元，销售额6.4亿元，比上年增长6.7%；零售额5.54亿元，比上年增长11.81%；全年实现营业收入4.65亿元，其中主营业务收入4.4亿元，利润总额874万元。（李亚男）

【圣豪商业综合体】 2022年，无棣圣豪购物中心密切关注市场供应，启动生活必需品日报制度，重点对猪肉、牛羊肉、粮油、鸡蛋、果蔬等生活必需品动态监测，保障供需平衡。加强产销对接，与农贸市场、农业基地对接，寻找货源、补足短缺，增加补货频次、丰富商品种类，实现生活必需品不断档、不脱销，保障群众生活水平和质量。推广无接触服务新业态发展，宣传推广宅消费、社群式营销、电子化支付、无接触配送等商贸流通新业态、新模式，开展线上下单、线下无接触配送服务，创新消费方式。全年实现销售额超1亿元，比上年增长25%。（李亚男）

2022年8月4日，无棣圣豪购物中心举办“七夕节”促销活动（县商务局 供图）

餐饮住宿业

【概况】 2022年，无棣县提高餐饮住宿业接待能力，通过价格调整和产品创新吸引消费者，在实体店基础上提升网上营销、网络订餐等服务水平，推动餐饮业恢复发展及精品酒店、中档连锁等业态发展，实现线上线下同步运营转型。至年底，7家限额以上餐饮业企业实现营业收入1796万元、3家限额以上住宿业企业实现营业收入1404万元。（王洁菲）

【餐饮业】 2022年，无棣县以提升餐饮业质量安全为目标，从降低餐饮业主体经营成本、创新金融支持保障措施、完善惠企利民政策举措等方面，落实精细化管理措施，推广自提、外卖等无接触配送方式，加快餐饮业恢复发展。年内，全县有限额以上餐饮业企业法人7家，年末从业人员280人。全

年实现营业额1796万元，比上年增长16.51%。（王洁菲）

【住宿业】2022年，无棣县有限额以上住宿业企业法人3家，年末从业人员300余人。限额以上住宿业企业有客房149间、餐位300个。全年实现营业额1404万元，比上年增长26.99%。其中，客房收入1263.6万元，餐费收入140.4万元。（王洁菲）

【餐饮业恢复发展】2022年，无棣县制定实施促进餐饮业恢复发展扶持政策，降低餐饮企业综合成本，帮助企业尽快恢复发展。餐饮服务人员开展核酸检测，所需经费执行“应检尽检”保障政策。低风险地区不限制餐饮堂食，推广自提、外卖等配送方式。利用数字技术推广预制菜、半成品，为消费者便利消费提供保障。提升全链条绿色化水平，强化食品安全管理，通过推进“中央厨房”“光盘行动”降低生产成本、杜绝浪费陋习。发放餐饮消费券，举办美食促消费活动，支持餐饮商户有效延长营业时间，打造步行街(特色商业街)、夜经济聚集区，鼓励发展“老字号”美食等餐饮消费新场景新业态，打造一批特色餐饮街区，培育一批网红街区和店铺。有针对性地帮助餐饮企业纾困解难，助力餐饮及相关上下游行业恢复生产。（王洁菲）

电子商务

【概况】2022年，无棣县推进电子商务发展，培育直播电商、社交电商等新业态。至年底，全县农村电商网络零售店铺5100家，开展电商零售业务企业934家，直接从业人员1731人，平台涉及淘宝网、快手、拼多多、阿里国际站、抖音等，销售产品种类有日用品、粮油、食品、五金、电料、化妆品等10余种，农村累计网络零售额实现5.69亿元，比上年增长14.5%。海丰街道入选全国“2022淘宝镇”，海丰街道城东许村入选全国“2022淘宝村”。（王洁菲）

【直播电商发展】2022年，无棣县强化线上线下融合促销，提升线上消费规模。依托淘宝直播、快手、抖音、视频号、网上商城等平台举办“年货节”“直播大赛”等各类直播带货活动，加大企业宣传推介和促销力度。依托滨州网红孵化直播基地，动员组织本地重点电商平台、电商企业、网店和大型商超等参与线上销售。“双十一”购物节期间，全县共有活跃主播32人，累计直播200余场次，累计观看200万人次，网络销售额3200万元，比上年增长20%。（王洁菲）

【电商产业园区建设】2022年，无棣县以海丰街道乡村赋能电商平台和达信网红直播基地为依托，以电子商务企业引进培育为突破口，推进棣州智汇物流园、信阳电商产业园建设。推进电子商务发展，加快电子商务资源整合，打造电子商务产业园，促进电子商务企业集聚发展，形成集聚效应，并培育电商龙头企业，

2022年1月24日，和正农场电商直播带货基地生产线（康树彬 摄）

通过盘活闲置厂区、利用现有楼宇等，建设一批生态完善的电商产业园区。海丰街道乡村赋能平台销售额1180万元。滨州网红直播孵化基地与华商学院联合，聘请专业讲师6名，其中跨境电商讲师2名，签约网络直播人员40余名，其中可直接进行带货直播人员12名，拥有粉丝1500万人。华龙食品、丰香园等30余家企业及县老年旗袍协会实现进驻。华仓电商物流产业园面积1.6万平方米，入驻较大规模电商业户54家，年交易额1.8亿元。（王洁菲）

【农村电子商务】2022年，无棣县整合热敷盐、盐雕等盐产品，古家久保桃、岳里西瓜、大齐黄金杏等农产品，葫芦、根雕等工艺品资源，创建地理标志产品，形成区域公共品牌效应，提高知名度。年内，培育发展水湾镇苇帘加工、生态冬枣，棣丰街道农家刺绣，佘家镇中草药，小泊头镇网具等特色专业平台，加快农产品电子商务平台与农业产业化基地、大型超市、大型餐饮企业对接，提高整合产业链资源能力。至年底，全县实现农产品网络零售额6556.5万元。（王洁菲）

【跨境电商发展】2022年，无棣县发展跨境电商等新业态新模式，激发外贸主体活力，提升外贸运行效率，稳定外贸产业链供应链，实现产业数字化和贸易数字化融合。县商务部门开展入企政策宣传，现场解读各级相关政策，发放惠企政策汇编500余册；开展政策推送会7次，参会企业近百家次。全年有跨境电商实绩企业有滨州傲弘锁业有限公司、无棣景程网具有限公司、无棣金海渔具有限公司等21家，全县跨境电商出口额由上年1.28亿元发展为2022年3亿元。（贾翠勇）

2022年9月30日，无棣县2022年高素质农民培育农村电商跟踪服务座谈会在县商务局举行（县商务局 供图）

【电商培训】2022年，无棣县制定全县电商人才培训计划，组织开展电商平台玩法及直播带货实战、淘宝平台直播带货实操、抖音账号打造及私域流量带货等为主要内容的电子商务精准培训。全县共举办培训班8期，培训电商人才1000余人次、网红主播530人次。（王洁菲）

【城东许村入选全国“2022淘宝村”】2022年，海丰街道城东许村是鱼钩等渔具生产专业村，随着网络销售模式的不断发展，以及电子商务技术日益完善，渔具加工产业搭上电商平台的“快车”，全村有从事电商户50余家，从业人员200余人，直播销售额超亿元。海丰街道搭建城东许村乡村振兴服务站，由服务站牵头引进山东中通云仓智能物流项目，指导村两委与快递公司、电商户订立三方协议，由村集体整合快递资源，采取每单抽取服务费方式，按照每日1万～3万单快递量，为电商户节约150万～300万元成本，为村集体增加收入15万～30万元。10月31日，城东许村入选全国“2022淘宝村”。（王洁菲）

物流业

【概况】 2022年，无棣县立足区位优势和产业优势，促进现代物流业发展提速、质量效益提升。全县有道路运输货运企业179家，其中规模以上道路运输企业25家；运输车辆4901辆，运输吨位12.5万吨。年内，推进县域商业体系建设，实现乡镇商贸中心覆盖率100%。（杨 磊）

【市场建设】 2022年，无棣县抓好县域商业体系建设，实施乡镇商贸中心建设培育工程，引导大型商贸流通企业在乡镇布局商业网点，建设改造乡镇商贸中心，加快数字化升级，提升乡镇商贸中心建设水平。至年底，乡镇商贸中心覆盖率100%，建设商业中心及网点1950个，全年营业收入3.5亿元。黄河三角洲·棣洲智汇物流港项目入选县域商业体系建设支持项目。做好二手车市场日常监管等工作，促进二手车行业健康发展。至年底，全县有二手车市场主体85个，年营业收入7500万元。（王洁菲）

【交通物流】 2022年，无棣县有道路运输货运企业179家，其中普通货物运输企业156家（含有车辆4202辆、总吨位10.43万吨）、道路危化品运输企业23家（含有车辆699辆、总吨位2.07万吨）。有规模以上道路运输企业25家。年内，累计培训道路运输从业人员3521人次；组织从业人员资格证初学及继续教育培训28期，培训1545人次。（杨 磊）

【山东林峰物流有限公司】 2022年，山东林峰物流有限公司为山东省物流与采购行业“银线奖”获得企业、危险品运输安全标准化二级达标企业，经营范围为危化品运输。至年底，公司拥有从业人员270余人、危险品运输车辆121辆，全年运输量36万吨，营业收入7665.1万元。（杨 磊）

【无棣鑫凯达物流有限公司】 2022年，无棣鑫凯达物流有限公司承接鑫岳化工集团货物运输，拥有普通货运、货物专用运输（集装箱、冷藏保鲜）、危险货物运输资质。至年底，公司拥有危化品运输车辆49辆、工程机械80余辆，货运量共计11.78万吨，实现营业收入9800万元。（杨 磊）

粮食与物资储备

【概况】 至2022年底，无棣县加强粮食与物资储备收购粮食28.57万吨，其中收购玉米15.53万吨、小麦4.51万吨，储备帐篷、折叠床等应急物资30大类。开展新收获粮食样品采集及粮油加工企业质量监测抽检、粮食行政执法监督检查，加强粮食安全保障，维护粮食流通市场秩序。检查涉粮企业17家次，办理粮食收购资格备案8家。（郑洁函）

【粮食收购】 2022年，无棣县做好粮食收购工作。县粮食行政管理部门与财政、农发行等部门沟通协调，推进市场化收购信用保证金工作，解决粮食购销企业收购资金紧张问题。通过发放明白纸、公布收购价格等方式，加强粮食收购政策宣传，引导企业规范开展夏粮收购工作。指导企业抓好入库粮食储存保管，实现颗粒归仓、安全度夏。强化监督检查，县粮食行政管理部门协同有关部门开展夏粮收购专项场执法检查活动，对粮食经营主体执行收购价格、质量进行检查，引导经营主体合法有序开展夏粮收购。至年底，全县收购粮食28.57万吨，其中收购玉米15.53万吨、小麦4.51万吨。（郑洁函）

【物资储备】 2022年，无棣县加强物资储备购入折叠床、帐篷、折叠桌凳、床单等应急物资6432件。至年底，县应急物资综合储备库共储备帐篷、折叠床、防汛用铅丝等各类应急物资30大类。根据全县新冠疫情防控工作部署，累计发放12平方米单帐篷、折叠床、棉被褥等各类应急物资1651件。县物资储备部门执行库存巡查制度，每周由库存管理人员对各类应急物资储备状

况进行一次集中检查，做好防火、防潮、防虫、防鼠工作，保障库存物资储存质量。（郑洁函）

【粮食安全保障】2022年，无棣县保障地方粮食安全，做好县级地方储备粮日常管理，完成县级地方储备粮任务，储备品种为三等以上混合麦。年内，县粮食行政管理部门加强新收获粮食质量安全风险防控，组织开展新收获粮食样品采集工作。采集小麦样品37份、玉米样品35份，对28份小麦样品、27份玉米样品进行质量监测。组织开展粮油质量监测抽检，在十里香、丰香园、花园食品等粮油加工企业现场抽检样品11份，涵盖芝麻、花生等原料及芝麻油、花生油、花生酱等产品，检测结果全部合格。全年共检验粮油样品300余份。质检站无偿为县内粮油企业、种粮农户提供检验监测服务，完成2万名中小学生营养餐食材及成品检测。（郑洁函）

【粮食流通监管】2022年，无棣县推进粮食行政执法工作，县粮食行政管理部门落实依法治粮、依法管粮，根据《粮食流通管理条例》等法律法规，加强全县粮食流通领域监管，维护粮食流通市场秩序。突出粮食收购与库存监管，狠抓粮食质量安全，开展粮食执法监督检查。全年开展涉粮流通专项检查6次，检查涉粮企业17家，下达整改意见书1份，办理粮食收购资格备案8家。（郑洁函）

【粮库建设】2022年，无棣县实施国有粮库老旧库区升级改造，提高地方储备粮安全保障能力，申报无棣县政策性粮食储备库绿色仓储升级改造项目，投资110万元对收储公司水湾中心库进行绿色仓储升级改造。针对国有粮库仓容不足、基础设施落后、粮食储备安全风险存在隐患等问题，谋划无棣县智慧粮库、应急保障物资储备库及粮食加工建设项目，入选山东省新旧动能转换优选项目。（郑洁函）

【节粮减损】2022年，无棣县开展爱粮节粮宣传活动。结合世界粮食日、全国粮食安全宣传周活动，开展进社区、进商超、进食堂、进学校等活动，讲解爱粮节粮方式，宣传节粮减损、膳食搭配等知识。悬挂节粮宣传横幅6条，发放宣传资料700余份，接受群众咨询200余次。开展粮食产后服务，引导企业做好粮食收储、烘干、加工、销售等服务，减少粮食产后损耗，稳定粮食品质。（朱丽洁）

供销合作

【概况】2022年，无棣县深化供销联社综合改革，推进土地托管和农村现代流通经营服务网络建设。完善农业社会化服务体系建设，壮大供销经济发展实力。至年底，成立镇级为农服务中心11家，落实1.5万亩小麦生产托管服务，发展综合服务网点93处。（杨树立）

【土地托管服务】2022年，无棣县推进土地托管工作，发展适度规模经营。通过开放办社形式，吸收社会上农业专业合作社入社，依靠专业合作社社会化服务能力进行土地托管，年内托管土地面积1万余亩，主要集中在海丰街道、柳堡镇和佘家镇。与大型国有农业集团合作，借助资金实力开展土地托管业务，与山东省水发集团（省农发集团）签订战略合作协议。由县供销社农服公司进行土地托管，与兴业银行、山东农担公司就土地托管、银行信贷、农担担保、政策优惠等业务达成一致，以金融服务推动农业生产规模化、现代化发展。至年底，全县完成小麦生产托管服务面积1.5万亩，农业社会化服务6.7万亩次。（杨树立）

【农村现代流通体系建设】2022年，无棣县推进供销联社现代流通体系建设，构建农村现代流通经营服务网络，恢复供销社主责主业。开展全县农村电商平台、村级服务网点建设，拓宽农村服务阵地。发展综合服务网点93处，其中日用品连锁网点40家、放心农资店53家。以大地生资公司为龙头，整合县内资源，构建农资经营服务网络，以基层社的镇（街道）、村农资网点为基础，发展加盟连锁店，实行全县系统统一配送、统一经营。至年底，全县供销社系统销售各类化肥8000余吨。（杨树立）

【农业社会化服务体系建设】2022年，无棣县推进农业社会化服务体系建设。以镇（街道）为农服务中心和村级为农综合服务站建设为重点，构建综合性、规模化、可持续新型为农服务体系。采取开放办社借助社会能人、争取支持借助上级政策，推进为农服务中心建设，成立镇级为农服务中心11家。恢复基层社服务功能，对公益类项目通过资产整合重组、社企共建、社村共建等多元合作方式，重新构建为农服务平台，恢复开展以农资、生活用品为主的经营服务；对收益类项目通过开发建设带动资源整合，实现低效资产高效置换。年内完成余家镇供销社恢复重建实施方案制定。（杨树立）

成品油销售

【概况】2022年，无棣县有成品油零售企业、加油站72家，从业人员379人，其中国有企业从业人员103人、民营企业从业人员276人；全年实现成品油零售量4.7万吨，其中汽油1.6万吨、柴油3.1万吨；成品油销售收入3.76亿元。（李亚男）

【成品油市场监管】2022年，无棣县做好成品油市场监管工作，发挥成品油联席会议作用，对72家成品油企业经营许可进行年审，促进成品油市场规范安全有序。县商务局开展打击“自流黑”行动，制定《全县成品油市场整治工作宣传方案》，印发《关于打击取缔非法加油站点的通告》，打掉黑加油站点（含私改流动加油车）25个。将成品油违法违规行为监管纳入社会治理全科大网格管理系统，推动成品油市场精细化管理，构建依法处置长效监管机制。（李亚男）

【石油公司经营】2022年，中国石化销售股份有限公司山东滨州无棣石油分公司加油机纯枪销售汽柴油15275吨，其中汽油8400吨、柴油6875吨；直分销汽柴油7070吨，机发配送汽柴油1606.91吨。至年底，非油品销售额1306.95万元。（高进花）

烟草专卖

【概况】2022年，无棣县烟草专卖局（营销部）管理卷烟配送无棣中转站和1532无棣直营店；有从业人员75人，零售户2350户。建立现代终端管理体系，发展数字客户241名。全年销售卷烟16291箱，实现销售收入4.45亿元；查获各类违法涉烟案件174起，案值89.31万元。（马晓辉）

【卷烟销售】2022年，无棣县推进卷烟销售零售客户成长评价体系建设，多维度研判制定一户一策；加快现代终端转型升级，提升农网客户店面形象；建立数字客户台账动态管理机制，提升“云POS”系统应用质量和数据质量。发展数字客户241名，占比10.30%。围绕一类烟提质增效，开展开口营销、鲁产高端规格扫码有礼等活动，全年一类烟销售比上年增长20.20%，其中鲁产一类烟销售比上年增长51.07%。全年销售卷烟16291箱，比上年增长1.51%；实现毛利11381万元，比上年增长6.23%；实现单箱值27286元，比上年增长4.6%；实现销售收入4.45亿元，比上年增长6.18%；利税1.04亿元，比上年增长6.12%。（马晓辉）

【专卖市场整治】2022年，无棣县加强卷烟市场整治，持续抓好打假破网工作，组织烟草与海警等部门开展海上打私联合执法检查3次。加强电子烟全链条、常态化监管，组织烟草与执法部门开展线下电子烟市场联合执法检查，审批发放滨州市首张电子烟烟草专卖零售许可证，查获电子烟案件2起。强化零售许可管理，制定下发《2022年“行政许可整体提升”实施方案》，清理“僵尸户”46户，千人占比由5.09‰下降到5.04‰。推进专卖基础管理，全年审核行政处罚案件183起，实现零复议、零诉讼。至年底，查获各类违法涉烟案件174起，比上年减少5.43%；查获非法卷烟130.26万支，比上年减少4.81%；查获卷烟案值89.31万元，比上年增长1.93%；查获1万元以上大要案24起、5万元以上大要案1起；处理完成国标网络案件1起、县标网络案件4起。（马晓辉）

食盐销售

【概况】 2022年，无棣县加强食盐管理、食盐经营、食盐应急储备和供应保障能力建设，维护食盐市场稳定。至年底，实现食用盐销售1052吨。（乔忠旺）

【食盐管理】 2022年，无棣县加强食盐管理，规范食盐经营行为。县工信部门会同市场监督管理部门在全县范围内多次开展食盐经营和使用情况检查，重点就辖区食盐经营者、食品加工小作坊及餐饮经营单位主体资格资质、进货查验和索证索票制度执行情况进行检查，宣传普及《食盐专营办法》《食盐质量安全监督管理办法》《中华人民共和国消费者权益保护法》法律知识。印发宣传材料1万余份，普及工业盐等假冒伪劣食盐对人体危害，鼓励食盐经营单位对违法违规行为进行举报，净化盐业市场。（乔忠旺）

【食盐经营】 2022年，无棣县推进盐行业经营体制改革，引导食盐生产企业、批发企业兼并重组，提高盐业产品产量和质量，推进全县食盐批发销售工作。至年底，全县销售食用盐小包装642吨、大包装410吨，小工业盐739吨。（乔忠旺）

【食盐储备】 2022年，无棣县建立健全食盐应急储备体系和应急机制，县盐业公司承担保障全县食盐市场供应、维护食盐市场稳定职责，建立不低于1个月平均销量库存作为社会责任储备。县工信部门与企业签订食盐储备合同，完成食盐县级应急储备任务，应对特大灾情疫情，保障特殊时期食盐市场供应。（乔忠旺）

【全省推进食盐批发工作座谈会】 2022年7月20日至21日，全省推进食盐批发工作座谈会在无棣县华夏海盐文化产业园召开。会议由山东省盐业协会主办，山东无棣海丰（集团）有限责任公司、埕口镇政府、县工信局承办，省工信厅消费品产业处、省盐业协会、省鲁盐集团相关负责人，及来自全省各市、县（区）盐业企业代表参加会议。会议研究成立食盐批发专业委员会，选举出委员会组成人员。会议要求做大做强原盐市场，规范有序运营，保障市场供应。实施山东海盐品牌建设行动，推进食盐批发工作规范深入发展。（乔忠旺）

邮政和快递服务

【概况】 2022年，无棣县邮政业务总量1.36亿元，比上年增长7.34%，高于全市平均增幅3.05个百分点，业务收入（不包括邮政储蓄银行直接营业收入）1.24亿元，比上年增长0.64%，低于全市平均增幅1.8个百分点。快递业务量841.17万件，比上年增长10.54%，高于全市平均增幅9.85个百分点；业务收入0.5亿元，比上年下降9.13%。（张相兰）

【邮政普遍服务】 2022年，无棣县有邮政网点16处，其中农村网点14处，建制村通邮率100%。全县开通县内邮路3条、滨州邮路1条、济南邮路1条、齐河邮路1条，普邮投递段道40条、特快投递段道10条，覆盖557个建制村。全县建制村党报党刊征订服务率100%。全年收投各类邮件、报刊813万余件

（份）；收投包裹750余万件、投递党报党刊1.23万份、其他普通报刊1.7万份。中国邮政无棣县分公司推动警邮、税邮、行政审批等政务融合发展，实现自有网点转型升级。年内，全县机要通信完成企业产品量1445件。（张相兰）

【邮政综合服务体系】 2022年，无棣县建设县、乡、村三级物流网络体系。投入60余万元，新建邮件处理中心，配置智能分拣设备，提升邮件处理能力和效率。全县累计建成“包裹自提＋邮快合作＋金融场景搭建”三合一村级综合服务站120处，建设代投自提点600处，快递服务覆盖各镇（街道）及建制村。推进快递下乡进村工程，实现交通客运班线与邮政快递网络衔接，利用交运客车闲置运能代运邮政及社会快递邮件。推广“快递＋电商＋农特产品＋农户”产业模式，畅通“农产品进城、工业与生活用品下乡”双向流通渠道。（张相兰）

【寄递安全保障】 2022年，无棣县做好快递行业安全监管工作。落实行业寄递安全监管责任，累计召开重大活动部署动员会议、行业新冠疫情防控会议、邮政快递业安全生产工作会议等综合安全会议3次，累计检查企业16家次，下达责令改正通知书6份，约谈企业负责人4家，立案处罚4起。部署开展安全生产大检查，生产作业场所风险排查整治，行业安全生产大学习、大培训、大考试，安全生产“八抓20项”创新举措学习等工作，组织行业安全警示教育巡展活动，对全县7家快递企业负责人、200余名快递从业人员开展安全培训及警示教育。推广使用“绿盾工程”，建立信息系统运行情况通报制度，年内通过安全预警系统发现企业积压、新冠疫情防控措施不合规等问题3次。通过组织开展企业互查、网点巡查及第三方测试等方式强化安全监管，累计拦截各类违禁物品6件。（张　鹏）

【快递业务发展】 2022年，无棣县快递行业有独立许可企业6家、分支机构5家，备案快递末端网点26处，其中综合服务中心9处，中通、韵达、兔喜超市等单独品牌设立的末端网点18处，包括邮政特快专递、顺丰、京东、德邦、中通、圆通、韵达、丰网、申通、极兔、D速等11个品牌，快递从业人员200余人，服务车辆（含派送车辆）100余辆。（张　鹏）

【快递进村服务】 2022年，无棣县利用入选山东省农村客货邮融合发展样板县机遇，打好优势、合作、信息、惠民4张牌，深化农村客运与快递物流融合发展，推进农村客货邮网络共建、运力共用、快递收发3个“最后一公里”问题，激发城乡消费活力，提升居民消费水平。全县建设县级快递共配中心1个、镇级快递服务中心10个、村级快递便民服务站423个，开通客货邮融合线路19条，快递进村实现100%全覆盖。（张　鹏）

【快递行业绿色发展】 2022年，无棣县各快递企业采购使用符合

2022年8月5日，无棣县客货邮融合供配中心邮件分拣现场（孙长城 摄）

标准的包装材料应用比例在98%以上，规范包装操作比例在97%以上，可循环快递箱应用1600余个，回收复用瓦楞纸箱13万个，新能源或清洁能源车辆保有量25辆。（张　鹏）

通信服务

【概况】2022年，无棣县强化通信网络基础设施建设，全年完成5G基站建设586个，实现城区及工业园区5G信号深覆盖，延伸至各镇（街道）驻地及大部分村庄。（张红战）

【5G建设应用】2022年，无棣县5G基站建设任务584个，完成586个，实现县城区、工业园、镇街驻地及大部分村庄全覆盖。实施“5G+”计划，推动智慧城市、数字经济发展，服务智慧交通、智慧医疗、全域旅游数据平台、园区监管平台等重点项目，11个5G场景应用案例通过市级验收。组织辖区企业参加工业互联网和5G技术推广应用培训，组织企业现场参观5G应用项目，加大工业互联网和5G应用推广。成立5G工作专班，推动全县5G网络快速建设和推广应用。（张红战）

【中国移动无棣分公司】2022年，中国移动通信集团山东有限公司无棣分公司（简称中国移动无棣分公司）全千兆套餐完成率103.5%，5G终端客户机套网匹配率50.2%；累计实现集团云收入500余万元、数据专线收入210余万元、5G专网收入80余万元。全年累计开通5G基站141处、5G室分21处，实现乡镇农村5G网络覆盖；建设扩容小区/农村101个，新增家宽端口3440个；开展工业园区分纤点建设，缩短接入距离建设企宽站点69处，新增企宽端口5773个。开展智慧社区、数字乡村、宽带义诊等现场营销1200余场次，发展宽带用户3500余户、高质量用户2300余户、5G生态7000余户，发放整治防范诈骗宣传1万余份。（庞俊仙）

【中国联通无棣分公司】2022年，中国联合网络通信有限公司无棣分公司（简称中国联通无棣分公司）落实5G化、千兆化、融合化工作，结合FTTR发展做好万兆小区宣传工作，打造“真千兆、敢测速”行业品牌，以互联网为依托发展信息化产品，建设新型数字信息基础设施，推进全面数字化转型。落实数字化转型要求，全年新开通5G基站52个、各类专线121条，完成8处镇街模块局机房整合工作；完成接入项目89处，其中自建26处，完成白区进线小区8个。（张荣叶）

【中国电信无棣分公司】2022年，中国电信股份有限公司无棣分公司（简称中国电信无棣分公司）提升发展能力，全年业务累计完成收入4184.87万元，比上年增长8.86%，其中产业数字化一次性收入累计完成767.89万元。移动业务全年累计新增1.5万户，累计净增4358户，累计有效发展率28.64%，比上年提升23%；宽带全年累计新增5812户，累计净增2082户，累

2022年5月17日，滨州联通与滨州市十强产业龙头企业签署战略合作协议，无棣华盛纺织公司代表（左二）上台签约　　（中国联通无棣分公司　供图）

计有效发展率35.82%。实施“云改数转”战略，签约无棣县智慧防控管理感知项目等产业数字化大单26单，合同金额共计3200万元。（钱　峰）

【中国铁塔滨州市分公司无棣办事处】 2022年，中国铁塔股份有限公司滨州市分公司无棣办事处（简称中国铁塔滨州分公司无棣办事处）推进5G基站建设，完成3家电信运营企业5G建设需求承接工作。至年底，建设、改造5G基站300处，实现县级主城区及重要工业园区5G网络连续覆盖、镇（街道）驻地及重点村庄5G网络覆盖。改造通信基站转供电25处、压降通信基站电费20处，实现通信基站使用直供电比例75%。累计出动人员503人次、车辆455车次、油机517台次，为防汛工作提供通信保障。年内，利用站址资源为水利管理、智慧乡镇、生态环保、智慧国土等行业领域提供高点监控和信息化管控服务。（王　彬）

家庭服务业

【概况】 2022年，无棣县推进家庭服务基础设施建设，至年底，全县有标准化家政企业64家，持证上岗从业人员860人，其中入驻商务部家政信用平台家政企业6家。围绕构建居家社区机构相协调、医养康养相结合养老服务体系，探索失智老人集中供养新模式，巩固养老服务改革成果。（刘新智　李　冰）

【家政服务业标准化建设】 2022年，无棣县加强家政行业标准化建设，推动家政行业诚信化、品牌化、高质量发展。至年底，全县有无棣亲和家政、阳光大姐家政、正好家政等标准化家政企业64家，持证上岗从业人员860人。（刘新智）

【家政行业诚信建设】 2022年，无棣县推进家政服务诚信体系建设，加大培训推广力度，提升行业从业人员专业素质，做好家政服务、居家服务、养老服务、母婴服务等一线高素质技术技能人才储备工作，促进家政服务提质扩容；推进家政服务业规范化、标准化、专业化发展，提升家政行业发展水平；加强部门联动，利用家政诚信平台，激活家政行业发展动能，打造道德品质好、业务技能优、服务水平高家政队伍。年内，6家家政企业入驻商务部家政信用平台；开展线下家政业招聘专场5场，21家家政企业参会，累计参会人员900余人次。（刘新智）

【家政行业宣传培训】 2022年4月，无棣县商务、妇联部门组织无棣亲和家政、枣乡姐妹家政等规模化家政公司赴淄博市参加提质扩容专场培训，交流家政行业发展经验。7月，县人社局召开家政服务业线下专场招聘会，宣传和带动广大妇女就业。11月，县妇联带领家政服务业赶大集、走进社区宣传家政培训政策。至年底，开展家政服务业技能培训8项，举办培训班160余场次，累计培训6000人次，带动妇女创业就业。（刘新智）

【养老服务质量提升】 2022年，无棣县开展养老服务培训提升护理员队伍能力建设。通过政策扶持、院校培训等方式，为400余名家庭护理人员提供专业护理知识培训和技能实践。推进养老服务防诈骗活动开展，在各敬老院、幸福院及社区日间照料中心，开展防诈骗宣讲200余场次，提高老年人法治意识和识骗防骗能力。（李　冰）

【失智老人集中供养新模式】 2022年，无棣县阳光养护院公建民营模式实现对柳堡镇敬老院托管，投资150余万元，启动柳堡镇敬老院（无棣县阳光养护院分院）基础设施升级改造工作，打造集托养康复、培训、辅助就业为一体的重度精神残疾特困人员无障碍防走失防意外敬老院。通过失智老人集中供养新模式，全县新增重度精神残疾特困人员集中托养42人，失能、半失能人员集中供养率由21%提高至57%，提升精神障碍患者及失能、半失能特困人员监护能力。（李　冰）

金融业

综　述

【企业增信行动】2022年，无棣县增加金融供给，增强服务重点企业、重大项目能力。各金融机构为鲁北企业集团、鑫岳化工、三岳化工、惠广科技等重点企业新增授信9.2亿元。发力普惠金融，增强小微企业活力。各金融机构创新开展不见面贷款、线上云贷等贷款品种，加大对实体经济特别是中小微企业、个体工商户支持力度，向实体经济合理让利，降低综合融资成本。至年底，累计为市场主体减息让利3000余万元。（鲍蕾蕾）

【政银企对接合作】2022年，无棣县举办东风港园区、海丰街道、棣丰街道、车王镇、“开发区＋碣石山镇”、全市“企业走访月”融资需求企业、省级技改项目、金融辅导助企纾困集中行动8站精准服务式资本对接系列活动，实现新增贷款15.8亿元。（鲍蕾蕾）

【金融辅导】2022年，无棣县推进金融辅导工作，整合各类金融资源，多渠道受理解决企业金融诉求，促进政金企合作共赢。完善金融辅导企业扩容机制，将环保、文旅、高新技术、重点项目支持企业纳入金融辅导，提升金融辅导覆盖面和服务质效。全县金融辅导企业2071家，其中结对辅导企业238家，通过山东省金融辅导系统累计发布线上需求23亿元，实际解决融资需求23亿元。（丁亚琳）

【金融服务平台建设】2022年，无棣县金融服务中心牵头，联合22家金融机构、12家企业党组织，以“心心向融”党建联盟品牌建设为引领，开展“金融管家 3^n”试点工作。依托金融管家试点专班、社区网格管理员、三级便民服务中心体系，搭建进社区、进园区、进业户平台，擦亮“心心向融”党建联盟、“您需要·管家到”“高端化工·管家赋能”3个品牌，解决企业信贷保险、上市挂牌、法律财务需求，取得增加信贷保险投放、资本市场直接融资、维护县域金融稳定成效。通过开展“金融管家 3^n”试点工作，全县新增贷款40余亿元，服务企业及个体经营业户2000余家，解决金融难题100余件。（丁亚琳）

银行业

【概况】2022年，无棣县有银行业金融机构13家，网点63个，机构人数739人。其中，政策性银行1家（中国农业发展银行）；国有商业银行5家（中国工商银行、中国农业银行、中国银行、中国建设银行、中国邮政储蓄银行）；城市商业银行4家（东营银行、齐商银行、德州银行、齐鲁银行）；股份制商业银行1家（恒丰银行）；地方法人金融机构2家（山东无棣农村商业银行、无棣中成村镇银行）。至年底，无棣县各项贷款余额281.76亿元、存款余额

374.90 亿元，不良贷款余额 3.91 亿元。（丁　晖）

【银行业供给侧引导】 2022 年，无棣县支持银行业供给侧结构性改革，引导银行机构围绕黄河流域生态保护、水利建设等领域，在配套制度制定、产品模式创新、金融资源配置等方面给予支持。促进金融辅导服务乡村振兴战略实施，缓解融资难、融资贵问题，打通乡村普惠金融实施“最后一公里”。年内，全县银行业金融机构累计发放银虾养殖、肉牛养殖、渔网具担保等特色产业贷 11.2 亿元。（魏胜辉）

【存款业务】 至 2022 年底，无棣县金融机构本外币各项存款余额 374.90 亿元，比上年末增长 20.3%，增幅居全市首位，高于全市本外币各项存款平均增幅 4.62 个百分点；增加 63.31 亿元，比上年末多增加 27.55 亿元。个人存款余额 242.19 亿元，比上年末增长 16.98%，增幅上升 2.73 个百分点，增幅居全市第 3 位，主要为居民增加定期存款获取理财收益；增加 35.15 亿元，比上年末多增加 9.34 亿元。非金融企业存款余额 106.42 亿元，增长 29.3%，主要为无棣鑫岳集团、山东鲁北企业集团、山东埕口盐化有限公司等企业对公存款增加，增加 24.12 亿元，比上年末增加 13.55 亿元。分机构看，无棣农商行、农行无棣县支行存款增量明显，分别较年初增加 9.3 亿元、8.18 亿元。（王天昊）

【贷款业务】 至 2022 年底，无棣县金融机构本外币各项贷款余额 281.76 亿元，比上年末增长 21.48%，增幅居全市第 3 位。全年新增贷款 49.82 亿元，比上年多增加 18.69 亿元。中长期贷款余额 137.57 亿元，比上年末增长 24.45%，高于全县各项贷款平均增幅 2.97 个百分点；短期贷款余额 134.57 亿元，比上年末增长 14.16%，低于全县各项贷款平均增幅 7.32 个百分点。政策性银行、国有商业银行贷款余额 186.53 亿元，比上年末增长 23.36%，分别高于城商行、法人银行贷款增幅 3.59 个百分点、13.13 个百分点，低于股份制银行贷款增幅 47.85 个百分点；贷款余额增加 35.33 亿元，占全县各项贷款余额增量的 70.91%，其中农发行无棣支行、工商银行无棣支行、邮储银行无棣支行贷款余额增加 26.77 亿元。绿色贷款余额 51.78 亿元，比上年末增长 48.87%，高于全县贷款余额增幅 27.39 个百分点；增加 17 亿元，比上年末多增加 7.80 亿元。年内，全县金融机构不良贷款余额 3.91 亿元，较年初减少 1.03 亿元；不良贷款占比 1.4%，较年初减少 0.7 个百分点。（王天昊）

2022 年无棣县金融机构本外币信贷收支情况统计表

表 24　　　　单位：万元

项　目	2022 年余额	比年初增减额
一、存款	3749008	633074
（一）境内存款	3748974	633117
1. 住户存款	2421883	351496
（1）活期存款	796413	82459
（2）定期及其他存款	1625470	269037
2. 非金融企业存款	1064225	241203
（1）活期存款	533349	7187
（2）定期及其他存款	530876	234016

续表 24

项　目	2022 年余额	比年初增减额
3. 机关团体存款	240792	33991
4. 财政性存款	22074	6427
5. 非银行业金融机构存款	0	0
（二）境外存款	34	-43
二、贷款	2817568	498191
（一）境内贷款	2817568	498191
1. 住户贷款	1185659	138528
（1）短期贷款	441717	45217
消费贷款	66950	25190
经营贷款	374767	20057
（2）中长期贷款	743941	93310
消费贷款	710255	83090
经营贷款	33686	10220
2. 非金融企业及机关团体贷款	1631909	359663
（1）短期贷款	904023	121666
（2）中长期贷款	631719	176961
（3）票据融资	84043	62020
（4）各项垫款	12125	-983
（二）境外贷款	—	—

【中国农业发展银行无棣县支行】 至 2022 年底，中国农业发展银行无棣县支行各项贷款余额 36.67 亿元、存款余额 8.47 亿元，分别较年初增加 10.98 亿元、1.51 亿元；全年投放贷款 14.44 亿元，比上年增加 6.07 亿元。年内，中国农业发展银行无棣县支行围绕国家粮食安全基础设施建设、园区配套基础设施提升、种业发展和土地整治等方面，累计投放中长期项目 8 个、金额 13.45 亿元；支持智慧粮库、应急保障物资储备库及粮食加工项目建设，获批仓储设施贷款 1.45 亿元，投放贷款 1 亿元；发放城乡一体化固定资产贷款 2 亿元，支持生态家纺特色产业园基础设施项目建设。（张春燕）

【中国工商银行无棣支行】 至 2022 年底，中国工商银行无棣支行存款余额 43.07 亿元，较年初增加 6.19 亿元。其中，储蓄存款 26.24 亿元，较年初增加 4.08 亿元；公司存款 14.43 亿元，较年初增加 2.55 亿元；机构存款 2.37 亿元，较年初下降 0.37 亿元；同业存款余额 0.03 亿元，较年初减少 0.06 亿元。贷款余额 37.23 亿元，较年初增加 2.26 亿元。其中，个人贷款余额 22.95 亿元，较年初增加 2.46 亿元，全年累计发放个人贷款 3.81 亿元；公司贷款余额 14.28 亿元，较年初减少 0.2 亿元；表外余额

7.89 亿元，较年初增加 1.43 亿元。普惠贷款余额 3.94 亿元，较年初增加 9658 万元，较上年增加 1826 万元。（孙洪考）

【中国农业银行无棣县支行】2022 年，中国农业银行无棣县支行存款规模 61.37 亿元，存款新增 8.57 亿元，存款增速 16.23%；贷款总量 37.11 亿元，贷款新增 3.13 亿元，贷款增速 9.21%。年内，新增农村集体经济组织开户 19 户，累计打造乡村振兴示范村 32 个、惠农通服务点 32 个，累计发放农户贷款 1923 笔、金额 4.55 亿元，其中新增"齐鲁富民贷"245 笔、金额 4886 万元。新增精准扶贫贷款 1.38 亿元。全年累计为 35 家金融辅导企业解决需求 70 条，上墙公示服务监督牌 47 个。普惠小微企业贷款余额 2.36 亿元，较年初增加 5198 万元；普惠贷款户数 92 户，较年初增加 7 户。（郭 程）

【中国银行无棣支行】至 2022 年底，中国银行无棣支行各项存款日均余额 25.29 亿元，较年初新增 1.51 亿元，其中公司日均存款余额 10.45 亿元、较年初新增 2.07 亿元，个人存款日均余额 14.84 亿元、较年初下降 0.29 亿元；公司贷款 14.88 亿元、较年初增加 0.72 亿元，个人贷款 7.77 亿元、较年初增长 0.54 亿元。年内，中国银行无棣支行国际结算贸易市场份额 35.17%，比上年增长 14.04 个百分点；跨境人民币结算量 32.70 亿元，比上年增长 29.02 亿元；结售汇履约量市场份额 13.83%，比上年增长 9.76 个百分点。对公普惠金融贷款余额 2.43 亿元，较年初新增 0.62 亿元，其中线上普惠较年初新增 0.29 亿元；对私普惠金融贷款余额 0.53 亿元，较年初新增 0.17 亿元，其中线上普惠较年初新增 0.13 亿元。全年实现营业净收入 0.95 亿元，比上年增长 0.12 亿元。（张丽娜）

2022 年 6 月 16 日，无棣县优质企业便利化行动暨汇率避险推进会在中国银行无棣支行召开（中国银行无棣支行 供图）

【中国建设银行无棣支行】至 2022 年底，中国建设银行无棣支行一般性存款时点余额 48.47 亿元，较年初新增 7.82 亿元；日均余额 48.72 亿元，较年初新增 8.60 亿元。其中，对公存款时点余额 17.63 亿元，较年初新增 3.35 亿元；个人存款时点余额 30.84 亿元，较年初新增 4.48 亿元。贷款余额 27.53 亿元，较年初新增 4.54 亿元，其中对公贷款余额 13.43 亿元，较年初增长 3.14 亿元。新增绿色贷款投放 3 笔、金额 6000 万元，科技补偿贷 13 户、投放金额 5900 万元。个人类贷款余额 14.93 亿元，较年初新增 1.40 亿元。普惠贷款余额 3.51 亿元，较年初新增 1.58 亿元，其中对公普惠贷款时点余额 2.71 亿元，较年初新增 1.37 亿元。对公结算账户总量 5697 户，较年初新开 1142 户，全量客户总量 2530 户，较年初新增 824 户，增速 48.30%；实现利润 8231 万元，中间业务净收入 1395 万元。贷款不良余额 271 万元（不含信用卡），其中对公贷款不良额、逾期额为 9.80 万元。（王荣斌）

【中国邮政储蓄银行无棣县支行】至 2022 年底，中国邮政储蓄银行无棣县支行实现考核收入0.73亿元，比上年增加24.39%；实现考核利润0.48亿元，比上年增加80.42%。各项存款余额16.57亿元，年增加6.54亿元，增幅65%。各项贷款余额19.13亿元，年增加7.25亿元，增幅61%。年内，加大信贷投放，投放各项贷款12.68亿元，比上年增加2.63亿元。“三农”贷款余额5.48亿元，净增1.29亿元。消费信贷净增1.62亿元。落实不良贷款压降，处置不良贷款424万元（折比后），其中总体现金清收1246.57万元、呆账核销400万元。（李桂霞）

【山东无棣农村商业银行】至2022年底，山东无棣农村商业银行各项存款余额82.96亿元，较年初增加9.30亿元，增幅12.63%，比上年增幅（12.59%）高0.04个百分点；各项贷款余额47.86亿元，较年初增加4.32亿元，增幅9.92%。个人一年期及以下定期存款余额16.91亿元，较年初增加1.72亿元，比上年增长1.50亿元。（王　旺）

【东营银行滨州无棣支行】至2022年，东营银行滨州无棣支行各项存款余额21.61亿元，比上年增加3.89亿元，其中对公存款9.31亿元、储蓄存款12.30亿元。各项贷款余额11.47亿元，较年初增加1.14亿元。提升整体信贷投放规模，银行承兑汇票余额5.43亿元，国内信用证余额0.42亿元，进口信用证5.80亿元，总体信贷投放规模23亿元。加大普惠贷款投放力度，服务实体和小微企业，全年新增法人类普惠小微贷款13户、1.07亿元。推出“e盈贷”“秒e贷”“质盈贷”等线上类消费信贷产品，完善信贷业务产品结构，全年个人贷款余额1.51亿元。（张少华）

【齐商银行滨州无棣支行】至2022年底，齐商银行滨州无棣支行各项存款余额10.64亿元，对公存款余额3.67亿元，储蓄存款余额3.09亿元；各项贷款余额8.05亿元，其中个人贷款余额1.47亿元、单位贷款余额6.58亿元。年内，齐商银行滨州无棣支行办理科技成果转化贷2笔、金额700万元。全年新增大额授信4.85亿元，发放普惠贷款45笔、金额0.79亿元。（张学锐）

【德州银行无棣支行】至2022年底，德州银行无棣支行各项授信余额9.61亿元，其中公司贷款余额7亿元、个人贷款余额2.61亿元；存款余额4.92亿元，其中对公存款3.45亿元、储蓄存款1.47亿元。年内，新发放固定资产投资项目贷款2笔、金额5900万元；新发放普惠金融贷款91笔、金额1.62亿元，其中新增公司类9笔、8700万元；新增发放个人经营性贷款（含房抵贷经营）82笔、金额7541万元。（栾帏钧）

【恒丰银行滨州无棣支行】至2022年底，恒丰银行滨州无棣支行各项存款余额4.06亿元，较年初增加1.45亿元，增幅179.39%，其中居民储蓄存款2.02亿元。加大机构类存款营销力度，强化与企业间业务关系合作，沉淀机构存款余额8800万元，较年初增加700万元。年内，恒丰银行滨州无棣支行各项贷款9.27亿元，较年初增加3.85亿元，增幅140.62%，普惠业务余额2500万元。（于　丁）

【齐鲁银行滨州无棣支行】至2022年底，齐鲁银行滨州无棣支行全口径存款17.36亿元，较年初增加4.91亿元。其中对公存款余额14.62亿元，较年初增加4.42亿元；储蓄存款2.74亿元，较年初增加0.48亿元。贷款余额7.57亿元，较年初增加1.09亿元，支持中小企业25家，合计贷款金额1.83亿元。单笔授信1000万元以下小微企业贷款投放合计1.28亿元。针对肉牛养殖行业，投放“肉牛养殖贷”1.15亿元。（张勇锐）

【无棣中成村镇银行】2022年，无棣中成村镇银行贷款余额1.39亿元，较年初增加2528.09万元，比上年增长22.32%；存款余额7264.30万元，较年初增加590.17万元，其中储蓄存款4011.39万元，较年初增加999.59万元。普惠小微企业贷款户数较年初增加86户，贷款额较年初增加1901.17万元。农户和小微企业贷款占比93.57%。实现“农户小额信用贷款”净增加122户，金额1076万元。至年底，无棣中成村镇银行净利润113.56万元。（郑　飞）

保险业

【概况】2022年，无棣县有保险公司28家,其中财产险公司16家、人身险公司12家。年内，全县保险业实现保费收入10.33亿元，累计支付赔款与给付3.78亿元，比上年增长48.24%。（魏胜辉）

【财产险业务】2022年，无棣县财产保险业务保费收入3.83亿元，比上年增长17.85%。其中，家财险和企财险业务增长加快，家财险比上年增长45.61%，企财险比上年增长25.82%；责任保险业务领域持续扩大，比上年增长13.8%。（魏胜辉）

【人身险业务】2022年，无棣县推广普惠型医疗保险，人身保险业务保费收入6.5亿元，其中个险业务渠道保费收入6.18亿元，占比95%。至年底，全县保险公司赔款及给付支出1.3亿元。（魏胜辉）

【居民大病保险业务】2022年，无棣县推进城乡居民大病保险工作，提高参保群众重大疾病医疗保障水平，增强民生福祉，减轻患者看病就医负担。大病保险经办保险机构进驻县医疗保障局服务窗口，实现与医保合署办公。全年居民大病保险补偿19470人次，大病报销2394.53万元，赔付率74.81%。（魏胜辉）

【农业保险业务】2022年，无棣县推进农业保险实践创新活动，建立和完善农业保险制度，提升综合服务能力，提高险种保障水平和重要农产品保险覆盖面。年内，种植保险业务主要由中华联合、人保财险、太平洋财险、太平财险开展，养殖保险业务主要由中华联合、人保财、太平财险、国寿财险开展。发挥肉牛、南美白对虾等畜牧养殖产业养殖险支持作用，支出赔款758万元。创新“保险+”农业保险产品和服务模式，对冬枣等特色农产品开展“保险+特色农产”保障服务。至年底，全县农业保险保费收入4500余万元，完成成本和种植收入保险保费收入超800余万元，为5.3万户农户提供农业风险保障，累计赔款1600余万元。（魏胜辉）

【中国人保财险无棣支公司】2022年，中国人保财险无棣支公司实现全口径保费收入13626.53万元，增速10.23%；直接赔款支出金额9365.49万元。发挥国有保险公司责任担当，助力乡村振兴，承办政策性农险业务；服务健康医疗，承办全县居民（38.17万人）大病医疗保险，开展全县居民（38.17万人）、职工（6.60万人）社保意外保险业务，开展职工大额、大病保险业务，参与全县社会保障体系建设；助力民生工程，承办全县灾害民生综合保险等，推进平安无棣建设。（刘娅杰）

【中国人寿保险无棣支公司】2022年，中国人寿保险无棣支公司实现保费1.49亿元。其中，标保业务完成644.32万元，期交保费完成1617.15万元，十年期及以上业务完成757.83万元，短险业务完成779.37万元；首年银保业务完成280万元，五年期银保业务完成230万元，标保银保业务完成57万元，短险银保业务完成26.8万元；大短险业务完成1601.08万元，团短险业务完成796.56万元。全年理赔金额1783.71万元。开展非法集资整治、员工警示教育培训、“反洗钱排查”等专项风险排查工作，妥善处理客户投诉，实现合规经营。（郭忠雁）

证券业

【概况】2022年，无棣县有证券分支机构1家、基金公司1家、主板上市公司1家，累计实现“新三板”市场挂牌企业7家、区域股权挂牌企业25家。年内，实现“新三板”挂牌企业1家，完成改制并在齐鲁股权交易中心挂牌企业5家。至年底，实现挂牌上市奖补230万元。（路来杰）

【挂牌上市奖补政策】2022年，无棣县落实挂牌上市奖补政策，制定出台《关于加快市场主体高质量发展的意见》，加大对挂牌上市企业政策、资金支持力度。其中，规范化改制企业一次性奖励40万元；上市企业奖励100万元；“新三板”挂牌企业奖励40万元；区域性股权精选版挂牌企业奖励10万元。全年实现奖补230万元。（路来杰）

【企业挂牌上市】2022年，无棣县完善上市挂牌支持政策，强化惠企政策宣传。通过专题讲座、股改上市培训等方式，做好政策解读和业务指导，为企业答疑解惑，增强企业改制挂牌上市信心。全年举办资本市场培训会2次、企业座谈会22次，对接企业50余家。年内，山东北方创信防水科技集团股份有限公司在“新三板”挂牌，获省发展投资基金1000万元股权投资。永泰不锈钢、东利不锈钢、华艺彩印、赫胜能源、海邦包装5家企业完成改制并在齐鲁股权交易中心挂牌。（路来杰）

【中泰证券无棣营业部】至2022年底，中泰证券无棣营业部新开客户数2612户、新增有效户216户，客户总数2.06万户、有效户总数2681户。客户总资产5.14亿元。新开户资产净流入3402.47万元，客户总体资产净流入8900万元，佣金收入354.06万元。（马卿卿）

2022年12月30日，山东北方创信防水科技集团股份有限公司“新三板”挂牌 （县金融服务中心 供图）

非银行金融机构

【概况】2022年，无棣县有非银行金融机构8家，其中小额贷款公司2家、融资性担保公司2家、典当行2家、民间融资机构1家、农村新型合作金融试点1家。至年底，县内小额贷款公司贷款余额2.26亿元、担保公司担保余额2.22亿元。（刘翠翠）

【小额贷款公司】2022年，无棣县有滨州市无棣县汇泰小额贷款有限公司、无棣县海城小额贷款有限公司2家小额贷款公司。至年底，县内小额贷款公司贷款余额2.26亿元。（刘翠翠）

【融资担保公司】2022年，无棣县有无棣县兴棣融资担保有限公司、无棣县鑫达融资担保有限公司2家融资性担保公司。至年底，县内担保公司担保余额2.22亿元。（刘翠翠）

【典当行】2022年，无棣县有丰泽典当有限责任公司、无棣县润丰典当有限责任公司2家典当行。至年底，典当行实收资金5220万元，典当余额2171万元。（刘翠翠）

旅游业

综　述

【旅游接待】2022年，无棣县统筹新冠疫情防控和旅游业发展，落实景区常态化防控措施，开展系列旅游节日等活动，假日市场以近郊游为主。年内，接待游客130.15万人次，比上年减少15.78%；旅游业综合收入9.98亿元，比上年减少27.26%。（杨　健）

【全域旅游创建】2022年，无棣县推进全域旅游示范区创建工作，编制完成《滨州市临海文化旅游区规划》《无棣县全域旅游发展总体规划》，制定《无棣县省级全域旅游示范区创建实施方案》。推进重点文旅项目建设，无棣县文化中心改造提升项目争取地方政府债券5500万元；无棣棣泰综合服务有限责任公司服务中心项目全年完成投资4200万元，土地网上交易相关手续全部完成；马山子镇福海沿海休闲旅游项目、黄河岛项目、古桑康养项目持续推进。无棣古城景区搭建百姓大舞台，非遗手造一条街稳步推进，创成山东省第二批省级夜间文旅消费集聚区。（杨　健）

【文旅融合】2022年，无棣县推进文旅融合发展，"生态+文化"打造全省首个生态博物馆之城。华夏海盐、万德酒业、丰香园芝麻、十里香芝麻等生态博物馆"主题馆+原生态展区"经验获评黄河流域生态保护和高质量发展竞赛活动典型案例。"工业+旅游"创新旅游业态，无棣县丰香园小磨香油工业旅游基地获评山东省工业旅游示范基地。承办"首届山东省全民阅读大会暨齐鲁书香节——书润滨州阅读季"和"喜迎二十大·讴歌新时代"山东省第八届小品新作大赛，获"山东曲艺之乡"称号。将每年100场百日消夏文化广场惠民演出迁至无棣古城百姓大舞台，叫响无棣夜古城品牌。依托冀鲁十二县市文旅联盟，整合古城周边县区文旅资源，将无棣古城打造为爱国主义、廉政文化、非遗传承研学教育基地。（杨　健）

【旅游业恢复发展】2022年，无棣县制定政策措施，推动旅游业恢复发展。实施旅行社暂退旅游服务质量保证金扶持政策，对符合条件的旅行社维持80%暂退比例。持续开展旅游服务质量保证金试点工作，通过保险代替旅行社服务质量保证金，降低企业经营成本。制定出台旅行社承接机关企事业单位有关活动细化办法，鼓励机关企事业单位将工会活动、会展活动等方案制定、组织协调等工作交由旅行社承接，明确服务内容、服务标准等细化要求，合理确定预付款比例，及时向旅行社支付资金。鼓励基层工会为本单位职工办理省域内A级景区通卡或收费公园年票（卡）。推行由公安、消防、文化和旅游等多部门联审联批运行机制，推进旅游民宿证照办理。建立重点文旅企业项目融资需求库和中小微文旅企业融资需求库，引导金融机构对预期发展前景较好的A级景区、旅游度假区、乡村旅游经营单位、星级饭店、旅行社、旅游演艺等重点文化和旅游市场主体扩大信贷投放，加强金融产品和服务创新，加大对中小微文旅企业普惠金融支持力度。（杨　健）

旅游资源

【概况】2022年，无棣县有AAA级以上景区12处，其中无棣古城、黄河三角洲生态文化旅游岛为国家AAAA级旅游景区，大觉寺、吴式芬故居、文化中心、碣石山、清波烟雨、鑫嘉源、华夏海盐文化产业园、丰香园、千年古桑园、北海凤鸣鸟类湿地公园为国家AAA级旅游景区。滨海旅游资源丰富，有滨海湿地游、海岛游、渔村体验游，打造3个省级滨海旅游特色村。（王永港）

2022年无棣县国家AAA级以上旅游景区一览表

表25

星级	名称	地址
AAAA	无棣古城旅游景区	无棣县文萃街
AAAA	黄河三角洲生态文化旅游岛	无棣县东北部套尔河与秦口河交汇处
AAA	吴式芬故居	无棣县文萃街古城景区内
AAA	大觉寺	无棣县文萃街
AAA	无棣碣石山旅游风景区	无棣县碣石山镇政府驻地
AAA	无棣千年古桑园	无棣县车王镇崔王孟村
AAA	无棣县文化中心	无棣县文昌北路
AAA	丰香园景区	无棣县棣庆大街
AAA	山东鑫嘉源景区	无棣县水湾镇信河路
AAA	无棣县清波烟雨旅游景区	无棣县棣新八路南首
AAA	无棣华夏海盐文化产业园	无棣县埕口镇政府前街
AAA	北海凤鸣鸟类湿地公园	无棣县马山子镇驻地

【旅游项目建设】2022年，无棣县加快旅游项目建设，马山子镇福海沿海休闲旅游项目总投资3.5亿元，完成方案设计。投资5000万元打造海钓钓船，投资1.8亿元建设岔尖渔港游艇码头项目和配套功能服务区，建成全市首家省级休闲海钓钓场滨海休闲旅游项目。（王永港）

【无棣古城】无棣古城，国家AAAA级旅游景区，位于无棣县南部，形成于商周，发展于隋唐，繁荣于明清。城墙由夯土筑成，四面建有城门、角置炮台和钟鼓楼，城内商肆旅社齐全，城外有护城河、荷花湾等水系环绕相连。至今保留着唐代大觉寺、海丰塔，宋代古城墙，明代县衙大堂，清代吴式芬故居等历史人文遗迹。汇集鲁北地区多元建筑风格，融合齐文化、燕文化、河文化、海文化等多种文化及宗教、民俗风情，是鲁北和天津以南广大地区历史文化风貌的典型代表，具有“观一城则窥鲁北全貌”之誉。2022年，无棣古城景区举办“非遗”体验活动，“五一”“十一”

开展文化旅游休闲汇、亲子萌宠乐园等活动。（王永港）

【碣石山】 碣石山，国家AAA级旅游景区，位于无棣县碣石山镇。系73万年前火山喷发而形成的锥形复合火山堆，是山东省最年轻的火山。山体海拔63.4米，山脚周长1600米，被誉为“京南第一山”。碣石山位于黄河故道入海口，又被称为黄河故道的古化石。文化遗址有观海阁、山神庙、碣石宫、曹操点将台、禹王亭、安作璋题词碑、碣石山复名碑、秦碑亭、碣石文苑、碣石山地质展览厅等。1999年3月，被列为省级地质遗迹自然保护区。2022年，碣石山景区举办登山体验、大山庙会等活动。（王永港）

【北海凤鸣鸟类湿地公园】 北海凤鸣鸟类湿地公园，国家AAA级旅游景区，位于无棣县马山子镇。旅游区兼具鸟类及湿地两大主题。按照湿地生态功能不同和生态旅游需要，公园规划总体布局为“七区”“两带”。“七区”分别是主入口服务管理区、次入口区、天鹅湖游览区、珍稀鸟类游览区、人鸟互动区、鸟类文化展示区、湿地文化展示区。2022年，与无棣古城景区联合，开办古城亲子萌宠乐园活动，丰富无棣旅游业态，带动县城以及周边旅游，成为家庭出游首选去处。（王永港）

【丰香园景区】 丰香园公司有100多年历史，为山东老字号企业、国家出口食品备案生产企业、国家农业产业化重点龙头企业、“中国好粮油”示范企业、省级“专精特新”中小企业、市级农业产业化联合体。实行“博物馆+体验+生产车间+绿色生态基地”全产业链观光模式，形成集研发磨制、全景体验、品牌传播、旅游购物于一体的文化地标。游览体验项目有绿色生态基地、小磨香油博物馆、现代化观光车间、自制香油体验等。2022年，投入7566万元对旅游基地各景点进行建设。建成现代化流水线观光车间2座，博物馆1处，综合接待中心1处，绿色生态芝麻基地5000亩等，提升旅游基地环境承载能力与游客接待能力，接待游客3万人次。年内，被评为国家AAA级旅游景区。（王永港）

北海凤鸣鸟类湿地公园一角 （张树党 摄）

旅游业态

【概况】2022年，无棣县健全“文旅+”体系，持续丰富旅游业态，发展节庆旅游、红色旅游、乡村旅游、工业旅游。至年底，全县创成省级旅游强乡镇7个、旅游特色村17个、省级景区化村庄5个、星级农家乐和精品采摘园16个。（石　伟）

【滨海旅游】参见“海上无棣·滨海旅游”。（石　伟）

【节庆旅游】2022年，受新冠疫情影响，节假日期间自驾游成为主流，以滨州、东营及河北省沧州等周边地区为主。无棣县组织举办杏花节、桃花节、千年桑葚采摘节、葡萄采摘节、扒盐节、海钓节等旅游节庆活动10余场次，吸引周边游客40万余人次现场参与活动。开展大型网络直播活动，网上观看500万人次，多家媒体予以报道，大范围、深层次、多角度提升无棣县特色旅游知名度与美誉度。（石　伟）

【红色旅游】2022年，无棣县深入挖掘红色旅游资源，推进红色旅游健康发展。整合推出不忘初心致敬之旅、红色教育研学之旅、红色印记发现之旅3条红色主题旅游线路。组织革命历史纪念馆、无棣县第一个党支部革命业绩陈列馆、石景芳故居等红色旅游景区，向学生和职工群众开放，开展革命传统和爱国主义教育，全年接待游客5万余人次。（石　伟）

【乡村旅游】2022年，无棣县推进农业农村和旅游业融合发展，打造海丰街道大齐村、吴八里村，车王镇千年古桑园，碣石山镇古家村精品采摘线路。海丰街道大齐村“黄金杏采摘季”接待游客2.2万人次，采摘销售收入80万元，带动村民就业300人，人均增收5000元。碣石山镇古家村发挥集约化种植优势，开发“古家久保桃”种植与销售。组织开展“第五届碣石山桃花旅游文化节”，邀请网红、拍客走进桃花节，参与活动人员5万余人次。年内，碣石山镇古家村被评为山东省景区化村庄。（石　伟）

【工业旅游】2022年，无棣县推进工业经济和旅游融合发展。在山东珍贝瓷业有限公司、山东海城生态科技集团、无棣县中国海盐文化基地、山东花园食品有限公司已成为省级工业旅游示范点基础上，山东丰香园食品股份有限公司被新评为省级工业旅游示范点，打造全省首个生态博物馆，形成华夏海盐、万德酒业、丰香园芝麻、十里香芝麻等生态博物馆集群。山东首家海盐博物馆设有“三厅、一馆、一廊、一中心、一车间”，再现古代海水熬盐工艺和现代海水滩晒制盐工艺场景，展出古代制盐器具、历史资料和海盐文化产品，全方位展现中国海盐文化历史传承。（石　伟）

旅游营销

【概况】2022年，无棣县抓好旅游市场营销工作，采取政府引导、部门联动、平台支持、企业参与“四位一体”运行模式，拓展旅游市场。组织企业参加展会活动，全方位宣传推广无棣。促进旅游商品发展，打造无棣特色旅游品牌。海瓷艺术入选“山东手造·优选100”。（石　伟）

【旅游宣传推广】2022年，无棣县拓展线上宣传阵地，利用微信、抖音、网络直播等进行宣传，制作旅游视频、景点视频等丰富多彩、亮点突出的宣传短片20余部，其中“线上云文旅”跟着平台看无棣活动，获评全省网络营销优秀案例。开展外出推介，赴呼和浩特、济南、淄博、潍坊等地进行专项推介，海瓷、盐田虾受邀走进2022好客山东（呼和浩特）推介会直播间，向100余家大中型旅行社、媒体进行推广。（石　伟）

【旅游参展】2022年9月15—19日，无棣县作为独立展区的县区，首次亮相第三届中国国际

2022年4月15日，无棣县碣石山镇古家村桃花节　（窦国文　摄）

旅游博览会、首届中华传统工艺大会，山东海瓷文化股份有限公司、山东十里香芝麻制品有限公司、渤海水产股份有限公司参加活动，展出多功能生物海瓷、盐雕、盐田虾、黄河泥陶等产品。省级非遗项目鲁绣（绒绣）、塘坊糕点，市级非遗项目剪纸，县级非遗项目黄河泥陶，参加中国·滨州传统工艺博览会。举办非遗体验、非遗培训和非遗短视频展播等系列活动，群众参与3万余人次。（石　伟）

【旅游商品开发】 2022年，无棣县促进文化旅游商品市场发展。在中国旅游协会主办的中国旅游商品大赛中，无棣县选送的御盐堂·海盐热敷宝健康系列产品获中国旅游商品大赛（健康主题）银奖，海的·海瓷抗菌活水系列产品获中国旅游商品大赛（健康主题）入围奖。年内，利用海丰街道大齐黄金杏、吴八里葡萄，碣石山镇古家桃等丰收开展采摘节、采摘季活动，千年古桑园桑黄等桑产品、省级非遗绒绣、塘坊糕点、水湾镇葫芦烙画实现市场化推广。鲁绣被授予第五届青岛国际版权交易博览会《版权保护类金奖》。盐瓷获山东省文旅商品创新设计大赛金奖。（石　伟）

旅游管理

【概况】 2022年，无棣县强化旅游行业管理，开展旅游市场专项整治行动，加强旅游市场监管，突出旅行社、导游及旅游饭庄管理，提升旅游服务质量。组织参加市级导游短视频大赛，其中5人获奖。组织导游培训班3期200余人。落实旅游安全管理责任制，开展旅游公共服务、旅游景区、旅行社等大排查大整治，检查企业25家次，安全隐患整改完成率100%。（杨　健）

【旅行社管理】 至2022年底，无棣县有旅行社3家。年内，推进旅行社安全生产台账工作，立档建制规范管理。县内所有旅行社实现旅行社安全生产工作领导组织机构图责任到人、旅行社安全管理制度明确、旅行社安全应急救援预案分工细化、建立旅行社安全应急救援电话联络表、规范旅行社应急救援处置流程，做到制度上墙和对外公示。查处无资质经营等违法违规行为，对所辖旅行社使用车辆情况进行摸排检查，规范旅行社和旅游包车客运企业经营行为，落实旅游道路交通安全。组织青年旅行社、无棣旅行社、天马旅行社3家旅行社及导游人员进行安全培训，对县内3家旅行社用车情况、旅游包车客运车辆、租车合同、旅行社全员安全生产责任清单、疫情防控情况进行重点检查。开展未经许可经营旅行社业务专项整治行动，组织对3家问题旅行社执法检查，发现问题5个，全部整改完成。（杨　健）

【导游管理】 2022年，无棣县组织县内导游参加2022年最美滨州·全市导游短视频大赛，其中3人获三等奖、2人获优秀奖，无棣县文化和旅游局获优秀组织奖。县文化和旅游局组织3期、200余人次导游培训班，对旅行社安全管理办法、旅行社安全规范、旅游客运安全管理等进行系统学习培训。组织导游等文旅从业者开展直播带货培训，提升专业素养、学习新媒体专业知识，提高全县导游服务质量。（杨　健）

【旅游饭店管理】 2022年，无棣县共有星级饭店2家，分别为无棣县富豪大酒店和无棣县海顿大酒店，均为三星级。年内，定期开展星级饭店新冠疫情防控工作检查督导，强化疫情防控意识，保障游客健康。组织星级饭店从业人员60余人次参加星级饭店管理及质量培训班，提升星级饭店服务接待水平。（杨　健）

【旅游安全管理】 2022年，无棣县加强旅游安全管理，落实安全生产主体责任，与各旅游企业签订安全责任状，强化企业法定代表人、主要负责人和实际控制人安全工作责任。开展旅游安全专项行动，做好各个节假日安全检查工作。加大安全知识教育培训和宣传力度，结合“3·15”国际消费者权益保护日、“5·19”中国旅游日、安全生产月和“12·4”国家宪法日法治宣传活动，要求旅游企业通过悬挂安全警示横幅、电子显示屏滚动播放、增添安全警示标牌等措施进行安全宣传，营造浓厚舆论氛围，强化旅游安全法规意识，打造良好旅游环境。全年检查企业25家次，发现隐患35处，整改率100%。（杨　健）

旅游公共服务

【概况】 2022年，无棣县开展旅游服务质量提升行动，升级改造旅游服务配套设施，完善提升智慧旅游动能，推动旅游服务设施智能化、便利化、人性化发展。建成高标准旅游厕所100余处，全部对游客免费开放，提升全域旅游集散中心服务质量，丰富旅游要素配套及行业资讯发布等功能；智慧旅游大数据平台实现全域景区全覆盖。（杨　健）

【旅游厕所改造】 2022年，无棣县累计建设高标准旅游厕所100余处，各景区至少设置2处旅游厕所，均达到AA级厕所标准，并在景区10分钟路程范围内。市政部门在县城主城区建设完成市政厕所44处，覆盖整个城区规划范围。所有景区厕所、市政厕所均有专人值守，责任到人，做到管理规范。在厕所墙面等进行文明如厕、爱护设施宣传。所有景区及市政厕所免费开放。（杨　健）

【全域旅游集散中心提升】 2022年，无棣县推进全域旅游集散中心提档升级，投资50余万元，完善配套吃、住、行、游、购、娱六大旅游要素，兼备旅游行业资讯发布、旅游资源和线路推介等宣传功能，为游客提供旅游咨询、导游、投诉及酒店、票务、交通预订服务。旅游手册、线路图、景区简介等宣传手册和单张以及特色产品都摆放在醒目位置，在入门处摆设可触摸电子屏，循环播放旅游宣传片，游客在参观行走间便可获取旅游资讯，满足市民个性化旅游需求，搭建自助游消费市场平台。（杨　健）

【智慧旅游】 2022年，无棣县继续提升全域旅游大数据平台，在原有平台基础上，充实完善智慧旅游功能，完成无棣县11家AAA级景区全景VR制作，让线上云游无棣成为现实。同时，为游客游览景区提供全新视角，使游客足不出户便能随时随地欣赏美景，吸引更多游客到无棣实地旅游。制作完成古城景区全域旅游智慧语音导播系统，系统覆盖景区内18个景点，游客只需打开微信，扫描各点布局好的二维码，即可获取景点的解说录音、详细介绍、图片、文化故事、历史人物、主要景观等内容。同时，为游客提供中英双语讲解，通过语音讲解系统，为游客提供全面、准确、深入的一对一讲解服务，让导游讲解从线下走进线上，实现宣传推介转型升级。（杨　健）

房地产业

房地产开发经营

【土地挂牌出让】2022年，无棣县挂牌出让经营性用地121宗、面积783.02万平方米，其中挂牌出让住宅用地9宗、面积11.32万平方米。（王丛洋）

【房地产投资】2022年，无棣县完成房地产开发投资92.89亿元，比上年增长5.12%。90平方米及以下住宅投资3510万元，90～144平方米住宅投资4.03亿元，144平方米以上住宅投资3.42亿元。（王丛洋）

【房地产施工】2022年，无棣县完成住宅施工面积181万平方米，比上年增长4.35%。其中，新开工面积29.5万平方米。完成住宅竣工面积22.25万平方米，比上年增长6.87%。（王丛洋）

【商品房销售】2022年，无棣县商品房销售2200套、面积34.44万平方米，去库存周期为11.9个月，属健康值。商品房价格均价每平方米6200元，老城区楼盘以主打刚需为主，新城区以改善型住宅居多。（王丛洋）

【房地产开发企业】2022年，无棣县正常运营房地产开发企业30家，均为二级资质。全县房地产企业加大资金投入，扩大开发建设规模，加强内部管理，严控经营风险，提升运营水平，企业综合运营能力全面提高。碧桂园等一线房企进驻无棣县，为市场发展注入新动力，企业逐步向规模化、品牌化、专业化发展转变，整体实力和水平得到提升，小区建设水平档次提高，居民住房条件得到改善。（王丛洋）

2022年无棣县房地产开发企业名单（共30家）

无棣万泰房地产开发有限公司
无棣金羚置业有限公司
滨州基德置业有限公司
滨州金鼎源房地产开发有限公司
山东齐星房地产开发有限公司
无棣富建房地产开发有限公司
无棣方圆住宅发展有限公司
无棣兴滨房地产开发有限公司
无棣德邦置业有限公司
无棣万兴酷尔乐房地产开发有限公司
滨州汇泰置业有限公司
博兴丰恒置业有限公司
滨州正海置业有限公司
无棣中恒置业有限公司
无棣富棣置业有限公司
无棣益和置业有限公司
滨州金城房地产开发有限公司
无棣经发置业有限公司
无棣精大置业有限公司
无棣鑫鼎置业有限公司
无棣玉恒置业有限公司
无棣金都置业有限公司
滨州凯腾房地产开发有限公司
滨州祥龙置业有限公司
无棣美联建安置业有限公司
无棣香江置业有限公司
无棣铭诚置业有限公司
滨州豪顺房地产开发有限公司
滨州昌隆房地产开发有限公司
滨州鑫碧房地产开发有限公司

房地产中介和租赁服务

【房地产中介】 2022年，无棣县开展房地产领域“双随机、一公开”检查，对30余家中介机构实地检查指导，并将结果及时上传省监管平台。检查人员通过现场查阅资料、询问等形式，检查了解房地产中介机构备案、履行相关法律法规情况。对中介机构有无签订“阴阳合同”、为不符合交易条件房屋提供经纪服务及发布虚假房源信息招揽业务等情况进行专项检查，督促相关工作人员规范房地产中介机构经营行为，守法诚信经营。（王丛洋）

【房屋租赁】 2022年，无棣县加强市场监管，对房屋中介市场中租赁行为加以规范，开展房地产领域“双随机、一公开”检查，对全县30余家中介机构进行实地检查指导工作，依法开展房屋租赁登记备案工作，全年完成登记备案1903件。（王丛洋）

【二手房交易】 2022年，无棣县二手房成交套数377套、成交面积5.21万平方米，比上年分别下降33.74%、33.63%。其中，二手房住宅成交套数367，比上年下降34.46%；成交面积5.05万平方米，比上年下降34.5%。（王丛洋）

房地产市场监管

【房屋质量管理】 2022年，无棣县强化房屋质量管理，优化工艺工法，鼓励企业应用新材料、新技术，消除常见质量问题，提升住宅工程质量水平。持续开展房屋质量日常监督巡查工作，重点突出质量常见问题治理，开展住宅工程防渗漏专项治理行动，推广建设单位组织业主实施先验房后收房活动，压实建设单位工程质量首要责任、强化施工单位主体责任，推进质量管理标准化建设。年内，办理房屋建筑工程监督注册登记128个、建筑面积110.6万平方米，办理竣工验收备案工程110个、面积78.4万平方米；住宅工程分户验收抽查抽测69个，涉及3728户，分户验收率100%。全年完成检测合同备案75份。（王丛洋）

无棣县不动产交易登记中心大厅（王丛洋 摄）

【房地产市场监测】 2022年，无棣县保障房地产市场秩序，定期开展巡查和市场调研，对在建可能存在风险的项目进行排查，防范化解风险，全年下达告知书23份，回复并办理“12345”政务服务便民热线400余起。通过开展涉稳风险项目排查，关注房地产领域经济指标运行情况，加强预售资金监管力度，提高住建与金融部门联系水平。强化行业监管，构建以加强日常监管、强化资金监管水平和房屋网签备案制度相结合为基础的房地产市场管理体系，对全县开发企业进行摸排，了解企业困难，增强房地产业企业活力。帮扶房地产开发协会，促进行业自律和行业自救，通过协会促进企业发展，避免恶意竞争，引导企业良性发展。推进房地产和商业综合体开发重点工作，促进全县房地产市场平稳健康发展。（王丛洋）

【房地产业备案管理】 2022年，无棣县优化商品住房价格备案管理，将预售和现售购房合同均纳入线上管理平台，实现房地产开发企业和主管部门线上审核、线上备案，促进房地产行业健康发展。对在县域内进行房地产开发的30家、2200套销售房屋均进行备案。（王丛洋）

【房地产信息化平台建设】 2022年，无棣县网签和合同备案、资金监管线上信息化平台正常运行，将在县域内进行房地产开发的30家企业纳入线上平台管理，除部分特殊业务需复核外，实现正常业务全网络办理。年内，实现开发企业—监管银行—主管部门合同审核、合同备案、监管资金拨付等业务线上办理，并向大数据平台定时推送。（王丛洋）

物业管理

【行业服务】 2022年，无棣县有物业企业77家、物业服务项目248个，其中住宅物业服务项目215个、商业物业服务项目33个，物业服务总面积775万平方米，涉及3.5万户业主。年内，获评省“齐鲁红色物业”星级服务项目1个，无棣县被滨州市住建局评为“渤海红色物业”示范县。（王丛洋）

【物业行业管理】 2022年，无棣县按照《无棣县住宅小区物业服务企业服务质量监督考核评价指导意见》要求，评定A级物业服务企业6家、B级物业服务企业30家。海丰街道、棣丰街道新增物业管理办公室，承担物业管理与服务等职能；9个城市社区成立环境与物业管理委员会；36家有物业服务项目的物业服务企业，通过自建、联建方式成立党支部或选派党建指导员，物业党组织覆盖率100%。（王丛洋）

【物业监管】 2022年，无棣县完善安全监管体制机制，强化执法检查，做好安全生产工作。县住建局联合综合行政执法局、市场监管局进小区执法6次，下达整改通知书20份，对相关物业服务企业进行单独约谈3次，强化法律法规意识，督促加强行业自律建设。年内，街道、社区、业委会召开联席会议23次，加强与各级单位协同联动，增强综合处置能力。（王丛洋）

【公共维修资金管理】 2022年，无棣县收取住宅专项维修资金1370余万元，使用300.72万元。至年底，全县维修资金累计归集14283.23万元，累计使用1245.23万元，累计增值457.15万元。（王丛洋）

【“渤海红色物业”建设】 2022年，无棣县继续保持物业服务企业党组织覆盖率、业委会党组织覆盖率100%。全年开展县级物业培训2次、镇（街道）物业相关会议5次，组织召开并参与城市管理、立法调研、示范评选等多种活动会议，提升党建引领物业服务管理工作水平，推动物业管理融入基层社会治理，运用党建力量加强物业主管部门、物业管理行业协会沟通，构建物业服务行业办实事长效机制。（王丛洋）

2022年3月10日，无棣县物业管理工作培训会议在县住建局召开（王丛洋 摄）

交　通

综　述

【综合交通网建设】2022年，无棣县优化路网结构，加快综合立体交通建设。实施总投资152亿元的10大交通工程，年内完成投资16亿元。推进G339国道、S511省道改建工程等。新改建农村公路230千米。津潍高铁无棣段启动实施。全年港口货物吐量2330.6万吨。（杨　磊）

【无棣县综合交通运输“十四五”发展规划】2022年，无棣县印发《无棣县综合交通运输“十四五”发展规划》，构建铁路、公路、水运互联互通综合立体交通网，到“十四五”末，投资200亿元以上，形成“一高铁、二铁路、三专线、四港区、五高速、八国省道”综合交通网络；推进套尔河港区、秦口河港区、大口河港区及马颊河港区规划编制、调整及优化工作，提升综合运输能力。（杨　磊）

【交通智能化管护平台】2022年，无棣县投资218万元，建设“互联网+行业管理、运输服务”智慧交通管理服务平台。平台具备打造数字农路一张图、工程建设管理、养护管理、“路长制”管理、群众一码服务以及公路应急处置等功能模块，并配套研发“无棣县路长制”“无棣智慧养护”“无棣一码服务”轻量化微信小程序，创新农村公路监管模式。依托省市统建滨州市重点营运车辆动态监管平台，强化危化品运输动态监管，通过查询危化品运输车辆实时定位、运行速度、视频监控、电子运单等信息，为行业管理和应急指挥调度提供信息化支撑；接入滨州市政务云平台互联网区，借助云平台网络系统，实现数据读写性能。借助云平台自动备份系统，实现数据库数据定时增量备份。部署云应用防火墙、云综合日志审计、下一代防火墙（含入侵防御、防病毒）等安全防护，支持云综合漏洞扫描、网页防篡改，保障平台信息安全。（杨　磊）

公　路

【概况】2022年，无棣县加快公路建设。其中，G339国道、S511省道改建项目启动实施，G228国道展开前期工作。改建农村公路230千米，强化公路管理养护，推进路域环境综合整治。至年底，全县有国省道7条，共计里程227.26千米，其中国道101.15千米、省道126.12千米；县道14条、长224.6千米，乡道30条、长216.5千米，村道长1585.9千米。行政村道油路比例100%。（刘　伟）

【国省道公路建设】2022年，无棣县推进G339国道滨榆线无棣北海经济开发区界至无棣柳堡及张连普至无棣县城段和S511省道大车线碣石山镇至张连普段改建工程。G339国道滨榆线改建路段项目全长23.54千米，总投资9.33亿元；S511省道改建路段项目全长9.04千米，总投资 3.63 亿元。2 个改建项目列入《山东省“十四五”综合交通运输重点项目库》，其中 S511 省道大车线碣石山镇至张连普段改建工程被列入 2022 年第二批省重点基础设施项目名单。投资 2049 万元，全长 6.45 千米，完成 G205 国道庆云县无棣县界至无棣县阳信县界段大中修及附属设施工程。G228 国道丹东线工程加快路基工程建设，重点推进套尔河大桥建设，完成套尔河大桥 90 根桩基、6 个承台施工，土地预审和组卷工作完成并上报山东省自然资源厅。　（刘　伟）

2022 年无棣县公路基本情况一览表

表 26　　单位：千米

指　标	2022 年	2021 年
公路通车总里程	2254.26	2137.90
国道	101.15	101.15
省道	126.12	126.12
县道	224.58	224.58
乡道	216.51	216.51
乡村路	1585.87	1469.55
晴雨通车里程	2026.96	1910.64
桥涵齐全里程	2026.96	1910.64
养护里程	2026.96	1910.64
等级公路里程	2026.96	1910.64
一级	11.06	11.06
二级	98.73	87.62
三级	244.64	217.87
四级	1672.54	1594.09
有路面里程	2026.96	1910.64
高级	1346.91	1230.59
次高级	680.05	680.05

2022 年无棣县干线公路一览表

表 27

路线编号	路线名称	路段起止名称		技术等级	里程（千米）
		起点名称	止点名称		
G205	山海关—深圳	庆云县无棣县界	无棣县 G205 国道绕城段起点	一级	0.38
		无棣县 G205 国道绕城段起点	无棣县信阳镇吴店村（G205 国道绕城段与 G339 国道交叉口）	一级	6.69
		无棣县信阳镇吴店村（G205 国道绕城段与 G339 交叉口）	无棣县信阳镇范家（G205 国道绕城段与原 S519 省道共线段终点）	一级	2.13
		无棣县信阳镇范家（G205 国道绕城段与原 S519 共线段终点）	无棣县 G205 国道绕城段终点	一级	12.22
		无棣县 G205 国道绕城段终点	无棣阳信界	一级	3.94

续表 27

路线编号	路线名称	路段起止名称		技术等级	里程（千米）
		起点名称	止点名称		
G340	东营港—子长	阳信无棣交界	无棣县 G205 国道绕城段终点	一级	3.94
		无棣县 G205 国道绕城段终点	无棣县 G205 国道与 S519 省道交叉口	一级	3.76
		无棣县 G205 国道与 S519 省道交叉口	无棣阳信交界	一级	3.19
G339	滨州港—榆林	无棣县滨州港	无棣县付家台子	一级	24.75
		无棣县付家台子	无棣县北海新区	一级	7.03
		无棣县北海新区	无棣县张连普	二级	9.82
		无棣县北海新区	无棣县张连普	二级	9.76
		无棣县张连普	无棣县信阳镇吴店村（G205 国道绕城段与 G339 国道交叉口）	二级	17.49
		无棣县信阳镇吴店村（G205 国道绕城段与 G339 国道交叉口）	无棣县 G205 国道绕城段起点	一级	6.69
		无棣县 G205 国道绕城段起点	庆云县无棣县界	一级	0.38
S233	东风港—大高	无棣县东风港	滨港铁路桥	一级	1.20
		滨港铁路桥	无棣县付家台子	一级	6.77
		无棣县付家台子	无棣县付家台桥	一级	2.72
		无棣县付家台桥	沾化区西封村	一级	22.40
S236	辛集—滨城	无棣县辛集	沾化区秦口河	二级	43.88
S511	大口河—车镇	无棣县大口河	无棣县大口河旅游服务点	二级	1.39
		无棣县大口河旅游服务点	无棣县埕口镇	一级	23.52
		无棣县埕口镇	无棣县碣石山镇	一级	8.25
		无棣县碣石山镇	无棣县张连普	二级	9.04
		无棣县埕口	河北交界	二级	0.74
S519	无棣—阳信	无棣县信阳镇吴店村（G205 国道绕城段与 G339 国道交叉口）	无棣县信阳镇范家（G205 国道绕城段与原 S519 省道共线段终点）	一级	2.13
		无棣县信阳镇范家（G205 国道绕城段与原 S519 省道共线段终点）	无棣县 G205 国道绕城段与新 S519 省道交叉口	一级	1.21
		无棣县 G205 国道绕城段与新 S519 省道交叉口	无棣县海丰十八路	一级	1.02
		无棣县海丰十八路	名仕汽车城	一级	5.20
		无棣县海丰十八路	名仕汽车城	一级	3.19

无棣县“四好农村路”建设路网车王镇车泊路段　　（高士东　摄）

【“四好农村路”建设】 2022年，无棣县总投资1.6亿元，完成路网延伸通达工程20千米、路网提升工程210千米，实施危桥改造6座、村道安防工程120千米。至年底，全县农村公路总里程达2028.96千米，其中县道224.58千米、乡道216.51千米、村道1585.87千米。重要社区、行政村进村道路达6米以上标准，县域范围内实现农村道路硬化全覆盖。　（杨　磊）

【国省道公路管理养护】 2022年，无棣县开展路域及农村人居环境专项整治、道路交通事故多发路段整治、道路交通安全工作高质量发展等整治活动，提升公路通行环境。坚持日常保养和重点维修同步实施，全年修补路面坑槽1.12万平方米，修复桥面铺装钢筋混凝土200余平方米，车辙精铣刨5.36万平方米，冷补料处理坑槽120.5平方米，贴缝16.33万米。开展交通安全设施更新维护，封堵中央隔离带开口24处，施划标线1.54万平方米，更换道口桩7800根、护栏板837米、防眩板292片、警示桩117根、整套标志牌21套、标志面板28面。推动公路应急处置能力提升，定期对机械车辆进行维修保养。6月，由县公路事业发展中心联合路政执法、养护中标单位开展公路防汛应急演练，提升突发事件处置能力。　（刘　伟）

【农村公路养护】 2022年，无棣县完成农村公路大中修159千米，其中县道信河路10.8千米路网大修工程总投资2751万元；完成农村公路日常养护及小修保养2028.96千米，其中县道实施日常养护及小修保养工程，累计完成贴缝作业143千米，坑槽修补476平方米，啃边修复154平方米，网裂病害修复5.7万平方米。开展路域治理，修剪灌木5.8万株，清理遮挡安全标志绿化树木112处，清扫桥面及疏通桥梁排水孔68座，机械打草246千米，清扫路面2033千米。镇（街道）成立农村公路管理站，落实路长制，负责辖区内农村公路管理工作，累计完成乡村道日常养护1803千米。　（杨　磊）

【路政管理】 2022年，无棣县强化路政执法巡查工作。通过出动宣传车、张贴标语等方式，宣传《中华人民共和国公路法》《山东省农村公路条例》等法律法规，提高群众安全意识。开展秋收季节专项集中整治，出动执法人员35人次，执法车辆5辆次、宣传车5辆次，制止劝阻晒粮47处，清理堆放建材2处。全年出动执法人员220人次，执法车辆100辆次，清理店外经营、乱堆乱放行为80起，清理占道经营行为30起，清理打场晒粮行为50余起，下达告知承诺书45份，处理路政案件12起。　（刘　伟）

【交通管理】 2022年，无棣县完善道路沿线交通设施，保障道路安全畅通。完善农村公路安全生命防护工程，进行安全隐患排查、整改，安装信号灯8处、警示灯840处、标志标牌1063个、防撞护栏3520米、减速带5500米、道口桩750个，修剪遮挡标志树木112处，清理遮挡路口视线绿植、遮挡道口桩杂草56.4千米。完善路长制运行机制，更新农村公路路长名录，县级及部分乡村级路长利用“无棣路长制”微信小程序进行巡路工作，累计开展道路巡查 698 次、3944 千米；完成县乡道及部分镇（街道）连村路路长制公示牌安装工作。（杨　磊）

【客货运载体建设】2022 年，无棣县有客运企业 5 家，公交企业 1 家，有电动新能源公交车 137 辆、燃气车辆 67 辆。全县城际、城乡、镇村运行公交线路 27 条、公交车 142 辆，公交候车亭（站）140 个。有道路货物运输企业 179 家、车辆 4901 辆。其中，危险品运输企业 23 家、车辆 699 辆，货物类型主要为环氧丙烷、环氧氯丙烷、液碱等化工材料及成品油；普货运输企业 156 家、车辆 4202 辆，货运类型为常规非危化品货物。规模以上道路运输企业 25 家。（韩鹏飞）

【运输市场监管】2022 年，无棣县开展道路运输、水运港口、工程建设等重点领域专项治理，共检查交通企业 354 家次、港口码头 19 个次，巡查岸线 310 千米，发现问题隐患 542 项，全部整改到位。组织重点企业安全管理及从业人员开展大学习、大培训、大考试专项行动，参训企业 213 家次，参训人员 4502 人次。加强应急响应处置，预置客运车辆 10 辆、货运车辆 20 辆，抢险救援装备 24 台，抢险救援队伍 45 人，保障应急救援行动迅速及时。加强危化品运输全过程信息化监管，实现数据共享、安全监管和风险预警，提升危化品管理的科学性。推进危险货物道路运输电子运单应用，抽查车辆 144 辆次，全部完成问题整改。（韩鹏飞）

【运政管理】2022 年，无棣县开展专项整治行动，排查“两客一危”企业 45 家、危化品运输企业 24 家、检查维修企业 46 家，发现安全隐患 548 条，全部整改到位；加强对成品油运输企业监管，检查运输成品油企业 12 家次、运输车辆 157 辆次，企业资质齐全，车辆、人员实现全程信息化监管，无私自设立自备罐、私自存储成品油现象。开展“打非治违”行动，查扣处罚黑出租和非法网约车 24 辆，处罚非法卸沙码头 1 处。加强超限超载车辆治理工作，交通、公安等部门开展联合执法行动 5 次，处罚放行超限超载车辆出场货运源头 5 处。开展打击违法涉路施工行为，责令整改违法施工行为 4 起、处罚 1 起。推进非现场执法工作，启用 4 处超限超载车辆不停车检测系统，对超限超载运输车辆 24 小时抓拍，处理非现场执法案件 465 起、行政处罚 120 万元。采取定点检查、不定时巡查、错峰检查等方式集中开展客运领域、货运市场集中整治行动，全年处罚脱落扬撒车辆 21 件、擅自改装车辆 2 辆。（韩鹏飞）

铁　路

【概况】2022 年，无棣县推进铁路工程建设和运营，津潍高铁无棣段启动实施，齐燕铁路展开前期工作，黄大铁路无棣段完成煤炭运量 1623 万吨，泊港铁路试运营。（王敏青）

【津潍高铁无棣段推进】2022 年，无棣县服务津维高铁项目建设，成立工程建设指挥部，召开协调推进会议，保障项目推进。津潍高铁无棣段项目初设、环评、水土保持方案、站房设计等获批复或审查，签订站房调整协议，完成三电迁改、用地勘界、地上附着物评估招标。用地勘界、地上附着物清点 37.8 千米。站房概念设计及站场广场综合交通规划编制完成，站房面积由原设计 5000 平方米增至 1.2 万平方米。（王敏青）

【齐燕铁路规划】齐燕铁路规划里程 27.37 千米（其中河北省段 18.92 千米，山东省段 8.45 千米），总投资 27 亿元，设计运量近期（2025 年）2800 万吨，远期（2040 年）超过 5000 万吨。线路自海兴县境内沧港铁路既有赵高支线新建赵高北站引出，经小山乡、辛集镇、香坊乡，向南跨越漳卫新河后进入无棣县境内，经小泊头镇进入埕口镇，止于鲁北高新区。全程共设 5 个站点（4座新建站、1座改建站）。其中，河北省境内新建赵高北站、海兴经济开发区站，改建沧港铁路杨庄站；山东省境内新建鲁北站、铝矾土装卸站。2022年，无棣县加强与河北省有关部门沟通对接，召开规划评审会，研究工程方案，完成路线优化，文物勘探开展前期工作。项目被列入山东省第一批重大基础设施项目名单。（王敏青）

【黄大铁路无棣段运营】 黄大铁路在无棣县境内途经小泊头镇、碣石山镇、车王镇、水湾镇、西小王镇，线路长43.7千米，设有碣石山站和无棣北站，由无棣北运维中心负责管理。2022年，黄大铁路无棣段优化增运提效措施，加强安全运行启程，压缩卸车时间，提高周转效率。黄大铁路无棣段实现煤炭运量1623万吨、非煤运量301万吨。（王敏青）

【泊港铁路无棣段试运行】 泊港铁路为滨港铁路一期项目（滨沾线）延伸，于滨州市沾化区泊头镇站接轨，北至滨州港，途经沾化区、无棣县、北海经济开发区，新建正线线路总长65.32千米；设计运量为1000万吨，远期为2200万吨。泊港铁路总投资27.4亿元，在无棣境内长为17.9千米，为滨港地方铁路重要组成部分，实施“公铁水”联运重要基础设施。2021年9月8日，泊港铁路建成试运行。2022年，因未并入国家铁路网实现货物直通运输，未实现正常运营。（王敏青）

水 路

【概况】 2022年，无棣县加强水上交通企业安全生产专项检查，保障船舶运输安全。全县有经营性泊位22个，全年港口货物到达发送量4507万吨，比上年增长164.19%；船舶进出港14846艘次，比上年增长175.13%。年内，开展水路专项执法巡查146人次，巡查岸线670千米，检查水路运输企业6家次、港口码头34个次；查处非法装卸经营码头案件1起、非法装载超限车辆案件5起，行政处罚10万元。（佘文英）

【航道规划】 2022年，无棣县推进港区规划布局优化。秦口河、马颊河航道及港区规划被纳入《山东省综合立体交通规则纲要》征集意见稿；推进《滨州港套尔河港区总体规划》修订，征求相关园区和海洋渔业部门意见，按照实际岸线土地、海域功能进行规划，配合滨州市交通运输局启动套尔河、大口河港区规划修编程序。（佘文英）

【港航货物运输】 2022年，无棣县促进港口和水路运输生产发展。县内有港口企业10家、水路运输企业2家，营运船舶6艘。全年港口货物吞吐量2330.6万吨，水路运输货运量268.4万吨，货物周转量57191.78万吨千米，分别比上年增长10.04%、1%、3.8%。（佘文英）

【平安港口建设】 2022年，无棣县强化安全监管，开展平安港口创建，编制印发《无棣县平安港口建设活动实施方案》。7月，

黄大铁路运营无棣县水湾镇路段（高士东 摄）

组织港航企业开展安全生产培训1次，签订《安全生产承诺书》《港口码头源头治理车辆超限超载及杜绝非法船舶停靠装卸承诺书》12份，修订《水路交通应急预案》，组织港航企业开展不同科目应急演练，提升事故防范和救援能力。（佘文英）

【船舶监督检查】2022年，无棣县开展港区船舶、车辆专项执法检查。至年底，累计实施船舶安检173艘次，比上年增长101.16%；安检初查84艘，比上年增长68%；缺陷657条，平均单船缺陷7.82条，平均单船滞留缺陷4.57条，单船滞留缺陷条数比上年增长66.18%；滞留船舶19艘，比上年增长58.33%，滞留率22.62%。开展船舶现场监督检查235艘，比上年增长45.06%。实施行政处罚123件，比上年下降54.47%；罚款258.9万元，比上年下降9.21%。（崔志超）

【航运公司安全管理】2022年，无棣县加强航运企业资质管理。组织辖区内2家航运公司主要负责人、安全管理负责人和安全员进行安全培训学习，考取安全培训合格证书。督促航运企业建立船舶一船一册、船员一人一档台账。强化船舶安全设施设备配备，推动2家航运公司足额配备保温救生服及船舶自动识别系统定位设施96套；完成2艘在航运营船舶的卫星电话配备接通工作。严格商船安全检查，全年检查商船2艘次，安全设施设备处于可用状态。（佘文英）

【非法砂石运输船治理】2022年，无棣县开展采运砂船舶安全专项整治行动、全县水运行业整体状况摸排（水运行业安全生产专项整治三年行动）综合治理行动，排查企业安全隐患49项，督促完成整改销号。巩固非法砂石船舶动态清零局面，提升从业人员法治意识，降低安全风险。通过持续开展内河船舶涉海运输治理，加强日常巡查，密切关注砂石运输动态。年内，对“东泰2”轮单船处罚50.3万元，为山东省辖区非法内河船舶单船处罚额度最高。（崔志超）

【船舶防污染监管】2022年，无棣县开展船载易流态化固体散装货物安全管理专项检查工作，保障易流态化固体散装货物56.86万吨、77艘次船舶安全进出港。加强浮吊防污染检查，推动码头配装岸吊，逐步淘汰浮吊等落后生产力。强化船舶防污染检查，查处违法行为24件，罚款41.55万元，首次完成对船舶污染物接收单位和船舶油料供受单位相关违法行为调查处理。规范供受油作业管理，加强船舶油料质量监督，加强防污染作业监管，防范污染事故发生，全年开展防污染作业现场检查146次，查处船舶污染物接收单位未按规定出具接收单证违法行为1起。开展港口码头应急防备检查，对13家码头单位开展应急防备检查，督促码头单位落实防污染主体责任。（崔志超）

【海上预警预防】2022年，无棣县加强应急值守和恶劣天气预警应对。做好大风降温水上交通领域防范应对工作，加强预报预警，督促落实防风措施，及时发布海上风险预警信息60余条，做到信息发布全覆盖。中小型货船实行“逢八级以上风不开”，及时提出召回、就近择港、锚泊抗风等应对措施，服务船舶6艘，严防船舶碰撞及各类水上交通事故发生。（佘文英）

【海上通航秩序】2022年，无棣县优化海上通航环境，稳固海上安全防线。开展海上巡航16次，巡航里程898千米；加强与河北省、天津市海事机构海上执法协作，保障重点时段区域水上交通安全形势稳定；落实海事、渔业部门海上联合巡航常态化机制，推进“商渔共治2022”专项行动，开展联合巡航4次、“商渔船防碰撞”活动12次，净化航道水域通航环境；打击内河船涉海运输和违反通航管理规定违法行为，提升通航秩序；保障胜利油田地震勘探采集、中国电力海上光伏地质勘探等5个海上施工项目。保障60余艘施工作业船舶、700名施工作业人员安全。（崔志超）

水　务

综　述

【现代水网赋能行动】 2022年，无棣县实施现代水网赋能行动，统筹节水增效，实施河道清淤清障、新建拦河闸、水库增容衬砌工程，增强河道、河闸、水库蓄水能力，构建“河、湖、库、渠”全贯通的现代调水网。打造配套完善的水利体系。年内，实施投资20.68亿元10大重点水利工程，引蓄黄河水1.48亿立方米，新建高效灌溉工程10.32万亩，小流域治理工程2.25万亩，全县河道蓄水能力由7221万立方米提升到9000万立方米。（张忠燕）

【大型灌区引水】 2022年，无棣县有幸福河、小开河2条引黄河道和青波河、小米河等9条支流河道，干流河道拦河闸4座，支流河道蓄水闸10座。田间小型水工设施配套，其中有一、二级沟2209条，总长3534千米，20马力以上固定扬水站113座，形成以灌溉、蓄水、防洪除涝、防潮、城乡供水为主体的水利框架体系。年内，新建干渠、分干渠测水量水设施17处，支渠测水量水设施38处，泵站安装水电双控水泵自动控制柜142处，配套移动水表1420台，新增测流桥2座，改造提升测流桥1座。全县引黄量1.48亿立方米，蓄水能力1.18亿立方米。（张忠燕）

马颊河孙马村拦河闸　　（张树党　摄）

【生活供水】 2022年，无棣县保障城乡群众生活供水，有月湖净水厂、三角洼净水厂和芦家河子净水厂3座水厂，由润禹水务集团集中统一管理、统一调度，自来水供水主管线1537千米，日供水能力13.5万立方米。县水质检测中心通过省级C级评定、检测项目42项；所有水厂全部实现自动化控制和全程监测。投资1.4亿元，对芦家河子净水厂和月湖净水厂进行升级改造，2座水厂均为日处理能力5万立方米。投资3200万元完成碣石山镇38个村及周边镇14个村供水管网改造任务。通过加装智能水表，改造3座水厂供水主管线，推进农村供水县级统管，建立县级供水单位+乡村供水服务公司+用水户三级管理模式，解决供水管网跑冒滴漏、水质不达标问题。（张忠燕）

【美丽示范河湖建设】2022年，无棣县推进美丽示范河湖创建工作。6月，由县河长制办公室启动实施朱龙河省级美丽示范河湖建设工程。项目总投资125万元，主要开展建设段弃土平整及边坡整理、朱龙河渡槽景观提升工程、蔡古路桥景观提升工程、疏港路桥景观提升工程、视频监控设施安装。创建市级河道秦口河、小开河、簸箕李干渠及镇级河道镇江河4条美丽幸福河湖，实现河畅、水清、岸绿、景美目标。（张忠燕）

【水政执法】2022年，无棣县查处超取水许可取水违法案件9起、非法取水案件1起，现场制止48起，违法行为轻微不予处罚2起。共行政处罚46万元。（张忠燕）

水文监测

【概况】2022年，无棣县推进水文高质量发展。县政府发布水文监测环境保护范围公告，加强水文设施设备管理。水文专项经费列入地方年度财政预算。落实日清月结要求，做好资料整编，保障整编成果质量。完成灌溉水有效利用系数测算分析、农田水利设施调查、国家地下水超采综合治理项目机制体制建设。持续做好水文测报工作，对辖区内所有检测站根据水位变化开展日常巡测，重要河流每天定期通过视频实时监控监测断面及测站情况，完成各项监测任务。（潘　毅）

朱龙河穿越佘家镇域河段（王永波　摄）

【水文测验】2022年，无棣县取得降水量监测资料30站年、河流水位监测资料9站年、径流监测资料7站年、地下水位监测资料8站年。

降水　全年平均降水量668毫米，比上年（894毫米）偏少25%，较历史（573毫米）偏多17%。汛期，全县平均降水量615毫米，比上年（816毫米）偏少25%，较历史（506毫米）偏多22%。

泥沙　德惠新河白鹤观闸年输沙量3.91万吨，最大日平均输沙率每秒126千克，平均输沙率每秒1.24千克，年平均流量每秒28.5立方米，年平均含沙量每立方米0.04千克，最大断面平均含沙量每立方米1.16千克。

冰情　德惠新河白鹤观闸上游初冰日期12月1日，终冰日期2月22日，封冻日期12月5日，解冻日期1月3日，上半年实际封冻天数2天，下半年实际封冻天数12天。白鹤观闸下游初冰日期12月1日，终冰日期1月26日，封冻日期12月5日，解冻日期1月3日，上半年实际封冻天数2天，下半年实际封冻天数8天。

地下水　全年行程8000余千

米，对辖区内 22 处地下水监测井，每季度巡查一次，巡查 78 站次，报送数据 5500 条，保障地下水监测数据真实有效。（潘 毅）

【水土保持监测】2022 年，无棣站摘录降雨 65 场次。自 1 月初至 3 月初、11 月中旬至 12 月底出现冻土现象，3 月 15 日起测，观测至 11 月 15 日即停测。无棣站观测期总降水量 773.6 毫米，大于等于 12 毫米侵蚀性降雨量 664.5 毫米。观测期内共摘录符合要求降雨场次 13 场，其中摘录有产流次降雨 11 次。全县坡面径流场降水日数 65 天，其中侵蚀性降水 13 次，总降雨侵蚀力 6619.6 兆焦耳·毫米 /（公顷·小时·年）。最大次降水量 111.0 毫米，历时 930 分钟，发生在 7 月 11 日 20 时 00 分至 7 月 12 日 12 时 30 分，最大 30 分钟雨强为 84.6 毫米 / 小时，发生在 8 月 8 日，最大降雨侵蚀力 1710.9 兆焦耳·毫米 /（公顷·小时·年），发生在 8 月 8 日。无棣县坡面径流场侵蚀以水力侵蚀为主，按照黄泛平原防沙农田防护区土壤侵蚀强度分级标准属于微度侵蚀。（潘 毅）

【洪水应急监测】2022 年 7 月，无棣县受上游持续客水影响，发生 1 次洪水过程。白鹤观闸于 7 月 12 日闸门全部开启。洪水期间共测流 12 次，报汛 38 次。7 月 15 日 10 时出现洪峰，洪峰水位 5.01 米，洪峰流量每秒 270 立方米。11 月 12 日，受上游客水影响，出现年最大流量每秒 379 立方米，相应水位闸上 5.48 米、闸下 3.83 米。孙马村闸于 7 月 12 日出现洪水过程，洪水期间共测流 10 次，7 月 13 日出现洪峰，洪峰水位 3.60 米，洪峰流量每秒 600 立方米。漳卫新河辛集闸站于 6 月 8 日出现年最大流量每秒 450 立方米，相应水位 3.5 米。10 月 3 日连降大雨，辖区内中小河流全部开闸泄水，测流 12 次，报汛 34 次。（李同辉）

【水文情报服务】2022 年，无棣县水文中心接收处理各类监测站点信息 3 万余条，其中雨水情信息 2 万余条、墒情信息 208 条、地下水信息 4200 条。发送雨水情信息 1.1 万条，发布雨水情简报 36 期，地下水简报 12 期。（李同辉）

【水环境监测】2022 年 9 月 23 日，无棣县人民政府发布《关于划定水文监测环境保护范围的公告》，明确水文监测设施、保护范围及工作要求等。县水文中心加强水环境监测，组织开展 2022 年度无棣县水功能区、供水水源地水质监测，完成 3 处地表水源地、2 处河（湖）长制、5 眼国家地下水等项目水质监测任务，取得样品近 5000 个，编写监测通报 5 期。（李同辉）

水利工程

【概况】2022 年，无棣县成立全县水利工程建设指挥部，加强水利工程建设组织领导和统筹协调，落实工程建设责任制，每周调度工程进度，每月召开一次工程建设现场推进会议。投资 20.68 亿元，实施 10 大重点水利工程，年内完成投资 12.8 亿元，漳卫新河清淤清障、秦口河综合治理、城乡供水一体化、芦家河子水库增容等工程推进实施。（王永波）

【漳卫新河无棣段清淤清障工程】2022 年，无棣县实施漳卫新河无棣段清淤清障工程，清淤 7.2 千米，清障 27 处，清理养殖池 652.4 万平方米、围堰围埝 8 万米、树障 7.5 万平方米、房屋建筑 9760 平方米，提前一个月完成水利部海河水利委员会要求的整改任务。（王永波）

【秦口河综合治理工程】2022 年，无棣县投资 2.6 亿元，实施秦口河综合治理工程，完成河道治理 16.46 千米，河道疏浚总长 16.46 千米；对两岸 28.8 千米现状堤防进行加固；配套改造沿线 22 座建筑物，其中新建涵闸 12 座、新建挡潮闸 2 座、改建涵闸 7 座、改建挡潮闸 1 座；修建管理道路 47.39 千米。（王永波）

【城东水库新建工程】2022年，无棣县投资4.5亿元，建设水库设计蓄水位为6.00米，相应设计库容工程主要包括水库围坝、入库泵站、出库泵站、小开河分水闸、截渗沟涵闸等建筑物。年内，工程开工建设，实施水库清表和排水。（王永波）

【埕口水库增容衬砌工程】2022年，无棣县投资3.7亿元，实施埕口水库增容衬砌工程，新增蓄水量500万立方米。水库围坝、入库泵站、出库涵闸及引水涵洞等主要建筑物级别为3级，马颊河引水涵闸为2级；马颊河引水涵闸导流建筑物级别为4级，其他导流建筑物级别为5级。主要包括围坝、马颊河引水涵闸、引水涵洞、入库泵站、入库涵闸、出库涵闸和管理区建设等。年内，工程全面开工，实施围坝填筑和引水涵闸建设工程。（王永波）

【城乡供水一体化工程】2022年，无棣县实施城乡供水一体化项目，完成投资1.5亿元。新敷设供水管道4500米。日供水5万立方米水厂完成设备安装。（王永波）

【农村供水工程】2022年，无棣县投资3246.3万元，实施农村供水工程，工程供水范围涉及6个镇57个行政村、1.58万户，解决4.73万人农村居民饮水安全问题。对57个行政村配水管网进行提升改造，入户采用一户一表，村级配水管网工程覆盖率100%，实现全天24小时供水。（王永波）

【马颊河鲁北拦河闸工程】2022年，无棣县投资1.3亿元，实施马颊河鲁北拦河闸工程，主要建设内容为拆除黄瓜岭橡胶坝移址改建9孔拦河闸，新建桥头堡、闸附交通桥、闸上、下游河道主槽边坡护砌、配套下游消能防冲等设施设备、管理设施改建等，提升水库蓄水能力。年内完成拦河闸主体工程。（王永波）

【德惠新河至明湖水库引调水工程】2022年，无棣县投资619万元，建设德惠新河至明湖水库引调工程。工程全长6.8千米。新建德惠新河提水泵站1座，解家渠道清淤6.8千米，解家渠道沿线支沟节制闸14座，青波河节制闸1座。（王永波）

【芦家河子水库增容衬砌及水厂改扩建工程】2022年，无棣县完成投资1.9亿元，进行芦家河子水库增容，水库设计库容达到中型水库标准，主要工程包括围坝加高、增设防浪墙、库区截渗及各类建筑物。年内，完成鲁北供水专线34千米，日供水能力5万立方米水厂完工，北库区施工完成。（王永波）

芦家河子水库增容工程（王永波 摄）

城市建设

城市规划

【概况】2022年，无棣县建立国土空间规划体系，科学布局生产空间、生态空间、生活空间。做好国土空间规划顶层设计，完成《无棣县国土空间总体规划（2021—2035年）》初步成果，同步推进《无棣县城市更新规划》《无棣县综合交通专项规划》等专项规划编制。提高规划行政审批效率，促进工程项目建设有效衔接。全年批复项目规划设计方案30个，出具项目规划设计方案说明15个。加强规划管理，出具规划意见36份。优化规划服务，为津潍高铁无棣段、鲁北超能新材料等省市重点项目建设提供服务。（刘　斌）

【规划编制】2022年，无棣县上报城镇开发边界划定总规模95.84平方千米，为现状城镇建设用地的2.02倍。《无棣县国土空间总体规划（2021—2035年）》编制设计团队与相关部门进行对接，根据生态、农业、城镇3类空间及生态保护红线、永久基本农田和城镇开发边界3条控制线"三区三线"上报成果、对资源环境承载能力和土地空间开发适宜性评价"双评价"成果和水资源承载力、人口预测等因素合理确定城镇开发边界范围，在开发边界内合理划分集中建设区、弹性发展区和留白区，完善各类用地规划。年内，《无棣县城市更新规划》《无棣县综合交通专项规划》《无棣县加油加气充电设施专项规划》《无棣县生态修复专项规划》等项目列入县财政预算支出，其中《无棣县城市更新规划》由山东建筑大学设计集团有限公司和天津大学城市规划设计研究院联合编制，《无棣县综合交通专项规划》《无棣县加油加气充电设施专项规划》由山东建筑大学设计集团有限公司负责编制，《无棣县生态修复专项规划》由北京新兴科遥信息技术有限公司负责编制，至年底均完成初步成果编制。（刘　斌）

【规划管理】2022年，无棣县加强和改进规划建设管理工作，提升规划管理水平。组织自然资源等部门踏勘建设项目现场190次，出具规划意见36份，工程垫层验线54次，基础分部验收21次，主体验收12次，竣工联合验收10次。强化规划执法监察，受理登记群众来信来访和上级转办案件537件次，安排专人现场踏勘调查核实，全部处理回复到位，回复率100%。（张国华）

【规划行政审批】2022年，无棣县通过规划设计方案电子审核辅助系统，利用计算机智能检索分析汇总技术，解决人工审查分析耗时长、效率低的问题。对规划设计方案中的红线控制、建筑容积率、建筑密度、绿地率、日照分析等技术指标进行快速分析、比对、筛选、汇总，减少审核时间，提高数据审核准确率，为提升审查质量、缩短规划行政审批时限、优化营商环境提供技术保障。组织3次建设项目规划设计方案专家评审与规委会审议会议，对24个省市重点项目规划设计方案进行专家评审和审议。全年批复项目规划设计方案30个，出具项目规划设计方案说明15个。（张国华）

【规划服务】2022年，无棣县发挥规划服务职能，促进工程项目建设有效衔接、有序推进。加快推进重点项目建设，主动联系项目建设单位，全天候服务津潍高铁无棣段、G228国道、鲁北万润磷酸铁锂、鲁北超能新材料、大济路拓宽、鲁北外环线建设、S233省道改建等工程建设，做好现状测量、定点放线、业务咨询、手续帮办等服务工作。帮助企业争取省重大和省市重点项目，申请用地指标；为津潍高铁无棣站站前广场临时用地手续出具选址意见，为S233省道改建等工程出具纳入国土空间总体规划承诺，助力项目建设。（张国华）

城市更新

【概况】2022年，无棣县加快城市基础设施建设升级改造，围绕人居环境改善、城市短板补齐、城市品质提升等方面，推动城市更新建设。投资3188万元，推进路网整治改造，改善群众出行环境。实施雨水强排、雨水畅通、清淤工程及雨污分流及易涝点整治工程，实现城区排水管道改扩建。推进棚户区改造工作，850套、14.22万平方米住房完工交房。投资3724万元，推进55个老旧小区改造工作。完善公共设施配套、惠民工程建设，健全居住配套体系。（宋昭春）

【城市路网改造】2022年，无棣县投资2259万元，实施棣新六路北延道路工程，新建1000米城市道路，铺设雨水管网2240米、污水管网2055米。投资244万元，实施镜湖西路罩面工程，在原路面基础上，铺筑4厘米沥青面层。投资685万元，实施棣新三路罩面工程，铣刨原有灰土及沥青路面，加铺16厘米水泥稳定碎石及4+5厘米沥青面层，路面高程基本不变。（张宝峰）

【城市排水防涝改造】2022年，无棣县实施城区排水管道改扩建工程，提升城区防汛排涝能力。8月至9月，实施海丰十四路北侧至尾间畅通雨水强排工程、棣新三路泵站至小米河雨水畅通工程、青波河城区段清淤工程，对青波河城区段2470米河道进行清淤，新建公称直径1200毫米、1500毫米雨水管道3074米，修建强排泵站1座，设计排水流量每秒4.5立方米。10月至11月，实施雨污分流及易涝点整治工程，针对城区易涝点及海丰十七路与创安路交叉口、海丰十五路与棣新六路交叉口、海丰十一路与棣新六路交叉口、海丰十四路与棣新八路交叉口，分别采取管道更换、路面提升等措施，增加吞水量，保障市民出行安全。（张忠燕）

【棚户区改造】2023年，无棣县加快棚户区改造进展。丁家片区一期建设项目（建设542套、10.12万平方米）完工并交房，二期工程（建设102套、1.85万平方米）进行主体项目施工；李家山子棚户区改造项目（建设308套、4.1万平方米）建设完工并交房；原化工厂棚户区改造项目（建设136套、1.9万平方米）完成主体框架和二次结构施工，进行室内外装饰装修；馨国棚户区改造项目一期工程（建设714套、9.97万平方米）进行桩基施工。（王丛洋）

【老旧小区改造】2022年，无棣县投资3724万元，对55个老旧小区进行改造，改造总面积26.5万平方米，惠及群众2885户。针对老旧小区基础设施不完善情况，将雨污分流、楼顶防水、弱电改造、充电桩、监控安装列为必改内容，实现参改小区全覆盖。（王丛洋）

2022年无棣县老旧小区改造项目一览表

表28

序号	小区名称	小区建成年份（年）	建筑面积（平方米）	受益居民（户）	改造内容
1	振华苑	1999	3250	25	雨污分流、楼顶防水、监控、弱电改造
2	二建小区	2000	5700	40	雨污分流、楼顶防水、监控、弱电改造
3	防疫站小区	2000	4112	40	雨污分流、楼顶防水、监控、弱电改造、路面改造
4	浩立机械小区	1999	1746	18	雨污分流、监控、弱电改造、路面改造
5	基德小区（北区）	1999	16770	420	雨污分流、楼顶防水、监控、弱电改造
6	面粉厂小区	1999	2718	30	雨污分流、楼顶防水、监控、弱电改造
7	药材公司小区	2001、2003	7920	72	雨污分流、楼顶防水、监控、弱电改造
8	中行小区	1995	2400	30	雨污分流、楼顶防水、监控、弱电改造、路面改造
9	信用社小区（北院）	2000	7800	60	雨污分流、楼顶防水、监控、弱电改造、路面改造
10	农机局宿舍院	2000	6883.94	84	雨污分流、楼顶防水、监控、弱电改造
11	工商所小区	1996	4200	40	雨污分流、楼顶防水、监控、弱电改造
12	新华书店小区（北院）	2000	3872	32	雨污分流、楼顶防水、监控、弱电改造
13	七公司小区	1999	5800	50	雨污分流、监控、弱电改造、路面改造
14	拖修小区	1999	1900	21	雨污分流、楼顶防水、监控、弱电改造
15	工业品小区	2000	2000	15	雨污分流、楼顶防水、监控、弱电改造
16	工艺美术厂小区	1993	1346	12	雨污分流、楼顶防水、监控、弱电改造、路面改造
17	中医院小区	2001	3500	30	雨污分流、楼顶防水、监控、弱电改造
18	物价局宿舍院	2000	3240	32	雨污分流、楼顶防水、监控、弱电改造、路面改造
19	大西江小区	2001	4140	30	雨水、楼顶防水、监控、弱电改造、路面改造
20	人保公司小区	1998	5004.6	53	雨污分流、楼顶防水、监控、弱电改造、路面改造
21	欣宇棉业小区	2000	9600	80	雨污分流、楼顶防水、监控、弱电改造、路面改造
22	向阳饭店小区	2002	1220	10	雨污分流、楼顶防水、监控、弱电改造
23	外贸小区	1997	10008	107	雨污分流、监控、弱电改造、路面改造
24	老汽车站小区	1997	7880	74	雨污分流、楼顶防水、监控、弱电改造、路面改造
25	电力公司小区	1995	3360	20	雨污分流、楼顶防水、监控、弱电改造、路面改造
26	公路局小区北院	2003	11626.16	82	雨污分流、楼顶防水、监控、弱电改造
27	农发行小区	2004	2400	20	雨污分流、楼顶防水、监控、弱电改造
28	发展小区	2004	3600	20	雨污分流、楼顶防水、监控、弱电改造、路面改造
29	农行小区（西院）	1992	7100	80	雨污分流、监控、路面改造
30	人行宿舍院	1997	4520	44	雨污分流、楼顶防水、监控、弱电改造、路面改造
31	一养公司小区	2000	9549.6	113	雨污分流、楼顶防水、监控、弱电改造
32	国寿苑	2004	5338	47	雨污分流、楼顶防水、监控、弱电改造、路面改造
33	电业局小区（北区）	1996	2940	28	雨污分流、监控、路面改造
34	建行小区	1994	7110.64	76	雨污分流、监控、路面改造

续表 28

序号	小区名称	小区建成年份（年）	建筑面积（平方米）	受益居民（户）	改造内容
35	油区办小区	1999	3680	36	雨污分流、监控、路面改造
36	建筑公司宿舍院	2000	16370.68	162	雨污分流、楼顶防水、监控、弱电改造
37	人大小区（北院）	1991	612	6	雨污分流、楼顶防水、监控、弱电改造
38	河务段小区	1995	4620	52	雨污分流、楼顶防水、监控、弱电改造
39	信用社（步行街院）	1996	2809	18	雨污分流、楼顶防水、监控、弱电改造
40	边防大队小区	2002	8048	66	雨污分流、楼顶防水、监控、弱电改造
41	教育局小区	1995	9000	75	雨污分流、楼顶防水、监控、弱电改造、路面改造
42	水总工程公司小区	2000	4510	104	雨污分流、楼顶防水、监控、弱电改造、路面改造
43	粮食局综合沿街楼	2001	2335	17	雨污分流、楼顶防水、监控、弱电改造
44	粮食局家属院	1993	5970	57	雨污分流、监控、路面改造
45	种子公司家属院	1991	2700	32	雨污分流、楼顶防水、监控、弱电改造、路面改造
46	盐业公司家属院	1991	420	7	楼顶防水、监控、弱电改造、路面改造
47	清真肉联厂	1983	2870	35	雨污分流、楼顶防水、监控、弱电改造
48	军干所	1982	1600	25	雨污分流、楼顶防水保温、监控、弱电改造
49	酱菜厂	1992	1400	20	雨污分流、楼顶防水、监控、弱电改造、路面改造
50	物资局	1985	5947.5	111	雨污分流、楼顶防水、监控、弱电改造
51	结防所小区	1988	280	6	雨污分流、楼顶防水、监控、弱电改造、路面改造
52	化纤厂南院	1989	1600	42	雨污分流、监控、弱电改造、路面改造
53	干休所	1985	4350	21	雨污分流、监控、路面改造
54	畜牧局家属院西院	1983	2064	34	雨污分流、监控、路面改造
55	永胜综合楼	2004	3073	24	雨污分流、楼顶防水、监控、弱电改造、路面改造

【公共设施配套建设】 2022 年，无棣县加强公共设施配套建设。推进县级体育公园建设，在老城区人民广场、新区镜湖公园、镜湖植物园 3 处开放型综合公园，安装各类体育健身器材，全天候向居民开放。加强儿童友好型城市建设，对镜湖公园第 5 区进行公共空间适儿化改造，设置滑梯、摇椅、秋千、小型篮球场、羽毛球场等儿童游玩娱乐设施及休憩设施，完善儿童友好公园体系。普及使用城市绿化灌溉微喷系统，实现调节绿地小气候、增加空气湿度、降低气温。（张棣惠）

市政设施建设

【概况】 2022 年，无棣县实施城市品质提升行动，完善供水、供气、供热、照明、污水处理等基础设施建设。完成 1 条供水主管线、1 条公称直径 900 毫米高温水主管网铺设，开展主干路城市照明路灯检修工作，保障主干道亮灯率在 98% 以上。全县污水处理 2028.97 吨。全县管道天然气用户 13.1 万户，年度供气量 1.89 亿立方米。城区集中供热入网面积 677 万平方米。无棣县城市建成区雨污合流管网清零行动、城市建成区黑臭水体清零行动通过滨州市城乡水务局验收。（宋昭春）

【供水设施建设】2022年，无棣县城区供水服务有限公司铺设完成直径75毫米以上供水主管线3068米，年内供水总量1082万立方米，其中生活用水593万立方米、工商业用水489万立方米，供水人口14万人。依据《城市供水水质标准》要求，对原水、出厂水、管网水、管网末梢水进行检测，供水水质符合生活饮用水卫生标准规定，水质综合合格率99%，出厂水水质9项检测内容、管网水水质7项检测内容合格率均为100%。至年底，完成城乡供水一体化建设项目土建主体工程。（杜金芳）

【供气设施建设】2022年，无棣县燃气供气有限公司完成"燃气智慧云"管理平台建设，建成全县智慧燃气平台。智慧燃气平台管网巡检地理信息系统涵盖全县中压及以上天然气管道，用户案件及上门云服务系统覆盖全部用气用户。至年底，全县管道天然气用户13.1万户，年度供气量1.89亿立方米。完成清洁取暖工作，12个镇（街道）全部接通天然气，实现天然气镇镇通、户户通。全县中压及以上天然气管道538.94千米，其中高压管道33.5千米、次高压管道101千米、中压管道404.44千米。（王丛洋）

【供热设施建设】2022年，无棣县中心城区供暖工作由无棣县鑫馨供热有限公司承担。年内，新铺设1条直径900毫米高温水主管网，总长度12.5千米，沿途向经济开发区铺设1条公称直径700毫米干线。低热网实际运行供回水温度75/45摄氏度，高温水设计最高运行温度110/60摄氏度，采用沿道路直埋敷设为主方式。城区集中入网面积677万平方米，供热管网总长度182.6千米，供热半径6.5千米，二级换热站151座，集中供热率超过95%。年内，新接入供热分支7条，增加换热站7座，实际供热面积389万平方米。（王丛洋）

【污水处理】2022年，无棣县山东弘孚水务有限公司污水处理能力每日为6万立方米，全年污水处理量为1817.4万立方米；干污泥处置能力为每日20吨，全年处置量为2028.97吨，年内产生污泥全部无害化处置。（杜金芳）

【城市照明】2022年，无棣县落实夜间巡查、白天维修维护、每月集中检修日常管理机制，海丰十六路等重要路段照明设施重点监控、专人巡逻，小故障限定在24小时内完成维修。年内，棣新五路更换双臂路灯60套，景观环形路改造景观灯柱20套加装射灯40盏，补装路灯杆16套，粉刷灯杆130套，检修加固路灯260套，变压器及附属配电柜安装防护护栏56套。亮化改造道路桥梁2座，除锈粉刷桥梁7座。在镜湖公园、主要街口通过加装射灯、更换高亮度光源等方式，保证主干道亮灯率在98%以上和夜间照明效果。（马翠华）

【雨污合流管网清零】2022年，无棣县推进雨污合流管网清零改造任务，解决城市积水内涝问题。委托山东省建筑设计研究院有限公司编制《无棣县城市雨污合流

2022年3月7日，无棣县建丰市政公司检修海丰十六路照明路灯
（县综合行政执法局 供图）

管网改造清零实施方案》，为雨污分流工程提供依据。根据《无棣县雨污合流清零工作方案》，合流制老旧小区重点实施雨污分流排水管线建设，建设雨水和污水管线，分流制小区重点对混接点进行改造，老城区市政道路下合流制排水主管线重点实施雨污分流改造，部分结合道路工程建设管线同步开展雨污分流改造。年内，完成对原G205国道以南老城区道路分批次雨污分流改造，完成管网改造49千米，其中雨水管网30.5千米、污水管网18.5千米；投资9000万元，完成海丰九路、海丰十一路扩建改造，实现雨污管线改造升级；投资1.39亿元，完成149个合流混接小区雨污分流改造任务。（王秀玉）

【黑臭水体治理】2022年，无棣县城市建成区无黑臭水体。年内，以城市排水、易涝点整治为重点，持续改善群众居住环境、落实有关政策，做好雨污合流、黑臭水体2项清零和污水处理厂提标改造工作。开展动态排查，及时发现新情况新问题，做到即知即改、立行立改；打通周边相关水系，包括北环沟、小米河等，实现水循环流动；健全完善长效管理体制和水质定期监测机制，防止水体变臭。12月16日，滨州市城乡水务局完成对无棣县城市建成区黑臭水体清零行动初步验收。（王秀玉）

城市公共交通

【概况】2022年，无棣县完善城市公共交通基础设施建设，推广使用新能源纯电动公交车，提升城市公共交通功能品质。开展出租汽车专项治理，规范出租汽车文明服务。加强网约车、共享单车规范管理，全年公交运营总里程207.5万千米，日均客运量1065人次。网络预约出租车91辆，共享单车1500辆。（杨　磊）

【城区公交】2022年，无棣县有公交车72辆。其中，燃油、燃气车12辆；新能源纯电动车60辆。开通公交线路7条，日在线营运车辆60辆、484班次。年内，营运总里程207.5万千米，日均客运量1065人次。（杨　磊）

【出租车】2022年，无棣县有巡游出租车公司1家、巡游出租车233辆。年内，贯彻执行有关客运出租汽车行业管理法律法规，加强对出租汽车日常管理和监督检查工作，查处和制止扰乱出租汽车市场行为，受理出租汽车经营者在运营中发生的服务质量投诉、举报，监督、检查客运出租行业服务质量，协调相关部门对客运出租汽车运价及计价器使用情况进行监督。全年查处违法违规人员24人。（杨　磊）

【网约车】2022年，无棣县有网络预约出租车公司5家、网络预约出租车91辆。利用交通运输安全教育监管服务平台，强化网约车驾驶员培训，实现对网约车经营企业安全监管、网约车安全行车、运行轨迹、驾驶员文明服务等全程监督，提升监督效能，规范网约车运营秩序。至年底，查处违法违规人员2人。（杨　磊）

【共享单车】2022年，无棣县有共享单车运营公司2家、投放共享单车1500辆，其中天津松果租赁有限公司投放共享单车500辆、辽宁万能小哥电商信息技术有限公司投放共享单车1000辆，涉及运营区域施划共享单车停放区528处，借助全球定位系统，采用无桩借还模式运营。共享单车服务区域包括东至棣新九路、西至荣昌路、北至海丰十九路、南至海丰七路以内区域。加强对共享单车涉及城市容貌方面管理和检查，督促运营企业加强运营管理。（杨全辉）

园林绿化

【概况】2022年，无棣县实施园林绿化项目4项、绿道建设工程5项，新建社区公园3处、改建口袋公园3处，绿化覆盖面积1088.34公顷。（张棣惠）

【园林绿化项目建设】 2022年，无棣县投资874万元，实施城区园林绿化项目4项，完成棣新八路南延、星湖五路西延2条城市主干路和镜湖一号支路绿化工程建设。 （张棣惠）

【城市公园建设】 2022年，无棣县投资3600万元，新建居然之家、桃李春风、全民健身中心东门3处社区公园，改造清波河北岸口袋公园、镜湖植物园、莲池公园等口袋公园3处。至年底，全县建有城市公园4处、建设面积183.2公顷。 （张棣惠）

【绿道绿地建设】 2022年，无棣县推进城市绿道建设，完善城市绿道网络。投资727万元，实施棣新八路南延、镜湖东路、镜湖西路等5个绿道建设工程，建成城市绿道10.12千米。完成海丰十六路等6条城市绿道绿化补植面积8750平方米。至年底，全县建有城市绿道59.34千米，绿化覆盖面积1088.34公顷，绿地面积960.35公顷，公园绿地187.61公顷，附属绿地464.83公顷。 （张棣惠）

市政市容管理

【概况】 2022年，无棣县推进市政设施更新、管理流程再造，提升城市管理品质。开展基础设施维护、环卫保洁、市容市貌秩序、违法建设管控、交通设施秩序等专项治理行动，进行行政执法培训6场次，办理行政处罚类案件236宗。 （宋昭春）

【城区环卫保洁】 2022年，无棣县落实城区环卫精细化长效管理机制，规范清扫保洁及垃圾清运作业标准化运行，提高环卫机械化作业率。城区快速路、主次干路车行道机扫、洒水率90%，3条道路通过省深度保洁标准认证。至年底，县城区清运生活垃圾4万吨。全县有公厕44座，其中固定公厕26座，面积3726平方米，全部达到城市二类公厕建设标准，设置厕位436个，其中无障碍厕位50个；新型环保公厕（简易公厕）18座，面积357平方米，设置厕位53个，其中无障碍厕位13个。（马翠华）

【生活垃圾分类】 2022年，无棣县开展垃圾分类试点工作，在县城区建设垃圾分类主题公园1个，在6个小区安装垃圾分类示范亭。年内，全县574个行政村更换垃圾桶4000余个，村居配套安装生活垃圾分类亭700套、分类桶2800余个、撤桶并点入户桶9000余个。 （杨宪国）

【环境综合整治】 2022年，无棣县采取常态化巡查和专项整治相结合的方式，围绕市容市貌脏乱差问题，开展专项治理行动，全年规范清理流动商贩1837起；清理清除违法户外广告、野广告2460处；规范餐饮油烟店铺193家；规范人行道停车2870辆。规范便民市场，县城区范围内规划便民服务市场10处；设置应季西瓜（果蔬）经营点12处，便民维修经营点16处，开放便民公厕38处，建筑及装修垃圾倾倒点2处，向社会免费错时开放单位、企业停车场60处，规划停车位3149个。 （杨金辉）

【综合行政执法】 2022年，无棣县加强执法人员学习培训，全年开展行政执法培训6场次，覆盖执法人员400余人次。年内，办理行政处罚类案件236宗、罚款458万元，其中城管类116起、国土类30起、环保类9起、人社类9起、卫生类64起、住建类3起、自然资源和规划类5起；查处新增违法建设63处，查处建筑面积9.39万平方米。 （杨　晓）

【城市管理综合执法平台建设】 2022年，无棣县完善“互联网+智慧城管”创新创建工作，利用现代化、电子化信息手段，建立行政执法移动办公系统、重点区域数字监管系统、渣土运输车辆监管系统、环卫和园林作业车辆管理系统，消除城市管理漏洞死角，节约人力物力财力。年内，通过城市管理综合执法平台，查处影响市容市貌、街道秩序行为2807件次。 （商磊磊）

乡村振兴

综　述

【《关于做好2022年全面推进乡村振兴重点工作的实施意见》出台】 2022年3月12日，无棣县印发《关于做好2022年全面推进乡村振兴重点工作的实施意见》。确定毫不放松抓好农业稳产增产，促进乡村产业融合发展，强化现代农业基础支撑，巩固拓展脱贫攻坚成果，稳妥有序推进乡村建设，加强和改进乡村治理，加大政策保障和改革创新力度，坚持和加强党对“三农”工作全面领导等8个方面29项重点工作，指导乡村振兴工作，打造无棣特色乡村振兴齐鲁样板。（张　静）

【强农惠农政策落实】 2022年，无棣县推进政策性农业保险工作，全县农作物承保面积111.75万亩。其中，小麦承保面积42.11万亩，承保率93.4%；玉米承保面积63.57万亩，承保率90.3%；棉花承保面积5.76万亩，承保率86%。全县45.1万亩小麦实施“一喷三防”全覆盖，玉米“一防双减”统防统治面积50余万亩。全年争取中央财政农机购置补贴资金1220万元。（张　静）

【高素质农民培训】 2022年，无棣县实施“百千万”人才计划，培训高素质农民380人。其中，省级示范型培训50人，市、县级培训330人。围绕稳粮保供开展小麦（玉米）、大豆玉米带状复合种植专题培训，提升粮食生产管理水平，完成培训210人。围绕农业产业发展壮大，开展农村电商技术培训，完成培训105人次。围绕乡村振兴战略推动农业高质量发展，开展市级经营管理进阶培训，提升高素质农民培育学员经营管理能力，完成培训315人次。开展高素质农民“师傅带徒”试点，完成培训15人次。组织50名高素质农民参加粮油、畜牧养殖、农机手、兵支书等省级示范性培训，培养现代农业农村经营引领者、农村综合治理带头人。年内，建成省级乡村振兴专家服务基地1家，组织开展专家服务基层活动11场，邀请58人次专家到无棣现场研讨对接，解决农业难题；新增定点培训机构3家，至年底为10家，培训工种30个，开展农村劳动力转移培训4509人次。9月29日，《大众日报》以《以白捡的大豆如何得到？无棣高素质农民技术实训班开到田间地头》为题，专题报道无棣县开展高素质农民培训做法及成效。在农业农村部组织的“大国农匠”全国农民技能大赛（农村电商人才类）中，无棣县选手徐呈华获农村电商致富先行者三等奖。（孟祥峰）

农村改革

【概况】 2022年，无棣县深化农村综合改革，持续推进土地经营权有序流转，全县土地流转率64%，制定县级第二轮土地承包到期后再延长30年试点工作方案。完善社会化服务体系建设，有17家组织纳入全国名录库。建立资金、资产、资源“三资”监管平台，优化资金资产资源配置，提升农村财务管理水平，实现省级民主监督管理。（赵秀梅）

【农村土地承包管理】2022年，无棣县新增土地流转面积3.08万亩，全县累计流转土地面积47.19万亩，土地流转率64%。其中，流向家庭农场7.06万亩，流向农民合作社7.6万亩，流向农业企业8.52万亩，流向其他主体24.01万亩，分别占土地流转面积的14.96%、16.11%、18.05%、50.88%；流转土地用于种植粮食作物32.81万亩，占土地流转面积的69.53%。年内，无棣县制定县级第二轮土地承包到期后再延长30年试点工作自查验收方案。通过稳定农村土地承包关系，有效化解人地矛盾，为全国第二轮农村土地承包到期后再延长30年提供无棣经验。（赵秀梅）

【社会化服务体系建设】2022年，无棣县完成农业生产托管服务10.81万亩，其中小麦面积5.86万亩、玉米面积4.95万亩；服务小农户8658户、大农户240户。承担全县农业生产托管服务组织17个，涉及补贴资金324.73万元。全县17家农业生产社会化服务组织纳入中国农业社会化服务名录库管理。（赵秀梅）

无棣县列入全国农业社会化服务名录库管理名单（共17家）

无棣鑫瑞农机专业合作社
无棣利民农机专业合作社
无棣国丰农业机械专业合作社
无棣智联植保专业合作社
无棣文营农机专业合作社
无棣鲁兴农机专业合作社
无棣精准农机专业合作社
滨州北海新区钘新种植专业合作社
无棣玉国种植专业合作社
无棣县连泽种植专业合作社
无棣县禾润粮食种植专业合作社
无棣县牧禾农机服务专业合作联合社
无棣县荣超农机服务专业合作社
无棣县益源农机服务专业合作社
无棣全禾家庭农场
无棣启程农机专业合作社
无棣龙资农机专业合作社

【“三资”监管平台建设】2022年，无棣县574个农村集体经济组织全部纳入全市农村集体“三资”监管系统。经清查，全县农村集体固定资产7.49亿元（经营性固定资产7909.8万元）、资源性资产73.83万元、在建工程285.16万元。实行村集体经济台账管理，村集体经济收入1.54亿元，农村集体土地总面积140.07万亩。农村财务软件系统和“网上银行”系统在线直连在西小王镇进行先行先试，规范资金资产管理。研发村务监督“一点通”平台，为保障村民对农村集体“三资”的知情权、参与权、表达权、监督权，进行民主管理和民主监督。（赵秀梅）

乡村治理

【概况】2022年，无棣县以基层党建统领乡村社会治理，完善乡村治理体系，加强农村基层组织带头人队伍建设，推进农村民主治理。开展网格提升行动，打造社会治理特色品牌。培育乡村人才，累计引进高端人才14人。成立少数民族乡村振兴服务队，提升民族村经济社会发展水平。开展乡村振兴“擂台比武”活动，激发乡村振兴创新活力。（边青滨　张宗旻）

【农村基层组织治理】2022年，无棣县开展村级党组织分类推进整体提升重点攻坚行动，对全县574个村进行全面摸排分析，确定示范村177个、创优村356个、强基村41个，建立分类管理台账。开展村“两委”换届“回头看”暨县领导班子成员大走访、大调研活动，31名县级班子成员到镇（街道）、村对村“两委”换届情况进行察访，对班子运行情况进行实地走访，发现问题25

项并全部整改完成。开展村改社区集中攻坚行动，探索推行自建物业模式，建设“我棣家”社区智慧管理系统，棣丰街道馨怡社区夯实股份经济合作社党建做法入选山东省委组织部典型案例。（边青滨）

【农村民主治理】 2022年，无棣县推行村级重大事项审批和网络议政，坚持“四议两公开”民主决策制度，每月初统一制定下发主题党日和民主议政活动内容，对农村“三务”公开、村干部坐班值班、党费收缴、场所建设等进行实地督导。开展村“两委”班子公开承诺，2870条承诺事项完成90%。推广使用村务监督一点通平台，实现574个村全覆盖，推动“三务”公开线上运行。探索推进西小王镇党建引领“庄乡议事会”、埕口镇“胡同长”制、柳堡镇“街巷红管家”、碣石山镇村级民主管理等乡村治理经验做法，促进村级事务规范运行。（边青滨）

【农村基层组织带头人队伍建设】 2022年，无棣县组织100余名村党支部书记到山东（寿光）农村干部学院、山东公路技师学院开展乡村振兴专题培训，邀请省委党校、标杆村书记现场授课指导；组织35名有产业基础的村党支部书记到青岛市、烟台市等地观摩交流，增长见识、拓展思路。通过镇街（街道）申报、部门联审、联合考察等程序，从严从实推荐选拔“专管书记”181名；年底对574名村支部书记逐一进行政治体检和廉政谈话，组织乡村振兴“擂台比武”37期，评选优秀“擂台赛”书记12名。推进村级后备人才筑基工程，健全村级后备干部选育管用长效机制，重新推荐后备干部2045名，实行优秀在职干部一对一帮扶，1300余名干部在村级下属组织担任职务，在防汛救灾、志愿服务等工作中发挥作用。（边青滨）

【党建引领乡村治理】 2022年，无棣县实行基层党建月督导、季点评，定期排查梳理反馈村级存在的问题，发现村“两委”换届、镇村班子运行等问题25项并全部整改完成，逐村建立村情档案。通过摸排分析，20个强基村、22个创优村实现晋位升级。全面完成村改社区集中攻坚行动，棣丰街道馨怡社区夯实股份经济合作社党建做法入选省委组织部典型案例，总结出台制度文件13个，新建高标准社区党群服务中心1处。县委向全县7个民族村派遣“乡村振兴服务队”，重点抓好村班子及党员队伍建设、特色产业培育、集体经济发展、人居环境改善等工作，制定民族村发展10大工程。（边青滨）

【集体经济促进乡村治理】 2022年，无棣县打造村党组织领办合作社市级示范社10家，县级示范社50家，清理“空壳社”95家，择优挑选10种合作社网红产品统一对外宣传，畅通销售渠道。以棣丰街道、柳堡镇为试点，成立劳务合作社联合社，推行“园社共建”，整合劳务资源壮大集体经济。用好2000万元财政扶持资金，高标准建设农业产业项目7个，推进产业带动协同发展。研究制定《推进村级集体经济提质增效行动的实施方案》，逐村制定村庄产业发展规划，编印《涉农政策汇编》。年内，召开全县村级集体经济提质增效行动观摩推进会，探索总结跨村抱团、产业示范、村企联营、光伏发电等10种增收模式。至年底，全县574个村集体收入全部超过5万元，10万元以上村占比92.3%。（边青滨）

【平安乡村建设】 2022年，无棣县开展网格提升行动，以小网格撬动基层社会治理大能量，开办“枫桥班”220场次，培训网格员1.8万人次，网格员业务能力和综合素质不断提升，水湾镇网格员刘蕾被山东省委政法委评为全省“网格之星”。27万余名群众注册使用百姓管家“平安码”，网格员累计处置网格事项52万余件，调解处理矛盾纠纷4000余起，开展“百姓夜话”活动1.1万场次，为群众解决民生实事5000余项。推出“我棣家”“街巷红管家”“碣说好”“庄乡议事会”等社会治理新品牌、新路径，《人民日报》《山东新闻联播》《农村大众》多次刊播无棣县网格员工作，《无棣县一网统筹“三化”合一 开创基层社会治理新实践》获滨州市委政法委肯定。（张宗昊）

【乡村人才培育】2022年，无棣县深化实施乡村人才培育计划，壮大实用人才队伍。根据产业特点和资源禀赋，围绕高效生态农业、现代种植、医养健康、农产品深加工等特色主导产业，累计引进涉农领域国家级重点人才工程专家、泰山产业领军人才等省级以上高端专家14人。强化高层次人才培育，山东省十里香芝麻制品股份有限公司、山东绿风农业集团有限公司、山东丰香园食品股份有限公司等近20家企业储备泰山产业领军人才项目10余个。开展“专家服务基层”活动。搭建人才对接交流平台，举办第二届滨州人才节无棣专场活动。邀请中国科学院、中国农科院、北京理工大学等科研院校14名高端专家，现场签约合作项目6个。12月28日，山东省政府办公厅印发《关于公布2022年度齐鲁乡村之星名单的通知》，全省选拔第九届“齐鲁乡村之星”794人，无棣县入选10人，入选数量列滨州市首位。在2022年滨州市职业农民职称评审中，全县10人通过职称评审，其中农民高级农艺师2人、农民农艺师3人、农民助理农艺师5人。至年底，无棣县31名农村实用人才获滨州市职业农民职称资格。（孟祥峰）

【乡村公益岗位】2022年，无棣县开发城乡公益性岗位，创设城乡公益性岗位3516个，完成全年计划的114.2%，其中创设乡村公益性岗位2788个，涉及村容保洁、疫情防控、水利设施管护、扶残助残、网格员等岗位；创设城镇公益性岗位728个。（孟祥峰）

【乡村振兴“擂台比武”活动】2022年，无棣县开展村党组织书记乡村振兴“擂台比武”37次，村支部书记每季度登台演讲，围绕基层党建、环境整治、集体增收，谈工作亮点、创新思路、年终目标，镇（街道）党（工）委书记现场点评打分，推动乡村振兴各项工作落地落实。创新实施村级后备人才筑基工程，培养建立健全村级后备干部选育管用长效机制，推荐后备干部2015名。开展乡镇领导干部“云课堂”5期，培训乡镇领导班子成员870人次；举办全县领导干部党的二十大精神专题学习，实现乡镇领导班子成员全覆盖。（边青滨）

【少数民族村乡村振兴服务队】2022年，无棣县从组织、统战、政法等部门抽调7名党员干部组建服务队，为全县7个民族村和4个有少数民族居住村提供专项服务，重点抓好村班子及党员队伍建设、产业发展、人居环境改善等工作。组织民族村党支部建立党建联盟，乡镇轮值召集，每半月召开1次联盟会议，吸纳20余个县直单位、企业、社会组织与民族村党支部结对子，累计开展走访慰问、技能培训、志愿服务等活动33次。深化民族村村

2022年7月1日，无棣县农村党组织书记县级乡村“擂台比武”活动在县政务中心举办（县委组织部 供图）

级集体经济提质增效行动，建设2处规范化养殖小区，引导300余户养殖户出村入园、抱团发展肉牛养殖产业。精选农业、科技、畜牧等10个部门专家组建导师库，重点面向合作社、集体经济组织、社会组织、农业龙头企业、种养大户等5类群体开展孵化培育。车王镇大武村蔬菜基地建设冬暖式大棚3座，年产值60万元，村集体增收6万元，种植户年增收10万元以上。深入民族村和10家龙头企业走访调研，收集意见建议38条。聚焦群众“急难愁盼”问题，协调水务、住建、发改等部门制定自来水改造、清洁取暖等6个提升方案，实施污水管网改造、道路及边沟建设等10个重点工程。探索自治机制，发挥老党员、在外能人、红白事主管等群体作用，修订村规民约，推动乡村文明建设，提升乡村治理水平。（张　乾）

乡村建设

【概况】2022年，无棣县持续推进乡村建设，实施城镇总体规划和村庄规划编制，开展农村人居环境、美丽乡村、城乡环卫一体化、农村危房改造、清洁取暖改造工程。农村生活污水和黑臭水治理累计完成451个村，在全市率先完成整县推进工程。（蒋景道）

【城镇规划编制】2022年，无棣县推动城镇规划编制工作，聚焦新旧动能转换、乡村振兴、海洋强省等战略，坚持生态优先、绿色发展、全域统筹、突出特色，建立健全国土空间规划体系，提升国土空间治理能力，在完成9个镇新一轮城镇总体规划编制基础上，启动镇级国土空间规划编制工作。年内，小泊头镇完成基础资料调查、现场勘察等前期工作。（刘　斌）

【村庄规划编制】2022年，无棣县坚持先规划后建设，通盘考虑土地利用、产业发展、居民点布局、人居环境整治、生态保护和历史文化传承。坚持农民主体地位、尊重村民意愿，节约优先、保护优先，因地制宜、突出地域特色，防止乡村建设“千村一面”。至年底，全县累计完成47个村庄规划编制工作，为村庄建设和乡村振兴项目落地提供规划依据。（刘　斌）

【农村人居环境整治】2022年，无棣县推进农村人居环境整治，清理农村生活垃圾1.97万吨、村内水塘467口、村内沟渠725.7千米、畜禽粪污等农业废弃物1.63万吨，开展进村入户宣传教育5638人次，发放宣传资料3.04万份，张贴宣传标语3243条，发动群众投工投劳7.89万人次，全县村容村貌明显改善。投入资金5700余万元，拆除农村私搭乱建620余处，粪堆、草堆、垃圾堆“三大堆”3.9万处，清理废旧房屋及残垣断壁960处，绿化和补植树木71.2万株。创建各级美丽庭院1.49万户，建成率21%，参与创建村560个。（蒋景道）

【美丽乡村建设】2022年，无棣县按照示范引领、连片打造、总体提升工作思路，建设美丽乡村示范片区2个，省级美丽乡村示范村5个、市级示范村9个、县级示范村24个。（蒋景道）

【农村危房改造】2022年，无棣县危房改造任务为40户。至年底，实际完成改造45户，保障低收入群众住房安全。（王丛洋）

【农村改厕】2022年，无棣县巩固“厕所革命”成果。年内，在前期完成481个村、4.89万户改厕基础上，规范提升49个村、3299户改厕，每个镇（街道）打造3～5个改厕规范升级样板村。将原561处改厕维修服务站缩减至57处，对吸粪车辆和工作人员进行全程电子监控，实现48小时内完成抽粪、维修作业，全面提升改厕后续管护质量。全年清运粪污3万余立方米、开展上门维修服务5000余人次。（王从洋）

【城乡环卫一体化】2022年，无棣县出台《无棣县全域城乡环卫一体化工作实施方案》《无棣县城乡环卫一体化工作考核办法》，形成镇（街道）为重点、村居为基础、县综合行政执法局为指导的规范运作机制。加大城乡环卫基础设备设施资金投入力度，县级财政配套1224.24万元，镇（街道）配套529.16万元，村民自筹800万元，实施城镇生活垃圾分类、分拣、收集、转运等项目，新建碣石山镇、西小王镇、车王镇3处垃圾分类中转站，每日单站处理能力150～200吨，每站配备25吨运输车3辆，满足周边3个镇每日垃圾压缩处理需求。（蒋景道）

【清洁取暖改造工程】 2022年，无棣县农村地区清洁取暖建设任务为1.7万户，实际完成清洁取暖建设18399户。其中，煤改气15145户，煤改电2625户，生物质372户，集中供暖257户，超额完成省市下达的清洁取暖建设任务。2017—2022年累计完成清洁取暖改造11.74万户，参改率居全市第1位。（王丛洋）

【农村生活污水和黑臭水体治理】 2022年，无棣县实施农村生活污水治理整县推进工程，编制完成《无棣县县域农村生活污水治理专项规划》，形成生态环境部门牵头，县财金集团国有企业具体负责建设的工作体系。针对县域农村地形及常住人口分布等实际情况，科学选择3种污水治理模式。实施就近纳管模式，对城区、镇驻地周边行政村生活污水，统一收集到现有镇驻地污水处理站或就近园区污水处理厂进行处理，建成镇驻地污水处理站5座、日处理能力1000余吨；实施集中拉运模式，在人口少、污水量小偏远村庄，在村内建设污水收集池，定期拉运至周边污水处理站进行处理，建成污水收集池288座、收集存储能力5400吨；实施分布建站模式，在人口相对集中、污水量较大的边远村庄，采用建设污水处理站方式对生活污水进行处理，建成村庄污水处理站5座、日处理规模350吨。至年底，完成322个村治理任务，在全市率先完成整县推进农村生活污水治理。全县9处农村黑臭水体全部治理完成。（曹秋伟）

乡村产业

【概况】 2022年，无棣县加快乡村产业发展，实施“一乡一业”“一村一品”工程，推动农

山东省十里香芝麻有限公司芝麻生产基地（孟维国 摄）

村三产融合发展，培育冬枣、芝麻等特色产业，推动乡村产业提档升级。推进农业产业联合体建设，促进产业规模化、市场化发展。加快农业产业园建设，无棣县被评为省级现代农业产业园创建单位。（杨建红）

【三产融合发展】2022年，无棣县按照一产做优、二产做大、三产做活发展思路，加快三产融合发展。建立优质枣和芝麻原料生产基地，芝麻种植面积突破1万亩，中草药种植面积突破2万亩。健全烘干仓储物流、网络营销等体系。以有机优质特色、富硒枣富硒芝麻种植为载体，继续搞好“打芝麻庆丰收节”，推进芝麻生态博物馆及三产融合循环经济生态示范区等休闲农业示范点项目建设。围绕水产、肉牛、肉鸡发展精深加工。推进种植、加工、流通及休闲农业融合发展。打造良种选育、种植推广、产品研发、生产销售、副产物综合利用、采摘旅游全链条发展格局。海丰街道付家村通过电商销售高粱秆手工制品、热敷盐等，年销售额1亿元。通过高粱秆再变成产品销售方式，每亩地收入由600元提升至6000元以上。（杨建红）

【省级现代农业产业园创建】2022年，无棣县被评为省级现代农业产业园创建单位。省级现代农业产业园涉及海丰街道、棣丰街道、信阳镇、水湾镇和车王镇5个镇（街道），以枣和芝麻作为主导产业，规划面积45.32万亩。其中，枣种植面积6.46万亩，占全县枣种植面积的75%；耐盐碱芝麻种植面积2.2万亩，占全县芝麻种植面积的88%；枣、芝麻间作示范种植面积500亩。至年底，园区总产值26.5亿元，主导产业产值15.9亿元，占总产值的60%。其中，产枣9.37万吨（冬枣7.82万吨，小枣1.55万吨），总产值10.95亿元；年产芝麻2500吨，总产值4.95亿元。（杨建红）

乡村文化

【概况】2022年，无棣县深化乡村文明行动，推动文明实践、文明培育、文化惠民、移风易俗等重点工作，加强文明实践阵地建设。年内，全县开展文化下乡演出461场、农村电影放映4120场，开展非遗体验和展示活动7场次，举办“美拍和善无棣·悦享非遗年俗”短视频大赛。建设“非遗一条街”，盐坊、陶坊、拓坊、染坊、绳编坊等“十大非遗工坊”入驻无棣古城，完成30项第六批非遗项目申报。农家书屋补充更新图书10000册。（崔金芝）

【文明实践阵地建设】2022年，无棣县实现新时代文明实践站建设全覆盖，建成示范点24个、示范片12个，推出“文明实践 情满枣乡”品牌。对村综合性文化服务中心进行摸底调查，35个村提升完善工作快速推进。深化听党话、感党恩、跟党走等宣传教育活动。成立无棣县新时代文明实践阅读推广志愿服务队，组织开展新时代文明实践系列讲堂讲座和主题阅读活动48场次。（崔金芝）

2022年7月9日，无棣县马山子镇高井村文化惠民演出（王永港 摄）

【移风易俗】 2022年，无棣县推进移风易俗，培育文明乡风、良好家风。规范村民议事会、红白理事会等群众自治组织，组织红白理事会成员培训，培训成员1500人次。完成公益性公墓建设和生命纪念园建设任务。开展“身边好人”“最美人物”等选树主题活动。评选出“最美家庭”60个、“好婆婆”和“好媳妇”各55名。（崔金芝）

巩固拓展脱贫攻坚成果

【概况】 2022年，无棣县调整优化帮扶责任人队伍，739名帮扶责任人实现常态化帮扶。出台《无棣县关于2022年度深化巩固脱贫攻坚成果同乡村振兴有效衔接的工作方案》《无棣县关于开展“四个不摘”政策落实专项整治行动的工作方案》等细化方案，推动工作落实。结合“无棣乡村振兴”微信公众号，发布乡村振兴工作动态141条。3个督导组常态化巡回督导12个镇（街道），助推工作落实。总结提炼亮点做法，提报《无棣县创新盐碱地高产新模式助力乡村产业振兴》在《山东乡村振兴简报》第104期刊发。（马荣振）

【“四个不摘”落实】 2022年，无棣县优化延续脱贫攻坚期内出台的教育、医疗、住房、饮水、兜底保障、养老保险、残疾人帮扶、金融帮扶、就业帮扶等政策措施。开展“四个不摘”（摘帽不摘责任、摘帽不摘政策、摘帽不摘帮扶、摘帽不摘监管）四个专项整治行动、“四个不摘”政策落实“回头看”行动，12个镇（街道）、10个重点行业部门全方位排查整改，并建立台账，实行问题销号清零。年内，全县共医疗救助困难群众1.95万人次，医疗报销672.87万元。新办理门诊慢性病证153人，高血压、糖尿病“两病证”451人。发放各学段困难家庭学生资助金88.66万元，减免学费70.54万元。新办理残疾人证249人，发放辅具50余套。危房改造45户。对低收入群体动态监测，新增低保101人、特困269人，实现应兜尽兜。（马荣振）

【衔接资金项目建设运营】 2022年，无棣县在做好存量产业项目运维基础上，投入各级财政衔接资金4694万元，实施衔接资金项目58个。其中，基础设施建设类项目49个，覆盖109个村；产业类项目9个，覆盖21个村。全县项目年收益2588万元，按照“村提方案、镇级审核”程序，及时规范发放，实现脱贫享受政策户和防返贫监测户收益分配全覆盖。（马荣振）

【防返贫监测帮扶机制】 2022年，无棣县发挥村“两委”、驻村第一书记、驻村工作队、网格员等作用，重点关注尚未纳入监测帮扶范围的低保边缘家庭、大病重病患者、重度残疾人等特殊群体，每月村级研判上报。建立重点行业部门联席会议制度，由重点行业部门提供上月新增预警信息，由镇（街道）提供上月新增监测帮扶对象信息，定期交换，双向互通。发挥“12345”政务服务便民热线作用，实时掌握、规范处置返贫致贫风险预警信息。年内，全县由新认定防返贫监测帮扶对象92户、217人，调整为不享受政策3307户、5422人。全县脱贫享受政策人口963户、1896人，防返贫监测对象335户、802人，实现应纳尽纳、应帮尽帮。（马荣振）

【凝聚帮扶合力】 2022年，无棣县梳理编印《巩固拓展脱贫攻坚成果同乡村振兴有效衔接政策宣传手册》《巩固拓展脱贫攻坚成果同乡村振兴有效衔接到户帮扶工作手册》1.2万册。发放至每个脱贫享受政策户及帮扶干部。实施城乡公益性岗位扩容提质行动，公益性岗位增至649个，保障困难群众就业权利。利用淄博市临淄区协作帮扶无棣县专项资金，实施产业和民生项目，发挥良好效益。推动金融服务乡村振兴，无棣县乡村振兴局与中国农业银行无棣支行共同开展“齐鲁富民贷”贷款业务，投放贷款242户、4878万元。（马荣振）

生态建设

综　述

【环保投入】 2022年，无棣县强化资金扶持，争取省级以上污染防治资金2871万元，重点扶持饮用水水源保护、焙烧烟气超低排放改造、土壤污染防治、空气质量生态补偿、地表水生态环境补偿等项目。完善县内海域生态保护监控系统建设；投资40万元，巩固“环保管家”服务项目；投资326万元，助力蓝洁污水处理厂日处理能力2.5万吨提标改造项目，巩固水环境治理成果。（曹秋伟）

【环保创新】 2022年，无棣县提升环境治理效能，推动工作创新。农村清洁取暖高标准、大投入、广覆盖“煤改气”无棣模式被山东省生态环境厅宣传推广；推进工业园区“环保管家”服务模式，探索建立政府主导、第三方协同、市场化运作、共同治理环保服务新路径，引进第三方环保专业机构“环保管家”模式，帮助企业解决问题。实施差异化监管，提升行政处罚、信访查处、监测数据规范化、制度化水平。（曹秋伟）

【环保服务】 2022年，无棣县主动服务重点建设项目，规范完善排污许可管理，贯彻落实《排污许可管理条例》，制定《排污许可证核发工作细则》《排污许可证办理指南》，明确排污许可证办理流程、所需材料，指导企业规范办理排污许可证。首次申领办理时限由法定30个工作日减为20个工作日。通过现场核查及资料审核，审核通过39家不同情形企业排污许可证申请，37家企业排污许可证再次申请，变更194家企业排污许可证申请，延续8家企业排污许可证申请，保障企业依法按证规范排污，减少企业排污许可违法行为发生。投资2000余万元，在山东鲁北高新技术开发区和新海工业园区2家省级化工园区建成有毒有害气体环境风险预警体系，实现污染排放全覆盖、全天候、全过程监测。开展排污许可危险废物专项核查，会商确定排污许可调整意见，加强对排污单位帮扶指导。（曹秋伟）

【生态文明示范创建】 2022年，无棣县推进实施生态保护工程，建立重大项目库，储备生态保护类项目30个。坚持山水林田湖草沙综合治理，推进滨州贝壳堤岛与湿地国家级自然保护区、沿海湿地建设，湿地保护面积2.04万公顷。开展“绿盾2022”自然保护地监管专项行动，严厉打击涉及自然保护地的各类违法违规行为，查处问题线索28个。新增耕地面积173.33公顷。强化环保宣教作用，举办“6·5”世界环境日诗文朗诵会，分别有4人、12人被评为山东省、滨州市环保小卫士，在全省青少年优秀视觉表达作品征集活动中获一等奖。制作2022年无棣县生态环境“十件大事”画册、秸秆禁烧“快板”短视频，提升人民群众对环保工作知晓面、支持率。（曹秋伟）

环境质量

【概况】 2022年，无棣县落实环境质量“监测先行”要求，例行监测按时采样，资料完成建档备案。空气质量主要指标均改善明显，细颗粒物浓度首次进入“30+”时代，平均浓度为38微克/立方米、比上年改善9.5%；空气质量综合指数4.46，比上年改善5.3%；空气质量优良天数282天，比上年增加27天，优良率77.3%。地表水国控考核断面全部达到Ⅳ类及以上标准，马颊河水质首次提升至Ⅲ类，水环境质量比上年改善9.13%，饮用水水源地水质达标率100%。城市道路交通噪声均值低于《声环境质量标准》（GB 3096—2008）4a类环境噪声限值，达标率100%。推进净土保卫战实施，全县15家企业及重点区域周边土壤环境试点监测均达到标准。电离辐射环境质量状况总体稳定，未出现影响公众健康问题。（曹秋伟）

【空气环境】 2022年，无棣县有环境空气自动监测站12个，其中国控点位1个（无棣第三实验学校）、省控点位1个（希贤小学）、镇环境空气自动监测站10个。县城区全年环境空气质量达到二级以上天数282天，优良天数比上年改善27天，优良率77.3%，比上年提高7个百分点；综合指数4.46，居全市第2位，综合指数改善幅度为5.3%。年内，二氧化硫年均值、二氧化氮年均值、一氧化碳24小时平均第95百分位数均优于国家环境空气质量二级标准，细颗粒物年均值、可吸入颗粒物年均值、臭氧日最大8小时平均第90百分位数分别超过国家环境空气质量二级标准的0.09倍、0.03倍、0.04倍。各镇（街道）环境空气质量比上年整体有较大改善，全年优良天数整体增多，二氧化硫、二氧化氮、一氧化碳、臭氧8小时、细颗粒物、可吸入颗粒物等主要指标数值均有不同程度降低。（曹秋伟）

2022年无棣县城区环境空气质量主要指标一览表

表29

监测项目	2022年	2021年	比2021年改善率（%）
二氧化硫（微克/立方米）	14	14	0
二氧化氮（微克/立方米）	30	33	9.1
一氧化碳（95百分位，毫克/立方米）	1.3	1.4	7.1
臭氧8小时（90百分位，微克/立方米）	167	164	-1.8
细颗粒物（微克/立方米）	38	42	9.5
可吸入颗粒物（微克/立方米）	72	76	5.3

2022 年无棣县各镇环境空气质量主要指标一览表

表 30

站点名称	二氧化硫（微克 / 立方米）		二氧化氮（微克 / 立方米）		一氧化碳（毫克 / 立方米）		臭氧 8 小时（微克 / 立方米）		细颗粒物（微克 / 立方米）		可吸入颗粒物（微克 / 立方米）	
	2022 年	2021 年	2022 年	2021 年	2022 年	2021 年	2022 年	2021 年	2022 年	2021 年	2022 年	2021 年
车王镇	11	15	35	35	0.8	0.9	103	106	45	49	82	92
埕口镇	15	15	39	38	1.0	1.0	111	100	39	44	73	85
碣石山镇	10	13	37	39	0.8	1.0	94	99	41	47	79	89
柳堡镇	11	13	39	38	0.8	0.8	104	103	40	45	71	83
马山子镇	13	15	27	28	0.7	0.8	106	107	37	40	69	73
佘家镇	11	14	33	35	0.8	0.9	99	104	45	48	72	82
水湾镇	11	15	34	36	0.8	0.9	109	109	42	47	76	88
西小王镇	13	15	32	33	0.8	0.8	118	108	41	44	74	81
小泊头镇	12	12	36	39	0.8	0.9	113	89	40	45	79	88
信阳镇	10	12	30	31	0.8	0.9	99	100	42	49	75	87

【水环境】 2022 年，无棣县有水质自动监测站（包括水库）8 个，其中国控水质自动监测站 5 个（马颊河胜利桥、德惠新河大山桥、芦家河子水库、三角洼水库、漳卫新河小泊头桥）、市控水质自动监测站 3 个（车王城路南沟入马颊河口、清波河路杨庄桥、郝家沟入秦口河自动站）。根据《地表水环境质量标准》(GB 3838—2002)，全县河流断面有Ⅱ类水质断面 2 个、Ⅲ类水质断面 3 个、Ⅳ类水质断面 2 个、Ⅴ类水质断面 1 个。年内，通过对集中饮用水源地月湖水库、三角洼水库、芦家河子水库的水质监测分析，水质基本达到《地表水环境质量标准》(GB 3838—2002）Ⅲ类标准。 （曹秋伟）

2022 年无棣县河流断面水质主要指标一览表

表 31 单位：毫克 / 升

站点名称	本期水质	酸碱度	溶解氧	高锰酸盐指数	氨氮	总磷
芦家河子水库	Ⅱ	8	10.2	2.4	0.05	0.056
三角洼水库	Ⅱ	8	10.0	2.1	0.04	0.035
大山桥	Ⅲ	8	10.2	5.1	0.10	0.097
胜利桥	Ⅲ	8	11.5	5.0	0.09	0.096
小泊头桥	Ⅲ	8	9.5	4.6	0.08	0.093
路杨庄桥	Ⅳ	8	12.5	7.6	0.55	0.164
郝家沟入秦口河	Ⅳ	8	7.8	5.3	0.82	0.218
车王城路南沟	Ⅴ	7	8.8	12.3	0.83	0.075

【声环境】 2022年，无棣县城区功能区噪声监测设置7个点位进行24小时噪声监测。昼间、夜间噪声测量值均不超过《声环境质量标准》（GB 3096—2008）各类功能区噪声限值，监测结果达标率100%。年内，无棣县城区在6条道路布设20个城市道路交通声环境质量监测点位，监测结果显示城市道路交通噪声均值低于《声环境质量标准》（GB 3096—2008）4a类环境噪声限值，达标率100%。县城区布设区域环境噪声点位100个，实测100个，等效声级平均值为51.8分贝。（曹秋伟）

2022年无棣县城区功能区声环境监测结果一览表

表32

区域	1类				2类				3类				4a类			
	昼间		夜间		昼间		夜间		昼间		夜间		昼间		夜间	
	点次	达标率%	点次	达标率%	点次	达标率%	点次	达标率%	点次	达标率%	点次	达标率%	点次	达标率%	点次	达标率%
无棣县	3	100	3	100	2	100	2	100	1	100	1	100	1	100	1	100

2022年无棣县城市道路交通声环境监测结果一览表

表33

区域	道路总长（千米）	平均路宽（米）	平均车流量（辆/时）	等效声级			平均值（分贝）		
				平均值（分贝）	监测道路		L10	L50	L90
					条	点			
无棣县	24.97	16.70	346	61.30	6	20	62.20	46.90	43.10

2022年无棣县城区声环境监测结果一览表

表34　　　单位：分贝

区域	测点个数	暴露在不同等级下的测点个数								等效声级平均值
		36～40	40.1～45	45.1～50	50.1～55	55.1～60	60.1～65	65.1～70	>70.1～75	
无棣县	100	0	13	36	41	7	3	0	0	51.80

【土环境】 2022年，无棣县强化重点单位土壤污染监管，推进净土保卫战实施。年内，从依据全省土壤污染重点监管单位、污水集中处理设施和固体废物处置设施名单制定的“十四五”监测计划范围内的31家企业中，抽取15家企业及重点区域开展周边土壤环境试点监测，结果均达到标准。（曹秋伟）

【辐射环境】 2022年，无棣县按照辐射环境安全监管要求，配合省市生态环境部门开展辐射环境质量检测，综合全县陆地、海水、土壤、辐射自动检测情况，全县

电离辐射环境质量总体状况稳定，保持在天然本底水平范围内，辐射环境质量无明显变化，未对公众健康造成威胁。（曹秋伟）

污染防治

【概况】 2022年，无棣县围绕精准治污、科学治污、依法治污，推进大气、水、土壤污染防治工作，以高标准打好蓝天、碧水、净土保卫战，推动生态环境质量改善。深化大气污染治理行动，对县内19家涉挥发性有机物企业、69家加油站、89处饭店重点环节开展监督检查。强化工业污水源头管控治理，4家直排海污染源全部实现稳定达标排放。印发《无棣县地膜科学使用回收试点实施方案》，宣传推广标准地膜、强力地膜和降解地膜。加强危险废弃物处置能力建设，2家危险废弃物收集贮存转运试点企业实现危险废弃物就地分类收集。加强噪声源监督检查，全年未发生因社会生活噪声处罚案件。对含放射源、Ⅱ类射线装置的核技术利用单位实行全覆盖检查。（曹秋伟）

【大气污染防治】 2022年，无棣县聘请第三方环保专业团队，对县城区域开展大气污染源精细排查，形成动态污染清单，开展巡查240次，巡查中发现污染点位467处，建立问题台账，明确整改期限。印发《无棣县2022年夏秋季臭氧污染防治专项整治方案》《关于进一步加强加油站油气回收装置整治的函》，督导检查建材、化工等行业企业100余家次，检查加油站40余家。自5月始，利用红外热成像仪、气味检测仪、风速仪等专业仪器设备，对县内19家涉挥发性有机物企业、69家加油站挥发性有机液体储罐、装卸、敞开液面、泄漏检测与修复、废气收集、废气旁路、治理设施、加油站、非正常工况、产品可挥发性有机化合物含量等环节持续开展监督帮扶专项行动，对发现问题建立问题台账，确定整改时限，组织专家对问题企业开展复查检验。利用专业设备，每日不间断地对县城内空气质量开展巡查。开展餐饮油烟行业专项联合执法检查行动，加强油烟扰民源头控制，检查饭店89处。城市建成区产生油烟的餐饮服务单位全部安装油烟净化装置并定期清洗维护。（曹秋伟）

【水污染防治】 2022年，无棣县推进水污染防治任务落实。强化工业污染源管控治理，推进园区污水处理厂水质提升。4家直排海污染源全部实现稳定达标排放，主要污染因子达到地表水环境质量标准Ⅳ类；鲁北凌霞、众源污水处理厂“一企一管”改造按照时间节点调度推进。开展汛期河湖隐患大排查行动，排查县域干支流27条，发现问题26个，年内全部整改完毕。进行413个入海排污口第三轮实地溯源及省级全面销号。实施“净滩行动”，全年开展3轮海上垃圾清理，清理点位200余处，保障海洋生态环境。（曹秋伟）

【土壤污染防治】 2022年，无棣县围绕土壤污染源头治理，加强土壤污染重点项目监管。编制《无棣县地膜科学使用回收试点实施方案》，补助总面积3800公顷（其中包含高强地膜3666.67公顷、全生物降解地膜133.33公顷），核心区主要位于西小王镇、佘家镇、柳堡镇，主要集中在棉花、西瓜、甜瓜、红薯、春玉米、芝麻等作物。开展耕地环境监测与安全利用，在春季和秋冬季开展农膜科学利用与回收宣传和执法检查，宣传推广标准地膜、强力地膜和降解地膜，禁止使用微膜。以西小王镇为辐射点，建立1处农业废弃物资源化利用试验示范基地和处理中心。通过项目引导、技术帮助，推进全县秸秆利用，全年秸秆综合利用率94.71%。年内，督促、指导全县养殖专业户开展粪污处理设施配建工作，规模以下畜禽养殖场（户）粪污处理设施完成配建397户。（曹秋伟）

【固体废弃物污染防治】 2022年，无棣县推进秸秆禁烧信息化监管系统建设，实时监控秸秆焚烧处理，实现全部过程数据可视化。监控摄像头在监管到着火点后自动报警并捕获，以完成有据可查的全方位网络监控。年内，加强危险废弃物处置能力建设，危险废弃物总处置能力为74.43万吨/年；开展危险废弃物收集、贮存、转运试点工作，强化固体废弃物产、贮、运、处全过程闭环管理，建立全程视频监控信息化管理体系。全县有危险废弃物收集贮存转运试点企业2家，实现危险废弃物就地分类收集，安全及时转移。（曹秋伟）

【噪声污染防治】 2022年，无棣县为做好中考、高考期间的噪声污染防治工作，加强对工业企业、建筑施工、交通运输和社会生活等各类噪声污染源管控，生态环境、教育、公安、住建、综合行政执法等部门联合下发《关于加强中考、高考期间噪声污染治理的通告》，开展噪声污染防治法律法规政策宣传活动7次，向工地、学校发放、张贴宣传品196份。开展联合执法行动11次，查处噪声污染问题32起。开展绿色护考专项行动，覆盖考生数7500余人次。（曹秋伟）

【辐射安全管理】 2022年，无棣县对含放射源、Ⅱ类射线装置的核技术利用单位实行全覆盖检查，针对辐射安全与防护设施运行管理、辐射事故应急响应等方面开展监督检查，重点核实辐射安全许可证与实际使用数量是否相符、台账记录是否清晰等情况，对存在的问题现场指导，责令其立即整改，夯实单位主体责任。全年出动执法人员58人次，检查核与辐射利用单位4家，发现问题3个，全部整改完毕。对系统数据填报"全面体检"，保障数据准确性和完整性。加强与相关单位辐射工作人员沟通，督促指导其完善系统许可证信息、放射源或射线装置台账、工作人员信息、个人剂量信息等各类监管信息，发挥系统对辐射安全监管支撑作用。（曹秋伟）

环境监督管理

【概况】 2022年，无棣县落实中央、省生态环境保护督察及省黄河流域生态保护和高质量发展专项督察工作要求，完成29项各类问题整改。推进环境影响评价工作数字化转型，通过互联网技术，建立视频互动、重点拍照、全程影像记录"远程勘验"模式。加强对企业环境监管，提高环境执法效能，打击偷排、直排等各类环境违法行为。以提升全社会环保理念为目标，推进环境保护宣教工作，为推进生态环境治理体系和治理能力现代化提供"无棣经验"。（曹秋伟）

【环保督察整改】 2022年，第二轮中央环保督察涉及无棣县17项问题，年内整改完成10项，剩余7项问题按序时整改。第二轮省环保督察涉及无棣县13项问题，年内全部整改完成。省黄河流域生态保护和高质量发展专项督察涉及无棣县11项问题，年内整改完成6项，剩余5项问题按序时整改。（曹秋伟）

【环境影响评价】 2022年，无棣县实现审批人员与勘验现场"空间对接"，压缩审批时间、节约行政成本。建设项目环评报告书、报告表审批时限分别由60、30个工作日压缩至3个工作日，安全审批事项压缩至5工作日，精简审批材料为2件。推行建设项目受理、审批、环境影响评价报告（全本）信息公开。全年办理报告书1个、报告表25个。（刘　云）

【环境能力建设】 2022年，无棣县增强环境能力建设，加强对企业环境监管，打击偷排、直排等各类环境违法行为，提高环境执法效能。建立省、市、县环境监管三级联网执法平台。环境执法监管人员配备移动执法现场端。对完成安装并实现三级联网企业，做好在线监控记录，建立在线超标台账。对在线超标企业进行原因调查，采取措施改善情况。对取得排污许可证企业督促并检查其自行监测开展情况及监测结果，对尚未取得排污许可证企业按照其行业及地方标准督促开展自行监测。开展“嵌入式”环境执法监督行动。制定无棣县环境执法流程图、防范措施和工作制度办法。加强应急能力建设，应急监测车投入使用。开展计量认证复评审现场评审工作，对监测能力进行整合，计量认证能力覆盖水和废水、环境空气和废气、噪声3大类、44项。（曹秋伟）

【环保监测监控】2022年，无棣县对辖区内重点河流断面、饮用水水源地、重点废水排放企业、重点废气排放企业、生活污水处理设施、环境空气及噪声等例行监测。制定《无棣县生态环境监控中心水站、空气站日常巡检制度》，对7个水质自动站、11个空气自动站建立巡检台账，保障各水站、空气站正常运行。编制《无棣县环境空气质量周报》，实时掌握环境空气质量及变化情况。对县内5家入河排污口企业、12家涉废气挥发性有机物排放企业、7家砖瓦窑厂企业、6家电厂、5家涉气化工企业、13家涉水重点企业进行执法监测，完成监测数据上报。对重点排污单位开展自行监测检查，印发《自行监测数据质量检查情况登记表》28份，对企业检查过程中发现的问题跟进指导，提高环境保护意识和污染治理能力。修订“质量手册”“程序文件”“作业指导书”等质量管理文件，完成实验室质量控制工作。参加环境监测总站能力验证考核，一次性通过水质高锰酸盐指数、石油类（红外）能力验证。（曹秋伟）

【环境保护执法】2022年，无棣县抓好环境违法案件查处。全年累计立案处罚5起、责令改正违法行为43起，处罚金额48.19万元，办理环境信访817起，保持环境保护执法高压严管态势，推动环保守法成为常态。（曹秋伟）

【环境保护宣传】2022年，无棣县以环保中心工作为主线，以宣传环保法律法规政策和环保工作动态、提升全社会环保理念为目标，推进环境保护宣教工作。组织生态委员会成员单位开展“世界地球日”“国际生物多样性日”“世界环境日”“全国低碳日”等宣传教育活动，悬挂横幅42幅、张贴海报挂图110张、悬挂宣传标语54条，设置图板53块，发放宣传材料1.4万份，接受群众咨询及现场答疑300余人次。制作生态环境“十件大事”画册、秸秆禁烧“快板”短视频进行线上线下宣传，扩大群众知晓度。组织生态文明宣讲团进学校、进企业、进社区开展“全环境立德树人”系列宣讲活动，累计开展宣讲活动12场次，普及群众1200余人次。聘请14名社会监督员，为生态环境保护工作出谋划策，邀请社会监督员、群众代表等走进县生态环境监控中心等地，通过现场观摩、交流座谈、工作汇报等多种形式，让群众近距离接触生态环境保护工作，开展活动10余场次，参加人员200余人次。（曹秋伟）

水资源保护

【概况】2022年，无棣县落实区域用水总量和强度“双控”制度，创新落实体制机制建设，健全完善监测信息化机制，实现水网一张图、服务上平台“数字云监管”。强化取水许可监管，落实水源地管理与保护、管网内用水论证手续，严控新项目水资源论证工作，改变地表水用水户随意取用水局面。全县规模以上用水企业完成水资源论证51家，发放取水许可证22个，涵盖黄河水、地下水、地表水许可，总许可量为1.43亿立方米，全部在线计量规范化纳税。规范用水秩序，对全县年取用水1万立方米以上用水单位实施计划用水，全年下达计划覆盖率100%。持续开展地下水专项整治行动，推进地下水超采综合治理项目建设。至年底，地下水超采治理项目全部完工，深层地下水压采量212万立方米。（徐志涛）

【河长制落实】2022年，无棣县持续落实三级河长巡河全覆盖，县镇村三级联动，采用App

巡河，实现巡河电子化、数据实时化、管理信息化。524名河湖长巡河任务完成率100%，巡河里程4.55万千米。落实河湖"清四乱"（即乱占、乱采、乱堆、乱建）常态化规范化要求，65处问题全部完成整改。全县组建209人河道巡查管护队伍，对河道实行动态监管，范围覆盖镇级以上河道631千米。推动有奖举报制度落实，组织发动人民群众参与河湖监管，县河长办联合移动公司开发"碧水无棣"公众护水平台，完成注册26052人次。漳卫新河清淤清障工作完成，省河长制办公室给予通报表扬。（徐志涛）

【水源地管理和保护】 2022年，无棣县加强饮用水水源地保护管理，保障饮用水安全。芦家河子水库水源地保护区实施封闭管理，在大坝顶设置标志（界标）15个、警示牌16个、宣传牌9个，建设防护网8609米，形成水库水源地一、二级保护区封闭管理；化验室每日对水质进行化验。无棣县惠棣供水服务有限公司从封闭管理、日常巡查、自动化监测等方面，进行三角洼水库水源地保护工作。实施三角洼水库水源地保护工程，在水库截渗沟内侧设钢丝隔离防护网8000米，设置警示牌，实行全封闭隔离保护；落实日常巡查制度，加强水源地保护区域跟踪与掌握；在坝坡安装视频监控系统，减少人类活动对水源水质的影响，防范人为破坏活动。（徐志涛）

【节水型社会建设】 2022年，无棣县加强节水宣传，推进水资源节约集约利用。开展农业节水增效，推进农田水利建设，改善农田水利基础设施条件，围绕苗木、芝麻等特色产业振兴提质，鼓励发展滴灌技术。棣丰街道节水工程总覆盖面积1000公顷，农业用水实现从粗放型漫灌向高效精细化管理转变。开展工业节水减排，实施工业企业节水技术改造，对超额用水企业实行限额和节水改造，实施高耗水行业节水增效，管控高耗水项目，推动工业企业加快淘汰落后技术和装备。开展公共领域降损，宣传普及《地下水管理条例》《公民节约用水行为规范》，纠正浪费用水行为，推进节水型机关创建和居民家庭节水，全面实施雨污分离工程。（徐志涛）

三角洼水库一角　（王永波 摄）

【水资源配置和监管】 2022年，无棣县按照"严控黄河水、用足长江水、用好当地水、用活非常规水"要求，优化水资源配置格局。把节水审批作为开展招商引资、项目建设、资源配置等业务工作优先条件，严控高水耗、高污染项目建设。以推进黄河水资源超载区综合治理为契机，落实《滨州市引黄调水管理办法》，实现黄河水用量不超上级下达指标；实施拦蓄、水系连通等工程建设，提高地表水或雨洪水利用率；发挥微咸水面广、量大特点，在微咸水区域探索农业咸淡混灌。统筹水资源利用结构，居民生活和城镇公用事业等领域优先利用黄河水，农业优先利用当地水，工业优先利用长江水、再生水，河道生态、城镇环境和市政杂用等优先利用再生水等非常规水。加快非常规水源开发利用，推动非常规水源纳入水资源统一配置。对实行计划用水管理的单位，优先配置非常规水源，非常规水源利用量上限不受年度用水计划限制；加强水资源论证，在规划或建设项目水资源论证中首先论证非常规水源利用可行性；开展中水回用路径探索，城区污水处理厂、蓝洁污水处理厂等5个污水处理厂总处理能力为26万吨/日，实现水质达标排放；推动向海取水，建设鲁北碧水源海水淡化项目，向鲁北高新区内各工业企业提供海水淡化水，满足园内部分企业用水需求。落实计划用水、非居民用水超定额（计划）累进加价等节约用水制度，对全县年取用水1万立方米以上的89家用水单位实施计划用水，覆盖率100%，实施超计划累进加价制度，倒逼企业节约管网内黄河水资源。（徐志涛）

森林资源保护

【概况】2022年，无棣县加强森林资源保护管理工作，构建生态屏障。依托林长制网格化管理体系，实现森林资源巡查即时管护。在“林长制+网格化”管理下，全年森林火灾零发生。建立健全重大森林有害生物灾害防治联防联控机制，推进疫木无害化综合利用、林种结构调整，实现森林病虫害监测覆盖率和病死树株清除率均为100%。开展古树名木普查认定与保护工作，认定一级古树名木1株、二级古树名木27株、三级古树名木117株。至年底，全县完成人工造林162.25公顷、低效林改造333.33公顷。（齐建磊）

【林长制落实】2022年，无棣县建立三级林长体系，落实巡林工作。利用“林长制”App，定期上传巡护路线轨迹和巡护情况记录，实现即时管护。加强林业资源保护。各镇（街道）发挥属地管理“第一责任人”职责，加强对森林资源保护管理，按照“森林资源管理一张图”原则，划定范围内4666.67公顷林地。加强有害生物防治，制定有害生物防治方案及林木常态化防治措施，落实“谁所有、谁防治”责任。根据林业有害生物发生规律，利用诱虫灯、性诱捕器等监测设备，加强固定监测点及其他区域虫情监测，掌握虫态发生期、发育时间、动态等情况，及时发布预报，做到有效防控。（齐建磊）

【植树造林】2022年，无棣县完成低效林改造333.33公顷，新建农田林网面积533.33公顷，新增林下经济面积333.33公顷，四旁折实38.67公顷，创建市级全民义务植树基地1处，2022年林长制工作被山东省确定为林长制工作成效明显县。创建“滨州市森林单位”2个（棣丰街道星湖社区、棣丰街道馨怡社区）、“滨州市森林村居”5个（西小王镇横道村、棣丰街道贾店村、车王镇范道口村、小泊头镇丁王庄村、佘家镇商家庄村），建设省级标准化林业站1处。通过山东省自然资源厅向国家部委提交《无棣县关于创建国家防沙治沙综合示范区》申请。（齐建磊）

【林地绿地保护】2022年，无棣县强化对林地绿地保护工作领导，加大对破坏林地绿地行为执法打击力度。建立三级林长体系，划定林长巡林区域范围，常态化开展林长、护林员巡林，做到“山有人巡、树有人管、林有人护”。利用高点监控设施，将林业资源管理数据接入高点监控设施，将信息化监管与林长制融合，形成数据共享、三级联动工作机制。完善林业工作考核制度，将森林资源保护发展、国土绿化、森林防火、有害生物防治等纳入县级考核体系，细化考核指标任务，实行分片包抓、督查激励等制度。至年底，完成人工造林162.25公顷、人工更新35.07公顷、退化林修复620.34公顷、道路绿化553.53公顷、水系绿化106公顷，配合滨州市完成国家森林城市创建任务，2022年无棣县被评为“山东省林长制激励县”。对全县的森林图斑进行清查，重点对碣石山风景区、饮马湖湿地公园等生态区域进行实地排查，

对破坏森林资源违法行为进行排查整治。（张兆国）

【森林病虫害防治】2022年，无棣县开展虫情动态监测预报及林木病虫害防治工作。针对5种主要林业病虫害，开展普查监测74次，发出林业有害生物发生预报，指导全县开展林业有害生物防治工作。开展“5·12”全国防灾减灾日宣传，制作展板5块、发放宣传材料1000余份，宣传美国白蛾等林业食叶害虫危害及防治方法。至年底，全县累计完成防治面积4.02万公顷。其中，出动飞机防治482架次、防治面积3.20公顷；地面防治81车次、防治面积0.82公顷，人工剪除网幕2万余个。（齐建磊）

【古树名木保护】2022年，无棣县开展古树名木保护科普宣传周、打击破坏古树名木违法犯罪活动专项整治行动。5月，开展古树名木普查认定工作，全县普查认定一级古树名木（树龄在500年以上）1株（唐枣树）、二级古树名木（树龄在300年以上）27株（其中国槐14株、桑树7株、枣树5株、柽柳1株）、三级古树名木（树龄在100年以上）117株（其中桑树66株、枣树19株、国槐17株、梧桐树5株、臭椿树4株、刺槐4株、白蜡1株、皂荚树1株）。年内，对古树名木进行“健康检查”，开展古树名木修复工作，对信阳镇一级古树名木“唐枣”树和车王镇二级古树名木“桑树”2株古树进行复壮。分级制作古树名木标牌，公布古树名木生长情况、保护等级等信息，增强群众保护古树名木积极性、自觉性。（支建忠）

2022年无棣县古树名木分布情况统计表

表35

镇（街道）	级别		
	一级古树名木（株）	二级古树名木（株）	三级古树名木（株）
海丰街道	—	6	30
棣丰街道	—	—	2
信阳镇	1	—	—
车王镇	—	11	67
小泊头镇	—	4	12
碣石山镇	—	—	—
埕口镇	—	1	1
柳堡镇	—	—	—
西小王镇	—	—	—
水湾镇	—	3	1
佘家镇	—	1	—
马山子镇	—	1	4
合计	1	27	117

【森林督查】2022年，因苗木市场低迷，群众管护林木积极性降低，导致无棣县违法采伐林木、占用林地建设案件呈上升趋势。年内，无棣县按时完成国家、山东省、滨州市提出森林图斑举证及上级验收工作，共计图斑1248个、693.05公顷。其中，国家林草局下发森林图斑1084个、641.74公顷；山东省自然资源厅下发图斑41个、5.51公顷；滨州市自然资源和规划局下发图斑123个、45.8公顷。（支建忠）

土地资源保护

【概况】2022年，无棣县提升土地资源保护利用水平，为推动城乡发展方式转型与功能格局优化提供资源支撑和保障。合理分配土地利用计划，保障重点项目用地，落实“增存挂钩”机制，加大批而未供和闲置土地处置力度，完成闲置土地盘活10.08公顷、供应“标准地”94.26公顷。巩固永久基本农田划定成果，开展永久基本农田核实整改补足工作，划定永久基本农田保护面积5.78万公顷。强化地块转让、用途变更管理，探索土地整治开发新模式，全年立项实施土地整治项目11个。（张国辉）

【耕地与永久基本农田保护】2022年，无棣县落实最严格的耕地保护政策，推进实施耕地和永久基本农田保护“田长制”，健全完善“属地管理、分级负责、全面覆盖、责任到人”县乡村三级“田长制”管理体系，设立县、乡、村三级田长559名，其中一级田长1名、二级田长12名、三级田长546名；推动“田长制”责任体系向基层发展，推举民间田长1500余名，实现对全县耕地和永久基本农田全覆盖管理。落实耕地保护责任，坚决制止耕地“非农化”和防止永久基本农田“非粮化”；落实“进出平衡”制度，对耕地转为其他农用地实行耕地年度“进出平衡”，保障耕地数量不减少、质量不降低、布局更优化；推进耕地恢复工作，引导群众从林木种植向粮食作物种植转变，加强耕地恢复地块后期管护，保障及时耕种。全县划定永久基本农田保护面积5.78万公顷，划定耕地保护目标任务面积6.43万公顷。年内，无棣县被山东省自然资源厅、省财政厅评为2022年度省级耕地保护激励县（市、区），全省20个县（市、区）入选；信阳镇、海丰街道、水湾镇、车王镇被评为市级耕地保护激励镇，并获市级耕地保护激励资金奖励。（张国辉）

【土地开发利用】2022年，无棣县完善土地利用规划，优化土地布局，合理分配土地利用计划。集约节约利用土地，累计为7家企业项目供应“标准地”15宗、94.26公顷。编制《无棣县城镇低效用地再开发实施方案》，完成2022年城镇低效用地调查报告、《无棣县2022—2026年城镇低效用地再开发专项规划报告》及规划编制说明文本，建成无棣县2022年城镇低效用地调查成果数据库及基础资料汇编，促进城镇低效用地盘活，实现土地高效利用。（张国辉）

【土地综合整治】2022年，无棣县探索土地整治开发新模式，为项目落地提供占补平衡要素保障。加强土地整治项目全过程监管，对各镇（街道）加强政策和业务指导，严格根据相关标准和要求推进占补平衡项目实施各项工作。加强项目后期管护工作，明确管护责任主体，定期督促各镇（街道）安排人员进行巡查并做好记录。年内，实施土地整治项目14个，规划新增耕地面积228.75公顷。车王镇2019年度土地整治项目于2022年6月20日竣工，项目总规模134.52公顷，项目投资454.29万元；完成新增耕地面积17.47公顷，地力提升面积34.18公顷，盐碱耕地改良面积17.24公顷。（张国辉）

海洋资源保护

【概况】2022年，无棣县推进海洋治理合作和权益维护工作，加强海洋资源保护督察执法和应急响应，改善海洋生态环境质量。推进湾长制工作，实现污染物入海管控，消除5条入海河流劣V类水质，美丽海湾建设实施方案作为县级样板在全国率先编制完成，滨州贝壳堤岛与湿地国家级自然保护区建设作为国家级“美丽海湾”典型案例通过省级评审。开展25公顷的互花米草防治工作，控制互花米草蔓延趋势。加强滨海湿地保护，实施海洋生态环境修复工程，探索推进海洋资源有偿使用制度。至年底，完成3个填海工程项目验收工作。（薄佳男）

【湾长制落实】2022年，无棣县落实湾长制，开展重点海域综合治理攻坚，解决近岸海域存在的突出生态环境问题，巩固渤海综合治理成果。开展入海排污口整治与规范化监管，实施入海河流治理、城镇污水综合治理、农业农村污染治理、海水养殖环境整治、船舶港口污染防治、海洋垃圾综合整治、滨州贝壳堤岛与湿地国家级自然保护区管理、海洋生物资源养护、海洋生态保护修复、海洋环境风险防范和应急能力建设等，推进“美丽海湾”建设。4家直排海污染源及弘孚城区生活污水处理厂排水达到地表水Ⅳ类标准，投资7000余万元完成凌霞、众源污水处理厂“一企一管”改造。消除德惠新河、马颊河、泊埕河、山子河、郝家沟5条入海河流劣Ⅴ类水质，完成入海排污口分类整治。（曹秋伟）

【互花米草防治】2022年，无棣县继续加强互花米草防治工作。年内，对分布在马颊河口、潮河南岸与套尔河西岸交汇口处、无棣县中盛船厂以北套尔河西岸的25公顷互花米草进行防治，完成无棣县互花米草防治项目阶段验收和无棣县河口滨海湿地整治修复项目植被补植工程专家验收。（薄佳男）

【湿地保护】2022年，无棣县有湿地资源2.04万公顷，包括面积为8公顷及以上近海与海岸湿地、沼泽湿地、人工湿地及宽度在10米以上、长度在5000米以上河流湿地，湿地保护率44.01%。全县有国家级湿地公园1处（黄河岛国家湿地公园）、省级湿地公园2处（饮马湖省级湿地公园、秦口河省级湿地公园）；县主城区命名湿地保护小区5处。年内，无棣县加强湿地保护工作，公布第二批湿地保护小区2处并设立保护牌。（曹秋伟）

饮马湖省级湿地公园风光　（张树党　摄）

【海洋执法】2022年，无棣县完成“护航2022”黄河流域海洋生态环境保护专项行动、2022年海域海岛专项行动、“碧海2022”海洋生态环境保护专项行动等系列执法活动，出动执法车辆350余台次、执法人员180余人次、行程1.50万千米，检查各类用海项目150个次，未发现违规、违法用海用岛情况。组织相关单位开展疑点疑区核查工作，及时形成疑点疑区核查材料。（薄佳男）

滨州贝壳堤岛与湿地国家级自然保护区

【概况】2022年，滨州贝壳堤岛与湿地国家级自然保护区推进总体规划编制，开展海湾环境治理，实施自然保护区生态保护与修复工程，加强监管巡护，维护自然保护区生态安全。（周志浩）

【保护管理】2022年，无棣县坚持项目驱动保护，通过多层次、多类别项目建设。投资100万元，实施“智慧管理平台提升”项目；投资223万元，实施“黄河岛国家重点保护野生鸟类资源调查及其生长环境的保护与修复”项目；《黄河岛国家湿地公园总体规划（2023—2035年）》完成初稿编制，进行修改完善。8月6日，山东省自然资源厅组织专家召开《滨州贝壳堤岛与湿地国家级自然保护区总体规划（2021—2030年）》评审会，编制单位根据专家意见进行修改完善，报国家林草局审批。开展创建“美丽海湾”公益净滩志愿活动，坚持“日常巡护清理+重点区域清理+定期大规模清理整治”工作模式，开展垃圾清理，全年清理外运海潮垃圾600余立方米。（周志浩）

【湿地资源保护】2022年，无棣县加强湿地保护工作，提高保护成效。研究制定滨海湿地恢复及海域水动力恢复方案，通过整治不合理构筑物、依法拆除违规工程和设施、全面清理非法围填海项目等措施，逐步改善滨州港附近水动力条件，改善贝壳堤岛海域生境。实施自然保护区生态保护与修复工程，投放牡蛎礁建设泥质海岸防护林，开展滨海湿地修复。（周志浩）

【监管巡护执法】 2022年，无棣县大口河监管站全天在岗驻站监管，汪子岛监管站（马山子片区）和湿地公园开展定期巡护，形成巡护日志并规范归档。开展巡护道路维修加固和驻站监管功能房修缮，改善监管基础设施建设，提升监管能力。加强巡护执法，组织“护航黄河2022”“海域海岛”等专项执法行动，杜绝私自进入、开发建设等行为发生。加强社区共管，同马山子镇政府、山东鲁北盐化有限公司、山东正海集团公司等单位签订共管协议，规范保护区内各类生产经营活动，促进保护区与社区共同发展。（周志浩）

【科研宣教】 2022年，无棣县加强科研合作，与滨州学院合作发表论文《模拟降雨淋滤条件下贝壳砂含量对土壤物理性质和盐离子的影响》《黄河三角洲沿海湿地优势灌木物种的吸水平衡》。“黄河三角洲贝壳堤生态系统植被恢复理论及关键技术”获2022年中国水土保持学会科技奖二等奖；“山东滨州保护区国家级陆生野生动物疫源疫病监测站”成立运行，并开展线上培训、假日值守、样本采集等工作；在“世界湿地日”“世界野生动植物日”等时间节点，通过悬挂宣传条幅、发放科普单页等方式，传播人与自然和谐共生的生态理念。《生物多样性公约》缔约方大会第15次会议期间，多部保护区生态短片被山东省生态环境厅《美丽山东万物生》宣传视频选用，在生态环境部网站“大美中国”栏目播出，宣传短片《保护区生物多样性保护》被确定为全市优秀案例。（周志浩）

2022年5月7日，无棣县创建“美丽海湾”公益净滩志愿活动在滨州贝壳堤岛与湿地国家级自然保护区启动

（滨州贝壳堤岛与湿地国家级自然保护区管理服务中心 供图）

生物多样性保护

【概况】 2022年，无棣县开展生物多样性调查，摸清生物多样性底数，为开展针对性管理与保护提供数据支撑。多方面宣传生物多样性保护知识，提高全民生物多样性保护意识。强化生物多样性保护集中整治，打击各种非法贩卖野生动物、非法采挖野生植物违法犯罪活动，年内查处野生动物案件1起。组织参与黄渤海水鸟同步调查、第三次全国越冬鹤类同步调查，为开展生物及栖息地专项保护提供依据。（支建忠）

【野生动植物资源保护】 2022年，无棣县落实野生动植物保护措施，加强野生动植物资源保护工作。4月，县自然资源和规划局联合县市场监管局、县公安局开展“2022清风行动”，对海丰

街道与西小王镇大集、农贸市场及碣石山风景区、饮马湖省级湿地公园等地进行联合执法检查，打击乱捕滥猎行为。年内，全县查处野生动物案件1起，行政处罚6360元，没收野生动物31只。开展野生动物救助，全年在各镇（街道）协助下救助野生动物7只。加强野生动植物保护宣传，提高全民保护野生动植物和遵守野生动植物保护法律法规观念意识。在“3·3”世界野生动植物日“4.23—4.29”爱鸟周、“首届森林文化周”等节点开展宣传活动。 （支建忠）

【第三次全国越冬鹤类同步调查】2022年1月5日，中国野生动物保护协会鹤类联合保护委员会启动第3次全国越冬鹤类同步调查，调查对象为全国境内越冬分布的白鹤、丹顶鹤、白头鹤、灰鹤等鹤类及同域分布的东方白鹳、黑鹳和大鸨，为开展鹤类及其栖息地保护提供依据。根据无棣县鹤类越冬情况，1月11—12日，滨州贝壳堤岛与湿地国家级自然保护区管理服务中心科研人员在埕口镇、马山子镇等鹤类栖息地开展同步调查、监测工作，发现鹤类156只，其中国家一级保护动物白头鹤5只、国家二级保护动物灰鹤151只，同时观测到黑嘴鸥、白腰杓鹬等越冬鸟类。 （周志浩）

【黄渤海水鸟同步调查】2022年，无棣县连续第7年参与开展黄渤海水鸟同步调查，调查区域为滨州贝壳堤岛与湿地国家级自然保护区及周边湿地。调查发现水鸟52种、2.26万只。其中，国家一级保护动物有东方白鹳、遗鸥、黑嘴鸥3种，国家二级保护动物有白腰杓鹬、大杓鹬、大滨鹬、翻石鹬4种。水鸟种类和数量比上年有所增加。调查数据通过整理、汇总、分析，形成年度调查报告，为黄海、渤海区域水鸟调查监测和保护工作提供数据支撑。 （周志浩）

节能减排

【概况】2022年，无棣县以工业领域节能增效为核心，推进节能降耗、绿色发展等工作。分解细化节能目标任务到各领域、各行业用能单位，推进“双碳”战略实施，落实能耗“双控”任务，定时跟踪用能情况。做好污染物减排工作，实现4项主要污染物减排目标。支持新技术在建筑、交通等领域应用，

滨州贝壳堤岛与湿地国家级自然保护区成为鸟类迁徙的中转站和栖息场所

（滨州贝壳堤岛与湿地国家级自然保护区管理服务中心 供图）

发展绿色低碳建筑、绿色交通方式，新增绿色建筑52万平方米。开展节约型机关创建工作，47家单位创建国家级节约公共机构示范单位。（曹秋伟）

【“双碳”战略实施】 2022年，无棣县推进碳达峰、碳中和“双碳”战略实施，成立碳达峰碳中和工作领导小组，推进碳排放数据测算、政策文件研究起草等工作。参照上级部门核算方法，对全县碳排放总量进行摸底统计。按照县“十四五”规划纲要等规划文件确定的未来发展目标，依托专业机构，建立数学模型，分领域、分行业、分区域研判碳排放趋势，预测全县碳达峰峰值。委托第三方编制无棣县碳达峰碳中和实施方案。年内，滨州市生态环境局无棣分局配合省市生态环境部门对全县碳排放重点单位进行核查，完成碳排放注册登记系统信息更新、交易系统信息更新。开展配额核准工作，完成9家企业清缴履约任务。（赵大庆）

【能耗“双控”】 2022年，无棣县实施节能预警调控，对能耗增长较快的企业提出节能预警。加强节能审查，对3个县级新项目进行节能审查，督促负责单位修改调整项目节能方案。加强重点用能单位培训，落实《无棣县2021—2022年企业能效提升实施方案》，明确任务目标及部门分工。推进重点用能单位能耗在线监测平台建设。开展单位能耗产出效益综合评价，对2021年度单位能耗产出效益综合评价为C类、D类的企业，逐企制定整改计划，制定能效提升台账和目标分解台账，建立能效提升工程推进督导、通报、考核、奖惩长效机制。（马利杰）

【建筑节能】 2022年，无棣县节能建筑新开工面积15.7万平方米，节能验收总建筑面积52万平方米，建筑节能认可和竣工验收合格率100%。年内，推广太阳能光热建筑一体化、地源热泵等再生能源，完成能耗监测系统安装项目1个、地源热泵项目1个、光热一体化项目9个，建筑面积17万平方米，保障实现同步设计、同步施工、同步验收、同步交付使用。全年完成绿色建筑推广59.81万平方米，新增绿色建筑52万平方米，其中二星级绿色建筑面积11.85万平方米。推动建筑产业向现代化模式发展。至年底，全县混凝土装配式建筑施工面积12.13万平方米。（王丛洋）

【交通节能】 2022年，无棣县通过节能宣传周，向全县道路运输经营业户及大型客货运企业、机动车维修企业发出节能减排倡议，发放宣传单1000余张，提升企业节约意识。推广绿色、低碳发展理念，利用公交、出租车车载屏幕等移动媒体，推行绿色交通，倡导低碳生活。推广应用新能源车辆。至年底，全县有新能源公交车137辆，清洁能源公交车67辆，清洁能源巡游出租车233辆。年内，新增7辆新能源网约出租车。（杨　磊）

【公共机构节能】 2022年，无棣县加强公共机构节能管理。全县47家党政机关和参公事业单位连续3年开展节约型机关创建行动。至年底，实现创建范围内创建单位100%达标，47家单位创建国家级节约公共机构示范单位。年内，全县公共机构单位建筑面积能耗、人均综合能耗、人均用水量分别比上年下降1.5%、1.1%、1.3%。（范昕利）

【污染物减排】 2022年，无棣县以调查摸清污染物排放底数为基础，加快推进减排项目建设，推进污染物减排工作。通过工程减排、管理减排、结构减排3项措施，摸底数、抓重点、精测算，加强生态环境部门与交通运输、公安、农业农村、镇（街道）、园区及重点企业对接，调度提标改造、新建治污设施等污染治理减排工程项目进展，协调推进产业结构、能源结构调整，挖掘关停并转类减排项目潜力，跟进项目进展，做好污染物减排量测算。至年底，全县4项主要污染物化学需氧量、氨氮、氮氧化物、挥发性有机物全部完成减排任务。（曹秋伟）

科学技术

综　述

【科技投入】 2022年，无棣县实施创新驱动发展战略，在创新主体增总量、创新平台提能级、创新资源促集聚、创新生态争一流4个方面发力突破。至年底，全县研发投入6.93亿元，占地区生产总值比重2.52%。全年认定高新技术企业32家，净增22家。高新技术产业产值占规模以上工业产值比重的30.76%。（王本学）

【科技奖补】 2022年，无棣县出台《关于加快市场主体高质量发展的实施意见》，制定7项、20条奖补政策，县财政每年设立4000万元奖补资金，支持企业科技创新和高质量发展，提升科技创新水平。至年底，全县获省、市各类科技项目奖励资金1966.37万元，其中省市高新技术企业奖励资金565万元、省市企业研发补助资金315.05万元、山东省重点研发计划（重大科技创新工程）省市补助资金573万元、山东省科技型中小企业创新能力提升工程项目省市补助资金315万元、山东省中央引导地方科技发展资金100万元、人才项目省市奖补78万元、中小微企业创新竞技行动优胜企业省级补助16.94万元、市渤海科技创新券补贴3.38万元。（门媛媛）

【获奖成果】 2022年6月22日，无棣县华龙食品有限公司参与的“枣新品种选育与产业化关键技术创新应用”获2021年度山东省科学技术进步奖二等奖。至年底，全县获2021年度滨州市科技进步奖8项，其中一等奖5项、二等奖1项、三等奖2项。（王本学）

【科技人才引进】 2022年，无棣县加大科技人才引进力度，促进科技成果转化落地，推动企业科技创新、转型升级。年内，举行中国科学院海洋研究所与滨州正海蓝色实业集团有限公司签约、山东广源科技创新有限公司

2022年5月21日，山东绿风农业公司与山东省农科院高层次人才引进签约仪式在绿风公司举行　（县科技局　供图）

与山东省科学院生物研究所技术合作签约、牧场日——全国盐碱地高产优质牧草现场会、佘家镇中药材产业发展座谈会暨高层次人才引进签约等活动，通过项目合作、兼职合作等方式，累计引进科技领军人才和创新团队19人，涉及高端装备制造、现代海洋、高效生态农业、医养健康等产业。（门媛媛）

【高新技术产业扶持】 2022年，无棣县落实《无棣县科技型企业梯次培育（2021—2023年）工作方案》，建立科技企业梯次培育机制，构建科技型中小企业、高新技术企业、创新型领军企业梯次培育体系，构建覆盖科技型企业全生命周期的配套政策措施，优化创新生态环境。印发2022年度《无棣县科技惠企政策摘要》1000余册，组织200余家企业参加企业研发费用归集、高新技术企业申报等政策线下培训3场次、线上培训6场次，培训600余人次。通过送政策上门、集中培训等方式，动员符合条件企业参加科技型中小企业评价。年内，全县申报高新技术企业37家、通过32家，至年底全县有高新技术企业74家。（门媛媛）

2022年无棣县高新技术企业名单（74家）

山东北方创信防水科技集团股份有限公司
无棣海忠软管制造有限公司
山东卓力电器有限公司
山东省十里香芝麻制品有限公司
山东卫测地理信息科技有限公司
山东无棣金土地开发建设有限公司
山东丰香园食品股份有限公司
山东华匠农牧装备股份有限公司
滨州永泰不锈钢制品有限公司
无棣县华龙食品有限公司
无棣融川医药化工科技有限公司
山东绿风农业集团有限公司
山东卢斯得机械股份有限公司
山东辰智电子科技有限公司
山东天顺药业股份有限公司
山东久日化学科技有限公司
山东欣畅模具科技有限公司
无棣鑫义食品有限公司
山东同辉生物科技有限公司
无棣县新创生物质能源有限公司
无棣县兴亚生物科技有限公司
滨州东利不锈钢制品有限公司
山东达信农牧科技股份有限公司
山东花园食品有限公司
滨州泽郦精密金属科技有限公司
山东鸿远新材料科技股份有限公司
朗行防水科技集团有限公司
山东海城生态科技集团有限公司
山东大华电器有限公司
山东鑫动能锂电科技有限公司
山东睿展海洋生物科技有限公司
无棣珍康生物科技有限公司
滨州赫胜电力科技有限公司
无棣德信化工有限公司
河展机械有限公司
无棣宁岩塑料母料有限公司
无棣锐新医药化工有限公司
山东中固安装工程有限公司
山东省天康农业科技有限公司
山东诚美席新材料科技有限公司
无棣金海渔具有限公司
无棣和融不锈钢制品有限公司
无棣源通电子科技有限公司
滨州市龙腾机械有限公司
山东河山机械有限公司
无棣县顺业不锈钢制品有限公司
山东恒泰塑业有限公司
山东海百合环境艺术有限公司
山东滨州鲁丰不锈钢制品有限公司
山东鲁拓畜产品有限公司
山东鲁北国际新材料研究院有限公司
山东欣广化学有限公司
山东欧创电气有限公司
滨州福禧机械制造有限公司
山东再绿土壤修复有限公司
无棣汇仁生物能源有限公司
无棣方正福利不锈钢制品有限公司
山东一森化工有限公司
无棣众诚不锈钢制品有限公司
山东本本鼎环保科技股份有限公司
山东岳湖农牧科技有限公司
无棣众兴水务有限公司
无棣县雨柔陶瓷有限公司
山东无棣金土地环境检测有限公司
无棣华誉环保科技建材有限公司
山东亿博润新材料科技有限公司
山东安益生物科技有限公司
山东泓球渔具股份有限公司
无棣利多鱼渔网有限公司
山东宏贯新材料有限公司
山东锐恒住宅工业科技有限公司
山东晟蒙保温节能新材料有限公司
无棣欣享钜金属科技有限公司
山东恒瑞得制动系统有限公司

科技创新

【概况】2022年，无棣县把创新平台建设作为科技创新重要路径，集聚创新资源，提升综合科技创新水平。强化知识产权创造运用，专利授权总量823件，其中发明专利授权量250件，每万人口发明专利拥有量5.77件。提高科技创新能力，1项科技成果获省科技进步奖，8项成果获市科技进步奖，其中一等奖5项、二等奖1项、三等奖2项。增强企业核心竞争力，省级企业技术中心2家、高新技术企业32家、新增备案国家科技型中小企业49家、省制造业高端品牌培育企业6家、省级“专精特新”中小企业8家、省级瞪羚企业3家。年内，全县研发经费支出6.93亿元、研发投入占比2.52%、有研发活动规上工业企业占比86.71%、每万人有研发人员数56.74人。（李晓丽）

无棣县获2021年度滨州市科技进步奖一览表

表36

序号	项目名称	获奖单位	项目主持人	奖励级别
1	煤粉裂解炉耦合石膏制酸装置处理有机废酸新技术及产业化	山东鲁北企业集团总公司 山东鲁北化工股份有限公司	吕天宝	一等奖
2	城市供热智能终端研发及智慧大数据平台构建	山东辰智电子科技有限公司 山东省计算中心（国家超级计算济南中心）	程广河	一等奖
3	海洋工程用防腐型喷涂速凝橡胶沥青防水涂料的应用技术	山东北方创信防水科技集团股份有限公司	王荣博	一等奖
4	枣园高效管理及生态优化关键技术创新应用	无棣现康种植专业合作社 滨州黄河三角洲高效生态产业现代技术研究院 青岛农业大学 滨州市沾化区下洼镇农业综合服务中心	李庆军	一等奖
5	抗（耐）盐碱小麦新品种（系）筛选及配套栽培技术研究	无棣中科现代农业工程有限公司 滨州职业学院	王继滨	一等奖
6	芝麻深加工及高附加值产品的研究及应用	山东丰香园食品股份有限公司	王子建	二等奖
7	农作物绿色高质高效生产试验示范	无棣俊棣树木种植专业合作社	刘国利	三等奖
8	快速现场评价在CT引导下经皮穿刺肺结节活检中的应用价值	无棣县小泊头镇卫生院 滨州市人民医院	李燕燕	三等奖

【创新平台建设】2022年，无棣县组织4家省级新型研发机构完成年度绩效评价。推荐天顺药业、卓力电器等5家企业申报山东省科技型中小企业创新能力提升工程项目，其中2家企业获奖补资金140万元；推荐无棣海瓷艺术研究院备案为市级新型研发机构，山东丰香园食品股份有限公司创建功能性芝麻食品滨州市技术创新中心。至年底，全县备案国家星创天地1家，院士工作站3家；省级新型研发机构4家，省级产业技术创新战略联盟1家，省级工程技术研究中心4个，省级众创空间1家；市级技术创新中心3个，市级新型研发机构1家，市级工程技术研究中心22个、市级重点实验室2家，市级创新创业共同体1个，市技术转移服务机构1个。（王本学）

2022 年无棣县省市级新型研发机构一览表

表 37

序号	机构名称	技术领域	备注
1	山东鲁北国际新材料研究院有限公司	新材料	省级
2	无棣鲁东大学海洋研究院	海洋技术	省级
3	无棣县绿风农业科学研究所	绿色农业	省级
4	丰耀现代农业产业研究院（山东）有限公司	现代高效农业	省级
5	无棣海瓷艺术研究院	新材料	市级

2022 年无棣县省级工程技术研究中心一览表

表 38

序号	平台名称	依托单位	技术领域
1	山东海洋贝瓷工程技术研究中心	山东珍贝瓷业有限公司	海洋技术
2	山东省深海柔性复合软管工程技术研究中心	无棣海忠软管制造有限公司	新材料
3	山东省含硫类固液废弃物资源化工程技术研究中心	山东鲁北企业集团总公司	绿色化工
4	山东土地生态修复工程技术研究中心	山东无棣金土地开发建设有限公司	生态环境

2022 年无棣县市级技术创新中心一览表

表 39

序号	平台名称	依托单位	技术领域
1	滨州市含硫类废物资源化利用技术创新中心	山东鲁北企业集团总公司	绿色化工
2	滨州市海洋石油管道技术创新中心	无棣海忠软管制造有限公司	新材料
3	功能性芝麻食品滨州市技术创新中心	山东丰香园食品股份有限公司	生物与医药

2022 年无棣县市级工程技术研究中心一览表

表 40

序号	平台名称	依托单位	技术领域
1	滨州市卤虫产业化开发工程技术研究中心	山东省友发水产有限公司	生物与医药
2	滨州市喷雾剂制药工程技术研究中心	山东天顺药业股份有限公司	生物与医药

续表 40

序号	平台名称	依托单位	技术领域
3	滨州市金丝小枣高值化工程技术研究中心	山东万德酒业集团有限公司	生物与医药
4	滨州市工业副产石膏综合利用工程技术研究中心	山东鲁北企业集团总公司	资源与环境
5	滨州市海洋柔性复合管工程技术研究中心	无棣海忠软管制造有限公司	海洋工程装备
6	滨州市土地改良与修复工程技术研究中心	山东无棣金土地开发建设有限公司	资源与环境
7	滨州市喷涂速凝橡胶沥青防水涂料工程技术研究中心	山东北方创信防水科技股份有限公司	新材料
8	滨州市铝合金制动系统工程技术研究中心	山东卢斯得机械股份有限公司	新材料
9	滨州市特色海洋生物资源高值化利用工程技术研究中心	无棣鑫义食品有限公司 山东省科学院生物研究所	生物与医药
10	滨州市芝麻全产业链工程技术研究中心	山东省十里香芝麻制品股份有限公司	生物技术
11	滨州市俊棣盐碱地白蜡工程技术研究中心	无棣俊棣树木种植专业合作社 鲁东大学农学院	高效生态农业
12	滨州市高油酸花生工程技术研究中心	无棣县华龙食品有限公司 山东省花生研究所	高效生态农业
13	滨州市苜蓿新品种选育工程技术研究中心	山东绿风农业集团有限公司	高效生态农业
14	滨州市工业藻类工程技术研究中心	山东悦翔生物有限公司 无棣鲁东大学海洋研究院	生物技术
15	滨州市精细和专用化学品工程技术研究中心	山东三岳化工有限公司	精细化工
16	滨州市优质棉花纤维研究与利用工程技术研究中心	山东钟金燕家纺有限公司 山东棉花研究中心	轻工纺织
17	滨州市塑木包覆共挤材料工程技术研究中心	滨州世旭塑木有限公司 中国科学院宁波材料技术与工程研究所	新能源新材料
18	滨州市功能性芝麻食品工程技术研究中心	无棣丰香园芝麻食品股份有限公司 山东省农业科学院农产品研究所	现代高效农业
19	滨州市海珍品良种繁育工程技术研究中心	山东海城生态科技集团有限公司	现代海洋
20	滨州市盐碱地红枣高效种植工程技术研究中心	无棣润阳枣业有限公司 山东省果树研究所	现代高效农业
21	滨州市光固化材料工程技术研究中心	山东久日化学科技有限公司	高端化工
22	滨州市锂电正极材料工程技术研究中心	山东鑫动能锂电科技有限公司	新能源新材料

2022 年无棣县市级重点实验室一览表

表 41

序号	平台名称	依托单位	技术领域
1	滨州市原料药创新工艺重点实验室	无棣融川医药化工科技有限公司	生物医药
2	滨州市海洋非粘结性复合管道材料重点实验室	无棣海忠软管制造有限公司	海洋装备制造

【科技特派员工程】 2022年，无棣县持续开展科技特派员赋能乡村振兴服务行动。年内，全县有科技特派员171人，开展技术指导、服务、培训30场次，包括小麦、玉米、棉花等作物种植技术指导，惠及群众800余人，其中科技特派员田间大课堂助力乡村振兴现场实训活动线上实时在线人数近500人。盐碱地粮食潜能提升示范与应用、盐碱地绿色种养循环一体化技术研发与应用等7个项目申报市级农社领域科技创新政策引导计划项目（科技特派员助力乡村振兴行动计划），实现全部立项。7月1日，“无棣县科技特派员盐碱地芝麻种植”被山东省科技厅、山东广播电视台联合打造的《乡村振兴 科技特派员在行动》融媒体专栏直播推广。 （李晓丽）

【科技创新环境】 2022年，无棣县优化科技创新环境，对创新能力强、创新机制好、创新业绩显著，并且引领示范作用大的企业予以支持，培养科技创新能力。至年底，向企业、园区发放《无棣县科技惠企政策摘要》1000余册，提高惠企政策知晓度。推荐58家科技型中小企业申请科技成果转化贷款，47家企业获批贷款2.98亿元；11家企业获贷款贴息78万元。 （门媛媛）

科技合作与成果转化

【概况】 2022年，无棣县以促进科技、经济紧密结合为主线，推进科技合作与成果转化。发挥高等院校、科研院所和新型研发机构创新支撑作用，促进教育链、人才链与创新链、产业链衔接，年内与北京理工大学、山东大学等院校完成对接。至年底，引进技术转移服务机构1家，完成科技成果登记2项。 （王本学）

2022年8月15日，无棣县科技特派员田间大课堂助力乡村振兴活动在小泊头镇科技示范基地举行 （县科技局 供图）

【科技成果备案】 2022年，无棣县登记科技成果2项。年内，无棣县以“对话思维”做实科技要素供给，支持龙头企业“揭榜挂帅”，山东天顺药业联合高校院所入选山东省重大关键技术攻关项目，列入省重点研发计划支持项目。 （王本学）

【科技合作交流】 2022年，无棣县开展科技服务“对标诊断”行动，对接北京理工大学、山东大学、山东省科学院、山东省农科院、鲁东大学等高校院所科技成果，征集企业需求30余项。年内，24家企业加入滨州科技创新联合会，131家企业加入山东省大型科学仪器设备协作共用网。引进泰山学者青年专家1人，开展中药材种植、加工及新产品研发。5月31日，无棣县人民政府与山东省海洋资源与环境研究院签署全面战略合作协议，在海洋科技领域开展多层次、全方位合作。 （王本学）

【技术转移转化】 2022年，无棣县实施创新驱动发展战略，推进“双型”城市建设。9月，无棣县人民政府与北京科沿在线科技有限公司签订战略合作框架协议，双方在科技规划、产业峰会、科技交流、双招双引、企业技术攻关、科技成果转化等领域开展科技创新战略合作。至年底，组织24家企业加入“滨州科技创新联合会”。引进1家技术转移服务机构，加大技术合同挖掘和登记力度，完成技术合同登记金额21.9亿元。（王本学）

地震测报与气象服务

【概况】2022年，无棣县按照“预防为主，防御与救助相结合”地震工作方针，加强地震监测预报、震灾预防、紧急救援三大工作体系建设，完善地震灾害管理机制，健全地震群测群防网络体系，开展防震减灾各项工作。修订《无棣县气象灾害应急预案》，制定《重大气象灾害预警叫应实施细则》，强化气象灾害预警发布传播工作权威性，其中8月8—9日强降水天气过程“叫应”服务案例入选《山东省2022年气象灾害防御“叫应”服务实践典型案例汇编》。（袁玉龙）

【地震日常监测预报】2022年，无棣县做好地震日常监测预报工作。加强仪器检查力度，保障设备正常运行率等多项措施，提高观测资料质量，保证观测数据及时、连续、可靠。跟踪联系津维高铁设计、建设部门，做好环境变化监测工作。年内，完成国家预警与烈度速报山东子项目台站网段转网及升级改造。（王洪波）

【地震灾害防御】2022年，无棣县修订《无棣县地震应急预案》《无棣县突发地质灾害应急预案》，组织开展地震应急救援综合演练。加强应急管理队伍建设，健全应急管理体制机制，镇（街道）配备宏观观测员12人，强化群测群防能力。开展地震易发区房屋设施加固工程信息采集工作，在全国房屋设施抗震设防信息采集和管理平台录入加固工程432项，审核通过324项，其中拆除重建97项、加固改造227项。在“5·12”全国防灾减灾日、“10·13”国际减灾日等重要时间节点，开展全民性防震减灾宣传和科普活动，播放科普宣传片6部，发放地震科普知识等宣传资料1.57万份，现场解答群众咨询1800余人次。（袁玉龙）

【地震安全性评价】2022年，无棣县对需开展地震安全性评价重大建设项目，进行地震安全性评价，不存在应评未评的重大工程。对G339国道北海经济开发区至无棣柳堡及张连普至无棣县城段和S511省道碣石山镇至张连普段改建工程进行地震安全性评价。开展既有建筑抗震设防工作，完成2021年度城镇住宅、农村民居、学校、医院等10类工程信息采集和系统录入工作。（王洪波）

【公共气象服务】2022年，无棣县加强气象部门与县融媒体、自媒体合作，推进气象预报预警信息授权发布机制，规范气象信息传播行为。将埕口国家气象观测站由4要素升级为6要素，完成柳堡国家气象观测站“补短板”项目建设，升级为智能气象观测站，为预报服务提供数据支撑。将全县134处智慧国土高点视频监控，以及公安、综合执法、镇（街道）、行政村近千路视频监控通过政务外网接入业务大平台，为局地强降水、冰雹、大雾、道路积冰等高影响天气的研判提供条件。至年底，累计发布预警信息137期，编发各类气象服务材料189期，发布手机短信39.1万人次；制作农事气象信息快报31期、农业气象专题服务51期。（路淑文）

【人工影响天气工作】2022年，无棣县提升人工影响天气作业能力，推进气象灾害防御各项工作。落实“炮长＋安全员”双人双岗安全保障机制，培养人影作业骨干。实施人影作业装备自动化改造，采购自动化火箭发射架2部，完成高炮自动化改造2门、大修高炮3门。至年底，开展人影作业4次，发射炮弹126发、火箭弹14枚。（路淑文）

教　育

综　述

【教育发展】 2022年，无棣县加强教育投入，落实教育资助政策，推进集团化办学，拓展教育实践基地，加强国家通用语言文字教育工作，实施强课提质行动，提升教育质量，推动教育教学水平再上台阶。全县有各级各类学校208所，教职工6407人，专任教师5568人，在校学生84236人。年内，县教体局被滨州市科协、市教育局、市科技局、市体育局、团市委、市妇联、市关工委联合授予“第三十六届滨州市青少年科技创新大赛优秀组织奖”，被滨州市教育局、市语言文字工作委员会评为“滨州市语言文字工作先进集体”，被滨州市教育局评为“滨州市教育科研工作先进单位”，被中国教育报刊社评为全国教育新闻宣传先进单位，被山东省教育科学研究院评为山东省中小学生“暑假读好书”活动优秀组织单位。　（宋秀坤）

2022年无棣县教育事业情况统计表

表42

项　目	机构数（所）	年末教职工数（人）		年末在校学生数（人）
			专任教师数（人）	
总　计	208	6407	5568	84236
普通中学	21	2124	2029	23224
高级中学	5	803	762	7562
初级中学	16	1321	1267	15662
小学（含教学点）	54	2378	2205	40063
职业学校	3	314	282	3132
特殊教育学校	1	24	23	237
幼儿园	129	1567	1029	17580

【教育投入】 2022年，无棣县国家财政性教育经费总投入10.01亿元，其中一般公共预算教育经费9.76亿元。年内，全县一般公共预算教育事业费支出8.14亿元。全年拨付城乡义务教育经费保障机制资金5694.75万元，高中公用经费690.5万元，中职公用经费788.31万元，两项教育费附加6193.14万元。推进薄弱环节改善与能力提升、支持学前教育发展等重点工作，争取上级资金2383.8万元，新增政府债券资金5000万元。（宋秀坤）

【集团化办学】 2022年，无棣县持续推进中小学集团化办学，助推城乡优质教育资源均衡发展。至年底，全县有2个高中教育集团，3个初中教育集团，4个小学教育集团。义务教育学段由县属7所中小学分别帮扶带动镇（街道）成员校，各学校资源共享、教研互学、教师互动，加快城乡教育一体化发展进程。5月，无棣县召开义务教育学校集团化办学推进会议，各中小学教育集团核心校校长进行经验交流。召开集团化办学推进会议，解读《关于拨付2022年市级集团化办学改革专项资金预算指标的通知》，按照集团考核情况完成集团内部资金分配。形成《无棣县中小学集团化办学改革工作进展情况及下一步工作措施》，并报滨州市教育局汇编成册。年内，全县6所学校被滨州市教育局评为全市教科研工作先进单位，6名教师获全市教科研工作先进个人称号，小学语文综合性学习课程化教学的研究等6项研究报告被滨州市教育局评为市级优秀成果，2项研究报告被滨州市社科联评为市级社会科学优秀成果。12名教师被滨州市教育局评为滨州市教学工作先进个人称号，5名教师被滨州市教育科学研究院授予滨州市优秀思政课教师称号。余家镇中学被滨州市教育科学研究院确立为滨州市义务教育教研基地。思政学科创新成果《中小学道德与法治“红色教师”队伍打造的实践探索》被山东省教育科学研究院评为山东省中小学思政课改革创新优秀案例三等奖。（杜玉坡）

【实践基地建设】2022年，无棣县加强教育实践基地建设，丰富全县青少年活动中心实践课程，拓展课程类别，在开设德育教育、安全体验、创新实践、素质拓展、国防教育5大领域、23个室内外实践活动项目基础上，增设筷子创客、创新实践、传统工艺、探客工坊、消防安全、交通安全、素质拓展、职业体验等多项课程，提供教育实践活动载体。5月，县青少年活动中心完善劳动教育实践体系，提升学生动手能力，建成开心农场、学农基地、禽鱼饲养场、木工活动坊、陶艺工艺坊、巧手编制坊、烹饪美食坊等劳动实践项目30余个。（杜建勇）

2022年9月7日，无棣第三初级中学学生开展课外实践活动（门连进 摄）

【普通话宣传推广】2022年9月，无棣县落实《山东省教育厅等9部门转发〈教育部等九部门关于开展第25届全国推广普通话宣传周活动的通知〉的通知》要求，全县各级各类学校围绕“推广普通话，喜迎二十大”活动主题，举办推普周系列活动，将推普周宣传活动与日常工作有机结合，加强国家通用语言文字教育，提高普通话普及率，推进全社会规范用语用字。年内，县教体局组织普通话水平等级测试、培训140人次；组织全县幼教系统职工参加全省幼儿园教师及保育员普通话线上培训活动，培训学员70人次；组织开展“童语诵同音 推普筑未来”全县幼教系统普通话大赛；无棣县选手参加市级幼教系统普通话大赛决赛，获一等奖1人、二等奖4人、三等奖5人。县第二实验小学教师陈晓昀入选山东省中华经典诵写讲专家库。（董 飞）

【教育资助帮扶】2022年，无棣县落实中小学、幼儿园学生资助政策，优先保障资助脱贫享受政策学生、防返贫检测对象学生，免除项目包括学前教育保教费、普通高中学杂费、义务教育生活费补助、学前政府助学金、高中（中职）国家助学金。在学前教育、义务教育、普通高中、中职教育、高等教育5个学段中，实现脱贫享受政策及防返贫检测对象户在校生资助全覆盖，全县学生无人因贫失学。年内，资助全县学前教育、义务教育、高中教育、职业教育及高等教育学生18840人次，发放资助金及免除相关费用1330.8万元。学前教育学段2101人发放学前助学金127.7万元；免除保教费361人、57.82万元；普通高中1500人发放国家助学金150万元，免学费446人、40.14万元；义务教育学段7308人发放非寄宿生活补助192.39万元；3425人发放寄宿生活补助212.17万元；中职教育学段475人发放助学金47.5万元、3234人，免除金额503.9万元；省内部属高校及省外高校13人退回学费6.68万元。 （张 扬）

【教育质量提升】 2022年，无棣县制定《无棣县普通中小学强课提质行动实施方案》，开展中小学强课提质行动，实施“目标－教学－检测”一体化国家课程本土化工程，构建高效课堂，深化作业革命，开展教学研究工作。年内，全县中小学启动建立28个学科教研名师工作室，打造学科教研、课程发展、专业成长、教学改革、专业研修共同体。深化教学常规管理与教学评价改革，加强中小学教学管理，创建教学管理示范学校。全县各类学校聚焦课堂教学，提高教育教学质量，高考上线人数明显提升。无棣二中获滨州市2022年高考教学质量提升奖，无棣一中思想政治学科获滨州市2022年高考学科优胜奖。全县初中中考平均分位居滨州市黄河以北县区前列。 （张玉波）

学前教育

【概况】 2022年，无棣县有幼儿园129所。其中，省级示范幼儿园14所，省级一类幼儿园25所，省级二类幼儿园89所，省级三类幼儿园5所。公办幼儿园79所，在园幼儿10951人，在职教师863人；注册民办幼儿园50所，在园幼儿6629人，在职教师166人。开发“无棣学前”微信公众号，向幼儿、教师、家长宣传普及科学保教知识，制定《无棣县“十四五”学前教育发展提升行动计划》，确立全县学前教育五年发展目标。（魏克朋）

【学前教育普惠发展】 2022年，无棣县落实学前教育普及普惠发展政策，做好全县幼儿入园需求预测，扩大普惠性学前教育资源，推进居住区配套幼儿园建设，满足适龄幼儿入园需求，逐步化解、消除“大班额”。贯彻落实《山东省“十四五”学前教育发展提升行动计划》，根据学前教育三年幼儿园建设规划，投资2.5亿元，新建园舍3.5万平方米、2550个学位。投资1013.63万元，配备玩教具等教育设备30202件（套）。年内，县学前教育中心、棣丰街道馨宇小区幼儿园、棣丰街道凤凰城幼儿园投入使用。 （魏克朋）

【规范办园】 2022年，无棣县落实教育部《3～6岁儿童学习与发展指南》《幼儿园教育指导纲要》，推进市级游戏活动实验区、市级科学幼小衔接实验区规范办园工作。全县幼儿园通过户外游戏环境优化、教师观念更新、教研活动反思、游戏活动指导等，探究游戏活动教育价值，突出幼儿活动以游戏为基本活动的规范办园要求。年内，开展全县幼儿自主游戏活动、科学幼小衔接优秀案例评比活动，评选优秀案例100余件。通过“无棣学前”公众号向全县幼儿家长推送全环境育人保教活动指导文章16篇，促进形成全环境育人新模式。 （魏克朋）

【学前教育游戏活动实验区建设】 2022年，无棣县推进幼儿园游戏研究，遵循科学儿童观、教育观、发展观，从区域实际问题、保教并育实践、行政业务一体化3个方面，推进学前教育游戏实验活动发展，提升各幼儿园游戏质量。开展全县学前教育自主游戏优秀案例评选，推选出优秀游戏案例15篇。 （魏克朋）

义务教育

【概况】 2022年，无棣县依托集团化办学优势，加强义务教育学校学生综合素质教育，提升办学效益。至年底，全县有义务教育学校70所。其中，小学54所，专任教师2205人，在校生40063人；初中16所，专任教师1267人，在校生15662人。年内，无棣县第二实验小学被团中央、教育部、全国少工委授予“全国优秀少先队集体”称号。（牛成举）

【学生综合素质培育】 2022年，无棣县推进素质教育工作，加强全县中小学思想道德素质、能力培养、身体素质、心理健康教育。在无棣县青少年活动中心增设劳动课程，构建劳动教育体系，全县15所初中学校4000余名7年级学生体验劳动过程。组织全县中小学参加山东省中小学劳动教育实验区实验学校创建工作，无棣县第三初级中学被山东省教育厅命名为“山东省中小学劳动教育实验区实验学校”，为滨州市唯一学校。清明节期间，在全县中小学开展“清明祭英烈”活动。开展“新时代好少年”评选与学习活动，弘扬感恩精神，增强学生社会责任感、使命感，培养学生无私奉献、艰苦奋斗品质。培养学生爱国、爱党、爱家乡情怀，开展“在知爱建”主题教育、“无棣是我家，我爱我的家”主题演讲、征文比赛活动。无棣县劳动课程设置相关经验做法被山东教育电视台报道。（牛成举）

【“双减”政策落实】 2022年，无棣县推进“双减”政策落地落实，组织修订《标准作业》（《达标练习》），全面压减作业总量、作业时长。召开全县推动“双减”工作落实暨课后服务工作现场观摩会议，丰富、改善课后托管服务形式，提高作业辅导、素质拓展活动质量。各学校均开展以作业辅导、传统体育、剪纸绘画、社团活动等形式的服务项目，把课后延时服务建设为“素质教育第二课堂”。县教体局常态化开展义务教育“双减”政策专项检查，规范学校办学行为。全县中小学科学设计寒假特色作业清单，融入基础性作业、实践性作业、拓展性作业，让学生在实践活动中锻炼自理能力。（牛成举）

【课后托管服务】 2022年，无棣县教体局、县发改局、县财政局、县人社局4个部门联合印发《关于落实〈山东省义务教育学校课后服务经费保障办法〉做好县域义务教育学校课后服务工作的通知》，为义务教育学校课后服务工作提供政策、资金保障。年内，全县70所学校全部践行“双减”政策，实施课后服务，实现课后托管服务全覆盖，对学习有困难学生进行补习辅导与答疑，为学有余力的学生拓展学习空间，开展丰富多彩科普、阅读、文体、艺术、劳动等兴趣小组、社团活动，服务学生4.6万余名。利用社会资源，发挥无棣县少年活动中心及镇（街道）学校少年宫等校内外活动场所作用，拓展课后服务渠道。无棣县课后服务工作被山东教育电视台报道。（牛成举）

高中教育

【概况】 2022年，无棣县有无棣一中、无棣二中2个教育集团，专任教师762人，在校生7562人。其中，高一年级2374人、高二年级2310人、高三年级2878人。无棣一中教育集团有南北2个校区及先行中学学部；集团有71个教学班，在校生3659人，专任教师369人。无棣二中教育集团有无棣县第二高级中学、无棣县博翱高级中学2个校区，79个教学班，在校生3903人，专任教师393人。无棣一中教育集团被滨州市委、市政府评为“全市教育系统教育教学工作先进集体”；被县教体局授予高中教学质量优胜奖。无棣二中教育集团被山东教育学会评为“第十九届全国中小学信息技术创新与实践大赛山东赛区总决赛”优秀组织单位。（杜玉坡）

【普通高中课程管理】 2022年，无棣县实现高中教育集团学校资源共享、教研互学、教师互动、协调发展。开展“中国高考评价体系”大学习活动。通过研究新课标、新高考，优化选课走班方式方法，抓实集体备教材、备命题、备学情，落实精细管理、边缘生转化措施，抓住学科课堂、学生本质状态，实现学生留住、生源稳定、教师稳住、潜心教学的工作目标。（杜玉坡）

【高中教育教学管理】 2022年，无棣县2个高中教育集团结合学校办学实际，开展教育教学工作。无棣一中教育集团落实“学生在教师在、教师在校长在”全方位无缝隙温情管理。坚持抓教学常规，助推教研赋能，提高教育教学质量。抓好学科基地建设，优化物理、化学等特色学科基地建设，配备高标准学科教室，制定实施特色学科建设实施方案、物理化学学科青年教师培养计划。集团2项教学成果被市教育科学研究院评为滨州市教学成果奖三等奖，3名教师被市教育局、市财政局、市人力资源和社会保障局确立为滨州市“三名工程”人选，4人被市教育科学研究院评为滨州市教学能手。无棣二中教育集团落实“精细+激情”管理体制机制，实施激情早读、激情宣誓、激情三操、激情课堂、激情班会、激情校园等措施。制定《无棣二中教师事业成功25准则》《无棣二中学生一日24点》。（杜玉坡）

【无棣一中综合报告厅投用】 2022年9月，无棣一中教育集团鑫岳报告厅投入使用，10日，全县庆祝第38个教师节表彰大会在学校鑫岳报告厅举行。鑫岳综合报告厅设计总建筑面积1.21万平方米，配备有建筑面积1152平方米多功能报告厅，观众席设置座位1448个；有1100平方米篮球训练馆，羽毛球、乒乓球单项训练馆，室内综合体育训练馆。报告厅装饰设计与施工采用先进声学模拟系统进行验证，舞台机械与灯光系统预设多种模式，满足不同使用功能；装饰风格现代简约，集报告会、演出、影剧院、篮球比赛、运动训练等功能为一体。项目属无棣教育民生工程之一，投入资金5000余万元（其中无棣鑫岳化工集团捐资1000万元）。多功能报告厅为素质教育、教学教研等现代化教育平台，为学校发展提供保障。（杜玉坡）

2022年9月10日，无棣县庆祝2022年教师节大会在无棣一中报告厅举行
（县教体局 供图）

职业教育

【概况】 2022年，无棣县有中等职业学校3所。其中，公办职业学校1所，民办职业学校2所；专任教师282人，在校生3132人，无棣县职业中专五年制高职学校建设项目加速推进。年内，无棣县职业中专被山东省教育厅授予“全省学校安全工作先进单位”“山东省文明校园”“山东省绿色学校”等称号。（门连进）

【校企联合办学】 2022年，无棣县职业中专与山东省农科院就生物虫卵无人机抛投项目开展合作。无棣博翱职业中专与滨州银基教育科技有限公司就新能源汽车专业、金兴教育科技（山

东）集团有限公司就电子商务专业、山东滨航科技有限公司就无人机专业开展合作。至年底，全县中职学校有校企合作单位 40 家。无棣县职业中专入选山东省职业技能等级认定培训资质单位，全年职业技能等级认定 759 人。（门连进）

【特色职教班级建设】 2022 年，无棣县围绕产业转型升级、新旧动能转换等战略，提升职教专业与产业匹配度，推进工学结合、岗课赛证融合育人机制。无棣县职业中专与山东万佳达电子科技有限公司、山东启智创客技术有限公司、淄博由合航空科技有限公司开展校企合作，提升学校无人机技术应用专业教学水平。县职业中专化学工艺专业，面向化工、医药及相关产业等企事业单位，培养中等应用型技能人才。县职业中专与山东鲁北企业集团、无棣鑫岳化工集团等大中型企业开展校企合作，开设冠名班、订单培养班。聘请企业能工巧匠到学校任课，定期组织冠名班到企业顶岗实习。县职业中专现有冠名教学班级 4 个，在校学生 200 余人，考入本专科院校升学率 95% 以上，就业率 100%。年内，全校 10 人在职教高考技能考试中取得 230 分满分成绩。（门连进）

【职业技能大赛获奖】 2022 年，无棣县职业中专组织学生参加由中国商业学会、重庆市高等教育学会、重庆移通学院、新道科技股份有限公司主办的第十八届“新道数智人才杯”全国中职院校数智化企业经营沙盘大赛，学校 2 支参赛队分获一、二等奖；参加由山东省科协技术协会、省教育厅主办山东省大学生科技节创新创业模拟企业经营大赛暨全国职业院校“新道杯”沙盘模拟经营大赛山东省总决赛等技能大赛，其中 9 人次获奖（一等奖 2 人、二等奖 2 人、三等奖 5 人）；参加由滨州市政府主办的滨州市职业院校技能大赛等各类市级竞赛，其中 33 人次获奖（一等奖 5 人、二等奖 12 人、三等奖 16 人）。11 月 22 日，山东省市场监督管理局、省人力资源和社会保障厅主办的 2022 年山东省“技能兴鲁”职业技能大赛在无棣县举行。全省 36 所院校 110 余名选手参赛，技能大赛采用线上方式同场竞技，赛事组织缜密，各项赛程按时完成。（门连进）

2022 年 8 月 9 日，无棣县职业中专学生制作飞机模型 （王瑞鑫 摄）

成人教育

【概况】 2022 年，无棣县有老年大学 1 所，职业中等专业学校 3 所。无棣县职业中专为国家级重点职业高级中学、成人中等专业省级示范学校，融职业教育、技工教育、成人教育、社会培训为一体。无棣县探索政府、学校、企业、社区（村居）互联互通终身教育共建体系，为群众参与全民学习活动提供平台。全县职业中等专业学校、老年大学成人学历教育在校生 288 人；分期举办全县工、商、企业专业人才培训班。全县各级各类学校、社区（村居）组织开展多种形式群众性教育、培训、科普活动。（门连进）

【成人学历教育】 2022 年，无棣县推进成人学历教育，提升成人学历层次。全县报考高中升专科（本科）、专科升本科成人高考考生7471人，高等教育自学考试考生149人。落实育训并举法定职责，做好多层次学历教育、社会服务性培训等教育教学工作。年内，县职业中专举办“农村两委”中专学历全日制教育97人，函授教育85人，国家开放大学远程教育106人。县职业中专获批山东女子学院、山东建筑大学、山东青年政治学院3所院校函授教育点。完成社会人员各工种技能等级认定913人。（门连进）

【社区教育】2022年，无棣县重视终身教育、学习型社会建设工作，以全民终身学习活动周为抓手，开展主题阅读、数字阅读分享、社会大讲堂等系列活动，推动全民阅读进机关、进农村、进社区、进企业、进校园，开展全县全民阅读活动，营造全民学习、终身学习浓厚氛围，推进学习型社会建设。强化品牌示范效应，推动各类学习型组织与学习共同体建设。全民终身学习活动周期间，全县社区、村居评选学生读书之星1000名、百姓学习之星100名、优秀学习团队50个、学习型家庭50个。以县职业中专、海丰街道中心小学、小泊头镇中学等科普学校设立社区教育指导机构，统筹指导区域社区教育工作，建成覆盖城乡、布局合理、机构健全、保障有力、管理科学、开放灵活，具有职业技能、生活服务培训等多项内容社区教育公共服务体系，推进图书馆、科技馆、体育场馆及综合性文化服务中心等校园设施面向社区（村居）群众开放。建立阅读与朗诵等社区教师教育志愿服务团队12个，培养体育健身等社会指导员1890人。面向社区服务人员、社区志愿者、开展教育培训300余次，提升其服务群众能力。开展公民素养、诚信教育、人文艺术、科学技术、职业技能、留守教育、运动健身、生活休闲等教育培训活动368期（次），服务群众8万余人。（门连进）

【老年大学】2022年，无棣县老年大学开设书画、摄影、太极拳、健身气功、健身球、柔力球、秧歌、腰鼓、门球等课程，在校学员300余人。教学过程中，邀请县委党校教师作题为《思政教育融入课程教学的策略——基于课程思政视角》专题讲座。开展“金秋优课 智慧云播”网络公开课系列课程建设，组织4名教师完成25节课程录制并推送。开设“智慧助老”小课堂，推出《教您注册“爱山东”》《教您使用手机银行App》等微课程。建设“老朋友”志愿者服务基地，指导老年骨干志愿者宣讲智能手机使用技巧、智慧出行、智慧就医、如何防诈骗等知识。依托县职业中专教学资源、场地设施、学习资料，推进城区老年大学教育；县老年大学累计结业学员4000余名，主动参加社会公益事业，成为老年活动骨干。学员丁杰摄影作品《快乐的院民》被山东省委老干部局评为二等奖。（张荣怀）

特殊教育

【概况】2022年，无棣县有特殊教育学校1所，设聋童教学班1个、启智班3个，在校生237人，其中送教上门服务对象40人。学校有教职工24人，其中专任特教教师23人，教师学历达标率100%。（门连进）

【特殊教育学校】2022年，无棣县特殊教育学校配备微机室、律动室、图书室、感统训练室、智力检测室、认知康复个训室、语言训练室、心理疏导室、情景教室等功能用房；开设语文、数学、音乐、美术、体育、健康、安全等课程及语言、听力、智力、心理等康复训练课。全校课堂教学、送教上门工作规范有序，教学质量稳步提升。（门连进）

【残疾儿童随班就读随园保教】2022年，无棣县落实残疾儿童就学政策，推进残疾儿童随班就读、随园保教工作。县教体局会同县卫生健康局、县残联、县民政局对全国适龄残疾儿童少年义务教育入学情况动态监测系统反馈疑似辍学儿童少年进行逐一摸排，对未入学残疾儿童是否具备受教育能力进行联合鉴定，对具备受教育能力学生及时招收进校，随班就读。投资100万元，依托碣石山镇中学、车王镇中心小学等10所学校建设10口特殊教育资源教室，投入使用。水湾镇庞集小学被山东省教育厅命名为山东省残疾儿童少年随班就读示范学校。（门连进）

民办教育

【概况】2022年，无棣县有民办学校5所。其中，高中1所，职业学校2所，九年一贯制义务教育学校2所；在校生6753人。年内，县教体局加强对民办学校规范管理，重视年检工作，提高学校办学水平。持续将民办学校纳入全县学校管理，与公办学校同时下达招生计划，同步招生。县博翱高级中学获县教体局授予“无棣县教育工作先进集体”、齐鲁工业大学（山东省科学院）授予“山东省科学院优质生源基地”等称号。县清华园学校获县教体局授予“无棣县教育工作先进集体”、县委组织部授予“无棣县先进基层党组织”称号。（门连进）

【民办教育管理制度规范完善】2022年，无棣县贯彻落实国家、省、市民办教育发展要求，制定《无棣县规范民办义务教育发展专项工作重点任务分工方案》《无棣县民办义务教育学校规范治理方案》，成立无棣县规范民办义务教育发展工作领导小组，落实政府举办义务教育主体责任，优化义务教育结构，强化民办义务教育规范管理，加强学校党的建设。落实公民同招、免试入学要求，维护公平稳定招生秩序。将民办学校纳入当地教研指导，县教育科学研究中心按照工作计划及办学实际进校开展教学视导，指导民办学校全面贯彻党的教育方针，提升办学质量。（门连进）

【校外培训机构治理】2022年，无棣县加强对校外培训机构规范管理，开展年检工作，落实国家“双减”政策，持续加强对校外培训机构整治，全县所有登记注册校外培训机构全部纳入全国校外教育培训监管与服务综合平台管理，实现教学管理、资金监管全覆盖。7月、11月，县教体局联合县公安局、县市场监管局、县民政局、县消防救援大队等部门单位对全县校外培训机构开展2次联合整治工作。（门连进）

招生考试

【概况】2022年，无棣县抓好教育招生考试工作，组织完成普通高考、高中学业水平合格考试、初中学业水平考试、自学考试、成人高考、教师资格考试6个类别招生考试工作。规范全县2个国家教育考试标准化考点，义务教育招生入学实现“一网通办”。年内，全县组织各级各类教育招生考试10次，报考规模35391人次。全县夏季普通高考及学业水平考试参加编场考生2638人，普通高中、初中学业水平考试涉

2022年1月8日，全县考生在无棣一中考点参加夏季高考外语听力考试

（王瑞鑫 摄）

考考生 16947 人，成人高考报名考生 7471 人。（门连进）

【普通高考】 2022 年，无棣县普通高考线上报名首次实行考生自行上传照片及证明资料、网上资格审核方式。1 月 8 日，举行夏季高考外语听力考试。其中，无棣一中考点安排英语考场 85 个，无棣二中考点安排日语考场 12 个、俄语考场 5 个，全县参加编场考生 2996 人。6 月 7—10 日，举行夏季高考及学业水平等级考试，全县参加编场考生 2638 人。设无棣一中 1 个正用考点、89 个正用考场、9 个备用隔离考场，无棣二中作为备用考点。6 月 25 日，进行夏季高考外语口语考试，参加考试考生 748 人，涉及英语、俄语、日语 3 类外语语种。12 月 11 日，2023 年高考艺术类笔试统考在县区组织，无棣县有编场考生 91 人，设无棣二中 1 个考点、6 个考场，涉及美术类、书法类、音乐类、文学编导类 4 种艺术类别。（石俊彬）

【高中学业水平合格考试】 2022 年 6 月 26 日至 7 月 1 日，山东省统一举行夏季普通高中学业水平合格考试；12 月 16—20 日，山东省统一举行冬季普通高中学业水平合格考试。无棣县涉考考生 7812 人、32347 科次，涵盖 9 科文化科目笔试及信息技术、通用技术 2 科机考考试，涉及英语、日语、俄语 3 类外语语种。无棣县设无棣一中、无棣二中 2 个考点，无棣一中为正考、重考混合考点，无棣二中为小语种正考考点。全县安排笔试考场 139 个、机考考场 5 个。（石俊彬）

【初中学业水平考试】 2022 年 6 月 13—15 日，滨州市统一举行全市初中学业水平考试，无棣县参加编场考生 9135 人。其中，九年级考生 4375 人、八年级及九年级补考考生 4760 人。全县设无棣一中、无棣二中 2 个考点，设置九年级考场 147 个，八年级考场 160 个。（石俊彬）

【自学考试】 2022 年，无棣县参加高等教育自学考试考生 149 人。山东省自学考试报名、毕业办理使用线上审核方式。4 月，全县自学考试报名 74 人次；10 月，全县自学考试报名 75 人次，办理毕业事项 5 人次。（石俊彬）

【成人高考】 2022 年，无棣县成人高考报名考生 7471 人。其中，普通高等学校专科升本科考试报考 3430 人、高中起点升专科考试报考 3964 人、高中起点升本科考试报考 77 人。年内，全县成人高考报名比上年增加 2511 人，增长 50.6%。县教育招生考试中心在市招考院批量审核基础上，设置专用窗口进行线上审核、现场审核，为 61 名错过报名义务教育教师专业素质、学历提升计划人员展期进行现场报名、审核。（石俊彬）

【教师资格考试】 2022 年 10 月，无棣县承担山东省中小学教师资格考试（笔试）本县幼儿园、小学学段教师资格笔试组织工作。无棣县设无棣一中、无棣二中 2 个考点，学科最大考场数为 150 个，涉及考生 4500 人。考试期间，无棣县考试工作组织严密有序，工作经验得到省、市主管部门认可，全省推广。年内，无棣县安排 2 次山东省中小学教师资格考试（面试）考官抽调工作，抽调 118 人次；抽调范围涵盖基础教育、特殊教育，包括学前、小学、初中、高中（含职业中专）4 个学段 22 个学科（专业）。（石俊彬）

教师队伍建设

【概况】 2022 年，无棣县推进教师队伍建设，加强教师培养、培训，提升教师核心素养；有序招聘教师，充实教育教学新生力量；加强名校长、名教师、名班主任等骨干教师、拔尖人才培养。对全县 76 名“三名工程”人选强化培养，发挥榜样引路作用；60 余名教师参与县域内交流轮岗，城乡师资配置更加均衡；20 余名骨干教师参加跨省（市）交流支教；落实教师职称评聘政策，完成全县各级各类学校分级聘任工作。符合晋档 1600 余名教师全部晋升到高一级岗位。（门连进）

【教师核心素养提升】 2022年，无棣县开展“建设更高水平富强滨州，无棣怎么干，教体争先锋”解放思想大讨论、“在知爱建”主题实践活动，围绕教体干部学习新思想、树好新形象，教师学习新思想、育好接班人，学生学习新思想、做好接班人“三学三好”主题，组织全县教育干部教师进行主题学习、研讨，推进教体干部讲责任、讲团结、讲执行、讲争先、讲斗争、讲奉献，教师爱学习、爱教育、爱学校、爱学生、爱业务、爱自身，学生有信念、有志向、有健康、有成绩、有爱心、有担当“六讲六爱六有”核心素养提升。向滨州市教育局推荐无棣二中教育集团教师张振海参加国家高层次人才特殊支持计划教学名师遴选。开展全县党员教师培训班19期，培训党员教师1300余人次。至年底，全县有全国模范教师2人，全国优秀教师1人，齐鲁名师1人，山东省特级教师3人，山东省乡村优秀青年教师培养奖励计划3人，“渤海英才·十佳滨州名师”2人，滨州市青年学术技术带头人1人，正高级教师17人。 （门连进）

2022年无棣县教育系统市级以上突出人才一览表

表43

序号	类别	姓名	工作单位	职称
1	全国模范教师（2人）	张振海	无棣县第二高级中学	正高级教师
2		蔺春燕	无棣县车王镇五营回民学校	一级教师
3	全国优秀教师（1人）	李建军	无棣县佘家镇中心小学	高级教师
4	山东省特级教师（3人）	张俊平	无棣县第一实验小学	正高级教师
5		王晓芳	无棣县教育科学研究中心	高级教师
6		张振海	无棣县第二高级中学	正高级教师
7	齐鲁名师（1人）	刘　洁	无棣县清华园学校	副高级教师
8	山东省乡村优秀青年教师培养奖励计划（3人）	任玲玲	无棣县信阳镇中心小学	一级教师
9		张建斌	无棣县碣石山镇中心小学	一级教师
10		商文婷	无棣县埕口镇中心小学	二级教师
11	“渤海英才·十佳滨州名师”（2人）	李荣芬	无棣县教育科学研究中心	正高级教师
12		王全梅	无棣县第二实验小学	高级教师
13	滨州市青年学术技术带头人(1人)	张明升	山东省无棣第一中学	高级教师

【师资建设】 2022年，无棣县公开招聘教师274人，安置省属公费师范生18人。在教育教学过程中，强化师德师风建设，倡导教师争做有理想信念、有道德情操、有扎实学识、有仁爱之心新时代“四有”好教师，做到守规矩、有底线、存敬畏，提高自律能力，增强服务意识。围绕提高教育教学质量核心工作，塑造忠诚、创新、实干、清廉、服务、奉献“六有”教师新形象。组织实施“党建—业务”一体化红色教师队伍打造工程。组织全县教师参加全省统一线上全员业务研修；组织97名教师、校（园）长参加山东省中小学幼儿园教师校（园）长省级培训，促进教师专业发展，提升教育干部管理素质。6月，无棣县入选山东省中小学初中“优秀班主任工作室”1个，入选“优秀班主任工作室”成员13人。 （门连进）

2022年无棣县中小学市级优秀教师一览表

表44

序号	姓名	工作单位	职称	认定部门
1	吴　静	无棣县小泊头镇中心小学	一级教师	滨州市教育局
2	高桂英	无棣县第二实验小学	一级教师	
3	崔　燕	无棣县信阳镇中学	一级教师	
4	付秋芳	无棣县信阳镇中心幼儿园	一级教师	
5	孟维忠	无棣县水湾镇中学	高级教师	
6	赵莹莹	山东省无棣第一中学	二级教师	
7	李玉刚	无棣县第二高级中学	一级教师	
8	杜桂娟	无棣县第一初级中学	一级教师	
9	徐伟更	无棣县第二初级中学	二级教师	
10	王立苹	无棣县第三初级中学	一级教师	
11	张同建	无棣县第一实验小学	二级教师	
12	仝秀亮	无棣县第三实验小学	一级教师	
13	张　叶	无棣县小泊头镇中学	高级教师	
14	杨成新	无棣县佘家镇中学	一级教师	
15	孙洪杰	无棣县鲁北高新技术开发区实验学校	一级教师	
16	曹雪敏	无棣县棣丰街道中心小学	一级教师	
17	王建伟	无棣县佘家镇中心小学	一级教师	
18	范新平	无棣县碣石山镇中心小学	二级教师	
19	冯富仙	无棣县职业中等专业学校	讲师	
20	刘金霞	无棣县第四实验小学	一级教师	
21	吴晨洁	无棣县小泊头镇中心幼儿园	一级教师	
22	郭　英	无棣县信阳镇中心小学	一级教师	
23	刘翠英	无棣县海丰街道中心小学	高级教师	
24	张立娟	无棣县车王镇中心小学	一级教师	
25	朱希昌	无棣县埕口镇中心小学	一级教师	
26	李俊涛	无棣县柳堡镇柳堡小学	一级教师	
27	刘学杰	无棣县水湾镇中心小学	一级教师	
28	赵松林	无棣县信阳镇中心小学	一级教师	

2022年无棣县中小学市级优秀班主任一览表

表45

序号	姓名	工作单位	职称	认定部门
1	崔义双	山东省无棣第一中学	一级教师	滨州市教育局
2	史德新	无棣县第二高级中学	一级教师	
3	杨玉荣	无棣县职业中等专业学校	讲师	
4	穆城洪	无棣县第三初级中学	二级教师	
5	刘景玉	无棣县第四实验小学	一级教师	
6	张　悦	无棣县棣州希贤学校	二级教师	
7	常　丽	无棣县碣石山镇中学	一级教师	
8	王金辉	无棣县鲁北高新技术开发区实验学校	一级教师	
9	胡长云	无棣县碣石山镇中心小学	一级教师	
10	秦桂华	无棣县清华园学校	高级教师	

2022年无棣县中小学、职业学校市级先进教育工作者一览表

表46

序号	姓名	工作单位	职称	认定部门
1	李　亮	山东省无棣第一中学	一级教师	滨州市教育局
2	吴新三	无棣县第二高级中学	高级教师	
3	朱建龙	无棣县职业中等专业学校	高级讲师	
4	郭庆亮	无棣县第一实验小学	一级教师	
5	谷卫国	无棣县小泊头镇中学	一级教师	
6	郭振浩	无棣县佘家镇中学	高级教师	

【“三名工程”建设】 2022年，无棣县培养、充实全县各级各类学校名校长、名教师、名班主任“三名工程”队伍，推进教育教学改革。全县有市级名校长17人、名班主任21人、名教师38人。年内，发挥名师示范引领作用，开展走出去、进名校跟岗培训，聘请专家作学术报告，实施助力乡村振兴送教帮扶等系列活动，提升“三名工程”人选教育教学水平。组织全县21名第三期市级“三名工程”人选赴西安市、烟台市名校参加异地跟岗研修培训；每位名师定期到中小学、幼儿园培养指导10名以上教师，带动全县500名教师专业发展。（门连进）

2022 年无棣县中小学、幼儿园市级名校长一览表

表 47

序号	姓名	工作单位	职称	认定部门
1	郭庆亮	无棣县第一实验小学	高级教师	滨州市教育局 滨州市财政局 滨州市人力资源和社会保障局
2	曹振宇	无棣县第二初级中学	高级教师	

2022 年无棣县中小学、幼儿园市级名班主任一览表

表 48

序号	姓名	工作单位	职称	认定部门
1	杨金英	无棣县实验幼儿园	一级教师	滨州市教育局 滨州市财政局 滨州市人力资源和社会保障局
2	王春霞	无棣县第一实验小学	一级教师	
3	刘树霞	无棣县棣州希贤学校	一级教师	
4	李爱华	无棣县碣石山镇小学	一级教师	
5	张金永	无棣县第二初级中学	一级教师	
6	高宝兰	无棣县佘家镇中学	高级教师	
7	王成方	山东省无棣第一中学	一级教师	
8	常　超	山东省无棣第一中学	一级教师	

2022 年无棣县中小学、幼儿园市级名教师一览表

表 49

序号	姓名	工作单位	职称	认定部门
1	刘晓英	无棣县碣石山镇幼儿园	高级教师	滨州市教育局 滨州市财政局 滨州市人力资源和社会保障局
2	高桂英	无棣县第二实验小学	一级教师	
3	李吉霞	无棣县第一实验小学	一级教师	
4	谷连和	无棣县水湾镇小学	一级教师	
5	陈国峰	无棣县清华园学校	一级教师	
6	仝立龙	无棣县小泊头镇中学	高级教师	
7	文桂满	无棣县第二初级中学	一级教师	
8	李福平	无棣县第一初级中学	一级教师	
9	卢淑珍	无棣县第二初级中学	一级教师	
10	唐树銮	山东省无棣第一中学	一级教师	
11	王立辉	无棣县第二高级中学	一级教师	

【教师职称评审】2022年，无棣县推进教师专业技术岗位分级聘任，落实《无棣县教体系统专业技术岗位分级聘任实施方案》，按照“一校一案”原则，各学校、幼儿园制定本校竞聘方案。10月，完成全县各学校分级聘任工作，1604名教师按照岗位分级聘任政策晋升到高一级岗位。建立完善职称能上能下、待遇能升能降激励机制，实施动态管理，加强聘后考核，聘任上岗后经考核不胜任者，降为原专业技术岗位。（任树盛）

素质教育

【概况】2022年，无棣县全面推进素质教育，提升学生发展核心素养，提高全县中小学、幼儿园及职业学校教育教学质量。加强学生思想政治教育，立德树人；强化学校普法教育职能，建立学生法治教育实践基地，聘任法治副校长，开展系列普法教育活动；加强学生心理健康管理，完成全县中小学近6000名学生心理健康测评；持续开展学生体育、美育、国防教育、安全教育。初中、高中（职业学校）新生入学开展规范军训活动。（门连进）

【思想政治教育】2022年，无棣县加强学生思想政治教育，以立德为先，传承红色基因，把红色教育贯穿教书育人全过程，与德育活动、常规工作、社会主义核心价值观教育相结合，开展学生思想政治教育工作。以无棣县第四实验小学为试点，全县中小学推进建设孩子们喜欢的思政教师队伍、思政课堂、思政课程，把种子教师、骨干教师、年轻教师组成思政“学科微共体”、思政“备课微共体”等，以“微共体”作为党小组基本单位参与课堂观摩、研讨活动。年内，县第四实验小学被滨州市教育局授予“滨州市依法治校示范校”、县教体局授予“无棣县教学工作先进单位”等称号。（杜建勇）

2022年6月7日，无棣县第四实验小学开展学生红色教育（门连进 摄）

【普法教育】2022年，无棣县推进全县各级各类学校普法教育工作，创建中小学学生法治教育实践基地2处。其中，县第三初级中学联合县法院设立法治教育实践基地1处，车王镇五营回民学校联合县检察院设立关爱少数民族青少年工作站1处。年内，县教体局联合县法院在县第三实验小学举办“蔷薇花开 法佑成长”法治副校长聘任暨送法进校园活动，推进法治教育和依法治校工作；县教体局联合县司法局组织开展全县中小学生“学宪法 讲宪法”演讲比赛、知识竞赛活动，12人获演讲比赛一等奖，11人获知识竞赛一等奖。2人获滨州市学生“学宪法 讲宪法”演讲比赛、知识竞赛一等奖。（杜建勇）

【心理健康教育】2022年，无棣县开展“向阳成长 青少年心理健康护航行动”，解决中小学生心理问题，助力学生健康成长。4月30日，制定《无棣县教育和体育局落实2022年山东省学校心理健康教育月活动和全市中小学开展“双心相融”行动的工作方案》，开展心理健康宣传教育活动，普及心理健康知识。安排专职心理健康教研员、学校专（兼）职心理健康教师开设覆盖全县中小学、中职学校县级心理咨询热线，为有心理服务需求学生提供咨询服务；举办无棣县教师心理健康指导及学生心理健康教育专题培训会，邀请山东省教育科学研究院教师发展研究中心专家作专题讲座。11月，县教体局联合县关工委开展“赋能成长·学生生命安全与心理健康”主题教育月活动；联合县委政法委利用国家中小学生心理健康测试平台，对全县小学三年级至高中三年级59717名学生开展学生心理健康测评、心理健康管理工作。（杜建勇）

2022年10月27日，无棣县“讲好红色故事 全环境立德树人”宣讲活动在县文化中心举行（梁捷 摄）

【体育、美育、国防教育】2022年，无棣县组织中小学体育教师参加全市线上体育教学优秀案例评选活动。通过县级初评，向市教育局推报15名教师个人案例、4个学校案例。举办无棣县第六届“县长杯”校园足球联赛暨篮球、乒乓球比赛，有262支队伍、2922名运动员参加；组织全县中小学参加滨州市中小学生校园艺术节合唱戏剧专项展示活动，推送6个校园合唱节目、5个班级合唱节目、11个戏剧节目参加全市汇演。开展生态环保小卫士选树活动，提高青少年生态文明素养、实践能力；开展以爱国主义为核心中小学国防教育，在初中、高中新生入学军训中，加入国防教育内容，增强学生国防观念、爱国意识。（杜建勇）

【学生素养】2022年，无棣县注重培养学生人文底蕴、科学精神、学会学习、健康生活、责任担当、实践创新“六大素养”，提升学生适应终身发展、社会发展关键能力与必备品格。县第二实验小学等学校6个少先队大队、县第一实验小学起航中队及其他学校11个中队被共青团滨州市委、市教育局、市少工委评为滨州市“红领巾奖章”集体三星章，县第一实验小学于欣然等48名少先队员获评滨州市“红领巾奖章”个人三星章。县第一实验小学张凌雪等12名学生被滨州市生态环境局、共青团滨州市委、市教育局评为滨州生态环保小卫士。县第二实验小学杨秋硕等4名学生被山东省生态环境厅、共青团山东省委、山东省教育厅评为第四批齐鲁生态环保小卫士。（杜建勇）

【安全教育】2022年，无棣县实施“1530”教育机制，每天离校前1分钟、每周五离校前5分钟、每个节假日离校前30分钟对学生进行安全提醒。完成112辆校车更新任务。县财政拨款716万元，为各学校、幼儿园配备专职合格保安242人，实现全县校园保安人员全部持证上岗。动员教师志愿者212人加入蓝天救援队，进行专业培训，提升校园应急处突能力。年内，持续开展校园安全重点领域风险隐患排查，强化消防安全、食品安全、校舍安全、学校特种设备安全、实验室安全管理及应急处置工作，全县中小学、幼儿园一键式紧急报警、视频监控系统达标率100%。全年未发生校园安全事故。（吴国征）

教育基础设施建设

【概况】 2022年，无棣县加强教育基础设施建设投入，投入2.58亿元，改、扩建全县10余所学校校舍、运动场等基础设施，安装配套设施，更新校园电教设备，改善办学条件，提升教育信息化水平。推进全县中小学学生营养餐、学生奶配送全覆盖工作。 （门连进）

【学校基础设施建设】 2022年，无棣县投资2.3亿元，新增校舍5.4万平方米的县职业中专五年制高职学校建设项目完成总工程量的60%；碣石山镇大赵小学平房建设项目、柳堡镇常家小学厨房餐厅建设项目主体工程完工；信阳镇第六小学运动场建设项目基础工程完工；车王镇崔什小学200米塑胶运动场铺设竣工投用；无棣一中报告厅、无棣二中报告厅竣工；部分镇（街道）学校报告厅装饰装修工程基本完工。投资600万元、总面积约4万平方米中小学校园有机硅改性聚氨酯材质篮排球运动场投入使用。（邓佩江）

【教育装备】 2022年，无棣县投资205.9万元，无棣一中报告厅、无棣二中报告厅、西小王镇中心小学等学校2979套座椅安装到位。学生营养餐配送工程覆盖全县31处中小学校，惠及中小学生1.7万人；完成全县农村小学2.7万名小学生学生奶配送管理工作。投资1013.63万元，为新建县学前教育中心、县实验幼儿园第二分园、县第一实验幼儿园（新校区）、棣丰街道馨宇社区幼儿园、棣丰街道凤凰城幼儿园5所幼儿园，配备玩教具等教育设备30202件（套）。（徐秀臣）

【教育信息化建设】 2022年，无棣县协调通信运营商提高网络带宽、服务质量，联系线上课堂提供商解决教学中各类问题，保障线上教学活动有序进行。年内，投资934万元，装备棣丰社区凤凰城幼儿园等4处幼儿园电教设备，更新县第一实验小学等3处校园网络、广播、多媒体教学与录播等电教装备，装备多媒体设备49套，教学计算机95套，校园广播、网络、监控、报告厅设备各4套，完成全国教育信息化工作平台更新提报工作。县教体局被滨州市委宣传部、市委网信办评为“2022年国家网络安全宣传周滨州市活动表现突出单位”。 （于俊森）

2022年9月7日，无棣县第三实验幼儿园建成投用 （王瑞鑫 摄）

文　化

文化场馆

【概况】2022年，无棣县依托县图书馆、县文化馆、县博物馆等场所，开展社会宣传教育、科学文化知识普及、群众文化艺术（娱乐）活动辅导。县图书馆改善馆舍条件，新增县武装部、县体育中学服务点2处，全年共举办线上、线下读者活动150余场。县文化馆组织大小型活动70余场，涵盖小品大赛、广场文化活动、成人公益培训等方面。县博物馆利用临展厅、历史文化展厅、张铸纪念馆、李山美术馆等资源，开展“触摸历史·体验考古发掘”庆元旦—“考古盲盒”寻宝游等活动。（王永港）

【县图书馆活动】2022年，无棣县改善图书馆馆舍条件。年内，图书馆上架图书1.7万册，全年接待读者23.2万人次，文献流通15.7万册次，新增持证读者9000人次。全年举办线上、线下读者活动150余场。开展图书流动服务到基层、社区、机关单位等地点，全年借还图书1.5万册。8月，建成第三阅览室（农家书屋数据加工周转服务室），增加智慧书架应用功能，通过设定周期或人工控制，自动采集在架图书位置信息并上传到数据中心，支持多节书架并列应用；开展书架分层标签扫描，实现图书自动智能定位、馆藏图书清点和各种统计工作。“4·23”世界读书日开展“一起读《尚书》”及“世界读书日”全县农家书屋、图书馆分馆图书集中发放等图书推广、辅导活动。“五一”期间，举办“在知爱建”“讲家乡故事·促文旅发展”无棣县景点经典故事会宣讲活动，宣讲组分别到无棣古城、千年古桑园、无棣县第一个党支部、千年唐枣树、碣石山、贝壳堤等景区，向游客实地讲述14个无棣景点的经典故事。举办镇（街道）图书馆分馆业务工作培训班。开展公益大讲堂《感受无棣古城的文化格局与魅力》等讲座活动。（高宝阳）

【县文化馆活动】2022年，无棣县文化馆强化服务功能，发挥业务职能，组织大小型活动70余场，其中举办各类赛事4场、各类展览8场、文化活动60余场。春节期间，举办“迎冬奥庆新春·非遗体验促传承”文化系列活动7场，服务500人次。9月，承办“喜迎二十大·讴歌新时代”山东省第八届小品新作大赛，全省各地20个小品新作参赛，县文化馆选送的小品《投票》获一等奖，无棣县被山东省曲艺家协会授予“山东曲艺之乡”称号。7月至9月，举办黄河文化艺术季暨无棣县“百姓大舞台”广场文化活动40余场，服务4万人次。组织“进百村·种文化”文体艺术培训志愿服务活动，乡镇开展广场舞、锣鼓表演、吕剧表演、体育健身操、趣味跳绳等多个项目培训。举办“欢聚艺堂”成人公益培训班，开设公益培训课程7项、112课时，培训声乐、舞蹈、模特、国画、摄影、播音与主持、书法等内容，参与人数达3000人次。（王玉琛）

2022年无棣县文化馆活动一览表

表50

活动名称	时间	地点	场次	活动内容
"迎冬奥庆新春·非遗体验促传承"文化系列活动	2月8—14日	县文化馆	7	"迎冬奥庆新春·非遗体验促传承"文化系列活动，包含插花技艺、非遗体验、非遗场馆免费开放等7场活动
"艺起战疫"文艺作品征集活动	3月19日至4月12日	线上	116	线上征集活动共收集剪纸、摄影、曲艺、音乐、文学等类别作品116个，在无棣县文化馆公众号进行展播，通过文艺作品凝聚抗疫力量
"粽叶飘香 情满古城"文化惠民系列活动	5月30日	无棣古城	1	系列活动包括茶诗会、绒绣体验、包粽子3个项目，在端午节来临之际为群众送上祝福
"进百村·种文化"文体艺术培训志愿服务活动	6月23日	全县各镇（街道）村	60	志愿服务活动按照"群众需要什么，我们服务什么"原则，对乡镇开展广场舞、锣鼓表演、吕剧表演、体育健身操、趣味跳绳等项目培训，满足人民群众对文化生活需求
黄河文化艺术季暨无棣县"百姓大舞台"广场文化活动	7—9月	无棣古城	40	广场文化活动包括舞蹈、音乐、戏剧、相声、武术等类别共计40余场，繁荣广场文化活动
"欢聚艺堂"成人公益培训班	7—11月	县文化馆	112	县文化馆开设公益培训课程7项，每个项目16课时，共112课时，培训内容有声乐、舞蹈、模特、国画、摄影、播音与主持、书法，参与人数3000余人次
"黄沙逐浪·滨州市黄河主题摄影图片展"	8月5日	县文化中心展厅	1	"黄沙逐浪·滨州市黄河主题摄影图片展（无棣站）"以"黄沙逐浪"为主题，面向滨州市摄影作者征集反映黄河地域文化、风土人情、城市建设、自然风光等内容的高质量作品101件
"喜迎二十大 永远跟党走"翰墨丹青颂党恩无棣县女书画家协会作品展	8月18日	县文化中心展厅	1	展览共展出女书画家书画精品78幅，作品主题鲜明、内容丰富、格调高雅。书画展旨在通过书画艺术的形式，讴歌党的丰功伟绩，抒发对党的无限热爱，坚定永远跟党走的信念
"绚丽重阳"滨州市第三届中老年文化艺术节模特展演	8月31日	无棣古城	1	"绚丽重阳"滨州市第三届中老年文化艺术节模特展演在无棣县古城县衙广场举办，全市有11支团队入选模特展演
"盛世花开"无棣县迎国庆牡丹专题展	9月3日	县文化中心展厅	1	展览以"牡丹"为主题，展出60余幅作品，进一步弘扬"牡丹文化"，促进牡丹主题艺术的学术提升，也是无棣县书画艺术界创作的一次高水平集中展览
"喜迎二十大·讴歌新时代"山东省第八届小品新作大赛	9月17日	县文化中心影剧院 无棣古城	1	大赛在县影剧院进行两场比赛，并在无棣古城举行颁奖仪式和优秀小品节目展演，来自全省各地市县区的20个小品新作参赛
喜迎二十大 翰墨倡廉洁书画展	10月8日	县文化中心展厅	1	展览是推进"三廉工程建设"、打造"古邑廉韵·清风无棣"廉洁文化品牌的一项重要活动，共选出入展作品78件

【县博物馆活动】 无棣县博物馆为国家三级博物馆，位于新区镜湖公园东侧，占地面积8764平方米，展室面积6800平方米，包括临展厅、历史文化展厅、王仲武艺术馆、李山美术馆。承担对具有一定历史、艺术、科学价值的可移动文物、标本等藏品的征集、收藏、保管、展览与研究，提供陈列展览、宣传教育等社会服务。2022年，县博物馆开展“触摸历史·体验考古发掘”庆元旦“考古盲盒”寻宝游等活动。 （贾启东）

【镇（街道）综合文化站实力提升】 2022年，无棣县提升各镇（街道）综合文化站软硬件实力。县图书馆总分馆走进镇村，通借通还经验走在全市前列；农家书屋网络电子平台专门开辟少儿有声读物绘本馆，按照“15分钟阅读服务圈”原则，建成文旅驿站、图书共享服务点7处。 （王玉琛）

群众文化

【概况】 2022年，无棣县围绕党的二十大组织开展群众文化活动。开展戏曲进乡村进校园活动，累计开展戏曲进乡村文化惠民演出800场、戏曲进校园培训活动15次。实施文化惠民工程，举办省、市、县三级联合购买文化惠民演出11场，“百日消夏文化广场”惠民演出40余场，放映公益电影6996场。开展文化志愿服务，利用“六一”、端午节等节假日展开非遗体验活动。年内，无棣县承办“首届山东省全民阅读大会暨齐鲁书香节——书润滨州阅读季”启动仪式、“喜迎二十大·讴歌新时代”山东省第八届小品新作大赛等活动，并被授予“山东曲艺之乡”称号。 （王永港）

【戏曲进乡村进校园】 2022年，无棣县戏剧与曲艺家协会开展戏曲进乡村惠民演出活动，完成60余场演出。全县持续开展一村一年一场戏免费送戏下乡活动，完成戏曲进乡村文化惠民演出797场。实施唱响吕剧工程，开展吕剧进乡村120余次，实现10个镇、2个街道全覆盖。海丰剧团开展戏曲进校园活动，累计培训15次。通过戏曲知识教学、角色体验等形式，开展实践培训课程。 （王玉琛）

【文化惠民服务】 2022年，无棣县实施省、市、县三级联合购买文化惠民演出工程，全年演出11场，满足群众近距离欣赏高层次剧场演出需求。办好2022年消夏广场文化活动，开展“喜迎二十大 奋进新征程”2022中国滨州黄河文化艺术季暨无棣县“百姓大舞台”广场文化活动，举办文艺演出39场。农村公益电影放映实现所有行政村全覆盖，全年累计放映6996场。开展“市民文化节”“黄河文化季”“在知爱建”及节庆等主题活动144场，“全民阅读”系列活动80场，开展各种艺术培训班121场。各镇（街道）开展各种文化活动263场。借助县图书馆网站建成农家书屋网络电子平台，整合电子书、期刊、有声阅读等数字资源，免费为群众提供10万册电子图书和1000册有声少儿绘本读物。 （王玉琛）

【文化志愿服务】 2022年，无棣县开展牵手非遗爱无棣系列活动志愿服务项目，结合中华优秀传统节日文化，展开非遗体验活动。在“六一”、端午节期间，县文化馆开展长卷绘画、茶诗会、包粽子、非遗项目绒绣体验等活动，涵养城市文明，传播中华优秀传统文化。 （王玉琛）

【无棣县获批“山东曲艺之乡”】 无棣曲艺底蕴深厚，形成西河大鼓、三弦书、西路大鼓、山东快书、快板书、京东大鼓等多个民间曲艺曲种，是鲁北地区曲艺大县。为保护和传承曲艺艺术，无棣县组织艺人录制80余小时影像资料，编辑出版10余万字鼓书唱词《隋唐响马传》（上下册）。拍摄曲艺展演视频西河大鼓《隋唐响马传》20回、三弦书《杨家将》、西路大鼓《胡延庆打擂》，曲艺创作三弦书《同风雨 共抗疫》均被“学习强国”学习平台采用。小泊头镇明德小学被认定为“滨州市非物质文化遗产传承教学和研究基地”。无棣县鼓书院等曲艺团体，常年开展送曲艺进校园、进社区，送文化下乡等活动。2022年9月17日，无棣县被山东省曲艺家协会授予“山东曲艺之乡”称号。（王玉琛）

【首届山东省全民阅读大会暨齐鲁书香节】2022年8月17日，首届山东省全民阅读大会暨齐鲁书香节——书润滨州阅读季启动仪式在无棣县举行。活动以“喜迎党的二十大 共享阅读新时代”为主题，在全社会营造爱读书、读好书、善读书浓厚氛围，推进书香山东建设。棣丰街道作为全省书香社区作典型发言；县文旅局作为“全省书香机关”称号获得单位进行情景诗朗诵《这一片土地》《古邑风》《书香致远》。（王永港）

文学艺术

【概况】2022年，无棣县组织文艺活动120场次，服务群众2万余人次。县作家协会会员在《纵横》《时代报告》《诗刊》等刊物发表文学作品30余篇。县美术家协会举办公益国画培训班，为20名美术爱好者授课94课时；协会会员2部作品出版发行。10余名县书法家协会会员在省、市书法展览中获奖入展。开展“在知爱建促发展 富强滨州看无棣”摄影创作活动；摄影家协会会员摄影作品在全国旅游摄影协会联盟、市文旅局主办的“山海古邑·和善无棣”首届全国·无棣生态文化旅游摄影大赛中分获金奖、铜奖。与市音乐家协会共同承办“富强滨州 文艺赋能——音乐家在行动”志愿服务活动，开展声乐培训。县演讲与朗诵艺术协会刘鹏飞话剧社编排的作品获山东省少儿才艺展演朗诵征集活动二等奖。（于文娟）

2022年8月17日，首届山东省全民阅读大会暨齐鲁书香节——书润滨州阅读季启动仪式在无棣县举办（县文旅局 供图）

【文学活动与创作】2022年，无棣县组织作家协会会员开展文学创作采风活动。7月26日，县作协组织会员10余人到海丰街道进行创作采风，撰写多篇关于乡村振兴稿件并在滨州网等媒体平台发表；8月21日，参加探寻古黄河文采风活动，创作作品参加第一届黄河文化散文季征稿。年内，在省、市级以上刊物发表文学作品30余篇。其中，协会会员张永军在《阅读时代》《今日文艺报》等报刊发表作品6篇，任连巨在《纵横》《时代报告》发表报告文学2篇，于海棠在《汉诗》《诗刊》等报刊发表诗歌10篇。2人次在全国、4人次在全市征文比赛中获奖。协会会员创作的文学评论集《但得清音》、诗歌作品集《青坡桑田》出版发行。（于文娟）

【书法活动与创作】2022年，无棣县书法家协会响应省书协“百县千村”书法惠民活动，组织协会会员40余人到农村社区、企业书写春联、福字3000余幅（份）。6月30日，在无棣古城开展“众芳芬苾，金石永年——吴式芬奖”滨州市第13届临帖展。年内，推出“携手抗疫 翰墨同心”书法作品网络展、首届

2022年9月3日，2022年“盛世花开”无棣县迎国庆牡丹专题展在县文化中心举行 （县文联 供图）

墨扬杯青少年书法大赛、“喜迎二十大 翰墨颂盛世”无棣县首届书法篆刻临帖展、“欢度重阳节 喜迎二十大”老年书画展等展览。县书法家协会组织会员到碣石山镇、山东鲁北化工股份有限责任公司、无棣鑫岳化工集团进行笔会交流活动10余场。10余名会员在省、市书法展览中获奖入展。（于文娟）

【美术活动与创作】 2022年3月3日，无棣县在文化中心举行“翰墨丹青巾帼志，荷风竹韵姊妹情”无棣县女书画家协会首届“庆‘三八’展风采”作品联展活动，集中展示无棣县女书画家作品。8月18日，举办“永远跟党走”翰墨丹青颂党恩书画展，展出女书画家创作书画精品78幅。9月3日，举行2022年“盛世花开”无棣县迎国庆牡丹专题展，集中展示近30位作者60余件作品。10月，市县美术家协会联合组织30余名会员举办寻找“山海古邑 和善无棣”美术符号写生活动，到无棣古城、千年古桑园、碣石山等地写生创作。年内，县美协与县文化馆举办公益国画培训班，为20名美术爱好者授课94课时；完成《张金举画集》《孟德玉画集》出版工作。（于文娟）

【摄影活动与创作】 2022年，无棣县组织举办“双沟酒业杯”摄影大赛采风、鲁北港产城融合摄影采风、二月二祭海及西港园区摄影采风、“走进邹平看名企”摄影采风、经济开发区摄影采风、滨州北海经济开发区摄影采风等10余次摄影采风活动，展现经济社会发展成就。县摄影家协会与市文联、市摄影家协会联合开展“在知爱建促发展 富强滨州看无棣”滨州市摄影创作活动。拍摄出品《矢志不渝跟党走 正风肃纪勇担当》教育宣传片，承办“喜迎党的二十大·砥砺奋进谱华章”——无棣经济开发区成立20周年主题摄影展。县摄影家协会与县工会、县文化馆等联合举办摄影培训班。协会会员摄影作品在全国旅游摄影协会联盟、滨州市文旅局主办的“山海古邑·和善无棣”首届全国·无棣生态文化旅游摄影大赛中分获金奖、铜奖。（于文娟）

【戏剧曲艺活动与创作】 2022年，无棣县开展送戏进学校、进企业、进农村等社会实践活动。县戏剧与曲艺家协会组织排演京剧《沙家浜》“智斗”“斥敌”《白毛女》《四郎探母》“坐宫”等选段30余段，排演吕剧《小姑贤》《借年》等折子戏和选段、选场。10月10日，邀请滨州市京剧团4位国家一级演员、一级演奏员开展现场指导。组织文化下乡演出活动25次，服务群众1万余人次。县民族音乐促进会开展“飞歌筑梦迎春向未来”赴柳堡镇孙鄞村春节文艺大联欢、“庆祝五一国际劳动节致敬最美劳动者”“千歌万曲颂党恩”“喜迎二十大 奋进新征程”等文艺演出专场20余场。创作快板书《在知爱建——无棣战“疫”》《坚决打赢防疫攻坚这一战》、西路大鼓《坚守》等抗疫主题文艺作品，丰富群众文化生活。（于文娟）

【演讲与朗诵艺术活动与创作】 2022年，无棣县演讲与朗诵艺术协会会员参与主持和策划"致敬最可爱的人"庆"八一"文艺晚会、"颂党恩·庆八一"建军节联欢晚会、"首届山东省全民阅读大会暨齐鲁书香节——书润滨州阅读季"启动仪式、"喜迎二十大 强国复兴有我"无棣县红色故事讲解大赛等文艺演出活动20余场次。依托县文化馆艺术培训基地，县演讲与朗诵艺术协会与相关部门联合承办"世界环境日""共建清洁美丽世界"诗文朗诵会、"信仰之光"无棣县政协"喜迎二十大 委员展风采"经典诗文朗诵会、"喜迎二十大 赞美新时代"无棣县中小学生诗歌朗诵大赛。年内，举办成人朗诵艺术培训班，全年开课20余场次，培训学员100余人。协会会员周海棣等8人在市县诗歌朗诵比赛中获奖。1人被省文旅厅授予"山东省首届全民阅读推广人"称号。刘鹏飞话剧社编排的3个作品在山东省委宣传部、省妇联、省文联等10个部门联合举办的"泱泱黄河水 小小代言人"山东省少儿才艺展演朗诵征集活动中获二等奖。（于文娟）

2022年10月12日，无棣县"喜迎二十大 赞美新时代"全县中小学生诗歌朗诵大赛在县文化中心举行（县文旅局 供图）

【音乐舞蹈艺术活动与创作】2022年，无棣县音乐家协会与滨州市音乐家协会共同承办"富强滨州 文艺赋能——音乐家在行动"声乐培训志愿服务活动，举办"喜迎二十大""琴音飞扬 乐随心动"钢琴演奏会，协办县经济开发区专场文艺演出。3月至4月，开展"众志成城 以艺战疫"公益课堂6期，受众1000余人次。4月30日，组织县音乐家协会会员参加全省"蒲公英合唱"活动。5月23日，在全县7处辅导点同步启动舞协志愿者"到人民中去"辅导活动，各辅导点教师编排各类舞蹈，通过线上、线下形式在不同场所进行公益教学。7月15日，举办"舞动美好 共筑和谐"专场演出。创作《梦里乡音 梦里乡情》《渤海湾畔鱼水情》等音乐作品。国庆期间，举办"庆国庆·健身你我他"广场舞志愿者骨干培训班、交谊舞公益培训班。（于文娟）

【无棣县承办山东省第八届小品新作大赛】2022年9月17日，"喜迎二十大·讴歌新时代"山东省第八届小品新作大赛在无棣县举办。大赛由省文联、省曲协主办，市文联、市文旅局、市文化馆、市曲协、县文联、县文旅局承办，县文化馆和县晟兴盐业有限公司协办。活动于3月正式启动，至8月底共收到各地市推荐作品50余个，经专家遴选，20个节目入选决赛，其中县文化馆选送的小品《投票》获一等奖。大赛颁奖仪式和优秀小品节目展演在无棣古城举行。同时，无棣县被授予"山东曲艺之乡"称号。（王玉琛）

文化遗产保护

【概况】2022年，无棣县推动非物质文化遗产保护传承，至年底，有省级非遗代表性项目4个、市级非遗代表性项目41个、县级非遗代表性项目68个。加强文物保护管理，有不可移动文物44处，其中省级文物保护单位9

处、市级文物保护单位7处、县级文物保护单位28处，包括旧石器及商周时代遗址，汉代窑址，明清古民居、古墓葬，近现代重要史迹等。馆藏类文物包括陶瓷类、青铜类、书画类、玉石类、古钱币及革命文物等2335件(套),其中二级文物6件(套)、三级文物45件（套）、一般文物970件（套）、未定级文物1314件（套）。（贾启东）

【文物保护】 2022年，无棣县加强文物保护宣传教育，提升文物保护和价值挖掘水平。7月25日，车王镇芦郭村村民发现一清代石碑，联系镇文化站并上交县文物部门，由县文物保护中心保护管理。县文物保护中心做好相关登记、入库，保证文物安全。9月21日，省文旅厅组织相关专家在无棣县开展滨州市可移动革命文物鉴定定级专家评审会。县文物保护中心定级三级革命文物9件（套）、一般革命文物62件（套）。（贾启东）

【革命遗址遗迹保护利用】 2022年，无棣县开展革命遗址遗迹资源整理，省文旅厅将大口河保卫战遗址、冀鲁边军区抗战司令部遗址、沾阳棣芦荡抗日遗址、大王柳战斗发生地4处县级文物保护单位公布为山东省第二批革命文物。至年底，无棣县有省级革命文物6处、市级革命文物10处。大王柳战斗展馆展示革命斗争详情，对群众进行爱国主义和革命传统教育，自10月8日起向社会公众免费开放。（贾启东）

【不可移动文物保护】 2022年1月18日，山东省人民政府公布山东省第六批省级文物保护单位、山东省第一批水下文物保护区名单。无棣县信阳镇城角遗址、佘家镇邓王东北遗址入选山东省第六批省级文物保护单位古遗址类。（贾启东）

【优秀曲艺文化传承】 2022年，无棣县注重保护、传承、弘扬鲁北大鼓等曲艺文化，推动曲艺艺术发展。8月11日，无棣县正式成立古城鼓书院并进行拜师仪式。县文化馆非物质文化遗产展厅设立曲艺书场，不定期录制曲艺视频资料、举办现场演出；在古城设立曲艺书场，包括三弦书、西河大鼓、西路大鼓等艺术形式，不定期为游客进行曲艺演出；定期到镇（街道）、社区开展文化惠民演出，以传统民间曲艺形式宣传富民政策，推动优秀传统文化传承。（王玉琛）

【非物质文化遗产保护传承】 2022年，无棣县申报第六批县级非遗项目19项、市级非遗项目11项，申报数量在全市各县区申报市级非遗项目和非遗工坊中居第1位。9月15—19日，在第三届中国国际文化旅游博览会、首届中华传统工艺大会上，无棣县非遗项目多功能生物海瓷、盐雕、黄河泥陶、十里香小磨香油、鲁绣（绒绣）等参展。（高宝阳）

2022年无棣县非物质文化遗产项目一览表

表51

序号	非遗名称	传承人	级别	批复时间
1	西河大鼓	张宝廷 杨文芝	省级	2009年9月
2	渤海海盐滩晒工艺	张国梁	省级	2016年3月
3	刺绣（绒绣）	牛国秀	省级	2020年10月
4	塘坊糕点制作技艺	赵玉森	省级	2020年10月

续表 51

序号	非遗名称	传承人	级别	批复时间
5	武秧歌	秦子景	市级	2007 年 10 月
6	哈哈腔	张树新 朱会兰	市级	2007 年 10 月
7	鲁北大鼓	谢洪印	市级	2007 年 10 月
8	欢喜团	范崇华	市级	2007 年 10 月
9	苇　帘	马振虎	市级	2007 年 10 月
10	无棣草编	李文超	市级	2007 年 10 月
11	滨州锅子饼	赵德国	市级	2007 年 10 月
12	大山烧鸡	李金铎	市级	2007 年 10 月
13	狮　包	李景山	市级	2007 年 10 月
14	碣石山古庙会	李寿章	市级	2007 年 10 月
15	疯秧歌	高庆丰	市级	2009 年 12 月
16	竹　马	张宝贤	市级	2009 年 12 月
17	西路大鼓	于金青	市级	2009 年 12 月
18	三弦书	朱延安	市级	2009 年 12 月
19	刺　绣	田桂兰	市级	2009 年 12 月
20	高粱莛秆穿制技艺	徐寿河	市级	2015 年 5 月
21	埕口虾酱制作技艺	吴元树	市级	2015 年 5 月
22	清真九大碗制作技艺	从恩浩	市级	2015 年 5 月
23	无棣制鼓技艺	仝秀泽	市级	2015 年 5 月
24	程派高氏八卦掌	刘树行	市级	2015 年 5 月
25	葫芦刻画（烙画）	方以忠	市级	2015 年 5 月
26	锡壶制作技艺	王付烈	市级	2015 年 5 月
27	宗王拳	赵子辉	市级	2019 年 11 月
28	无棣县点子拳	梁树军	市级	2019 年 11 月
29	大山安林八大碗	李安林	市级	2019 年 11 月
30	枣木杠酒酿造	王照勇	市级	2019 年 11 月
31	滨州剪纸	方秀岭	市级	2019 年 11 月
32	白氏黑膏药	白金海	市级	2019 年 11 月

续表 51

<table>
<tr><th>序号</th><th colspan="2">非遗名称</th><th>传承人</th><th>级别</th><th>批复时间</th></tr>
<tr><td>33</td><td colspan="2">撒网制作技艺</td><td>仝秀国
任高峰</td><td>市级</td><td>2019 年 11 月</td></tr>
<tr><td>34</td><td colspan="2">帝赐街长拳</td><td>孟德豹</td><td>市级</td><td>2010 年 1 月</td></tr>
<tr><td>35</td><td colspan="2">东路梆子</td><td>张玉忠
朱延元</td><td>市级</td><td>2022 年 10 月</td></tr>
<tr><td>36</td><td colspan="2">韩家窑贝瓷烧制</td><td>郭跃杰</td><td>市级</td><td>2022 年 10 月</td></tr>
<tr><td>37</td><td colspan="2">黄河泥陶制作技艺</td><td>王　超</td><td>市级</td><td>2022 年 10 月</td></tr>
<tr><td>38</td><td colspan="2">牛家老帖制作技艺</td><td>牛炳华</td><td>市级</td><td>2022 年 10 月</td></tr>
<tr><td>39</td><td colspan="2">仝氏果穗花馍</td><td>仝青海</td><td>市级</td><td>2022 年 10 月</td></tr>
<tr><td>40</td><td colspan="2">海丰塔的传说</td><td>—</td><td>市级</td><td>2022 年 10 月</td></tr>
<tr><td>41</td><td colspan="2">张氏紫癜中医疗法</td><td>张俊武</td><td>市级</td><td>2022 年 10 月</td></tr>
<tr><td>42</td><td colspan="2">丰香园小磨香油</td><td>王子健</td><td>市级</td><td>2022 年 10 月</td></tr>
<tr><td>43</td><td colspan="2">大成拳</td><td>程立华</td><td>市级</td><td>2022 年 10 月</td></tr>
<tr><td>44</td><td rowspan="2">祭海仪式</td><td>祭海（拨灯）</td><td>吴立收</td><td>市级</td><td>2022 年 10 月</td></tr>
<tr><td>45</td><td>脊岭岛龙王庙祭海仪式</td><td>张长友</td><td>市级</td><td>2022 年 10 月</td></tr>
<tr><td>46</td><td colspan="2">老会烧鸡</td><td>刘希新</td><td>县级</td><td>2008 年 5 月</td></tr>
<tr><td>47</td><td colspan="2">三寸金莲鞋</td><td>李凤英</td><td>县级</td><td>2009 年 4 月</td></tr>
<tr><td>48</td><td colspan="2">油　香</td><td>从立国</td><td>县级</td><td>2009 年 4 月</td></tr>
<tr><td>49</td><td colspan="2">灯　笼</td><td>毛　氏</td><td>县级</td><td>2009 年 4 月</td></tr>
<tr><td>50</td><td colspan="2">根　雕</td><td>崔树增</td><td>县级</td><td>2009 年 4 月</td></tr>
<tr><td>51</td><td colspan="2">荷　包</td><td>李凤英</td><td>县级</td><td>2009 年 4 月</td></tr>
<tr><td>52</td><td colspan="2">蒲　鞋</td><td>杨希琢</td><td>县级</td><td>2009 年 4 月</td></tr>
<tr><td>53</td><td colspan="2">苇　笠</td><td>杨希琢</td><td>县级</td><td>2009 年 4 月</td></tr>
<tr><td>54</td><td colspan="2">家纺粗布</td><td>郭延花</td><td>县级</td><td>2009 年 4 月</td></tr>
<tr><td>55</td><td colspan="2">民间剪纸</td><td>王树兰</td><td>县级</td><td>2009 年 4 月</td></tr>
<tr><td>56</td><td colspan="2">民间插花</td><td>吴忠娥</td><td>县级</td><td>2009 年 4 月</td></tr>
<tr><td>57</td><td colspan="2">开斋节</td><td>从立国</td><td>县级</td><td>2009 年 4 月</td></tr>
<tr><td>58</td><td colspan="2">莛秆簸箩</td><td>李祥春</td><td>县级</td><td>2009 年 4 月</td></tr>
<tr><td>59</td><td colspan="2">信阳古城传说</td><td>庞玉华</td><td>县级</td><td>2011 年 7 月</td></tr>
<tr><td>60</td><td colspan="2">没尾巴老李的传说</td><td>门红泉</td><td>县级</td><td>2011 年 7 月</td></tr>
<tr><td>61</td><td colspan="2">笤帚制作技艺</td><td>史振奎</td><td>县级</td><td>2011 年 7 月</td></tr>
<tr><td>62</td><td colspan="2">马扎制作技艺</td><td>刘玉春</td><td>县级</td><td>2011 年 7 月</td></tr>
<tr><td>63</td><td colspan="2">柳编技艺</td><td>霍昭华</td><td>县级</td><td>2011 年 7 月</td></tr>
<tr><td>64</td><td colspan="2">醉枣制作技艺</td><td>武秀珍</td><td>县级</td><td>2011 年 7 月</td></tr>
<tr><td>65</td><td colspan="2">面瘫治疗</td><td>王金水</td><td>县级</td><td>2011 年 7 月</td></tr>
</table>

续表 51

序号	非遗名称	传承人	级别	批复时间
66	针　灸	杨景峰	县级	2011 年 7 月
67	膏　药	冯寿武	县级	2011 年 7 月
68	猫二头鼓	李文平 杨玉琢	县级	2016 年 4 月
69	牛岚大秧歌	张式林 孙永华	县级	2016 年 4 月
70	吴氏形意拳	吴金秋	县级	2016 年 4 月
71	泊头肘子	文墨忠	县级	2016 年 4 月
72	芦苇画	吴晓晖 张万奎	县级	2016 年 4 月
73	走马灯	文建春	县级	2016 年 4 月
74	水沟插箔	吴国浩	县级	2016 年 4 月
75	鲁北三通艺术锣鼓	朱殿侠	县级	2018 年 2 月
76	安府豆腐	安树芬	县级	2018 年 2 月
77	十里香小磨香油	任长博	县级	2018 年 2 月
78	杨氏烧鸡	杨令周	县级	2018 年 2 月
79	大山煎饼	李焕胜	县级	2018 年 2 月
80	八宝神枕	陈景媚	县级	2018 年 2 月
81	“姬家花园”原香小榨花生油	张瑞新	县级	2018 年 2 月
82	孙记欢喜团	孙连德	县级	2018 年 2 月
83	泊头下货	刘义岗	县级	2018 年 2 月
84	水湾锅饼	孟凡琛	县级	2018 年 2 月
85	邢家木杆秤	邢成军	县级	2018 年 2 月
86	赵记干烘花生米	赵树根	县级	2018 年 2 月
87	大觉寺唐塔庙会	释恒顺	县级	2018 年 2 月
88	柳荫堂雕版印刷	古　城	县级	2018 年 2 月
89	金石拓片制作技艺	李金海	县级	2019 年 7 月
90	韩式驴肉	韩玉龙	县级	2020 年 12 月
91	打铁技艺	李宝贵	县级	2020 年 12 月
92	鸡毛掸子	李洪英	县级	2020 年 12 月
93	蹦跶猴	—	县级	2020 年 12 月
94	老面签子馒头	赵云强	县级	2020 年 12 月
95	益圣堂秦氏黄酒	秦中信	县级	2020 年 12 月
96	马氏烫伤膏	马士滨	县级	2020 年 12 月
97	帝赐街的传说	—	县级	2020 年 12 月
98	朱氏菩提拳	朱树理	县级	2020 年 12 月
99	汪子岛的传说	—	县级	2020 年 12 月

续表 51

序号	非遗名称	传承人	级别	批复时间
100	黄龙湾的传说	—	县级	2020 年 12 月
101	植物扎染	孙 艳	县级	—
102	鲁北杜氏唢呐	杜宗江	县级	2022 年 7 月
103	丰台夯歌	徐秀昌	县级	2022 年 7 月
104	子母剑	张 勇	县级	2022 年 7 月
105	笛箫制作	马士龙	县级	2022 年 7 月
106	排船	侯宝军	县级	2022 年 7 月
107	麻绳编制	孙红玉	县级	2022 年 7 月
108	古旧名家书画扇面的重装与修复	陈延君	县级	2022 年 7 月
109	手扎灯笼	咸胜男	县级	2022 年 7 月
110	任氏糖画	任成花	县级	2022 年 7 月
111	杨氏风干鸡	杨士瑞	县级	2022 年 7 月
112	郭仓火炉烧饼	郭连合	县级	2022 年 7 月
113	锻铜技艺	张余房	县级	2022 年 7 月

【文物保护重点项目】 2022 年，无棣县加强文物保护重点项目管理，组织文旅、消防、应急管理等部门推进文物保护重点工程落地落实。4 月 1 日，无棣县编制的吴式芬故居消防工程方案经省文旅厅批复并通过评审；9 月 5 日，大觉寺修缮保护工程经省文旅厅立项批复。 （贾启东）

2022 年无棣县市级及以上文物保护单位一览表

表 52

序号	保护单位名称	类别	时代	级别
1	郭莱仪古墓	古墓葬	汉	省级
2	信阳故城址	古遗址	战国至汉	省级
3	吴式芬故居	古建筑	明、清	省级
4	大觉寺	古建筑	清	省级
5	张映汉故居	古建筑	清	省级
6	冯安邦故居	古建筑	清	省级
7	吴坛故居	古建筑	清	省级
8	邓王东北遗址	古遗址	商、周	省级
9	城角遗址	古遗址	汉	省级
10	县衙大堂	古建筑	清	市级
11	无影山遗址	古遗址	汉至宋元	市级
12	帝赐街遗址	古遗址	汉代	市级
13	王清故居	古建筑	清	市级
14	谷中虚墓	古墓葬	明	市级
15	张衍重故居	古建筑	清	市级
16	石景芳故居	革命类	近现代	市级

【文物保护宣传活动】 2022年，无棣县通过线上、线下相结合形式，宣传展示传播无棣县历史文化，促进文化交流互鉴。“5·18”国际博物馆日，县博物馆到信阳镇开展进社区、进乡村、进军营、进学校、进企业流动展览活动，发放“无棣文博纪念册”和博物馆宣传页；组织县第四实验小学学生参观县博物馆，让学生了解无棣历史文化艺术、无棣名人和风土人情；推出张锷事迹陈列馆VR全景线上展厅。 （贾启东）

【文物保护单位管理】 2022年，无棣县召开文物安全工作会议，对各镇（街道）进行文物安全保护知识培训。组织县文物保护中心、县消防救援大队对文物保护单位、革命遗址遗迹进行消防安全隐患大检查，开展消防安全演练，对文物保护人员及文物安全负责人员进行文物安全消防知识培训。与12处镇（街道）签订年度文物安全责任书，明确文物安全直接责任。 （贾启东）

【碣石山镇入选全国地质文化镇】 2022年10月24日，中国地质学会公布全国第二批24个地质文化村（镇），无棣县碣石山镇入选。碣石山形成于73万年前新生代第四纪更新世，属岩浆中心式喷发形成的圆锥形复合火山堆，是一座死火山，其结构由火山弹、火山灰、火山砾、火山熔岩组成，岩性为暗褐色霞石苦橄岩，在地质学尤其是在火成岩、地质构造等方面具有重要研究意义，对于揭示鲁北平原、黄河三角洲环境演变过程，追溯早期人类活动踪迹有着不可替代作用。 （王永港）

2022年5月8日，无棣县第四实验小学学生参观县博物馆

（县文旅局 供图）

大众传媒

【概况】 2022年，无棣县规范传媒管理秩序，营造良好新闻舆论生态，提升宣传工作水平。挖掘红色资源、传统文化，利用微视频等途径，制作播出《石景芳》《牛保正》等红色题材微电影，讲好无棣红色故事。高标准、规范化推进应急广播体系建设，建成县级平台1个、镇（街道）播控平台12个、村级前端574个、播出大喇叭终端1360个。深化矩阵思维，发挥融媒体中心、调频广播、《无棣大众》、“中国无棣”门户网站等平台作用，做强主流舆论，做好重大主题和中心工作宣传。创新传播方式手段，创设“安大爷”形象IP，增强宣传吸引力。 （胡安义）

【影视精品创作】 2022年，无棣县挖掘历史人文、革命故事和地域特色，以艺术化形式，开展富有创造力、生命力和影响力的影视精品创作活动。创作完成原创革命历史题材微电影故事片《牛保正》。影片时长29分53秒，由市电影电视艺术家协会、县文旅局、县文化馆联合摄制。影片讲述1931—1936年，无棣籍后牛村牛保正在国民党北平军人反省院（北京草岚子监狱）任看守班长。在此期间，开展革命活动，营救共产党高级干部殷鉴、安子

2022 年 12 月 30 日，红色公益影片《石景芳》拍摄完成（县文旅局 供图）

文、刘澜涛、杨献珍等 61 名同志出狱而被捕入狱，经党组织营救获释的故事。年内，红色题材微电影《石景芳》《牛保正》《512 枚铜钱》上映，其中《512 枚铜钱》被山东省委组织部评为优秀党员教育片，列入全省 10 个“百名红色讲解员讲百年党史”红色故事。（王永港）

【应急广播】 2022 年 5 月，无棣县启动应急广播体系建设项目。8 月 18 日，召开全县应急广播体系建设推进会，印发《关于推进无棣县应急广播体系建设的实施方案》，安排部署应急广播体系建设工作。至年底，投资 455 万元，建成县级平台 1 个、镇（街道）播控平台 12 个、村级前端 574 个、播出大喇叭终端 1360 个，其中包括音柱 12 个、县城区音柱 200 个、村大喇叭 1148 个。前期测试各终端在线率均在 90% 以上，并完成应急广播平台网络安全备案、测评工作，应急广播体系建设进入组织验收阶段。（王永港）

【融媒宣传报道】 2022 年，无棣县融媒体中心加强与省、市媒体联动，丰富重大主题报道和融媒体作品融合实践，提升新闻生产效能，增强传播力影响力，形成媒体深度融合格局。至年底，县融媒体中心在中央广播电视总台上稿 60 条，其中《新闻联播》采用 13 条；在山东电视台上稿 578 条，其中《山东新闻联播》采用 269 条。在全市首创设计“安大爷”形象 IP，“安大爷”方言宣传产品获全市社科普及“十佳视频”，《安大爷喊话萌动版之秸秆禁烧！保护环境人人有责！》获滨州市第二届“渤海潮评”网络评论大赛二等奖。县融媒体中心推进媒体融合发展，连续 4 年被评为省广播电视局“统一供片先进单位”，连续 2 年被省广播电视局表彰为“全省宣传先进集体一等奖”。（张相安）

【调频广播】 2022 年，无棣县实现广播节目与“无棣融媒”App、抖音直播深度融合，通过无棣融媒官方抖音号进行实时直播。做优做强《音乐来了》《爱吃才会赢》等特色栏目；《家有儿女》栏目与县医院合作完成健康访谈节目专题直播，与县妇联合作开展“最美家庭”宣传活动并推出“家教中的国学智慧”板块；《悦读悦听》节目在挖掘文化内涵、推荐优质图书的同时，推进人物访谈，开设“经典阅读”“旅行日记”板块；开设直播专题《嘉宾直播季》。在山东省县（市、区）、企业台优秀广播电视和网络视听节目奖评选中，《无棣：做好经略海洋文章　勠力挖掘“深蓝宝藏”》被评为优秀广播新闻作品长消息类三等奖；广播长消息《“广泰一号”让对虾养殖有了中国“芯”》获山东新闻奖三等奖、编辑奖三等奖；《张海鹰：二十七年新闻路　铸造党员工匠魂》《媒介融合对媒体从业者的素养要求》分获 2021 年度山东省优秀广播电视和网络视听节目奖优秀播音与主持作品广播主持类三等奖、优秀论文作品三等奖。（郭　璐）

【图书发行】 2022 年，新华书店无棣分公司营业收入 2854 万元，利润总额 367 万元，完成各项经营指标。发行《习近平谈治国理政》第四卷2.5万册，实现全县党员全覆盖，销售码洋200余万元；发行《改革开放简史》《社会主义发展简史》《中华人民共和国简史》共计3600余册，发行码洋14万余元。《同步练习册分层卷》系列及《劳动》《心理健康》等重点品种覆盖面增加，实现教辅市场较快增长。（刘会元）

【《无棣大众》出版】2022年，《无棣大众》利用社论、深入解读、摄影图片、专版专刊、权威报刊转载等形式，对无棣县经济发展、重大成就、文明创建、党史学习、政策解读等工作进行全方位报道。至年底，《无棣大众》出版主刊88期、副刊18期。年内，在《无棣大众》第一版先后开办《“建设更高水平富强滨州，无棣怎么干”解放思想大讨论》《在滨州 知滨州 爱滨州 建滨州》《千名书记谈落实省代会精神》《深入学习贯彻党的二十大精神》《“四水四定强引领 五水并举谋发展”解放思想大讨论一把手访谈》等栏目；第二、三、四版先后开办《服务三农助推发展》《精准服务市场主体 推动“强优富美”新无棣大发展》《“省派第一书记”笔记》《在知爱建 共同打造美丽宜居大美无棣》《科普中国》等栏目。（闫 晓）

【“中国无棣”门户网站运行】2022年，“中国无棣”门户网站发布信息24435条，发布解读信息234条，回应公众关注热点、重大舆情64次，办理网民留言169条，开展意见征集调查14期，举办“在线访谈”活动5期。（隆海龙）

文化产业

【概况】2022年，无棣县推动文化产业发展，打造文化资源转化政策引擎和有效平台，扶持引导文化资源优势向经济发展优势转化。全县有规模以上文化企业23家，实现文化产业综合收入30.6亿元，被评为全省文化强省建设先进县、省级社会文化建设先进县。年内，无棣县探索非物质文化遗产生产性保护路径，十大非遗工坊入驻国家AAAA级旅游景区无棣古城，打造“非遗一条街”。新认定首批非遗工坊19家，其中8家被认定为首批市级非遗工坊，数量位居全市前列。申报10项市级非遗项目，数量居全市第1位。推动山东海百合环境艺术有限公司纳入规模以上企业。（王永港）

【文化产业项目】2022年，无棣县启动文化中心提升改造项目，投资5200万元，改建、提升文化中心（文化馆、图书馆、博物馆）、博物馆分馆（古城博物馆）、古城山东手造一条街，总面积2.3万平方米。李山美术馆成为“山东省华侨国际文化交流基地”，县文化馆为国家一级馆，图书馆为国家二级馆，博物馆为国家三级馆。（王永港）

【市场经营主体】2022年，无棣县有文化市场经营主体10家（含互联网上网服务营业场所、歌舞娱乐场所）。其中，互联网上网服务营业场所6家，与2021年数量持平；歌舞娱乐场所4家，比上年增加1家。年内，处罚违规经营单位7家次。（王永港）

2022年无棣县互联网上网服务营业场所经营主体一览表

表53

单位名称	经营地址
无棣魔都网吧	无棣县棣新六路以西新城大街以北酷尔乐7幢728号
无棣时光网吧	无棣县院前街139号
无棣县动感网络休闲中心	无棣县棣新二路西侧院前街南侧
星空互联网上网服务（无棣）网咖	无棣县海丰十路古城区十号楼121室
无棣拉科斯达网吧	无棣县埕口镇鲁北海滨大酒店一楼大门北侧
无棣荣耀网吧	无棣县埕口镇冯家庄村海滨酒店二楼

2022 年无棣县歌舞娱乐场所经营主体一览表

表 54

单位名称	经营地址
无棣鹏博娱乐有限公司	无棣县棣新一路原海滨温泉大酒店
无棣流金岁月商务娱乐城	无棣县棣新四路南首
无棣渡青春娱乐有限公司	无棣县海丰十五路山水润福苑 A 区 7-3-1 至 7-3-20
北海新区欧尚练歌房	无棣县马山子镇大千置业商业街 7 号楼 140 号

2022 年无棣县影剧院经营主体一览表

表 55

单位名称	经营地址
无棣华美电影城有限公司	无棣县棣新一路 27 号
无棣奥斯卡电影城有限公司	无棣县文昌南路 6 号楼 3-16 号
无棣县博裕影城有限公司	无棣县海丰十五路金梦豪园西 116 米

【文化创意设计】 2022 年，无棣县注重特色文化引领，开发文创产品。其中，无棣盐瓷获中国旅游商品大赛铜奖、山东省文化和旅游商品创新设计大赛金奖；海瓷艺术品获国家技术发明奖和 10 余项国家专利；塘坊糕点和绒绣 2 个项目入选山东省第五批非物质文化遗产名录。各镇（街道）凸显文化特色，打造“桑榆小镇”“盐族小镇”“本草小镇”“锦棉小镇”等特色品牌。深挖历史文化底蕴，把儒家文化、古迹文化、红色文化融入古城建设，抓好吴式芬故居、国学堂、吴重憙与中国红十字会纪念馆、全省首家线装书博物馆、古典字画展馆、“火红年代”民俗文化展览馆等项目建设，打造具有厚重历史感特色文化。丰富民俗文化内涵，提升剪纸、枣木雕、芦苇画、高仿画、布瓦画、绒绣等特色产品规模和效益。（王永港）

【影剧院运营】 2022 年，无棣县强化市场监管职能，提升影剧院管理水平。全县有无棣华美电影城有限公司、无棣奥斯卡电影城有限公司、无棣县博裕影城有限公司 3 家影院。无棣华美电影城有限公司有 5 个影厅、766 个座位，全年观影 5 万余人次，营业额 200 余万元；无棣奥斯卡电影城有限公司有 2 个影厅、131 个座位，全年观影 6000 余人次，营业额 20 余万元；无棣县博裕影城有限公司有 7 个影厅、592 个座位，全年观影 3000 余人次，营业额 13 万余元。县影剧院建筑面积 4000 平方米，可容纳 931 名观众；设有 3 个化妆间、1 个贵宾接待室和 1 个演职人员休息室。年内，县影剧院承办省市县三级联合惠民演出、无棣春节联欢晚会、“喜迎二十大·讴歌新时代”山东省第八届小品新作大赛等活动。（王永港）

【无棣海瓷入选“山东手造·优选 100”】 2022 年 6 月 26 日，山东省旅游发展大会开幕式在济宁尼山圣境至圣广场举行。经过网络投票、专家评审、实地考察和公示等环节，“山东手造·优选 100”企业从 2162 家申报单位中选出，无棣海瓷入选“山东手造·优选 100”榜单，为滨州市仅有 2 家入选“山东手造·优选 100”的项目之一。（王玉琛）

社会科学研究普及

【概况】2022年，无棣县落实专项课题研究、社科普及与新时代文明实践社科普及志愿服务等重点工作。加强社科阵地管理，推进社科普及阵地建设，组织实施“1010”工程，促进社会科学普及。年内，6项成果入选滨州市社科规划课题，4项课题获滨州市优秀成果。12月，在全国大中城市社科联第31次工作会议上，无棣县社科联被授予“全国社科组织先进单位”称号。（王秀丽）

2022年8月24日，无棣县传承非遗技艺·普及社科知识“强国复兴有我”主题实践活动在无棣古城举办（县社科联 供图）

【社科普及】2022年，无棣县扩展“渤海社科智声”品牌效应，以开展社科普及进校园、进企业、进农村、进社区、进家庭、进网络、进机关、进军营、进景区、进公共文化场馆等为载体，举办“奋进新征程、喜迎二十大”社科普及主题展览、开展“奋进新征程、喜迎二十大”社科普及网络竞赛、推出“社科普及微课堂”系列栏目、组织滨州市10年优秀社科普及作品推选活动、推进新时代文明实践社科普及志愿活动、推进社科普及应用研究推广活动为重点，组织实施“1010”工程，推进社会科学普及。组织“三下乡”活动，进行理论宣讲、政策解读，提升广大群众文明素养。8月24日，滨州市传承非遗技艺·普及社科知识“强国复兴有我”主题实践活动在无棣县举行。至年底，全县开展社科普及活动200余场次，受益群众2万余人次。（王秀丽）

【社科优秀成果】2022年，无棣县深化理论研究阐释，研究成果《深化拓展新时代文明实践阵地建设路径研究——以滨州市无棣县为例》获全市“聚力攻坚突破 智推‘83’工程”应用类专项课题优秀等级。对接滨州市“黄河文化”研究专项，《黄河古道文物资源调查研究》等6项成果入选滨州市社科规划课题，《基层法治文化建设的可行性与实用性路径研究》等4项课题获滨州市优秀成果。在全市社科普及优秀成果评选中，无棣县获读物类“十佳”成果2项、优秀成果1项，视频类“十佳”成果2项、优秀成果1项。（王秀丽）

2022年无棣县获滨州市社科普及“十佳”成果一览表

表56

类别	成果名称	申报人
十佳读物	文化无棣	高玉慧　张海鹰　张洪军　高　洁
	柳林黄土血化碧	韩　彬　刘宝泉　王寿海　刘吉良　贾金林
优秀读物	枣乡英烈谱	贾金林　刘宝泉　刘吉良
十佳视频	民法典宣传系列情景剧	张晓阳　田成燕　张玉龙　张少卿
	“安大爷”方言宣传产品	徐向华　杨景成　蔡婷婷
优秀视频	民生关注	高圣益　王　静　李　瑞　刘汉午

【社科普及阵地】 2022年，无棣县加强社会科学阵地管理，推进示范镇（街道）村（社区）建设。在山东省“十四五”时期第二批社科普及示范单位评比中，小泊头镇被命名为山东省社科普及示范镇，棣丰街道馨泰社区、碣石山镇张家码头村、柳堡镇柳堡街村、佘家镇商家庄村、水湾镇毛王村、西小王镇王管庄村被命名为山东省社科普及示范村（社区）。年内，依托社会科学阵地平台，全县开展各类社科普及志愿服务活动100余场。（王秀丽）

地方史志

【概况】 2022年，无棣县推进志鉴编纂、研究工作。学习入选中国精品年鉴工程年鉴作品，开展“精品年鉴品读”活动。开展《无棣年鉴（2022）》编纂工作，打造山东省精品年鉴。做好《无棣通史》有关史料搜集和应用。指导《无棣经济开发区志》等志书修改、完善。参与山东省方志理论研讨会征文活动，2篇文章被评为三等奖。（胡安义）

【“精品年鉴品读”活动】 2022年，无棣县贯彻《山东省“精品年鉴品读”活动实施方案》精神，强化年鉴精品意识，开展“精品年鉴品读”活动。活动以品读中国地方志指导小组办公室推荐的中国精品年鉴《连云港年鉴（2019）》《长沙年鉴（2020）》《北京朝阳年鉴（2020）》《孝义年鉴（2020）》为主，辅以品读山东省入选中国年鉴精品工程的《滨州年鉴（2020）》《环翠年鉴（2021）》《滨城年鉴（2019）》等，开展“读精品、用精品、编精品”大学习、大讨论、业务培训等系列活动，发挥中国精品年鉴示范引领作用，提升年鉴编纂水平。（胡安义）

【《无棣年鉴（2022）》编纂】 2022年3月，无棣县启动《无棣年鉴（2022）》资料收集、编纂工作。12月，《无棣年鉴（2022）》由团结出版社出版。全书主要收录2021年度发生在无棣县境内的大事要闻，突出反映无棣优势、特点和各部门深化改革、扩大开放、科学发展新举措、新经验。卷首专题图片设海上无棣、庆祝中国共产党成立100周年、党史学习教育、漳卫新河防洪、新冠疫情防控5个专题。主体部分设县情概览、中共无棣县委、无棣县人大等33个类目、246个分目、1132个条目，收录随文图片128幅、表格46份。重点调整经济管理、商贸服务业、旅游业、金融业等类目，增设海洋经济、水务、乡村振兴等类目。（胡安义）

【《无棣经济开发区志》编纂】 2022年，无棣县推进《无棣经济开发区志》编纂工作。志书上限起于2002年无棣县工业园区成立，下限至2022年12月31日。志书分概述、大事记、特记、专志各编、丛录等，以志为主，图、表、照、注、录并用。志书分编、章、节、子目，用现代语体文记述。概述，统领全书；大事记，以编年体为主，辅以记事本末体，记述开发区成立以来大事、要事；特记，记述党和国家领导人或省委、省政府主要领导视察开发区情况、参加区内企业有关活动情况；专志各编，横列门类、纵述史实；丛录收录上级重要文件、重要文章。（胡安义）

档案管理

【概况】 2022年，无棣县推进档案治理效能创新、资源建设创新、利用服务水平创新、安全保障创新。年内，县档案馆被评为全省档案宣传工作先进集体，1人被评为全省档案宣传工作先进个人；通过省档案工作业务建设评价示范单位、先进单位评审，县供电公司被评为省级档案工作业务建设示范单位，县退役军人事务局被评为省级档案工作业务建设先进单位，县政府办公室、县行政审批服务局、县交通运输局被评为省级档案工作业务建设规范单位。（张树起）

【档案征集接收】 2022年，无棣县加大档案征集接收力度，广泛征集收集红色档案、名人档案、特色档案等，拓展丰富馆藏资源。年内，完成水湾镇剩余部分扶贫档案入馆工作；完成《王氏家谱》、经略海洋档案、黄河专题档案、革命历史红色档案征集、目录编制、著录等工作，形成“红黄蓝”档案资源专题数据库；完成无棣籍医学编辑李彬之《老中医李彬之口述历史》征集及无棣籍作家高雁雪部分往来书信资料整理归档工作。（张树起）

【档案服务利用】 2022年，无棣县做好档案查阅利用服务工作，全年接待查阅利用者650人次，查阅卷次2972卷（件）次。1月至3月，为教育系统工作人员补充个人档案；5月，为县文化中心制作微电影《512枚铜钱》等影视作品提供相应照片档案；5月至6月，为编修《水湾镇志》提供档案资料；持续为国有企业职工办理退休提供档案查询服务；10月底，《张铸手稿二》出版。（张树起）

【档案安全管理】 2022年，无棣县对档案馆库房、环廊内消防设施进行检查、维修、更换，对档案库房水、电、暖气管道检修，并邀请滨州政安消防培训中心负责人进行消防安全知识进行专题授课。为应对县内重大活动和突发性档案进馆任务，保障突发性档案进馆任务进行，改装档案库房，安装密集架，配备完善消防器材。落实省、市《关于进一步做好全县档案安全工作的通知》要求，加强对档案安全指导和监督，防范化解档案安全风险。（张树起）

文化市场管理

【概况】 2022年，无棣县推进“扫黄打非”进基层示范点创建工作，加强文物、出版、广电、演出、网络文化等文化市场综合管理，打击文化市场各类违法违规行为，维护文化市场安全稳定。全年组织开展卫星电视传播秩序专项整治、娱乐场所违规经营专项整治、网络游戏和网络有害内容专项整治、艺术品市场专项整治、涉未成年人有害出版物及信息专项整治等行动，查办案件7起，没收非法出版物586册，集中销毁非法出版物2000余册。年内，县文旅局被国家版权局评为“查处重大侵权盗版案件有功单位”，县文化市场综合执法大队2人被国家版权局评为“查处重大侵权盗版案件有功个人”。（赵云星）

【文化市场专项整治】 2022年，无棣县在元旦春节、北京冬奥会、五一、端午、中秋、国庆期间，重点开展文化市场专项整治、卫星电视传播秩序专项整治、网络文化市场专项整治、艺术品市场环境专项整治、剧本娱乐经营场所核查、“净网2022”整治网络非法传播视听节目等专项行动，规范文化市场经营秩序，营造良好文化市场环境。（赵云星）

【文化市场综合执法】 2022年，无棣县加强文化市场行业监管。全年累计出动检查人员800余人次，检查文化经营单位400余家次，落实“双随机、一公开”抽查工作，累计检查场所11家次，办结行政处罚案件7件，没收非法出版物500余册，排查安全隐患53处，责令整改6家次。通过“执法普法、活动普法、节日普法、警示教育”等形式，开展普法宣传活动5次，集中开展经营业户法律法规及“开工第一课”消防安全培训2次，发放各类宣传资料2000余份。年内，全县文化市场无安全事故发生。（赵云星）

【文化市场“扫黄打非”】 2022年，无棣县开展文化市场“扫黄打非”“护苗、秋风、清源、固边、净网”五大专项行动，净化全县文化环境。组织开展“4·26”世界知识产权日、“扫黄打非”宣传暨非法出版物集中销毁、“护苗2022”无棣县“绿书签”主题阅读、“小树苗 迎六一 绿书签 护成长”校园宣传等活动，发放宣传材料9000余份，普及“扫黄打非”相关法律法规知识。年内，创成“扫黄打非”省级示范点1处（佘家镇）、市级示范点1处（棣丰街道）。（赵云星）

卫生健康

综　述

【医疗服务】 2022年，无棣县国家级基层版胸痛中心、省级卒中防治中心、市级创伤中心、市级癌症规范化病房、县级危重孕产妇救治中心、县级新生儿救治中心有序运行，其中胸痛中心介入治疗使急性心肌梗死患者死亡率下降到2%以下。县人民医院开展新技术项目47项，《中间导管便捷剪管技术在颅内动脉急性闭塞合并ICAS病变血管内介入治疗中的运用》《破裂动脉瘤急症栓塞术》达到国内领先水平。进行院前急救教育“六进”培训20余场，覆盖600余人次。推进品质提升工程，实施名医基层工作室建设，在5家乡镇卫生院建成名医基层工作室；建设慢病管理中心，为慢性病患者提供便捷、优质服务；设立入院服务中心、推行出生医学证明线上办理、无偿献血者“用血费用直免”等举措，优化医疗服务。（赵树昌）

【医疗救援保障】 2022年，无棣县加强疾病预防控制工作，建立和完善突发公共卫生事件应急处理机制，提高突发卫生事件预警和应急处理能力。成立县医疗救援工作领导小组，下设医疗救援小组、后勤保障小组，在县政府、县卫健局、县应急管理局统一领导和指挥下，与有关部门共同应对突发公共事件。接受市院前急救中心统一调度，按照就近、救急要求调派车辆，快速反应、及时出车。加强急救信息对接，畅通生命绿色救治通道，县人民医院急救车辆增设为4辆（负压车3辆），县中医院急救车辆增设为4辆（负压车2辆），均符合救护车配备规范。加强“120”值班值守，及时接听“120”呼救电话、及时受理群众呼救和咨询，做好医疗救治和转运工作。县人民医院、县中医院急诊科共有医疗人员19人、护理人员30人，实行24小时值班制和首诊医师负责制。设立定期应急保障培训制度，定期组织工作人员进行急救业务知识学习，提高应对和处置突发事件能力。（吕玉申）

【医养健康产业】 2022年，无棣县结合“百名干部联百企”等活动，加强医养健康重点企业、重点项目跟进服务和调研指导。年内，全县医养健康产业新增规模以上企业3家，全年规上企业实现营业收入3.31亿元，比上年增长12.5%。全县规模以上健康产业非星号企业山东十里香芝麻制品股份有限公司、丰香园食品股份有限公司、花园食品有限公司、融川医药化工科技有限公司、锐新医药化工有限公司、珍康生物科技有限公司、天顺药业股份有限公司、天宝生物制品有限公司、美洁环卫有限公司、鲁北凌霞污水处理有限公司全年营业收入4.88亿元，比上年增长9.2%。健康产业招商引资2688万元。（杨立华）

【健康扶贫】 2022年，无棣县根据市医保局等7个部门《关于明确巩固拓展医疗保障脱贫攻坚

2022 年 11 月 8 日，无棣县中心医院新址启用　　（县卫健局 供图）

成果有效衔接乡村振兴战略有关政策的通知》要求，自 5 月 1 日起取消医疗机构门诊费用“两免两减半”、住院费用按比例减免和免费健康查体等政策措施，执行先诊疗后付费政策。至 4 月底，全县门诊服务 3512 人次，减免费用共计 7.2 万元；住院服务 554 人次，减免费用 9 万元。（范存晓）

【重点卫生健康项目建设】 2022 年，无棣县卫生健康工程建设指挥部组建手续办理、资金保障、工程推进 3 个专班，完善“指挥部 + 专班”工作推进机制。至年底，完成县级医院救治能力提升、县妇幼保健院综合服务大楼建设和发热门诊用房提升、柳堡镇卫生院医疗服务能力提升、县中心医院精神卫生防治能力提升等项目（工程）。县域医疗分中心项目开工建设，县域医疗次中心项目、县第二人民医院服务能力提升项目开展前期工作。（梁国振）

医疗卫生体制改革

【概况】 2022 年，无棣县深化医药卫生体制改革，推进医共体、分级诊疗制度建设，开展医疗服务价格改革，新增项目 221 项。全县医防融合创新工作在全省基层卫生健康协会作典型发言，综合医疗卫生改革经验被评为全省卫生健康系统“创新案例”。（李胜芳　杨娟娟）

【医疗服务价格改革】 2022 年，无棣县开展医疗服务价格动态调整，规范管理医疗服务价格项目，调控医疗服务价格总体水平。新增医疗服务价格 221 项，由医疗机构自主确定价格，同医保部门做好监督管理及使用统计工作。及时跟进政策界定，对 226 项医疗服务价格内涵等内容进行修订明确，修订可另收费一次性医用耗材目录，调整 30 项可另收费耗材目录，调整医疗服务项目价格 2000 余项，优化收入结构，提高劳务技术价值水平。（杨娟娟）

【医共体建设】 2022 年，无棣县印发《关于加快推进无棣县紧密型县域医共体建设试点工作的实施方案》，明确财政、卫健、医保等相关部门责任清单，发挥协同配合作用。持续完善县、镇（街道）、村一体整合型县域医疗服务体系。健全医共体牵头医院医学影像、远程心电、远程会诊、医学检验等资源共享中心建设运行，实现县级优质医疗资源下沉共享。成立分别以县人民医院、县中医院为牵头医院的 2 个医共体，推动形成健康进家庭、小病在基层、大病到医院、康复回基层新格局，实现医共体内医疗资源共享、医务人员柔性流动。通过选派“业务院长”“名誉村医”、组建“学科帮扶团队”和志愿服务等多种形式，开展“千名医师下基层”活动，推动卫生人才和先进医疗技术下沉基层。县级医院分别与滨州医学院附属医院、山东大学第二医院、山东第一医科大学第一附属医院、北京广安门医院等 10 余家大型医院，建立对口支援、远程会诊等合作关系，提升重大疾病诊断治疗水平。（赵树昌）

【分级诊疗制度建设】 2022年，无棣县按照国家医改政策指导，推行分级诊疗制度，加大基层能力建设。推进“健康无棣大数据信息化系统”建设，逐步实现与省、市信息系统对接，为预约诊疗、上下转诊、检查结果互认、远程会诊等工作落实奠定基础。规范双向转诊，县人民医院、县中医院分别向上与滨州市人民医院、滨州医学院附属医院、滨州市中医院和山东大学第二医院，向下与12处基层医疗卫生机构签订《双向转诊协议书》，制定上下转诊标准，制定印发“无棣县双向转诊单”，建立双向转诊“绿色通道”。（赵树昌）

【名医基层工作室】 2022年，无棣县推进名医基层工作室建设，争取市级医院派出3名业务院长和专家团队共18人分别对基层分院进行技术支持，设立“名医基层工作室”5处，实现远程会诊及上下联动，畅通双向转诊。年内，滨州市人民医院对柳堡镇卫生院，县人民医院对车王镇分院、水湾镇分院、碣石山镇分院，县中医院对信阳镇分院，分别开展“点对点”精准帮扶，提升镇村两级医疗技术水平服务能力。至年底，名医团队坐诊1850次，总诊疗3481人次，开展新技术运用18项，培养基层业务骨干24人。（赵树昌）

疾病预防控制

【概况】 2022年，无棣县以结核病、艾滋病、布病等重点传染病防控为重点，落实综合防控措施，加强疾病监测、疫情报告和疫情处理等工作。至年底，全县报告乙类传染病581例，报告发病数比上年下降9.53%；丙类传染病941例，报告发病数比上年下降25.35%；无甲类传染病发生。各网络直报单位报告卡片1223张，报告及时率100%，疫情网络审核及时率100%，监测处置传染病预警信息128条。报告突发公共卫生事件相关信息32起，均及时处置完毕。督导基层医疗机构8次，乡镇级以上项目覆盖率100%。全县有生物安全二级实验室6个、负压实验室3个、百级洁净实验室1个。（赵昌文）

【布鲁氏杆菌疾病防控】 2022年，无棣县布鲁氏杆菌疾病共报告32例，报告发病率6.92/10万，无死亡病例，比上年发病率下降2.21%。地区分布病例数最高的镇为水湾镇、柳堡镇（各6例），占总发病数的37.50%；时间分布5月、6月为发病高峰；年龄分布主要集中于成人年龄组；性别分布男性24例，女性8例，男女性别比为3∶1；职业分布农民发病最高为28例，占发病总人数的87.50%。通过采取强化职业人群健康教育、病例主动搜索、病人督导服药、疫点消毒、与畜牧部门联防联控等措施，全县布病发病率维持在较低水平。（赵昌文）

【病毒性肝炎疾病防控】 2022年，无棣县报告病毒性肝炎366例，报告发病率79.16/10万，比上年下降11.15%。其中，甲肝

2022年7月5日，无棣县柳堡镇卫生院举行“陈贵言名医基层工作室”揭牌仪式（张艳伟 摄）

无病例报告；乙肝共报告353例，报告发病率76.35/10万，比上年下降7.62%；丙肝共报告12例，报告发病率2.6/10万，比上年下降56.62%；戊肝报告1例，报告发病率0.22/10万。通过采取提高疫苗接种率、儿童入托（入学）查验接种证、强化宣传教育、及时规范处置疫情等措施，乙肝发病率处于下降趋势，甲肝、丙肝、戊肝发病率处于历史最低水平。（赵昌文）

【实验室建设】2022年，无棣县疾病预防控制中心有生物安全二级实验室6个、负压实验室3个、百级洁净实验室1个。标准化行动之前，负压生物安全二级实验室2个，标准化建设后新增设负压生物安全二级实验室1个。所有检测人员均经过各级业务培训和生物安全培训，持证上岗，病原微生物检测能力达到标准，具备常见传染病致病菌种或毒株分型和鉴定能力。（赵昌文）

公共卫生

【概况】2022年，无棣县基本公共卫生服务由县卫健局、县财政局统筹部署，县疾控中心、县妇保中心等专业卫生机构业务指导，2家社区卫生服务中心、10家镇卫生院、178个村卫生室（服务站）作为主体，覆盖全县574个行政村，受益人群44.85万人。服务主要包括城乡居民健康档案管理，健康教育，孕产妇健康管理，0～6岁儿童健康管理，预防接种，老年人健康管理，高血压、糖尿病等慢性病患者健康管理，严重精神障碍患者管理，结核病慢性传染病患者健康管理，中医药健康管理，传染病及突发公共卫生事件报告和处理，卫生监督协管等内容。（郭树军）

2022年无棣县卫生事业基本情况统计表

表57

项　目	总计	医院	卫生院	社区卫生服务中心（站）	专科防治所站	妇幼保健站	诊所
一、机构数（个）	87	8	11	3	0	2	63
二、床位数（张）	2419	1716	490	93	0	120	—
三、人员数（人）	2624	1407	752	142	0	80	243
卫生技术人员	2262	1170	663	121	0	65	243
执业医师	809	408	176	34	0	20	171
执业助理医师	180	30	111	17	0	8	14
注册护士	911	556	225	46	0	30	54
药剂人员	80	45	26	4	0	1	4
检验人员	131	81	41	4	0	5	—
其他	151	50	84	16	0	1	—
其他技术人员	135	93	29	11	0	2	—
管理人员	120	76	39	1	0	4	—
工勤人员	107	68	21	9	0	9	—

【新冠疫情防控】2022年，无棣县优化新冠疫情防控措施，科学精准做好防控工作。强化学校、医院、药店、交通场站、快递物流等重点场所和重点环节防控工作。规范救治医院建设，分级、分类做好医疗救治工作。全县2处发热门诊、12处基层医疗卫生机构发热哨点诊室执行24小时值班制度。（史建馥）

【基本公共卫生服务项目】2022年，无棣县推进健康档案工作，通过集中复核、常规随访、健康体检、日常门诊等途径补充完善个人基本信息。至年底，全县建立电子健康档案413034人，居民规范化电子健康档案334114人，电子健康档案建档率88.66%，全县居民健康档案开放查询注册人数247975人，查询率62.45%。完善老年人健康管理措施，规范做好65岁及以上老年人健康管理工作。至年底，免费为65岁及以上老年人查体48366人，城乡社区规范健康管理服务率69.49%，超额完成全年老年人城乡社区规范健康管理服务率61%指标要求。对高血压、糖尿病等慢性病高危人群进行指导，对确诊高血压和糖尿病患者进行登记管理、随访和健康指导，管理高血压人数45010人，按照规范要求高血压患者健康管理服务人数35992人，高血压患者基层规范管理服务率79.96%；管理糖尿病人数17392人，按照规范要求2型糖尿病患者健康管理服务人数13944人，2型糖尿病患者基层规范管理服务率80.17%。（郭树军）

【突发公共卫生事件】2022年，无棣县依托传染病自动预警系统，做好预警工作。全年接收预警信息31条，均按规定核查处理。成立突发公共卫生事件应急工作领导小组，组建成立突发公共卫生事件应急处理指挥部、医疗救护队、卫生监督检查队和疾病预防控制队，形成突发公共卫生事件应急组织管理体系和工作协调机制。做好突发公共卫生事件应急物资储备。采取定期和不定期相结合形式，组织开展突发公共卫生事件应急演练，全年开展应急演练18次，其中流行病学调查应急演练2次。完善流行病学调查工作机制，做好预防接种或预防性服药，保护易感人群；对传染病病人、疑似病人、密切接触者等进行追踪和医学观察。开展防治知识宣传和健康教育，全年发放各类宣传资料5万份，接受咨询5万余人，举办各类培训班10余场次，培训人员2500余人。至年底，全县报告突发公共卫生事件2起，无重大中毒事件发生。（吕玉申）

【突发公共卫生事件应急处置演练】2022年，无棣县为提高新冠疫情防控和应急处置能力，检验和完善应急处置预案，共开展7次桌面推演，12个镇（街道）针对不同环节进行全方位、全流程推演。综合演练由县指挥部综合协调组牵头，各专班抓好关键节点，组织各相关部门单位针对疫情防控开展14次大型应急演练，约2000人参与。（吕玉申）

【妇幼健康服务】2022年，无棣县利用“两癌”筛查服务车，为15019名适龄妇女进行乳腺筛查、15017名适龄妇女进行宫颈癌筛查，超额完成年度检查任务。其中，发现宫颈癌低级别病变105例、高级别病变16例，确诊乳腺癌16例、宫颈癌4例，患病妇女均得到及时治疗。全年发放叶酸15921瓶，服用人数3000人，依从人数2818人，叶酸服用率93.93%。出生缺陷病例较往年呈下降趋势。全县婚前医学检查2490人。免费孕前优生健康检查3000人，目标人群覆盖率100%，检查出高风险288人，高风险率9.6%，高风险随访率100%。开展免费避孕服务项目，降低非意愿妊娠、流引产和出生缺陷发生风险，保障育龄群众生命安全。管理较高风险孕产妇673例、高风险孕产妇9例，高风险孕产妇均安全分娩结案，无孕产妇死亡病例。享受省级补助政策产前筛查人数2603人，产前筛查率99.85%；免费新生儿“四病”筛查率、新生儿听力筛查率均为100%。（孙　艳）

健康无棣建设

【概况】 2022年，无棣县深化健康无棣建设行动，开展爱国卫生活动，创建国家卫生乡镇。提升家庭医生签约服务水平，建立签约团队136个，签约人数20.99万人。家庭医生签约工作经验被评为全省卫生健康系统“特色案例”。推动健康促进与教育工作，组织各类培训1800余人次。无棣县卫生健康局被评为“全省卫生健康工作先进集体”。（孙 艳）

【爱国卫生活动】 2022年，无棣县有序开展环境卫生整治活动，组织开展创卫志愿活动12次。佘家镇、信阳镇、马山子镇通过国家卫生乡镇初核工作；水湾镇、碣石山镇申报国家卫生乡镇创建。至年底，全县有省级卫生村庄279个，卫生单位47个，无烟单位24个。开展病媒生物防制工作，购置国产毒饵24吨和进口毒饵36箱用于集中灭鼠工作。开展城乡环境卫生综合整治，清除“四害”孳生场所，6月中旬开始，统一开展为期4个月的病媒生物消杀行动。推进无烟党政机关建设，开展健康教育宣传活动，向群众发放健康教育宣传材料1万余份。（孙 艳）

【家庭医生签约服务】 2022年，无棣县各级医疗机构制定家庭医生签约服务实施方案，合理配备家庭医生签约团队。建立家庭医生工作室，明确家庭医生团队工作任务、工作流程、制度规范及成员职责分工，建立家庭医生签约服务激励政策。全县建立家庭医生签约团队136个，签约居民数20.99万人，签约率45.08%，其中65岁及以上老年人签约53801人、签约率77.29%。贫困人口、计划生育特殊家庭实现签约全覆盖。（郭树军）

2022年5月19日，无棣县人民医院在棣丰街道馨怡社区开展“与家医相约·和健康相伴”主题宣传服务活动（张艳伟 摄）

【健康促进与教育】 2022年，无棣县完善健康促进工作长效机制，推动健康教育进乡村、进家庭、进学校等工作，提高群众健康素养及“健康无棣”建设水平。开展各级各类业务指导40次，举办业务培训10次、1800余人次。组织“世界防治结核病日”“全国儿童预防接种宣传日”“全国碘缺乏病宣传日”“世界艾滋病日”等健康教育活动10场次。制作印刷健康教育宣传材料折页10类8万余份，手册书籍4类3万册，健康教育工具实物1600余套。（吕玉申）

中医药管理

【概况】 2022年，无棣县加强中医药服务能力建设，1人被确定为“2022年度全省中医临床优秀人才培养对象”，1人被确定为“2022年度全省中医临床优秀人才后备培养对象”，15个村卫生室被评为市级中医药特色村卫生室。12月7—31日，累计开展中医诊疗4106人次，开具中药汤剂处方2675张，熬制中药汤剂6811剂。县中医院开设“新冠中医康复门诊”，推动科学诊疗、综合干预。（李璐璐）

【中医药健康服务体系】2022年，无棣县提升县中医院在中医药领域的带动作用，投资数万元完善医院网络数字化建设，通过进修培训加强中医骨干人才培养，引进中医药人才，推广中医经典、中医治未病、中医外治、中医康复和中医护理“五个全科化”服务模式。提升基层中医药服务能力，出台中医药适宜技术推广行动实施方案，成立中医药适宜技术推广领导小组，配合市中医药适宜技术推广专家组做好中医药适宜技术培训工作，完善县乡村三级中医药健康服务体系，提升全县中医药服务能力。（李璐璐）

【中医药传承创新发展】2022年，无棣县选派4名骨干医师参加全省第五批“西医学习中医”培训。参与滨州市第四批中医药师承工作，选聘带教老师1名，遴选师承学员3名。3名入选滨州市第一批中医药师承学员，通过出师考核。加强中医药文化建设，组织开展中医药法、《山东省中医药条例》集中培训、进社区宣传及义诊活动。6月6日，围绕“有远见 不近视”主题，开展爱眼日宣传及义诊活动。加强中医药资源挖掘整理工作，搜集和整理全县范围内散落在民间的中医药传承人、挖掘中医技术和经方验方，提报省级中医药特色挖掘项目，开发、保护民间中医药资源。（李璐璐）

医政药政管理

【概况】2022年，无棣县加强医政药政管理，改善服务品质，提升医疗服务能力和医疗管理水平。加强行业作风建设，实施公立医院绩效考核评价，做好医疗质量管理与控制，提升医疗服务保障能力。落实国家基本药物制度，推进药品、耗材保供稳价。至年底，线上支付集采药品耗材款额1368.09万元，药价平均降低50%，基层医疗卫生机构配备使用药品中基本药物数量占比78.73%；194处医疗卫生机构实现基本药物制度全覆盖，217家基层医保服务站点实现医保服务县域全覆盖。（杨娟娟 赵树昌）

【基本药物配备使用】2022年，无棣县落实国家基本药物制度，实行省级统一网上集中招标采购、统一定价、统一配送，取消药品加成，执行基本药品零差率销售政策，零差率销售药品占比100%。年内，基层医疗卫生机构建立完善药品使用定期检查、处方点评制度，规范药品账目管理，配备使用药品中基本药物数量和金额占比分别为78.73%、80.14%，采购使用药品价格稳步降低。（赵树昌）

【医疗质量管理】2022年，无棣县规范医疗行为，制定《无棣县不合理医疗检查深入治理专项行动工作方案》，聚焦不合理医疗检查高发领域，开展不合理医疗检查专项治理工作。全县329家医疗机构均针对不合理医疗检查开展自查，县卫生健康局对其中73家医疗机构进行抽查复核。制定《无棣县2022年度民营医院专项巡查行动实施方案》，结合不合理医学检查深入治理专项行动，围绕“依法执业、规范诊疗”活动主题，提升民营医院管理能力，规范执业行为。将2家二级公立医院纳入公立医院绩效考核范围，组织参加市公立医院绩效考核培训会，提升公立医院服务能力。（赵树昌）

【医疗保障】2022年，无棣县提升医保经办服务，打造“15分钟医保便民服务圈”，217家基层医保服务站点实现医保服务县域全覆盖，建成标杆型站点16家、标准型站点49家。延伸高频服务链条，建成全市首家综合性企业医保服务站——鑫岳集团医保服务站，实现医保、医药、医疗三维联动，方便企业职工、家属就医购药，优化营商环境。强化医保兜底保障政策，实施特困人员、低保对象、重度残疾人、80周岁以上老年人医疗保险个人缴纳部分政府全额代缴，保障医保基金平稳运行。开展基金监管稽核，在全县范围内开展自查自纠专项行动，实现日常监督稽核常态化、长效化。推广医保电子凭证，2家二级医院均实现医保电子凭证挂号、就诊、支付、取药等全流程应用，所有卫生院（卫生服务中心）、卫生室实现医保电子凭证结算，48家定点药店开通“医保线上购药、药店送药上门”服务。年内，县医疗保险事业中心被评为滨州市“金牌服务窗口单位”。（杨娟娟）

【药品、耗材集中带量采购】 2022年，无棣县落实国家及省药品医用耗材带量采购政策，全年线上支付集采药品耗材款额1368.09万元，8个批次、412种药品和20类高值医用耗材集采中选结果在所有公立医疗机构全覆盖实施。药价平均降低50%，耗材平均降价超过70%，部分产品超过90%。（付文荣 张凤忠）

【药品供应保障】 2022年，无棣县有二级医疗机构2处（县人民医院、县中医院）、一级医疗机构14处（鲁北医院、中心医院，乡镇卫生院10家、社区卫生服务中心2家）、一体化管理村卫生室178处，实现基本药物制度100%全覆盖。公立医院和基层医疗卫生机构配备使用药品均通过省药品采购平台集中采购、统一配送、统一结算；所有公立医疗卫生机构药品全部执行“两票制”采购和零差率销售政策；各基层医疗卫生机构均配备专人负责网上药品采购工作。以县药事质量控制中心为依托，抽取相关专家开展基本药物制度绩效考核和自查工作，保障基本药物政策执行到位，实行零利润销售。各医疗卫生机构成立药事管理委员会，配备专业药学技术人员从事药事工作；开展合理用药培训、处方点评，杜绝滥用药、大处方等现象；对药品管理实施定期检查、分类存放，保证无过期、失效、变质药品。（赵树昌）

卫生监督

【概况】 2022年，无棣县强化卫生监督管理工作，开展卫生监督蓝盾行动，突出放射卫生、生活饮用水和职业健康监督等重点，全年检查卫生机构300余家，立案处罚80余起。（王富功）

【卫生监督蓝盾行动】 2022年，无棣县加大对各级医疗卫生机构、公共场所、职业卫生、传染病防治等监督检查力度，检查各级医疗卫生机构300余家，下达卫生监督意见书300余份，责令停业整顿26家，向县综合行政执法局移交违法案件80余起。监督覆盖率、“双随机、一公开”任务完结率均为100%。（王富功）

【放射卫生管理】 2022年，无棣县组织开展全县医疗机构和非医疗机构放射卫生工作专项行动，完成对王家牙科等3处放射诊疗单位“双随机、一公开”监督检查任务。（王富功）

【生活饮用水监管】 2022年，无棣县完成对4处集中供水单位、2处小区直饮水、2处二次供水单位水质抽检工作，保障生活饮用水质量安全。（王富功）

【职业健康监督】 2022年8月31日，无棣县召开职业卫生分类分级监管试点工作启动大会，成立工作专班，推进分类分级工作。委托第三方对10家企业工作场所职业病危害因素进行现场监测。组织开展“健康企业”创建和“健康达人”评选活动，山东丰香园食品股份有限公司等3家企业通过评审，2人获省级“健康达人”称号，15人获市级“健康达人”称号。（王富功）

县级医疗机构

【无棣县人民医院】 2022年，无棣县人民医院加强学科建设，康复医学科、肿瘤科、骨外科被评为2022年度市级临床重点专科；提升心、脑血管介入技术，开展静脉血栓防治中心建设，优化急危重症抢救流程、院前急救工作流程，“120”急救站累计出车5028次，接诊患者5039人次，抢救危急重症病人620人次。推进基础建设，规范发热门诊标准化建设，完善内科楼运行，投资2800余万元采购透析机等医疗设备933台件。提升医保服务便捷度，办理慢特病门诊、职工普通门诊、居民两病、市外门诊等结算业务3.4万人次，涉及医保基金1400余万元；办理慢特病待遇资格认证1888人次。加强人才培养，选派13人参加三级医院进修学习、70余人次参加省市级学术会议，培养专科护士7人。持续开展对外合作交流，与山大二院及滨医附院签署对口支援协议，9名医疗专家通过50余次学术讲座、20余次教学查房、10余次疑难病例讨论、150余次手术操作带教，对重症、消化、病理等科室开展专科支援工作。（孙玉勇　张　虎）

【无棣县第二人民医院】 2022年，无棣县第二人民医院加强基本医疗、医药服务，健全内科、外科、中医科、口腔科、儿科、妇科等临床科室建设，建成外科、口腔科、中医科3个特色科室。至年底，门诊诊疗2.8万人次，住院1000余人次，手术100人次。改善整体就医环境，增强医院综合实力，立项县第二人民医院服务能力提升项目、无棣县域医疗次中心项目，完成各类设备招标、定标、审计服务等各项前期工作。完成基本公共卫生服务，开展慢性病患者随访16535人次，老年人查体3596人次。在滨州市开展家庭医生签约服务群众满意度效果评价工作中取得第一档第三名成绩，并获评“2022年滨州市家庭医生签约服务先进集体”。增强人才储备，先后公开招聘、政府购买服务、劳务派遣等方式招聘20余名人才。年内，2名职工入选2022年十佳滨州基层名医评选、2022年度山东省中医药基层名中医评选。（朱　清）

【无棣县中医院】 2022年，无棣县中医院推进机构、人员、医疗技术和医疗质量控制等建设工作，提升基本公共卫生服务水平。遵循中医药发展规律，建立覆盖全生命周期、内涵丰富、结构合理的中医药健康服务保障体系。发挥中医医师优势，利用中医药适宜技术进行辨证施治。年内，门诊就诊17万余人，比上年增长20.29%；调剂住院中药处方430张/月，中医非药物疗法出院患者5200余人次。抽调骨干医护人员，联合医共体成员单位，到村庄举办为群众送健康大型义诊活动10余次，服务400余人次。（王汉冰）

【鲁北高新技术开发区人民医院】 2022年，鲁北高新技术开发区人民医院门诊就诊2.8万人次，比上年（2.66万人次）增长5.26%；门诊总费用395万元，与2021年（395.71万元）基本持平；出院患者4714人次，比上年（4144人次）增长13.8%；住院总费用789万元，比上年（701.15万元）增长12.5%；开展手术103台次，比上年增长14.4%。参与应急救援活动12次，出动救护车60余次、医护人员120人次；院前急救服务出动救护车80余次、医护人员210人次，协助转往上级医院100余人次。推进职业健康查体工作，全年提供企业查体服务76家次，职业健康查体5500人次，比上年（7100人次）查体人数下降22.5%。（冯鑫祥）

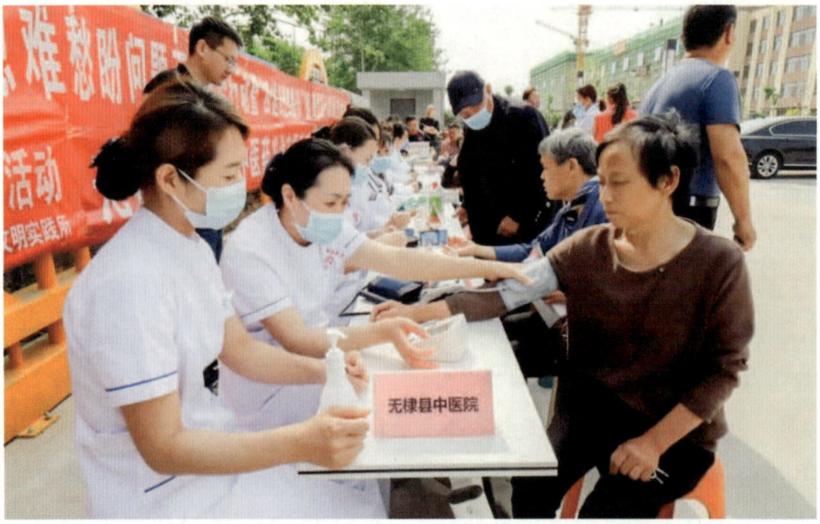

2022年7月10日，无棣县中医院到棣丰街道星湖社区开展义诊活动
（县卫健局　供图）

体　育

体育设施

【概况】2022年，无棣县加快推进群众身边体育健身设施建设，促进体育事业健康持续发展。年内，推进全民健身活动中心项目建设，建成体育场地2253处、132.3万平方米，新改建“便捷健身圈”30处；在佘家镇、小泊头镇、棣丰街道等镇（街道）建成3个口袋体育公园；完成农村健身场地设施提档升级134处。（赵宏涛）

【体育场地】2022年，无棣县持续完善县、镇（街道）、村（社区）三级全民健身设施网络，重点建设体育公园、全民健身中心、农民体育健身工程等全民健身设施。至年底，无棣县有体育场地2253处、面积132.3万平方米，其中全民健身路径724处、田径场13处、小运动场15处、田径跑道1处、体育场1处、十一人制足球场8处、七人制足球场7处、五人制足球场21处、篮球场355处、三人制篮球场106处、乒乓球场27处、排球场10处、羽毛球场3处、游泳馆2处、游泳池2处、健身房15处、体能训练馆20处、健身步道13处、登山步道1处、步行道9处、自行车骑行道3处、综合类运动场地897处。年内，推进“便捷健身圈”建设，完成新建及改扩建“便捷健身圈”30处。（赵宏涛）

2022年无棣县各镇（街道）体育场地统计表

表58

单位	体育场地面积（平方米）	场地数量（个）
信阳镇	33991	130
车王镇	75431	221
碣石山镇	87062	99
埕口镇	36254	119
柳堡镇	43243	103
水湾镇	61055	211
小泊头镇	61926	154
西小王镇	40370	99
佘家镇	74886	156
马山子镇	103210	137
海丰街道	193138	451
棣丰街道	512390	373

2022年无棣县体育场地数量统计表

表59

指标名称	体育场地数量（个）	比2021年增加（个）	比2021年增长（%）
合计	2253	122	5.73
室外运动场地	2205	108	5.15
室内运动场地	48	14	41.18

【体育公园建设】 2022年，无棣县推进口袋体育公园建设。投资1000万元的佘家镇镇江河口袋体育公园投入使用，公园占地面积2万余平方米，建有笼式足球场、篮球场、健身步道、休闲广场、健身路径等；投资700万元的小泊头镇湿地体育公园竣工，建有健身路径、篮球场、综合训练场等；投资100万元的镜湖口袋体育公园建设完成，建有健身驿站、儿童攀爬器械区、篮球场、乒乓球场等。至年底，全县建成人民广场口袋体育公园、双拥广场口袋体育公园等7处口袋体育公园。（赵宏涛）

【体育惠民提升工程】 2022年，无棣县优化升级室外健身器材。年内，投资50万元采购健身器材300余件，完成农村健身场地设施提档升级134处。其中，对76个行政村健身设施进行漆面维护，为58个行政村健身广场配发健身器材。投资20余万元建设县工人文化宫、海丰社区、人才公寓等“百姓健身屋”6处。（赵宏涛）

【全民健身活动中心建设】 2022年，无棣县推进全民健身活动中心项目建设，体育场及室外活动场地对外开放，游泳馆工程完工，体育馆室外装修基本完成，年内投资7000万元，项目累计完成投资3亿元。体育馆建筑面积1.36万平方米，游泳馆建筑面积1.31万平方米，体育场建筑面积8800平方米，室外活动场地面积12万平方米。（赵宏涛）

全民健身

【概况】 2022年，无棣县提升群众健康水平，满足群众健身需求，健全全民健身设施、组织、赛事、服务体系。年内，制定《无棣县全民健身实施计划（2021—2025年）》，提升人民群众健康素质和生活质量。围绕“全民健身月”“全民健身日”等节点组织系列全民健身赛事活动200余项次，承办、主办省、市级赛事4项，组队参加滨州市第十二届全民健身运动会、社区运动会等活动。（赵宏涛）

【老年人体育】 2022年，无棣县发挥老干部活动中心文化作用，组织开展适合老年人特点的文体活动。聘请县实验幼儿园专业舞蹈教师举办舞蹈培训班2期，累计参训150人次。6月，组织7个太极活动站、260名太极爱好者，举办“喜迎二十大 银龄展风采”老年人太极拳健身推广展示活动。8月，组织老年太极队参加县运动会开幕式展演。组织老年舞蹈队编排舞蹈《扇情舞韵》，获第三届滨州市芳华艺术节最佳人气奖。（徐培培）

【智慧健身】 2022年，无棣县投资150万元建设全民健身中心“智慧健身长廊”并投入使用，安装智能健身器材40余件，建设智能健身驿站3座，通过与手机互联，健身爱好者可动态了解自身运动强度及心率、呼吸等身体指标。至年底，完成人民广场、镜湖公园、双拥广场、全民健身中心4处智能健身长廊建设。（赵宏涛）

2022年8月12日，无棣县全民健身中心智慧健身长廊启用，图为市民在健身长廊健身（赵宏涛 摄）

【全民健身赛事活动】2022年，无棣县承办山东省第十二届全民健身运动会万人骑行大赛（无棣站）、滨州市第十二届全民健身运动会亲子定向比赛、滨州市第十五届全民健身武术大会暨无棣县第一届武术邀请赛。举办无棣县第五届全民健身运动会，设置比赛项目40个，参赛单位60余家，参与群众2万余人。举办无棣县2022年全民健身武术展演大会。发挥社会力量办赛，轮滑运动协会承办的“奔跑吧·少年”2022年无棣县首届速度轮滑邀请赛，邀请周边县区200余人参赛，赛事被中国教育电视台报道。（赵宏涛）

【社会体育指导员培训】2022年，无棣县开展三级社会体育指导员培训，累计培训800人。县教体局与县文旅局联合开展“2022中国滨州黄河文化艺术季暨无棣县‘进百村·种文化’文体艺术培训志愿服务活动”，在5个镇（街道）、60个行政村，培训农村社会体育指导员530余人。（赵宏涛）

【国民体质监测】2022年，无棣县加强国民体质监测，增强群众健康意识。县教体局与县总工会联合开展国民体质监测“五进”（进机关、进企业、进农村、进社区、进学校）活动，根据《国民体质测定标准手册》设置身高、体重、坐位体前屈、纵跳、握力、肺活量、反应时、台阶实验等10个测试项目指标。通过测试者身体形态、生理机能、身体素质等检测内容来衡量体质现状，分析形成个人体质报告，参与测试人员可全面、直观了解自身体质状况与健康水平，充实完善国民体质监测数据。全年完成国民体质监测1588人次。（赵宏涛）

【体育社会组织】2022年，无棣县新增体育社会组织1个（足球运动协会）。至年底，全县有19家运动协会、3家体育俱乐部在行政审批部门注册登记。年内，县体育总会、各镇（街道）体育总会、各单项体育运动协会和体育健身俱乐部开展赛事活动200余项次，运动人群涵盖儿童、少年、中年和老年。（赵宏涛）

【全民健身运动会万人骑行赛】2022年8月10日，山东省第十二届

2022年8月10日，山东省第十二届全民健身运动会万人骑行大赛（无棣站）暨“正海杯”自行车邀请赛在无棣县镜湖公园水分子广场举行（县教体局 供图）

全民健身运动会万人骑行大赛（无棣站）暨“正海杯”自行车邀请赛在无棣县镜湖公园水分子广场举行。比赛由山东省射击自行车运动管理中心、省自行车运动协会、无棣县人民政府主办，无棣县教体局承办。滨州及周边市县10余支代表队100名选手参加比赛。其中，王珽、张凯、梁宏强分获男子精英组前三名；王涛、邢正杰、孙琳分获男子大师组前三名；隆娜、赵成芳、刘玉燕分获女子组前三名。比赛被山东卫视《山东新闻联播》报道。（赵宏涛）

【滨州市第十五届全民健身武术大会】2022年8月30日至9月1日，滨州市第十五届全民健身武术大会暨无棣县第一届“古医奇门杯”武术邀请赛在无棣县举行。开幕式上，中国武术协会原副主席、国家体育总局武术研究院专家委员会主任张山为“28式综合太极拳·械无棣培训基地”授牌。赛事为期2天，来自滨州、东营、沧州等地35支队伍、420名武术传承人和习练者展示武术精髓。无棣县武术协会、滨城区武术协会获大赛一等奖；惠民县武术协会、邹平市武术协会获大赛二等奖；东营市利津县武术协会、滨州市武协中华麒麟鞭俱乐部、博兴县武术协会、滨州市政广场武术代表队获大赛三等奖；滨州市武术协会梅花桩拳研究会、无棣梅花拳协会等16个代表队获大赛道德风尚奖；无棣龙威武馆、东营市利津武术协会等18个代表队获大赛最佳组织奖；无棣德正社工40余名志愿者获大赛志愿服务爱心奖。（赵宏涛）

竞技体育

【概况】2022年，无棣县将竞技人才选拔、训练、输送、参赛等作为工作重点，按照5个训练部职责划分开展各项训练，加强足球、篮球、排球、田径项目教练员团队建设，关注无棣籍优秀现役运动员训练、比赛及身心状况。年内，向滨州市体育中学输送47人，输送人才数量在全市居前列。修订《在国际全国全省全市重大比赛中取得优异成绩及输送体育人才有功人员奖励办法》，激发从业人员干事创业激情，推动竞技体育发展。6月，无棣籍运动员肖棣、杨俊霞、张耀荣、王由良被省体育局记功奖励，县体育中学被省体育局表彰为有功集体。（刘洪燕）

2022年无棣县输送至市体育学校学生情况一览表

表60

姓　名	性别	项　目	输送教练	接收教练	年　级
杜　忆	男	拳击	劳新同	高　星	六年级
从恩厚	男	全能	邹广宇	刘素兰	六年级
刘东瑞	男	射击	牛东波	王　超	五年级
白涵语	女	散打	蒋学辉	王子岳	五年级
崔晓庆	女	散打	蒋学辉	王子岳	五年级
郭子涵	男	散打	蒋学辉	王子岳	六年级
孙靖凯	男	散打	蒋学辉	王子岳	六年级
赵浩宇	男	散打	蒋学辉	王子岳	六年级
李寿泽	男	中长	—	吴　波	八年级
王硕辉	男	古典跤	于树怀	闫海洋　郭海山	六年级

续表 60

姓 名	性别	项 目	输送教练	接收教练	年 级
曹腾浩	男	古典跤	于树怀	闫海洋 郭海山	六年级
李明智	男	古典跤	于树怀	闫海洋 郭海山	五年级
杜国豪	男	柔道	邹广宇	伊 青 车鸿飞	六年级
孟佑於桐	男	柔道	刘文素	伊 青 车鸿飞	六年级
张志辉	男	柔道	刘宝峰	伊 青 车鸿飞	六年级
刘云晴	女	皮划赛艇	自 选	李 涛 李 霞	八年级
石茂生	男	射击	牛东波	王忠敏	七年级
常贺萌	女	拳击	自 选	高 星	六年级
侯振博	男	中长跑	潘希美	吴 波	八年级
刘妍妍	女	中长跑	潘希美	吴 波	六年级
王家乐	女	中长跑	潘希美	吴 波	八年级
李光玉	女	柔道	邓迎换	张忠秀	六年级
于晓蕾	女	柔道	刘文素	张忠秀	七年级
王安琪	女	柔道	刘文素	张忠秀	六年级
郭延轲	女	柔道	邓迎换	张忠秀	六年级
信召松	男	柔道	刘文素	尹建旭	七年级
罗治鹏	男	柔道	刘文素	尹建旭	七年级
刘成俊	男	柔道	刘文素	尹建旭	七年级
孟佑斌	男	柔道	刘宝峰	尹建旭	七年级
于如松	男	柔道	邹广宇	尹建旭	七年级
丁山彬	男	古典跤	王宝瑞	闫海洋 郭海山	七年级
常 旭	男	古典跤	王宝瑞	闫海洋 郭海山	七年级
李营周	男	投掷	潘希美	杜 磊	七年级
崔金蕊	女	投掷	潘希美	杜 磊	六年级
步浩然	男	投掷	潘希美	杜 磊	七年级
王屹桐	男	标枪	自 选	牛瑞强	六年级
尹俊言	女	短跑	潘希美	张耀荣	六年级
刘浩东	男	短跑	潘希美	张耀荣	七年级
甄浩如	男	短跑	潘希美	张耀荣	七年级
王振凯	男	短跑	潘希美	张耀荣	七年级
刘 奥	男	手球	于树怀	刘 娜	七年级
李紫贤	女	自行车	闫增波	唐建昊	六年级
李蕴宏	男	自行车	闫增波	唐建昊	七年级
代永浩	男	摔跤	自 选	魏龙海 吴绪立	四年级
肖家诺	女	摔跤	蒋学辉	魏龙海 吴绪立	七年级
杨振康	男	摔跤	蒋学辉	魏龙海 吴绪立	七年级
刘金妹	女	散打	蒋学辉	王子岳	七年级

【竞赛成绩】 2022年，无棣县发挥柔道、摔跤、拳击等传统竞技体育优势，夺取体育竞赛优异成绩。年内，31名无棣籍运动员参加山东省第二十五届运动会，在柔道、空手道、古典跤、田径、手球、篮球等项目中，获9.50枚金牌、1枚银牌、2枚铜牌。其中，4名队员代表滨州市参加山东省第二十五届运动会，获攀岩项目速度接力比赛获第3名。（刘洪燕）

2022年7月26日，无棣籍运动员张建飞（左一）在第25届省运会自由式摔跤男子甲组61公斤级比赛中获金牌 （县教体局 供图）

2022年无棣籍运动员参加山东省第二十五届运动会成绩一览表

表61

序号	项目	组别及小项	姓名	教练员	金牌	银牌	铜牌
1	柔道	女甲63公斤	从阳阳	张忠秀	1	—	—
2	攀岩	男乙速度接力	汪春举	王宝瑞　王　磊	—	—	1
3			邱晓辉				
4			李泽昊				
5			孙俊康				
6	空手道	女乙48公斤	孟佑杰	—	—	1	—
7	古典跤	男甲61公斤	张建飞	魏龙海　吴绪立	1	—	—
8		乙组51公斤	谭洪鑫	郭海山	1	—	—
9		男甲87公斤	马文杰	闫海洋	—	—	1
10	田径	女乙跳远	姚延杰（交流）	刘素兰	0.50	—	—
11		女乙三级跳远	姚延杰（交流）		0.50	—	—
12	手球	男甲	刘天照	刘　娜　刘远洋	1	—	—
13		女甲	张舒伟		3	—	—
14	篮球	女甲	郭富冉	杜青萍	1.50	—	—

（王宝瑞）

【青少年竞技体育】2022年，无棣县发展青少年竞技体育工作，组织青少年参与竞技体育赛事活动。年内，27名青少年运动员参加滨州市拳击锦标赛，其中陈晓雨（40公斤）、史鑫超（44公斤）、盖鑫林（+65公斤）、郭一（52公斤）、南昊阳（52公斤）、刘佳怡（56公斤）、崔昊焱（35公斤）获7枚金牌。（刘洪燕）

青少年体育

【概况】2022年，无棣县推进加强体育中学建设，促进青少年智力发展和体质锻炼双提升，推动体教融合发展。推进青少年武术项目传承、青少年定向运动推广，促进武术项目、定向运动普及与发展。年内，举办无棣县2022年全民健身武术展演大会、无棣县第五届全民健身运动会定向运动比赛。（刘洪燕）

【青少年武术项目传承】2022年，无棣县重视武术事业发展，推进传统武术进校园活动，举办传统武术展演。7月15日，滨州市第十五届武术大会第一次筹备会议暨无棣县首届武术大会展演活动启动会议在县教体局举行，八极六合拳、洪式太极拳等武术拳种传承人代表20余人参加会议。8月8日，举办无棣县2022年全民健身武术展演大会。（刘洪燕）

【青少年定向运动推广】2022年，无棣县加强青少年定向赛事推广，实现全民健身市县联动，激发群众健身热情、助推全民健身运动开展，满足群众多样化健康需求。7月21日，在县全民健身活动中心举行三级社会体育指导员定向运动培训班。培训采取理论与实践相结合形式，宣传推广定向文化和定向运动专业知识，加强定向运动人才梯队建设，推进定向运动普及和发展。8月11日，“中国体育彩票”滨州市第十二届全民健身运动会定向运动比赛暨无棣县第五届全民健身运动会定向运动比赛在县全民健身活动中心举行，来自全市6个县（市、区）代表队28个家庭、84位成员和县内各镇（街道）、部门单位79名运动员参加活动，无棣县、滨城区、博兴县代表队获滨州市第十二届全民健身运动会定向运动比赛前三名。（刘洪燕）

【县体育中学办学】2022年，无棣县加强体育中学建设，提升青少年竞技训练系统化、梯队化建设水平，采取县体育中学与中小学联合办学模式。县体育中学加强后备人才选拔、培养和输送，面向全县中小学招生选材，选派15名专业教练员到中小学、幼儿园等训练点和青少年俱乐部、体育协会进行训练指导。年内，县体育中学加强校园文化和师资队伍建设，加强学生管理，开展“庆元旦 贺全运 迎冬奥”“润心培根·烛光伴行”全运会冠军线上送祝福等系列活动。（刘洪燕）

体育产业

【概况】2022年，无棣县实施体育产业融合发展，深化体育

2022年8月8日，无棣县全民健身武术展演大会在县体育中心举行

（县教体局 供图）

与教育、文化、卫生健康等相关产业融合。贯彻《无棣县关于加快发展体育产业促进体育消费的实施意见》文件精神，落实促进体育消费、发展体育产业政策。争取市县政策支持，推动山东雷威户外用品股份有限公司、山东海豚体育有限公司等本土体育企业发展。加强体育彩票销售管理，实现销售收入3495.18万元。（刘洪燕）

【体育产业培育】2022年，无棣县向滨州市体育局申报体育产业项目4个，其中3个项目进入现场核查阶段，山东雷威户外用品股份有限公司的打造国际化户外体育运动品牌项目通过专家组审核，获3万元市体育产业引导资金扶持；山东海豚体育有限公司、无棣金鼎健身俱乐部有限公司、滨州大麦体育文化有限公司等3家体育俱乐部入选体育消费券合作单位，获3.72万元消费补贴。指导县内4家企业入选体育领域设备采购贷款贴息项目。推动企业报名参加观摩体育用品博览会和线上招聘会。年内，组织体育企业参加4期山东省体育行业助企发展政策解读系列培训班。（刘洪燕）

【体育彩票】2022年，无棣县加强体育彩票宣传及销售管理。年内，实现销售3495.18万元，其中乐透型销售764.22万元、竞猜型销售2293.02万元、即开型销售437.94万元，完成全年销售任务126.1%，增幅列滨州市第3名。5月，无棣县被山东省体育局评为“2021年度山东省体育彩票工作先进单位”。（刘洪燕）

2022年无棣县重点体育企业一览表

表62

企业名称	体育业务活动	年末从业人员（人）
无棣卓越乒乓球俱乐部	体育竞赛组织	2
无棣金鼎健身俱乐部有限公司	健身休闲活动	15
山东海豚体育有限公司	体育文化活动策划	8
滨州崔帅体育文化传播有限公司	宣传跆拳道相关信息	10
滨州群英体育文化有限公司	组织文化艺术交流	3
滨州市棣一柔道散手摔跤俱乐部有限公司	体育赛事策划	4
无棣县丹朱围棋俱乐部	围棋培训	3
无棣音速体育赛事运营有限责任公司	篮球培训	10
山东牛牛体育文化有限公司	体育信息咨询	3
无棣县奥斯龙体育用品有限公司	绳索缆制造批发	4
山东战神体育用品有限公司	体育绳网生产	7
无棣达亿标体育用品有限公司	体育绳网加工	2
滨州大麦体育文化有限公司	体育器材零售	5
山东探拓户外用品制造有限公司	户外用品批发	12
山东雷威户外用品股份有限公司	户外用品加工、销售	20
山东智冠体育发展有限公司	体育赛事策划	6
无棣县悦动乒乓球俱乐部	健身休闲活动	5

社会生活

人口家庭

【概况】2022年，无棣县健全人口服务体系，完善优化生育政策工作新机制，利用共享数据做好信息核查采集，实现婚姻、妇女生育、子女出生数据全覆盖。加大婴幼儿照护工作宣传力度，推进婴幼儿照护服务提质提效。至年底，全县办理结婚登记1750对、离婚登记387对。出生人口3308人，人口自然增长率1.17‰。登记流动人口8699人，办理居住证1987张。推选市、县级“最美家庭”26个。（李胜芳）

【人口监测】2022年，无棣县户籍总人口45.12万人，比上年下降1.30%，其中城镇人口23.42万人、农村人口21.70万人；常住人口42.78万人，城镇化率61.24%，比上年提高0.63个百分点。至年底，出生人口3308人，其中一孩率28.81%、二孩率39.17%、多孩率32.01%。人口出生率6.95‰，自然增长率1.17‰。推进落实三孩生育政策，探索完善3岁以下婴幼儿照护服务，在国家托育机构管理系统成功备案幼儿园25家、托育机构3家，年内新增托位510个。推进落实普惠托育机构奖补措施，引导托育机构良性发展。

（蔡建香　李胜芳）

【家庭家风建设】2022年，无棣县有家庭17.55万户，平均每个家庭户人口2.57人。县纪委监委、县妇联联合举办清风相伴、家庭助廉系列活动，以开展一次最美廉洁家庭评选、发放一份廉洁倡议书、书写一段廉洁寄语“三个一”形式拓展清廉家庭创建路径。县纪委监委举办“齐鲁好家风”主题展活动，制作廉洁文化宣传片《吴式芬家风：忠贞孝友礼仪传家》并在山东电视台播出；在县电视台、县广播电台播放廉洁公益广告《第一粒扣子》《锤炼好家风》《党史中的廉洁故事》等；开展纪检监察干部廉洁家访活动，向纪检监察干部家庭发放《致纪检监察干部家属的一封信》《清官廉吏嘉言懿行》等，培树清廉家庭典型。开展全县好家风故事分享会、家风家教庭院课堂等活动30余场。年内，推选市、县级“最美家庭”26个，县级“廉洁家庭”8户，各级“好婆婆”“好媳妇”297人。（邢承颍）

【婚姻登记】2022年，无棣县执行婚姻登记法律法规，持续提升婚姻登记服务水平，实现电子身份证“亮码应用”，无“证”能办，跨市可办。全部婚姻登记窗口配置指纹识别、电子手写屏、扫码工具等外接设备，提升婚姻登记信息系统管理服务水平。举办“喜迎二十大·庆国庆·倡美德”移风易俗集体婚礼。年内，办理结婚登记1750对，比上年减少249对；离婚登记387对，比上年减少112对；补办结婚登记56对，补发结婚证670对、离婚证27人次。（杨　静）

【生育管理服务】2022年，无棣县宣传贯彻落实国家优化生育政策。开展妊娠风险筛查与评估，提高危重孕产妇和新生儿救治水平，降低非医学需要的社会因素剖宫产率。年内，母婴安全形势总体平稳，孕产妇零死亡，新生儿死亡率0.76‰，婴儿死亡率0.76‰，5岁以下儿童死亡率2.65‰。推进免费孕前优生健康检查和免费婚前医学检查项目，新生儿疾病筛查率保持在99%以上。强化部门信息共享，落实“一次登记、全程服务”制度，实施手机直接办理、网上办理、一站式服务等便民措施，实现生育一次登记、妇幼健康项目全程服务，生育登记服务率100%。（李胜芳）

【流动人口管理】 2022年，无棣县加强流动人口和出租房屋摸排登记，及时发现、防范、打击隐匿其中的各类违法犯罪活动，在全县范围内开展流动人口租赁房屋清理整治“百日行动”。开展防范宣传工作。民警深入辖区，采取以案说法的方式，向辖区居民讲解防骗、防火、防盗、防抢等防范常识知识，提高群众的安全防范能力与法律意识。与出租房主签订责任书，落实房主治安责任；对出租房屋信息进行登记和录入，及时了解房屋出租、承租人变动情况，准确掌握动态治安信息。及时督促房屋承租人办理居住证，上门为外来务工人员进行集中办理居住证。开展对暂住人口中重点人口清理整治工作，及时准确掌握辖区暂住人口基本情况。全年登记流动人口8699人、出租房屋1018户，办理居住证1987张，预警信息处置率100%。（曾现树）

【殡葬管理】 2022年，无棣县提升殡葬服务水平，推进无棣县生命纪念园建设，打造全市最大的县级公益性公墓，集生命纪念、生态安葬于一体，为环境园林化、设施现代化、服务人性化高品质陵园。推动婚丧习俗改革，引导群众实行丧事简办、厚养礼葬。清明节期间，开发“天堂思－无棣网上纪念园”网络祭祀平台，满足群众线上祭祀需求。全县火化率保持100%，火化合格率100%。落实惠民政策免除资金360万元。投资750万元，完成县级公益性公墓二期建设项目，建成墓穴950座；投资1100万元，建成镇村级公益性公墓15处，建成墓穴4000座。（戴士逊）

收入与消费

【居民收入】 2022年，无棣县居民人均可支配收入33962元，比上年增长5.9%。城镇居民人均可支配收入42535元，比上年增长5.4%；农村居民人均可支配收入22657元，比上年增长7.0%。城乡居民收入倍差由上年的1.91收窄至1.88。（蔡建香）

【居民收入结构】 2022年，从无棣县居民可支配收入构成看，工资性收入是收入主体，工资性收入占比53.83%。全县居民人均工资性收入18281元，比上年增长4.69%；经营净收入11234元，比上年增长10.95%；人均财产净收入2108元，比上年增长1.93%；人均转移净收入2339元，比上年下降3.43%。（蔡建香）

无棣县生命纪念园一角 （县民政局 供图）

2022 年无棣县居民可支配收入统计表

表 63　　单位：元 / 人

指 标 名 称	全体居民		城镇居民		农村居民	
	2021 年	2022 年	2021 年	2022 年	2021 年	2022 年
可支配收入合计	32077	33962	40356	42535	21183	22657
一、工资性收入	17462	18281	25447	25903	6955	8230
二、经营性收入	10125	11234	8791	10607	11882	12060
三、财产净收入	2068	2108	3205	3061	571	852
四、转移净收入	2422	2339	2913	2965	1775	1514

【居民消费】 2022 年，无棣县居民人均消费支出 20299 元，比上年下降 0.8%。城镇居民人均消费性支出 23852 元，比上年下降 2.5%；农村消费活力释放，居民人均支出 15613 元，比上年增长 2.7%。（蔡建香）

【居民消费结构】 2022 年，从无棣县居民消费支出构成看，人均食品烟酒消费支出 5213 元、衣着支出 1160 元、居住支出 4411 元、生活用品及服务支出 1478 元、交通通信支出 4070 元、教育文化娱乐服务支出 1996 元、医疗保健支出 1652 元、其他用品和服务支出 319 元。（蔡建香）

2022 年无棣县居民消费支出统计表

表 64　　单位：元 / 人

指 标 名 称	全体居民		城镇居民		农村居民	
	2021 年	2022 年	2021 年	2022 年	2021 年	2022 年
消费支出合计	20466	20299	24462	23852	15209	15613
1. 食品烟酒	5071	5213	5988	6126	3863	3741
2. 衣着	1561	1160	2030	1363	943	778
3. 居住	3730	4411	4403	5183	2844	2821
4. 生活用品及服务	1618	1478	1957	1737	1171	856
5. 交通通信	3422	4070	4207	4782	2388	3924
6. 教育文化娱乐	2562	1996	3180	2346	1749	1765
7. 医疗保健	2173	1652	2275	1941	2038	1642
8. 其他用品和服务	331	319	421	375	213	87

劳动就业

【概况】 2022年，无棣县新增城镇就业人员4933人，完成全年计划的129.82%；城镇登记失业人员1281人。年内，为498名创业者发放创业担保贷款9162万元。加强劳动保障事务代理，档案代存人员总数4万余人。（于树坤）

【就业政策扶持】 2022年，无棣县城乡公益性岗位扩容提质行动实施方案等文件。发挥企业吸纳补贴、灵活就业社保补贴等政策促就业作用，发放就业创业补贴960万元。继续实行阶段性降低失业保险费率政策，为2030余家企事业单位降低失业保险1014.8万元，减轻企业负担。加大失业保险稳就业作用，为246人发放失业金211.13万元，为236人发放失业补助金71.12万元。开展高校毕业生就业见习工作，促进高校毕业生就业。至年底，全县有青年见习基地20家，上岗就业见习人员207人，发放见习补贴10.48万元。发挥职业技能培训稳就业作用，全年培训各类人员8227余人次，其中农村转移劳动力补贴性培训2185人次、公益性岗位培训2223人次，拨付各类培训补贴50余万元。（于树坤）

【就业登记】 2022年，无棣县办理就业登记14844人。其中，单位就业登记7545人，灵活就业登记3288人，个体经营就业登记480人，城乡公益性岗位就业登记3531人。（于树坤）

【就业招聘】 2022年，无棣县定期举办线上招聘活动，每月开展一次特色专场招聘，每季度摸排企业人才需求、用工情况，累计发布企业用工需求目录4期。年内，举办各类线上线下招聘会24场，其中线下招聘会8场、线上16场，累计860余家次企业报名参会，发布招聘岗位1800余个，人才、用工需求信息8200余条，初步达成就业意向2360余人。（于树坤）

【就业服务】 2022年，无棣县加强就业服务宣传推介，做好“无棣大学生就业”微信公众号运营和管理，发挥就业平台支持作用。至年底，“无棣大学生就业”微信公众号发布各类招聘信息、政策166篇，公众号关注人数新增1544人、总关注数5491人。高校毕业生就业率94.91%，离校未就业高校毕业生就业服务率100%。（于树坤）

【社保补贴】 2022年，无棣县鼓励企业吸纳就业困难人员就业，为35家用人单位落实社保补贴、岗位补贴266.43万元；引导灵活就业人员参加社会保险，按要求落实灵活就业社保补贴政策，为1225名灵活就业人员落实社保补贴315.96万元。（于树坤）

【重点群体就业】 2022年，无棣县推进重点群体就业，开展“进校园”招聘等活动,举办“进校园”系列招聘会12场次。组织离校未就业高校毕业生参加

2022年3月12日，无棣县人社局联合团县委在青岛科技大学开展人才招聘活动
（县人社局 供图）

就业准备活动，全年组织207人参加就业见习，离校未就业高校毕业生总体就业率95%。落实就业困难人员、农民工就业扶持措施，保障全县总体就业局势稳定。（于树坤）

【创业带动就业】 2022年，无棣县落实各项创业补贴政策。全年发放一次性创业补贴49家，补贴金额51.6万元，其中发放小微企业一次性创业补贴41家、补贴金额50万元，发放个体户一次性创业补贴8家、补贴金额1.6万元；发放一次性创业岗位开发补贴企业1家，补贴金额11.2万元。至年底，全县发放创业场所租赁补贴25家，发放补贴金额12.5万元。发挥创业担保贷款资金扶持效用，全年发放创业担保贷款498笔、9162万元，位居全市前列。（于树坤）

【职业技能培训】 2022年，无棣县建立职业培训目录动态调整机制，通过线上+线下形式，开展农村劳动力培训，培训下乡行动及公益性岗位岗前培训，增强劳动者就业创业能力，满足群众多方位培训需求。全年累计培训8227人次，完成任务指标167.90%，其中开展公益性岗位岗前培训2223人次。农村转移劳动力培训2185人，完成任务指标128.53%。全县拨付各类职业培训资金57.5万元，其中公益性岗前培训补贴44.46万元。（于树坤）

2022年5月13日，无棣县人社局联合县残联在县就业服务中心举办促进残疾人就业直播带货招聘会（县人社局 供图）

【人力资源服务】 2022年，无棣县加强人力资源服务机构管理，规范人力资源服务活动，优化人力资源流动配置。批准设立并颁发《人力资源服务许可证》的经营性人力资源服务机构有无棣亲和劳务有限公司、无棣众智人才发展有限公司、无棣儒林人力资源有限公司、滨州豪鲁斯人力资源服务有限公司、山东中替劳务有限公司、滨州玖瑞人力资源有限公司、滨州白泽人力资源服务有限公司、滨州聚财建筑劳务有限公司、无棣杰居人力资源服务有限公司、滨州鼎晟人力资源管理有限公司10家，从业人员54人，年营业收入突破8900万元。年内，人力资源服务机构为求职者做好安置人员就业登记、保险办理、劳动者权益维护、劳动关系争议协调等公共服务，全年帮助实现就业3150人。（于树坤）

【劳动保障监察执法】 2022年，无棣县受理移交劳动保障监察执法案件7起；受理日常来访案件52起；承办市长公开电话、县民生服务热线814起，结案率100%；提供涉及工资、社保、工伤等事宜业务咨询电话334余件；接收全国根治欠薪线索反映平台欠薪线索342件，办结342件，办结率100%。年内，劳动监察部门联合县综合行政执法局开展小型企业劳动用工情况专项检查、年度劳动保障监督审查等工作，按时完成既定任务。（于树坤）

【劳动人事争议仲裁处理】 2022年，无棣县劳动人事争议仲裁委员会受理劳动争议案件355起，其中裁决结案133起、调解结案219起，法定期限内结案率100%；案外调解754起，调解率88%；一裁终局率70%。年内，接待群众劳动保

障法律法规政策咨询服务 1800 余人次。（于树坤）

社会保险

【概况】2022 年，无棣县落实各项社会保险政策。至年底，城镇职工养老、医疗、工伤、失业、生育 5 项社会保险参保人数分别为 5.28 万人、5.35 万人、8.19 万人、3.75 万人、1.94 万人。城乡居民养老保险参保人数 26.07 万人，居民基本医疗保险参保人数 35.97 万人，基本实现应保尽保。（于树坤）

【基本养老保险】至 2022 年底，无棣县有 6.86 万人参加企业职工养老保险、1.49 万人参加机关事业养老保险、26.07 万人参加城乡居民养老保险。年内，办理城镇职工养老保险到龄正常退休待遇核算手续 1077 人（含机关事业），为 10.02 万人（含企业职工基本养老保险、机关事业单位养老保险、城乡居民基本养老保险）支付待遇 9.38 亿元。完成退休人员养老金“调待”工作，实现自 2005 年无棣县退休人员养老金“18 次连涨”。全县符合条件企业退休人员 15757 人，遗属补助领取人员 906 人，发放待遇 46506.92 万元；符合条件机关事业单位退休人员养老金领取人 4783 人；发放待遇 29146.4 万元；城乡居民养老保险养老金发放 79706 人，发放金额 18154.96 万元。（于树坤）

【基本医疗保险】2022 年，无棣县落实全民参保计划和依法参保要求，着眼保基本、全覆盖，加强重点人群、困难人群参保缴费服务，常住人口参保覆盖率 97.12%，基本实现应保尽保。年内，居民参保个人缴费由 280 元增至 320 元，政府补助标准从 550 元提至 580 元，筹集资金增至 3.47 亿元；职工医保征缴收入 2.56 亿元。无棣县提高医保门诊待遇，职工医保门诊医药费年度限额由 1500 元提至 3000 元，居民医保门诊慢性病报销比例由 50% 提至 65%。（杨娟娟）

【工伤保险】2022 年，无棣县工伤保险参保人数 8.19 万人，享受工伤保险待遇参保职工 266 人次，支付各项工伤保险待遇 1700 万元。年内，受理工伤认定申请 206 件，做出工伤认定结论 189 件。其中，认定工伤 177 件，不予认定 12 件，不予受理 1 件，撤回申请及调解 12 起，调查核实（中止）4 起，出庭应诉行政诉讼案件 9 件。9 月，完成全县 2022 年度工伤保险定期待遇调整工作，涉及全县一至四级工伤职工、工亡职工供养亲属共计 154 人。经调整，全县一至四级工伤职工伤残津贴月增长标准分别为 175 元、165 元、155 元、145 元；生活护理费分别增长 195.41 元、156.33 元、117.25 元；供养亲属抚恤金配偶及其他供养亲属每人每月分别增加 61 元、46 元，孤寡老人或者孤儿在此基础上每人每月再增加 15 元。工伤医疗费联网结算被列入 2022 年改革“破零”工程事项和“12197”民生实事项目。至年底，全县工伤职工在工伤定点医院结算门诊费用 22 笔、1.94 万元，住院费用 64 笔、159.12 万元。（于树坤）

【失业保险】2022 年，无棣县发挥失业保险保生活、防失业、促就业“三位一体”功能，稳定就业局势，保障失业人员基本生活，失业保险金按时足额发放。年内，完成基金征缴、失业人员接收、管理等工作任务。全年参加失业保险人数 3.75 万人。（于树坤）

【生育保险】2022 年，无棣县享受职工生育保险待遇 518 人次，生育医疗费用医保基金支付 159.23 万元，生育津贴支付 709.64 万元。（杨娟娟）

【大病保险】2022 年，无棣县享受居民大病保险待遇 21128 人次，资金支出 2599.16 万元；职工大病保险享受待遇 126 人次，资金支出 34.44 万元。居民大病保险采取按医疗费用额度补偿办法，对个人累计负担合规医疗费用起付线以上部分进行分段比例报销（自5月30日起，起付线标准由1.30万元调整至1.50万元）。提高职工大病保险待遇，根据职工大病保险制度运行情况，将职工大病保险起付线由2万元调整为1.50万元，报销比例由40%提至80%。（杨娟娟）

【职工长期护理保险】2022年，无棣县享受职工长期护理保险待遇204人，支付待遇309.45万元。无棣县贯彻落实滨州市职工长期护理保险康复辅助器具租赁试点工作，保障长期护理险落实，改善失能人员护理水平，解决康复辅助器具价格昂贵、使用时间短、易浪费问题，为45名失能人员租赁适宜的康复器具，实现长期护理保险保障模式多样化。（杨娟娟）

【社保卡服务】2022年，无棣县社会保障卡持卡人数44.08万人，电子社会保障卡签发26.99万张，占实体社会保障卡比例的61.23%，超出试点任务15个百分点。建成即时制卡网点32个。为县内161家酒店（旅馆）安装社会保障卡读卡机具，群众可持社保卡办理入住登记。推进全省社保卡和居民健康卡“互认融合”工作，建设“双码融合 双码通用”融合管理服务平台，在试点医院实现社保卡挂号、就诊、结算、取药等就医全流程应用。创新金融科技应用，与邮储银行、农商行实现社保卡业务联办，推动跨地区服务，6家合作银行社保卡持卡人可在全国任一网点办理金融账户激活业务。（于树坤）

【全民参保计划】2022年，无棣县推动全民参保工作，将城乡居民参保扩面工作纳入全县年度考核，成立无棣县全民参保计划工作小组，集中统一开展全县全民参保计划的组织实施、协调调动、督导检查等工作。至年底，全县基本养老保险参保人数34.42万人，其中企业养老保险参保人数6.86万人、机关事业单位养老保险参保人数1.49万人，居民养老保险参保人数26.07万人。（于树坤）

【社会保险基金】2022年，无棣县对社会保险基金实行“收支两条线”管理，规范会计核算基础工作。按照电子票据使用规定管理，加强财务经办流程规范，制单与审核分离，资金支出单据经办、审核、审批及财务复核签字完整无缺失，基金准确无误流转。建立完善基金收支原始材料，严格管控资金账户对账程序，保障账户资金安全无误。至年底，全县企业养老保险收入10.01亿元，机关事业养老保险基金收入2.97亿元，居民养老保险基金收入2.69亿元，工伤保险基金收入4000万元。（于树坤）

【社保基金运行风险管理】2022年，无棣县健全风险管理各项制度，完善风险管理机制，提高风险管理水平，开展社保基金管理风险防控自查、社会保险基金财务专项检查、社保基金管理风险防控专项督查与企业稽核工作、失业保险基金管理自查自纠和风险排查、工伤保险基金管理风险自查和风险排查等工作。全年运用社会保险基金管理系统，核

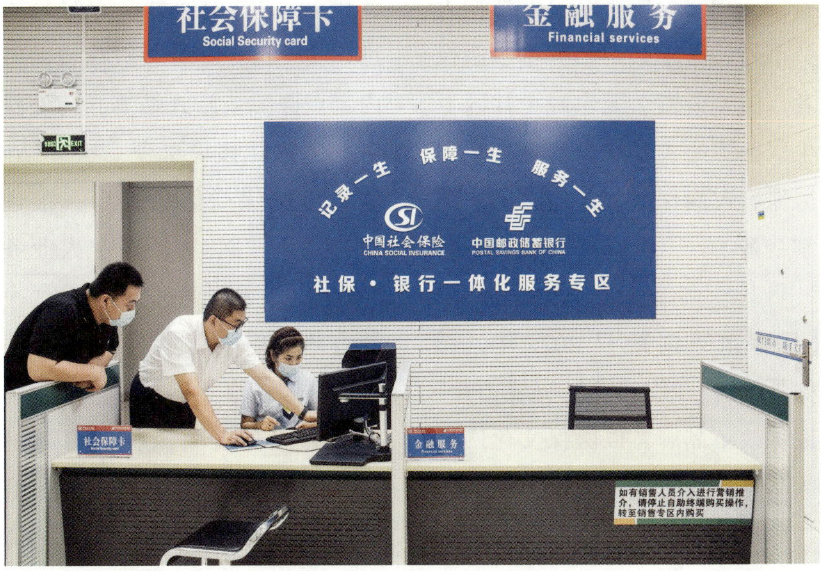

无棣县社保·银行一体化服务专区 （于树坤 摄）

查疑点数据153条，未发现重大要情。开展企业职工基本养老保险提前退休问题自查，推进企业职工“退休一件事”服务工作落实，加强提前退休审批管理、做好企业及个人欺诈骗保防范等工作，全年办理企业职工退休829人。（于树坤）

【社保经办服务】2022年，无棣县推广应用静默认证系统。至年底，完成退休人员养老资格认证10.16万人，认证率99.31%。发放社保宣传材料2万余份，举办社保讲座、社保答疑会等宣讲活动10场次。开展以“社保政策你我他”为主题的社会保险政策集中宣传解读活动。联合镇街组织开展“社保政策宣传周”活动，开展进社区、进集市、进企业人社政策宣传活动，播放宣传视频《安大爷有话说——居民养老保险别错过 长缴多缴实惠多》。（于树坤）

【社保费缓缴政策】2022年，无棣县落实社会保险政策，对受新冠疫情影响严重的餐饮、零售、旅游、民航、公路、水路、铁路运输等22个行业实行阶段性缓缴。至年底，4家企业享受阶段性缓缴社会保险费政策，缓缴社保费70.13万元；规范企业职工社会保险补缴政策，为63家企业、240名员工落实补缴社会保险386.5万元。（于树坤）

【医保帮扶政策落实】2022年，无棣县落实医保代缴政策，加强医保、财政、税务、乡村振兴、民政、残联等部门协调联动，统筹完善居民医保分类资助参保政策。全县共资助低保、特困、一二级残疾人、80周岁以上老年人等参保2.4万人，资助总金额842.62万元。进行数据排查，实现医疗救助应报尽报。开展住院和门诊医疗救助1.79万人次，医疗救助支出资金788.75万元。对新认定帮扶人员及时核实住院和门诊就医信息，及时办理门诊慢性病证。年内，帮扶人员中新办理门诊慢性病证176人。加大门诊“两病”(高血压、糖尿病)办理。经一级及以上医疗机构诊断、明确患有“两病”、确需采取药物治疗的患者，及时纳入门诊“两病”管理。全年为帮扶人员办理“两病”451人。实现帮扶人员市内定点医疗机构基本医保、大病保险、医疗救助一站式服务、一窗口受理、一票制结算；帮扶人员市外就医未联网结算基本医保者，镇（街道）卫生院（社区卫生服务中心）基层平台实现基本医保、大病保险、医疗救助一单制结算。（杨娟娟）

【医保改革创新】2022年，无棣县打造“暖心医保、先锋力量”医保改革品牌。以医保文化广场为基点，向有条件的镇（街道）、村辐射，完善县、镇（街道）、村医保宣教体系；统筹做好镇办医保经办人员技能培训、管理考核，打造“千名医保明白人”队伍。提升“15分钟医保便民服务圈”建设，建立各级医保服务站点218处。延伸服务范围，以鑫岳集团医保服务站为样板，在具备条件的规上企业建设高标准医保服务站；推进社区医保服务站建设，为职工、居民购药就医报销提供全链条服务。落实药品耗材集中带量采购6000万元，采购价格降低60%。按照滨州市按病种分值付费结算方式改革试点工作要求，探索建立按病种分值付费下基金监管新方式，完善结算方案，做好按病种分值付费改革与紧密型医共体改革衔接，控制医疗费用不合理增长。（杨娟娟）

【医保保障经办】2022年，无棣县以创建省级标准医保大厅为契机，优化医保服务大厅环境，完善各项服务设施，提升服务质量。开通“老年人优先窗口”“帮办代办”“省内通办”等绿色通道，实现医保结算、医疗救助市内定点医院一站式结算，转外就医、关系转移等事项一次办结。依托市医保局信息平台，推进对公业务“网上办”、个人业务“掌上办”和关联业务网上“一链办理”“一网通办”，提升医保经办服务事项网办率。简化医保经办服务事项流程及申办材料，将异地就医备案、参保信息变更等经办业务下沉到镇（街道）人社所或县域内定点医院，

做好服务窗口前移，建立医保服务站33个。（杨娟娟）

【医保基金监管】2022年，无棣县以对内抓内控、对外抓欺诈骗保为重点，强化医保基金管理。加强定点医药机构监管，保障基金安全。通过抽查资料、电话调查、医院检查等措施，规范医药机构诊疗行为。年内，现场检查定点医药机构368家、约谈306家、通报批评264家、限期整改317家、暂停协议6处、解除协议18处、曝光18家；审核确认滨州市智能监管系统筛查疑点违规信息3万余条，审核住院病历400余份。加大打击力度，提升监管实效。4月，出台《关于开展医保基金使用问题自查自纠专项行动的通知》，开展覆盖全县医保经办机构、各定点医疗机构、定点药店、第三方承办机构的自查自纠专项行动，约谈64家、通报7起、暂停3家、限期整改55家。加大宣传力度，畅通监督渠道。年内，印制《医疗机构医疗保障定点管理暂行办法》《零售药店医疗保障定点管理暂行办法》《居民医疗保险政策解读》1500份，向医保定点医药机构发放医保基金监管政策汇编200册，在定点医疗机构等公共区域滚动播放宣传标语40余条、悬挂宣传横幅168条。（杨娟娟）

社会救助

【概况】2022年，无棣县完善社会救助体系，“F享无棣”（“F”取自family首字母，与政府的“府”、服务的“服”、幸福的“福”谐音，有“政府主导、机构服务，构建幸福家庭，共享美好生活”之寓意）特困人员关爱照护工程作为社会救助领域十大创新案例在全省推广。加快未成年人保护工作，被评为全国、全省未成年人保护示范县。强化载体建设，建立起形式多样、保障有力的关爱帮扶救助体系，实现应保尽保、应救尽救。至年底，全县有城乡低保8139人、城乡特困人员2337人。全国首创“无忧工程”，开启困难精神疾病患者救助领域先河，为全县2668名持证精神疾病患者兜底保障，被省民政厅以第1位次推选参评全国社会救助创新案例。（王　超）

【残疾人保障服务】2022年，无棣县全面落实残疾人两项补贴“跨省通办”“全程网办”，确保残疾人两项补贴政策应知尽知、应享尽享、动态管理、精准发放。全县困难残疾人生活补贴一、二级和三、四级标准分别提高到182元、146元，重度残疾人护理补贴一级和二级标准分别提高到167元、146元，惠及全县3076名困难残疾人和5897名重度残疾人。全年困难残疾人生活补贴累计支出668万元，重度残疾人护理补贴累计支出1092万元。（王　超）

【困难群众基本生活调整】2022年，无棣县提高城乡居民最低生活保障标准和补助水平，城市居民、农村居民低保标准分别提高至每人每月953元、745元。年内，符合城市低保标准201户、326人，累计发放资金257万元；符合农村低保标准4674户、7879人，累计发放资金4749.70万元。累计发放城乡低保价格临时补贴33051人次、70.9万元。农村特困人员基本生活标准提高至每人每月1035元，城市特困人员基本生活标准提高至每人每月1320元；照料护理标准按“生活能自理、半自理、不能自理”三档划分，分别提高至每人每月189元、313元、626元。全年符合特困标准人员2369人，累计发放资金3351.90万元。（王　超）

【临时救助】2022年，无棣县全面实施临时救助制度，以解决困难群众面临的突发性、紧迫性、临时性基本生活困难为目标，以充分发挥临时救助备用金效能为主线，在紧急情况下对急难型、支出型、生活困难家庭及时救助，确保困难群众都能求助有门、救助及时。全年救助急难型临时救助（救助对象为因火灾、交通事故、溺水、人身伤害、见义勇为、爆炸、雷击等意外事件，家庭成员突发重大疾病及遭遇其他特殊困难等原因，导致基本生活暂时出现严重困难，需要立即采取救助措施的家庭和个人）10人次，救助金额1万元；全年救助支出型临时救助（救助对象为因自负教育、医疗等生活必需支出突然增加超出家庭承受能力，导致基本生活一定时期内出现严重困难的家庭和个人）571人次，救助金额69.20万元。全年累计开展临时救助581人次，支出救助金70.2万元。（王　超）

【流浪乞讨救助】 2022年，无棣县救助管理站在线登记救助30人次，其中省内18人次、省外11人次、外籍1人次。为2名长期寻亲不着受助人员办理临时户口，按照政策规定转为特困供养予以安置。每个月对无棣籍流浪返乡人员电话回访，摸排易流浪走失人员情况，叮嘱监护人履行监护职责。开展以“救助，让弱有所扶更温馨”为主题的救助管理机构、托养机构开放日活动，使全社会了解和关注流浪乞讨人员救助工作。（王同君）

【慈善救助】 2022年，无棣县各类救助活动救助困难群众8400余人次，发放救助金和物资约419.39万元。其中，定向救助群众3200余人次，发放定向救助金207.58万元。县慈善总会与县妇联联合开展“两癌救助”活动，救助特困妇女两癌患者7人，发放救助金2.10万元。县慈善总会、县民政局开展“大病救助慈善行”“生的希望”救助项目，救助大病患者99人，发放救助金35.63万元；开展“朝阳助学”项目，资助大学新生55人（本科23人，专科32人），发放救助金17.90万元；开展“关爱五保”“和合慈善·助老抗疫”项目，关爱困难老年人1500余人次，发放救助物资价值27.05万余元；开展“护童飞翔·棣造未来”项目，为全县88名孤困儿童发放救助物资，价值1.98万元；开展“‘疫’路有你·‘未’爱同行”项目，为隔离点186名未成年人发放慰问品，价值2.24万元。县慈善总会开展“关爱建国前老党员行动”，为32位新中国成立前老党员发放取暖设备，价值1.18万元；开展慈善助学行动，将价值11.70万余元文具用品发至贫困学子手中；投入120万元慈善资金，在全县开展“一米阳光·爱心管家”项目，惠及困难群众2000余人。（王　超）

【无忧工程服务】 2022年，无棣县开展省级社会救助综合改革试验区创建，整合政策、机构、资金、资源，在全国率先打通救助、救治、自立三条“无障碍通道”，构建起集救治康复、日常关爱、保障监护于一体的保障体系，全县2668名持证精神病患实现“平时有人管、病时有人医”全面兜底，形成“医治疾病、重塑人生、解放家庭、维护和谐”多赢局面。通过开展为困难精神疾病患者提供系统治疗、专业健康训练和规范照料护理服务为主要内容“无忧工程”，在棣丰街道、碣石山镇、柳堡镇“好棣民生空间站”推行“康复训练＋三疗工作法”照护托养模式，在由专业医护人员指导患者进行用药和康复训练的基础上，采取“工疗＋农疗＋娱疗”三疗方式，集中医治69人，托养92人，社区康复554人。经验做法被新华社《山东要情动态》、新华社《高管信息（山东）》、《大众日报》等刊物刊发。（王　超）

【全省社会救助综合改革实验县创建】 2022年，无棣县推进全省社会救助综合改革实验县创建工作，促进社会救助工作“提档升级”。打造以精准救助、高效救助、温暖救助、智慧救助为内涵的“F享无棣”“六爱六护·无忧工程”等社会救助品牌，健全城乡统筹、分层分类社会救助体系，织密织牢基本民生兜底保障，提升困难群众安全感、获得感和幸福感。提高城乡居民低保标准、农村特困人员基本生活标准、照料护理标准，将临时救助标准提高到城市低保标准的3～12倍，救助标准保持全省第一方阵水平。（王　超）

【“F享无棣”特困人员关爱照护工程】2022年，无棣县针对特困人员开展关爱照护工作，坚持问题导向，按照“政府主导、社会参与、专业管护”的思路，继续打造“F享无棣”社会救助品牌，强化系统集成创新，探索建立一套制度、提升一批机构、建设一个中心、构建一个网络、优选一支队伍、打造一个平台的“六位一体”关爱照护工程。年内，实现2377名特困人员照护“全覆盖”，210名无民事行为能力或限制民事行为能力特困人员监护“无死角”。无棣县“F享无棣”关爱照护工程经验做法被省委《山东通讯》作为典型推广；两项工作获评2022年全省社会救助领域政策宣传优秀成果、2022年度全省优秀社会救助品牌。5月27日，在全省社会救助综合实验区建设推进视频会议上，滨州市民政局就推广无棣县“F享无棣”分散供养特困人员照料护理工作经验情况作典型发言。（王　超）

社会福利

【社会养老服务体系建设】2022年，无棣县投资400余万元，新增养老服务设施建筑面积1万平方米。至年底，累计建成7处日间照料中心、14处养老服务驿站。全县241个新旧居住小区完成社区养老服务设施覆盖。通过实施“一个体系”“三个工程”建设，实现城乡社区养老服务无缝衔接。全县95处养老服务设施资源整合，形成以车王镇、西小王镇区域养老中心为支撑的东西两大养老服务产业群，依托“养老机构+城市社区老年人日间照料中心+农村幸福院”完整养老服务链，满足社会不同层次老年人需求。（李　冰）

【儿童福利政策保障】2022年7月，无棣县印发《全县儿童福利领域“三化六全”专项行动方案》，强化儿童福利机构风险防范，整合儿童福利领域分散资源，推进镇（街道）儿童福利工作规范化建设，结合村（居）儿童主任“33361”赋能行动，以“精确化管理、精准化保障、精细化服务”为目标，以“全走访、全核查、全建档、全落实、全监控、全理顺”为抓手，核清服务对象底数、整改存在问题、完善档案管理、落实保障政策、实施动态监测、理顺机构人员，实现儿童福利保障政策得到精准落实、关爱服务措施得到精准提供。（王　真）

【儿童福利管理】2022年，无棣县为206名孤困儿童发放基本生活费133余万元。为7名在读孤儿发放助学金7万元，每人每年发放助学金1万元，分季度发放。成立县未成年人保护工作领导小组，建设总面积5200平方米的未成年人保护中心，12个镇（街道）、69个农村社区与10个城市社区、574个行政村分别设立未保站、儿童之家、儿童主任。8月，组织“明天计划”孤儿体检，12名孤儿参与体检。召开“三化六全”专项工作会议，推动“三化六全”专项行动落实。暑期和冬季春节前分别开展“夏

2022年8月10日，无棣县“夏季关爱”走访孤困、留守儿童启动仪式在县未成年人保护中心举行（县民政局　供图）

季关爱”“情暖新春，共护未来”孤困儿童走访慰问活动，分别对孤儿、事实无人抚养儿童、重点困境儿童提供个性化服务。多方联动开展心理教育辅导、家庭教育指导、普法教育等活动200场次。（王　真）

【残疾人福利保障】2022年，无棣县发放困难残疾人生活补贴救助金667.75万元。年内，提高困难残疾人生活补贴救助标准，其中残疾等级为一、二级的每人每月提高至182元，残疾等级为三、四级的每人每月提高至146元。（王　超）

【福利彩票发行使用】2022年，无棣县获得中央、省、市拨付福利彩票公益金319.55万元，县级财政安排福利彩票公益金199.57万元。专项用于社会福利和社会公益事业，主要为养老机构建设和运营项目、日间照料中心项目、农村幸福院项目；全县城乡低保、特困人员救助供养、孤儿以及重点困境儿童基本生活保障等困难群众基本生活救助；提升儿童福利机构基础设施建设配置；用于精神障碍社区康复服务项目；用于社工站建设、升级改造等项目；公益性公墓新建、改扩建及配套设施改造等项目。（孙占峰）

【全省未成年人保护示范县创建】2022年，无棣县加强未成年人保护工作，以提升未成年人获得感、幸福感、安全感为目标，创新红色未保、品牌未保、智慧未保、爱心未保“四个未保”思维，在司法援助、学生营养餐配送等方面走在全省、全国前列。10月22日，无棣县被评为山东省未成年人保护示范县。11月18日，全省未成年人保护工作现场观摩会议以线上形式召开，无棣县未成年人保护工作专题片在会上播出，并作典型发言。（王　超）

延伸阅读

“333”工作体系全面护航未成年人健康成长

近年来，山东省无棣县高度重视未成年人保护工作，坚持以提升未成年人获得感、幸福感、安全感为目标，着力打造三个到位、三项机制、三支队伍“333”工作体系。

实现三个到位 未保管理“网格化”覆盖

无棣县把未成年人保护工作摆到突出位置，成立由县委、县政府主要领导任双组长的未成年人保护工作领导小组，各镇（街）参照成立工作小组。2022年以来，多次召开县委常委会会议、县政府常务会议、专题推进会议以及成员单位联席会议，统筹部署推进未成年人保护工作。

硬件设施到位。无棣县投资200万元打造总面积5200平方米的高标准未成年人保护中心，县财政列支367万元用于示范县创建和中心运营；12个镇（街）全部设立未成年人保护站，69个农村社区和9个城市社区设立各具特色的“儿童之家”，574个村全部设有儿童主任工作室。

人员配备到位。全县配备县级儿童督导专员4名、镇（街）督导员12名和574名村（居）儿童主任，构建起“县、镇（街）、村（居）”三级联动、覆盖城乡的服务网络。县未保工作领导小组成员单位、各镇（街）通过多种形式开展儿童主任赋能行动，组织政策和业务培训800余人次，全县未成年人保护工作队伍整体素质显著提升。

帮扶救助到位。出台《无棣县孤困儿童综合保障实施办法》等文件，孤儿、事实无人抚养儿童和困境儿童基本生活费标准分别提高到每人每月1815元和每人每月1452元。全县全面落实家庭经济困难儿童义务教育“两免一补”以及残疾儿童康复救助、医疗救助、护理补贴等各项政策，累计发放各项补助救助资金163万元，切实为困难家庭“减负松绑”；探索创新集医疗康复、义务教育、托管服务、技能培训于一体的残疾儿童“康教托技”一体化服务模式，累计康复训练残疾儿童1000余人次，康复率95%以上。

健全三项机制 未保诉求“一体化”办理

无棣县坚持县委、县政府统揽，健全“信息联动、问题处置、动态监测”三项机制。

健全信息联动机制。投资36万元开发集“一平台一专线一小程序”于一体的县未保“三合一”软件系统，全县11万名儿童信息全部录入系统，实现县域内未保信息镇（街）、部门单位互联互通。“一平台”即智慧云平台，率先在全市开发集受理、转办、督查、审核、反馈于一体的“棣造未来”智慧云平台，公检法、民政、教育等部门和镇（街）信息互通共享；“一专线”即延伸12345政务服务热线未保专席，开通8912345未保专线，提供全天候热线服务；“一小程序”即“掌上未保”微信小程序，手机扫码就可实现线索上报，充分调动了全民参与未保工作的积极性，畅通了信息收集渠道，实现了受理、转办、处置等全流程闭环、全过程留痕。2022年调整人员信息39条，新录入信息33条，开展专业服务198人次。

健全问题处置机制。全县建立公检法、民政、教育、卫健、团委、妇联等单位联动协调机制，实行联席会议制度，严格执行强制报告制度，对涉及未成年人的检举、控告和报告全部按照法定程序及时有效处置；把关爱未成年人工作纳入县域社会治理、平安无棣建设重要内容，对侵害未成年人犯罪行为保持高压态势，重拳打击拐卖、暴力、虐待等侵害未成年人权益犯罪，通过未成年人个案会商制度，“一对一”跟踪解决特殊重要案例。

健全动态监测机制。按照“属地管理、分级负责”原则，各镇（街）、村（居）对本辖区农村留守儿童和困境儿童进行全面摸底排查，“一人一档”录入儿童福利信息管理系统进行监测管理。同时，突出做好困境儿童“红黄蓝绿”四色风险等级动态监测管理，确保服务有结果、有实效。

建强三支队伍 未保服务“多元化”参与

近年来，无棣县依托群团组织、志愿队伍、爱心企业三支队伍，构建了高效协同、广泛参与的未成年人保护社会化体系。

建强群团组织。全县充分发挥工会、妇联、残联等群团组织作用，2022年累计组织关爱帮扶、法律援助、特困救助等维护儿童权益活动1200余场次，设置公共场所未保标志牌196处，开展进校园、社区、农村集市公益宣传200余次，张贴“掌上未保”宣传页2万余份，“爱在路上”和“情暖衣冬”关爱农村困境儿童志愿服务项目荣获市妇联最佳志愿服务项目。

建强志愿队伍。每年县财政列支200万元在全县各村聘请防溺水专职巡查员，持续筑牢防溺水安全防线，有效防止了未成年人溺水事故的发生。2022年县财政补充60万元慈善资金用于购买专业性社工组织服务，并借助落实税收优惠、提供办公场所等扶持政策，支持引导德正社工、心理咨询师协会等4家社会组织参与未保工作。

建强爱心企业。全县引导企业紧跟政策指引，切实履行社会责任，积极参与未成年人保护工作。在县政府鼓励支持下，某营养餐公司投资2350万元建设5200平方米的现代化营养餐加工车间，并配备营养餐车，稳步推进学生营养餐配送工程，成为全市中小学“放心食堂”建设项目先进典型。此外，县内爱心企业为孤困儿童定向捐款资助每人每月400元，凝聚了社会各界协同推进未成年人保护工作的合力。

（资料来源：《中国社会报》2022年8月17日，无棣县人民政府）

住房保障

【概况】 2022年，无棣县加强住房保障工作，对符合条件城市低收入无房家庭住房保障实现“应保尽保”，全县467户家庭解决住房困难问题。住房租赁补贴146户、39.03万元。智慧公积金管理平台启用。 （王丛洋）

【保障性住房管理】 至2022年底，无棣县公租房项目累计开工2991套、分配2991套，其中政府投资公租房项目开工467套、分配467套，分配率100%。12月，开展公租房在保家庭年度资格复审，完成续租工作。 （王丛洋）

【住房租赁补贴】 2022年，无棣县依据《无棣县城镇住房保障家庭租赁补贴实施方案》，制定符合本地实际具体方案，扩大补贴保障范围。年内，全县城镇住房保障家庭租赁补贴在保家庭146户，累计发放补贴39.03万元，完成年度发放目标任务的121.67%。 （王丛洋）

【住房公积金归集与使用】 2022年，无棣县落实公积金联席会议制度，推动公积金归集扩面。年内，全县182个机关事业单位调整公积金缴存基数，新增月缴存额323.78万元，全年新增3885.36万元，单位年终一次性奖金补缴公积金837.70万元。无棣管理部依据相关规定，将政府雇员纳入缴存范围；将机关事业单位绩效工资及经济园区两倍绩效工资纳入公积金缴存范围，补缴金额3340万元，人数1万余人。无棣管理部全年新增缴存单位74个，新增缴存人数3196人，新增缴存额4.99亿元，比上年增长19.92%；全县新增灵活就业人员353人。无棣管理部累计发放贷款548户、1.92亿元，累计为职工提取公积金2.55亿元。 （赵 楠）

2022年无棣管理部住房公积金归集执行情况统计表

表65　　单位：个、人、万元

项目	单位数				人数				归集额						
名称	2022年完成数	2021年完成数	比2021年增长（%）	2022年新增数	2022年完成数	2021年完成数	比2021年增长（%）	2022年新增数	2022年底累计归集额	2022年底归集余额	2021年完成数	2022年计划数	2022年完成数	占计划（%）	比2021年增长（%）
无棣管理部	679	630	7.78	74	32463	30326	7.05	3196	268933.69	142379.81	41642.31	42916	49935.82	116.36	19.92

2022年无棣管理部住房公积金使用执行情况统计表

表66　　单位：人、万元

项目	贷款								支取						
名称	2022年底累计贷款额	2022年底贷款余额	2021年完成数	2022年计划数	2022年完成数	占计划（%）	比2021年增长（%）	当年发放户数	2022年底累计支取额	2021年完成数	2022年计划数	2022年完成数	占计划（%）	比2021年增长（%）	2022年支取人数
无棣管理部	192777.50	99732.98	20926	19000	19293	101.54	–7.80	548	123643.38	23124.43	18000	25520.11	141.78	10.36	43635

滨州市住房公积金管理中心无棣管理部服务大厅 （赵楠 摄）

【住房公积金资金风险管理】 2022年，无棣管理部加强开发商准入管理，在银行准入基础上审核开发商资质及开发商经营活动，保证开发商能够安全稳健经营。对全县17家开发商20个楼盘进行开发商监管账户维护管理，保证每个楼盘至少2个监管账户，加强资金监管，防范商品房交易风险。年内，无棣管理部贷款逾期率保持为零。（赵 楠）

【智慧公积金平台】 2022年，无棣管理部建设智慧公积金平台，推广公积金业务网上办，推动服务再造优化。全县638个缴存单位全部完成网厅数字证书注册，实现数字证书办理全覆盖。无棣管理部将网厅体验区升级为网厅服务区，安排专人指导办理网厅业务，集中推广业务线上办。至年底，公积金业务网办率96.46%，居全市第1位。 （赵 楠）

社区治理

【概况】 2022年，无棣县推进社区治理创新，全县有城市社区10个、农村社区69个。发展社区志愿者队伍，全县注册志愿者3167人。依托“社工＋志愿者”联动模式。打造“五有”（有阵地、有人员、有经费、有项目、有管理）服务品牌。西小王镇小王庄村创建全国村级议事协商创新试点。 （孙占峰）

【基层群众自治】 2022年，无棣县加强基层政权建设，强化基层治理、民主自治。在推行阳光评议制度基础上，将村务公开纳入村民委员会成员岗位目标责任制和履行职责评议内容，引导村干部依法、规范履职。深化村级议事协商制度，建设村级议事协商示范点，引导村级议事协商与村务公开“阳光工程”有效融合。规范村级民主自治机制，强化和完善新一届基层党组织领导基层群众自治机制，出台《无棣县村民委员会调整标准》，加强村委会规范化建设，提升农村基层治理能力和水平，加强村民自治领域扫黑除恶工作。修订完善《村规民约》《居民公约》《村民自治章程》，规范村（社区）干部与群众（居民）行为。推动建立健全村务监督委员会，对村务公开制度落实情况进行审核、监督。制定出台《无棣县村务公开目录》《无棣县关于深入开展村务公开“阳光工程”的实施意见》，在全县范围内建设12个村务公开“阳光工程”示范村。 （孙占峰）

【社区治理创新】 2022年，无棣县加强城乡社区规范化、标准化建设，培树“百佳和谐社区”，加强城乡社区服务体系建设，实施2022年“新时代新社区新生活”服务质量提升行动。年内，优化城市社区服务范围，新成立城市社区1个。至年底，全县有城市社区10个、农村社区69个，其中6个城乡社区获市级优秀示范社区称号。完成第三批（50名）城市社区工作者招录、补录工作，充实专业化社区工作者队伍，提升城市社区服务水平和治理能力。创新实践治理机制，持续推行社区“一窗受理、全科服务”服务模式，简化居民办事流程，

制定出台《村级组织职责清单、议事决策清单、责任追究清单指导目录（试行）》。（孙占峰）

【社工队伍建设】2022年，无棣县培育和发展社区社会组织，壮大社区志愿者队伍，为城乡社区输送社会工作专业人才。至年底，注册登记志愿者3167人。全县有5家专业社工组织，开展“候鸟课堂”、“四点半课堂”、卫生医疗、疫情防控、养老服务、康教、“围巾妈妈（爸爸）”对接帮扶困境儿童等多种服务项目，补充和拓展社区服务功能。（孙占峰）

【社区治理服务】2022年，无棣县科学制定和实施社区管理制度，实现社区服务规范化、成熟化。加强社区专业队伍建设，为全县10个城市社区公开招聘175名专职专业社区工作者，建立专业化社区工作者队伍和岗位与等级相结合社会工作者职业体系。推广社区协商会议制度，与“民主议政日”、主题党日活动衔接，推动社区工作协商办理，形成社区工作合力。加强社区服务准入机制，整理、制定、公开《社区事项清单》《小微权力清单》，保障社区工作责任权利相统一。强化社区日常工作制度，加强社区公共服务、自助互助服务和市场化、信息化服务体系建设，推行“一窗受理、全科服务”零距离服务模式，开拓“一刻钟便民服务圈”和推进一社区一品牌建设等活动，为群众提供医疗卫生、残疾人康复、就业指导、文化教育、社会保障、社会救助、儿童保护等基本公共服务。（孙占峰）

【村级议事协商平台建设】2022年，无棣县创新和完善村级议事协商形式，打造村级议事协商机制。通过突出制度创新，把握村级议事协商关键环节，找准并破解制约村级议事协商开展的难题；突出群众关切，把议事协商贯穿村级决策和实施全过程，解决村民最关心、最直接、最现实的利益问题；突出齐抓共管，试行分级管理，形成上下联动、协同推进工作格局。以西小王镇小王庄村被确定为全国村级议事协商创新试点为契机，推进村级议事协商创新实验示范点和村务公开“阳光工程”建设，组织召开全县村级议事协商创新实验试点建设工作推进会，在全县范围内推广小王庄村深化村级议事协商工作先进做法和经验。加强村务监督委员会建设，细化实化民主监督各项程序，及时公开“陈事会”创新成果落实情况，推进村级议事协商与镇（街道）协商有效衔接。至年底，投资25万元开发“无棣县村级议事协商信息系统平台”，在3个镇（3个村）投入试点试用。（孙占峰）

【智慧社区建设】2022年，无棣县加强智慧社区建设，利用物联网、云计算、移动互联网等信息技术集成应用，为社区居民提供现代化、智慧化生活环境。12月6—7日，县大数据中心开展智慧社区建设评估验收工作。验收工作采取社区工作者、居民代表交叉互评方式，以《山东省智慧社区建设指标》为标准，对6处基础型、3处成长型智慧社区

2022年9月6日，无棣县委组织部、县民政局到西小王镇小王村指导村级议事工作（县民政局 供图）

分别评估验收。其中，对基础型智慧社区评估6个一级指标项、22个二级指标项，对成长型智慧社区评估7个一级指标项、29个二级指标项。海丰社区、商城社区、馨泰社区等9个社区通过县级初评。（孙占峰）

【“五有”民生服务品牌建设】2022年，无棣县依托镇（街道）社会工作站，探索“社工+志愿者”联动发展模式，建设“五有”民生服务品牌。年内，整合社会工作站与社会救助站、未成年人保护站、慈善互助站、新时代文明实践站设施资源，制定完善场所管理制度、档案管理制度等8项制度规范。在镇（街道）社会工作站挂牌设立“和谐使者工作室”，聘请17名省、市、县“和谐使者”为社会工作顾问；邀请滨州学院等社会工作专家为6家社工机构和14家志愿服务组织、“和谐使者”及驻站社工授课；开展志愿组织与城市社区共建。发挥社工站驻站社工专业服务优势，形成“社工+志愿者”“社工+网格员”“社工+慈善”服务模式。建立人才库、民政社会工作服务项目库及社会资源库，梳理需求清单12项、1663名服务对象信息台账。推行适老化改造、居家养老和儿童关爱项目与社工站一体化运作，年内累计开展各类活动20余次，服务群众4000余人次。（孙占峰）

社会组织管理

【概况】2022年，无棣县规范社会组织备案管理流程，细化组织备案信息，登记社会组织204家。其中，社会团体数量83家，民办非企业单位121家。社会团体涉及文娱体育类、行业协会类、卫生健康类、志愿服务类等领域，登记在册民办非企业单位主要以教育培训类、民政事业类、文化类为主，逐步形成自主发展、门类多样、覆盖广泛、作用明显的社会组织体系。（袁振宇）

【社区枢纽型社会组织登记】2022年，无棣县加强社区社会组织培育发展工作，实施社区社会组织培育发展专项行动，推进枢纽型社区社会组织建设进度。全县12个镇（街道）建立社区社会组织联合会，在全市率先实现社区社会组织联合会全覆盖。（袁振宇）

【社会组织监管】2022年，无棣县加强社会组织监督，重点检查社会组织内部建设情况、财务会计情况、业务活动等。开展“僵尸型”社会组织清理，对6家不参与年报、长期处于失联状态“僵尸型”社会组织给予撤销登记行政处罚。深化行业协会商会管理体制改革，重点对行业协会商会涉企收费领域检查。开展打击整治非法社会组织专项行动，依法取缔2家非法社会组织。开展社会团体分支（代表）机构专项整治行动。通过建立摸排台账，结合“双随机、一公开”等方式对社会团体分支（代表）进行摸排，加强社会团体分支（代表）机构规范管理，维护社会团体分支（代表）机构发展秩序，推动其在经济社会发展中发挥作用。（袁振宇）

【社会服务机构非营利监管专项行动】2022年，无棣县印发《无棣县民政局关于开展县管社会服务机构非营利监管专项行动的通知》，通过开展自查、整改规范、抽查检查3个阶段，针对社会服务机构作为非营利法人中的捐助法人，所有业务活动和财务支出应当以实现公益目的进行，不得向出资人、举办者、捐赠人、理事、监事等分配或者变相分配组织财产，任何单位和个人不得侵占、私分、挪用社会服务机构财产，对照12种违规情形，认真开展对照检查。全年对6家社会服务机构进行非营利性监督检查，发现8个方面问题，整改完成率100%。（袁振宇）

老龄事务

【老年人口情况】至2022年底，无棣县60岁及以上老年人105134人，占比21.67%。（杨立华）

【老年政策落实】 2022年，无棣县落实高龄津贴政策。80～89周岁无固定收入老年人高龄津贴标准每人每月30元（马山子镇50元），90～99周岁老年人高龄津贴标准每人每月50元（马山子镇100元），自4月份开始按月发放；100周岁及以上老年人津贴标准每人每月400元。全年为1万余名80周岁以上老年人发放高龄津贴458.14万元。落实80周岁以上老年人居民基本医疗保险减免政策，为10161名老年人代缴居民医疗保险355.63万元。落实60周岁及以上老年人免费乘坐公交车、各级医疗机构就医优先等优待政策。全年向60周岁以上老年人提供公交车免费乘坐服务8万人次以上，实现老年人就医优先全覆盖。（杨立华）

【银龄安康工程】 2022年，无棣县继续发挥社会保险在养老保障中的作用，在全县范围内开展以推广"老年人意外伤害组合保险"为内容的保障工程，将老年人意外伤害纳入政府保障范围，为93579名老年人每人补贴20元购买中国人寿意外伤害组合险。至年底，理赔老年意外伤害案件1447人次，理赔金额合计299.81万元。（杨立华）

【老龄工作宣传】 2022年10月，无棣县组织开展"敬老月"活动。各级医疗机构为老年人开展重阳节义诊活动；医养结合机构开展"喜迎二十大·情暖重阳节"活动；县直部门单位分别开展敬老助老活动,弘扬孝亲敬老传统美德。年内，推荐3人参加第六届"滨州市十大孝星"选树活动。（杨立华）

【全国示范性老年友好型社区创建】 2022年，无棣县推进"老年友善医疗机构""全国示范性友好社区"创建工作，落实老年人优待政策，保障老年人合法权益。优化老年人就医流程，提供老年友善服务，解决老年人在就医过程中运用智能技术遇到的困难。年内，申报棣丰街道馨泰社区为"全国示范性友好社区"，11月，通过国家卫健委、全国老龄办验收，被评为"全国示范性老年友好型社区"。（杨立华）

2022年9月25日，无棣县委书记郑振亮（左二）慰问老人王成功（左一）
（县卫生健康局 供图）

退役军人事务

【概况】 2022年，无棣县推进落实"让退役军人获得感成色更足"工作目标，实现退役军人工作高质量发展。10月26—27日，全市双拥共建和模范城（县）创建培训暨现场观摩会在无棣县召开。"爱心援助 真情帮扶 全面提升老兵幸福感和满意度"入选2022年度全国退役军人服务中心（站）服务保障工作典型案例；《渤海湾畔鱼水情》在全省双拥主题文艺作品征集评选活动中获三等奖。县退役军人服务中心被省退役军人事务厅授予"2022年度100家全省优秀退役军人服务中心（站）"；县军休所被省退役军人事务厅授予"三星级军休机构"。（樊志臣）

【退役军人思想政治建设】 2022年，无棣县围绕"老兵喜迎二十大"主题，开展"重温入党誓词、

2022年5月30日，无棣县佘家镇王家庄村“兵支书”王磊军（左一）接受山东省广播电视台采访，分享创业经验　（县退役军人事务局 供图）

重忆入党初心”“红色老物件”征集、英烈文化“五进”（进社区、进农村、进校园、进企业、进家庭）系列活动，举办“乡村振兴·无棣兵支书在行动”讲座和“优秀兵支书”选树活动，持续丰富“护卫党旗跟党走·我为军旗添光彩”思想政治品牌内涵。5月30日，县退役军人事务局主要负责人和佘家镇王家庄村“兵支书”走进山东广播电视台乡村广播频道，分享“兵支书”扎根基层、带动村民共同富裕的故事。10月，在全市组织的“退役军人就业创业之星”评选活动中，无棣县2名退役军人被评为市级“创业之星”，1名退役军人被评为“就业之星”。12月13日，县退役军人事务局联合社会各界在烈士陵园举行的“缅怀英烈、誓跟党走”活动被山东电视台《山东新闻联播》宣传报道。（樊志臣）

【退役军人安置】2022年，无棣县保障退役军人合法权益，衔接军地改革新要求，优化安置程序，提升安置质量，开展适应性教育培训及档案接收审核、岗位计划确定、分数岗位公示、选岗定岗等工作。10月20日，举办2022年度符合政府安排工作条件退役士兵选岗仪式，完成符合政府安排工作条件退役士兵年度安置任务。其中，推荐1名优秀退役军人到县属学校任职，实现优秀退役军人到中小学担任“兵教师”目标破题。对安置到岗退役士兵开展待遇落实回访，满意率100%。（樊志臣）

【退役军人就业创业】2022年，无棣县创新“就业直通车”“创业实训营”“1+1+2+N”（举办退役士兵返乡欢迎仪式1次，县退役军人事务局主要负责人为返乡退役士兵讲第1堂课，举办返乡退役士兵适应性培训和技能培训等培训2次，为返乡退役士兵举办招聘会N场）系列工作模式，丰富“戎创无棣”就业创业品牌内涵。年内，举办退役军人致富带头人助力乡村振兴能力提升和创业指导培训班，组织“军岗日”“春风行动”等线上线下招聘会5场，打造退役军人就业创业培训基地4处；为自主就业退役士兵和自主择业军转干部发放各类资金；为军创企业发放就业创业贷款。在全市创业大赛中，无棣县“军创”企业分获全市“军创”企业组前三名。（樊志臣）

【优抚褒扬】2022年，无棣县持续开展“情暖退役军人·你我志愿同行”“爱不隔离·与你同在”和养老服务、困难救助、健康医疗、精神抚慰“四到户”系列活动及“2022·奋进·网上祭英烈”“9·30”烈士公祭活动。年内，为困难退役军人和优抚对象等提供价值30余万元的生活物资和防疫物品，为困难退役军人发放生活补助25.60万元，为优抚对象发放优抚资金和医疗补助金3670万元。推进优待证申领、精准服务数据采集、光荣牌悬挂、烈士褒扬等工作。按照优秀退役军人到中小学担任“兵教师”目标要求，推荐1名优秀退役军人到县属学校任职。（樊志臣）

【退役军人服务保障体系建设】2022年，无棣县按照退役军人服务保障体系“规范提升年”要求，推进退役军人服务保障体系建设工作，提升退役军人服务保障能力。年内，实现县退役军人服务中心和镇（街道）退役军人服务站、村（社区）退役军人服务站“一中心两站”建设提档升级，全区建成“退役军人之家”。全县13个村级服务站和“退役军人之家”被评为国家示范型退役军人服务站。全县596个退役军人服务中心（站）地址全部登录百度、高德网络地图。开展全市退役军人人事档案管理利用试点县建设，完成退役军人人事档案归集入库和数字化建设工作，成为全市首个在办公驻地高标准建设数字化档案室的县（市、区）。组织专业团队制作退役军人法规政策“一链知晓”和审批审核“一链办理”二维码、7大类34个“退役军人专属码”，在全市率先完成“一网通办”、相关政策“一码查询”服务事项。（樊志臣）

【军休服务】2022年，无棣县完成军休干部接收安置工作。年内，对接部队，了解军休人员在部队期间现实表现和实际困难及生活需求，签订三方协议，完成接收安置任务。至年底，接收军休人员1名，实现移交部队、接收单位和军休干部“三满意”目标。持续推进军休医养结合工作，投资140万元对军休所进行升级改造，深化与县中医医院、海丰街道社区卫生服务中心、博爱乐苑等养老医疗机构合作共建，规范军休干部医养结合工作。发挥部分军休干部文艺专长，创作抗疫诗词和书画作品，参加“翰墨丹青致敬最美逆行者、向医务工作者捐赠书画”活动。县军休所被省退役军人事务厅授予“三星级军休机构”称号。（樊志臣）

【烈士纪念】2022年，无棣县投资7.60万元，对陵园大门、院墙墙体、景观绿化及个别烈士墓碑进行维修维护，完成烈士陵园提质升级“五年计划”任务清单，完善陵园整体功能配套设施。清明节期间，开展“2022·奋进·网上祭英烈”活动，缅怀先烈致敬英雄；组织工作人员开展集中代祭扫活动，为烈士擦拭墓碑、敬献鲜花。9月30日，举办向人民英雄敬献花篮仪式；12月13日，联合社会各界在陵园举行“缅怀英烈、誓跟党走”活动，被山东电视台宣传报道。年内，接待祭扫先烈、观瞻英烈事迹、开展党史学习教育及爱国主义教育的群众3500余人次。（樊志臣）

9月30日，无棣县2022年烈士纪念日向人民英雄敬献花篮仪式在烈士陵园举行（县退役军人事务局 供图）

民族宗教事务

【概况】 至2022年底，无棣县有少数民族7185人，其中以回族最多（6854人），主要居住在车王镇。全县有佛教、道教、伊斯兰教、天主教、基督教5种宗教，有伊斯兰教协会、基督教“三自”爱国运动委员会、天主教爱国会3个宗教团体、16处宗教活动场所。年内，打造“红石榴”民族工作品牌，推进民族团结进步创建工作。加大对农业产业化项目扶持力度，支持特色产品品牌打造和宣传，促进民族村经济社会发展。加强宗教事务管理，推进坚持宗教中国化方向宗教活动场所及宗教团体自身建设。（薛瑞明）

【民族团结进步创建】 2022年，无棣县打造“红石榴”民族工作品牌，促进各民族交往交流交融，推动建立你中有我、我中有你的社区环境和社会结构，实现在社区、企业、校园、公园、村居等各个“社会细胞”相互嵌入、融合发展。在少数民族群众较多的社区、企业建成“红石榴驿站”“红石榴家园”，打造民族团结主题公园1处，“民族团结号”公交专线3条。年内，民族工作“红石榴”品牌创建经验被《光明日报》《中国统一战线》《中国民族报》刊发；小泊头镇新立庄村获评全省第二批乡村振兴示范民族村；“民族团结号”公交车队获评山东省民族团结进步示范岗位。（薛瑞明）

【民族村经济社会发展】 2022年，无棣县发挥民族村试点示范辐射作用，加大对农业产业化项目扶持力度，加强特色产品品牌打造和宣传。把民族村建设与当地资源优势、种植养殖产业发展融为一体，打造特色产业品牌，多渠道发展壮大村集体经济，促进民族乡村发展。组织民族村支部书记开展美丽乡村示范片区互观互检活动，现场观摩村庄基础设施建设、产业项目发展、人居环境优化等情况，实地学习美丽乡村建设中的亮点和经验举措，激发民族村干部参与建设美丽家园干劲。打造民族团结文化长廊、“红石榴”广场，深入民族村开展文化下乡演出、播放红色电影，丰富群众文化生活。制作民族工作纪实片《铸牢中华民族共同体意识，让民族团结进步之花盛开棣州大地》，向全县居民展示民族团结进步事业新成就。（薛瑞明）

【民族事务管理】 2022年，无棣县与山东德州市庆云县及河北省沧州市海兴县、盐山县等周边县分别签订《跨区域民族团结进步创建联盟框架协议》，建立跨省、跨市、跨县“2+3+4+N”民族团结进步创建联盟，密切相互友好往来，开展互观互学活动。依托民族村乡村振兴服务队，实施选优一支驻村队伍、理清一个工作思路、落实一系列保障措施、壮大一批特色产业、办好一些民生实事“五个一”工作推进机制，推动少数民族乡村振兴。加大民族产业发展保障力度，在金融服务、信贷支持、结对帮扶等方面加强合作，扶持民族产业发展。深化村级集体经济提质增效行动，逐村召开研判过堂会，制定“一村一策”增收计划，建设标准化养殖小区，抱团发展肉牛养殖产业。精选农业、科技、畜牧等部门专家组建导师库，重点面向合作社、村集体经济组织、社会组织、农业产业化龙头企业、种养大户等5类群体开展定制化孵化培育。年内，无棣县民族事务管理经验做法被《新华财经》《农村大众》及省级以上微信公众号宣传报道。（薛瑞明）

【宗教事务管理】 2022年，无棣县实施宗教界基地建设和提升工程，在全县宗教界实施社会主义核心价值观、宪法法律法规、中华优秀传统文化学习教育提升工程和宗教活动场所规范化提升工程，深化传统文化浸润。年内，无棣县先后承办全市宗教工作基层基础建设现场会、全市宗教界“推进宗教中国化”观摩活动。（薛瑞明）

精神文明建设

【城乡文明结对共建】2022年，无棣县推进实施志愿服务手牵手·文明实践心连心项目，组织71个文明单位与70个村（社区）结对共建，发挥各单位人才、资金、平台等资源优势，聚焦群众需求，围绕党的方针政策、社会主义核心价值观、传统文化节日、文化文艺、移风易俗5个方面开展为民志愿服务活动，推动农村精神文明建设。（曹　蕾）

【身边好人评选】2022年，无棣县开展“最美”系列评选7次20个类别，选树志愿服务、科技、工匠等行业先进典型。举行“在知爱建·和善无棣”感动2022年度人物（集体）发布仪式，评选“年度人物”10个，入选“年度人物”提名奖4个。全年评选“无棣好人”46人，获评“山东好人”6人、“滨州好人”8人，“感动滨州”年度人物1人。开展道德模范关爱礼遇行动，组织市级道德模范享受免费体检，为4名困难道德模范发放慰问金1.30万元。先后在《大众日报》、“学习强国”学习平台、齐鲁网等平台，宣传推介“山东好人”6个；制作好人事迹微视频11个、最美志愿服务系列微视频20个，通过线上平台展播、微信公众号连播等形式，扩大典型宣传影响力和覆盖面。（曹　蕾）

“在知爱建·和善无棣”感动2022年度人物（集体）一览表

表67

序号	类型	年度人物（集体）	单位
1	敬业奉献	境外转接专班	县卫健局、县公安局
2		杨真真	县公安局
3		刘国利	小泊头镇农业服务中心
4		孙殿兰	县综合行政执法局公共事业中心
5	扶危济困	王旭东	9958应急救援队
6		鞠培青	县安康医院
7		郭　香	县慈善义工和博爱社工
8	诚实守信	郝长新	信阳镇大邵村
9	见义勇为	陈志国	水湾镇东谷刘村
10	孝老爱亲	张文春	佘家镇中学
11	提名奖	丁北北	县法院
12		高德凤	水湾镇中学
13		李长花	县人民医院
14		肖广兰	车王镇五营张家村

2022 年无棣县“山东好人”一览表

表 68

奖项	获奖人姓名	所在单位
敬业奉献	张成香	无棣县公安局海岸警察大队大口河派出所所长
诚实守信	郝长新	无棣县信阳镇大邵村党支部书记
见义勇为	郭振东	国网无棣县供电公司职工
	陈志国	无棣县水湾镇东谷刘村村民
孝老爱亲	张文春	无棣县佘家镇中学教研室主任
	吴文苹	无棣县信阳镇车里东村村民

2022 年无棣县“滨州好人”一览表

表 69

奖项	获奖人姓名	所在单位
敬业奉献	张成香	无棣县公安局海岸警察大队大口河派出所所长
诚实守信	郝长新	无棣县信阳镇大邵村党支部书记
见义勇为	陈志国	无棣县水湾镇东谷刘村村民
助人为乐	李文明	无棣县水湾镇宗王村村民
	王旭东	无棣县润发供水服务有限公司
	张世越	山东师范大学学生
孝老爱亲	张文春	无棣县佘家镇中学教研室主任
	阚功英	无棣县佘家镇后道口村村民

【未成年人思想道德建设】 2022 年，无棣县开展“扣好人生第一粒扣子”主题实践活动、“童心向党”主题教育实践活动、“我们的节日”“新时代好少年”宣传评选、“国学小名士”经典诵读等活动 2800 余场次，2 名学生获市级“新时代好少年”称号，12 名学生在全市“国学小名士”系列活动中获奖。构建家校社一体、线上线下联动、各级各部门共建“立德树人”模式，成立全环境立德树人宣讲队伍 11 支，开展宣讲活动 110 场次，为培养时代新人提供精神力量和道德支撑。年内，推荐评选“全国优秀少先队集体”1 个，市级“红领巾奖章”个人三星章 2 个、集体三星章 1 个，县级“红领巾奖章”集体二星章 2 个，13 所学校通过省市级文明校园复查。（曹　蕾）

【志愿服务】 2022 年，无棣县推进志愿服务制度化、规范化、常态化建设，围绕为老、为小、为困难群体、为需要心理疏导和情感慰藉人群、为社会公共需要，启动实施县级“和合慈善·和善无棣”“渤海社科智声”等新时代文明实践“五为”品牌志愿服务项目 20 余个。至年底，全县有 1830 支志愿服务队伍，“志愿山东”平台注册志愿者人数突破 10 万人，发布志愿服务活动清单 24 期，围绕“学雷锋纪念日”等重要时间节点，县镇村三级开展“五为”等志愿服务活动 1.80 万场次，服务群众 40 余万人。实施“志愿服务手牵手·文明实践心连心”项目，连续三年组织全县各级文明单位与村（社区）结对共建，开展系列为民服务活动。以无棣为例推广使用新时代文明实践志愿服务地图的活动，以话剧形式搬上“创新滨州我担

2022年3月3日，无棣县深化“五为”文明实践志愿服务活动启动仪式在县经济开发区举行（县委宣传部 供图）

当”优秀案例汇报会。年内，评选表彰2021年度全县“最美志愿服务”系列典型96个，5个典型入选全市学雷锋志愿服务“四个10”先进典型名单，3个典型入选全省学雷锋志愿服务“四个100”先进典型名单。（梁 捷）

无棣县“最美志愿者”（20个）

吴耀兰 县委县直机关工委
崔永胜 县人民法院
陈景云 县书法家协会
宋玉彪 县科学技术协会
刘 丽 县残疾人联合会
张玉升 县红十字会
侯洪庆 县发展和改革局
杨富义 县商务局
刘文正 国家税务总局县税务局
姜富亮 县公路事业发展中心
贾稀超 滨州贝壳堤岛与湿地国家级自然保护区管理服务中心
陈建芳 县古城发展服务中心
杨景田 县畜牧兽医管理服务中心
崔世磊 县城市建设服务中心
文学峰 县文化和旅游局
韩秀臻 县新海工业园管理服务中心
王俊霞 信阳镇
张情情 碣石山镇
李冰洁 小泊头镇
常立芬 埕口镇

无棣县“最佳志愿服务队”（20个）

县理论宣传志愿服务队
县青年志愿服务队
县巾帼志愿服务队
县科技科普志愿服务队
县公安局志愿服务队
县民政局志愿服务队
县法律普及志愿服务队
县文化旅游志愿服务队
县卫生健康志愿服务队
县消防救援大队志愿服务队
县舞蹈家协会志愿服务队
县民族音乐促进会志愿服务队
县博爱社工志愿服务队
县阳光社工志愿服务队
县德正社工志愿服务队
县蓝天救援队志愿服务队
县棣丰街道馨怡社区“红石榴”新时代文明实践志愿服务队
县本草佘家新时代文明实践志愿服务队
县海丰街道新时代文明实践志愿服务队
县马山子镇新时代文明实践志愿服务队

无棣县“最美志愿服务社区”（10个）

海丰街道幸福社区
海丰街道古城社区
棣丰街道星湖社区
棣丰街道馨安社区
棣丰街道馨怡社区
车王镇五营社区
碣石山镇大山社区
柳堡镇孙家鄌社区
西小王镇小王社区
佘家镇道口社区

应急管理

综　述

【安全生产责任制落实】 2022年，无棣县制定县委常委会成员、县政府领导班子成员年度安全生产重点工作清单，明确县级领导安全生产职责和年度重点工作；各部门单位建立安全生产岗位职责、目标任务、监管对象“三个清单”；督促指导企业建立安全生产主体责任清单，将责任细化到主要负责人、分管负责人、各部门各车间、各班组各岗位，健全安全生产责任体系。面向社会公开招聘15名化工专业技术人员充实鲁北高新技术开发区、新海工业园监管队伍，根据人员变动及时为镇（街道）配备应急部门管理人员，强化基层执法监管力量。（袁玉龙）

【应急保障】 2022年，无棣县成立应急物资保障领导小组，印发《无棣县应急物资保障领导小组工作要点》。建立健全物资调拨程序，由应急管理、发改、城乡水务等部门联合印发《县级应急物资调拨程序》，做好应急物资保障工作。结合建设镇级应急救援站工作，按照“因地制宜、分类施策”原则，优化库房、资金、人员等要素配置，印发《无棣县应急物资储备库示范点建设方案》，建设镇级应急物资储备库示范点4处。推进社会力量参与防灾减灾救灾工作制度体系建设，支持和引导社会组织参与防灾减灾救灾工作，注册成立无棣蓝天救援队、特战救援队、碣安救援队等社会救援队，增强全县防灾减灾社会应急力量。（袁玉龙）

【应急队伍建设】 2022年，无棣县支持和引导社会组织参与防灾减灾救灾工作，推进社会力量参与防灾减灾救灾工作制度体系建设，培育9958社会救援队伍1支，增强全县防灾减灾社会应急力量。对全县12个镇（街道）600余名乡村级灾害信息员进行培训，实现人员全覆盖。（袁玉龙）

【应急信息化建设】 2022年，无棣县根据《山东省县级应急指挥中心建设指南》一级标准建设内容和工作需要，升级改造县应急指挥中心，实现县应急指挥中心与县委政法委综治中心、县大数据中心视频监控资源共享，接入视频监控资源。县应急指挥中心配备单兵11部、布控球2部、无人机2架、移动指挥便携箱1部和卫星电话2部，各镇（街道）、园区配备单兵23部和布控球16部。确定小泊头镇中学大型直升机临时起降点1处，西小王镇中学大型直升机野外停机坪1处，芦家河子水库和碣石山镇饮马湖取水点2处。规范镇（街道）、园区值班室设置，每日调度值班值守情况。强化移动装备演练，县应急指挥中心每周拉练一次单兵、布控球、无人机、移动指挥便携箱和卫星电话等移动装备，每月拉练一次镇、园区单兵和布控球等移动装备。（袁玉龙）

【应急演练】 2022年，无棣县加强应急预案管理，完成72家企业应急预案备案，开展防汛抢险、地震、特种设备、危化品运输等各类应急演练2990场次。6月15日，在漳卫新河辛集闸举行2022年度全市防汛抢险应急救援综合演练，模拟海河流域上游连续普降大到暴雨，累计过程降雨量超过380毫米，漳卫新河辛集闸水位超警戒水位，易出现管涌、渗水、漫溢等险情。6月29日，在岔尖渔港举行山东省“渔安·2022”渔业防台风应急演练，设置渔船防台风回港避风演练、养殖渔船人员落水自救互救、商渔船碰撞救援3个科目，模拟台风来临时渔船突发状况处理。（袁玉龙）

【应急科普宣传】2022年，无棣县以“5·12”全国防灾减灾日为契机，广泛开展防灾减灾宣传教育，提升全社会灾害防范意识和能力。县应急管理部门联合县工会开展“5·12”全国防灾减灾日知识竞赛活动、科普宣传一条街活动，通过电视台播放科普视频。开展防灾减灾宣传进社区、进学校、进企业、进农村、进家庭活动。投资20余万元，在县老城区广场、新城区广场投放胶囊应急救援站，内部配置消防救援、医疗急救、卫生防疫、基础灾害等救援设备，外部配备电子显示屏，滚动播放防灾减灾救灾小知识、宣传片，增强群众灾害风险防范能力。年内，无棣县碣石山地质公园被评为山东省防震减灾科普宣教基地，无棣县第一初级中学被评为山东省防震减灾科普示范学校。（袁玉龙）

【安全生产监管执法】2022年，无棣县制定年度安全生产执法计划，以抽查企业隐患治理情况为切入点，严格执法检查，督促企业落实主体责任。开展夏秋汛专项检查、重大危险源专项检查、危险作业及外来施工专项检查、安全生产服务第三方机构专项检查等6次专项执法行动，组织各镇（街道）开展常态化互查行动，查处各种安全生产违法违规行为。至年底，检查企业231家次，下达执法文书451份，消除隐患1886项。（袁玉龙）

安全生产监管

【概况】2022年，无棣县强化智慧赋能和专业技术支撑，推进安全生产专项整治行动，全县安全生产形势稳定良好。年内，加强对非煤矿山开采、危险化学品生产与储存等92家企业备案工作；开展安全标准化提升行动，102家企业通过标准化创建；实施安全隐患排查整治，开展涉道路交通、渔业生产、建筑施工、城镇燃气、消防、医疗卫生、学校等领域安全生产专项整治行动及经营性自建房、工矿商贸企业、烟花爆竹等安全监管，做到重点风险精准防控，提升监管质效。（袁玉龙）

【安全生产资金投入】2022年，无棣县规范安全生产费用提取使用，起草《关于规范全县安全生产费用提取和使用有关情况的通知》，对非煤矿山开采、危险化学品生产与储存、冶金、机械制造等92家企业进行备案。加强安全生产责任险投保工作，在山东省安全生产责任保险监督管理云平台录入高危行业企业库，及时维护更新，加强监督检查，督促企业完成投保工作。（袁玉龙）

【安全生产标准化建设】2022年，无棣县开展安全标准化提升行动，至年底有12家企业通过二级标准化创建、90家企业通过三级标准化创建。年内，应急管理部在全县选取20家企业开展安全生产标准化提升方法试点，提高企业整体安全管理水平。开展双重预防机制建设试点评估工作，评估危险化学品企业16家，其中优秀4家、良好7家、合格5家。（袁玉龙）

【安全隐患排查整治】2022年，无棣县坚持“全覆盖、零容忍、严执法、重实效”总体要求，排查治理各类事故隐患。围绕保持春节、冬奥会等重要时间节点安全形势，组织开展安全生产明察暗访活动，检查企业871家次，消除隐患1620项。从4月开始，组织开展安全生产三项行动，结合实际制定20个行业领域具体检查内容清单，并成立12个督导组对镇街、园区开展持续督导检查。至年底，检查企业3266家次，发现隐患6755项，全部整改完毕。从7月下旬开始开展安全生产百日攻坚行动，采取自查自纠、集中检查、督导核查相结合的方式，进行全方位排查治理。（袁玉龙）

【安全生产专项整治】 2022年，无棣县开展涉道路交通、渔业生产、建筑施工、城镇燃气、消防、医疗卫生、学校等领域安全生产专项整治工作。道路交通领域，开展“非标罐”整治和危化品停车场专项整治活动，实现24家危化品运输企业停车场整改到位；强化交通运输领域隐患治理，检查交通企业354家次、港口码头19个次，巡查岸线310千米，发现问题隐患542项，整改率100%。渔业生产领域，为全县所有生产渔船安装配备新一代北斗定位终端、渔船“插卡式”船舶自动识别系统以及为全县60马力以上渔船安装配备卫星电话；严格预警预报，全年发送海上预警信息3000余条；深化渔业安全风险隐患排查治理，检查渔船300余艘，发现一般安全隐患34项，均整改完毕。建筑施工领域，开展隐患排查检查4次，排查建筑工地130余处，下发隐患整改通知书60余份，查处安全隐患280余项；创建安全文明标准化工地，培育省级安全文明标准化工地2处、市级安全文明标准化工地5处。城镇燃气领域，委托第三方机构对全县城镇燃气企业门站、调压站及2017—2021年清洁取暖“煤改气”用户安全及建设工程进行专项检查和隐患排查，查出隐患整改项171项。消防领域，部署全县冬春火灾防控行动、全县火灾隐患集中排查整治行动，检查单位646家次，督促整改隐患1300余项，对77家单位与23名个人进行行政处罚，对18处隐患突出场所实施临时查封；督促112家重点单位开展消防安全自查3000余次，向相关镇（街道）、行业主管部门发送消防工作提示函47份，核查处理市级交办问题隐患316项。医疗卫生领域，派出专项督导组实地督查67次，查找安全隐患130余项；组织开展消防、疏散、危化品泄漏、防暴恐等演练20余场，参加人数2400余人。学校领域，提升校车安全保障水平，投入资金4000余万元，更新到位115部校车；对212名教师志愿者进行溺水救援、心肺复苏、防暴力入侵等技能培训；落实中小学每月、幼儿园每季度至少开展1次应急演练要求，累计完成演练403场次、参演师生14.56万人次。（袁玉龙）

山东鲁北企业集团安全生产监管中心平台（孙长城 摄）

【经营性自建房排查整治】 2022年，无棣县出台《全县经营性自建房安全专项整治百日行动实施方案》《全县自建房安全专项整治实施方案》。通过加大排查整治力度，坚持问题导向，围绕无正式审批、无资质设计、无资质施工、无竣工验收自建房屋，排查经营性自建房5128户，初判存在安全隐患255处，占比4.97%。其中，结构性安全隐患

22处，3层及以上“四无”房屋233处。对初判存在安全隐患房屋委托第三方鉴定机构进行鉴定，最终确定C级房屋61户并全部完成整改。（王丛洋）

【工矿商贸企业安全监管】2022年，无棣县以应急管理部标准化提升试点活动为契机，在镇（街道）、园区分别选取1家企业参与标准化试点活动，累计培训企业100家次，参与培训和现场观摩指导600人次。全县58家工贸企业按照《工贸企业安全生产诊断分类分级指导标准》，逐条逐项开展分级工作，建立电子档案。以“粉六条”（即粉尘涉爆企业应重点整治6条事故隐患、违法行为）为重点，开展涉爆粉尘专项整治，排查企业13家，消除隐患62条；开展有限空间、机械加工等专项整治，检查企业10家，消除隐患35条。加强非煤矿山安全监管，推动2家非煤矿山企业做好在线监测系统维护，同步上传至省非煤矿山安全风险监测预警综合管理系统；强化汛期安全管理，编制2022年度《调洪演算报告》，对赤泥尾矿库现状进行测绘；完成尾矿库“一库一册”方案编制，落实安全风险管控措施。（袁玉龙）

【烟花爆竹安全监管】2022年，无棣县加强烟花爆竹流向管理信息系统管理，督促3家烟花爆竹批发企业、66家烟花爆竹零售店，实时更新烟花爆竹流向信息，并以此为依据加强对烟花爆竹经营单位监督检查，消除安全隐患42条。保持“打非治违”高压态势，对烟花爆竹所有经营业户、传统制造区域、行政区域交界地带、闲置厂房等场所进行排查，打击非法生产、经营、储存、运输等行为，出动执法人员150人次，检查零售店（点）322家次，发现问题隐患135条，年内全部整改完毕。（袁玉龙）

危险化学品安全监管

【概况】至2022年底，无棣县危险化学品取证企业167家，其中生产企业20家、使用企业4家、经营企业129家（储存3家、无储存50家、加油站76家）、一般化工企业14家。涉及重点监管危化品22家38种、重点监管危险化工工艺26家13种、重大危险源19家93处。38家化工危险化学品企业（不含经营）中，有36家分布在鲁北高新技术开发区与新海工业园内。（袁玉龙）

【危险化学品行政审批】2022年，无棣县办理危险化学品安全生产许可证延期换证7项、变更4项、注销2项，危险化学品重大危险源备案16项，第三类非药品类易制毒化学品经营备案7项。（袁玉龙）

【危险化学品生产监管】2022年，无棣县落实危险化学品生产驻点监管责任，核查企业全员责任清单落实情况581人次，督促企业完善规章制度12条，开展安全诊断17次，排查整改事故隐患529条。制定危化品风险监测预警系统在线巡查制度，巡查企业1167家次，督促完成安全承诺公告96家次、负责人履职260家次，处置报警信息129条。推进危化品安全风险集中治理，至年底，27项重点保障制度措施全部完成。开展工伤预防能力提升培训，对重大危险源主要负责人、技术负责人、操作负责人和三类重点人员等415人开展全覆盖培训。（袁玉龙）

【危化品企业信息化建设】2022年，无棣县推进危化品企业信息化建设工作，24家危化品生产使用企业、69家加油站开展信息化建设，完成12套装置“机械化换人”“自动化减人”改造。打造智慧安全型危化品企业，制定下发2022年专项奖补活动实施方案，鼓励企业加大安全投入，进行智慧安全型升级改造。至年底，对6家企业发放奖补资金126万元。（袁玉龙）

【危化品企业安全生产基础提升活动】2022年，无棣县开展危化品企业安全生产基础设施提升活动，成立2个执法检查小组，对全县危化品企业进行排查。至年底，89家企业进行自查自纠，消除隐患359条；执法检查企业34家，消除隐患283条。落实安全总监制度，对28家危险物品类企业、1家一般化工类企业开展安全总监培训。（袁玉龙）

防灾减灾

【概况】2022年，无棣县以机构队伍为重点，建立健全防灾减灾救灾力量体系；以网格化管理为载体，提升灾害防范应对能力；以宣传教育为抓手，提升全民防灾减灾意识和能力。加强应急、气象、水务部门沟通协调，健全完善自然灾害监测预警信息共享机制。修订《无棣县气象灾害应急预案》《无棣县防汛抗旱应急预案》《无棣县地震应急预案》等预案，开展防汛抗旱、地质灾害防御、海洋灾害防御、森林防灭火等应急演练，提升防灾减灾水平。至年底，全县无气象灾害、地质灾害、海洋灾害等自然灾害发生。（袁玉龙）

【自然灾害隐患排查】2022年，无棣县加强灾害早期预警能力建设，及时向公众发布预警信息，设立地震宏观监测点12个，灾害信息员600余名。应急、气象、水务、自然资源、公安、住建、交通运输、教育、卫健等部门建立自然灾害监测预警信息共享机制。定期会商研判，全年印发自然灾害形势分析报告12期、灾害风险预警提示61期。（袁玉龙）

【气象灾害防御】2022年，无棣县修订印发《无棣县气象灾害应急预案》。强化气象灾害预警发布传播服务工作，制定《重大气象灾害预警叫应实施细则》，8月8—9日强降水天气过程“叫应”服务案例入选《山东省2022年气象灾害防御“叫应”服务实践典型案例汇编》。将全县134处智慧国土高点视频监控，以及公安、综合执法、镇（街道）、各行政村近千路视频监控通过政务外网接入业务大平台，为局地强降水、冰雹、大雾、道路积冰等高影响天气研判提供条件。组织气象、应急、水务、消防等部门举办全县基层应急队伍培训班，182个村（社区）应急队伍、673名基层信息员参加培训，为收集气象灾害信息、做好气象灾害预测预警工作奠定基础。（路淑文）

【防汛抗旱】2022年，无棣县修订完善《无棣县防汛抗旱应急预案》《漳卫新河无棣段防汛抢险救援方案》等方案预案30余套，组织开展城市防汛、防汛防台风等应急演练4次，储备转移车辆100辆、转移路线45条，提升应急指挥和抢险救援能力。检查加固骨干河道3座大中型拦河闸（孙马村、白鹤观、胡道口）、95座穿堤涵闸，排除隐患81处。完成城区防洪体系升级改造和秦口河治理主体工程、马颊河黄瓜岭橡胶坝除险加固基础建设，保障防汛行洪安全。组建县级防汛抢险队伍2支、群众抢险队伍50支，共3385人。配备移动灯塔、无人机、排水泵等应急救援和指挥通信装备18台（套），配齐配全冲锋舟、救生衣、帐篷、编织袋等防汛抢险设备和物资。推进漳卫新河河口清障工作，清理各类养殖池652.4万平方米、树障7.5万平方米、各类房屋建筑9760平方米、围堰围埝8万余米，整改码头3处。4月29日，省河长办对无棣县清障工作通报表扬。完成棣新八路等10处人行道塌陷、管道破裂和雨污水串流维修，对县新老城区、古城区排水设施进行日常巡查维护，累计更换维修雨污窨井盖、雨水箅子和立箅子盖板200余套，疏通污水管道淤堵400米，防汛应急水渠城区段进行清淤3000米。对县城区4座电闸起动机进行除水防锈、安装防水罩处理，保障雨季闸门开闭正常，完成污水处理厂门口青波河闸门两组丝杠启闭机更换和城区43座闸门保养维修。（张忠燕）

【海洋灾害防御】2022年，无棣县编制《无棣县海洋发展和渔业局防汛抗台应急预案》《无棣县海洋发展和渔业局防风暴潮、海浪、海啸和海冰灾害应急预案》，做好海洋灾害应急物资储备工作，保障海洋渔业生产领域安全稳定。6月28日，山东省渔业防台风应急演练活动在岔尖渔港举行，全省7个沿海地市27个县（市、区）渔业主管部门现场观摩。活动期间，组织人员70余人次、船只12艘次、应急车辆5辆次参加演练活动，并被省农业农村厅发文表扬。（张　晓）

【地质灾害防御】 2022年，无棣县开展“5·12”全国防灾减灾日防震减灾宣传活动，在学校等场所开展地震应急救援综合演练。开展地震监测设备检查工作，对大山地震台基本站、西小王镇中学监测基准站、特殊教育学校监测基准站、碣石山镇中学地震预警终端和第三实验小学地震预警终端等地震监测设备开展检查工作。印发《无棣县地震易发区房屋设施加固工程工作方案》，开展地震易发区房屋设施加固工程信息采集工作，动态掌握全县房屋设施抗震设防信息。在全国房屋设施抗震设防信息采集和管理平台录入加固工程432项，审核通过324项。（袁玉龙）

【森林防火】 2022年，无棣县做好高火险时段森林火灾防控工作，严防森林火灾发生。至年底，开展森林防火应急演练2次，巡查900余人次，排查整改隐患15处。全县重点森林防火单位累计出动人员400余人次、机械200余台次，清理区域55处，清理面积13万平方米，清理林下枯枝、杂草等林下可燃物40余吨。组织人员整修维护林区防火通道1500米，更新视频监控9套，更换林场隐患输配电线路300米，对道路、水源地等基础设施和重点部位进行检查维护。（张国辉）

【应急避难场所和应急救援站建设】 2022年，无棣县印发《2022年度无棣县应急避难场所建设实施方案》《无棣县基层应急救援站建设实施方案》，完成76处避难场所建设并通过验收；完成12处应急救援站建设任务，提升基层应对突发事件能力;依托学校、敬老院、宾馆，设立受灾群众转移安置点32处。5月10日，在镜湖广场、人民广场投放滨州市首批应急救援“SOS胶囊”站，配置灭火器、救生圈、智能救生艇、自动体外除颤器等救援装备和物品，涵盖消防、安保、救灾、防疫、通信、医疗急救6大类10余种。（袁玉龙）

消防安全

【概况】 2022年，无棣县消防救援大队下辖3个消防救援站，设有指挥长1人、指挥员5人、消防员3人、政府专职消防队员80人,配有执勤车辆23台。年内，县消防救援大队加强消防指挥调度体系建设，落实消防监管责任，开展火灾防控服务,针对高层建筑、地下建筑、化工企业、大型商场等重点单位开展消防演练，消除消防隐患。至年底，全县接处火警529起，未发生人员伤亡火灾和有影响火灾事故。（梁作胜）

【火灾及接处警】 2022年，无棣县消防救援大队接处警661起，其中火灾扑救529起、各类抢险救援和社会救助132起，出动消防车辆1322台次，保护公私资产价值5000余万元。至年底，未发生人员伤亡火灾和有影响火灾事故。（梁作胜）

【消防指挥调度体系建设】 2022年，无棣县消防救援工作由滨州市消防救援支队统一接警调度，县消防救援大队设指挥中心负责调度指挥下辖3个消防救援站处置力量。其中，海丰消防救援站负责海丰街道、棣丰街道及水湾镇、信阳镇灭火救援任务，新海消防救援站负责新海化工园及柳堡镇、车王镇、西小王镇、佘家镇灭火救援任务，鲁北消防救援站负责鲁北高新技术开发区及埕口镇、碣石山镇、小泊头镇灭火救援任务。（梁作胜）

【火灾防控服务】 2022年，无棣县按照“防消一体化”工作机制，组织开展公共消防设施排查500余次，协助消防宣传培训200余次，组织指导化工企业、大型商场等重点单位开展消防演练180余次，完成重要会议、重大活动消防安全保卫20余次。县消防救援大队执法人员检查单位646家次，督促整改隐患1300余处，对77家单位与23名个人进行行政处罚，对18处隐患突出场所实施临时查封，保持消防执法高压态势。（梁作胜）

【消防救援演练】2022年，无棣县通过分形式、分类型实兵、实装、实战演练，提高消防救援队伍快速响应、协同作战、临机处置、战勤保障能力和组织指挥水平，提升队伍灭火救援实战能力。县消防救援大队结合执勤训练工作，科学制定灭火救援预案，周密制定演练方案。至年底，针对高层建筑、地下建筑、大型城市综合体、石油化工、新能源、人员密集场所，开展实战演练290次，森林火灾实战演练5次，地震拉动演练2次，洪涝灾害、水域救援演练12次。（梁作胜）

【消防监管】2022年，无棣县印发《2022年度消防工作目标任务清单》，明确镇（街道）、园区在消防力量建设、消防隐患排查、消防宣传教育等方面工作任务。组织消防救援大队、县委编办等10部门联合印发《关于加强基层消防力量建设和火灾防控工作的实施意见》，成立工作专班，对各镇（街道）逐一进行工作提醒与帮扶指导。全县各镇（街道）消防安全委员会成立，消防安全管理向基层延伸。（梁作胜）

【消防隐患整治】2022年，无棣县加大消防安全隐患排查和整治力度，夯实安全基础。召开消防救援专题会议2次，研究部署公共消防设施建设、基层消防管理、农村火灾防控等工作并督导推进。向11个镇（街道）、10余个行业主管部门发送消防工作提示函47份，县消防救援大队结合“双随机、一公开”检查与“消防安全大排查大整治”等专项行动，督促112家重点单位开展消防安全自查3000余次，核查处理市级交办问题隐患316处。（梁作胜）

【消防后勤保障】2022年，无棣县消防救援大队落实绩效奖励发放，提高指战员保障水平；为全体指战员配发被装及御寒保暖衣物，保障全体指战员冬季防寒保暖需求；投资2万余元购置防疫物资；创立大队工会账户，保障指战员福利发放；投资15万元对新海、鲁北消防站基础设施进行升级改造，解决指战员“急难愁盼”问题。（梁作胜）

【消防宣教培训】2022年，无棣县消防救援大队拓宽消防宣传渠道，开展消防宣传进社区、进学校、进企业、进农村、进家庭活动。年内，利用“无棣融媒”App开展各类宣传志愿活动16次；在县未成年保护中心建成消防科普教育基地，被省消防救援总队和省科协评为三级消防科普教育基地；结合全县“百姓大舞台”演出活动，设置消防服务点，推广使用“消防学习云平台”；依托各镇（街道）消防安全委员会组织开展消防安全大培训，开展集中培训、分区域培训15次，累计培训基层消防工作人员、网格员、派出所民警、企业负责人等5000余人次。（梁作胜）

2022年2月8日，无棣县消防救援大队监督检查人员在无棣鹏博娱乐有限公司开展“双节”前消防安全检查（县消防救援大队 供图）

镇 街道

信阳镇

【概况】 信阳镇位于无棣县南部，东靠水湾镇，南接海丰街道，西以德惠新河与德州市庆云县为界，北连车王镇。至2022年底，全镇总面积50.08平方千米，辖6个办事处、57个行政村，总人口3.54万人。山东花园食品有限公司为滨州市“瞪羚企业”。12月2日，信阳镇被省农业农村厅评为2022年省级农业产业强镇。

全镇全年实现工业总产值22.85亿元，工业营业收入23.22亿元，工业利润总额1406万元，工业利税总额2366万元，农村居民人均可支配收入22451元，分别比上年增长4.8%、7.3%、133.9%、169.4%、6.9%。

全镇耕地2400公顷。2022年，全镇小麦播种面积1600公顷，总产量1.31万吨。全镇生猪存栏9083头，牛1770头，羊1081只，鸡92万只，鸭2.8万只，免疫率100%。有“四上企业”17家。

有幼儿园12所、中小学5所，在校生4277人。有公共图书馆1所、农家书屋32处，广播、电视人口综合覆盖率100%。有医疗卫生机构1所、一体化卫生室11处，床位94张，卫生专业技术人员83人。优化完善30处公共健身设施。全镇居民基本养老保险参保人数10168人，居民基本医疗保险参保人数29682人。 （邵南南）

【碳中和城乡生物质生态循环综合利用项目建设】 2022年，信阳镇形成新经济增长点，打造全镇高质量发展龙头企业，带动实现生态、产业振兴。年内，投资1.2亿元建设“碳中和城乡生物质生态循环综合利用”项目。项目引进山东省科创集团有限公司高层次人才、泰山学者。项目通过黑水虻养殖实现畜禽粪便等有机废弃物循环利用，日清理畜禽粪污60吨、其他有机物垃圾20吨，解决制约全镇畜禽养殖业发

2022年7月8日，无棣县信阳镇碳中和城乡生物质生态循环综合利用项目在信阳镇花园村启动 （信阳镇 供图）

展粪污处理难题，实现年产值1亿元以上。（邵南南）

【华仓电商物流产业园建设】2022年，信阳镇作为全国“淘宝镇”，全镇龙头电商华仓电商物流产业园引领全镇电商行业迅速发展。全镇有较大规模电商业户54家，小型电商户遍布全镇，年交易额1.8亿元。无棣绿棣遮阳网有限公司所属华仓电商物流产业园项目投资6084万元，占地1.21万平方米，建设2个功能区，集电商仓储、营销展厅、综合服务于一体的综合楼，作为物流仓库、生产车间标准化厂房及设备，存储农副产品规模5万吨。助推全镇打造产业集群，实现电商产业抱团发展。（邵南南）

【玉米芯存储加工项目】2022年，信阳镇规模玉米芯存储加工项目为中央财政资金扶持产业振兴重点项目，由信阳镇、无棣春城种植专业合作社、6个扶持村三方签约。项目由信阳镇李家花园村、鲍家村、田家村、车里东村、汤辛村、大王村6个村以扶持资金300万元参股，每村收益率为入股金额8%左右，每村实现集体年增收4万余元。项目占地2万平方米，投资1000余万元，以当地生产优质玉米芯为原料，生产30目、60目、100目玉米芯粉，适用于饲料、兽药、维生素等。（邵南南）

【城镇基础设施扩容提质】2022年，信阳镇实施基础公共服务提升工程，推进城镇污水管网建设、道路升级改造。污水管网建设项目投资1382.3万元，新建管道6.98千米，拆除重建管道13.9千米，拆除重建污水检查井348座，建成污水压力泵站1处，日排污量2256立方米。完善镇内基础设施建设，加快全镇提质扩容，提升基本公共服务水平。投资600余万元完善公路网络建设，升级改造信阳二路、信阳三路，新建工业二路；完成大庄桥重建及配套道路建设。（邵南南）

车王镇

【概况】车王镇位于无棣县中西部，北依小泊头镇、碣石山镇，东南接水湾镇，东靠柳堡镇，西邻德州市庆云县，南连信阳镇。至2022年底，全镇总面积148平方千米，辖9个社区、74个行政村，总户籍人口5.52万人，其中回族5300人，为无棣县最大少数民族聚居区。年内，车王镇被农业农村部授予第十二批全国“一村一品”示范村镇、被滨州市交通运输局授予市级“四好农村路”示范镇、被滨州市自然资源和规划局授予市级耕地保护激励乡镇等称号。

全镇全年实现生产总值12.88亿元，比上年增长2.7%。其中，第一产业增加值2.9亿元，第二产业增加值2.03亿元，第三产业增加值7.95亿元。固定资产投资4.08亿元，公共财政预算收入4438万元，公共财政预算支出3972.36万元。

全镇粮食播种面积10383.57公顷，粮食总产量8.22万吨。生猪存栏1.4万头，出栏1.56万头；肉牛存栏3.01万头，出栏4.86万头；肉羊存栏9907只，出栏5万只；肉鸡存栏75.33万只，出栏798.43万只；肉鸭存栏3万只，出栏87.6万只，产蛋量6.26吨。拥有农业机械总动力2万千瓦。有规模以上工业企业14个，实现增加值14.89亿元，实现主营业务收入14.73亿元，实现利润198万元，实现利税1210万元。

有初中1所，在校生1162人；小学7所，在校生3160人；九年一贯制回民学校1处，有初中生182人、小学生330人。有公共图书馆2所（含藏书2000册以上的农家书屋）。医疗卫生机构1所、一体化卫生室19处，床位50张，卫生技术人员110人。农村居民人均可支配收入22528元。全镇居民基本养老保险参保人数35065人，居民基本医疗保险参保人数50006人。（谷传楠）

【全国“一村一品”示范镇创建】2022年，车王镇聚焦肉牛产业发展，促进群众增收。全镇肉牛养殖户372户，其中规模以上养殖户100多户，肉牛存栏量最大为5万头，出栏量10万头。全镇成立无棣县肉牛产销协会，推动全镇畜牧产业科学发展、规范经营。制订3年“出村入园”计划，规范化建设养殖小区，形成上光伏下牛棚立体化增收模式。镇域内肉牛生产、加工、流通、销售、服务有机衔接，初步形成“饲草种植—肉牛养殖—屠宰加工—牛皮加工—牛肉食品—餐饮服务—养殖粪污及屠宰加工废弃物综合利用”完整产业链条。坚持生态、绿色、健康现代循环农业发展方向，按照“产业融合”“产村融合”发展思路，依托华兴渤海黑牛产业化联合体，推进产业链企业、合作社扩大产品优势，促进农村三产融合，带动农民致富。11月3日，车王镇被农业农村部评为第十二批全国“一村一品”示范村镇（肉牛）。（谷传楠）

【乡村振兴工作创新】 车王镇为第二批省级乡村振兴示范镇。2022年，车王镇按照“产业兴旺、生态宜居、乡风文明、治理有效、生活富裕”乡村振兴总要求，拓宽发展思路，创新发展模式，打造乡村振兴“车王样板”。找准切入点、动力点、关注点、活力点、突破点“五点连线成面”，探索乡村振兴特色之路。“‘五点连线成面’探索乡村振兴新路径”经验做法入选全县改革创新案例。聚焦“宜居宜业、基础建设、特色产业、党建引领”4个重点，夯实美丽乡村基础，促进乡村建设升级，建设宜居、宜业、和美乡村。“四向发力建设宜居宜业和美乡村”经验做法在全市推广。（谷传楠）

无棣县车王镇党群服务中心（邱升汝 摄）

【标杆型康美党群服务中心启用】 2022年，车王镇康美党群服务中心建成投用，建筑面积1510平方米，设镇委党校、科普馆、农家书屋、儿童乐园、未成年人保护中心、朱高社区办公区等功能室，打造集党员培训、文化宣传、未成年人保护工作、社区工作于一体的服务中心。其中，新建镇委党校，设有标准多媒体教室、办公室、阅览室、研讨室、餐厅、宿舍，可容纳100人集体学习。镇委党校围绕党员教育，因地制宜开展示范式、研讨式、情景式、体验式、指尖式、督促式“六式”教育，党史教育、党员教育、培训条件有效提升。挖掘农业“土专家”，乡贤人才、身边榜样、优秀党员、优秀人才等为党校提供更接地气的授课内容，实现师资队伍多样化、优质化，形成全镇党员教育新格局。（谷传楠）

【一站式党群服务中心投用】 2022年，车王镇投资1100万元，建筑面积2415.51平方米党群服务中心建成投用。内设集信息与咨询、管理与服务于一体的便民服务大厅，入驻民政、残联、村镇规划、不动产、户籍等与群众生产生活密切相关12大类型160项政务服务事项，包括50项高频服务事项，成为滨州市首例完成户籍业务进便民服务中心成功案例。以基层党组织为载体，发挥村“两委”成员、专兼职网格员、村（社区）帮办代办员作用，形成以“便民三员”为支撑代办队伍、政务服务体系，“便民三员”实现村（社区）全覆盖。年内，完成村（社区）帮办代办8000余件次。打造“车

王印记 红色展厅”，展厅设置史海钩沉 车王记忆之沿革篇、革命沃土 红色印记之红色篇、强基固本 融合创新之党建篇、党建引领 成果丰硕之成果篇“四大篇章”。从不同角度记载车王镇历史，讲述车王镇故事，传承车王镇文化。全年接待团体参观50余次，成为车王镇宣传主阵地。（谷传楠）

碣石山镇

【概况】碣石山镇位于无棣县北部，东邻柳堡镇、马山子镇，南部西部与车王镇、小泊头镇接壤，北与埕口镇相连。至2022年底，全镇总面积71平方千米，辖6个办事处、37个行政村，总人口2.64万人。年内，碣石山镇“围绕两个化工园区打造协同发展‘特色小镇’”经验做法得到滨州市政府肯定；碣石山镇被中国地质学会评为第二批全国地质文化镇，被滨州市交通运输局评为市“四好农村路”示范乡镇。

全镇全年实现生产总值10.17亿元，一般公共预算收入3502万元，规模以上工业营业收入1.4亿元，农村居民人均可支配收入22854元，工业总产值同比增长7.8%，限额以上贸易同比增长26.4%，限额以下贸易同比增长41.98%，有纳统“四上企业”5家。

全镇耕地3900公顷，粮食总产4.55万吨。牛存栏1742头、猪存栏8916头、羊存栏2819只、鸡存栏67.18万只。投资4874万元，完成1666.67公顷高标准农田建设。

有公办幼儿园5所、民办幼儿园9所，中小学6所，在校生3005人。有公共图书馆1所，农家书屋37个。境内有无棣县第二人民医院，有床位58张，卫生专业技术人员75人。年内，镇中心小学获全县同类学校教学质量第一名，镇中心幼儿园被省教育厅授予省级示范幼儿园称号。（刘学剑）

【全国地质文化镇建设】2022年，碣石山镇取得省市有关部门支持，完善提升国家AAA级旅游景区碣石山景区内涵。组织技术力量，以火山遗迹为特色，对碣石山进行整体规划、设计，打造完善造景石、石刻、地质文化墙、地质文化之家、地质文化广场等基础设施，开发桃园、枣园、饮马湖等风景区，营造浓郁村落地质文化氛围。系统梳理碣石山构造演化过程，挖掘新生代火山地貌特色亮点，融合本地历史文化、自然科学，组织编写《山东省无棣县碣石山镇旅游地质调查评价》项目申报书，入选“山东省2022年部省协议地质勘查项目库”，碣石山镇获评第二批全国地质文化镇，取得省级财政资金支持。（刘学剑）

【“小渔网”产业链建设】2022年，碣石山镇依托乡村振兴服务站、村党支部领办合作社，将零散手撒网产业串点成线、连线成片、集片成带，打造南陈村、馆里村、马家道口村电商销售直播大厅，让传统“小渔网”走上电商大平台。年内，手撒网加工、

无棣县碣石山镇小渔网加工（刘学剑 摄）

电商销售覆盖全镇37个村，从事手撒网电商销售人员200余人，手撒网编织人员1000余人，渔网产业年销售额3000余万元，形成集编织加工与网络销售于一体的特色产业。（刘学剑）

【“四好农村路”建设】 2022年，碣石山镇建立“镇+村”两级联动机制，按照建、管、护、运四位一体工作要求，推进“四好农村路”建设工作。投资3000余万元，完成道路建设80余千米，进村路、连村路提升建设90余千米，建设客货邮站点29处，建设公交站亭37处，打通交通服务“最后一公里”。招募37个农村道路养护公益性岗位（农村道路专管员），由镇综合执法大队牵头，每周对全镇路域范围内杂物及非公路标识进行清理，保障道路整洁。年内，全镇通村公路硬化率100%，行政村通客车率100%，获评“滨州市‘四好农村路’示范乡镇”。（刘学剑）

【基层治理品牌创建】 2022年，碣石山镇聚力打造“碣(皆)说好”基层治理品牌，实现“自治、法治、德治”与党建引领深度融合，完善基层治理体系。优化自治制度，抓实财务管理、“村规民约”、村务监督等制度，创新推行村庄支出理财小组审核签字机制，村“两委”班子成员公开承诺，实现规范化、常态化。健全镇综治中心、镇派出所、镇市场监管所、镇司法所等部门联勤联动机制，开展罂粟踏查、烟花爆竹禁售禁燃禁放巡查等联合行动40余次，上报各类事件13309件，办结率100%。优选10个村建设20条法治文化一条街，绘制普法文化墙，打造普法宣传阵地。全县首创“曲艺普法”，编写梆子戏、三句半、相声等曲艺作品7个。创建镇级“一站式”矛盾调解中心。年内，化解矛盾纠纷60余起，实现“小事不出村，大事不出镇”。全镇连续8年无上访现象，无重大突出矛盾纠纷，被滨州市信访局评为滨州市信访工作“三无”乡镇。（刘学剑）

小泊头镇

【概况】 小泊头镇位于无棣县西北部，东邻碣石山镇、埕口镇，南接车王镇，北与河北省海兴县接壤，西南与德州市庆云县相连。至2022年底，全镇总面积106平方千米，辖5个办事处、52个行政村。总人口4.33万人，人口自然增长率6.2‰。

全镇全年实现生产总值9.23亿元，比上年增长4.3%。其中，第一产业增加值3.67亿元，第二产业增加值1.91亿元，第三产业增加值3.65亿元。固定资产投资1.19亿元，公共财政预算收入2568.9万元，进出口总额4717.6万元。

全镇粮食播种面积8300公顷，粮食总产量5.21万吨。全镇拥有农业机械总动力2.6亿千瓦。有规模以上工业企业5家，实现增加值2476.5万元，主营业务收入1.47亿元，完成利税1000余万元。

至年底，全镇公路通车里程155千米，其中高速公路通车里程11千米。城镇基础设施建设完成投资2600万元，村镇建设完成投资4500万元。城镇化率55%，城市空气质量良好率57.9%。

有普通中小学7所，在校生4000余人。有公共图书馆1所、文化馆1个，建成文化大院52处、农家书屋52个。有医疗卫生机构1所，床位50张，卫生技术人员52人。新建公共健身场1处。全镇农村居民人均收入2.21万元。居民基本养老保险参保人数2.76万人，居民基本医疗保险参保人数3.5万人。城镇最低生活保障人数18人，农村最低生活保障人数836人。（刘秀利）

【盐碱地产学研科创孵化基地建设】 2022年，小泊头镇推进盐碱地产学研科创孵化基地建设，流转土地11.33公顷，包括科研试验田、设施农用地、专家服务中心建设用地。与山东农业大学等6所高校、科研院所签订产学研合作协议。在镇科创孵化基地内，山东农大、泰山产业领军人才刘鹏团队建立玉米、小麦试验示范基地，山东省农科院刘兆辉团队建立盐碱地作物潜能提升试验示范基地，山东省农科院玉米研究所刘霞团队建立鲜食玉米新品种试验基地。年内，无棣县政府“指挥田”、前瞻性技术试验田落户该基地，13 名博士、硕士研究生常驻小泊头镇，开展盐碱地粮食产能提升、土壤改良试验，建立高产攻关区、品种筛选区、肥料试验区、耕作模式试验区。试验田玉米亩产 0.91 吨，小麦亩产 0.61 吨。“鲁甜糯 191”成为首个盐碱地试种成功甜糯玉米品种。小泊头镇探索出小麦、玉米“双深双晚”、小麦“全幅匀播”2 项新技术，被全省推广应用。（张泽宇）

【渔网产业链建设】 2022 年，小泊头镇推进优化营商环境，建立完善机关干部联系包保企业工作机制，精细化划分服务网格，及时纾难解困，做好服务企业“前沿设计”。投资 3200 万元完成山东海润达渔具有限公司渔具项目建设。至年底，全镇有渔网企业 100 余家，从业户 600 余户，各类机器 1800 余台（套），生产定制各类海洋捕捞用网、休闲用网、农业用网等，产品种类 1700 余种。渔网产量占全国市场份额 30% 以上，形成“拔丝—织网—定型—封网—成网”一条龙完整产业链条，带动相关从业人员 2 万余人。年内，全镇渔网产业总产值 60 亿元，电商年销售额 1.8 亿元，自主外贸出口额 5000 万元，物流、贸易等相关服务业年产值 9000 万元，带动群众年人均增收 1 万余元。全镇在无棣县年内 3 次营商环境满意度测评中均名列前茅，总成绩居全县第 1 位。（刘秀利）

【渔网产业链党建联盟】 2022 年，小泊头镇探索建立高端渔网产业链党建联盟，以党建链串起产业链，搭建镇党委、“链长”企业、链上企业“1+X+N”开放式组织体系，由镇党委书记担任党建联盟书记，围绕基础建设链、原料链、拔丝链、织网链、定型链、附件链、销售链、安全环保链、营商环境链等环节，吸纳 59 家上中下游企业加入，组成全产业闭环链条，创建“网聚天下”党建品牌。依托网具产业园，设置企业展示区、创业孵化区、党员活动区等多功能区，辐射打造 30 余处企业党组织活动阵地，形成 15 分钟党群服务圈。党建联盟每月开展“开放式主题党日”，组织产业链党员学理论知识、听优秀党课、看红色影片，举办文体活动，激发内部活力。年内，组织集体学习 3 次，开展基层党建观摩 2 次，100 余名党员参加活动。搭建政企交流平台、企业家“下午茶”交流平台，联盟牵头举办“党建 + 企业发展交流会”“党建 + 金融服务洽谈会”“党建 + 技术攻关研讨会”等专题活动 7 期，组织链上企业、商户围绕技术难题攻克、科研成果共享、产业链条延伸等方面进行深度交流，推动抱团作战。相关做法被市委组织部《组工信息》刊发，在全市推广。（刘秀利）

【兴泊广场建设】 2022 年，小泊头镇推进民生项目建设，建设镇“兴泊广场”。广场占地 6.93

无棣县小泊头镇兴泊广场一角　（刘秀利 摄）

万平方米，绿化4.67万平方米，水面1.2万平方米，硬化1.07万平方米，配套基础设施有牙湾、双鱼湖。镇党委坚持有解思维，成立工作专班。采取“政府主导、企业出资、互利共赢”模式，处置广场周边小区200余套商品房一房多卖、拖欠房款等纠纷；镇政府整合300余万元“乡村振兴”衔接资金，为泊湖家园小区等区域修建高压自来水管网，解决多年存在的烂尾楼等问题；小区开发商自愿出资700余万元广场建设资金。围绕“建设精品工程、提升乡镇品质”目标定位，镇党委、政府多次集体研究广场建设方案，多次实地调研，科学布局，合理建设。广场包含文化展示体验区、休闲娱乐区、生态植物园3个功能区域。9月30日，广场竣工投用。（张泽宇）

埕口镇

【概况】埕口镇位于无棣县北部，东邻马山子镇，南接碣石山镇，西与河北省海兴县、黄骅市接壤，北与渤海相连。至2022年底，全镇总面积333.7平方千米，辖4个办事处、30个行政村，总人口2.57万人。年内，埕口镇被山东省农业农村厅评为“2022年省级农业产业强镇”，埕口镇团委被共青团山东省委评为“山东省五四红旗团委”。

全镇全年完成一般公共预算收入6228.5万元，固定资产投资8.39亿元，限额以下抽样企业、个体户商品销售额352.98万元，限额以上贸易业企业营业收入601.3万元，分别比上年增长10%、49.06%、19.78%、13.09%。

全镇有海岸线27千米，浅海滩涂3200公顷，盐业集中在车网城盐场，年产原盐35万吨。

全镇耕地3120.1公顷，存栏生猪2.43万头、肉牛614头、羊2838只、蛋鸡23.15万只；出栏肉鸡981.8万只、鸭38.76万只、鹅4000只。

有幼儿园13所，在园幼儿1150人；小学2所，在校生800人；境内，鲁北高新技术开发区实验学校，小学部在校生1546人，中学部在校生750人。全镇有医疗卫生机构1所，一体化卫生室15处，卫生专业技术人员51人，养老院3处；农家书屋28个，打造文化墙、文化广场、村内小景点60余处，美丽庭院600余户，广播、电视人口综合覆盖率100%。全镇居民基本养老保险参保人数1.3万余人，居民基本医疗保险参保人数1.95万人。至年底，办理困难群众临时救助43户，救助金额7.9万元；办理低保9户23人，五保16户16人。（信式伟）

【基层治理“微网格”模式】2022年，埕口镇坚持党建引领，建立镇、管区、村庄、胡同4级网格管理体系，推动网格党建全覆盖、组织建设规范化。打造一批集党支部书记工作室、党员活动室等于一体的网格党群服务站，推进网格党群服务站标准化建设，把服务站建在居民群众家门口，建在基层治理最前沿，推动问题在“格”中发现、事情在“站”中解决。发挥胡同长“地

无棣县埕口镇车网城盐场生产作业区（信式伟 摄）

熟人熟事熟”优势，实现服务群众“零距离”。采取“胡同长”考察、考核、候选、确立、奖励、表彰机制，实施“蓝黄红”三色评价机制，3次被亮“黄牌”、1次被亮“红牌”网格员、胡同长及时调整。对网格员、胡同长采取不定期抽查、月度工作打分、季度工作排名、年度工作总结方式考核工作开展情况，考核结果作为发展党员、当兵入伍、村干部后备人选依据。（信式伟）

【助力工业企业发展】2022年，埕口镇坚持服务鲁北高新区工业、企业群发展，创优项目建设、基建施工、人居生活、安全生产“四个环境”，助力鲁北高新区打造高端化工、锂电新材料“双千亿级”产业园区。推动马颊河南岸、泊埕河以西新建项目土地征收工作，完成土地征收90公顷，鲁北万润智慧能源科技（山东）有限公司二期项目地面附着物。超能新材料项目土地组卷、临时用地审批。靠前服务鲁北高新区“六路六桥”征地拆迁、马颊河南岸园区扩容土地整理，“六路六桥”征收土地3.33万平方米，拆除养殖棚13户，为交通设施建设提供保障，优化营商环境，G228国道丹东线境内全长7.5千米，完成土地征收22.5公顷，拆除养殖棚7户，迁移房屋8户，提前完成任务。（信式伟）

柳堡镇

【概况】柳堡镇位于无棣县东北部，东邻马山子镇，南接水湾镇、西小王镇，西与车王镇接壤，北与碣石山镇相连。至2022年底，全镇总面积258平方千米，耕地面积1.66万公顷，辖6个办事处、38个行政村，总人口3.74万人。年内，全国盐碱地高产优质牧草现场会在柳堡镇召开；全镇街巷红管家工作被国家、省、市、县级媒体刊发推广；赵王村枣业合作社带动群众致富先进典型在新华社、山东卫视报道；郭义庄村被山东省司法厅、省民政厅命名为全省民主法治示范村。

全镇全年实现生产总值11.33亿元，比上年增长3.7%。固定资产投资1.17亿元，一般公共财政预算收入3224万元。

全镇粮食种植面积16251公顷，有规模以上企业5家（不含新海工业园企业），实现主营业务收入8.38亿元。

有初中1所，在校生553人；小学2所，在校生2237人；幼儿园15所，在校生1800余人。有图书文化阅览室1处，农村书屋36处。有卫生院1家，卫生室（诊所）17处，床位60余张，卫生技术人员120余人。全镇居民人均可支配收入2.24万元，居民基本养老保险参保人数24198人，居民基本医疗保险参保人数30547人，农村最低生活保障337户607人。（邢恩有）

【中医理疗康复中心建成】2022年，柳堡镇践行以人民为中心发展理念，推进医疗服务提档升级，提高居民基本医疗服务水平。打造县级民生重点工程，投资500余万元，建成占地980平方米中

无棣县柳堡镇中医诊疗康复中心（邢恩有 摄）

医理疗康复中心，属集中医中药、中医理疗于一体的现代化疗养中心。康复中心坚持开展义诊、教育宣传等工作，定期举办老年人健康宣传周、禁毒宣传、世界家庭医生日宣传等活动，为镇内老年人开展免费健康查体活动，全年完成65周岁以上老年人查体4061人次。（邢恩有）

【“园地共建”助推乡村发展】2022年，柳堡镇聚焦服务新海工业园区工业、企业群发展，实施“园地共建”工作机制，成立园地共建助推乡村振兴发展协调小组，支持壮大集体经济、优势特色农业产业发展等项目建设。为山东星海新材料科技公司、山东久日化学科技有限公司、山东新洁能燃气集团等多家园区企业限时办结用地手续。无棣宜能化工有限公司年产2500吨对苯二酚、3000吨二甲氧基-4-氯苯胺项目投产，年收入2亿元以上。投资3.48亿元，山东华东九鼎油业有限公司20万吨特种油品质量升级改造项目列入全市30个重点技改项目，进入试产阶段。传统不锈钢产业延链升级、加速整合，集聚效应、质量效益持续提升，产业总产值1.3亿元，不锈钢索具市场份额占全国的70%以上。在盐碱地改良、棉花栽培等方面签订产学研合作协议，发展牧草产业适度规模经营，擦亮“牧草小镇”品牌。加速微藻产业技术创新应用，实现海洋微藻产业提质升级，形成海洋微藻产业集群，市场份额占全省的60%以上。发展多种形式特色产业，增强岳里西瓜、赵王金丝小枣等农业特色品牌竞争力，打造特色农产品生产基地。（邢恩有）

【“平安柳堡”建设】2022年，柳堡镇坚持抓好“平安柳堡”建设，全科大网格系统运行稳定。全年上报网格事件4447件，日常巡查8920件，化解矛盾纠纷200余件，化解率100%。处理“12345”政务服务便民热线反馈热线单400余件。常态化开展巡逻防控工作，提高见警率、管事率，挤压违法犯罪空间。开展“法治宣传进校园”“法治带头人培训会”“公益下村普法”等活动，下村入户发放普法宣传材料1万余份，覆盖全镇5000余户。推进应急救援避难场所建设，建成应急避难场所6处、应急救援站12处，通过县级标准化验收。开展安全生产综合整治活动，检查企业39次，发现安全隐患115条，全部整改完成。（邢恩有）

西小王镇

【概况】西小王镇位于无棣县东部，东隔秦口河与沾化区相邻，南接佘家镇，西邻水湾镇，北靠柳堡镇。至2022年底，全镇总面积160平方千米，耕地1.33万公顷，辖5个办事处、31个行政村，总人口2.27万人。西小王镇是黄河三角洲核心植棉区，棉花种植面积4000公顷，有“锦棉小镇”之称。西小王镇入选山东省发展和改革委员会、省委组织部、省委宣传部等10个部门联合公布山东省第三批乡村振兴“十百千”示范创建名单，被滨州市住建局授予滨州全市2022年度“无违建乡镇”称号。

全镇全年实现生产总值9.41亿元，比上年增长3%。其中，第一产业增加值3.39亿元，第二产业增加值2.19亿元，第三产业增加值3.83亿元。固定资产投资1.28亿元，公共财政预算收入5865.55万元，公共财政预算支出5865.55万元。有规模以上工业企业7个，实现工业总产值5.59亿元，实现主营业务收入5.87亿元，实现利润5575万元，实现利税7404万元。

有初中1所，在校生512人；小学4所，在校生1458人。有公共图书馆6个（含藏书2000册以上农家书屋），医疗卫生机构11处（含卫生室10处），床位30张，卫生技术人员53人。（范晓慧）

【资源整合利用】2022年，西小王镇统筹整合闲置厂房资源2.3万平方米、土地6.67公顷，实现镇域经济发展“腾笼换鸟”。引入滨州鑫合油脂有限公司年加工非食用动植物油5万吨项目、滨州优越油脂有限公司年产1万吨工业混合油脂项目、滨州海诺生物科技有限公司年产6万吨饲料原料项目等投资超2000万元项目3个，均实现“当年建设、当年投产、当年达效”，年产值突破3亿元。新增滨州鑫合油脂有限公司、山东鲁棣生物科技有限公司、无棣天源生态科技有限公司3家规上工业企业。（范晓慧）

【国家级议事协商创新试点创建】2022年，西小王镇以推进小王庄村国家级议事协商创新实验试点为载体，探索乡村基层治理新模式，打造党建统领、网格管理、议事协商“三位一体”小王庄村庄乡议事会议事协商试点，建立完整畅通、高效衔接村民议事协商链条，在全镇构建起“多方听事、积极议事、民主决事、高效办事、科学评事”工作格局。全市社会治理体系建设现场观摩会、全县村级议事协商创新实验示范点建设暨基层治理工作推进会议、县政协“村级议事协商试点工作”座谈会在西小王镇小王庄村召开，典型经验在《农村大众》、山东电视台等媒体报道推广。9月6日，全县村级议事协商创新实验示范点建设暨基层治理工作推进会议在西小王镇小王庄村召开，与会人员实地了解“党建引领+网格管理+庄乡议事”“三位一体”工作新模式及听、议、决、办、评“五事”工作法具体操作流程。（范晓慧）

【棉花生产机械化暨产业链发展】2022年，西小王镇依托国家棉花产业体系、山东省棉花良种工程项目，引进26个品种种植筛选，选育适合盐碱地种植优势的机采棉，实现棉花生产全程机械化。龙头企业山东世耀农业发展集团有限公司获批制种企业资质，从山东省农业科学院取得鲁棉321、鲁棉241等6种耐盐碱棉种独家生产经营权。推进2000公顷绿色高质高效棉花高产创建项目，为农民争取补贴685万元，为棉农免费提供棉种、机耕机播、6次质保，确保棉花稳产高产。探索“棉花+赤松茸”轮作种植模式，利用棉田休闲期，以棉秆为原料种植赤松茸。11月9日，西小王镇主办黄河三角洲盐碱地棉花生产全程机械化新品种暨全产业链现场观摩会。1万名专家学者、各地棉花种植产业带头人同步收看直播，对西小王镇当地棉花全产业链，进行深入剖析、借鉴学习，带动黄河三角洲棉花产业种植业恢复、发展。西小王镇成为除新疆维吾尔自治区外独立实现棉花生产全程机械化的地区，在全国棉花生产领域起到样板示范作用。（范晓慧）

2022年7月9日，无棣县西小王镇小王庄村村民在议事长廊议事（范晓慧 摄）

佘家镇

【概况】佘家镇位于无棣县东南部。东、南毗邻滨州市沾化区，西与水湾镇接壤，北与西小王镇相连。至2022年底，全镇总面积123平方千米，辖7个办事处、55个行政村，总人口3.81万人。年内，佘家镇被山东省“扫黄打非”工作领导小组授予第六批全省“扫黄打非”进基层示范点、被滨州市农业农村局授予滨州市农业产业强镇、被市科学技术协会授予滨州市2022年全国科普日活动优秀组织单位、被市住房和城乡建设局授予滨州市2022年度无违建乡镇称号。

全镇全年实现财政收入2637.3万元，完成固定资产投资4000万元，规上工业总产值2.47亿元。

全镇全年耕地7333.33公顷，粮食种植总面积5333.33公顷，粮食总产量6万吨。全镇生猪存栏4.87万头，出栏2.75万头；肉牛存栏3867头，出栏2418头；肉羊存栏9545只，出栏1.22万只；肉鸡存栏52.7万只，出栏608.54万只；肉鸭存栏2.05万只，出栏108.83万只，产蛋量360吨。

至年底，全镇改建村内干道30余千米，安装护栏1千米，新建道路安全设施200余处。完成厕所提升625户，新增清洁取暖1960户，办理困难群体危房改造3户，对16处公厕常态维护管理。

有公办幼儿园5所，民办幼儿园1所，小学6所，中学1所。有公共图书馆1所，农家书屋55个。医疗卫生机构1所、一体化卫生室17处，2处口腔诊所，床位47张，卫生专业技术人员51人。有公共健身设施30处。全镇居民基本养老保险参保人数22829人，居民基本医疗保险参保人数29895人，参保率96%，电子医保凭证开通人数26285人，落实对181户脱贫享受政策户、48户防返贫户走访监测。（马士强）

【滨州市农业产业强镇建设】2022年，佘家镇坚持“本草之乡，康养小镇”发展目标，创新开展“中药材+”发展模式，初步形成以中药材种植为基础，辐射带动药材初加工、乡村旅游、土壤改良、饮片茶制作等一二三产业融合的特色产业。中药材产业作为全镇发展主导产业，辐射带动畜牧养殖业、康养服务业发展。引进安徽亳州药材加工，建设全县首个中药材展示中心、中药材电商平台、中药材研究所，打造程家村特色桃林、牛东村蜜桃种植、武家村金丝四号小枣等特色种植园区。探索推行“种养结合”模式，开展畜牧养殖，流转土地进行中药材种植，以养殖带动种植，用种植改善土壤，实现环境生态提升、企业多元发展，扩大土地流转面积，提升村集体、群众收入。全镇中药材种植面积1333.33公顷，涉及19个品种，涵盖8处种植基地，从事中药材种植农户1100余户，与省农科院等5所高等科研院所达成合作；全镇中药材种植户1300余户，以种植金银花、蛇床子、红花为主。佘家镇被市农业农村局评为2022年滨州市农业产业强镇。（马士强）

【滨州市现代农业示范园创建】2022年，佘家镇坚持招商引资、招才引智并举，推动经济社会发展。镇属“无棣县创圆种植农民专业合作社联合社”从事中药材种植、畜禽养殖、中药材初加工等。采用“合作社+集体+农户”模式，总面积80余公顷，种植金银花53.33公顷，形成金银花种植、初加工产业链条。年内，合作社部署一二三产业融合

无棣县佘家镇金银花生产基地（马士强 摄）

全镇产业振兴发展计划，升级烘干设备生产线，购买加工设备建设蛇床子深加工厂房、有机肥加工厂房。按照全镇“中药材+畜牧业”发展思路，创建无棣县创园中药材研究所，与泰山学者青年专家张加余、滨州市农科院签订合作协议。利用现有土地资源，建设总建筑面积1500平方米规范化畜禽养殖大棚，采取“棚内养殖+棚顶光伏”畜光互补新模式，结合金银花种植，推行“有机肥培育+药材饲料添加加工链”，建设种养结合、康养循环特色集体增收示范园。年内，无棣县创圆种植农民专业合作社联合社被滨州市农业农村局评为2022年滨州市现代农业示范园。（马士强）

【滨州市暑期留守儿童关爱项目启动仪式】 2022年，佘家镇践行“在知爱建”主题实践活动，推进农村留守儿童、困境儿童关爱保护工作，聚焦“陪伴暖童心，搭起连心桥”主题，开展“滨滨学堂”暑期留守儿童公益课堂。组织发动暑期返乡大学生志愿者参与“滨滨学堂”公益志愿服务项目，通过耐心温暖陪伴、灵活趣味宣讲活动，培养儿童朴素强烈的爱国情怀、乐观向上的生活态度；讲授自护、健康等知识，提高安全意识、自护能力。设计开展特色课程，提供丰富假期生活，为留守儿童创建良好学习环境。7月13日，滨州市2022年“滨滨学堂”暑期留守儿童关爱项目启动仪式在佘家镇举行。共青团滨州市委、无棣县委、佘家镇委、中国海洋大学派驻佘家镇马家仓村“第一书记”、各县（市区）团委、滨州医学院暑期社会实践大学生、马家仓村“返家乡”社会实践大学生、佘家镇“滨滨学堂”学员代表、家长代表50余人参加仪式。（马士强）

水湾镇

【概况】 水湾镇位于无棣县东南部，东邻佘家镇、西小王镇，南接棣丰街道，西与信阳镇接壤，北与车王镇、柳堡镇相连。至2022年底，全镇总面积149平方千米，辖8个办事处、82个行政村，总人口5.82万人。

全镇全年实现生产总值13.04亿元，比上年增长4.2%。其中，第一产业增加值6.41亿元，第二产业增加值1.17亿元，第三产业增加值5.46亿元。固定资产投资4118万元，一般公共预算收入2172万元，一般公共预算支出3457万元。

全镇全年粮食播种面积6866.7公顷，粮食总产量13.73万吨。水产品总产量0.5万吨，肉、蛋、奶总产量6万吨。拥有农业机械总动力1.08万千瓦。有规模以上工业企业4家，工业总产值1.17亿元，实现主营业务收入0.96亿元。

有初中1所，在校生1216人；小学6所，在校生3786人。有医疗卫生机构1所，床位60张，卫生技术人员76人。农村居民人均可支配收入2.25万元。全镇居民基本养老保险参保人数35104人，居民基本医疗保险参保人数49629人。农村最低生活保障人数1025人。（徐希鹏）

【平安建设工作】 2022年，水湾镇贯彻落实中央、省、市、县平安建设决策部署及工作要求，深化平安建设工作举措，维护全镇社会大局安全稳定，保障、促进全镇经济社会发展。年内，全镇空气质量整体改善，空气质量综合指数改善11.3%，空气质量优良天数增长56.3%；抓好秸秆禁烧工作，设置值班岗45处，巡逻人员1200余人次。维护安全生产秩序，巡查全镇企业88家次，排查整改安全隐患243处；排查使用天然气居民12129家，使用燃气餐饮场所58家，查处隐患57处；排查整改烟花爆竹安全隐患11处；建设6处应急救援站。排查非经营性自建房22185户、经营性住房833户；聘请无棣县监理公司鉴定经营性住房833户、481栋，5户C级危房整改完成。年内，水湾镇被山东省委、省政府评为“平安山东建设先进集体”，东王村网格员被省委政法委评为“优秀网格员”。（徐希鹏）

【冬枣产业转型】2022年，水湾镇持续推行村（办事处）“两委”领办合作社经营模式，推进冬枣产业发展。镇冬枣技术攻关小组创新种植技术，对果园采取统一浇水、统一施肥，统一病虫害防治、统一技术指导、统一销售“五统一”管理模式，实现冬枣产业持续、健康发展；推行疏密间伐，控制亩产量，枣园内开沟施肥。建设冬暖式大棚，通过精细化管理，使冬枣树提前发芽、结果，将冬枣上市时间提前。初春，棚内冬枣出芽，暑期上市。冬枣提前一个月上市，价格每千克60~100元。通过品牌引领、技术改良，提高枣产量，打通外贸流通环节，提高附加值。年内，无棣县高升工艺品有限公司等企业对外贸易销售收入增长10%，实现销售收入3000万元。（徐希鹏）

【党建乡村振兴融合】2022年，水湾镇推动党建工作与乡村振兴深度融合，开展党员干部乡村振兴专题培训活动，提升党员干部乡村振兴能力，把党的政治优势转化为乡村发展优势。加强村班子队伍建设，组织开展村党组织书记乡村振兴“擂台比武”活动3期；组织举办共产党员“淬火工程”、乡村振兴专题培训班13期，组织党员淬火轮训1131人次；储备村级后备人才，发展预备党员49名，新推选入党积极分子142名，后备人才库纳入246人。推进村级活动场所提档升级，新建8处、提升10处。西谷刘村投资240万元，完成面积近900平方米党群服务中心主体工程建设；强化村集体经济增收，王化如村引进滨州兴岳电气公司投资办厂，康刘村、李刘村、崔家村安装光伏发电项目，村集体年收益30余万元；全镇77个村（办事处）完成村集体增收目标任务，10万元以上村（办事处）占比93.9%。“无棣水湾”微信公众号被县委宣传部授予“2022年度无棣十佳政务新媒体”称号。（徐希鹏）

无棣县水湾镇大棚冬枣园 （徐希鹏 摄）

马山子镇

【概况】马山子镇位于无棣县东北部，地处渤海西南岸，东邻滨州市沾化区，南接西小王镇，西与柳堡镇、碣石山镇接壤，北与埕口镇相连。至2022年底，全镇总面积526平方千米，水域4687.86公顷，海岸线30.2千米，辖4个办事处、21个行政村，其中包括3个渔业专业村。总人口3.39万人。马山子镇是全国优质盐生产基地、重点出口盐基地，素称“京津冀地区海鲜供应基地和育种基地”，是首批全省中心镇、全省文明镇、全国重点镇、中国综合竞争力百强镇。年内，马山子镇被全国爱卫会授予国家卫生乡镇、被山东省农业农村厅授予省级农业产业强镇、被滨州市文化和旅游局授予滨州市乡村文化建设样板镇、被市科学技术学会授予滨州市2022年全国科普日活动优秀组织单位等称号。

全镇全年耕地7095.1公顷，粮食总产量4.48万吨，蔬菜总产量110吨。新增造林面积119.29公顷，低效林改造40.17公顷，完成林下经济243.47公顷，扶育成林、未成林604公顷。全镇生猪存栏32500头，肉牛110

头，羊3915只，鸡禽340万只，鸭出栏量22万只，鹅出栏量2200只。全镇原盐产量60.62万吨，海水捕捞鱼类1000吨、蟹类300吨、贝类5000吨，全年水产养殖面积17773公顷，水产品年产量3.2万吨。

有高中1所，在校生144人；初中1所，在校生795人；小学4所，在校生3012人；幼儿园3所，在园幼儿772人。有公共图书馆1所，农家书屋21个，电影院1个，新建公共健身场所1处。医疗卫生机构1所、一体化卫生室15处，床位40张，卫生技术人员32人。全镇农村居民人均可支配收入22528元。居民基本养老保险参保人数17934人，居民基本医疗保险参保人数26401人，农村最低生活保障247户399人。（侯方丽）

【水产育种产业化项目建设】2022年，马山子镇对虾产业形成集苗种繁育、养殖生产、鲜活物流、加工仓储于一体的产业集群，为实施乡村振兴战略、推进高质量发展优势特色产业。山东友发集团借鉴国内外成功经验、成熟模式，建设山东友发30万平方米智能化水产育种与产业化开发基地。采用科学先进设施、装备，施行标准化技术规范与管理，融合物联网、人工智能等现代信息技术，形成完备生产体系，用工业手段控制池内生态环境，优化对虾生存条件，在高密度集约化放养模式下，投放优质饲料，促进对虾成长。项目建成后，年产海水苗种200亿尾、成虾6000吨，年产值4.5亿元，利润1.35亿元，成为环渤海地区单体规模最大、生产功能齐全、现代智能化水平一流的水产育种与产业化开发现代渔业园区。至年底，项目投资3亿元，完成立项、环评、土地手续办理，推进10万平方米养殖车间主体工程建设、设施设备配套、生产调试运行。（侯方丽）

【省级农业产业强镇创建】2022年，马山子镇持续推进“一镇一业”“一村一品”建设工作，因地制宜发展特色产业。马山子镇滩涂资源、岸线资源、渔业资源丰富，有近海水域浮游植物116种，浮游动物147种，底栖动物222种，鱼类58种，虾蟹类14种，贝类23种等。海水网箱养殖名优鱼类，海参、半滑舌鳎、牙鲆等优质品种实现工厂化养殖，探索出对虾、梭子蟹、梭鱼、鲈鱼、缢蛏、文蛤、青蛤等多品种立体生态养殖模式，形成多品种、多种养殖模式并存养殖格局。全镇重点支持汇泰渤海水产有限责任公司、滨州市北海新区海缘养殖科技有限公司、山东友发集团等龙头企业，推进产业全链条发展，全镇盐田虾养殖2.67万公顷，培育“脊岭岛盐田虾”“海马”“文蛤”等品牌。至年底，全镇开发海水养殖面积1.78万公顷，浅海滩涂贝类增殖护养6666.67公顷，海水养殖从业人员2000余人，近海捕捞渔船224艘，水产品产量3.2万吨，渔业总产值8.1亿元，海洋渔业成为全镇支柱产

2022年9月18日，无棣县马山子镇2022年中国滨州岔尖渔村开海节在岔尖村举行（郭明 摄）

业。年内，马山子镇被山东省农业农村厅认定为省级农业产业强镇，岔尖二村被认定为省级乡土产业名品村。（郭　明）

【滨州市乡村文化建设样板镇创建】 2022年，马山子镇推进培育镇村文明风气，坚持文旅融合发展，打造“海的心意”志愿服务品牌。结合“在知爱建”主题、喜迎党的二十大、重大节日庆典、沿海旅游、新时代文明实践、全民阅读、“非遗”传承等主题活动，开展文化活动100余场次，打造“祭海节”“开海节”、传统民俗拨灯、大梁王“村晚”等文化特色品牌。建有帝赐街长拳、刺绣、祭海民俗3项市级非物质文化遗产及排船县级非物质文化遗产项目。8月，全镇开展“寻找文化引领者”活动，启动“文化引领赋能乡村振兴”工程，倡树乡贤助力家乡发展。年内，马山子镇被滨州市文化和旅游局评为滨州市乡村文化建设样板镇，帝赐街村获评滨州市乡村文化建设样板村。（郭　明）

海丰街道

【概况】 海丰街道位于无棣县南部，东邻棣丰街道，西靠德州市庆云县，南接阳信县，北依信阳镇。至2022年底，全街道总面积91.7平方千米，辖11个社区、66个行政村，总人口8.12万人，人口自然增长率0.37‰。年内，海丰街道被山东省工业和信息化厅授予山东省（智能电气装备）特色产业集群、被省农业农村厅、省应急管理厅授予山东省“平安农机”示范街道、被滨州市人力资源和社会保障局授予滨州市人力资源社会保障系统优质服务单位等称号。

全街道全年实现生产总值38.36亿元，比上年增长4.4%。其中,第一产业增加值1.54亿元，第二产业增加值9.59亿元，第三产业增加值27.23亿元。固定资产投资21.85亿元，公共预算收入1.32亿元。

全街道全年粮食播种面积3200.13公顷，粮食总产量2.4万吨。肉、蛋、奶总产量1.01万吨。林下经济模式项目完成投资260万元，占地面积36.67公顷。街道拥有农业机械总动力1.32万千瓦。有规模以上工业企业32个，增加值15.36亿元，主营业务收入14.77亿元，利润2036万元，利税4552万元。

有小学3所，在校生17450人。有公共图书馆3所（含藏书2000册以上的农家书屋）。有医疗卫生机构1所，床位46张，卫生技术人员86人。全街道居民人均收入2.31万元，居民基本养老保险参保人数28202人，居民基本医疗保险参保人数54145人。农村最低生活保障人数688人。（韩宝山）

【第一届荷花湾美食音乐节】 2022年，海丰街道组织开展多样化群众性文化活动，丰富群众文化生活、提升群众文化品位。

2022年6月26日，无棣县第一届荷花湾商业步行街消夏美食音乐节在古城举行
（海丰街道 供图）

举办“2022年荷花湾商业步行街消夏美食音乐节”。海丰街道取得县商务局支持，对荷花湾步行街进行灯笼、彩灯装饰；发放线上、线下两类消费券30余万元；以社区名称命名开设9个特色小院，涵盖美食、音乐、娱乐等主题活动；周末演出文艺节目持续2个月；组织文化剧团等民间表演队伍开展文化惠民巡演55余场次;开展“公益电影放映”活动，放映电影300余场，观众1.5万余人次。开设“网红直播”账号，进行线上直播。（韩宝山）

【海丰街道获评“全国淘宝镇”】2022年，海丰街道打造电商直播产业圈，鼓励云上共富。街道城东许村有从事电商户50余家，从业人员200余人，直播销售额1亿元以上。全街道创建“红色引擎”工程，搭建城东许村乡村振兴服务站，由服务站牵头引进山东中通云仓智能物流项目，指导村“两委”与快递公司、电商户订立三方协议，由村集体整合快递资源，采取每单抽取服务费方式，为电商户每年节省150万～300万元成本，为村集体增加年收入15万～30万元，带动周边村民加入线上直播行列，打造电商直播强村。至年底，城东许村后台电商销售额1亿元以上。海丰街道被阿里研究院、南京大学空间规划研究中心授予“全国淘宝镇”、城东许村获“全国淘宝村”称号。（韩宝山）

【西城区基础设施建设】2022年，海丰街道推进厕所革命、生活污水治理、生活垃圾治理、村容村貌提升、美丽乡村建设等工作，持续改善农村生态环境、人居环境、发展环境。完善改厕建档立卡，做到底数清、数量明、规格准、标准高。做好农村户厕改造“一户一档”“一村一档”“一村一策”工作，专人负责，全面排查。年内，全街道改造厕所7248户、提升5340户。生活污水处理整体布局，以行政村作为主体，推进项目建设，街道投资3000万元，完成农村生活污水治理28个村。做好村庄环境整治，完善基础设施及绿化，清理河道垃圾，安放垃圾桶，雇用保洁员，整治村庄供电、网络、电视、电话等线路乱拉乱接问题。做好村庄环境绿化、亮化工程，种植绿色植物、各类花草，路边安装太阳能路灯等项目建设。全街道在完成10个村连片打造基础上，持续推进美丽乡村创建工作。省级美丽乡村冯家铺、徐庙、李八里村聘请专业设计团队，整体设计村庄。冯家铺村投资50万元购买村宅基地2处，投资200余万元新建为民服务中心、文化广场。（韩宝山）

棣丰街道

【概况】棣丰街道位于县城新区，东邻滨州市沾化区，南连阳信县，西靠海丰街道，北接信阳镇、水湾镇。至2022年底，全街道总面积76.63平方千米，辖8个社区、31个行政村，53个居民小区，总人口2.76万人。

全街道全年实现生产总值20.82亿元，比上年增长4.2%。其中,第一产业增加值1.28亿元，第二产业增加值4.29亿元，第三产业增加值15.25亿元。固定资产投资3.14亿元，公共财政预算收入1.046亿元，公共财政预算支出1.02亿元。

全街道全年耕地1018公顷，粮食总产量1.52万吨。生猪存栏1.8万头，出栏3.13万头；肉牛存栏1395头，出栏958头；肉羊存栏5600只，出栏5508只；肉鸡存栏22万只，出栏100万只；肉鸭存栏3.4万只，出栏6.5万只，产蛋量3850吨。全街道拥有农业机械总动力1.6万千瓦。有规模以上工业企业10个，实现增加值5.51亿元，主营业务收入11.52亿元，利润2367万元，利税1333.3万元。

有小学2所，幼儿园7所，在校生2050人。有公共图书馆6所（含藏书2000册以上的农家书屋）。有医疗卫生机构1所，一体化卫生室12处，床位45张，卫生技术人员62人。街道居民人均可支配收入2.34万元。街道居民基本养老保险参保人数21417人，居民基本医疗保险参保人数24436人。农村最低生活保障人数293户482人，城市最低生活保障人数84户148人。（路 宸）

【十里香公司入选全省高端品牌培育企业】2022年，棣丰街道推进芝麻传统工艺与技术革新融合发展。开展职工培训，激励企业职工通过继续教育提升自身文化水平，提高专业素养；对有突出表现、突出贡献员工予以奖励。招聘高学历人才，壮大企业人才队伍，加强新产品实验研发。山东十里香芝麻制品股份有限公司设有芝麻加工行业智能化、自动化、现代化加工车间，有5项发明专利、20项实用新型专利，是粤港澳大湾区“菜篮子”生产基地、加工企业。7月12日，山东辰智电子科技有限公司、山东省十里香芝麻制品股份有限公司入选山东省委宣传部、省发展和改革委员会、省市场监督管理局认定的“2022年度全省制造业高端品牌培育企业”。（路 宸）

【国家级暖心家园创建】2022年，棣丰街道持续开展计划生育特殊家庭关爱帮扶工作，投资30余万元，依托星湖水岸服务站，建成集办公区、服务区、阅读区、生活区于一体的综合性服务场所，为计生特殊家庭构建经济救助、心理慰藉、社会帮扶、健康服务多维体系。打造“暖心家园”服务阵地，配备专兼职工作人员，建立健全帮扶工作精神慰藉、走访慰问、志愿服务、保险保障4项制度；调动社会力量，创新方式方法，常态化开展志愿服务活动，统筹推进“暖心行动”项目，帮助计生特殊人群走出家门、走进家园，提升计生特困家庭、失独家庭发展能力，助力“健康无棣”建设。6月28日，在棣丰街道馨泰社区举行中国计划生育协会2022年“暖心家园”无棣县项目点揭牌仪式，馨泰社区入选国家级暖心家园。（路 宸）

2022年6月28日，中国计生协会2022年“暖心家园”无棣县项目点揭牌仪式在棣丰街道馨泰社区举行（棣丰街道 供图）

【“我棣家”便民驿站投用】2022年，棣丰街道加强城市社区党建工作，提升辖区居民小区服务阵地建设水平。组织相关部门单位赴威海市、烟台市等地进行考察学习。根据小区便民服务用房现状，每个社区选取1个有服务用房、1个无服务用房小区，创建“我棣家”党群服务驿站。网格员、公益性岗位人员、机关工作人员下沉一线服务群众，做到服务群众“零距离”。5月，“我棣家”系列为民驿站、工人驿站、运动驿站投入使用，3个新时代文明实践服务点，根据所在场所功能、定位、群众需求，进行差异化外观、功能设计，建设广场红、运动橙、工人蓝等不同主题功能“彩色驿站”。打造新时代文明实践“棣丰品牌”，构建“15分钟城市服务圈”。（路 宸）

人物 荣誉

先进集体单位

全国先进集体

全国五四红旗团委

无棣鑫岳化工集团有限公司团委

主要事迹 无棣鑫岳化工集团有限公司是“中国民营化工企业100强”、“中国制造业500强”。近年来，鑫岳团委牢固树立争先向前、事争一流工作理念，坚持理想信念、形势教育、先进典型“三项引领”，筑牢青春心向党的信仰根基，举办主题团课、专题学习、青年读书交流会等30场次，激发青年在推动公司产业链转型升级工程中的责任感、使命感；做实在疫情防控和复工复产中彰显青年担当、在企业安全生产经营中贡献青年力量、在志愿服务工作中展现青年风采“三篇文章”，带领青年在服务发展中建功立业；突显畅通交流渠道、赋能人才成长、丰富载体形式“三个主题”，助力青年在奋勇拼搏中实现梦想。

山东省先进集体

全省五四红旗团委

无棣县埕口镇团委

山东省女职工建功立业标兵岗

无棣县妇女儿童事业发展中心

滨州市先进集体

滨州市五一劳动奖状

山东丰香园食品股份有限公司

滨州市工人先锋号

山东鑫动能锂电科技有限公司磷酸铁车间

无棣鑫岳燃化有限公司清洁能源项目部

无棣县鑫馨供热有限公司运行保障部

无棣县晟兴盐业有限公司海盐科技班组

滨州市三八红旗集体

中共无棣县委统战部

无棣县公安局出入境管理大队

无棣县财政保障中心

无棣县第一实验小学

无棣县棣丰街道社区卫生服务中心

无棣县小泊头镇卫生院

无棣鑫岳化工集团有限公司人力资源部

滨州市“最美基层妇联组织”

无棣县碣石山镇妇联

无棣县先进集体

无棣县五一劳动奖状

防汛抗旱

无棣县棣丰街道办事处

山东鲁北高新区管委会

无棣县消防救援大队

无棣县农业农村局

无棣县水湾镇人民政府

疫情防控

无棣县人民政府外事办公室

无棣县中医院

鲁北高新技术开发区人民医院

无棣县建筑设计院

无棣县财金投资集团有限公司

无棣县丰达建设工程集团有限公司

山东康泰医药有限责任公司
无棣县润禹水务集团有限公司
无棣县信阳镇人民政府
无棣县埕口镇人民政府
无棣县公安局交通警察大队
无棣县小泊头镇人民政府办公室
滨州市公安局海岸警察支队埕口派出所
无棣县公安局车王派出所
无棣县海丰街道办事处海丰社区

集中选树
山东华盛创新纺织科技有限公司
山东海城生态科技集团
山东祥海钛资源科技有限公司
无棣华誉环保科技建材有限公司
山东国棣电力器材有限公司
无棣县纪委工会委员会
无棣县金融服务中心
国家税务总局无棣县税务局海丰税务分局
无棣县林业保护和发展服务中心
无棣县第二初级中学

无棣县工人先锋号
无棣县公安局疫情防控专班
无棣县交通运输局交通运输综合执法大队
无棣县妇幼保健服务中心妇产科
无棣县公安局交通警察大队城区中队
无棣县海丰街道社区卫生服务中心
无棣县公安局治安管理大队
无棣县碣石山镇卫生院综合医疗组
无棣县埕口镇卫生院公共卫生科
无棣县公安局特巡警大队
无棣县水湾镇中心卫生院核酸采样点
无棣鑫岳化工集团有限公司甘油法技改项目组
山东鲁北企业集团总公司山东祥海钛资源科技有限公司氯化车间乙班
国家税务总局无棣县税务局第二税务分局
无棣县发展和改革局投资科
无棣县机关政务保障中心办公用房管理股
无棣县自然资源和规划局国土空间规划中心
国网山东省电力公司无棣县供电公司泊头供电所
山东大华电器有限公司生产班组
山东康泰医药有限责任公司防疫物资储备小组
无棣县城区供水服务有限公司维修科
无棣盐百购物中心有限公司综合办公室

无棣县三八红旗集体
无棣县公安局指挥中心调度室
无棣县为民服务中心
无棣县人民检察院办公室
无棣县科技创新发展研究中心
无棣县司法局办公室
无棣县文化和旅游局
无棣县第三实验小学
无棣县海丰街道政研室
无棣县车王镇农业合作经济经营管理指导站
无棣县水湾镇人力资源和社会保障所
无棣县车王镇中心幼儿园
中国移动通信集团山东有限公司无棣分公司
山东无棣海丰（集团）有限责任公司酒店运营公司
山东金海钛业资源科技有限公司化验室
山东欣广化学有限公司技术部

先进模范人物

山东省先进个人

山东省新时代岗位建功劳动竞赛标兵
孙文炉　国家税务总局无棣县税务局三级主办、助理经济师
姚　禹　山东鲁北企业集团总公司企业管理部副部长
孙可祥　无棣县博翱职业中等专业学校教师
王海娟（女）无棣鑫岳化工集团有限公司人力资源部部长
石智铭　山东久日化学科技有限公司技术工艺部部长

山东省三八红旗手
张崇云　无棣县民政局党组书记、局长

山东省妇女儿童工作优秀个人
吴　菁　无棣县妇联主席

滨州市先进个人

滨州市五一劳动奖章

王海娟（女）无棣鑫岳化工集团有限公司化验员，技师
彭　波　山东北方创信防水科技集团股份有限公司施工工人，高级工程师
于风瑞　山东盛发科工贸有限公司技术员
石智铭　山东久日化学科技有限公司技术工艺部部长，工程师
陈延永　山东省无棣第一中学校长、生涯规划教师，高级教师
陈树常　山东鲁北化工股份有限公司董事长，工程师

滨州最美工匠

马晓波　无棣县晟兴盐业有限公司研发中心主任

滨州市三八红旗手

冯晓华　无棣县保密委专职副主任
范雯雯　无棣县纪委监委四级主任科员
李文华　无棣县委组织部办公室副主任
吴宁宁　无棣县人力资源和社会保障局事业单位人事管理室主任
徐国芸　无棣县妇女儿童事业发展中心科员
张雪梅　无棣县信阳镇扶贫办副主任
赵丽霞　无棣县碣石山镇卫生院主管技师
赵　迪　无棣黄河三角洲恒发投资有限公司副总经理
张文华　无棣县建设监理有限责任公司资料部主任
吴艳玲　无棣县建设工程质量安全服务中心副主任
袁　帅　无棣农村商业银行人事综合部办事员

滨州市“最美基层妇联人”

常立梅　无棣县水湾镇妇联主席
赵丙叶　无棣县埕口镇妇联主席
汪洪迪　无棣县柳堡镇妇联主席、扶贫办科员
丁志莹　无棣县棣丰街道怡馨社区（综合）党委书记、妇联主席

无棣县先进个人

无棣县五一劳动奖章

防汛抗旱

马成远　无棣水总建设工程有限公司党支部书记、董事长兼总经理
邓金龙　无棣县西小王镇人民政府镇党委组织委员
刘金辉　无棣县马山子镇人民政府党委副书记、镇长
刘长河　无棣县公安局小泊头派出所副所长
闫廷森　无棣县海丰街道办事处党工委委员武装部部长
张平涛　无棣县综合执法局主任
吴秋华（女）无棣县应急管理局四级主任科员
吴云峰　无棣县融媒体中心新闻外宣室记者
吴风玉　无棣县财政局四级主任科员
杨晓剑　无棣县自然资源和规划局调查与监察股股长

疫情防控

于福泉　无棣县委组织部老干部活动中心副主任
王文龙　无棣县公安局科员
牛冬雪（女）无棣县政府办公室副主任、一级主任科员
王志博　无棣县公安局刑侦大队技术室主任
王建明（女）无棣县交通运输局四级主任科员
王文东　无棣县疾病预防控制中心卫生检验与监测评价室主任
王金栋　无棣县中心医院副院长
从云伟（回族）无棣县委统战部三级主任科员
冯兆田　无棣县中医院党总支书记
史建馥　无棣县教育和体育局调研信息室副主任
刘军健　无棣县人民政府办公室副主任
邱凤仙（女）无棣县公安局机关党委专职副书记
张　涛　无棣县教育和体育局副主任
李生宏（女）无棣县工信局工业运行和产业政策办公室主任
李成锋　无棣县发展和改革局副局长

邵洪仙（女）无棣县碣石山镇卫生院检验科副主任
张连芹（女）无棣县海丰街道社区卫生服务中心公卫科主任
邱　锋　无棣县车王镇中心卫生院副院长
张宗昊　无棣县社会治安综合治理服务中心综合室主任
李中连　无棣县润禹水务集团有限公司办公室主任
李文祥　无棣县财金投资集团有限公司副董事长、总经理
李　健　无棣众鑫物业服务有限公司总经理
孟垂民　无棣县人民医院主治医师
郑晓梅（女）无棣县佘家镇中心卫生院院感科主任
侯永伟　无棣县纪委监委党风政风室副主任
赵丽霞（女）无棣县碣石山镇卫生院主管技师
郭庆文　无棣县商务局党组书记、局长
郭泉山　无棣县市场监督管理局党组成员、副局长
徐景江　无棣县委宣传部分管日常工作的副部长、县融媒体中心主任
郭树军　无棣县卫生健康局股长
董　田（女）无棣县卫生健康局办公室主任
甄霄如　无棣县建设监理有限责任公司
翟海龙　无棣县委重点工作落实调度中心调度一室主任
蔡云梅（女）无棣县人民医院产科副主任
魏景洪　无棣县佘家镇人民政府四级主任科员

集中选树

刁玉胜　无棣县信阳镇便民服务中心大庄管区书记
于树茂　无棣县人大常委会办公室县人大常委会机关保障中心副主任、综合室主任
马　震　滨州安泰路桥工程有限公司公路养护技术员
王子健　山东丰香园食品股份有限公司董事长
从荣涛（回族）无棣县车王镇中学校长
王景兰（女）无棣县人民检察院科员
王凤云（女）国家税务总局无棣县税务局第一税务分局局长
王立松　无棣鑫岳燃化有限公司技术员
王森林　无棣鑫岳化工集团有限公司综合管理部管理员
付长强　山东鲁北企业集团总公司核算员
由海涛　山东华东九鼎油业有限公司车间主任
任国松　无棣县纪委监委第一纪检监察室主任
孙湘锋（女）无棣县海丰街道办事处海丰街道西城区基层联合工会副主席
孙长忠　无棣县棣丰街道馨泰社区社区书记
刘瑞栋　无棣县碣石山镇中心幼儿园园长
许长春　无棣县金融服务中心党组成员、副主任
毕健康　山东大华电器有限公司总经理
张长永　无棣县人力资源和社会保障局公共就业和人才服务中心副主任
张春杰　无棣县政协民族和宗教委员会副主任
李晓芳（女）无棣县中医院护理部主任
李同月　无棣县第二高级中学副校长
谷卫国　无棣县小泊头镇中学校长
李　可　山东久日化学科技有限公司总经理
李同斌　无棣县畜牧兽医管理服务中心畜牧生产室主任
吴立军　山东三木化工有限公司节能技术总工
张式玉　山东三岳化工有限公司环保检测员
劳振兴　山东北方创信防水科技集团股份有限公司技术总监
赵　越（女）山东绿风农业集团有限公司会计
唐福星　山东兴滨生物科技有限公司车间主任
郭丰玲（女）无棣县棣州希贤学校教师
高洪秀（女）无棣县信阳镇中心小学教师
高海豹　无棣县交通运输局四级主任科员

崔新盟 无棣海忠软管制造有限公司工艺工程师
彭彦明 无棣县农业农村局农村宅基地工作负责人
鞠佳兴 中共无棣县委办公室一级科员

无棣最美工匠

蒋立君（女）无棣鑫岳燃化有限公司
盖希峰 无棣县职业中等专业学校
张明升 山东省无棣第一中学
李树秋 无棣县人民医院
张　超 无棣县供电公司
邱金峰 山东鲁北企业集团总公司
孟维国 山东省十里香芝麻制品股份有限公司
李宏身 山东万德酒业集团有限公司
石智铭 山东久日化学科技有限公司
孙大林 无棣海忠软管有限公司
温显峰 山东鲁北企业集团总公司
张景萍（女）无棣县技工学校
姜奇展 山东无棣海丰（集团）有限责任公司、无棣县晟兴盐业有限公司
孟红秀（女）无棣县人民医院
范树元 国家税务总局无棣县税务局
张天骄 无棣县公安局禁毒大队
林金辉 无棣县融媒体中心
咸胜男（女）无棣县文化和旅游局
王竹海 山东卫测地理信息科技有限公司
孟维丽（女）山东天顺药业股份有限公司

无棣县三八红旗手

孙洪娥 无棣县棣丰街道财政所所长
郭　梅 无棣县海丰街道民政所所长
王洪燕 无棣县信阳镇一级科员
丁风霞 无棣县碣石山镇农业综合服务中心主任
杜丙芳 无棣县小泊头镇老龄办科员
赵丽丽 无棣县埕口镇畜牧站站长
汪洪迪 无棣县柳堡镇妇联主席
张　华 无棣县西小王镇经济发展办公室副主任
谭有秀 无棣县马山子镇中心卫生院副院长
马向平 无棣县纪委监委一级科员
王　慧 无棣县人民检察院办公室一级科员
徐　靖 共青团无棣县委副书记
郭秀祖 无棣县退役军人事务局烈士陵园主任
郭　虹 无棣县市场监管局妇委会主任、调研室主任，无棣县知识产权事业发展中心主任
陈风叶 无棣县西小王镇中心小学教师
张华飞 无棣县第二初级中学教师
宋秀丽 无棣县实验幼儿园教师
张　建 无棣县特殊教育学校办公室主任
李晓芳 无棣县中医院护理部主任
李佳慧 无棣县丰达建设工程集团有限公司综合部副部长、妇委会主任

无棣县巾帼建功标兵

李宝杰 无棣县海丰街道老龄办副主任
范宜征 无棣县海丰街道经管站站长
赵梦樵 无棣县车王镇党建办主任兼妇联主席
王平伟 无棣县碣石山镇卫生院主治医师
朱炳杰 无棣县碣石山镇妇联主席
王桂枝 无棣县小泊头镇便民服务中心计生办副主任
吴叶静 无棣县埕口镇财政所所长
关立玲 无棣县西小王镇妇联主席、文化站站长
吴　媛 无棣县佘家镇妇联主席
谷文静 无棣县水湾镇民政所副所长兼会计
付金秀 无棣县马山子镇安监站副站长
任晓彬 无棣县委办公室科员
包洪波 无棣县人民政府办公室三级主任科员
孙廷花 无棣县政协教科卫体委主任兼妇委会主任
李凌云 无棣县委政法委四级主任科员
侯燕燕 无棣县县直机关工委副书记
张爱莲 无棣县人民法院立案庭副庭长

刘真真　无棣县人民检察院第二检察部副主任
马　萍（回族）无棣县残联办公室主任
于丽静　无棣县教育和体育局妇委会主任
何　叶　无棣县民政局财务科科长
张爱荣　无棣县信阳镇司法所所长
端照艳　无棣县人力资源和社会保障局四级主任科员
王淑凤　无棣县自然资源和规划局妇委会主任、财务室副主任
李贤芝　无棣县交通运输局财务审计股股长
张余花　无棣县农业农村局财务办公室副主任
马秀萍　滨州贝壳堤岛与湿地国家级自然保护区管理服务中心妇委会主任
李健美　无棣县文化和旅游局科员
何荣焕　无棣县退役军人事务局双拥优抚安置股股长
张　蕾　无棣县综合行政执法局执法大队四中队指导员
任淑芳　无棣县统计局水湾统计站科员
汤　婷　无棣县融媒体中心播音员
孙倩倩　无棣县古城发展服务中心办公室主任
王　秀　无棣县畜牧兽医管理服务中心妇委会主任
赵桂华　山东省无棣第一中学教师
李秀娣　无棣县第二高级中学教师
王洪叶　无棣县第一初级中学教师
吴　艳　无棣县第二初级中学教师
李　梅　无棣县第一实验小学德育处副主任
石俊仙　无棣县第二实验小学教科研处副主任
丁　芬　无棣县第三实验小学教师
张连花　无棣县第四实验小学教师
商　丽　无棣县实验幼儿园教师
郭　翠　无棣县第一实验幼儿园教师
唐景辉　无棣县第二实验幼儿园园长
高洪秀　无棣县信阳镇中心小学教师
孟娜娜　无棣县车王镇中学教师
刘淑平　无棣县水湾镇中学教师
张珂嘉　无棣县信阳镇中学教师
李　楠　无棣县人民医院重症医学科副主任
郭　剑　无棣县中医院主管护师
高娜娜　无棣县中心医院办公室主任
张　洁　无棣县妇保中心婚前查体中心组长
门淑兰　无棣县海丰街道社区卫生服务中心
高秀静　无棣县水湾镇中心卫生院护士长
逯云丽　无棣县佘家镇中心卫生院办公室主任
王景荣　无棣县小泊头镇卫生院主治药师
徐桂兰　无棣经济开发区发展集团有限公司经贸发展部职员
朱金玉　鲁北国际新材料研究院研发员
陈桂芬　无棣县建设监理有限责任公司劳动人事部主任
邱琴芹　山东兴滨生物科技有限公司财务主管
孟红立　无棣县城市建设服务中心物业服务股副股长
张新莉　无棣县顺达公交有限公司总经理
张雪芳　山东域领城市规划技术服务有限公司职工董事兼规划编制部部长
张蕾蕾　山东无棣海丰（集团）有限责任公司综合办公室职员
冯红梅　无棣金城房地产开发有限公司综合办公室主任

无棣县“最美基层妇联人”

常立梅　水湾镇
刘　壮　马山子镇
庞荣香　棣丰街道
扈建青　棣丰街道
邵南南　信阳镇
马秀艳　信阳镇
韩玉玲　车王镇
王　琴　车王镇
王修凤　碣石山镇
刘秀利　小泊头镇
贺林果　小泊头镇
赵丙叶　埕口镇
赵金兰　柳堡镇
邢恩芳　柳堡镇
郭景俊　佘家镇
刘琳琳　佘家镇
孙玉美　西小王镇
蒋义琢　水湾镇
张清霞　海丰街道
李维芳　海丰街道

统计资料

2022年无棣县国民经济和社会发展统计公报

2022年，面对内外环境的超预期变化，全县上下深入学习党的二十大精神，认真贯彻落实党中央、国务院决策部署，全面落实疫情要防住、经济要稳住、发展要安全的要求，锚定“走在前、开新局”，经受住超预期的挑战，取得超预期的成绩。全县国民经济持续发展，改革创新深入推进，民生保障扎实有力，高质量发展取得新成效。

一、综合

经济实力持续增强。根据县级生产总值统一核算结果，2022年全县生产总值为284.50亿元，按不变价格计算，比2021年同期增长4.0%。其中，第一产业增加值46.77亿元，同比增长4.8%；第二产业增加值114.21亿元，同比增长4.2%；第三产业增加值123.52亿元，同比增长3.5%。三次产业结构调整为

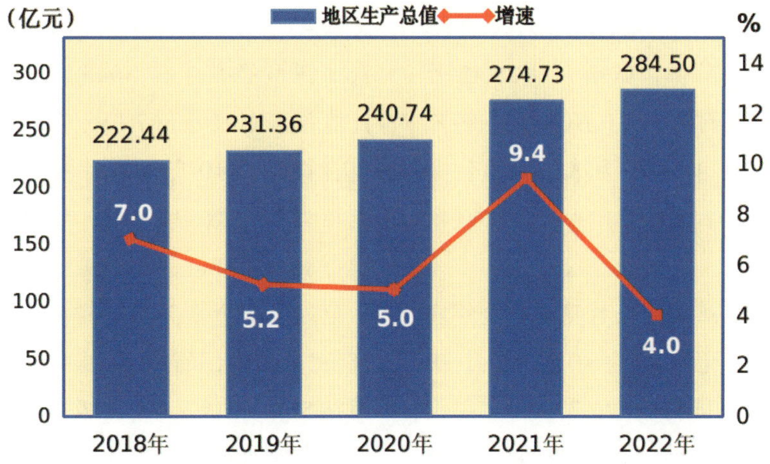

图1 2018—2022年地区生产总值及增速图

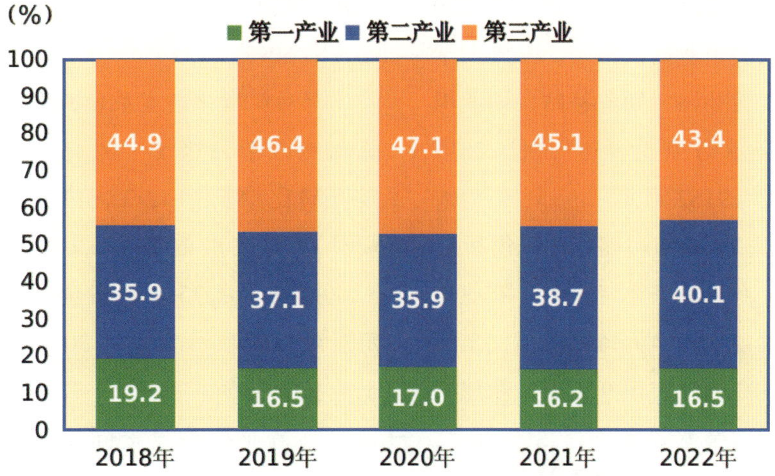

图2 2018—2022年三次产业结构图

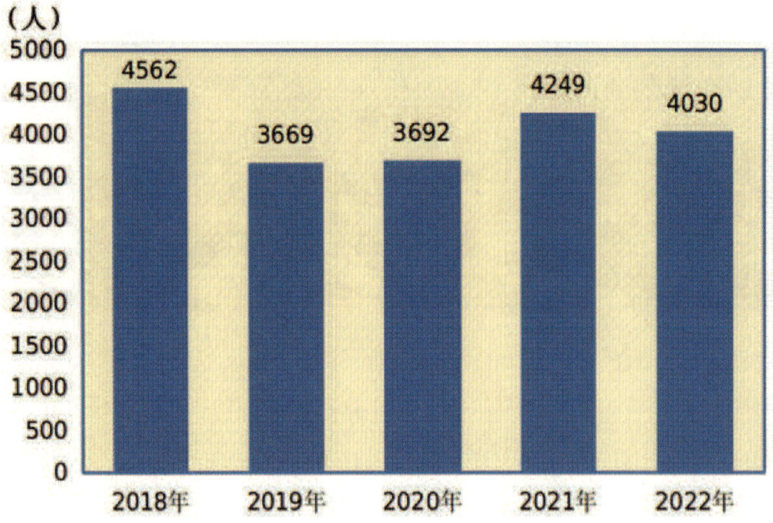

图 3 2018—2022 年城镇新增就业人数图

16.5 ：40.1 ：43.4。

人口总量保持稳定。年末户籍总人口 45.12 万人，下降 1.3%。其中，城镇人口 23.42 万人，农村人口 21.70 万人。年末常住人口 42.78 万人，城镇化率 61.24%，较 2021 年提高 0.63 个百分点。

就业形势保持稳定。全年实现城镇新增就业 4030 人，其中失业人员再就业 1735 人，创设城乡公益性岗位 3516 个。全力破解企业人才用工难题，举办线上线下招聘会 24 场次，为 820 余家次企业提供招聘。发放大学生生活补贴、创业补贴、创业担保贷款分别为 936 万元、3817 万元、9162 万元。

二、重点战略与改革创新

乡村振兴积势蓄力。农业质量效益和竞争力持续增强，全年建成高标准农田 9 万亩，新建农田高效节水灌溉工程 2.69 万亩，新增省级农业产业化龙头企业 3 家、农业产业化强镇 2 个、现代农业产业园 1 个、“三品一标”总数 47 个。高素质农民加快培育，新型经营主体 3045 家，累计培育家庭农场 867 户、农民专业合作社 2110 户，累计参与技能培训农民数 2977 人。乡村建设行动一体推进，建成美丽乡村示范片区 2 个；美丽乡村示范村 38 个。其中，省级美丽乡村示范村 5 个、市级 9 个、县级 24 个。农业农村改革不断深化，农村土地流转工作持续推进，目前全县土地流转面积 45.5 万亩，土地流转率 60%。

新动能新业态发展活跃。传统动能改造升级，全年高技术投资同比增长 614.9%，占固定资产投资比重的 20.9%；在库工业技改项目 75 个，占全部固定资产投资项目个数的 30.9%；工业技改投资同比增长 32.7%，其中制造业技改投资同比增长 44.8%。新兴消费模式展现发展优势，限额以上单位通过公共网络实现的商品零售额同比增长 48.7%，高于全县限额以上消费品零售总额累计增速 42.0 个百分点。

创新驱动全面推进。知识产权创造运用持续强化，专利授权总量 823 件，其中发明专利授权量 250 件。每万人口发明专利拥有量 5.77 件。科技创新能力显著提高，4 项科技成果获得省科技进步奖，其中二等奖 1 项、三等奖 3 项。企业核心竞争力增强，新增省级企业技术中心 2 家、高新技术企业 32 家；新增备案国家科技型中小企业 49 家、省制造业高端品牌培育企业 6 家、省“专精特新”中小企业 8 家、省瞪羚企业 3 家。创新能力持续提升，2022 年全县研发经费支出 6.93 亿元、研发投入占比 2.5%、有研发活动规上工业企业占比 86.7%、每万人有研发人员数 56.7 人。

“双招双引”取得显著成效。招商引资显成效，开展外出招商和接待客商 40 余次，组织线上视频对接 7 次、线下重大招商活动 7 次。全年新签约立项项目 22 个，其中世界 500 强项目 1 个，新设外商投资企业 2 个；到位市外资金 108.82 亿元，比上年增长 1.7%。人才队伍再提素，柔性引进海外人才 9 人、科技领军人才 19 人、硕博士 81 人、本科以上大学生

1124人，全年新增高技能人才2507人。

营商环境持续优化提升。行政审批全领域改革，全年审批材料压缩59%、审批环节压减67%、审批时间压缩78%。市场主体稳步增长，新设立登记市场主体5252家，增长6.6%。企业开办成本进一步压缩，累计为8042家新设立市场主体免费提供印章3万余枚，为企业减少开办成本280余万元。市场主体登记效率稳步提高，全县平均办结时长仅0.05个工作日。

质量强县建设扎实推进。全年新注册商标812件，新增地理标志证明商标3件、山东知名品牌5个、山东优质品牌3个，6家企业入选全省制造业高端品牌培育企业，1个市级专利导航项目顺利通过验收，鲁北、鑫岳和无棣贝瓷荣登中国品牌价值评价榜。

三、农业

农业供给保持稳定。全年实现农林牧渔业总产值101.02亿元，按可比价格计算，比上年增长5.8%。粮食总产量42.10万吨，增产0.9%。其中，玉米产量23.77万吨，增产1.4%；小麦产量17.88万吨，增产0.3%。蔬菜及食用菌、园林水果总产量分别为3.47和11.81万吨。猪牛羊禽肉产量10.31万吨，增长2.5%。全年猪、牛、羊、禽出栏分别为26.95万头、8.31万头、22.93万头、4197.27万羽，分别增长-16.5%、7.8%、7.6%、3.8%。水产品总产量16.8万吨，增长4.5%，其中海水产品产量15.96万吨，增长4.30%；淡水产品产量0.84万吨，增长6.8%。

农业机械化水平稳定提升。农业机械服务组织165个，农机户2.7万户，农业机械总动力74.32万千瓦，比上年增长7.44%，全年耕种收综合机械化水平91.9%。

四、工业和建筑业

工业生产持续发展。全年工业增加值103.41亿元，比上年增长3.9%。规模以上工业增加值增速同比增长5.6%。分门类看，采矿业增长3.1%，制造业增长5.7%，电力、热力、燃气及水生产和供应业增长12.8%。从行业看，26个行业大类中有13个行业增加值实

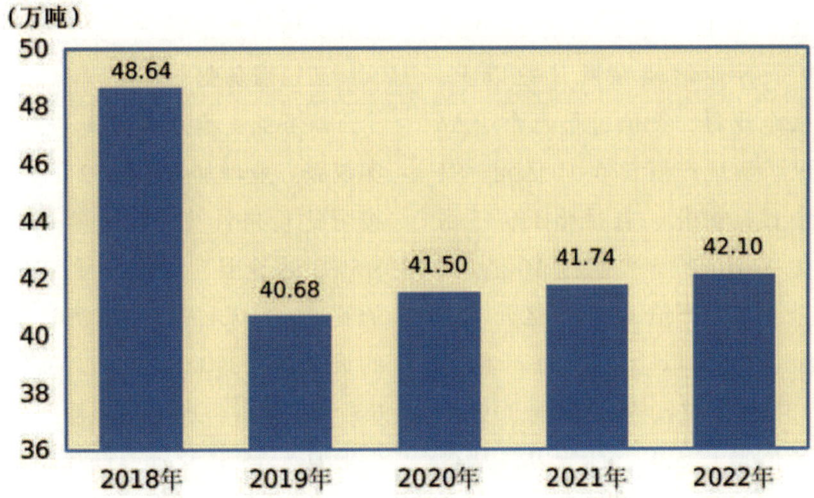

图4 2018—2022年全县粮食总产量图

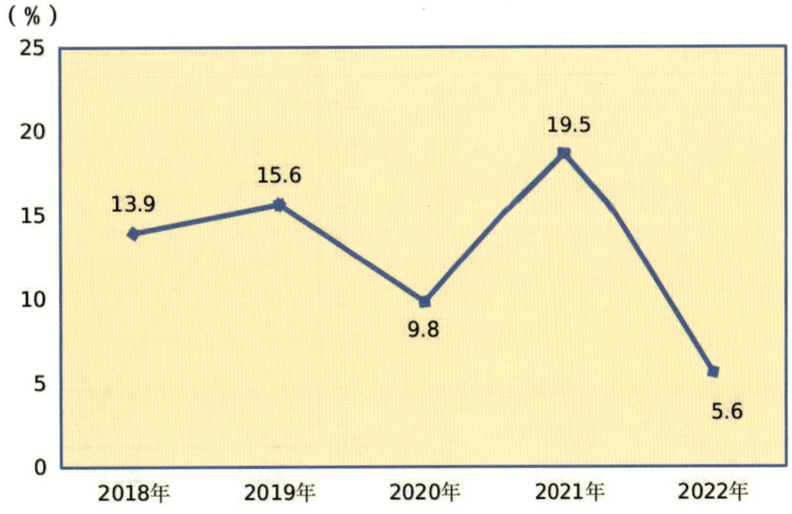

图5 2018—2022年全县规模以上工业增加值增速图

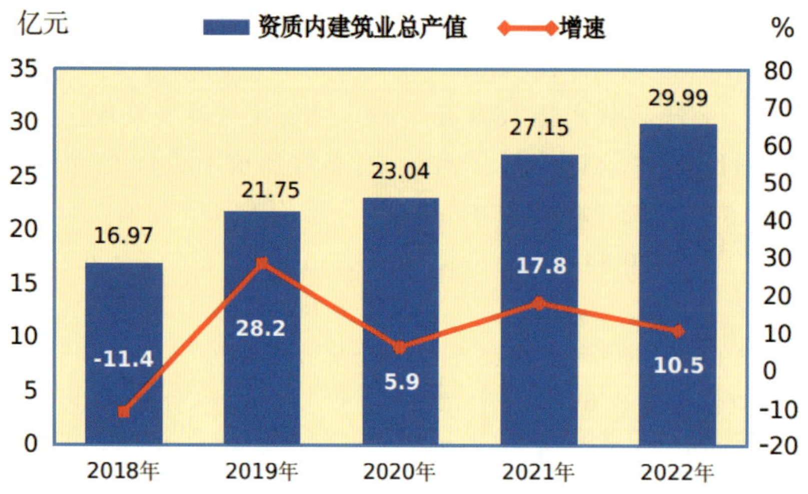

图 6 2018—2022 年资质内建筑业总产值及增速图

现正增长，增长面为 50.0%，9 个行业增幅在两位数以上。从企业看，产值过亿元企业 56 家，实现产值 570.01 亿元，其中鑫岳燃化、鑫岳化工、三岳化工等 12 个产值过 10 亿元，企业实现产值 451.63 亿元，占全县规模以上工业总产值的 73.8%，拉动全县规上工业总产值增长 5.4 个百分点。从效益看，全县实现规模以上工业营业收入 616.33 亿元，同比增长 8.6%；实现工业利润 8.27 亿元，同比下降 73.6%；实现工业利税 33.08 亿元，同比下降 34.7%。

建筑业稳步发展。全年资质内总承包、专业承包建筑业企业 55 家，实现增加值 12.56 亿元，比上年增长 5.6%。完成建筑业总产值 29.99 亿元，增长 10.5%。其中，建筑工程产值 26.53 亿元，增长 10.8%；安装工程产值 2.92 亿元，增长 2.2%；其他产值 0.53 亿元，增长 59.5%。

五、服务业

服务业支撑力度增强。全年实现服务业增加值 123.52 亿元，按可比价格计算，比上年增长 3.5%；占全县生产总值（GDP）的比重的 43.4%；对经济增长的贡献率为 39.6%，比上年提高 6.7 个百分点。规模以上服务业营业收入 15.57 亿元，同比下降 11.0%。从行业来看，交通运输、仓储和邮政业同比下降 12.6%，其中装卸搬运和仓储业保持较快增长，同比增长 41.7%；租赁和商务服务业同比增长 3.1%。

交通事业稳步推进。公共交通运行良好，年末实有公交 32 路，公共汽（电）车辆运营车辆 205 辆，实有出租车 224 辆。港航运输稳步发展，港口货物吞吐量 2330.6 万吨，货运量 268.4 万吨，货物周转量 57191.8 万吨公里。“四好农村路”项目扎实推进，新改建农村公路 230 千米、危桥改造 6 座、村道安防工程 120 千米、养护工程 159 千米。

六、固定资产投资

固定资产投资平稳增长。全年固定资产投资增速 15.3%，高于全市 1.2 个百分点，列全市第 3 位。从产业看，第一产业投资同比下降 25.9%；第二产业同比增长 16.4%；第三产业同比增长 14.0%。从投资领域看，制造业投资增长 37.1%；房地产开发投资增长 29.9%。从投资主体看，民间投资同比增长 18.4%，占全

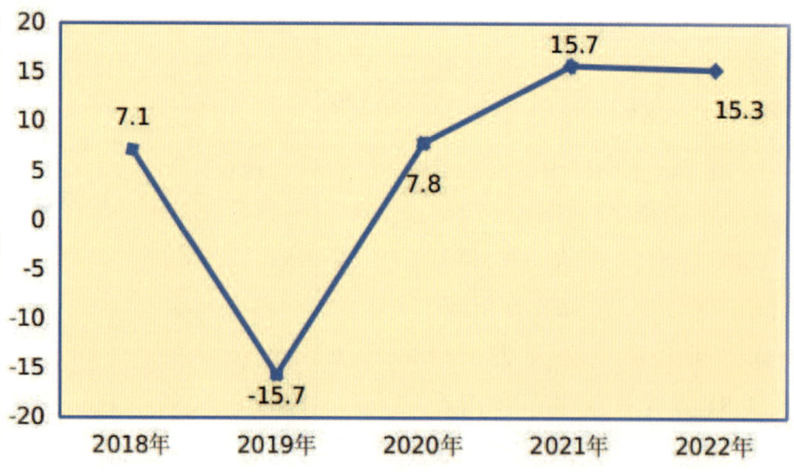

图 7 2018—2022 年全县固定资产投资增速图

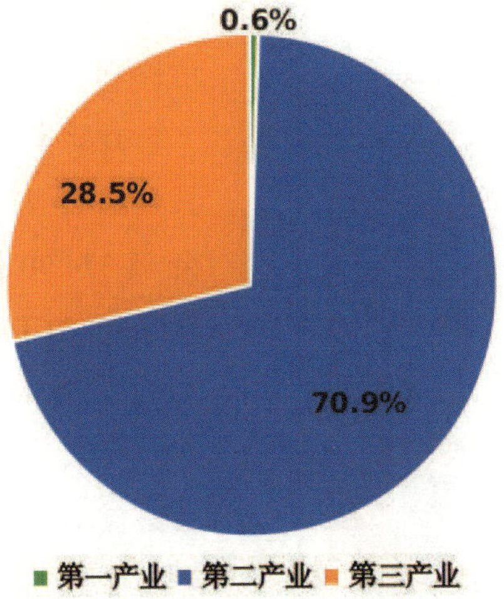

图 8 2022 年三次产业投资占固定资产投资比重图

部固定资产投资比例的 68.9%，比上年同期提高 1.8 个百分点。

重点项目有序推进。2022 年列入省重点项目 20 个。其中，鲁北万润年产 24 万吨磷酸铁锂联产 24 万吨磷酸铁等 8 个项目列入省重大项目，华盛创新纺织年产 5 万吨高端针织面料等 5 个项目列入省优选项目，绿脉年产 36 万吨氟铝新材料等 3 个项目列入省双招双引项目；城乡燃气管网提升改造等 4 个项目列入省补短板项目。28 个项目列入 2022 年市重点。

房地产市场平稳运行。全年完成房地产开发投资比上年增长 29.9%。商品房施工面积 239.2 万平方米，增长 3.2%。其中，住宅施工面积 184.8 万平方米，增长 2.1%。商品房销售额 23.3 亿元，增长 5.7%。其中，住宅销售额 21.2 亿元，增长 0.7%。

七、国内外贸易

消费品市场持续恢复。全县完成社会消费品零售额 78.5 亿元，同比下降 0.8%。完成限额以上消费品零售额 6.40 亿元，同比增长 6.7%。其中，商品零售同比增长 7.6%，餐饮收入同比增长 0.6%，商品零售增速快于餐饮收入。从消费商品看，生活类消费稳定增长，烟酒类、日用品类、饮料类、中西药品类、粮油食品类分别增长 32.9%、30.1%、11.8%、11%、7.9%。大宗商品消费加速恢复，汽车类销售额同比增长 46.1%，其中新能源汽车同比增长 154.3%。

对外贸易保持高位运行。货物进出口总额为 157.85 亿元，同比增长 52.5%，增速列全市第 2 位（七县市区，下同）。全县完成货物进口总值 132.26 亿元，同比增长 62.3%，增速列全市第 2 位；完成货物出口总值 25.59 亿元，同比增长 18.3%，增速列全市第 3 位。

八、财政和金融

财政税收运行平稳。全年完成一般公共预算收入 16.59 亿元，扣除留抵退税后同比下降 4.9%，按自然口径计算下降 20.0%。其中，累计完成税收收入 10.59 亿元，按自然口径计算下降 33.5%。全县实现一般公共预算支出 36.64 亿元，同比增长 0.1%。其中，卫生健康支出、文

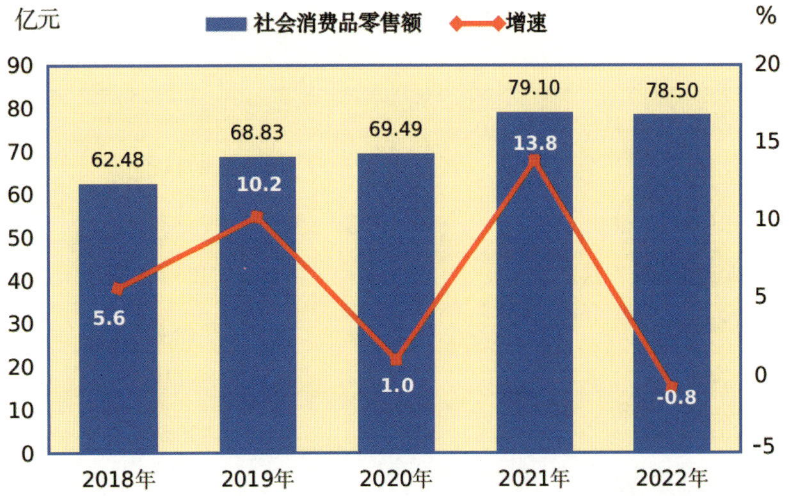

图 9 2018—2022 年全县社会消费品零售总额及增速图

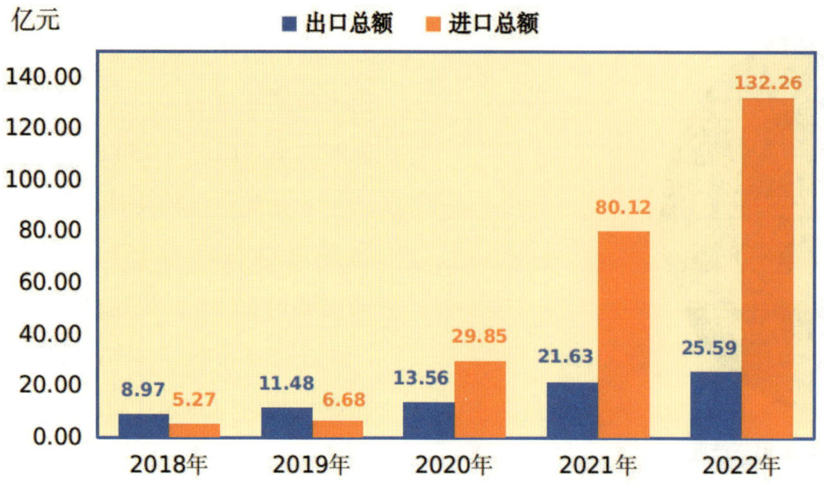

图 10 2018—2022 年全县进出口总额图

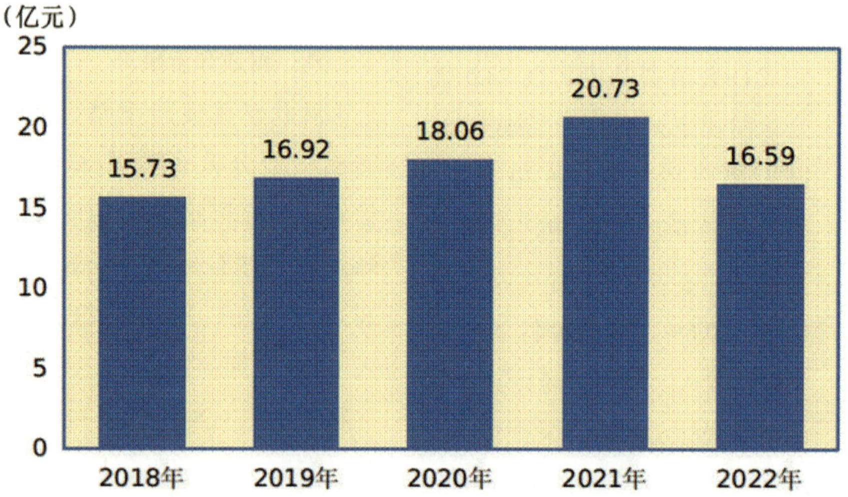

图 11 2018—2022 年全县一般公共预算收入图

化旅游体育与传媒支出分别增长 13.1%、6.4%。

金融市场运行稳健。全县金融机构月末本外币存款余额 374.90 亿元，较年初增加 63.31 亿元，同比增长 20.3%。其中，住户存款余额 242.19 亿元、非金融企业存款余额 106.42 亿元、广义政府存款 26.29 亿元。月末本外币贷款余额 281.76 亿元，较年初增加 49.82 亿元，同比增长 21.5%。其中，住户贷款 118.57 亿元、非金融企业贷款 163.19 亿元。全县整体银行信贷资产质量良好，全县金融机构不良贷款余额 3.91 亿元，较年初减少 1.03 亿元，不良贷款占比 1.4%，较年初减少 0.7 个百分点。

2022 年全县金融机构本外币存贷款余额及增速统计表

表 70

指标	年末数（亿元）	比年初增长（%）
各项存款	374.90	20.3
住户存款	242.19	17.0
非金融企业存款	106.42	29.3
广义政府存款	26.29	18.2
各项贷款	281.76	21.5
住户贷款	118.57	13.2
金融企业贷款	163.19	28.3

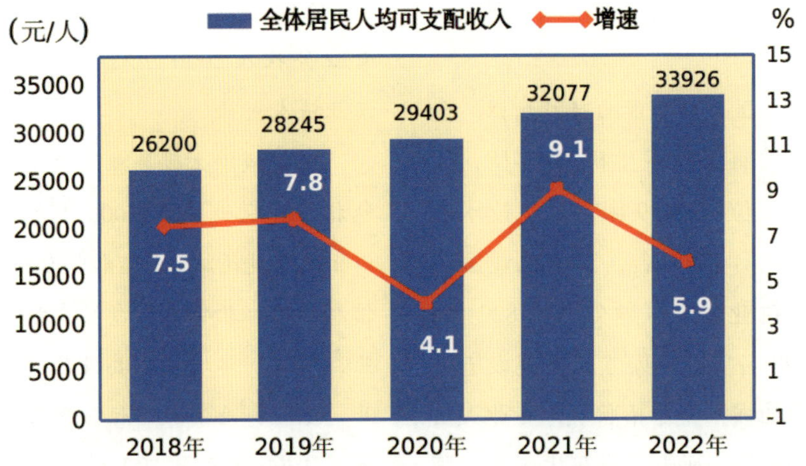

图 12 2018—2022 年全体居民人均可支配收入图

九、居民生活

居民生活水平稳步提升。全县全年居民人均可支配收入33962元，同比增长5.9%。其中，城镇居民人均可支配收入为42535元，同比增长5.4%；农村居民人均可支配收入为22657元，同比增长7.0%。城乡居民收入倍差由2021年的1.91收窄至1.88。全县居民人均消费支出20299元，同比下降0.8%。其中，城镇居民人均消费性支出23852元，同比下降2.5%；农村消费活力释放，居民人均支出15613元，同比增长2.7%。

社会保障更加完善。全县城镇职工养老、城镇职工医疗、工伤、失业、生育5项社会保险参保人数分别为5.28万人、5.35万人、8.19万人、3.75万人、1.94万人。城乡居民养老保险参保人数26.07万人，居民基本医疗保险参保人数35.97万人，基本实现应保尽保。城镇和农村低保标准分别较上年提高87元/月、78元/月。全县新增办理低保户307户，新办理特困人员449人，新增临时救助272户、共发放临时救助备用金46.9万元。

十、城市建设、安全生产和环境保护

城市建设加快推进。着力推进老旧小区、棚户区改造，全年投资3724万元，对55个老旧小区进行全面改造，改造总面积26.5万平方米，惠及群众2885户；投资3000万元，对馨国棚户区进行改造，改造总面积9.97万平方米，惠及431户。雨污合流清零行动圆满完成。投资4362.6万元，对县城建成区94个小区进行雨污合流管网改造，改造管网总长度147.2千米，新建雨水口6500余个，检查井6300余个，道路硬化103.2千米。

安全生产形势稳定。2022年，全县累计发生各类生产安全事故4起，同比下降20%，生产安全事故死亡1人，同比下降66.7%。

生态环境质量持续改善。空气质量综合指数为4.46，改善5.3%，全县大气优良天数282天，增加27天，优良率77.3%。主要污染物细颗粒物、可吸入颗粒物、二氧化硫、二氧化氮、一氧化碳和臭氧年均浓度分别改善9.5%、5.3%、0.0%、9.1%、7.1%和-1.8%。工业废水排放达标率100%，集中式饮用水源地水质达标率100%。

十一、社会事业

教育事业健康发展。全县共有中等职业学校3所，在校学生3132人；普通高中5所，在校学生7562人；初中16所，在校学生15662人；小学54所，在校学生40063人；幼儿园129所，在校学生17580人。年内新建幼儿园5所，增设学位2550人。推进高质量教师队伍建设，公开招聘教师274人，安置省属公费师范生18人。全县现有职业中专专任教师282人，高中专任教师762人，初中专任教师1267人，小学专任教师2205人，幼儿专任教师1029人。助学行动稳步落实，全年资助学生18840人，发放金额及免除1330.8万元；为全县家庭经济困难大学生贷款1222人，贷款金额1300.3万元。

体育事业取得新突破。继续

推进体育惠民提升工程，为全县134个行政村、30个居民小区配发、提档升级体育健身器材。建设“百姓健身屋”6处、口袋体育公园3处。完善体育社会组织，开展精彩赛事活动200项次。加快推进体育人才培训工作，培训各类体育人才800名，组织体育公益志愿服务活动20场次。开展系列全民健身赛事活动，承办市级以上比赛3项，举办县级比赛40项，参加市级群众性比赛52项。竞技体育赛场摘金夺银，在山东省第二十五届运动会上，无棣籍运动员获得9.5枚金牌、1枚银牌、5枚铜牌。其中，5名无棣籍队员代表滨州市参加攀岩项目速度接力比赛中获得第3名。

文化事业繁荣发展。全县拥有文化馆、艺术馆1个，文化站12个，图书馆1个，文物管理机构1个，博物馆1个，“文旅驿站”“图书共享服务点”7处。群众文化活动日益丰富，全年组织“戏曲进乡村”文化惠民演800场、百姓大舞台广场文化活动40余场、省市县三级联合购买文化惠民演出11场、各类市民文化节活动151场、农村公益电影放映6996场。非遗保护传承活力，共认定首批非遗工坊19家，其中8家为首批市级非遗工坊，成功申报市级非遗项目10项。

医疗服务能力持续增强。全县共有医疗卫生机构91所，实有床位数2419床，卫生技术人员共计2300名，其中执业医师和执业助理医师分别为822名、198名。医疗人才队伍建设进一步加强，全年招聘卫生专业人员242人。其中，研究生5人，聘任高级职称48个、中级职称31个。推进紧密型县域医共体建设，2022年基层诊疗量占比75.03%，县域内就诊率96.6%；家庭医生签约20.99万人，其中65岁及以上老年人签约率77.29%。落实老龄优待政策，新建老年友善医疗机构7家，建设全国老年友好型社区1处，为农村60岁以上老年人免费发放口罩1800万只。

注释

1.本公报中数据均为初步统计数，部分数据因四舍五入的原因，存在总计与分项合计不等的情况。

2.地区生产总值、三次产业及相关行业增加值绝对数按现价计算，增长速度按不变价格计算。

3.研发经费支出数据错年使用。

4.规模以上工业企业指年主营业务收入2000万元及以上的工业法人企业。

5.规模以上服务业统计范围包括：年营业收入2000万元及以上的交通运输、仓储和邮政业，信息传输、软件和信息技术服务业，水利、环境和公共设施管理业，卫生行业法人单位；年营业收入1000万元及以上的房地产业（不含房地产开发经营），租赁和商务服务业，科学研究和技术服务业，教育行业法人单位；以及年营业收入500万元及以上的居民服务、修理和其他服务业，文化、体育和娱乐业，社会工作行业法人单位。

6.固定资产投资（不含农户）包括城镇和农村各种登记注册类型的企业、事业、行政单位以及城镇个体户计划总投资500万元及以上的建设项目投资，有开发经营活动的全部房地产开发经营业法人单位开发项目投资。

7.限额以上单位是指年主营业务收入2000万元及以上的批发业单位、500万元及以上的零售业单位、200万元及以上的住宿和餐饮业单位。单位包括法人企业、产业活动单位和个体户。

2022年镇（街道、园区）统计资料

2022年分镇（街道、园区）固定资产投资情况统计表

表71

镇（街道、园区）名称 \ 指标名称	增长速度（%）
固定资产投资完成额	15.3
鲁北高新区	147.8
无棣经济开发区	–3
新海工业园	–56.7
东风港经济园区	–14
棣丰街道	25.1
海丰街道	29.4
水湾镇	–87.8
碣石山镇	3
小泊头镇	–78.2
埕口镇	34.6
车王镇	–11.1
柳堡镇	59
佘家镇	31.8
信阳镇	–27.1
西小王镇	–51.3

2022年分镇（街道、园区）工业总产值情况统计表

表72

指标名称 镇（街道、园区）名称	绝对量（万元）	增长速度（%）
合 计	6120945	8.4
鲁北高新区	4714417	7.8
无棣经济开发区	204980	17.7
新海工业园	308096	24.1
东风港经济园区	31409	–0.6
棣丰街道	113145	37.3
海丰街道	153607	3.7
水 湾 镇	11737	–5.8
碣石山镇	14987	7.8
小泊头镇	8814	–1.8
埕 口 镇	34720	–9.1
车 王 镇	148929	–5.0
柳 堡 镇	66978	38.3
佘 家 镇	24721	–1.3
信 阳 镇	228511	4.8
西小王镇	55895	–13.8

2022年分镇（街道、园区）工业利润总额情况统计表

表73

指标名称 镇（街道、园区）名称	2022年（万元）	增长（%）
合 计	82678	–73.6
鲁北高新区	63433	–78.5
无棣经济开发区	–6339	8.7
新海工业园	–2225	–241.6
东风港经济园区	3502	–54.4
棣丰街道	1963	184.9
海丰街道	2036	–43.6
水湾镇	34	70.7
碣石山镇	586	4.2
小泊头镇	24	117.8
埕口镇	–362	–108.9
车王镇	–198	83
柳堡镇	12192	347.7
佘家镇	1052	341.3
信阳镇	1406	133.9
西小王镇	5575	–33.2

2022 年滨州市县（市、区）统计资料

滨州市县（市、区）地区生产总值统计表

表 74

指标名称 / 县（市、区）名称	绝对量（亿元）	速度（%）	增速位次
滨州市	2975.15	3.9	—
北海经济开发区	128.13	7.3	1
沾化区	186.81	5.6	2
阳信县	272.77	4.6	3
滨州经济技术开发区	171.53	4.1	4
高新区	48.34	4	5
无棣县	284.5	4	5
惠民县	235.06	3.9	7
滨城区	546.76	3.9	7
博兴县	456.81	3.7	9
邹平市	644.44	2.7	10

滨州市县（市、区）工业增加值完成情况统计表

表 75

指标名称 / 县（市、区）名称	比 2021 年增长（%）	增速位次
滨州市	1.7	—
北海经济开发区	21	1
沾化区	20.4	2
阳信县	13.4	3
无棣县	5.6	4
惠民县	4.3	5
高新区	3.2	6
博兴县	2.8	7
滨城区	0.6	8
滨州经济技术开发区	-1.3	9
邹平市	-2.6	10

滨州市县（市、区）一般公共预算收入情况统计表

表 76

指标名称 / 县（市、区）名称	绝对量（万元）	自然口径增长（%）	增速位次	同口径增长（%）	增速位次
滨州市	2756592	-4.1	—	5.3	—
滨城区	450328	7.3	1	22.8	2
沾化区	162592	0.1	5	24.6	1
邹平市	790854	0.3	4	3	7
惠民县	167376	-19.2	9	-17.7	10
阳信县	131681	-9.8	6	6.1	5
无棣县	165890	-20	10	-4.9	8
博兴县	348157	1.5	3	11.5	4
滨州经济技术开发区	177774	-10	8	5.7	6
高新区	66234	-9.9	7	-6.3	9
北海经济开发区	179903	6.2	2	14.6	3

滨州市县（市、区）全体居民收入情况统计表

表 77

指标名称 / 县（市、区）名称	人均可支配收入（元）	增长速度（%）	增速位次
滨州市	34099	5.3	—
无棣县	33962	5.9	1
沾化区	32870	5.7	2
惠民县	30660	5.4	3
博兴县	36126	5.2	4
阳信县	29387	4.9	5
邹平市	37168	4.5	6
滨城区	39383	4.5	7

滨州市县（市、区）固定资产投资情况统计表

表 78

县（市、区）名称 \ 指标名称	比 2021 年增长(%)	增速位次
滨州市	14.1	—
北海经济开发区	25.9	1
沾化区	25.6	2
滨州经济技术开发区	23.1	3
邹平市	22.6	4
无棣县	15.3	5
惠民县	13	6
滨城区	12.7	7
阳信县	12.7	7
高新区	12.4	9
博兴县	10.1	10

滨州市县（市、区）社会消费品零售总额统计表

表 79

县（市、区）名称 \ 指标名称	比 2021 年增长(%)	增速位次
滨州市	-0.3	—
滨城区	-0.9	8
沾化区	2.0	1
邹平市	-0.3	6
惠民县	0.3	2
阳信县	-0.2	5
无棣县	-0.8	7
博兴县	-1.2	9
滨州经济技术开发区	0.1	4
高新区	-2.5	10
北海经济开发区	0.2	3

滨州市县（市、区）用电量完成情况统计表

表 80

县（市、区）名称 \ 指标名称	全社会用电		工业用电	
	绝对量（万千瓦时）	增长速度（%）	绝对量（万千瓦时）	增长速度（%）
滨州市	12257787	-1.2	11546273	-1.6
滨城区	412253	-3.7	365505	-4.7
沾化区	139150	-4.8	91287	-11.6
邹平市	8671498	-1.8	8555441	-1.7
惠民县	237780	-14.9	149404	-24.4
阳信县	119008	6.1	55360	-3.4
无棣县	459224	-3.4	387889	-5.2
博兴县	664041	-4.7	563998	-6.9
滨州经济技术开发区	1184314	0.4	1141722	0
高新区	39905	5.9	30968	1.1
北海经济开发区	18265	15.7	10344	33.4

附　录

组织机构及负责人

县直机构及负责人

中国共产党无棣县委及所属工作部门和单位

书　记　郑振亮
副书记　王　涛
　　　　杜　珂（挂职）
　　　　王福瑞
常　委　郑振亮
　　　　王　涛
　　　　杜　珂（挂职）
　　　　王福瑞
　　　　贾　芳（女）
　　　　于秀华（任至9月）
　　　　张立波
　　　　徐鹏潇
　　　　李　静（女）
　　　　张国志
　　　　刘海青
　　　　李新峰（1月任职）
　　　　裴兰杰（9月任职）

县委办公室
主　任　刘海青

县委组织部
部　长　张国志
分管日常工作的副部长
　　　　牛云才（任至5月）
　　　　费炜炜（女，9月任职）

县委宣传部
部　长　徐鹏潇
分管日常工作的副部长
　　　　徐景江（任至4月）
　　　　宋　鹏（4月任职）

县委统一战线工作部
部　长　贾　芳（女）
分管日常工作的副部长
　　　　张从敬（女，任至4月）
　　　　侯钦营（4月任职）

县委政法委员会
书　记　李新峰（1月任职）
分管日常工作的副书记
　　　　董贤泉（任至4月）
　　　　刘军健（4月任职）

县委机构编制委员会办公室
主　任　李永玺（任至4月）
　　　　陈　健（4月任职）

县委县直机关工作委员会
书　记　杜海荣（女）

县委党校
校　长　郑振亮
分管日常工作的副校长
　　　　高菊惠（任至9月）
　　　　张爱农（9月任职）

县委党史研究中心（县地方史志研究中心）
主　任　孟令明（任至4月）
　　　　周宣忠（4月任职）

县档案馆
馆　长　刘　勇

县融媒体中心
主　任　陈宝花（女，任至1月）
　　　　徐景江（1月任职）

无棣县人民代表大会常务委员会

主　任　王振祥（任至1月）
　　　　任卫国（1月任职）
副主任　关莉莉（女，任至1月）
　　　　刘振华（女，任至1月）
　　　　邱先明（任至1月）
　　　　冯其龙（任至1月）
　　　　王中涛（任至1月）
　　　　蔡银芳（女，1月任职）
　　　　孟德辉（1月任职）
　　　　杨景朋（1月任职）
　　　　高立珂（1月任职）
　　　　朱金勇（1月任职）
常　委　丁伟华　王文炎

王同棣　王爱勇
刘泽鑫　刘俊凤（女）
孙　超　杜海荣（女）
李凤军　李金星
李金萍　李学敬
李荣海
肖广兰（女，回族）
吴宝阁　吴　菁（女）
张立新　张　玥（女）
张敏聪（女，任至7月）
陈宝花（女，任至3月）
陈俊昌　周景翠
庞志鸿
赵建文（无党派，任至5月）
赵振鹏　高连超
梁　瑞

县人大常委会办公室
主　任　李荣海
县人大常委会财政经济委员会
主任委员　冯其龙（任至1月）
　　朱金勇（1月任职）
县人大常委会监察和司法委员会
主任委员　庞志鸿
县人大常委会社会建设委员会
主任委员　丁伟华
县人大常委会教科文卫委员会
主任委员　刘振华（女，任至1月）
　　蔡银芳（女，1月任职）
县人大常委会城建环保委员会
主任委员　张国芳（任至1月）
　　高立珂（1月任职）
县人大常委会农业农村委员会
主任委员　关莉莉（女，任至1月）
　　孟德辉（1月任职）

无棣县人民政府及组成部门和直属事业单位

无棣县人民政府
县　长　王　涛（1月任职）
副县长　常怀祥（回族，任至1月）
　　王树声
　　李　莉（女）
　　张立波
　　郭　兵
　　徐鹏潇（1月任职）
　　刘豪德（1月任职）
　　李　斌（挂职，1月任职）
县政府办公室
主　任　贾维平（任至3月）
　　张胜利（3月任职）
县发展和改革局
局　长　马方恩
县教育和体育局
局　长　李兴岭
县科学技术局
局　长　王秀丽（女）
县工业和信息化局
党组书记　张洪岩
局　长　田翠萍（女，任至3月）
　　张洪岩（3月任职）
县公安局
局　长　王树声
政　委　李佃国
县民政局
局　长　耿建华（任至3月）
　　张崇云（女，3月任职）
县司法局
党组书记　牛冬雪（女，4月任职）
局　长　张代传（任至4月）
　　赵建文（4月任职）

县财政局
局　长　李智武
县人力资源和社会保障局
局　长　于清勇（任至4月）
　　郭　强（4月任职）
县自然资源和规划局
局　长　刘豪德（任至3月）
　　冯国建（3月任职）
县住房和城乡建设局
局　长　周金岗
县交通运输局
局　长　袁洪彬
县城乡水务局
局　长　商　涛（任至3月）
　　张元泽（3月任职）
县农业农村局
局　长　邢呈军
县海洋发展和渔业局
局　长　孙殿平
县商务局
局　长　郭庆文
县文化和旅游局
局　长　郭文江
县退役军人事务局
局　长　刘宝泉
县应急管理局
局　长　杨照伟（回族）
县卫生健康局
局　长　马方恩（任至3月）
　　陈宝花（女，3月任职）
县审计局
局　长　张青松
县行政审批服务局
党组书记　王福瑞（任至1月）
　　张立波（1月任职）

局　　长　周兴坤
县市场监督管理局
局　长　蒋述潭
县综合行政执法局
局　长　李维德
县统计局
局　长　王殿斌
县医疗保障局
党组书记　齐建安（4月任职）
局　　长　王健伟（任至4月）
　　　　　苟洪静（女,4月任职）
县信访局
局　长　齐建安（任至4月）
　　　　仝广庆（5月任职）
县公共资源交易中心
主　任　杨莉莉（女）
县机关政务保障中心
主　任　关晓冬
县供销合作社联合社
理事会主任　刘军华
县金融服务中心
主　任　刘全顺
县物资商业保障服务中心
主　任　王树庄（任至9月）
　　　　邵洪武（9月任职）
滨州贝壳堤岛与湿地国家级自然保护区管理服务中心
主　任　张怀渤
县畜牧兽医管理服务中心
主　任　李世辉（任职4月）
　　　　张春杰（4月任职）
县古城发展服务中心
主　任　刘　震
县油区服务中心
主　任　赵连胜
县乡村振兴局
局　长　邢呈军（兼）

中国人民政治协商会议无棣县委员会

主　席　张宝悦（任至1月）
　　　　张恩传（1月任职）
副主席　蔡银芳（女,任至1月）
　　　　孔宪军（任至1月）
　　　　韩翠山（女，任至1月）
　　　　孟德辉（任至1月）
　　　　张荣德
　　　　高延华（任至1月）
　　　　贾维平（1月任职）
　　　　刘全顺
　　　　李智武（1月任职）
　　　　田翠萍（女，1月任职）
　　　　李　翼（1月任职）
秘书长　杨风彩
常　委　从恩方（回族）
　　　　张从敬（女）
　　　　蒋述潭　郭文江
　　　　李兴岭　马方恩
　　　　张春杰
　　　　苟洪静（女）
　　　　陈建中　马振礼
　　　　刘德亭　马兆辉
　　　　吴婷婷（女）
　　　　刘殿峰　陈志滨
　　　　郭　璐（女）
　　　　刘卫东　程立强
　　　　杨秀伟
　　　　商艳兰（女）
　　　　李连进　杨振波
　　　　王玉英（女）
　　　　李雪峰（女）
　　　　鞠培青（女）
　　　　郭　香（女）
　　　　乔宗星
县政协办公室
主　任　马存亮（6月任职）
县政协民族和宗教委员会
主　任　刘全顺（兼任）
县政协农业和农村委员会
主　任　田翠萍（女，兼任）
县政协提案委员会
主　任　宣德忠
县政协教科卫体委员会
主　任　孙廷花（女）
县政协法制委员会
主　任　张春霞（女，8月任职）
县政协经济委员会
主　任　刘　茜（女，1月任职）
县政协文化文史和学习委员会
主　任　缺职
县政协人口资源环境委员会
主　任　缺职
县政协外事委员会
主　任　缺职

中国共产党无棣县纪律检查委员会　无棣县监察委员会

中国共产党无棣县纪律检查委员会
书　记　任卫国（任至1月）
　　　　李　静（女，1月任职）
副书记　张炳昭
　　　　从恩方（回族）
常　委　徐新璐（女）
　　　　孟德义（任至1月）
　　　　陈　健（任至1月）

徐文治
刘佳斌（挂职）
马世建（4 月任职）

无棣县监察委员会
主　任　李　静（女）
副主任　张炳昭
从恩方（回族）
委　员　徐新璐（女）
王连元
马世建
刘金水（1 月任职）

无棣县人民法院
院　长　周　娟（女）
副院长　周立新
李　翼
彭汉华（任至 1 月）
付新华（1 月任职）

无棣县人民检察院
检 察 长　罗振华
副检察长　王树理（任至 1 月）
张　军（任至 1 月）
彭汉华（1 月任职）
高　磊（4 月任职）
蔡建胜（9 月任职）

群众团体

县总工会
主　席　邱先明（任至 1 月）
孟德辉（1 月任职，任至 4 月）
高立珂（4 月任职）

共青团无棣县委
书　记　张　玥（女，1 月任职）

县妇女联合会
主　席　吴　菁（女）

县科学技术协会
主　席　姜永生（任至 4 月）
张从敬（女，4 月任职）

县文学艺术界联合会
主　席　邢金峰

县残疾人联合会
理事长　李　霞（女）

县红十字会
常务副会长　张春霞（女，任至 4 月）
从延锡（4 月任职）

县工商业联合会
主　席　张荣德

中央、省市驻棣单位

国家税务总局无棣县税务局
局　长　张　波（任至 7 月）

滨州市生态环境局无棣分局
局　长　张　磊

县公路事业发展中心
主　任　钟　原（任至 12 月）
袁公昌（12 月任职）

县气象局
局　长　刘树棣

县烟草专卖局
局　长　刘永辉

中国邮政集团公司山东省无棣分公司
总经理　张廷磊（任至 12 月）
宣　伟（12 月任职）

中国联合网络通信有限公司无棣分公司
总经理　唐　飞

中国移动通信集团山东有限公司无棣分公司
总经理　赵志强

中国电信股份有限公司无棣分公司
总经理　仝占生（任至 7 月）
杜　华（7 月任职）

县供电公司
总经理　刘　勇

山东新华书店集团有限公司无棣分公司
经　理　牛树霞（女，任至 7 月）
张洪涛（7 月任职）

中国人民银行无棣县支行
行　长　苏爱国

中国农业发展银行无棣县支行
行　长　李　磊

中国工商银行股份有限公司无棣支行
行　长　李　杰（任至 8 月）
韦鲁已（8 月任职）

中国农业银行无棣县支行
行　长　王　春

中国银行股份有限公司无棣支行
行　长　王国峰

中国建设银行股份有限公司无棣支行
行　长　马洪山（任至 8 月）
孙龙波（8 月任职）

中国邮政储蓄银行股份有限公司无棣县支行
行　长　王　宁

山东无棣农村商业银行股份有限公司
行　长　杨大伟

中国人民财产保险股份有限公司无棣支公司
经　理　周宁波

中国人寿保险股份有限公司无棣县支公司
经　理　于　亮（任至 7 月）
王成栋（7 月任职）

工业园区

山东无棣工业园区管理委员会

主　任　王殿和

副主任　刘景和（任至9月）

　　　　杨景朋

山东鲁北高新技术开发区管委会

主　任　张国华

副主任　赵吉义

无棣县新海工业园管委会

党工委书记　宋树春

副　主　任　姚泊海（任至5月）

　　　　　　张林庆（5月任职）

滨州港西港经济园区管委会

党工委书记　赵荣春（任至12月）

　　　　　　仝文刚（12月任职）

主　　　任　仝文刚（任至12月）

副　主　任　张余良

镇、街道机构及负责人

海丰街道

党工委书记　徐文国

党工委副书记、主任

　　　　　　孟维峤

人大工委主任　闫　辉

棣丰街道

党工委书记　王福瑞

党工委副书记、主任

　　　　　　张永华（任至1月）

　　　　　　唐志强（1月任职）

人大工委主任　胡凤忠

信阳镇

党委书记　姜锡朋（任至11月）

　　　　　赵　强（11月任职）

党委副书记、镇长

　　　　　刘　彦（女）

人大主席　李凤军（任至11月）

车王镇

党委书记　刘洪权

党委副书记、镇长

　　　　　张　浩

人大主席　宋秀江（任至4月）

碣石山镇

党委书记　丁宝冬（任至4月）

　　　　　牛云才（5月任职）

党委副书记、镇长

　　　　　李洪晨

人大主席　崔丙光

小泊头镇

党委书记　张永华

党委副书记、镇长

　　　　　赵　强（任至11月）

　　　　　冯国才（11月任职）

人大主席　李雪松（任至11月）

埕口镇

党委书记　崔明星

党委副书记、镇长

　　　　　丁　南

人大主席　信德庄

柳堡镇

党委书记　步大鹏

党委副书记、镇长

　　　　　车林岩

人大主席　高俊田（任至11月）

西小王镇

党委书记　李建强

党委副书记、镇长

　　　　　杨玉强

人大主席　张　超（任至11月）

佘家镇

党委书记　李维博

党委副书记、镇长

　　　　　张学冰

人大主席　徐文峰

水湾镇

党委书记　刘　霏（女）

党委副书记、镇长

　　　　　王　博

人大主席　杨希展

马山子镇

党委书记　周荣庚

党委副书记、镇长

　　　　　刘金辉

人大主席　付海学

重要文件题录

2022年无棣县委重要文件一览表

时间	文件名称
2月12日	中共无棣县委 无棣县人民政府关于印发《无棣县百个单位联系百家企业包百个重点项目“三百”工程实施方案》的通知
2月12日	中共无棣县委 无棣县人民政府关于印发《无棣县2022年争政策、争资金、争项目、争亮点“四争”行动实施方案》的通知
3月7日	中共无棣县委关于开展“建设更高水平富强滨州，无棣怎么干”解放事项大讨论的意见
4月7日	中共无棣县委 无棣县人民政府关于表扬疫情防控一线工作表现突出的集体和个人的通报
4月12日	中共无棣县委 无棣县人民政府关于表扬“无棣优秀护理团队”“无棣优秀护士”“无棣优秀护士长”的通报
4月13日	中共无棣县委关于《在全县开展“在滨州、知滨州、爱滨州、建滨州”主题实践活动的工作方案》的通知
5月5日	中共无棣县委关于设立无棣县中华职业教育社的通知
5月26日	中共无棣县委 无棣县人民政府关于印发《无棣县创建全域旅游示范区工作实施方案》的通知
10月16日	中共无棣县委 无棣县人民政府转发《县委宣传部、县司法局关于在全县开展法治宣传教育的第八个五年规划（2021—2025年）》的通知
12月22日	中共无棣县委关于深化监督贯通协调机制护航“强优富美”新无棣大发展的意见
1月11日	县委办公室 县政府办公室印发《无棣县未成年人保护示范县创建工作实施方案》的通知
3月31日	县委办公室 县政府办公室印发《关于开通为企服务直通车推动经济高质量发展的实施意见》的通知
4月3日	县委办公室 县政府办公室印发《关于加快市场主体高质量发展的意见》的通知
4月6日	中共无棣县委办公室关于印发《无棣县深化拓展新时代文明实践中心建设实施方案》的通知
4月18日	县委办公室 县政府办公室关于印发《无棣县深化新时代教育督导体制机制改革实施方案》的通知
7月5日	中共无棣县委办公室印发《关于推动党史学习教育常态化长效化的实施方案》的通知
7月27日	县委办公室 县政府办公室关于印发《无棣县“全国科普示范县（2021—2025年）”创建实施方案》的通知
9月5日	县委办公室 县政府办公室关于印发《无棣县“政企面对面”常态化工作实施方案》的通知
10月14日	县委办公室 县政府办公室印发《无棣县村民委员会调整标准》的通知
10月27日	县委办公室 县政府办公室印发《关于深化全县应急管理综合行政执法改革的实施意见》的通知
12月19日	中共无棣县委办公室关于印发《坚持党建统领深入推动“过程党建”的实施意见》的通知

2022年无棣县政府重要文件一览表

日期	文件编号	文件名
5月31日	棣政发〔2022〕19号	无棣县优化营商环境创新提升行动实施方案
7月13日	棣政发〔2022〕24号	关于印发《无棣县人民政府工作规则》的通知
7月18日	棣政字〔2022〕7号	关于公布第六批县级非物质文化遗产项目名录的通知
7月23日	棣政发〔2022〕27号	关于印发《无棣县“十四五”妇女发展规划》和《无棣县“十四五”儿童发展规划》的通知
7月25日	棣政发〔2022〕26号	关于印发无棣县全民科学素质行动规划纲要实施方案（2021—2025年）的通知
8月21日	棣政发〔2022〕36号	关于印发无棣县突发事件总体应急预案的通知
8月22日	棣政发〔2022〕37号	无棣县人民政府关于全面实行行政许可事项清单管理的通知
9月7日	棣政发〔2022〕39号	关于印发《无棣县招商引资激励办法》的通知
9月8日	棣政发〔2022〕40号	关于表扬全县教体系统优秀教师、优秀班主任、师德标兵、优秀教育工作者、先进集体和尊师重教先进集体、先进个人的通报
12月7日	棣政字〔2022〕12号	关于印发《在国际全国全省全市重大比赛中取得优异成绩及输送体育人才有功人员奖励办法》的通知
12月7日	棣政发〔2022〕75号	关于印发《无棣县重大行政决策程序规定》的通知
12月8日	棣政发〔2022〕73号	关于组织开展无棣县第三次土壤普查的通知
12月8日	棣政发〔2022〕74号	无棣县全民健身实施计划（2021—2025年）
12月20日	棣政发〔2022〕79号	关于2022年度法治政府建设工作情况的报告
2月25日	棣政办字〔2022〕3号	关于印发无棣县城乡公益性岗位扩容提质行动实施方案的通知
3月25日	棣政办发〔2022〕2号	关于印发无棣县人民政府2022年度规范性文件制发计划的通知
5月12日	棣政办字〔2022〕12号	关于进一步规范重大事项报告工作的通知
5月23日	棣政办发〔2022〕3号	关于印发无棣县2022年老旧小区改造工程实施方案的通知
6月27日	棣政办发〔2022〕4号	关于印发2022年无棣县政务公开工作要点的通知
7月26日	棣政办发〔2022〕5号	关于印发无棣县城乡环卫一体化工作考核办法的通知
10月29日	棣政办发〔2022〕6号	关于印发《无棣县重大行政决策事项目录管理办法》的通知

索 引

说 明

一、本索引设主题索引、照片索引和表格索引三类。

二、主题索引为《无棣年鉴（2023）》的内容分析索引，采用主题分析法。分目、次分目作款目一般采用原称，其余款目一般采用中心词或简称。通过本索引所选的主题词条，可以对具有独立索引意义的完整资料进行检索。本索引按款目首字的汉语拼音字母（同音字按声调）顺序排列。分目作款目用标宋体、次分目作款目用楷体表明，其余用宋体表明。数字表示该词条内容所在页码，后面的拉丁字母（a、b、c）表示栏别（左栏、中栏、右栏）。本卷年鉴的“特载”“专文”“大事记”“附录”均未做主题索引。

三、照片索引为内文插图索引，采用中心词或简称，仅标注所在页码，不标注分栏。表格索引按序号排列，仅标注所在页码，不标注分栏。

主题索引

数字索引

字母索引

汉语拼音索引

A

B

X

照片索引

数字索引

字母索引

汉语拼音索引

B

C

D

F

G

H

X

Y

Z

表格索引